나는 사회주의자다

동아시아 사회주의의 기원, 고토쿠 슈스이 선집

나는 사회주의자다

임경화 엮고 옮김 | 박노자 해제

교양인
GYOYANGIN

| 일러두기 |

1. 선집의 번역은 고토쿠 슈스이 전집 편집위원회(幸德秋水全集編集委員會) 편《고토쿠 슈스이 전집(幸德秋水全集)》(全7卷·別卷2, 日本圖書センター, 1994)을 원본으로 삼았으며,《20세기의 괴물 제국주의》와《사회주의 신수》의 번역은 간자키 기요시(神崎清) 역《고토쿠 슈스이(幸德秋水)》(日本の名著 44, 中央公論社, 1970)에 실린 현대 일본어 번역을 참조했다. 단, 전집에 수록되지 않은〈경애하는 조선〉은 원전을 직접 참조했고,〈사회주의강습회 제1차 개회 연설〉은 아스카이 마사미치(飛鳥井雅道) 편《고토쿠 슈스이집(幸德秋水集)》(近代日本思想大系 13, 筑摩書房, 1975)에 실린 일역본을 중역했다.

2. 이 책의 각주는 모두 번역자가 작성했으며,《20세기의 괴물 제국주의》의 각주는 대부분 야마이즈미 스스무(山泉進) 교주(校註)《제국주의(帝國主義)》(岩波書店, 2004)의 주석을 참조하여 작성했다.

3. 이 책에 실린 사진 자료는 주로 고토쿠 슈스이 전집 편집위원회(幸德秋水全集編集委員會) 편《대역 사건 앨범―고토쿠 슈스이와 그 주변(大逆事件アルバム―幸德秋水とその周辺)》(日本圖書センター, 1994)에서 인용했다.

4. '신사벌(bourgeoisie)', '잉여가격(surplus value)', '동맹파공(general strike)' 등 고토쿠 슈스이가 만들었거나 당시 일본에서 쓰인 번역어는 현대어로 수정했다.

5. 저자가 원문에서 번역어임을 강조하기 위해 원어를 병기한 경우에는 괄호 속에 원어를 표기했다.

6. 일본어 고유명사의 표기는 다음과 같은 원칙에 따른다.
   (1) 인명과 지명은 교육과학기술부〈외래어 표기법〉의 규정에 따라 일본음으로 표기한다.
   (2) 기타의 경우에 대해서는
   ① 음독하는 경우에는 한국 한자음으로 표기한다.
   예) 平民新聞→평민신문, 國民→국민, 日本人→일본인
   ② 훈독하는 경우에는 일본음으로 표기한다.
   예) 朝日新聞→아사히 신문, 熊本評論→구마모토 평론

'조숙한 전위'의 아름다운 비극

고토쿠 슈스이가 우리에게 가르쳐주는 것들

박노자(Vladimir Tikhonov, 오슬로대학)

고토쿠 슈스이는 우리에게 그다지 알려져 있지 않은 이름이지만, 우리가 그를 모르는 것은 우리 역사 교육의 한심한 수준과 일본학 전공자들의 일본 및 동아시아 사회주의 운동의 역사에 대한 한탄스러운 무관심을 노골적으로 보여줄 뿐이다. 사실, 근대 동아시아의 진보적 담론을 만드는 데 고토쿠야말로 선구적인 기여를 했다. 자유민권운동의 선배로부터 급진적 자유주의를 먼저 전수받은 그는, 새 시대의 요구에 따라 1890년대 후반부터 사회주의자로 거듭났으며, 1901년에 《20세기의 괴물 제국주의》라는 동아시아 지역 최초의 제국주의, 침략주의 비판서를 냄으로써 동아시아 반제국주의 운동의 역사를 열었다. 다음해에 중국어로 번역된 이 책은 1911년 신해혁명의 주역들과 나중에 아나키스트나 사회주의자가 된 소장파 지식인들에게 큰 영향을 끼쳤으며, 중국 반제국주의 사상의 발전에 결정적 자극을 주었다. 구한말의 변영만(1889~1954) 등 조선의 선구적인 제국주의 비판자들도 고토쿠의 작업에서 처음으로 중요한 실마리를 얻었다. 역시 나중에 중국어로 번역된 《사회주의 신수》(1903)와 같은 그의 저서는, 일본인뿐만 아니라 중국인, 조선인에게도 사회주의의 기초 개념을 심어줌으로써 이후 전개될 사회주의 운동의 담론적 밑바탕을 만들어놓았다. 구한말의 신채호 (1880~1936) 같은 조선의 급진 논객들은 고토쿠의 저서에서 아나키즘 과 같은 새로운 개념들을 처음 익히는 등 고토쿠를 통해 세계적인 계급 해방 운동의 본류와 접촉하게 됐다. 일제의 조선 식민화에 반대하고 안 중근(1879~1910)에게 한시를 바쳐 무한한 존경을 표한 고토쿠는, 한일 간 '민중 해방을 위한 연대'의 창시자였으며, 1907년에 그가 여러 동지 와 함께 주도한 아주화친회(亞洲和親會)는 한국과 일본뿐 아니라 아시 아 전체의 반제국주의, 반침략 운동의 연대가 본격적으로 시작되었음 을 의미했다. 이처럼 아시아 민중 운동의 발전에 지대한 기여를 하고, 결국 '대역 사건'이라는 국가 탄압의 희생자로 혁명을 위해 그 일생을 장렬히 바친 고토쿠 의사(義士)를 우리가 잘 모르는 것은 정말 부끄러 운 일이 아닐 수 없다.

이 부끄러움을 획기적으로 씻는 것이 바로 이번에 고토쿠의 여러 글 을 최초로 국역 출간하는 《나는 사회주의자다》이다. 이 글들은 동아시 아 지식인들에게 커다란 영향을 준 고토쿠 사상의 형성, 전개 과정을 매우 자세히 보여준다. 1900년대 초반에 온건한 사회주의자로 등장한 그는 사회진화론의 독특한 해석과 반(反)제국주의, 반(反)군사주의, 반 (反)애국주의, '의회사회주의'를 토대로 삼아 여러 권의 저서를 발표했 으며 (《20세기의 괴물 제국주의》, 《장광설》, 《사회주의 신수》 등) 1904년 러 일전쟁 때에는 러시아의 동료 사민주의자들과 연대해 일본에서 반전 평화 운동을 주도적으로 전개했다. 그러나 반전 운동으로 탄압을 받고 일본과 같은 비민주적 국가에서 '의회사회주의' 실현이 불가능하다는 것을 체험하면서 고토쿠는 1906~1907년부터 좀 더 급격한 아나키즘 운동으로 선회하여 일본과 중국 등의 후배들에게 아나키즘을 강의하고 여러 글을 통해서 자신의 아나키즘 신념을 구체적으로 표현했다. 이 책

근대 동아시아 사회주의 운동의 기반을 놓은 혁명가 고토쿠 슈스이.

에 수록된 그의 저술은 동아시아 아나키즘의 기반을 이룬 그의 아나키즘 사상과 함께 조선 침략 문제에 대한 그의 태도, 러시아혁명 등 국제 해방 운동에 대한 그의 분석과 고민, 그리고 법살(法殺), 즉 사형 집행을 앞둔 그의 철학적 고민까지 담겨 있다. 이 책이 계기가 되어 우리에게 낯설고 멀었던 고토쿠의 인생과 사상의 전모는 최초로 읽기 편한 현대 한국어 문장으로 우리에게 다가올 것이다.

사회주의와 아나키즘을 최초로 소개한 일도 고토쿠의 중요한 공적이지만, 우리는 그를 생각할 때에 보통 무엇보다 먼저 러일전쟁 때 그의 '비전론'(반전 운동)을 떠올린다. 러일전쟁 때 그의 발언과 행동이 중요시되는 것은, 무엇보다 러일전쟁이라는 세계사적 '사건'의 중요성으로부터 비롯된다.

1

러일전쟁(1904~1905)은 많은 측면에서 세계사의 새로운 페이지를 열었다. 먼저, 이 전쟁은 제국주의의 전 세계적 확장을 의미했다. 서구 열강에 의해서 한때 불평등 조약 체결까지 강요받았던 일본이 노쇠한 열강 러시아를 이김으로써 세계 최초의 비(非)서구적 열강으로 거듭난 점이다. 청일전쟁(1894~1895)으로 일본이 지역적 강자의 지위를 획득했다면, 러일전쟁은 세계적 열강으로서 일본의 위상을 굳혔다. 오늘날 중국과 인도 등 비(非)서구 신흥 세력들이 '열강' 대열에 적극 합류하고 있지만, 이 과정의 시작은 러일전쟁이었다.

둘째, 지상, 해상에서의 실전(實戰)이 동시에 세계적인 지상(紙上)의 여론 전쟁으로 이어진 것은 꽤나 전례 없는 일이었다. 유명한 작가 잭 런던(1876~1916)을 비롯한 종군기자들이 만주의 전장을 향하여 운집했으며, 신문과 잡지들이 앞다투어 실은 전쟁 이야기는 일종의 대중 오락으로 이용됐다. 매체들 덕분에 전쟁이 '볼거리' 역할을 하기도 했지만, 또 세계적 '이슈'로 등장해 수많은 세계인들의 정치 인식에 영향을 주기도 했다. 러시아의 우방인 프랑스나 러시아 황실과 가까운 친척 관계에 있던 황실을 가졌던 독일은 '백인과 황인의 전쟁'에서 '백인 러시아'를 지지했는가 하면 일본의 공식 동맹국인 영국과 우방 미국은 '일본에 의한 러시아 남하 저지'를 환영했다. 그런가 하면, 먼 이집트부터 가까운 중국까지 서구 '백인' 제국주의의 거의 다수의 피해자들이 잠시나마 러시아에 대한 일본의 승리를 제국주의에 대한 아시아인의 승리로 오해하기도 했다. 이런 오해는 훗날 일제 지도부에 태평양전쟁의 명분, 즉 '아시아 해방'이라는 기만적인 수사를 안겨주기도 했다.

셋째, 기관총과 수뢰 등 여러 신기술이 도입되어 전쟁이 한층 더 잔혹해졌다. 일본 측 전사자 수(47,152명)만 봐도 청일전쟁 때에 일본과 청나라 양쪽의 전체 전사자 수(약 36,000명)보다 더 많았다. 기관총에 의한 적병의 대량 살상은, '도살'을 방불케 했던 제1차 세계대전의 참호전을 미리 보여주기도 했다. 전쟁이 잔혹해지고 비용과 피해가 거대화된 만큼, 전쟁에 대한 대중의 감정도 격해졌다. 신문과 종교단체 등 사회적 권위에 이끌려 열렬히 전쟁 지지에 나선 다수의 일본인들은, 전쟁 승리로 기대했던 러시아 배상금이나 대규모의 영토 할양이 없자 1905년 9월 5일에 도쿄 히비야 공원 방화 사건에서부터 시작하여 대규모 폭동을 일으키기도 했다. 이제 다수의 내밀한 감정까지 전시 정부에 의해서 동원될 수 있게 된 것이다. 이 사건을 태평양전쟁 시절의 '총동원'으로 가는 한 단계로 소급해서 볼 수도 있을 것이다.

전쟁은 세계화되고, 국제 여론화되고, 기술화되고, 대량화되고 '국민' 전체와 '국민' 개개인에게 절대적 영향을 끼치기에 이르렀다. 그러나 이와 함께 러일전쟁은 또 하나의 중요한 요소를 도입했다. 일본 역사와 러시아 역사에서 모두 최초로 전쟁이 유의미한 반전 운동에 부딪쳤다. 바로 고토쿠 슈스이와 그 동지들이 이끈 초기 사회주의 운동이 그 주역이었다. 고토쿠 일파가 1903년 11월 15일에 창간한 주간 신문인 《평민신문》은 개전 초기인 1904년 3월 13일에 러시아사회민주당에 보내는 공개 서한을 발표하여 인종, 국적 구분과 무관하게 일본과 러시아의 민중들이 제국주의와 군국주의라는 공동의 적과 함께 싸워야 하는 만큼 지배자들의 전쟁에서는 그 어느 쪽도 지지할 일이 없다는 사실을 강조했다. 지배자들의 애국주의적 언설(言說)로 천지가 진동하고, 재야 단체들이 러시아와의 전쟁을 '황인종과 백인종의 싸움'으로 규정하는 광풍적 분위기와 감정적 동원의 분위기 속에서 애국주의도, 민족주의도, '국민'으로서의 의무도 부정하고 '국민적' 주체들을 계급적 주체로 전환시키려는 이성(理性)과 연대의 목소리가 들렸다. 더군다나 이 목소리는 독백이 아닌 대화의 시작이었다. 외국의 사회주의적 언론에서 전개된 러시아 사회민주주의자들의 공개 답변을 《평민신문》이 1904년 7월 24일에 또 실은 것이었다. 일본과 러시아 사회주의자들은 애국주의의 유혹을 뿌리치고 공동의 계급적인 반전 전선을 구축했다.

이 일은 실로 일본이나 러시아의 역사뿐만 아니라 세계사적으로도 너무나 의미심장한 '사건'이었다. 유럽에서 19세기 초반 이후에 부르주아 평화 운동이 나름대로 성장해 왔지만, "국제법적 중재에 의한 국제 분쟁의 해결"을 지향했던 이 온건 평화 운동은 '배반'이라고 비난받을 수 있는 전시(戰時)의 반전 운동에 적극적으로 참여하지 않았다. 더군다나 전선을 넘어 '적국(敵國)'의 무산 계급과 '아국(我國)'의 무산 계급의 연대와 투쟁에 호소하지 않았던 것이다. 물론 유럽 사회주의자들이 무산 계급의 국제 연대에 근거한 전시 반전 운동을 시도해보지 않은 것은 아니었다. 예컨대 1870년, 독일(프로이센)과 프랑스 사이에 벌어진 '보불전쟁' 시절에 독일사회민주당의 '아버지'라고 할 빌헬름 리프크네히트(1826~1900) 같은 극소수 사회주의 지식인들은 이 전쟁을 반대하면서 독일과 프랑스 노동 계급의 연대 건설을 도모했다. '보불전쟁'을 프랑스가 도발한 점을 감안하면 리프크네히트가 반전 운동을 제기하면서 얼마나 많은 정치적 부담을 안게 됐는지 알 수 있을 것이다. 이 반전 운동으로 리프크네히트와 그의 동지 아우구스트 베벨(1840~1913)은 1872년에 반역죄로 2년 징역형을 선고받기도 했다. 하지만 독일은 어디까지나 유럽 사회주의 운동의 중심이었기에, 이와 같은 대담한 시도가 가능했던 것이다. 그 당시 독일과 마찬가지로 미국도 신흥 산업국가로서 두각을 나타내고 있었지만, 1898년의 '미국-스페인전쟁'에 대한 반대 운동은 사회주의자가 아닌 자유주의자가 주도했으며, 스페인 노동자나 사회주의자와의 연대 시도 같은 것은 찾아볼 수 없었다. 그 당시 자유민주주의가 어느 정도 뿌리를 내리고 노동 계급이 급속히 성장해 가는 미국에서도 보기 어려웠던 사회주의적·계급적인 반전 운동을 노동자가 총인구의 2퍼센트 정도밖에 되지 않았던 비민주적인 후진국 일본에서 시도하는 게 어떻게 가능했을까?

2

역사 발전의 원동력은 궁극적으로 하부 구조, 즉 사회경제적 '조건'에 의해서 좌우된다. 강력한 좌파 운동 발전의 필요 조건은 결국 공업의 성장과 조직화가 가능한 노동 계급의 성장이다. 그러나 이와 함께 좌파 운동 성장의 충분 조건은 바로 이 운동을 단순한 경제 투쟁을 넘어선 급진적 정치 투쟁의 노선으로 이끌 수 있는 혁명적 전위의 성장이고, 이 '전위의 성장'은 그 전위가 이끌 계급의 성장과 반드시 일치하지 않을 수도 있다. 전위란 대개 ─적어도 초기에는─ 산업 부문과 직접적 관련이 원래부터 없는 '자유 직종'의 지식인으로 구성돼 있는 것이 보통이기 때문이다. 예를 들어 오늘날 중국에서 노동계급의 성장이 매우 빨리 이루어진다 해도, 이 노동 계급을 조직화하여 급진 투쟁으로 이끌 수 있는 전위는—중산층의 보수화 등 여러 상황으로 말미암아—그렇게까지 빨리 성장하지 않는다. 100여 년 전의 일본 상황은 어떤 면에서는 정반대였다. 노동 계급은 아직도 대자적(對自的) 계급으로 성장하지 못한 채 자주 고립되는 산발적, 지역적 투쟁에 머물렀고 지역, 직능 수준(숙련도), 성별 등으로 분산돼 있었지만, 자본주의 극복의 필연성을 자각한 전위는—맹아적 형태로라도—이미 탄생했다. 비교적 이른 전위 탄생의 배경에는, 메이지(明治) 시대 일본의 압축적인 권위주의적 근대화의 여러 모순들이 빚어낸 1870~1880년대의 자유민권운동이라는 중산 계급 중심의 '전투적인 시민 사회 형성 과정'이 있었다. 더구나 고토쿠의 스승인 나카에 조민(中江兆民, 1847~1901)은 자유민권운동의 사상적 대변자였으며, 권위주의적 근대화에 대한 신생 '시민 사회'의 반발의 이론적인 구심점인 장자크 루소(1712~1778)의 사회계약설을 지식 사회에 유포한 장본인이었다. 노동 계급의 본격적인 형성은 늦어져도, 그 계급을 이끄는 노릇을 자임할 급진적인 지식인들은, 자유민권운동의 치열한 투쟁과 고민을 바탕으로 해서, 그 뒷세대에서 만들어질 수 있었던 것이다. 바로 이와 같은 상황에서 1870년의 독일과 비교할 수 있는 노동 계급 조직이 아직 없었던—즉 러시아 형제들과 연대할 수 있는 다수의 자각된 노동자가 아직 존재하지 않았던—일본에서 전위에 의한 사회주의적 반전 운동이 가능해진 것이었다. 이와 같은 측면에서 전위의 조숙(早熟)은 분명히 긍정적인 측면이 있다. 그러나 동시에, 아직은 혁명의 주체가 될 계급을 이끌지 못하는 '조숙한 전위'는 늘 세 가지 위험에 노출돼 있다.

첫째, 뒤에서 계급의 힘을 느끼지 못하는 전위로서는, 전통 시대의 사고의 틀대로 오로지 지식인만을 혁명의 주체로 착각할 위험이 크다.

인민과의 연결에 실패한 1870∼1890년대의 러시아 '인민주의자'들이 "비판적 사고가 가능한 소수"(유명한 인민주의 이론가 니콜라이 미하일로프스키의 표현)의 역할을 절대화한 것은 바로 이 '소아병적 선민의식'의 전형적 본보기에 가깝다. "지사(志士) 인인(仁人)"을 혁명의 주체로 인식하려 했던 고토쿠는, '전위의 조숙'이 다반사인 세계 체제 주변부의 초기 혁명가로서 피하기가 어려운 함정에 빠진 것이었다. 지금 우리 시각으로 보면 비판하지 않을 수 없는 부분이지만, 1870∼1890년대의 '인민주의자'들이 결국 1898년 이후의 러시아 사회주의 운동에서 하나의 '기반'을 쌓았듯이, 고토쿠 등 초기 급진주의자들이 없었다면 1920년대 이후에 일본, 조선 등지에서 진정한 의미의 계급적 혁명 운동은 태어나기가 어려웠을 것이다. 남한의 계급 투쟁의 경험을 이야기해도, 1970년대의 남민전(南民戰) 등 근로인민 대중과 연대하지 못한 급진적 서클들이 실패로 끝났다 해도, 결과적으로 노학(勞學) 연대가 — 부족하고 미숙한 형태로라도 — 어느 정도 실현되기 시작한 1980년대 운동의 밑바탕이 됐다. 고토쿠 운동의 역사적 의미는 바로 이와 같은 맥락에서 바라볼 수 있을 것이다.

둘째, 주체적인 노동 계급의 힘이 뒷받침되지 못하면 전위 세력은 외부를 지향하지 않을 수 없다. 외부 경험을 익힌다는 것 자체는 당연히 국제주의적 계급 혁명가로서 필수불가결한 부분이지만, 주체적인 비판 의식이 없는 정신적인 대외 의존은 결국 혁명 역량을 저하시킨다. '현실 사회주의'의 엄연한 한계에 대한 뚜렷한 의식 없이 소련이나 동구의 경험을 절대시했다가 1991년의 소련 해체 이후에 심리적 공황 상태에 빠져 상당 부분 탈퇴하고 전향한 1980년대 말 일부 남한 학생 운동가들의 사례는 '조숙한 전위'로서 확보하기 어려운 대외적 주체성의 중요성을 일깨운다. 고토쿠와 그 동지의 경우에는, 초기에 의회 투쟁이 가능한 독일 등 유럽 선진국 사민당들의 투쟁 전략을 무비판적으로 모방

하여 '비폭력 혁명', '의회 장악을 통한 혁명'에 대한 환상을 품었는가
하면, 후기에는 이미 혁명적 상황이 성숙한 러시아와 혁명적 상황이 전
혀 조성되지 못한 일본의 형편을 혼동하여 러시아 아나키스트나 급진
적 '인민주의자'들의 직접행동론을 무비판적으로 수용하기도 했다. 전
위 일부의 '의회'나 '법'에 대한 몰(沒)계급적 환상이나 절망이 빚어낸
초(超)좌파적 편향도, 노동 계급이 아직도 본격적인 계급으로서 행동하
지 못하는 비극적 상황의 불가피한 결과라고 하겠다. 농민 운동과 노동
운동이 부진하고 국가의 탄압이 극심했던 1880~1890년대 에스파냐
에서 아나키스트들의 '암살주의' 편향 등 초(超)좌파적 '직접행동'에의
지나친 의존도, 바로 같은 맥락에서 이해할 수 있을 것이다.

  여담이지만, 천황제(天皇制)와의 비타협적인 투사로서 고토쿠의 이
미지가 다시 부각되었던 1960년대 말~1970년대 초 일본에서는, 고토
쿠 말기의 '초(超)좌파적 행동' 편향이라는 비극이 다시 재현됐다. 세
계 체제 중심부에 편입돼 보수화돼 갔던 일본의 학생, 젊은이, 노동자
들에 대한 혁명적 설득, 선전, 조직화를 해낼 힘과 의지가 없었던 일부
신좌익(공산주의동맹적군파와 일본공산당 혁명좌파 등)은 결국 장기 평화
를 누리고 혁명적 상황이 조성될 리 없었던 그 당시 일본의 형편에 전
혀 맞지 않은 1930년대 중국 공산당이나 팔레스타인 해방 운동가들의
게릴라 투쟁 전략을 무비판적으로 받아들였다. 결국 팔레스타인 해방
운동과의 연대를 가시적으로 실천했다 해도 일본 내의 활동은 완전히
실패하고 말았다. 그들이 감행한 텔아비브 공항 무장 공격(1972년 5월
30일) 등은 팔레스타인 투쟁을 국제적으로 가시화하는 데에 도움이 됐
다 해도, 이와 같은 종류의 '직접행동'들은 일본 내에서 아무런 호응을
얻지 못해 '일본 혁명'에 전혀 기여하지 못했다. 고도 경제 성장이 지속
되는 과정에서 신좌익 급진 활동의 지지 기반이 될 청년 노동자와 예비
노동자층이 점차 급진성을 잃어 신좌익이 고립돼 가는 상황에서 이루

어진 이와 같은 (결과적으로 다소 무의미하고 언론 비난과 국가 탄압의 빌미만 제공한) '직접행동'들은, 1900년대 말 고토쿠와 그 동지들이 선택한 비극적인 투쟁 방법을 방불케 하는 부분이 있었다. 항복이나 편리한 고도성장 사회에 안주하기보다 망명과 무장 투쟁, 그리고 결과적 옥쇄(玉碎)의 가시밭길을 선택한 일본 신좌익의 전투적 활동가들, 그들보다 60년 일찍이 이론적으로나마 비슷한 방향으로 간 고토쿠도 당연히 존경을 받을 만하지만, 진정한 혁명은 절망과 옥쇄보다 역사적 낙관과 긍정적인 삶의 의지에 기반하는 것이 아닌가? 혁명은 파괴인 동시에 건설도 의미하기 때문이다.

셋째, '조숙한 전위'는 조급할 때가 많다. 예를 들어 고토쿠의 경우에 대외적 조급함의 표현은, 반제국주의 투쟁에 대한 정당한 강조 없이 이미 반(牛) 식민지로 전락한 중국에서 온 동지들에게 사회주의 사상부터 '계몽'하다시피 강연했던 것이었다. 후기의 '암살주의'에 대한 수용적 태도도 역시 대내적 조급함의 표현이라 할 수 있겠다. 노동 계급의 힘을 폭력혁명을 통해 발휘할 수 없는 상황에서는, 극소수의 전위적 지식인들이 '소수에 의한 혁명적 폭력'의 유혹에 빠지기가 쉽다. 사실, 고도성장의 환경에서 노동 계급이 급진성과 거리를 두면서 대중 노선에 대한 지향을 잃어 극소수에 의한 혁명적 폭력(게릴라전)을 선호하게 된 1970년대 초의 일본의 신좌익도 같은 종류의 조급증에 걸렸다고 볼 수 있다. 폭력이라는 같은 단어를 쓰지만, 다수의 혁명적 폭력과 극소수의 혁명적 폭력은 효과에서 차이가 크다. 전자는 승리와 새로운 사회 건설로 이어질 수 있는가 하면, 후자는 국가 탄압의 빌미를 제공하는 경우가 많은데, 고토쿠와 '대역 사건'이 바로 이와 같은 경우라 하겠다.

'조숙한 전위'의 존재는 늘 비극적이다. 그들은 러일전쟁 때의 고토쿠의 반전론처럼 중요한 역사적 계기마다 양심적 주장을 제기하지만, 대중의 감정을 선동하는 것은—앞에서 언급한 '히비야 공원 방화 사건'처럼—권력과 권위를 가진 적들의 저급한 선전이다. 대중이 아직도 대자적 민중으로 성장하지 않은 상황에서는, 민중과 함께하려는 전위로서는 늘 자기 존재의 비극성을 느끼지 않을 수 없다. 그러한 의미에서 고토쿠의 유산을 평가하는 데 있어서 우리는 그가 빠질 수밖에 없었던 불가피한 함정들을 중시하면서도 모든 객관적 한계에도 불구하고 그가 이룩한 혁명적 성취에 주의를 기울여야 할 것이다. 그 성취는, 비록 주로 담론적 차원에서 이루어졌지만, 결코 적지 않았다. 그의 애국심 비판, 군사주의 비판, 그리고 (비록 한계가 많았지만) 중국과 인도와 조선 등 제국주의 침략의 피해자와의 연대 시도 등은—비록 철저하게 과학적이라고 말하기는 힘들더라도—지배자들의 핵심 담론인 '애국·국민·민족'이나 지배자들이 '군인'으로 내세웠던 군사화된 표준적 남성상을 해체하는 데 큰 기여를 했다. 주위의 자유주의자들과 달리 고토쿠와 그 동지들은 자본주의와 제국주의, 침략주의의 내적 연관성을 파악했으며, 러일전쟁과 같은 여론화, 기술화, 대량화된 전쟁의 대형 참극이 자본주의의 본격적인 극복 이후에만 종식될 수 있다는 사실을 깨달았다. 자본주의의 내재적 모순에 대한 이 깨달음은, 그들의 모든 미숙함과 부족함에도 불구하고 그들을 진정한 사회주의자로 부를 수 있게 만드는 것이다.

3

고토쿠는 왜 지금도 우리에게 시의적절하고, 왜 지금 우리에게 필요한가? 고토쿠의 《장광설》을 조선 말에 일본어 원본으로 보고 처음으로 아나키즘에 관심을 가진 신채호 등에게 끼친 영향이라든가 그 당시 일본에서 보기 드물었던 고토쿠의 안중근에 대한 긍정적 태도 등을 이야기할 수도 있다. 하지만 과거의 투쟁에 대한 의미 부여보다, '지금 여

기'에서 고토쿠의 현재성을 강조해야 할 것이다. 비록 남한은 이미 세계의 중심적인 제조업 국가로 성장했으며 세계 체제 준(準) 핵심부에 편입됐지만, 노동 계급의 계급 의식은 여전히 지배자들이 강요해 온 '애국주의'나 군사주의 담론에 눌려 있고 밀려 있다. 계급적으로 각성된 민주노총의 활동가라 해도 '독도 문제'가 불거지기만 하면 일본 무산 계급과의 연대보다 먼저 '국민'으로서 일본에 대한 분노를 느끼는 것이 우리의 현주소다. 국내에서 2008년 말~2009년 초 도쿄의 '연말 파견 노동자들의 천막촌(年越し派遣村)' 일본 비정규직(파견직) 노동자들의 최근 투쟁이 적어도 사회 운동에 관심 가진 이들 사이에서 알려지고, 일본에서 일부 진보적인 자원봉사자들이 《한겨레신문》의 노동 투쟁 등 관련 뉴스와 기사들을 일본어로 번역하여 '한겨레 사랑방(http://blog.livedoor.jp/hangyoreh/)'이라는 사이트에서 게재하지만, 아직까지 양쪽 노동자, 빈민의 연대 투쟁 사례가 거의 없어 '한일 간 무산 계급의 연대'는 지식과 경험의 교환, 교류의 수준에 머무르고 있다. 노동 운동이 아직도 산발적이고 국지적인 차원에 머무르는 중국의 투쟁하는 노동자와의 연대는 중국 내부의 정치 상황 등까지 겹쳐 더욱더 어렵다.

　연대가 부족하면 지배자들이 원하는 상호 경쟁과 질서가 그 자리를 메운다. 자본의 주문대로 인접 국가인 일본, 중국을 일차적으로 '경쟁자'로 인식하는 우리들의 집단 심성 상태가 '히비야 공원 방화 사건'을 일으킨 100여 년 전의 일본의 대중과 얼마나 다른가를 스스로에게 물어봐야 한다. 군과 전쟁에 대한 우리의 담론적 무력함은 더욱더 절망적이다. 파업할 때 열심히 싸우는 남성 노조 활동가라 해도, 군대에 갔다 오는 것을 '남자 되기 위한 필수 코스'로 생각하고 군대에 가지 못하는(않는) 여성을— '차별'까지 하지는 않아도—적어도 이질시하는 것이 오늘날 대한민국 노동계의 현실이다. 군 복무에 남성 사회가 이 정도

익숙해진 상황에서 남북한 지배자들이 정말 전쟁이라도 일으킬 경우에 우리는 이 국면을 혁명적으로 전환하여 남북한 양쪽에서 민중 본위의 혁명적 변혁의 기회로 이용할 수 있을 것인가?

역설이지만, '조숙한 전위'로서 고토쿠는 이미 대중 운동의 시대에 접어든 우리에게도 수많은 귀한 가르침을 줄 수 있다. 우리는 그 한계를 직시하면서도 국가, 군대, 애국에 대한 환상들을 파괴하려고 결국 자기 몸까지 희생한 그에게 진심으로 감사하고 목숨이라는 대가로 얻은 그의 가르침을 마음에 새겨야 한다. 이러한 의미에서, 이 책의 출간은 남한의 변혁, 노동 운동에 큰 경사가 아닐 수 없다. 우리는 고토쿠라는 우리 운동의 동아시아적인 공동의 뿌리를 확인하면서, 그 뿌리로부터 새로운 힘을 얻어, 노동자, 농민, 민중 본위의 사회 건설이라는, 지난 100여 년 동안 바뀌지 않는 우리 목표를 향해서 더욱 힘차게 달릴 수 있을 것이다.

차 례

한국어판 해제 – '조숙한 전위'의 아름다운 비극 _ 박노자

20세기의 괴물 제국주의

《제국주의》에 서문을 부치다(우치무라 간조) 25 | 일러두기 세 가지 27
제1장 서언 29 | 제2장 애국심을 논하다 32 | 제3장 군국주의를 논하다 60
제4장 제국주의를 논하다 91 | 제5장 결론 117

장광설

19세기와 20세기 124 | 혁명이 도래한다 128 | 파괴주의인가 폭도인가 131
금전을 폐지하라 135 | 위장의 문제 139 | 최근의 노동 문제 144
제국주의의 쇠운 151 | 암살론 157 | 무정부당 제조 162
위험한 국민 166 | 월폴 정책 169 | 일본의 민주주의 173
외교상의 비입헌국 177 | 재정의 대혁신 182 | 호전적인 국민인가 185
후대받는 병사 187 | 비전쟁문학 190 | 비정치론 194 | 이상 없는 국민 196
마비된 국민 198 | 목적과 수단 201 | 의무감 204 | 노인의 손 206
문명을 모욕하는 자 209 | 이토 후작의 성덕 211 | 평범한 거인 213
《수신요령》을 읽다 216 | 자유당 제문 222 | 세모의 고통 226
신년의 환희 229 | 고등교육의 권리 231 | 연애문학 233
자살론 236 | 불완전한 연회 240

사회주의 신수

서문 246 | 제1장 서론 248 | 제2장 빈곤의 원인 254

제3장 산업 제도의 진화 260 | 제4장 사회주의의 주장 272

제5장 사회주의의 효과 284 | 제6장 사회당 운동 296 | 제7장 결론 303

부록 사회주의와 국가 306 | 사회주의와 직접 입법 310 | 사회주의와 국체 316

사회주의와 상업 광고 320 | 사회주의와 부인 327

기타 논설 편

비전론

전쟁과 평화를 결정하는 자 334 | 러시아사회당에 보내는 글 337

러시아사회당으로부터 341 | 전쟁과 소학 아동 343 | 아아, 증세! 346

톨스토이 옹의 비전론을 평하다 350 | 사회당의 전쟁관 354

부인론

부인과 전쟁 358 | 부인과 정치 363

나의 부인관 367 | 부인 해방과 사회주의 369

직접행동론

러시아혁명이 주는 교훈 375 | 앨버트 존슨에게 보내는 편지 382

일파만파 385 | 무정부 공산제의 실현 390

사회혁명당 선언 391 | 세계 혁명 운동의 조류 394

내 사상의 변화(보통선거에 대하여) 400 | 일본사회당대회 연설문 411

사회주의강습회 제1차 개회 연설 420 | 병환 중의 망언 433

혁명 사상 442

조선 관련

포기인가 병탄인가 445 | 경애하는 조선 447

조선병탄론을 평하다 452 |《만조보》기자에게 답하다 458

도덕론 462 | 도쿄평론(제3신) 464

안중근 초상 그림엽서에 시를 더하다 465

기타

나는 사회주의자다 468 | 사회주의와 종교 470

사회와 희생 477 | 나는 왜 사회주의자가 되었나 482

인류와 생존경쟁 484 | 어느 정도까지는 찬성 489

적색기 492 | 채식주의 496 | 번역의 고심 499

옥중수기

진술서 511 | 절필시 531 | 사생(死生) 532

해설

옮긴이 해설 – 혁명가가 된 지사 고토쿠 슈스이 553

고토쿠 슈스이 연보 588

참고문헌 594

• 찾아보기 597

20세기의 괴물
제국주의

개요) 20세기 초에 간행된 고토쿠 슈스이의 처녀작으로, 제국주의 비판서다. 제국주의를 내셔널리즘과 군국주의의 결합으로 본 이 책은, 우선 식민지 쟁탈로 드러난 열강의 제국주의가 필연적으로 내셔널리즘을 내포한 것임을 명확히 설명한다. 이어서 국민 규율이나 세력 균형주의에 입각하여 군비를 강조하는 군국주의의 허구성을 논파한다. 그리고 문명의 가치를 체현한 윤리적 주체인 어질고 의로운 지사(志士仁人)들에게 과학적 사회주의를 시행하여 파멸과 타락으로 치닫는 제국주의를 소탕할 것을 호소하며 글을 맺는다. 제국주의 일반을 논하면서 동시에 일본 제국주의의 후진성을 지적하여 '군인적 제국주의'라고 한 점이 획기적이다. 그렇지만 아직 제국주의의 궁극적 출발점을 경제 영역에서 찾지 않았으며, 어질고 의로운 지사를 프롤레타리아트가 아닌 국민을 대리하는 존재로 보는 점 등에서 사회주의에 대한 이해가 부족한 텍스트로 평가받는다. 그러나 고토쿠 슈스이의 주장은 당시에 제국주의라는 세계적 현상에 대항하여 서구를 중심으로 전개된 제국주의 비판이라는 세계적 담론 공간을 일본에 소개했다는 의의가 있을 뿐만 아니라, 나아가 아시아 지식인으로서 그 공간에 적극적으로 참여하는 것이기도 했다.

서지) '廿世紀之怪物帝國主義'라는 제목으로 1901년 4월 20일에 경성사서점(警醒社書店)에서 간행되었다. 재판은 1901년 5월 10일, 제3판은 1903년 10월 10일, 제4판은 광고만 존재하고 실물은 확인되지 않았다. 1902년에는 중국에서 번역 출간되었다(趙必振 역, 《二十世紀之怪物帝國主義》, 上海通雅書局).

《제국주의》에 서문을 부치다

　인류 역사는 태초부터 종말에 이르기까지 신앙과 힘의 경쟁사다. 어느 때는 신앙이 힘을 제압하고 또 어느 때는 힘이 신앙을 제압한다. 빌라도(로마 총독)가 예수를 십자가에 못 박았을 때는 힘이 신앙에 승리했을 때다. 밀라노 주교 암브로시우스(Ambrosius, 340?~397)가 황제 테오도시우스(Theodosius I, 346?~395)에게 참회를 명했을 때는 신앙이 힘에 승리했을 때다. 신앙이 힘을 제압했을 때 세상에 광명이 있고, 힘이 신앙을 제압했을 때 세상은 암흑이다. 그리고 지금은 힘이 다시금 신앙을 제압하는 암흑 시대다.

　정부에는 우주의 조화를 도모하는 철학자가 한 사람도 없는데, 육지에는 13사단의 군대가 있어 창과 칼이 도처에서 번쩍이고 있다. 민간에는 백성의 우수를 위로하는 시인이 한 사람도 없는데, 바다에는 26만 톤의 전함이 분쟁도 없는 해상에 큰 파도를 일으키고 있다. 가정의 문란은 극에 달하여 부자는 서로 원망하고 형제는 서로 다투며 고부는 서로 헐뜯고 있는데도, 바깥으로는 동해의 벚꽃 나라, 세계의 군자국임을 자랑하고 있다. 제국주의란 실로 이와 같은 것이다.

　나의 벗 고토쿠 슈스이 군의 《제국주의》가 완성되었다. 자네가 소장파의 몸으로 오늘날의 문단에 기치를 올리고 있는 것은 세상이 다 아는 바다. 자네는 기독교 신자는 아니지만, 세상의 이른바 애국심을 몹시 미워한다. 자네는 한 번도 해외의 자유국에서 유학한 적이 없지만, 성실한 사회주의자다.[1] 나는 자네와 같은 인사를 벗으로 둔 것을 명예로 여겨 여기에 이 독창적 저술을 세상에 소개하는 영광을 부여받은 것을 감사한다.

1901년 4월 11일 도쿄 외곽 쓰노하즈(角筆) 마을에서

우치무라 간조[2]

---

1) 당시 사회주의자로 유명했던 인물로는 사회주의연구회 회장 무라이 도모요시(村井知
   至, 1861~1944), 사회주의협회 회장 아베 이소오(安部磯雄, 1865~1949), 노동조합
   기성회(勞働組合期成會)를 조직하여 노동 운동을 지도한 가타야마 센(片山潛,
   1859~1933) 등 유학 경험이 있는 기독교 신자들이 많았다.

2) **우치무라 간조(內村鑑三, 1861~1930)** 무교회파 기독교도. 삿포로(札幌) 농학교 졸업
   후 미국에 유학하였다. 1890년 제일고등중학교 촉탁교원이 되지만, 이듬해에 불경
   사건으로 사직했다. 1897년에 사주(社主)인 구로이와 루이코(黑岩淚香)에게 초빙되
   어 '조보사(朝報社)'에 입사하여 영문란을 담당했다. 1898년에 퇴사하여 《도쿄 독립
   잡지(東京獨立雜誌)》를 창간하였다. 폐간 후인 1900년 9월에 다시 조보사에 입사하
   여 구로이와, 고토쿠 등과 사회 개량을 목적으로 하는 이상단(理想團)을 결성했다. 고
   토쿠는 1898년에 조보사에 입사하는데, 고토쿠에게 우치무라는 조보사 선배이자 동
   료였다. 또한 1903년 10월에 우치무라, 고토쿠, 사카이 도시히코(堺利彦)는 주전론
   (主戰論)으로 돌아선 구로이와에게 반대하여 비전론을 주장하며 조보사를 퇴사했다.
   청일전쟁과 러일전쟁을 거치면서 정부의 정책에 기본적으로 동의했던 당시 기독교계
   의 풍조를 비판하며 무교회주의를 제창하였다.

일러두기 세 가지

하나. 동양의 풍운은 나날이 다급해지고 천하는 공명을 위하여 열광하고 있다. 세상의 지사나 애국자들이 모두 머리카락이 거꾸로 서고 눈초리가 올라가 몹시 흥분하고 있을 때, 홀로 냉정히 이론을 풀이하고 도덕을 설파한다. 남송이 멸망할 때 충신 육수부(陸秀夫, 1236~1279)가 애산(厓山) 앞바다 배 안에서 8세의 어린 황제에게 《대학》을 가르친 고사와 마찬가지로, 독선과 우회라고 조소당할 것임은 나도 알고 있다. 하지만 조소에 만족하며 도덕을 설파하는 것은, 영원히 정의의 길을 지키기 위하여 스스로 심려하고 헌신하지 않고는 견딜 수 없기 때문이다.

아아, 내 마음을 알아 사회에 전하는 것은 오로지 이 책뿐인가. 그리고 사회의 비난을 받으며 나를 벌하는 것도 오로지 이 책뿐인가.

하나. 전편의 논지는 서구 지식인들이 일찍이 충고하여 널리 알려진 바다. 그리고 지금은 톨스토이[3], 졸라[4], 존 몰리[5], 베벨[6], 브라이언[7]이 가장 앞에 서 있다. 그외에 극히 진보된 도의를 갖추고 극히 고상한 이상을 품은 여러 인사들도 모두 절실히 흠모하지 않을 수 없다. 그 때문에 나는 뻔뻔스럽게 '저술'이라 하지 않고 '기술'이라고 했다.

....

3) **톨스토이**(Lev Nikolajevich Tolstoj, 1828~1910) 평화주의자로 유명한 톨스토이는 《애국심에 대하여》 등에서 애국심과 군국주의를 지배자가 자신의 야심과 탐욕을 채우는 방법이라고 비판했으며, 이러한 위기를 극복하는 방법으로 무정부주의를 호소했다. 사회주의자는 아니었지만, 동시대 일본 사민주의 서클에서 인기가 있었다.

4) **졸라**(Émile Zola, 1840~1902) 만년에 공상적 사회주의로 기울어 사회 활동이나 정치 활동에 정력적으로 참여했다. 드레퓌스 사건에서는, 우익 군부의 음모로 스파이로 몰린 유대계 대위 드레퓌스를 변호하여 공개장을 기고했다. 이 일로 처벌을 받아 영국으로 망명하기도 했다. 그는 야만으로 회귀하는 제국주의에 대항하는 이상으로 국민을 주체로 한 민주주의적이고 사회주의적인 혁명을 주장했다.

하나. 사소한 소책자이기에 애초에 소견을 상세히 다 논할 수는 없었지만, 요강을 제기할 수는 있었다고 믿는다. 이 책이 세상의 벽창호들에게도 다소나마 각성해야 할 때임을 알리고 진리와 정의를 위해 얼마간 공헌을 할 수 있다면, 그것이 내가 바라는 바다.

1901년 4월 벚꽃이 흐드러진 시절 조보사 편집국에서

슈스이 생(秋水生) 기술

---

5) **몰리**(John Morley, 1838~1923) 영국 자유당의 중요 정치가. 해외 투기나 정복보다 국내 발전과 투자를 우선하는 반(反)제국주의 정책을 주장하여 '작은 영국' 정신을 부활시키고자 했다. 하지만 그는 자유방임 경제 정책의 신봉자였으며 노동 운동을 지지하지도 않았다. 그가 주장한 외국에 대한 비간섭주의도 아시아나 아프리카에는 진보를 강제해도 소용없다는 자유주의적 점진주의에 따른 것이었다.

6) **베벨**(August Bebel, 1840~1913) 독일의 사회주의자(고토쿠가 인용한 인물 중 유일한 사회주의자). 1868년에 독일사회민주당을 창설하여 독일 제국의회 의원이 되었다. 프로이센-프랑스전쟁 때 군사공채 발행에 반대하다 대역죄 등으로 체포되어 금고형을 받았다. 1891년에 엥겔스, 카우츠키와 함께 마르크스주의에 입각한 급진적 개혁 요구를 담은 에르푸르트 강령을 확립하는 데 힘썼다. 여기에는 식민지 정책 비판도 담겨 있다. 또한 제2인터내셔널에서도 지도적 역할을 했다. 이 책에도 인용되어 있는 1900년 마인츠 당대회에서도 제국주의를 강하게 비판했다(97~98쪽 참조). 하지만 제국주의를 자본주의와 애국주의의 인과 관계로 설명하면서 식민지 해방은 사회혁명이 승리한 뒤에 가능하다고 보고 즉시 해방을 주장하지 않았으며, 식민지 인민들을 투쟁의 동지로 보지 않고 자본주의의 희생자로 변호하는 데 머물렀다. 또한 애국주의를 지지했다는 점에서 급진적 자유주의자들과 이상을 같이했으며, 이에 입각하여 인종차별적 문명론을 전개하기도 했다.

7) **브라이언**(William Jennings Bryan, 1860~1925) 미국의 정치가. 1896년부터 1912년까지 민주당의 사실상 지도자였다. 소수의 이익에만 충실하고 다수의 번영에 도움이 되지 않는다는 경제적 측면과 문명의 도덕성을 들어 제국주의에 반대한 점은 고토쿠와 견해가 같았다. 하지만 미국의 필리핀 영유 등 확장 정책에 반대하는 이유로 비문명적 식민지가 문명국에 끼칠 악영향을 든 데서 알 수 있듯이 그의 반제국주의는 문명적·인종적 우월성에 토대를 둔 것이었다.

제1장 서언

제국주의, 들불처럼 일다

이른바 제국주의의 유행이 참으로 대단하다. 기세가 들불과 같다. 세계 만국이 모두 제국주의의 발밑에 엎드려 찬미하고 숭배하며 받들지 않는 자가 없다. 보라. 영국의 정부와 민간은 모두 제국주의의 신도다. 독일의 호전적인 황제는 열성으로 제국주의를 고취하고 있다. 러시아는 물론 제국주의를 전통적인 정책이라고 부른다. 그리고 프랑스나 오스트리아나 이탈리아도 마찬가지로 제국주의를 대단히 기뻐하고 있다. 미국 같은 나라마저도 최근 들어 빈번히 제국주의를 배우려 하는 것처럼 보인다. 우리 일본에서도 청일전쟁에서 크게 이긴 뒤로 위아래 모두 제국주의에 열광하는 모습은 멍에를 벗어던진 사나운 말과 같다.

무슨 덕이 있고 무슨 힘이 있나

옛날에 다이라노 도키타다[8]는 "다이라 씨가 아닌 자는 인간이라도 인간이 아니다"라고 자랑했다. 오늘날 제국주의를 신봉하지 않는 자는 거의 정치가라도 정치가가 아니며, 국가라도 국가가 아닌 것 같다. 제국주의는 과연 무슨 덕이 있으며 무슨 힘이 있고 무슨 소중한 가치가 있어서 이다지도 유행하게 되었는가.

....

8) **다이라노 도키타다(平時忠)** 헤이안 시대 말기(11세기)의 귀족. 다이라노 기요모리(平淸盛)의 측근으로 권세를 떨쳤다. 이 부분은 《헤이케 이야기(平家物語)》(1권)의 〈대머리(禿髮)〉장에 나온다. 원문은 "다이라 다이나곤(大納言) 도키타다 경이 말씀하시기를 '이 가문이 아닌 자는 모두 인간이 아니다'라고 하셨다."

국가 경영의 목적

생각건대 국가 경영의 목적은 사회의 영원한 진보에 있으며, 인류의 전반적 복리(福利)에 있다. 그렇다. 단지 현재의 번영만이 아니라 영원한 진보에 있으며, 단지 소수 계급의 권세가 아니라 전반적 복리에 있다. 지금의 국가와 정치가가 신봉하는 제국주의는 우리들을 위해서 얼마만큼 진보를 돕고자 하는가, 얼마만큼 복리를 주려고 하는가.

과학적 지식과 문명적 복리

나는 사회의 진보와 그 기초는 반드시 진정한 과학적 지식을 기다리지 않으면 안 되며, 인류의 복리는 그 원천이 반드시 진정한 문명적 도덕으로 귀착하지 않으면 안 된다고 믿는다. 그리고 그 이상은 절대로 자유와 정의가 아니면 안 된다. 그 극치는 반드시 박애와 평등이 아니면 안 된다. 동서고금의 역사를 보아도 이것에 능히 순응하는 자는 송백이 겨울을 견디듯이 번성하고, 이것을 거역하는 자는 봄날의 꿈처럼 덧없이 무너져버린다. 제국주의 정책도 이 기초와 원천을 토대로 이상의 극치를 향해 나아간다면, 이 주의는 실로 사회와 인류를 위하여 천국에서 온 복음이다. 나는 기꺼이 제국주의를 위하여 선봉에 서고자 할 것이다.

하지만 만약 불행히도 제국주의가 발흥하고 유행하는 근본 이유가 과학적 지식이 아니라 미신이며, 문명적 도덕이 아니라 열광이고, 자유·정의·박애·평등이 아니라 압제·부정·고루·투쟁이었다고 하자. 그리고 가령 이 탐욕과 악덕이 정신적으로든 물질적으로든 세계 만국을 지배하는 일이 이대로 끝이 없다고 하자. 그 해독이 끼치는 영향을 생각하면 소름이 끼치지 않는가.

천사인가 악마인가

아아 제국주의여, 네 거침없는 기세는 20세기의 천지에 적광정토(寂

光淨土)를 출현시키려고 하는 것인가. 무간지옥(無間地獄)으로 떨어뜨리려고 하는 것인가. 진보인가 부패인가. 복리인가 재앙인가. 천사인가 악마인가.

대단히 곤란한 급무

그 진상과 실질의 내용을 연구하는 것은 20세기를 움직이는 지도자들에게 대단히 곤란한 급무가 아닌가. 이것이 부족한 내가 무능함을 돌아보지 않고 굳이 붓을 쥐고 어쩔 수 없이 의견을 밝히는 까닭이다.

제2장 애국심을 논하다

1

제국주의자의 함성

우리 국민을 팽창시키자. 우리 판도를 확장하자. 대제국을 건설하자. 우리 국위를 떨쳐 일으키자. 우리 국기를 영광되게 하자. 이것이 이른바 제국주의자의 함성이다. 그들이 자신의 국가를 사랑하는 마음은 깊다.

영국은 남아프리카를 무찌르고 미국은 필리핀을 토벌했다. 독일은 자오저우(膠州)를 손에 넣었고 러시아는 만주를 빼앗았다. 프랑스는 파쇼다(수단)를 정복했고, 이탈리아는 아비시니아(에티오피아)에서 싸웠다. 이것은 최근 제국주의를 강행하는 곳에서 드러난 눈에 띄는 현상이다. 제국주의가 향하는 곳에는 군비나 군비를 방패로 한 외교가 뒤따르지 않는 경우가 없다.

애국심을 씨실로, 군국주의를 날실로

그렇다. 제국주의가 발전하는 흔적을 보라. 제국주의는 애국심을 씨실로 하고 군국주의를 날실로 하여 짜낸 정책이 아닌가. 적어도 애국심과 군국주의는 현재 열국의 제국주의가 공유하는 조건이 아닌가. 따라서 나는 제국주의의 시시비비와 이해득실을 판정하고자 한다면, 우선 애국심과 군국주의에 대해서 가장 많은 검토를 하지 않으면 안 된다고 말하고 싶다.

애국심이란 무엇인가

그렇다면 지금의 애국심 또는 애국주의란 무엇인가. 이른바 패트리어티즘(patriatism)이란 무엇인가. 우리들은 어떻게 우리 국가, 국토를 사랑할 것인가, 또는 사랑하지 않으면 안 될 것인가.

2

애국심과 측은동정

생각건대 아이가 우물에 빠지려는 것을 보면 누구나 달려가 아이를 구하는 데 주저하지 않으리라는 것은 중국의 맹자가 말한 대로며, 우리들도 마찬가지다. 만약 애국심이 정말로 아이를 구하는 것과 같은 동정심, 측은지심, 자선의 마음과 같다고 할 수 있다면, 정말로 아름답고 순수하며 한 점 사심도 없는 것이다.

하지만 생각해보라. 진실로 고결한 측은지심과 자선의 마음은 결코 자기와 가까운지 아닌지를 문제 삼지 않는다. 이것은 마치 위급한 아이를 구할 때 우리 아이인지 남의 아이인지를 묻지 않는 것과 같다. 그런 탓에 세계 만방의 어질고 의로운 지사(志士仁人)들은, 트란스발의 승리와 부활을 기원하고 필리핀의 성공과 독립을 빌었다.[9] 그 적국인 영국인 가운데 그런 사람이 있다. 그 적국인 미국인 가운데 그런 사람이 있다. 애국심은 과연 그것을 가능케 할 수 있을까.

지금의 애국자나 국가주의자는 십중팔구 트란스발을 위해 기도하는 영국인을 애국심이 없다고 매도할 것이다. 필리핀을 위해 기도하는 미국인을 애국심이 없다고 매도할 것이다. 맞다. 그들에게는 어쩌면 애국심이 없을 것이다. 하지만 고결한 동정, 측은, 자선의 마음은 확실히 여기에 있다. 그렇다면 애국심은 우물에 빠진 아이를 구하는 저변의 인심과 일치하지는 않는 것 같다.

그렇다. 나는 애국심이 순수한 동정심과 연민이 아님을 슬퍼한다. 애국심이 사랑하는 것은 자기 나라 땅에 한정된다. 자기 나라 사람에 한정된다. 다른 나라를 사랑하지 않고 단지 자기 나라를 사랑하는 사람은 타인을 사랑하지 않고 다만 자기 한 몸을 사랑하는 사람이다. 화려한 명예를 사랑하는 사람이다. 이익의 독점을 사랑하는 사람이다. 공(公)이라고 할 수 있는가. 사(私)가 아니라고 할 수 있는가.

망향심

애국심은 또한 고향을 사랑하는 마음과 닮았다. 고향을 사랑하는 마음은 소중하다. 그러나 또한 몹시 경멸할 만한 것이다.

타향에 대한 증오

누가 어릴 적 죽마에 채찍질하던 시절에 진정으로 고향의 무슨 산 무

---

9) 남아프리카공화국은 17세기부터 네덜란드 동인도회사의 무역 중계지로서 네덜란드인 이민자와 그 자손인 보어인에 의해 개척되었다. 나폴레옹전쟁 이후에 영국이 케이프타운을 점유하자 영국의 자유주의 정책과 노예 해방에 반대한 많은 보어인들이 1830년대에 내륙으로 이주하여 오렌지자유국과 트란스발공화국을 세웠다. 1867년 오렌지자유국에서 다이아몬드가 발견되고, 1886년 트란스발공화국에서 금광이 발견되자 영국인들이 다시 이 땅으로 몰려왔다. 트란스발공화국에서는 영국인을 비롯한 외국인이 세력을 쥐는 것을 경계하여 무거운 세금을 매기고 참정권 등을 제한했다. 결국 트란스발 정부와 외국인들의 대립이 격화되었고, 영국 정부는 강경한 자세로 일관하여 1899년 보어전쟁이 시작되었다. 보어인들은 게릴라전으로 저항했지만 1902년에 패배하여, 트란스발공화국과 오렌지자유국은 영국에 병합되었다.
19세기 말 에스파냐 식민지였던 필리핀의 독립 투쟁은 에밀리오 아기날도 등이 이끄는 비밀 결사가 주도했다. 같은 에스파냐 식민지였던 쿠바의 독립 운동을 둘러싸고 1898년 4월에 미국과 에스파냐가 전쟁을 시작하자, 홍콩에 있던 듀이 제독의 함대가 마닐라 만의 에스파냐 함대를 격파하여 독립 운동을 지원했다. 5월에는 아기날도가 혁명 정부를 수립했고, 다음달에 대통령에 취임했다. 하지만 8월에 마닐라를 점령한 미군이 이듬해에 독립을 요구하는 아기날도가 이끄는 공화국군과 전투를 벌였다. 아기날도는 게릴라전으로 저항했지만, 1901년 3월에 미군에게 체포되어 미국에 충성을 맹세해야 했다.

슨 강을 사랑해야 한다고 깨달았겠는가. 그들이 회토망향(懷土望鄕)의 정을 일으키는 것은 실로 이향 타국이 있음을 깨달은 뒤가 아니겠는가. 동서로 떠돌다가 굳센 기상이 몇 번 꺾이고 점점 인정의 냉혹함을 깨달을 때, 인간은 청춘의 유쾌함을 떠올리고 옛 동무와 뛰놀던 고향에 대한 그리움이 절실해진다. 풍토가 대단히 몸에 맞지 않고 음식이 전혀 입에 맞지 않으며 자신의 생각을 털어놓을 벗이 없고 부모와 처자식의 근심을 어루만지지 못하면, 고향을 그리는 마음이 절실해진다. 고향이 사랑스럽고 숭고하기 때문에 생각한다기보다는 단지 타향이 혐오스럽고 꺼려지기 때문이다. 고향에 대한 순수한 동정심과 연민이 아니라 타향에 대한 증오다. 실의와 역경에 빠진 사람들은 대개 모두 그렇다. 그들이 타향을 증오하지 않았다면 그다지 고향을 사모하지도 않았을 것이다.

비단 실의에 빠지거나 역경에 처한 사람뿐만 아니라 득의양양하여 마음먹은 대로 잘되는 사람에게도 망향심이 있지 않느냐고 그들은 말한다. 그렇다. 정말로 망향심은 존재한다. 그런데 득의만만한 사람이 고향을 사모하는 마음은 더욱 경멸할 만한 것이다. 그들은 고향의 늙은 부모나 지인들에게 득의만만함을 과시하기를 바랄 뿐이다. 고향에 대한 동정심과 연민이 아니라 자기 한 몸의 허영이다. 과장이다. 경쟁심이다. 옛말에 이르기를 "부귀하여 고향에 돌아가지 않으면 비단옷을 입고 밤에 걷는 것과 같다"고 했다. 이 한마디는 그들이 품은 경멸할 만한 가슴 밑바닥의 비밀을 설파하여 불을 밝히는 것처럼 보이지 않는가.

대학을 우리 지방에 세우거나 철도를 우리 지방에 깔았으면 하는데, 이것은 아직 괜찮다. 심지어 총무위원을 우리 현에서 내거나 대신(大臣)을 우리 주(州)에서 냈으면 하고들 떠든다. 그들은 자기 한 몸의 이익이나 허영을 외면하고 진정으로 고향에 대한 동정심과 자애로운 연민의 마음에서 그러는 것일까. 유식한 자나 고결한 신사여, 이에 대해 과연 추호의 모멸감도 없는가.

천하의 가련한 벌레

그렇다. 애국심이 망향의 정과 원인이나 동기가 같다면, 우예(虞芮)의 싸움[10]이 애국자의 바람직한 표본인가. 촉만(觸蠻)의 싸움[11]이 애국자의 바람직한 비유인가. 천하의 가련한 벌레인가.

허과허영

여기서 생각해보자. 덴구 담배(天狗屋)의 이와야 마쓰헤이[12] 씨가 '국익의 우두머리'라고 떠들어대는 것을 비웃지 마라. 그가 동궁 결혼 기념 미술관에 1천 엔을 기부하기로 약속하고 그것을 지키지 않은 것을 비웃지 마라. 천하의 애국자와 애국심은 이와야 씨와 단지 오십보백보의 차이일 뿐이다. 애국심 광고는 단지 자기 한 몸의 이익을 위한 것일 뿐, 과장을 위할 뿐, 허영을 위할 뿐이다.

---

10) **우예의 싸움** 《사기(史記)》 주기(周紀)에 수록된 우(虞)와 예(芮)의 국경을 둘러싼 싸움. 주나라 문왕에게 판정을 받기 위해 주나라에 갔다가 주나라 백성들의 바른 도덕을 보고 수치스러워 다툼을 멈추고 전지(田地)를 간전(間田)으로 했다는 고사.

11) **촉만의 싸움** 달팽이의 왼쪽 촉각에 있는 나라의 촉 씨와 오른쪽 촉각에 있는 나라의 만 씨가 영지를 둘러싸고 다투어 수만 명의 사망자를 내고 15일 만에 싸움이 끝났다는 우화. 넓은 시야에서 보면 사사로운 다툼을 의미한다.

12) **이와야 마쓰헤이(岩谷松平, 1849~1920)** 가고시마 출신의 사업가. 1877년에 상경하여 긴자(銀座)에 직물상을 시작했다가, 나중에 궐련(종이로 만 담배)을 제조하여 덴구 타바코(天狗煙草)라는 이름으로 판매했다. 덴구 담배는 '국익의 우두머리'나 '놀라지 마라 세액 천팔백만 엔' 등 기발한 선전 문구로 세상에 널리 알려졌다.

로마의 애국심

"당파는 없다. 다만 국가가 있을 뿐."[13]

"Then none was for a party, then all were for the state."

이것은 로마의 시인이 과장해서 국가를 찬미한 말이다. 하지만 어찌 알겠는가. 이는 당파를 이용하는 지혜가 없었기 때문일 뿐이다. 국가가 존재하기 때문이 아니라 적국과 적수가 있기 때문일 뿐이다. 적국과 적수를 미워해야 한다는 미신이 있었기 때문일 뿐이다.

로마의 빈민

우리들은 알고 있다. 당시 로마의 빈민인 다수의 농민이 소수의 부유층과 함께, 또는 부유층을 따라서 국가를 위하여 전장에 나선 것을. 우리들은 또한 알고 있다. 그들이 적수와 맞서서 용맹분진(勇猛奮進) 전쟁터에서 자기 몸을 돌보지 않았고 충의가 진실로 감탄할 만했던 것을. 우리는 또한 알고 있다. 그들이 다행히 승전하여 임무를 완수하고 돌아왔을 때는 종군하는 동안에 진 빚 때문에 곧바로 노예 신분으로 전락했다는 것을. 보아라, 전시 중에 부자들의 밭이랑은 항상 하인과 노예가 경작하고 개간했지만, 빈자의 밭은 완전히 황폐해져 잡초만 무성해진 것은 당연하지 않은가. 그리하여 빚을 지고 결국 팔려 가서 노예가 된다. 과연 누구의 잘못인가.

그들은 로마의 적국과 적수를 증오했다. 하지만 적수가 그들에게 재

---

13) 기원전 1세기 로마의 서정시인 호라티우스가 쓴 시의 한 구절. 영국의 정치가이자 역사가인 매콜리(Thomas Macaulay, 1800~1859)의 《고대 로마의 담시》(1842)에 소개되었다. ― 로버트슨(John M. Robertson)의 《애국심과 제국(Patriotism and Empire)》 참조.

난을 끼쳤다고 해도, 그것은 결코 동포인 부자들이 끼치는 재난에는 미치지 못할 것이다. 그들은 적수 때문에 자유를 빼앗겨야 한다. 재산을 빼앗겨야 한다. 노예가 되어야 한다. 그런데 그들은 실제로 동포 때문에 그렇게 되었던 것이 아닌가. 그들은 여기에 생각이 미치지 못했다.

얼마나 바보인가

부자들은 싸우면 재산이 점점 늘어나고 노예와 하인이 점점 많아진다. 그런데 빈자는 아무것도 늘지 않는다. 다만 국가를 위하여 싸웠을 뿐이다. 그들은 국가를 위해서 싸우다가 노예 신분으로 떨어지더라도, 여전히 적수를 토벌했다는 과거의 허영을 추억하고 감동하며 만족해서 과시하는 자들이었으니, 아아 이 얼마나 바보인가. 고대 로마의 애국심은 실로 이와 같은 것이었다.

그리스의 노예

고대 그리스의 농노인 헬롯(Helot)을 보라. 유사시에는 병사가 되고 평상시에는 노예가 되었다. 그들은 지나치게 강건하거나 그 수가 지나치게 늘어나면 항상 주인에게 살육당했다. 더욱이 그들은 주인을 위해 싸울 때에는 충의가 비할 바 없었고 용감하기 이를 데 없어서, 일찍이 한 번도 창을 거꾸로 들고 자유를 얻으려고 한 적이 없었다.

미신적 애국심

그들이 그러한 까닭은 무엇인가. 오로지 외국과 외국인, 즉 적국과 적수를 증오하고 토벌하는 것을 최고의 명예로 믿었기 때문이다. 최고의 영광으로 믿었기 때문이다. 허세를 몰랐기 때문이다. 허영을 몰랐기 때문이다. 아아, 미신, 그들의 애국심이라는 과장되고 허영에 넘치는 미신의 견고함은, 부패한 신수(神水)를 마시는 천리교(天理敎) 신도보다 지나치다. 해독 또한 이보다 더하다.

애증의 양면

이상하게 여기지 말라, 그들이 적수에게 품은 심각한 증오심을. 아마도 결함 있는 인간, 야수에 가까운 인간은 아무래도 차별 없이 평등하게 사랑하지 못할 것이다. 박애하지 못할 것이다. 원시 시대 이래로 애증의 양면은 항상 새끼줄처럼 서로 얽히고 쇠사슬처럼 서로 이어져 있다. 저 야수를 보라. 그들은 서로 의심하며 같은 무리를 잡아먹었다. 그런데 한 번도 본 적이 없는 자를 만나면 갑자기 두려움에 휩싸여 공황(恐慌)에 빠지는데, 두려움과 공황은 곧바로 시기와 증오로 바뀌고, 시기와 증오는 다시 포효가 되고 공격이 되어, 전에 서로 잡아먹던 같은 무리는 오히려 서로 맺어져 공동의 적에 맞서 싸운다. 그들이 공동의 적을 상대할 때 같은 무리끼리는 친목 상태를 드러내야 했다. 그들 야수는 애국심이 있었는가 없었는가. 고대 인류의 야만적 생활이 어찌 이와 크게 달랐겠는가.

야만인은 같은 무리가 서로 단결하여 자연과 싸웠다. 다른 종족과 싸웠다. 그들은 애국심이 있었다. 하지만 깨달아야 한다, 그들의 단결이나 친목이나 동정은 다만 공동의 적을 상대한 데서 유래한 것임을. 다만 적수에 대한 증오의 반동임을. 같은 병을 앓고 나서 비로소 상련의 마음이 생긴 것임을.

호전적인 마음은 동물적 천성

그러므로 애국심은 외국과 외국인 토벌을 명예로 여기는 호전적인 마음이다. 호전적인 마음은 동물적 천성이다. 동물적 천성이 바로 호전적 애국심이다. 이것은 석가도 그리스도도 배격했으며 문명의 이상과 목적에 모순되는 것이 아니겠는가.

그런데 더욱 슬프게도 세계 인민은 여전히 동물적 천성의 경쟁장에서 19세기를 보내고, 나아가 여전히 같은 상태로 20세기의 신천지에 머물려고 한다.

적자생존의 법칙

사회가 적자생존의 법칙에 따라 점차 진화하고 발달하여 통일의 경계와 교통의 범위도 마찬가지로 확대됨에 따라, 공동의 적이었던 다른 종족, 다른 부락 사람들은 점차 줄어 증오의 목적도 사라진다. 증오의 목적이 없어지면 친목으로 맺은 목적도 사라진다. 여기에서 한 국가, 한 사회, 한 부락을 사랑하는 마음은 변해서 단지 한 몸, 한 집, 한 당파를 사랑하는 마음이 된다. 예전의 종족 간, 부락 간의 야만적인 호전적 천성은, 결국 변해서 개인 간 투쟁이 되었다. 당파 간 알력이 되었다. 계급 간 전투가 되었다. 아아, 순결한 이상과 고상한 도덕이 성행하지 않고 동물적 천성이 아직 제거되지 않은 동안은, 세계 인민은 결국 적을 만들 수밖에 없고 증오할 수밖에 없고 전쟁할 수밖에 없다. 그리하여 이것을 애국심이라고 이름 붙이고 명예의 실천이라고 일컫게 되었다.

자유 경쟁

아아, 19세기의 서구 문명이여. 한편으로는 격렬한 자유 경쟁으로 인심을 더욱 냉혹하고 무정하게 만들었고, 한편으로는 고상하고 정의로운 이상과 신앙이 널리 땅을 쓸었다. 우리 문명의 전도가 정말로 소름 끼치지 않을 수 없다. 그리고 눈 가리고 아웅하는 정치나 공명을 좇는 모험가나 뜻밖의 이익을 추구하는 자본가는 이것을 보고 바로 절규하며 "주위를 둘러보라, 엄청난 적이 쳐들어온다. 국민은 개인 간 투쟁을 멈추고 국가를 위하여 결합해야 한다"고 주장한다. 그들은 개인간 증오심을 외부로 돌려서 자기들의 이익이 되도록 하고자 한다. 그리고 이에 따르지 않는 자가 있으면 꾸짖으며 비애국자, 국적(國賊)이라고 한다. 모른단 말인가, 제국주의의 유행은 실로 이러한 수단에서부터 비롯된 것을. 국민의 애국심은 환언하면 동물적 천성의 도발에서 나왔음을.

4

서양인 · 오랑캐에 대한 증오

자기를 사랑하라. 타인을 증오하라. 동향인을 사랑하라. 타향인을 증오하라. 신국(神國)이나 중화(中華)를 사랑하라. 서양인이나 오랑캐를 증오하라. 사랑하는 사람을 위하여 증오하는 자를 무찌르라. 이것을 일컬어 애국심이라고 한다.

그렇다면 애국주의는 가엾은 미신이 아닌가. 미신이 아니라면 호전적인 마음이다. 호전적인 마음이 아니라면 허위 광고이고 상품이다. 그래서 이 주의는 항상 전제 정치가가 자기의 명예와 야심을 달성하는 이기(利器)와 수단으로 사용한다.

이것을 단지 그리스, 로마의 옛 꿈으로 여겨서는 안 된다. 애국주의가 근대에 유행하고 이용되는 것은 상고 시대나 중세 시대보다 더욱 심하다.

메이지 성대(聖代)의 애국심

상기하라. 고(故) 모리타 시켄(森田思軒, 1861~1897) 씨가 글을 기고하여 황해(黃海)의 영험한 매가 영험하지 않다고 주장하자, 천하의 모든 사람들이 그를 비난하여 국적으로 삼았다. 구메 구니타케(久米邦武, 1839~1931) 씨는 신도(神道)는 제천(祭天)의 오랜 습속이라고 논한 일 때문에 교수직을 박탈당했다. 사이온지 공작(西園寺公望, 1849~1940)이 세계주의적 교육을 하려고 하자마자 문부대신의 지위가 위태로워졌다. 우치무라 간조 씨가 칙어의 예배를 거부하자 교수직을 박탈당했다. 오자키 유키오(尾崎行雄, 1858~1954) 씨가 공화(共和)라는 말을 입에 담자마자 장관직을 빼앗겼다. 그들 모두가 대단히 불경스러운 사람으로 매도되었고 비애국자로 벌을 받았다. 이것이 메이지라는 성대의 일본 국민한테서 발현된 애국심이다.[14]

국민의 애국심은 일단 선호하는 바를 거역하면 남의 입에 재갈을 물리고 남의 팔을 누르고 남의 사상조차도 속박한다. 남의 신앙조차도 간섭한다. 역사 평론도 금지할 수 있다. 성서 연구도 방해할 수 있다. 모든 과학도 파괴할 수 있다. 문명의 도의는 이것을 치욕으로 여긴다. 그

---

14) 모리타 시켄은 메이지 시대의 번역가, 신문기자. 1894년 9월 청일전쟁 당시 황해 해전에서 군함 다카치호(高千穂)의 돛대에 어디선가 한 마리 매가 날아왔다. 그 매를 붙잡아 전쟁시찰 칙사인 사이토 미노루(齋藤實) 소령을 통해 메이지 천황에게 헌상했다. 매는 다카치호라 명명되어 궁내성에서 사육했다. 이 에피소드를 한시인(漢詩人) 모리 가이난(森槐南)과 내각 서기장관인 이토 미요지(伊東巳代治, 1857~1934) 등이 화제로 삼았다. 모리타 시켄은 이 사건을 비판하는 문장을 써서 문제가 되었다.

구메 구니타케는 역사가로서 1891년 《사학회잡지(史學會雜誌)》에 발표한 〈신도는 제천의 오랜 습속(神道は祭天의古俗)〉이 이듬해 《사해(史海)》에 전재되어, 신도가들로부터 비판을 받고 도쿄 제국대학에서 쫓겨났다. 이것은 '구메 구니타케 사건'으로 알려져 있다.

사이온지 공작은 사이온지 긴모치로, 1895년 제2차 이토 히로부미 내각의 문부대신 시절에 고등사범학교 졸업식 등에서 종래의 충신 교육을 고쳐 세계의 추세에 눈을 돌릴 수 있는 양민 교육을 하라고 훈시하여 문제가 되었다.

우치무라 간조는 1890년부터 제일고등중학교 촉탁교원이었으나, 이듬해 1월 시업식에서 교육칙어에 예배하지 않아서 국가주의자나 불교도들로부터 불경하다고 비판을 받고 사직을 강요당했다. 이것은 '우치무라 간조 사건'으로 알려져 있다.

오자키 유키오는 1898년 8월 오쿠마 시게노부(大隈重信) 내각의 문부대신 시절에 제국교육회에서 배금주의 풍조를 비판하며 가령 공화 정치가 시행되면 미쓰이(三井), 미쓰비시(三菱)는 대통령 후보가 될 것이라고 언급한 것이 불경하다고 공격을 받아 10월에 문부대신을 사임했다. 이것은 '공화 연설 사건'으로 알려져 있다.

런데도 애국심은 이것을 영예로 알고 공명이라 한다.

영국의 애국심

비단 일본의 애국심만 그러할까. 영국은 근대 들어 대단한 자유의 나라라 일컬어진다. 박애의 나라라 일컬어진다. 평화의 나라라 일컬어진다. 그와 같은 영국조차도 예전에 애국심이 흘러넘쳤을 때에는 자유를 부르짖는 자, 개혁을 청원하는 자, 보통선거를 주장하는 자들은 모두 반역으로 몰리지 않았던가. 국적으로 벌을 받지 않았던가.

영국-프랑스 전쟁

영국인의 애국심이 크게 발양되었던 최근 사례는 프랑스와 벌인 전쟁만 한 것이 없다. 이 전쟁은 1793년 대혁명 때 발발하여 얼마간 계속되다가 1815년 나폴레옹의 몰락으로 대단원을 맞는다. 영국인들은 전쟁이 가까워지자 그 사상도 마찬가지로 오늘날의 사상과 거리가 별로 없었고, 애국심도 유행하는 사정과 방법이 오늘날의 애국주의와 그다지 다르지 않았다.

거국일치

프랑스와의 전쟁. 단지 이 한 사건, 이 한마디가 있을 뿐이다. 원인이 무엇인지 묻지 않는다. 결과가 무엇인지 논의하지 않는다. 이해득실을 논하지 않는다. 시시비비를 가리지 않는다. 그러면 반드시 비애국자로 처벌받을 것이다. 개혁 정신이나 항쟁의 마음이나 비평 정신은 한때 완전히 정지되고, 아니 정지당하여 국내의 당쟁은 거의 자취를 감추고 말았다. 콜리지(Samuel Coleridge, 1772~1834) 같은 사람조차 초기에는 전쟁을 비난했지만 마침내 전쟁이 국민을 일치단결시킨 것을 신에게 감사하기에 이르렀다. 그리고 폭스(Charles Fox, 1749~1806) 무리가 변함없이 평화와 자유의 대의를 지지했으나, 의회의 대세를 바꿀 수 없음을 알고 의사당에 나가지 않은 일은 있었지만, 의사당에서는 모든 당파적 토론이 사라져버렸다. 아아, 당시의 영국은 거국일치, 우리 일본의 정치가나 책략가가 즐겨 입에 담는 '거국일치', 로마 시인이 노래한 "단지 국가가 있을 뿐"이 성행했다.[15)]

하지만 생각해보라. 이때 모든 영국민의 가슴속에 무슨 이상이 있었는가. 무슨 도의가 있었는가. 무슨 동정이 있었는가. 무슨 '국가'가 있었는가.

영국민 모두는, 광기에 빠진 영국민의 모두는 오로지 프랑스에 대한 증오만을 품고 있었다. 오로지 혁명에 대한 증오뿐이었다. 오로지 나폴레옹에 대한 증오뿐이었다. 적어도 일말의 혁명적 정신이나 프랑스인의 이상과 관련한 사상이 있었는가. 그들은 오로지 이것을 혐오할 뿐만 아니라 앞다투어 모욕하지 않았는가. 단지 모욕할 뿐만 아니라 떼를 지어 공격하고 처벌하는 데 전력을 다하지 않았는가.

죄악의 최고조

이로써 깨달을 것이다, 외국에 대한 애국주의의 최고조는 내치(內治)에서 죄악의 최고조를 의미한다는 것을. 그리하여 전쟁 중에 크게 넘쳐흐른 애국광들의 애국심이 전후에 어떠한 상태가 되었는지를 살펴볼 필요가 있다.

....

15) 프랑스혁명과 나폴레옹 시대에 유럽은 프랑스에 대항하여 일곱 차례에 걸쳐 대프랑스동맹을 결성했다. 제1차는 프로이센과 오스트리아가 맺은 필니츠 선언(1791)이며, 루이 16세가 처형당한 1793년에 영국은 에스파냐 등과 함께 참가했다. 제7차는 나폴레옹이 파리에 귀환한 뒤인 1815년 빈에서 결성되었고, 워털루 전투에서 나폴레옹에게 결정적 승리를 얻어냈다.
콜리지는 영국의 시인, 비평가, 철학자로서 《문학적 자서전》(1817)으로 유명하다. 폭스는 영국 자유당의 정치가였으며 외무장관 등을 역임했다. 프랑스혁명을 지지하여 프랑스혁명전쟁에 강경하게 반대했다.(로버트슨의 《애국심과 제국》 참조)

전후의 영국

전후의 영국은 프랑스에 대한 증오의 열광이 서서히 식으면서 군비 지출을 중단했다. 대륙에서 전쟁을 하는 동안 공업계가 교란되었기 때문에 특히 영국이 요청받았던 수요는 정지되었다. 영국의 공업과 농업은 갑자기 일대 불경기에 휩싸였다. 그러자 대다수 하층 인민의 궁핍과 기아가 뒤를 이었다. 이 시기에 부호 자본가에게 과연 한 점의 애국심이 존재했던가. 그들에게 과연 한 가닥의 자애로운 연민과 동정심이 존재했던가. 거국일치적 통합과 친목의 마음은 여전히 존재했던가. 그들은 동포가 궁핍과 기아에 빠지고 밑바닥으로 전락하는 것을 마치 원수를 보듯 하지 않았던가. 그들이 하층 빈민을 증오한 것은 프랑스혁명이나 나폴레옹을 증오한 것보다 훨씬 심하지 않았는가.

피털루

피털루 학살[16])에 이르면 이를 갈 만하다. 그들은 나폴레옹군을 워털루에서 물리치고 얼마 되지도 않았는데, 의회 개혁을 요구하며 피터스 광장에 집결한 다수의 노동자를 유린하고 학살하지 않았는가. 사람들이 워털루 전투에 빗대어 피털루라 부르는 것이 이것이다. 워털루에서 적군을 물리친 애국자는 이제 돌변해서 피털루에서 동포를 학살한다. 애국심이라는 것은 정말로 동포를 사랑하는 마음인가. 일치된 애국심, 통합된 애국심은 전쟁이 일단 끝나면 국가와 국민에게 어떤 이익을 주는가. 보아라. 적수의 머리를 깬 예봉은 곧바로 동포의 피를 빨려고 한다.

....

16) **피털루 사건** 워털루 전투에서 나폴레옹을 물리친 후인 1819년 8월 16일 맨체스터의 세인트피터스 광장에서 일어난 민중 학살 사건. 의회 개혁과 곡물법 폐지를 요구하는 수만 명의 노동자 집회에 기마 경관대가 출동하여 11명이 사망하고 수백 명이 부상당했다. (로버트슨의《애국심과 제국》참조)

콜리지는 전쟁 때문에 국민이 일치단결한 것을 신에게 감사했다. 그러나 여기에 이르러 일치된 자는 과연 어디에 있는가. 증오의 마음은 증오를 낳을 뿐이다. 적국을 증오하는 마음은 곧바로 국민을 증오하는 동물적 천성이 될 뿐이고, 워털루의 마음은 곧바로 피털루의 마음이 될 뿐이다. 허위인가, 애국심의 결합은.

5

눈을 독일로 돌리자

잠시 영국을 떠나 눈을 독일로 돌리자. 고(故) 비스마르크 공은 실로 애국심의 화신이었다. 독일제국은 애국신(神)이 모습을 드러낸 신령스러운 장소다. 애국종(宗)의 영험이 얼마나 신통한지를 알고자 한다면 일단 이 신령스러운 장소에 발을 들여놓지 않으면 안 된다.

우리 일본의 귀족이나 군인, 학자를 비롯하여 거의 세계 만국의 애국주의자, 제국주의자가 자신의 일처럼 따르며 함께 기뻐하고 매우 동경하고 사모해 마지않는 독일의 애국심은 고대 그리스나 로마나 근대 영국의 애국심에 비해 과연 미신이 아닌가. 과장된 허영이 아닌가.

비스마르크 공

고 비스마르크 공은 실로 희대의 호걸이다. 그가 정권을 잡기 전에는 복잡하게 분립해 있던 북부 게르만 각국은, 언어가 같은 국민은 반드시 결합하지 않으면 안 된다는 제국주의자의 눈으로 보면, 실로 가엾은 존재였다. 그리하여 각국을 부수어 한 덩어리로 만든 비스마르크 공의 대업은 역사에 찬란한 빛을 남겼다. 하지만 깨닫지 않으면 안 된다. 제국주의자들이 제국을 결합하여 통일하는 목적은 결코 실제로 제국의 평화와 이익을 원해서가 아니라 단지 무장의 필요성 때문임을 간과해서는 안 된다.

일찍이 자유 평등의 도의를 깨달아 프랑스혁명의 장관을 선망했던 인사들 중에는 야만적인 싸움을 멈추고 협동과 평화의 이득을 얻거나 외적의 침공에 대비하기 위하여 게르만의 결합과 통일을 희망한 사람이 있었던 것은 분명하다. 이것은 참으로 그럴 만하다. 하지만 실제 역사는 결코 이런 종류의 희망에 맞출 수 없는 것을 어찌하겠는가.

게르만 통일

만약 게르만 통일이 진실로 북부 게르만 각국의 이익을 위하여 이루어진 것이라면, 그들은 왜 주민 다수가 독일어를 쓰는 오스트리아와 결합하지 않았는가. 그 이유는 다른 데 있지 않다. 비스마르크 일파의 이상이 결코 일반 독일인의 형제애에 있지 않았기 때문이다. 각국의 공통된 평화와 복리에 있지 않았기 때문이다. 오로지 프로이센 자체의 권세와 영광에 있었기 때문이다.

쓸모없는 전쟁

철두철미한 호전 정신을 만족시키는 수단으로 통합과 제휴를 추구하는 것이 인간의 본성이다. 갑의 붕우는 을의 원수이기 때문이다. 안녕을 바라기 때문이 아니라, 패권을 과시하고자 해서다. 준재 비스마르크 공은 능히 이러한 인정에 통달했다. 그는 실로 국민의 동물적 천성을 이용해서 수완을 발휘했던 것이다. 달리 말하면 그는 국민의 애국심을 선동하기 위하여 적국과 싸운 것이다. 자기에게 반대하는 모든 도의나 평론을 복종시키고 자기가 바라던 애국종을 창건하기 위하여 쓸모없는 전쟁을 도발한 것이다.

그렇다. 게르만의 통일자, 동물적 천성의 사도, 철혈 정책의 조사(祖師)가 심원한 모략을 세워 첫 번째로 착수한 것은, 가장 약한 이웃 나라와의 전쟁이었다. 그리고 이 전쟁에서 승리하자, 국민 중 미신이나 허영, 동물적 천성을 기뻐하는 무리는 앞다투어 그 도당이 되었다. 이것이 바로 신 독일 제국의 결합, 신 독일 애국주의의 발단이었다.

두 번째로 비스마르크는 다른 이웃 나라에 도전했다. 이 이웃 나라는 이전 이웃 나라보다 강했다. 하지만 그는 적이 충분히 준비하지 못한 틈을 이용했다. 그리하여 애국심이라는 결합의 정신은 새로운 전장에서 왕성하게 일어났다. 이렇게 그 운동은 오로지 비스마르크 공의 나라인 프로이센과 국왕의 팽창을 위하여 교묘하게 이용되고 오묘하게 발휘되었던 것이다.

프로이센이라는 한 물체

비스마르크는 결코 순수한 정의를 품고 북게르만의 통일을 도모한 것이 아니다. 그는 결코 프로이센이라는 한 물체를 통합의 용광로 안에서 녹여 자취마저 없앨 것을 허락하지 않았다. 그가 허락하는 것은 오로지 프로이센 왕국을 맹주로 하는 통일이었다. 프로이센 왕에게 독일 황제의 영광을 짊어지게 하는 통일이었을 뿐이다. 누가 말할 수 있는가, 북게르만의 통일이 국민 운동이라고. 그들 국민의 허영과 미신의 결과인 애국심은 완전히 한 사람의 야심과 공명을 위하여 이용된 것이 아닌가.

중세 시대의 이상

비스마르크의 이상은 실로 중세 시대 미개인의 이상을 벗어날 수 없다. 그가 진부하고 야만적인 계획으로 성공할 수 있었던 이유는, 사회의 다수가 도덕적으로나 심리적으로 아직 중세 시대를 벗어나지 못했기 때문이다. 그렇다. 다수 국민의 도덕은 아직 중세의 도덕이다. 그들의 심성은 아직 미개인의 심성이다. 단지 그들 스스로 속이고 남을 속이려고 근대 과학의 외피로 은폐한 것에 불과할 뿐이다.

프로이센-프랑스전쟁

비스마르크는 이미 쓸모없는 전쟁을 두 차례 일으켰고 다행히 성공했다. 그리하여 세 번째 전쟁을 일으키기 위해 열심히 병사를 기르고 호시탐탐 기회를 기다렸다. 기회가 왔다. 그는 또다시 다른 강국의 준비가 충분치 않은 틈을 이용했다. 아아, 프로이센과 프랑스 대전쟁. 이 전쟁이야말로 위험한 길 중에서도 가장 위험한 길이고, 흉기 중에서도 가장 흉악한 것이다. 그러나 비스마르크는 대성공을 거두었다.

프로이센-프랑스전쟁 결과, 북게르만 각국은 프로이센의 발 아래 머리를 조아리게 되었다. 각국은 일제히 프로이센 국왕의 독일 황제 등극을 봉축해야 했다. 오로지 프로이센 국왕을 위해서다. 비스마르크의 안중에 있었던 것은 이것뿐이었다. 어찌 동맹 국민의 복리가 눈에 들어오겠는가.

그러므로 나는 단언한다. 독일 통합은 정의에 따른 호의나 동정에서 나온 것이 아니다. 독일 국민이 시체의 산을 넘고 피의 강물을 건너 맹금이나 야수처럼 통일을 이룬 것은 오로지 적국에 대한 증오심에 선동되었기 때문일 뿐이다. 전승의 허영에 취했기 때문일 뿐이다. 이것이 대인과 군자가 관여할 일이겠는가.

하지만 국민들 다수는 스스로 자랑하며, 세계의 어느 나라가 우리 독일 국민만큼 하늘의 총애를 입겠는가 하고 생각했다. 세계 각국의 다수도 마찬가지로 경탄하여, "위대하구나, 나라를 이루는 것은 마땅히 그러해야 한다"고 일컬었다. 일본의 대훈위 후작[17]조차 덩달아 기뻐하며 자신도 동양의 비스마르크 공이 되고자 한다고 했다. 지금까지 영국의 입헌 정치가 세계에서 누리던 영광은 갑자기 사라지고 프로이센 군대의 검으로 옮겨 갔다.

애국적 브랜디

국민이 국위(國威)나 국광(國光)의 허영에 도취하는 것은 마치 개인이 브랜디에 취하는 것과 같다. 그는 이미 취했다. 귀가 달아오르고 눈이 희미하고 기가 멋대로 뻗어 시체의 산을 넘어도 그 비참함을 보지 못한다. 피의 강을 건너도 그 부정함을 알지 못한다. 그리하여 득의만 만해졌다.

유도 선수와 스모 선수

국민의 무력이 전투에 뛰어나다는 명성을 얻는 것은 마치 유도 선수가 모든 기술을 전수받은 것과 같다. 스모 선수가 요코즈나(横綱) 띠[18]를 두른 것과 같다. 유도 선수나 스모 선수는 단지 적수를 쓰러뜨릴 뿐이다. 기술은 여기에 머물 뿐이다. 만약 적수가 없으면 무슨 이익이 있겠는가. 무슨 명예가 있겠는가. 독일 국민의 자랑은 오로지 적국을 무찌르는 것뿐이다. 만약 적국이 없으면 무슨 이익이 있겠는가. 무슨 명예가 있겠는가.

유도 선수와 스모 선수가 브랜디에 취해 기능과 역량을 자랑하는 것을 보고도 사람들이 여전히 그들의 재주와 슬기, 학식, 덕행을 믿을 수 있겠는가. 국민이 전쟁의 허영에 취해 명예와 공적을 자랑하는 것을 보고도 다른 나라 국민들이 여전히 그들이 정치, 경제, 교육에서 문명적 복리를 초래한다는 것을 믿을 수 있겠는가. 독일의 철학은 존숭할 만하

---

17) **일본의 대훈위 후작** 야마가타 아리토모(山縣有朋, 1838~1922)를 가리킨다. 조슈(長州) 번 출신이며 육군 창설에 관여했다. 1891년 야마가타 내각 총리를 지낸 후에 원훈(元勳) 우대를 받았다. 1893년 추밀원 의장, 1895년 후작, 1898년 원수가 되어 제2차 야마가타 내각을 조각했고 1899년에는 독일 황제로부터 붉은독수리훈장(赤鷲大綬章)을 받았다.

18) **요코즈나 띠** 종이를 늘어뜨린 굵은 삼베 밧줄. 역량과 기술이 가장 뛰어난 스모 선수에게 수여되며, 시합 개시를 알리는 행사에서 씨름판에 오를 때 허리에 맨다.

다. 독일의 문학은 존숭할 만하다. 하지만 나는 결코 독일의 애국심을
찬미할 수는 없다.

현 독일 황제

비스마르크 공이 보좌했던 황제[19]나 비스마르크 공 자신이나 모두
이미 과거의 사람이 되었다. 하지만 철혈주의는 여전히 현 황제의 머리
위에 머물러 있다. 애국적 브랜디는 여전히 현 황제를 취하게 하고 있
다. 현 황제가 전쟁을 즐기고 압제를 즐기고 허영을 즐기는 것은 나폴레
옹 1세를 훨씬 능가하고 나아가 나폴레옹 3세를 훨씬 능가한다. 거대한
대국민은 지금 여전히 피로써 손에 넣은 결합과 통일이라는 미명하에
자신들을 멋대로 부리는 어린 압제자에게 만족하고 있다. 그리하여 애
국심은 여전히 대단히 강렬하다. 하지만 어찌 영원한 현상이겠는가.

근대 사회주의

보라. 애국심의 폐해는 절정에 달했다. 맥베스의 포악함이 극에 달했
을 때 숲이 움직여 다가온 것처럼, 가공할 만한 강적은 이미 흙먼지를
일으키며 다가온 것이 아닐까. 이 강적은 미신적이지 않고 이론적이다.
중세적이지 않고 근대적이다. 광기적이지 않고 조직적이다. 그 강적의
목적은 애국종과 애국종이 벌인 사업을 모조리 파괴하는 데 있다. 이것
을 이름하여 근대 사회주의라고 한다.

고대의 야만적이고도 광적인 애국주의가 근대 문명의 높고 원대한
도의와 이상을 굴복시켜 밀어내는 것이 앞으로도 계속해서 비스마르크
공 당시와 변함이 없을지는 금세기 중엽에 결판이 날 것이다. 그래도

---

19) 비스마르크가 보좌했던 왕은 빌헬름 1세(1797~1888)였다. 빌헬름 1세는 초대 독일
   황제가 되었다. 고토쿠 슈스이가 이 글을 쓸 당시 황제는 빌헬름 2세(1859~1941)
   였다.

독일의 사회주의가 융성하게 일어나 애국주의를 향해 격렬히 저항을 한 것을 보면, 전승의 허영과 적국의 증오에서 태어난 애국심이 국민 상호 간의 동정이나 박애심에 추호도 도움이 되지 않음을 어찌 깨닫지 못하겠는가.

철학적 국민

아아, 대단히 철학적인 국민으로 하여금 각종 정치적 이상 가운데 대단히 비철학적 사태를 연출하게 한 것은 비스마르크 공이 저지른 최대의 죄악이다. 만약 비스마르크 공이 존재하지 않았다면 비단 독일뿐만 아니라 독일을 최고로 삼는 유럽 각국의 문학, 미술, 철학, 도덕이 얼마나 진보하고 얼마나 고상했겠는가. 어찌 울부짖으며 서로 물어뜯는 들개나 늑대의 모습이 20세기의 오늘에 나타났겠는가.

6

일본 황제

일본의 황제는 독일의 어린 황제와 다르다. 전쟁을 좋아하지 않고 평화를 소중히 여기신다. 압제를 좋아하지 않고 자유를 소중히 여기신다. 일국을 위하여 야만적인 허영을 기뻐하지 않고 세계를 위하여 문명의 복리를 바라신다. 결코 지금의 애국주의자, 제국주의자가 아니신 것 같다. 하지만 우리 일본 국민을 보면 애국자가 아닌 자는 쓸쓸한 샛별처럼 거의 없다.

나는 단연코 동서고금의 애국주의, 단지 적을 증오하고 토벌할 때에만 발양되는 애국심을 찬미할 수 없기 때문에 굳이 일본 인민의 애국심을 배격하지 않을 수 없다.

고(故) 고토 백작

고토 백작은 예전에 한 번 일본 국민의 애국심 선동을 시도하여 국가가 '위급 존망'에 처해 있음을 부르짖었다. 천하의 애국지사는 마치 풀이 바람에 날리는 것처럼 저절로 따라갔다. 그런데 백작은 갑자기 조정에 발을 들여놓았고, 대동단결은 춘몽처럼 사라졌다. 당시 일본인의 애국심이라는 것은 실은 백작을 사랑하는 애백(伯)심에 지나지 않았던 것이 아닌가.[20]

아니 고토 백작을 사랑한 것이 아니다. 번벌(藩閥) 정부[21]를 증오했기 때문이다. 그들의 애국심은 증오심이다. 같은 배를 타고 가다가 바람을 만나면 오나라와 월나라도 형제다. 이 형제가 어찌 찬탄할 만한 것인가.

청일전쟁

일본인의 애국심은 청일전쟁에 이르러 세상에 일찍이 없을 정도로 폭발했다. 그들은 이루 말할 수 없이 청나라 사람을 모멸하고 질시하고 증오했다. 백발 노인에서 삼척동자에 이르기까지 거의 청나라 4억의 생명을 죽이고 섬멸해야 감탄할 듯한 기개가 있었다. 마음을 비우고 떠

---

20) 1887년 10월에 고토 쇼지로(後藤象二郎, 1838~1897)의 제창으로 자유당과 개진당(改進黨)의 옛 간부들이 결집하여 정해구락부(丁亥俱樂部)를 결성하고 조세 경감, 언론 집회의 자유, 외교 실책 만회 등을 요구하며 대동단결운동을 전개했다. 하지만 정부는 1887년 보안조례를 제정하여 운동을 탄압하고, 한편으로는 이타가키 다이스케(板垣退助, 1837~1919)나 고토에게 작위를 수여하는 회유책을 폈다. 1889년 3월에 고토가 구로다 기요타케(黑田淸隆, 1840~1900) 내각에 체신대신으로 입각하면서 운동은 붕괴했다.

21) **번벌 정부** 일본 남부의 사쓰마 번(薩摩藩), 조슈 번(長州藩) 등의 출신자들로서 실질적인 막부 타도 세력으로 활약한 이들을 흔히 '번벌'이라 일컫는다. 메이지 시대에 일본의 정부와 군부의 요직을 차지했다. 1885년에 내각 제도가 생긴 뒤에도 삿초(사쓰마 번과 조슈 번 사이에 체결된 동맹) 출신이 대부분 내각을 장악했다. '번벌'은 의회 정치에 대한 저항 세력이자 민본주의나 일군만민론적 이상론과는 공존할 수 없는 체제로 간주되어, 1880년대 자유민권운동 무렵부터 비판 대상이 되었다.

올려보라. 오히려 미치광이를 닮지 않았던가. 오히려 굶주린 호랑이의 마음을 닮지 않았던가. 그렇다. 야수를 닮았던 것이 아닌가.

동물적 천성의 탁월함

그들은 과연 일본 국가와 국민 전체의 이익과 행복을 바라서, 진실로 동병상련의 마음이 있어서 그렇게 했는가. 아니다. 오로지 적을 많이 죽이는 것을 기뻐했을 뿐이다. 적의 재산을 빼앗고 적의 땅을 많이 나누어 가진 것을 기뻐했을 뿐이고, 우리의 동물적 천성의 탁월함을 세계에 자랑하고자 했을 뿐이다.

우리 천황이 출병시키신 것은 참으로 중국 고사에서 일컫듯이 형서(荊舒)를 무찌르고 융적(戎狄)을 쳐부수기 위해서였을까. 정말로 세계 평화를 위해서, 인도(人道)를 위해서, 정의를 위해서였을까. 하지만 어쩌겠는가. 이로 인해 선동된 애국심의 본질은 증오이며, 모멸이고, 허영이다. 청일전쟁의 전과로 어떻게 국민 전반을 유형, 무형으로 이롭게 할 것인가에는 전혀 생각이 미치지 못하는 것은 아닐까.

돌을 섞은 캔

보면 안다. 한쪽에서 오백 금, 천 금을 휼병부(恤兵部)에 헌납한 부호가 한쪽에서는 병사들에게 돌을 섞은 캔을 팔아치웠다.[22] 한쪽에서 죽음을 각오했다는 군인이 한쪽에서 상인의 뇌물을 품에 넣었는데, 그 액

....

22) 오쿠라 기하치로(大倉喜八郎, 1837~1928)는 1873년에 오쿠라구미 상회(大倉組商會)를 설립했는데, 타이완 출병의 물자 조달을 계기로 하여 육군 어용상인으로 재산을 축적했다. 청일전쟁에서는 5백 엔, 1천 엔을 헌금했다. 하지만 다롄(大連) 항에 하적된 군수품에서 고기 대신에 돌이 섞인 캔이 나온 사건이 일어나 어용상인이었던 오쿠라가 비난을 받았다. 실제로는 산요도(山陽堂)라는 납품업체가 짐의 균형을 맞추기 위해 넣어 둔 돌이 하적할 때 굴러떨어지면서 섞인 것이라고 한다. '휼병부'는 출정 병사의 노고를 위로하기 위해 국민이 금전이나 물건을 보내는 부서.

수가 이루 헤아릴 수 없었다. 이것을 이름하여 애국심이라 한다. 이상할 것도 없다. 야수 같은 살육의 천성이 열광을 극대화했을 때 죄악이 번성하는 것은 필연적 결과이기 때문이다. 이것이 어찌 천황의 마음이 시겠는가.

일본의 군인

일본 군인이 존황충의(尊皇忠義)의 정(情)이 깊은 것은 참으로 주목할 만하다. 하지만 그들이 품은 존황충의의 정이 문명 진보와 복리 증진에 얼마나 공헌하는지는 문제다.

우리 황상(皇上)을 위하여

의화단 사건이 일어났을 때, 다구(大沽)에서 톈진(天津)에 이르는 도로가 험준하여 아군이 몹시 곤란했다. 한 병졸이 울면서 말하기를 우리 황상을 위한 것이 아니니 이 고생을 견디느니 오히려 죽는 것이 낫겠다고 했다. 이 말을 듣고 눈물을 흘리지 않은 자가 없었다. 나 또한 이 때문에 운다. 나는 가련한 병사가 황상을 위함이라고 하고 정의를 위해서, 인도를 위해서, 동포 국민을 위해서라고 하지 않은 것을 비난하지 않는다. 그는 평소에 가정에서 학교에서 병영에서 자기 한 몸을 오로지 황상에게 바칠 것을 훈도받고 명령받아 다른 것을 모르기 때문이다. 스파르타의 노예는 자유가 있는 줄 모르고, 권리가 있는 줄 모르고, 행복이 있는 줄 몰라서 주인을 위하여 혹사당하며 채찍을 맞고, 전장에 나가 죽는다. 전장에서 죽지 않더라도 주인에게 살육당하면서도, 자만하며 생각하기를 국가를 위함이라고 한다. 나는 역사를 읽고 항상 그들을 위해 울었다. 지금 이 마음으로 또한 우리 병사를 위해 운다.

하지만 지금은 스파르타 시대가 아니고, 우리 황상은 자유와 평화와 인도를 소중히 여기시니, 어찌 신하를 노예로 삼기를 바라시겠는가. 나는 믿는다, 우리 병사로 하여금 황상을 위함이 아니라, 오히려 진심으로 인도를 위해서, 정의를 위해서라고 말하게 한다면 황상께서 기꺼이 받아들이실 것임을. 이것은 참으로 근왕 충의의 목적에 합치하는 것임을.

효성스러운 창부

부모 형제를 재앙에서 구하기 위하여 도둑질을 하는 자가 있다. 또는 창부가 되는 자가 있다. 중세 이전에는 몸을 위태롭게 하고 이름을 더럽히고 나아가 부모와 형제, 가문을 욕되게 하는 것이 찬미되었다. 문명의 도덕은 오로지 그 심사를 슬퍼하고 어리석음을 동정하지만 결코 비행을 용서하지는 않는다. 충의심도 좋다. 천황을 위함도 좋다. 하지만 정의와 인도는 내가 알 바 아니라고 한다면 그것은 야만적인 애국심이다. 미신적인 충이다. 어찌 저 효성스러운 창부나 도적과 다르겠는가.

나는 슬퍼한다, 우리 군인의 충의심과 애국심이 아직 문명의 고상한 이상과 합치하지 않음을. 나아가 중세 이전의 사상에서 전혀 벗어나지 못한 자가 있음을.

군인과 종군기자

그들 군인의 충의심, 애국심이 왕성한 데 반해, 동포와 인류를 위하는 동정심이 사라진 것은 신문기자의 대우 하나만 보아도 알 수 있다. 북청사변[23]에서 군인들이 종군기자를 만났을 때 냉혹함이 극에 달했다. 그들은 기자가 먹을 것이 없음을 돌아보지 않았다. 기자가 묵을 곳이 없음을 돌아보지 않았다. 기자가 병들었을 때 돌아보지 않았다. 기

---

23) **북청사변(1900~1901)** 의화단 사건에 대한 열강의 간섭 전쟁. 1901년 9월에 영국, 러시아, 독일, 프랑스, 미국, 이탈리아, 오스트리아, 일본 등 8개국으로부터 베이징 의정서를 강요받은 청나라는 막대한 배상금을 치러야 했고 중국에 열강 군대가 상주하게 되었다.

자의 생명이 위험해도 돌아보지 않았다. 오히려 기자들은 우리와 관계가 없다고 했다. 그리고 기자들을 매도하고 질책하여 마치 노예처럼 대했다. 마치 적수처럼 대했다.

군인은 국가를 위해서 싸운다고 한다. 종군기자도 마찬가지로 우리 국가의 한 사람이 아닌가. 동포의 한 사람이 아닌가. 그런데도 군인들에게 애호하는 마음이 없는 것이 어찌 이토록 심한가. 그들이 말하는 국가에는 단지 천황이 있을 뿐이고, 군인 자신이 있을 뿐이다. 그외에는 모르기 때문이다.

우리 4천만 민중은 목을 길게 빼고 아군의 안위가 어떠한지 알고자 한다. 발꿈치를 높이 들어 아군의 전황이 어떠한지 듣고 싶어 한다. 종군기자는 전장에 뛰어들어 생사의 길을 넘나든다. 어찌 단지 신문 부수를 늘릴 뿐이겠는가. 그들은 진실로 우리 4천만 민중의 갈증을 해소하고자 전장에 뛰어든 것이다. 그런데도 군인은 기자들이 쓸모없다고 했다. 4천만 국민에 한 점의 동정도 없음을 알지 못하겠는가.

국민이 안중에 없음

봉건 시대 무사는 국가를 무사의 국가라고 했다. 정치를 무사의 정치라고 했다. 농·공·상에 종사하는 인민은 국가와 정치에 관여할 권리도 없고 의무도 없다고 생각했다. 지금 군인도 마찬가지로 국가를 천황과 군인의 국가라고 여긴다. 그들은 국가를 사랑한다고 하지만 안중에 군인 이외의 국민이 있는가. 그러므로 깨달을 것이다, 애국심 발양은 적수에 대한 증오를 더하지만 결코 동포에 대한 애정을 더하는 것은 아님을.

애국심 발양의 결과

국민의 고혈(膏血)을 짜내 군비를 확장하고, 생산 자본을 뿌려 비생산적으로 낭비하고, 물가 폭등을 격화시켜 수입 초과를 초래하고는 국가를 위해서라고 한다. 애국심 발양의 결과는 믿음직한가.

많은 적군의 생명을 빼앗고 적군의 땅과 재산을 많이 얻어놓고, 그러면서도 오히려 정부의 예산은 이로 인해 두 배, 세 배 증가한 것을 국가를 위해서라고 한다. 애국심 발양의 결과는 믿음직한가.

7

애국심이라는 것은 이와 같다

내가 앞에서 주장한 바에 따라 이른바 패트리어티즘, 즉 애국주의나 애국심이 도대체 어떤 것인지 대략 이해할 수 있었다고 믿는다. 그것은 야수적 천성이다. 미신이다. 광기다. 허영이다. 호전적인 마음이다. 실로 이와 같은 것이다.

인류의 진보가 있는 이유

주장하지 마라. 애국심은 인간의 자연스러운 성정이라 이것이 존재하는 것은 결국 어쩔 수 없다고. 생각해보라. 자연에서 발생한 각종 폐해를 막는 것은 참으로 인류의 진보가 있는 이유가 아니겠는가.

물은 정체되어 움직이지 않고 오래되면 부패한다. 이것이 자연이다. 만약 이 물을 움직이게 하고 흐르게 해서 부패를 막는다면 자연에 거역하는 것이라고 비난할 수 있겠는가. 인간이 노쇠하여 질병에 걸리는 것은 자연이다. 병자에게 약을 투여하는 것을 자연에 거역하는 것이라고 책망할 수 있는가. 금수나 어패류나 초목은 생명을 자연에 맡긴다. 죽음을 자연에 맡긴다. 진화하거나 퇴보하는 것 또한 스스로 이루는 것이 아니라 자연에 맡길 뿐이다. 만약 인간이 자연에 순응하는 것을 능사로 삼는다면 그야말로 금수, 어패류, 초목일 뿐, 어찌 인간이라고 할 수 있겠는가.

인간은 스스로 일어나 자연의 폐해를 바로잡기 때문에 진보하는 것이다. 다만 가장 많이 자연의 욕정을 제압하는 인민이 가장 많이 도덕이 진보한 인민이다. 천연물에 가장 많은 인공을 가한 인민이 물질적으로 가장 많이 진보한 인민이다. 문명의 복리를 누리려는 자는 실로 자연을 맹종해서는 안 된다.

진보의 대의

그러므로 깨우쳐라, 미신을 버리고 지식을 쌓고, 광기를 버리고 논리를 쌓고, 허영을 버리고 진실을 쌓고, 호전적인 마음을 버리고 박애의 마음을 쌓는 것이 인류 진보의 대의임을.

그러므로 깨우쳐라, 저 야만적 천성을 벗어나지 못하면서 지금의 애국심에 혹사당하는 국민은 품성이 더럽고 천박하니 감히 고상한 문명 국민이라 일컬을 수 없음을.

그러므로 깨우쳐라, 정치를 애국심의 희생으로 삼고, 교육을 애국심의 희생으로 삼고, 상공업을 애국심의 희생으로 삼고자 하는 자는 문명의 도적, 진보의 적, 나아가 세계 인류의 죄인임을. 그들은 19세기 중엽에 일단 노예 신분에서 탈출한 다수의 인류를 이치에 맞지 않는 애국심이라는 미명 아래 또다시 노예 신분으로 떨어뜨릴 뿐만 아니라, 나아가 야수의 경지로까지 추락시키려고 하는 자임을.

문명의 정의와 인도(人道)

그러므로 나는 단언한다, 문명 세계의 정의와 인도는 결코 애국심의 발호를 허락하지 않으며 반드시 이것을 제거하지 않으면 안 된다는 것을. 하지만 어찌하겠는가, 비천한 애국심이 이제 나아가 군국주의(militarism)가 되고 제국주의가 되어 전 세계에서 유행함을. 나는 지금부터 조금 더 자세히 군국주의가 어떻게 세계의 문명을 파괴하고 인류의 행복을 저해했는지를 살펴보고자 한다.

제3장 군국주의를 논하다

1

군국주의 세력

지금 군국주의 세력의 왕성함은 전례가 없고 거의 극에 달했다. 각국이 군비 확장에 소모하는 정력이나 그로 인해 사라져버리는 재력을 일일이 계량할 수도 없다. 군비를 단지 평상시 외환이나 내란을 방어하는 도구로 여길 뿐이라면 어찌 이토록 심할 필요가 있겠는가. 그들은 유형적으로 무형적으로 나라 전체를 군비 확장의 희생으로 삼으면서도 여전히 반성하려고 하지 않는다. 군비 확장의 원인과 목적은 방어 이외의 것임에 틀림없다. 보호 이외의 것임에 틀림없다.

군비 확장의 이유

그렇다. 군비 확장을 촉진하는 이유는 다른 곳에 있었다. 다름 아니라 일종의 광기, 허영심, 호전적 애국심이다. 단지 무인의 호사로서 대개 병법을 가지고 놀기 위한 것도 있다. 무기, 양식 등의 군수품을 제공하는 자본가가 일확천금의 막대한 이익을 얻기 위해서 촉진하는 것도 있다. 영국, 독일 등에서 군비를 확장하는 데에 이들이 관여하는 힘이 특히 강했다. 하지만 무인이나 자본가가 쉽게 야심을 확고히 할 수 있는 이유는 다수 인민이 허영적, 호전적 애국심을 분출하는 것을 기회로 삼기 때문이다.

갑 국민은 "우리는 평화를 원한다. 하지만 을 국민이 침공을 욕망하니 어찌하겠는가" 하고 말한다. 을 국민도 "우리는 평화를 원한다. 하

지만 갑 국민이 침공을 욕망하니 어찌하겠는가" 하고 말한다. 세계 각
국이 모두 같은 말을 하지 않는 곳이 없다. 먹던 밥이 튀어나올 정도로
골계의 극치다.

무사 인형 공주 인형

이런 식으로 각국 국민은 아이들이 무사 인형이나 공주 인형의 아름
다움을 자랑하며 누가 더 많이 가졌는지를 겨루는 것처럼, 무장이 얼마
나 정예하고 병함(兵艦)이 얼마나 많은지를 겨루고 있다. 그것은 단지
서로 겨루는 것일 뿐이지, 결코 적국이 곧 쳐들어온다고 믿는 것은 아
니다. 결코 외국으로 출정하는 것이 긴요하다고 여기는 것은 아닌 것
같다. 이것은 아이들 놀이와 비슷하다. 더욱이 가공할 만한 참상이 이
내부에서 배태됨을 어찌할까.

몰트케 장군

고(故) 몰트케 장군[24]은 "세계 평화의 희망은 몽상일 뿐이고, 더욱이
이 꿈은 결코 아름답지 않다"고 했다. 그렇다. 평화의 꿈은 장군에게는
추할 것이다. 장군은 실로 아름다운 몽상가였다. 장군이 프랑스를 이겨
50억 프랑의 배상금과 알자스, 로렌 두 주를 할양했음에도, 오히려 프
랑스의 상공업이 빠르게 번영하고 독일 시장이 갑자기 일대 혼란과 좌
절에 빠진 것을 보고 불같이 화를 낸 사건은, 장군의 아름다운 꿈의 결

----

24) **몰트케(Helmuth von Moltke, 1800~1891)** 근대식 독일군 창설자. 프로이센군 참모
총장으로서 1866년의 프로이센-오스트리아전쟁, 1870~1871년의 프로이센-프랑스
전쟁에서 승리했다. 인용문은 스위스 법학자 블룬칠리(Johann Bluntschli,
1808~1881)에게 쓴 편지에 나오는 말이다. "영구 평화는 하나의 꿈이자, 더욱이 이
루어질 수 없는 꿈이다. 그에 비해 전쟁은 신이 구축한 세계 질서의 하나인 것이다.
전쟁에서는 인간의 가장 고상한 덕(용기, 멸사, 의무에 대한 충성, 자기 희생 의지)이
펼쳐진다. 전쟁이 없으면, 세계는 유물주의에 빠져버릴 것이다."

과였다. 아름다운 꿈의 결과가 몹시 추하지 않은가.

야만인의 사회학

그리하여 몰트케 장군은 또다시 아름다운 무력으로 프랑스를 크게 타격해서 무너뜨려 일어나지 못하게 하려고 자주 시도했다. 이것은 오로지 무력의 승리로 국민을 부유하게 하려는 몰트케 장군의 정치적 수완이다. 만약 이와 같은 마음가짐을 20세기 국민의 이상으로 숭배해야만 한다면, 우리는 언제 야만인의 윤리학, 야만인의 사회학 이상으로 나아갈 수 있겠는가.

작은 몰트케의 배출

하지만 군국주의가 번성한 결과, 몰트케 장군은 현대의 이상이 되었다. 모범이 되었다. 작은 몰트케가 우후죽순처럼 세계 도처에서 배출되었다. 동양의 한 소국에서도 작은 몰트케는 의기양양하게 활보한다.

그들은 군비 제한을 주장한 니콜라이 2세[25] 황제 폐하를 몽상가라고 비웃었다. 평화회의를 농담이라고 매도했다. 그들은 항상 평화를 희구한다고 설파하는 혀를 가지고, 한편에서는 군비는 미덕이고 전쟁은 필요하다고 앞장서서 외친다. 나는 그 모순을 비난하지 않을 것이다. 잠시 사회가 군비와 전쟁을 필요로 하는 이유를 들어보자.

---

25) **니콜라이 2세**(Nikolai II, 1868~1918) 러시아혁명 후 총살당한 제정 러시아의 마지막 황제. 황태자 시절에 1891년 5월 일본을 방문했을 때 시가 현(滋賀縣) 오쓰 거리(大津)에서 일본 순사 쓰다 산조(津田三藏)의 칼에 찔리는 일을 당했다. 이 사건을 오쓰 사건(大津事件, 1891)이라 한다. 쓰다는 황태자가 천황을 알현하지 않고 유람만 다니는 데 격분해 이런 일을 저질렀다고 자백했다.

2

머핸 대령

최근 들어 군국이라는 것에 정통하다고 일컬어지는 인물로 머핸 대령[26]만 한 이가 없을 것이다. 그의 대저작은 영미 각국의 군국주의자, 제국주의자들 사이에서 대가의 작품으로 낙양(洛陽)의 종잇값을 올리기에 이르렀다. 우리나라 무사 중에도 그의 책을 애독하는 자가 많음은 그의 번역서 광고가 잦은 것을 보아도 알 수 있다. 그러므로 나는 군국주의를 논하는 자가 우선 그의 의견에 주의하는 것은 편익이자 의무라고 믿는다.

군비와 징병의 공덕

머핸 대령이 군비와 징병의 공덕을 설파한 것은 대단히 교묘하다.

군비가 경제적으로는 생산을 위축시키고 인간의 생명과 시간에 과세하는 등의 불이익이나 해독을 초래한다는 것은 귀에 못이 박히도록 들었으니 새로이 주장할 필요도 없다.

하지만 한편으로 살펴보면, 그 이익은 폐해를 보상하고도 남음이 있지 않

26) **머핸(Alfred Mahan, 1840~1914)** 미국의 군인이자 저명한 해군사가. 해군 확대를 주장하는 그의 이론은 미국이나 독일의 적극적 해외 진출에 영향을 끼쳤다. 1898년에는 미국-에스파냐전쟁의 작전을 지시했다. 《역사에 미친 해군력의 영향 1660~1783》(1890), 《프랑스혁명과 제국에 미친 해군력의 영향 1793~1812》(1892) 등의 저서가 있다. 아울러 일본에서도 대학남교(大學南校)에서 《병학제요(兵學提要)》(1870)가 번역된 것을 시작으로, 《해상권력사론(海上權力史論)》(1896), 《태평양 해권론(太平洋海權論)》(1899) 등이 간행되었다. 고토쿠의 기술은 로버트슨의 《애국심과 제국》을 참조한 것이다. 또한 머핸을 인용한 글도 《애국심과 제국》을 참조했는데, 원문은 머핸의 《해상 권력에 관한 미국의 이해—현재와 미래》 제7장에서 인용했으며, 일역 《태평양 해권론》이 이에 해당한다.

은가. 웃어른의 권력이 쇠잔하고 극도로 기강이 해이해진 시절을 맞아, 나이 어린 국민이 질서와 복종과 존경을 학습할 수 있는 병역이라는 학교에 들어가, 체구는 조직적으로 발달하고, 극기나 용기나 인격이 군인의 요소로 양성되는 것은 아무런 쓸모없는 일인가. 다수의 연소자가 향촌을 떠나 무리를 이루어 고등 지식이 있는 선배와 섞여 정신을 결합하고 동작을 같이해야 함을 교육받고, 헌장 법규의 권력에 대한 존경심을 길러서 각자의 집으로 돌아가는 것은, 오늘날처럼 종교가 퇴폐한 시절에 아무런 쓸모없는 일인가. 보라. 처음으로 교련을 받은 신병의 태도나 동작과 이미 교련을 끝낸 병사가 가두에 모여 있을 때의 용모와 체격을 비교해보라. 얼마나 우열이 심한지를 충분히 알 수 있을 것이다. 군인적 교련은 장래에 활발한 생계를 영위하는 데 결코 유해한 것이 아니며, 적어도 대학에서 세월을 소비하는 것보다 유해하지 않다. 그리고 각 국민이 상호 간에 무력을 존중하기 때문에 평화가 더욱더 확보되어 전쟁이 줄어들고, 우연히 격변이 발생해도 과정이 급속히 진행되며 대단히 쉽게 진정된다. 이것이 아무런 쓸모가 없다고 할 수 있겠는가. 아마도 전쟁은 백 년 전에는 만성적 질병이었지만, 오늘날에는 발생이 극히 드물며 오히려 급성 발작에 가깝다. 그러므로 급성적 전쟁의 발작에 대응하는 준비, 즉 선량한 목적에서 싸우는 마음은 본래 선하고 아름다운 것임을 잃지 않으며, 그리하여 이 마음은 병사가 용병(傭兵)이었을 당시보다도 훨씬 광대하고 왕성함을 확인할 수 있다. 그것은 지금은 국민이 모두 병사이고 단지 한 군주의 노예가 아니기 때문이다.

머핸 대령의 언사는 참으로 교묘하다. 하지만 나는 이 주장이 대단히 논리에 맞지 않다고 생각한다.

전쟁과 질병
머핸 대령의 논리를 해부하면, 요컨대 전투를 익혀 질서와 존경과 복종의 덕을 기르는 것은 오늘날과 같이 권력이 쇠잔하고 기강이 해이할 때는 가장 긴요한 일이다. 하지만 전쟁은 질병이다. 백 년 전에는 만성적 질병이었다. 지금은 국민 개병이고 전쟁은 감소했다. 우연히 전쟁이 일어나도 급성이다. 건강할 때에 항상 급성 발작에 대응하는 준비와 주의가 필요하다고 한다. 머핸 대령의 주장에 따르면 국민이 전쟁이라는 만성적 질병에 걸렸던 시대에는 질서가 있고 기강이 잡혀 있었고, 건강한 시대는 "기강이 해이하고" "종교가 퇴폐"한 시대가 된다. 이상하지 않은가.

쇠잔한 권력과 해이한 기강

머핸 대령이 권력의 쇠잔, 기강의 해이라고 언급한 것은 아마도 사회주의의 등장을 가리키는 것이다. 그것이 거짓임은 두말할 필요도 없다. 하지만 설령 지금을 백 년 전과 비교하여 기강이 해이해졌다고 하더라도, 설령 사회주의자가 현 사회의 질서와 권력을 파괴하려고 시도하는 것을 기강이 해이하고 종교가 퇴폐한 결과라고 하더라도, 징병제와 군인적 교련으로 과연 이것을 막을 수 있을까. 부디 현실을 직시하라.

혁명 사상의 전파자

미국 독립전쟁을 지원했던 프랑스 군인은 대혁명에서 구질서 파괴에 유력한 동기가 되지 않았던가. 파리에 침입한 독일 군인은 독일제국에서 혁명 사상의 유력한 전파자가 되지 않았던가. 현재 유럽 대륙에서 징병제를 채택한 제국의 병영이 항상 사회주의의 일대 학교로서 현 사회에 대한 불평 양성소가 되는 것이 뚜렷이 보이지 않는가. 나는 사회주의 사상이 흥하여 번성하기를 바란다. 그리고 사회주의를 양성한다는 이유에서 결코 병영을 배척하는 사람이 아니다. 그렇다 하더라도 머핸 대령의 말처럼 병사의 교련이 웃어른에 대한 복종과 존경의 미덕을 기를 수 있다는 말이 거짓임을 깨닫지 못하겠는가.

그렇다. 카이사르의 군대는 과연 얼마나 국가의 질서에 존경심을 품었던가. 크롬웰의 군대는 처음에 의회를 위하여 빼든 검을 휘둘러 오히려 의회를 전복시키지 않았던가. 그들은 단지 카이사르, 크롬웰이 있음을 알았을 뿐, 국가의 질서와 기강은 몰랐다.[27]

질병의 발생

인간이 군인적 교련을 받는 것은 단지 선량한 목적을 위하여 싸우기 위함인가, 아니면 이른바 급성 질병 치료에 대응하기 위함인가. 설령 그렇다고 하더라도 그들이 치료 기회를 얻지 못한 채 백 년을 유유히 오래도록 교련으로 시작해서 교련으로 끝나는 것을 참겠는가. 아니다, 반드시 스스로 질병을 일으켜서 만족하고자 할 것이다.

징병제와 전쟁 횟수

국민 개병이고 왕후의 노예가 아니라는 말은 맞다. 하지만 이로써 각 국민이 서로 무력을 존중하기 때문에 전쟁이 감소한다는 말은 터무니없는 망언이다. 고대 그리스와 이탈리아는 국민 개병이었지, 결코 왕후의 노예가 아니었다. 그런데도 전쟁은 만성 질환이 아니었던가. 용병을 써서 약소국을 정벌할 경우에는 순전한 징병보다 편리한 점이 있다. 그렇지만 국민 개병의 징병제가 결코 전쟁을 미연에 방지하거나 줄이는 것은 아니다. 나폴레옹의 전쟁도 징병이었다. 근대 유럽에서 오스트리

---

27) 카이사르는 로마의 정치가(Julius Ceasar, BC 102?~BC 44), 크롬웰(Oliver Cromwell, 1599~1658)은 영국의 청교도혁명 지도자였다. 크롬웰은 1642년에 내란이 일어나자 의회군으로서 철기대(鐵騎隊)를 조직하여 왕군을 물리친다. 1648년에는 혁명군 내부의 반대파, 장로파 등을 탄압하고, 이듬해에는 국왕 찰스 1세를 처형한 후 공화제를 실시하여 엄중한 군사독재 정치를 폈다.

아-프랑스전쟁, 크림전쟁, 오스트리아-프로이센전쟁, 프로이센-프랑스전쟁, 러시아-투르크전쟁이 빈발하여 징병제의 참상은 극에 달하지 않았던가.

만약 최근에 서로 필적할 만한 양국 간 전쟁에서 끝이 앞당겨진다면, 그것은 국민의 훈련이 완전하기 때문이 아니라 전쟁의 참상이 몹시 끔찍하거나 인간의 도리를 반성하는 것이 더욱 빨라졌기 때문일 뿐이다.

전쟁 감소의 이유

1880년 이후에 서로 필적할 만한 강국 간 전쟁이 거의 일어나지 않은 것은 두 나라 국민이 서로 존경하기 때문이 아니라, 단지 전쟁 결과에 대한 공포를 통찰하고 어리석음을 깨달았기 때문일 뿐이다. 독일과 프랑스는 전쟁이 함께 멸망하는 것으로 끝날 것임을 깨달았다. 러시아 황제는 일등국과 싸우는 결과가 파산과 영락(ruin)임을 깨달았다.

강국이 서로 싸우지 않는 것은 단지 이 때문이다. 징병 훈련으로 존경심을 양성한 성과가 아니다. 보라. 그들은 지금 아시아, 아프리카에 엄청나게 무력을 쓰고자 하지 않는가. 그렇다. 그들의 허영심, 호전성, 야수적 천성은 오히려 군인적 교련으로 격렬하게 선동되고 있다.

3

전쟁과 문예

군국주의자는 철이 물과 불의 단련을 거쳐 예리한 검이 되듯이, 인간도 일단 전쟁의 단련을 거치지 않으면 결코 위대한 국민이 될 수 없다고 말한다. 미술이나 과학, 제조업은 전쟁의 고무나 자극 없이는 능히 고상한 발달을 이루기 어렵다. 예로부터 문예가 크게 흥하여 번성한 시대는 대개 전쟁 이후 시대에 속한다. 페리클레스의 시대는 어떠한가.

단테의 시대는 어떠한가. 엘리자베스의 시대는 어떠한가라고 말한다. 나는 평화회의가 제창되던 때에 영국의 유력한 군국주의자가 이 주장을 한 것을 알았다.

그렇다. 페리클레스나 단테나 엘리자베스 시대의 인민들은 모두 전쟁을 알았다. 하지만 고대의 역사는 거의 전쟁으로 충전되었다. 전쟁을 거친 것은 비단 이들 시대만이 아니다. 그외의 시대도 마찬가지로 전쟁을 겪었다. 어찌 그들의 문학을 오로지 전쟁의 은덕이라고 할 수 있겠는가. 따라서 그들의 문학이 전후에 급속히 흥하여 번성했다거나 그것들이 전쟁과 관련한 일관된 특징이 있음을 증명하지 않으면 아직 견강부회를 벗어날 수 없다.

고대 그리스의 여러 나라 중에 전쟁을 즐기고 전쟁에 능란한 것으로 스파르타만 한 데가 없다. 그런데 스파르타는 과연 기술이나 문학이나 철학을 하나라도 남긴 것이 있는가. 영국 헨리 7세와 헨리 8세의 조정은 맹렬한 내란이 끊이지 않았다. 하지만 문예 발달은 추호도 볼 만한 것이 없지 않은가. 엘리자베스 시대의 문학 부흥은 멀리 에스파냐 무적함대를 제압하기 이전에 예견된 것이었고, 에드먼드 스펜서나 셰익스피어나 베이컨이 결코 이 전쟁 때문에 나왔다고 할 수는 없다.

유럽 각국의 문예와 학술

30년전쟁은 독일의 문학과 과학을 한 차례 시들게 만들어버렸다. 루이 14세 즉위 당시에 융성했던 프랑스의 문학과 과학은 터무니없는 무력으로 극도로 쇠미해졌는데, 겨우 만년에 이르러 부흥이 시작되었다. 프랑스의 문학이 전승의 시대보다도 전쟁에 패하여 어려운 시대에 항상 융성했음을 왜 알지 못하는가. 근대 영국의 테니슨(Alfred Tennyson, 1809~1892), 새커리(William M. Thackeray, 1811~1863)의 문학, 다윈의 과학을 크림전쟁 승리의 성과로 돌린다면 누가 비웃지 않겠는가. 독일의 여러 대가는 프로이센-프랑스전쟁 후에 나온 것이 아니라 그 전에 나왔다. 미국 문학의 전성기는 내란 후가 아니라 전이다.

일본의 문예

우리 일본의 문예도 나라(奈良, 710~794)·헤이안(平安, 794~1192) 시대에 융성했던 것이 호겐(保元, 1156~1158)·헤이지(平治, 1159) 시대에 쇠퇴했으며, 호조(北條) 시대(=가마쿠라 시대)의 소강 상태를 거쳐 다소 부흥의 기운으로 향했지만, 겐코(元弘, 1331~1334) 이후 남북조에서 오닌(應仁)의 난(1467~1477)을 거쳐 겐키(元龜, 1570~1573)·덴쇼(天正, 1573~1592)에 이르는 동안에 거의 인멸되어, 단지 오산(五山)의 승려에 의해 한 줄기 명맥이 이어진 것은 적어도 역사를 읽은 자라면 수긍하는 사실이다.[28]

따라서 문예가 전쟁 이후에 흥하여 번성하는 경우가 만약 있다면, 이것은 단지 전쟁 동안에 억눌리고 방해받던 문예가 다소 태평한 시대를 만나 머리를 쳐드는 것이지, 결코 전쟁 때문에 촉진되는 것이 아니다. 무라사키 시키부(紫式部)나 아카조메에몬(赤染衛門)이나 세이 쇼나곤(清少納言)은 전쟁으로 무슨 감화를 입었는가. 산요(山陽)나 바킨(馬琴)이나 후라이(風來)나 소린(巢林)은 전쟁 때문에 무슨 고취를 얻었는가. 오가이(鷗外)나 쇼요(逍遙)나 로한(露伴)이나 고요(紅葉)는 전쟁과 무슨 관계가 있는가.[29]

28) '호겐·헤이지'는 헤이안 시대 말기에 발생한 호겐의 난(1156)과 헤이지의 난(1159)이 일어난 시대를 말한다. 천황과 상황, 섭관(攝關) 가문 내부의 대립, 나아가 무사단의 대립으로 이어져, 다이라(平) 가문이 무가 정권으로서 지위를 구축했다. '겐코(元弘)'는 가마쿠라(鎌倉) 막부가 쓰러진 1333년이 겐코 3년에 해당한다. '겐키·덴쇼'는 전국(戰國) 시대가 끝나고 오다 노부나가(織田信長)가 천하 통일을 한 시대다. '오산'은 중세의 선종사원 중에서 최상위의 사격(寺格)을 부여받아 막부의 보호를 받았던 5대 사원을 말한다. 선승이 지은 한시문은 '오산 문학'으로 알려져 있다.

나는 전쟁이 사회 문예의 진보에 걸림돌임을 확인했다. 아직 전쟁이 발달에 보탬이 되는 것을 본 적이 없다. 청일전쟁 때 나온 군가 〈쳐부 수어라 혼내줘라 청나라를〉을 나는 대문학(大文學)이라 부를 수 없다.

무기 개량

칼과 창이나 함포가 개량되고 진보하여 점점 견고하고 우수해지는 것은 어쩌면 전쟁의 힘인 것 같다. 하지만 이것은 모두 과학기술이 진 보한 결과이며, 사실 평화 덕분 아닌가. 설령 전쟁 자체의 성과라고 하 더라도, 무기의 발명과 개량이 국민을 고상하고 위대하게 만드는 지식 과 도덕에 얼마나 공헌하겠는가.

군인의 정치적 재능

그렇다. 군국주의는 결코 사회의 개선과 문명의 진보에 도움이 되는 것이 아니다. 전투 숙달과 군인 생활은 결코 정치적·사회적으로 인간 의 지덕을 증진시키지 못한다. 나는 이 점에 대한 더욱더 적합한 증거 로서, 예로부터 무공이 혁혁한 영웅이 정치가로서 재능과 문치의 성적 이 얼마나 보잘것없는지를 제시하고자 한다.

....

29) '무라사키 시키부'는 헤이안 시대의 작품인 《겐지 이야기(源氏物語)》의 작가, '아카 조메에몬(956?~1041?)'은 10세기 말에서 11세기 전반에 활약한 여성 와카(和歌) 작가, '세이 쇼나곤'은 《베개 책(枕草子)》으로 알려진 헤이안 시대의 작가다. '산요'는 라이 산요(賴山陽, 1780~1832)로 에도(江戸) 시대 후기의 유학자, '바킨'은 교쿠테 이 바킨(曲亭馬琴, 1767~1848)으로 《난소 사토미 팔견전(南總里見八犬傳)》으로 유 명한 에도 후기의 요미혼(讀本) 작가다. '후라이'는 히라가 겐나이(平賀源內, 1728~ 1779)를 말하며 에도 중기의 본초가(本草家)로 다재다능했는데, 곳케이본(滑稽本)이 나 조루리(淨瑠璃)도 썼으며 호가 후라이 산인(風來山人)이었다. '소린'은 에도 전기 의 조루리, 가부키 작가인 치카마쓰 몬자에몬(近松門左衛門, 1653~1724)을 말하며, 호가 소린시(巢林子)였다. '오가이'는 모리 오가이(森鷗外, 1862~1922), '쇼요'는 쓰 보우치 쇼요(坪內逍遙, 1859~1935), '로한'은 고다 로한(幸田露伴, 1867~1947), '고요'는 오자키 고요(尾崎紅葉, 1867~1903)를 말한다.

알렉산드로스, 한니발, 카이사르

고대에 알렉산드로스 대왕, 한니발, 카이사르는 최고의 호걸로서 삼척동자도 그 이름을 알았다. 하지만 그들은 쉽게 파괴하는 것에 비해 건설의 힘이라고는 없었다. 알렉산드로스의 제국(empire)은 정치학적 관점에서 보면 실로 있어서는 안 되는 현상이다. 거기에는 오로지 정복의 전환(conversion)이 일시적으로 있었을 뿐이기에, 알렉산드로스의 제국이 산산이 붕괴되어 간 것은 당연한 이치다. 한니발의 병략과 지략은, 그가 이탈리아를 압도한 15년 동안 로마인이 감히 그 위세를 우러러보지 못하게 만들었다. 하지만 카르타고가 부패의 고황(膏肓)에 든 것을 구할 수는 없었다. 카이사르가 전쟁에 임하는 것은 굶주린 호랑이와 같았어도 정치의 단상에 서는 것은 눈먼 뱀과 같아서, 오로지 로마의 민정을 타락시켜 만인의 원성을 샀을 뿐이다.

요시쓰네, 마사시게, 유키무라

미나모토노 요시쓰네(源義経, 1159~1189)는 전투에 탁월했다. 구스노키 마사시게(楠正成, 1294~1336)나 사나다 유키무라(眞田幸村, 1567~1615)도 마찬가지로 전쟁에 뛰어났다.[30] 하지만 누가 그들의 정치적 수완을 믿을 수 있겠는가. 그들의 완전한 군인 자질을 정치의 단상에 세우면, 과연 호조 씨 9대, 아시카가(足利) 씨 13대, 도쿠가와(德

----

30) '요시쓰네'는 가마쿠라 막부를 연 미나모토노 요리토모(源賴朝)의 이복동생으로서 정적이었던 다이라 씨를 멸망시킨 최대 공로자였으나, 요리토모와 반목한 끝에 자결했다. 그의 최후는 많은 사람들에게 동정을 불러일으켜 많은 전설과 이야기를 낳았다. '마사시게'는 가마쿠라 시대 말기에서 남북조 시대에 걸쳐 활약했던 무장이다. 1333년에 고다이고 천황(後醍醐天皇)이 친정을 개시한 '겐무(建武)'의 신정(新政)'을 이끌었으며 이후에 무로마치 막부를 연 아시카가 다카우지(足利尊氏)와 함께 활약했으나, 다카우지가 이반한 후에 신정의 주력이 되어 마지막까지 근왕을 관철했다. 메이지 시대 이후에 '다이난코(大楠公)'로 칭송되었다. '유키무라'는 에도 막부가 도요토미군을 멸망시킨 오사카 전투(大阪の役)에서 도요토미군 쪽에서 활약했던 무장이다.

川) 씨 15대의 기초를 열 수 있었겠는가.

항우와 제갈량

일흔네 차례의 크고 작은 전쟁에서 승리한 항우는 법을 3장으로 줄인 고조(高祖)에 미치지 못했다. 제갈량의 팔문(八門)과 둔갑은 결국 무제(武帝)인 맹덕(孟德)의 신서(新書)에 미치지 못했다. 사회의 인심을 연결하고 천하의 태평을 부르는 길은 깃발을 들어 올리고 장수를 베는 힘이 아니라 분명히 다른 데 있기 때문이다.

프리드리히와 나폴레옹

근대의 무인 가운데 가장 정치적 공적이 뛰어난 것은 프리드리히 (Friedrich II, 1712~1786)와 나폴레옹이다. 하지만 프리드리히는 처음부터 무인 생활을 몹시 싫어하여 전투를 익히는 것을 큰 고통으로 여겼다. 그는 군국주의적 이상의 적당한 대표자가 아니다. 그런 그조차도 견고한 건설을 사후에 남길 수 없었다. 나폴레옹의 제국이 양국의 교상 (橋上)의 불꽃처럼 갑자기 빛났다가 사라졌음은 두말할 나위도 없다.

워싱턴

워싱턴(George Washington, 1732~1799)은 현자다. 그는 이른바 나면 장군이요 들면 재상이었다. 하지만 그를 결코 순전한 무인으로 보아서는 안 된다. 그는 우연히 어쩔 수 없이 시운에 휩쓸려 싸운 것이지 전쟁을 즐기는 사람이 아니었다.

미국의 정치가

미국에서 군인의 소양이 있는 자가 일찍이 최상의 정치가에 들지 못한 것은 특히 주의할 가치가 있다. 무인으로서 처음으로 미국 대통령이 된 사람은 앤드루 잭슨(Andrew Jackson, 1767~1845)이 아닌가. 그리고 관직 쟁탈은 그의 시대부터 시작되지 않았는가.

그랜트 장군(Ulysses Simpson Grant, 1822~1885)은 최근의 무인 중 가장 존경할 만한 인물로 꼽힌다. 하지만 대통령으로서 성적이 대단히 좋지 못했음은 당원조차 부정할 수 없는 사실이 아닌가. 그는 전쟁에서 인내와 정직함 속에서 발휘된 기술이나 수완을 문사에 응용하지 말았어야 했다.

그랜트와 링컨

나는 링컨(Abraham Lincoln, 1809~1865)이 군사에 정통하여 모든 장군이 그의 술책에 결코 미치지 못했음을 안다. 하지만 이것은 우연히 진정한 대정치가가 군국에 관한 것도 쉽게 요리할 수 있음을 증명하는 것일 뿐, 군인적 교련이 대정치가를 만든다는 어리석은 이론의 증거가 아니다. 일찍이 공자(孔子)는 문사(文事)가 있는 자는 반드시 무비(武備)가 있다고 말한 적이 있다. 워싱턴이나 링컨은 이쪽이다. 하지만 무비가 있는 자가 반드시 문사가 있는 것은 아니다. 그랜트 장군과 같은 경우가 이쪽이다.

넬슨과 웰링턴

근대 영국에서 세계에 공명을 떨쳐 군인의 이상이자 군국주의자들의 숭배 대상이 된 사람으로 육지에는 웰링턴(Arthur Wellesley Wellington, 1769~1852)이 있고, 바다에는 넬슨(Horatio Nelson, 1758~1805)이 있다. 웰링턴의 정치적 수완은 얼마간 범용 정치가의 수준이라고 일컬어지기도 했다. 하지만 결코 일대를 경영하고 만민을 지도할 재목은 아니었다. 그는 철도가 하등 승객에게 부여하는 편리함을 "하층 인민으로 하여금 쓸데없이 전국을 여행시키는 것"이라고 하여, 이에 반대하지

않았던가. 넬슨에 이르러서는 거의 언급할 가치도 없다. 그는 해군 이
외에는 추호의 가치도 없는 인물이었다.

야마가타, 가바야마, 다카시마

눈을 돌려 우리 일본을 보자. 어찌 그들 군인의 정치적 수완이 칭찬
할 만한 것이겠는가. 동양의 몰트케, 넬슨, 웰링턴에 비유되어 숭배되
는 야마가타 후작이나 가바야마 백작, 다카시마 자작은 메이지의 정치
사, 사회사에서 과연 어떠한 특기할 만한 점이 있는가. 선거 간섭, 의원
매수의 전례를 만들어 우리 사회의 인심을 부패와 타락의 극점으로 빠
뜨린 죄악을 저지른 장본인이 아닌가.[31]

나를 멋대로 군인과 군대를 매도하는 사람으로 여기지 말라. 나는
농 · 공 · 상 가운데 지자(智者)나 현자가 있는 것처럼, 군인 중에도 또
한 지혜로운 자나 현명한 자가 있음을 안다. 나는 그러한 사람들을 존
경하기를 주저하지 않는다.

군인 중 지혜로운 자와 현명한 자

다만 지혜로운 자나 현명한 자는 군대적 교련을 거치거나 전쟁을 겪
고 비로소 생겨나는 것이 아니다. 손에 총검이 없고, 어깨에 견장이 없
고, 가슴에 훈장이 없어도, 지혜로운 자나 현명한 자는 능히 지혜롭거
나 현명하다. 하지만 그들이 아무리 지혜롭고 현명하더라도, 군인의 직
무로서나 군인 교육의 성과로서는 사회 전반에 아무런 이익도 주지 못
한다.

....

31) '야마가타 후작'은 야마가타 아리토모를 말한다. '가바야마 백작'은 가바야마 스케노
리(樺山資紀, 1837~1922)를 말하는데, 사쓰마 번 출신이며 해군대장, 초대 타이완
총독을 지냈다. '다카시마 자작'은 사쓰마 번 출신의 다카시마 도모노스케(高島鞆之
助, 1844~1916)를 가리키는데, 해군대신, 척식무(拓殖務)대신을 지냈다.

통일을 배운다고 말하지 말라. 사람을 죽이는 통일이 무엇이 존경할 만 한가. 규율에 복종한다고 말하지 말라. 재물을 허무는 규율이 무엇이 존경할 만한가. 용기가 생긴다고 말하지 말라. 문명을 파괴하는 용기가 무엇이 바람직한가. 아니 이 규율, 통일, 용기조차도 그들이 병영을 한 발짝만 나가면 아득하여 흔적을 남기지 않는다. 남은 것은 오로지 강자에 맹종하고 약자를 능멸하는 악풍뿐이다.

4

군국주의의 폐해
군국주의와 전쟁은 단지 사회 문명의 진보에 도움이 되지 않을 뿐만 아니라, 사회 문명을 잔인하게 해치는 폐해가 가공할 만하다.

고대 문명
군국주의자는 고대 문명이 역사에 출현했을 때는 모두 병상(兵商)일치의 사회였다고 말한다. 그들은 고대 이집트, 고대 그리스를 군비가 문명을 진전시킨 증거로 들려고 한다. 하지만 틀렸다. 나는 믿는다. 이집트가 무력 정복, 군비 위주로 타락하지 않았다면, 번영이 수백 년은 더 지속되고, 명맥은 수천 년은 보존되었을지도 모른다고 생각한다. 이 문제에 관해서 그리스는 따로 일고의 가치가 있다.

아테네와 스파르타
고대 그리스가 무력을 중시했다고 해도, 각국은 자연히 달랐다. 스파르타는 철두철미하게 군국주의를 유지했다. 생활은 조련이었고, 사업은 전쟁이었다. 그외에는 아무것도 없었다. 그리하여 이미 앞에서 언급했듯이 스파르타 문명은 하나도 볼 만한 것이 없다. 아테네에 이르면

이 정도로 극단적이지 않다. 페리클레스는, 우리는 저와 같은 조련으로 자기를 고통에 빠뜨리지 않아도 유사시에 용기가 꺾이지는 않는다, 우리는 전쟁에 대응할 준비에 급급하여 생애를 조련에 다 쓰는 자에 비해 결코 뒤떨어지지 않을 것이라고 말했다. 이것은 커다란 이익이 아니겠는가. 근대의 군국주의자는 스파르타를 선택할 것인가, 아테네를 고를 것인가.

그들이 아무리 어리석더라도 풍요로운 아테네 문명을 버리고 감히 스파르타의 야수적 군국주의를 찬미하지는 않을 것이다. 그런데도 군국주의자들의 주장에 비추어보면, 스파르타가 바로 그들의 최대 이상에 합치하는 것이 아닌가.

펠로폰네소스 전후의 부패

군국주의자는 이렇게 말할지도 모른다. 우리들은 스파르타 같은 극단적인 것을 원하지 않는다. 다만 아테네의 군국주의를 모범으로 하면 그것으로 선하고 아름다운 상태가 될 것이라고 한다. 그렇다. 스파르타에 비하면 그래도 괜찮다. 하지만 생각해보라. 아테네도 군비가 정치 개혁에 관여하여 무슨 성과를 올렸는가. 사회적 품성의 향상에 관여하여 얼마만큼 효과가 있었는가. 시민들에게 전쟁을 선동하는 것 이외에 과연 어느 정도의 이익과 손해가 있었는가. 아테네가 펠로폰네소스 전쟁에 종사하기를 30년, 군국주의의 이익과 효과는 이때에 비로소 최고로 발휘되었어야 하지 않았던가. 그렇지만 결과는 반대였다. 다만 부패와 타락이 있었을 뿐이다.

투키디데스의 위대한 역사서

펠로폰네소스 전쟁이 그리스 인민의 도덕을 완전히 일소하고 신앙을 파괴하고 도리를 인멸하여 얼마나 처참한 상태가 극에 달했는가를 볼

필요가 있다면, 일단 투키디데스가 쓴 천고의 역사서를 빌려오자. 투키디데스는 다음과 같이 묘사한다.[32]

여러 도시에서 소요가 일단 발생하면, 혁명적 정신은 계속 전파되어 종래의 것들이 모조리 파괴되지 않고는 끝나지 않는다. 그 시도는 나타날 때마다 한층 흉포해지고, 그 복수는 일어날 때마다 한층 처참하다. 언어의 의미는 이미 실제 사물과의 관계를 잃고 다만 그들이 적당하다고 여기는 대로 변경되었다. 저돌이나 맹진(猛進)은 용맹이라는 의미로 사용되었다. 신중한 사려는 비겁한 자의 구실로 여겨졌다. 온화함은 연약함의 이면이라고 일컬어졌다. 만사를 아는 자는 아무것도 하지 않는 무능한 자가 되었다. 광인적 에너지는 진정한 사나이의 본성이 되었다. …… 광포함을 좋아하는 자는 신임받고, 반대하는 자는 혐의를 받았던 것이다. …… 애초에 도당의 음모에 관여하기를 꺼리는 자는 이간질하는 자로 간주되었고, 적을 두려워하는 겁쟁이로 낙인찍혔다. …… 나쁜 짓을 해서 남을 곤경에 빠뜨리는 자는 감탄을 받고, 양민을 선동하여 죄악을 권하는 자 또한 더더욱 감탄을 받았다. …… 복수는 자기 보전보다도 숭고했다. 각 당파 간의 일치단결은 다만 그 세력이 없으면 아무것도 못하는 기간 동안만 유지되었을 뿐이며, 그들이 다른 당을 압도하게 되면 간계나 폭력을 있는 대로 휘두르고 무서운 복수가 또한 연이어 일어났다. …… 이리하여 전쟁은 그리스인의 모든 악덕을 자아냈다. 고상한 천성의 한 요소인 질박함이라는 것이 대수롭지 않게 여겨지고 모습을 감추었다. 추잡하고 불쾌한 투쟁, 폭력적인 복수심이 도처에 만연하고 그들을 화해시키는 데 도움이 되는 한마디 말조차 없었으며, 그들을 믿게 하는

....

32) 투키디데스(Thucydides, BC 460?~BC 400?)는 고대 그리스의 역사가. BC 431년에 펠로폰네소스 전쟁이 시작되자, 역사 기술에 착수해서 BC 411년까지 서술했다. 미완의 《역사(전쟁사)》(전 8권)는 엄밀한 사료 비판으로 사실을 정확히 파악하는 데 힘써, 후세에 커다란 영향을 끼쳤다.

데 도움이 되는 한마디 선서조차 없었다. …… 비열한 잔꾀를 부리는 자는 일반적으로 가장 성공했다.

아아, 이것이 고대 최고의 문명국, 모든 시민이 군대적 교련을 경험한 지역에서 군국주의자가 찬미하는 전쟁이 낳은 결과가 아닌가. 우리 일본의 군국주의자도 마찬가지로 청일전쟁 후 사회 인심이 이와 거의 대동소이함을 보고 틀림없이 만족하고 있을 것이다.

로마를 보라

내려와서 로마를 보라. 그들이 용전분투하여 이탈리아 각지의 자유를 빼앗은 결과 로마 시민은 어떠한 품성을 기를 수 있었는가. 어떠한 미덕을 신장시킬 수 있었는가. 국내는 마침내 참담한 도살장이 되었다. 마리우스(Gaius Marius, BC 157~BC 86)가 나타나고, 술라(Lucius Sulla, BC 138~BC 78)가 나타났다. 민주공화국은 귀족 전제국으로 변했다. 자유 시민이 준동하는 노예가 되지 않았던가.

드레퓌스 대사건

최근에 세계 이목을 집중시킨 프랑스의 드레퓌스 사건[33]은 군정이 사회 인심을 부패시키는 것을 뚜렷이 보여주는 사례다. 재판이 애매하고 처분이 난폭한 것은, 그 사이에 일어난 유언비어의 기괴하고 추악함을 보면 알 일이다. 세상 사람들에게 프랑스 육군은 거의 악인과 치한으로 충만한 듯한 의심을 품게 했다. 이상하게 여길 필요는 없다. 군대

---

33) **드레퓌스 사건** 1894년 프랑스 참모본부 대위 알프레드 드레퓌스(Alfred Dreyfus, 1859~1935)가 스파이 혐의로 체포되었으나 무죄를 주장하여, 1898년에 이 사건을 둘러싸고 군부, 우익, 가톨릭 세력과 공화주의자, 세속 세력이 대립함으로써, 제3공화정에 위기를 초래한 사건이다. 에밀 졸라는 1898년 〈나는 고발한다〉라는 글을 신문에 발표하여 드레퓌스를 변호했다.

조직에서는 악인이 흉포함을 십분 발휘하는 것이 다른 사회보다도 쉽고, 정의로운 인물이 치한과 비슷해지는 것 또한 다른 사회에 비해 한층 쉽다. 왜냐하면 육군은 압제의 세계이기 때문이다. 권위의 세계이기 때문이다. 계급의 세계이기 때문이다. 복종의 세계이기 때문이다. 도리가 문 안으로 들어서는 것을 허락하지 않기 때문이다.

생각건대, 사법권 독립이 완전하지 않은 동양 각국 이외에는 이처럼 횡포한 재판, 횡포한 선고는 육군이나 군법회의가 아니면 결코 볼 수 없는 일이다. 보통의 민법, 형법이 절대로 허락하지 않는 일이다.

졸라, 결연히 일어서다

그런데도 용맹한 수만의 군대 중에 드레퓌스를 위하여 무고함을 외치고 재심을 촉구하는 자가 단 한 사람도 없었다. 모두들 오히려 무고한 한 사람을 죽이더라도 육군의 치욕을 덮는 편이 좋다고 말한다. 그때 에밀 졸라가 결연히 일어섰다. 그의 불과 같고 꽃과 같은 위대한 글은 뚝뚝 떨어지는 빨간 열혈을 프랑스 4천만 국민의 머리 위로 부었던 것이다.

당시에 만약 졸라가 침묵했더라면 프랑스 군인은 결국 입을 다물고 드레퓌스의 재심이 영구히 열리지 못했을 것이 틀림없다. 그들이 정의롭지 못하고 수치를 모르고 용기가 없는 것은 실로 이런 상태이고, 시정의 일개 문사에 미치지 못했다. 군인적 교련이라는 것은 이렇게 보면 조금도 가치가 없지 않은가.

당당한 군인과 시정의 일개 문사

맹자는 "스스로를 반성하여 옳다고 생각하면 천만 명이 가로막아도 단호히 나아간다"[34]고 말한다. 이 기개와 정신이 일개 문사에게 보이고 당당한 군인에게 보이지 않는 것은 어찌 된 까닭인가.

어쩌면 윗사람에게 반항하는 것은 군인이 해서는 안 되는 것이고, 또한 할 수가 없는 것이다. 드레퓌스 사건 당시 프랑스 군인의 맹종은 그것만으로는 아직 그들의 도덕심 결핍을 증명하기에 충분하지 않다고 말하기도 한다. 정말로 그런가. 그렇다면 더욱 현저한 실례를 보여드리고자 한다.

키치너 장군

지금 트란스발로 옮겨서 싸우고 있는 키치너 장군은 영국의 군국주의자나 제국주의자가 신처럼 숭배하고 존경하는 인물이 아닌가. 보라. 그는 먼저 수단에 원정하여 마흐디의 분묘를 발굴하고 그것으로 만족한 바로 그 사람이 아닌가.[35] 오자서(吳子胥)가 아버지의 원수를 치기 위하여 평왕의 시체에 채찍질을 한 것은 2천 년이나 옛날 일이라, 이미 식자들이 조롱하고 매도하는 바가 아니었는가.[36] 하물며 19세기 말엽의 문명 시대에 공공연히 대영제국의 국기 아래 현지인들이 성자라 부르고 구세주로 받드는 위인의 분묘를 발굴하는 것은 머핸 대령이 일컬은 극기와 인내, 용기를 양성한 군인이기에 비로소 아무렇지도 않게 할 수 있는 일일 것이다. 천하의 인심을 선동하여 모조리 군국종(軍國宗)의 신도로 삼고 마흐디의 분묘를 발굴하는 마음을 이상으로 삼아 한 나

---

34) "自反而縮 雖千萬人 吾往矣."(《孟子》公孫丑 上)

35) 키치너(Horatio Kitchener, 1850~1916)는 영국의 육군원수, 행정관. 1892~1899년에 수단을 정복하고 총독이 되었으며, 1899~1902년의 보어전쟁에서는 반란을 진압했다. '마흐디'는 '구원자'라는 뜻으로 19세기 말 수단의 독립 운동을 이끌었던 무함마드 아마드(Muhammad Ahmad, 1844~1885)가 스스로 칭한 이름이었다. 로버트슨의 《애국심과 제국》에서는 키치너가 하르툼에서 마흐디의 무덤을 훼손했다고 나온다. 무함마드 아마드는 수단의 정치 지도자로서 1883년에 오베이드를 거점으로 하여 이집트군을 격파했다. 1885년에는 하르툼을 공격했는데, 이때 영국의 고든 장군이 전사했다. 1898년에 키치너는 하르툼을 점령하고 마흐디의 무덤을 파헤쳐 고든 장군의 복수를 했다.

라의 정치가 이 잔인한 손에 맡겨진다고 한다면, 이 또한 가공할 만한
것이 아닌가.

러시아 군대의 포악함

최근에는 청나라에서 러시아 군대의 포악함을 보라. 퉁저우(通州) 한
지방에서만 그들에게 위협당하여 강물에 빠져 죽은 부녀자가 7백여 명
에 달했다. 이 사건 하나만으로도 사람을 전율시키지 않는가. 군인적
교련과 전쟁 준비가 능히 인격을 고양하고 도의를 양성한다면 13, 14
세기 이후 전투에서 나고 전투에서 죽은 카자크(Kazak)는 인격이 높고
도의가 넘쳐나지 않으면 안 되는 도리다. 하지만 사실은 참으로 이와
반대인 것은 어째서인가.

만약 군국주의가 진정으로 국민에게 지식과 도덕을 심고 지위를 향
상시키는 효과가 있다고 한다면, 투르크는 유럽에서 제일 높은 지위에
있지 않으면 안 될 터이다.

투르크의 정치

투르크의 정치는 군국의 정치다. 투르크의 예산은 군사비의 예산이
다. 무력으로 보면 투르크는 결코 약소국이 아니다. 투르크의 주도권은
19세기에는 완전히 전락했지만, 그래도 나바리노에서는 선전했다. 크
림에서 선전했다. 플레벤에서 선전했다. 테살리아에서 선전했다. 투르
크는 결코 약소국이 아니다.[37]

---

36) 오자서(?~BC 484)는 춘추 시대 초나라 사람. 아버지 오사(伍奢)와 형이 초나라 평
　　왕(平王, 재위 BC 528~BC 516)에게 살해당하자, 자서는 이웃 나라인 오(吳)나라로
　　도망쳐 복수할 때를 기다렸다. 기원전 506년에 오왕이 초를 공격하였고 평왕의 아들
　　소왕(昭王)은 국외로 도망쳤다. 16년 만에 그 땅에 돌아온 자서는 평왕의 무덤을 파
　　헤쳐 시체에 채찍질하며 무념을 달랬다. 《사기》 오자서 열전의 고사.

그렇지만 그것이 진정으로 투르크가 자랑으로 삼는 것인가. 자랑으로 삼기에 충분한 것인가. 부패하고 흉포하고 가난하고 무지하다는 점에서 거의 모든 문명적 진보에서 유럽 최하위에 있는 것이 투르크 아닌가. 국가의 운명이 끊어지려고 하는 가는 실과 같아서 니콜라이 1세에게 병자 취급을 당한 것이 투르크 아닌가.

독일은 평균적으로 말하면, 아직 고등교육을 받은 국민의 지위를 잃지 않았다. 문예나 과학의 많은 부분이 아직 찬연히 존재하고 있다. 하지만 철혈주의와 군국주의가 온 나라를 휩쓴 뒤로 예전의 높고 원대한 윤리 사상은 지금 어디에 있단 말인가.

독일과 일대 도덕의 원천

독일 국민은 예전에는 유럽에서 일대 도덕의 원천이었다. 칸트, 실러, 헤르더, 괴테, 리히터, 피히테, 블룬칠리, 마르크스, 라살, 바그너, 하이네 등의 이름은 문명국들이 우러러 본류로 삼았고, 이들에게 감화받은 세력이 끊이지 않았다. 그런데 지금은 어디에 있는가. 지금 우리는 예

....

37) 13세기 말 오스만제국 성립 이후, 기독교 유럽과 이슬람 제국 사이에는 충돌이 계속되었다. 특히 19세기에는 러시아가 남하하면서 투르크 해체 정책을 폈고, 다른 한편에서는 이집트 등에서 독립 운동이 일어났다. '나바리노'는 그리스 독립전쟁(1821~1829)에서 영국, 프랑스, 러시아의 연합함대가 투르크, 이집트의 연합함대를 격파한 나바리노 해전(1827)으로 알려진 곳이다. '크림'은 흑해에 면한 크림 반도로, 크림전쟁(1853~1856)이 일어났다. 러시아 니콜라이 1세는 '유럽의 병자'인 투르크의 분할을 결의했고, 투르크는 영국, 프랑스, 사르데냐와 연합하여 싸워 파리조약이 체결되었다. '플레벤'은 투르크 통치 하의 슬라브 민족 운동을 지원하는 러시아와 투르크 사이에 일어난 러시아-투르크전쟁(1877~1878)에서 러시아군이 승리한 장소로 불가리아 북부의 도시다. 여기서 산스테파노조약이 체결되었다. '테살리아'는 그리스 본토 중북부 지방으로, 1897년 오스만제국령이었던 크레타 섬 영유를 둘러싸고 그리스-투르크 전쟁이 일어난 지역이다. 기독교도의 반란에 편승하여 그리스가 군사 개입을 했지만, 영국, 프랑스 등 열강이 철병을 요구하고 투르크가 선전포고했다. 콘스탄티노플에서 강화가 성립되어 크레타 섬은 투르크 종주권 아래 자치가 인정되었다.

술, 과학의 많은 것을 독일에서 배우고 있다. 그래도 철학에서, 윤리에서, 정의나 인도(人道)의 일대 문제에서, 지금 독일 문학에서 배우고자 하는 것이 하나라도 있는가. 지금 독일인의 교시 가운데 크게 갈망하는 것이 하나라도 있는가. 사회주의의 이상이 아직 중류의 기둥이라는 것을 제외하고는 유럽 각국이 우러러 본류로 삼을 가치가 있는 것이 어디에 있을까.

기린과 봉황은 가시밭에 살지 않는다

아무것도 이상히 여길 것은 없다. 기린과 봉황은 가시가 있는 곳에는 살지 않는다. 비스마르크 공, 몰트케 장군을 이상으로 삼는 세계에서는 괴테, 실러의 재생을 바라기 힘들다. 가엾은 애국주의자여, 그대는 오로지 빌헬름, 뷜로, 발더제가 그만큼 문명을 진보시킬 수 있다고 생각하는가.[38]

독일 황제와 불경죄

그러므로 나는 단언한다. 군국 정치가 하루 행해지면 국민의 도의는 하루 부패하는 것이다. 폭력이 하루 행해지면 이론이 하루 절멸하는 것을 의미한다. 독일이 비스마르크 공의 독일이 된 이후, 유럽에서 윤리적 세력(influence)을 잃은 것은 자연의 도리다. 지금의 빌헬름 2세 황제가 즉위한 뒤로 10년 동안 불경죄로 처벌받은 자가 수천 명에 이른 사실이 눈에 보이지 않는가. 이것은 우리 충성스럽고 선량한 일본 국민이 꿈조차 꾸지 못할 일일 것이다. 군국주의자는 그럼에도 아직 이것을

....
38) 뷜로(Bernhard Bülow, 1849~1929)는 독일제국의 외무장관을 거쳐 총리가 되어 빌헬름 2세의 세계 정책을 추진했다. 발더제(Alfred Waldersee, 1832~1904)는 프로이센 군인으로서 헬무트 폰 몰트케의 후임으로 육군참모총장이 되어 빌헬름 2세에게 영향력을 행사했다.

바람직하다고 하는가. 이렇게 되어도 아직 군국 정치를 명예라고 할 셈인가.

5

결투와 전쟁

군국주의자는 나아가 전쟁을 찬미하며 말한다. 국가의 역사는 전쟁의 역사다. 개인 간의 분쟁이 결투(duel)로 최후의 판가름이 나는 것과 마찬가지로, 국제 분쟁에 최후의 판정을 내리는 것은 전쟁이다. 요컨대 지구상에 국가라는 구별이 존재하는 동안은 전쟁이 사라지지 않는다. 전쟁이 존재하는 동안 군비의 필요는 어쩔 수 없다. 또 전쟁은 우리들이 강건한 힘, 굳센 마음, 강직한 성정을 서로 비교하면서 진정한 대장부의 의기와 정신을 발양하는 소중한 수단이다. 만약 이것이 없으면, 천하는 딴 세상이 되어 유약한 여성의 천하가 되고 말 것이라고. 어찌 그런 것이 있겠는가.

나는 여기에서 개인 간 결투의 시시비비나 이해득실을 왈가왈부할 여유가 없다. 하지만 전쟁을 결투와 비교하는 것은 부도덕의 극치임을 단언한다. 서양의 결투도 일본의 결투(果し合い)도 한 사람의 명예에 목적이 있을 뿐이다. 한 사람의 체면에 목적이 있을 뿐이다. 두 사람의 힘을 비교할 경우는 극히 평등한 위치에서 극히 공명하게 싸움을 한다. 그리고 한 사람이 다치거나 죽으면 만사가 정리되어, 훗날에 마음에는 한 점의 그늘도 남지 않는다. 진정으로 남성을 위한 미덕을 잃지 않는다. 하지만 전쟁의 경우는 이것과 완전히 상반된다. 그 목적의 비열함과 수단의 역겨움은 한이 없다.

옛날에 이름을 대며 일대일 승부를 한 전쟁은 얼마간 결투와 닮은 점이 있다. 하지만 이것은 지금 전쟁에서는 가장 멍청한 짓으로 조소당하지 않는가. 전쟁은 오로지 빈틈없을 것을 요구하고 있다. 오로지 남을 속일 것을 요구하고 있다. 지위의 평등과 방법의 공명함을 중시하는 등의 행위는 무익한 관용으로 역사의 웃음거리가 되고 있지 않은가.

교활함을 겨루는 기술

그렇다. 전쟁은 오로지 교활함을 겨루는 기술이다. 전쟁의 발달은 교활함의 발달이다. 미개의 야만인이 교활함을 즐기는 경우는 대개 적의 허를 찌르는 데 있다. 복병에 있다. 야습(夜襲)에 있다. 양도(糧道, 군량미를 나르는 길)를 끊는 데 있다. 함정을 파는 데 있다. 그리하여 교활함이 부족한 자는 몸은 멸망하고 재산은 갈취당하며 땅을 빼앗겨, 우자적존(優者適存), 즉 빈틈이 없고 남을 속이는 데 탁월한 자만이 생존할 뿐이다. 이렇게 되면 통상의 지식이나 기술은 도움이 되지 않으므로 더욱더 많은 교습과 조련이 필요해지는 것이다. 교습과 조련 등이 거의 도움이 되지 않게 되면, 더욱더 크게 무기의 기교를 겨루게 된다. 이것이 예로부터 전쟁 기술이 발달하고 진보한 대체적인 순서다.

전쟁 발달 단계

전쟁 발달 단계는 오로지 어떻게 적의 의표를 찔러 쓰러뜨릴 것인지 수단을 강구하는 데 있었다. 목적이 아무리 비열하고 수단이 아무리 역겨워도 문제가 되지 않았다. 이래서야 어찌 개인의 결투와 같은 수준에서 논할 수 있겠는가. 이래서야 어찌 남자의 미덕인 강건함이나 굳셈, 강직함을 서로 비교하는 것이라고 할 수 있겠는가. 개인의 결투는 승패를 최후의 판결로 하는데, 전쟁에 이르면 항상 복수에 복수가 이어지는 참상이 연출되는 것은 결코 이유가 없는 것이 아니다.

어차피 전쟁은 음모다. 속임수다. 여성적 행위다. 호리(狐狸)적 지술(知術)이다. 공명정대한 싸움이 아니다. 사회가 전쟁을 유쾌하게 여기고 중시하고 필요로 하는 동안 인류의 도덕은 아무래도 여성적, 호리적 성격을 탈피할 수 없다.

지금 세계 각국은 이 비열한 죄악을 저지르고자 수많은 청년을 끌어내 병영이라는 지옥에 던져 넣고 있다. 야수의 본능을 키우고 있다.

가엾은 시골 장정

보라. 가엾은 시골 장정이 울면서 부모, 형제자매와 헤어지고, 울면서 소와 말, 닭과 개와 헤어지고, 울면서 아름다운 산수, 평화로운 전원을 뒤로하고 병영에 들어간다. 밤낮으로 듣는 것은 상관의 엄격한 질타 소리다. 보는 것은 고참병의 잔인한 능욕의 얼굴이다. 무거운 것을 등에 지고 동으로 달리게 하고 서로 쫓긴다. 피로를 견디며 오른쪽으로 향하고 왼쪽으로 달린다. 오로지 이와 같은 것을 3년 동안 반복하니, 단순하고 고통스럽다고 하지 않을 수 없다.

아귀도의 고통

군대가 그들에게 지급하는 것은 하루에 불과 3센(錢)이다. 이것은 거의 거지 신세가 아닌가. 그래도 담배는 피우지 않으면 안 된다. 우편요금도 지불하지 않으면 안 된다. 심한 경우에는 항상 고참병의 학대를 모면하기 위하여 밥값이나 술값을 뇌물로 주지 않으면 안 된다. 심부름 값을 살짝 건네지 않으면 안 된다. 돈이 있는 자는 그래도 괜찮다. 조금이라도 가난한 자에게는 3년이나 되는 긴 군대 생활은 정말이지 아귀도의 고통이다. 지옥의 옥졸(獄卒)이라고 하는 우두(牛頭), 마두(馬頭)에게 당하는 고통이다. 더욱이 부자는 고등교육을 받는다는 이유로 징병을 모면하고, 몸이 약하다는 이유로 피할 수 있을 것이다. 빈민의 아들은 항상 이 혹독한 고통을 견디지 않으면 안 된다. 공정하다고 할 수 있는가. 나는 그들이 징병검사를 기피하고 병영을 탈주하고, 자포자기 끝에 종종 수치스럽게 죽는 것을 증오하지 않고 오히려 그 마음에 대단히 슬퍼할 것이 있음을 느낀다.

이와 같이 괴로워하며 3년을 지내고 병영을 나온 뒤에 남는 것은 무엇인가. 단지 부모의 노쇠, 전원의 황폐, 자신의 타락한 품행밖에 없다. 이러한 것까지 국가를 위하여 필요하다는 것인가. 의무라고 해야만 하는 것인가.

군비 자랑을 그만두자

군비를 과시하는 것을 그만두자. 징병 제도를 숭배하는 것을 그만두자. 나는 병영이 의지할 곳 없는 유민을 수없이 만들어내는 것을 보았다. 생산력을 낭비하는 것을 보았다. 많은 능력 있는 청년들을 좌절시키는 것을 보았다. 병영이 있는 지방의 풍속이 심하게 파괴되는 것을 보았다. 행군 연도의 양민이 그들 때문에 큰 피해를 입는 것을 보았다. 하지만 아직 군비와 징병이 국민을 위하여 쌀 한 톨, 금 한 조각이라도 생산한 것을 보지 못했다. 하물며 과학이나 문예나 종교와 도덕의 드높은 이상은 어떻겠는가. 아니 비단 이러한 것들을 생산할 수 없을 뿐만 아니라, 오히려 완전히 파괴하려고 하는 것은 아닌가.

6

왜 언제까지나 서로 도발하는 것일까

아아, 세계 각국의 정치가나 국민은 어찌하여 이토록 수많은 군인과 병기와 군함을 끌어안고 오래도록 서로 헐뜯으려 하는 것일까. 어찌하여 일찍이 들여우처럼 서로 속이고 또한 미친개처럼 서로 물어뜯는 상황을 탈출하여 더 높은 문명과 도덕의 경지로 진입하려고 노력하지 않는 것일까.

그들은 전쟁이 죄악이자 해독임을 알고 있다. 그들 중에 되도록 전쟁을 피하려고 하지 않는 자가 없다. 그들은 평화와 박애가 정의이자 복리임을 알고 있다. 그들 중에 되도록 빨리 평화와 박애가 실현되기를 바라지 않는 자가 없다. 그런데도 어찌하여 단호히 전쟁 준비를 폐지하고 평화와 박애의 복리를 얻지 않는 것일까.

그들은 생산물이 싸면서도 동시에 풍부해지기를 바라고 있다. 통상과 무역이 번영하고 융성해질 것을 바라고 있다. 또 군사공채가 막대한 자본을 낭비하고 생산력을 소모한다는 것을 알고 있다. 전쟁이 통상과 무역을 크게 저해하고 좌절시킨다는 것을 알고 있다. 그런데도 어찌하여 군비의 비용과 전쟁력을 절감하여 상공업에 투입하지 않는 것일까.

평화회의의 결의

보라. 재작년에 러시아 황제가 군비 제한 회의를 제창하자,[39] 각국은 조금도 이의를 제기하지 못하고 영국, 미국, 독일, 프랑스, 러시아, 오스트리아, 벨기에, 이탈리아, 투르크, 일본, 청나라 등 20여 개국 전권위원이 명확히 "현재 세계를 무겁게 억누르는 군비 부담을 제한함으로써 인류의 유형, 무형의 복리를 증진하는 데 크게 노력할 것을 인정한다"(평화회의 최종 결의서)고 결의하지 않았던가. 그들은 "일반의 평화를 유지하도록 노력할 것을 절실히 희망하며, 전력을 다하여 국제 분쟁의 평화적 처리를 원조할 것을 결의했고 …… 국제적 정의 감각을 강

----

39) 러시아 황제 니콜라이 2세의 제창으로 네덜란드에서 개최된 헤이그 만국평화회의를 말한다. 1899년에 각국의 군비 제한을 목적으로 유럽 주요국들, 일본, 청나라 등 모두 26개국이 참가했다. 채택된 조약과 선언서는 국제 분쟁의 평화적 처리 조약 등 3조약, 질식 가스 또는 유독 가스 살포를 금지하는 선언 등 3선언서였다. 이 제안은 급진주의자들에게도 많은 지지를 얻었다. 일본은 이 조약에 서명하고 이듬해 비준했다. 아울러 1907년에는 제2회 평화회의가 개최되었다. 슈스이는 제1회 평화회의 참가와 관련해 〈평화회의 찬동(平和會議の贊同)〉(《萬朝報》, 1898년 9월 24일~10월 1일)이라는 논설에서 니콜라이 2세의 제창의 실효성에 소극적 평가를 내렸다.

고히 할 것을 희망하며 …… 국가 안전, 국민 복리의 기초인 공평정리의 원칙을 국제적 협상으로 확립하는 것이 절대로 필요함을 인정하"(국제 분쟁 평화적 처리 조약)여, 중재 재판에 관한 규정을 한 것이 아닌가. 그런데도 어찌하여 더욱더 의지와 관념을 추진하고 확장하여 결연히 육해의 군비를 철폐하지 않는 것일까.

약간 일보 전환

지금의 군비를 평화를 확보하는 수단이라고 둘러대는 것은 용서할 수 없다. 공명심이 왕성하고 허영심이 강한 정치가나 군인은 대개 총포를 헛되이 녹슬게 하고 전함을 헛되이 썩히는 것을 견디지 못하여, 반드시 어느 날 기회를 보아 실지에 써보려고 하지 않는 자가 없는 것이, 취한이 칼을 들고 흘겨보고 있는 듯하다. 불안해서 조마조마할 수밖에 없다. 군비가 평화의 확보에서 평화의 교란이 되는 것은 완전히 종이 한 장 차이에 지나지 않는다. 그렇다. 서로 대항하여 세력이 균형을 이룬 유럽 국가들 사이에서는 세력 균형주의라는 이름 아래 잠깐은 평화 확보자가 될 수 있을 것이다. 하지만 인구가 적고 무력이 약한 아시아, 아프리카 국가를 만나면 갑자기 변해서 이른바 제국주의라는 이름으로 평화의 교란자가 된다. 지금의 청나라나 남아프리카의 예를 보라. 무장에 급급하여 최소한의 평화를 유지하는 것이 군비를 제거하여 적극적인 평화를 받아들이는 것에 비해 어찌 낫다고 할 수 있겠는가.

하지만 그들이 군비를 철폐할 수 없을 뿐만 아니라, 오히려 군비 확장에 국력을 허비하는 데 열중하는 것은 왜일까. 다름 아니다. 그들의 양심이 모조리 공명과 이욕으로 뒤덮여 있기 때문이다. 정의와 도덕의 관념이 동물적 본능인 호전심에 압도당하기 때문이다. 박애심이 허영 때문에 감소되었기 때문이다. 이론이 미신 때문에 안 보이게 되었기 때문이다.

맹수와 독사의 지역

아아, 개인은 이미 무장을 풀었는데, 국가는 아직 그렇게 할 수 없다. 개인은 이미 폭력의 결투를 금지했는데, 국가는 아직 그렇게 할 수 없다. 20세기 문명은 아직 약육강식의 영역을 벗어나지 못하고 세계 각 국민은 마치 맹수와 독사의 지역에 살고 있는 것처럼 하루도 편안히 쉴수 없다. 치욕이 아닌가. 고통이 아닌가. 이것은 사회의 선각자가 태연히 간과할 수 있는 문제인가.

제4장 제국주의를 논하다

1

야수가 고기를 탐하다

야수가 어금니를 닦고 발톱을 갈아 울부짖는 것은 고기를 찾기 때문이다. 야수적 본능에서 벗어날 수 없는 그들 애국자가 무력을 기르고 군비를 확장하는 것은 모두 자기의 미신과 허영과 호전심을 만족시키기 위해 희생물을 찾고 있기 때문이다. 그러므로 애국심과 군국주의의 열광이 정점에 달할 때 영토 확장 정책이 전성기를 맞이하게 되는 것은 본래 이상한 일이 아니다. 지금 제국주의 정책의 유행은 바로 여기에 해당한다.

영토 확장

그렇다. 제국주의란 요컨대 대제국(great empire) 건설을 의미한다. 대제국 건설이란 그대로 속령과 영토의 대확장이 많은 부정과 불의를 의미하고, 또한 많은 부패와 타락을 의미하고, 최후에는 영락과 멸망을 의미함을 슬퍼한다. 무엇을 근거로 이와 같이 말하는가.

생각건대 대제국 건설이 오로지 주권자도 없고 주민도 없는 황량한 산야를 개척하여 여기에 인간을 이식하는 정도에 머무른다면 대단히 좋은 것이리라. 하지만 지식과 기술이 날로 발달하고 교통이 날로 편리해지는 지금, 지구상 어디에서 주인 없는 땅을 발견할 수 있겠는가. 세계 도처에 이미 주권자가 있고 주민이 있다고 한다면, 그들은 과연 폭력을 사용하지 않고 전쟁을 하지 않고 속임수 없이 조금이라도 땅을 점유할 수 있는가. 유럽 각국이 아시아, 아프리카에서 펼치는, 미국이 남태평양에서 펴는 영토 확장 정책은 그것을 감행할 때 제국주의로 하지 않았는가. 무력으로 하지 않았는가.

그리고 그들이 모두 이 정책을 위하여 날로 천만 금을 소비하고, 달로 수백 명의 목숨을 해치고, 만 1년이 넘어도 종국의 전망이 서지 않은 채, 헛되이 땀을 흘리며 영원히 스스로를 괴롭히는 것은 진정으로 그들이 동물적 애국심을 억누르지 못했기 때문이 아닌가.

대제국 건설은 날강도의 소행

생각 좀 해보라. 오로지 무위(武威)를 떨치기 위해서, 오로지 사욕을 채우기 위해서 멋대로 남의 국토를 침략하고 남의 재산을 약탈하고 남의 인민을 살육하거나 신첩(臣妾)이나 노예로 삼고 의기양양해서 이것을 대제국 건설이라고 말한다. 그렇다면 결국 대제국 건설은 말 그대로 날강도의 소행이 아닌가.

무력 제국의 흥망

날강도 짓을 무사의 관례라고 여겼던, 의롭지 못하고 부정한 제왕 정치가는 날강도 짓을 저지르고 유쾌해하고 있다. 이전 세기의 영웅호걸의 사업은 대개는 이것이었다. 하지만, 보라. 하늘은 결코 이러한 부정과 불의를 용서하지 않는다. 예로부터 무력으로 팽창한 제국 가운데 끝까지 지속된 것이 있는가. 그들 제왕 정치가는 처음에는 공명과 사욕을 위해, 또는 국내의 단결과 안정을 유지하기 위해 계속해서 국민의 야수성을 선동하고 부추겨 외국을 정벌한다. 그리고 외국에 승리하여 영토를 확장하면, 대제국이 일단 건설된다. 국민은 허영에 눈이 멀고 군인은 권세를 늘린다. 새로운 영토는 압제에 시달리고 혹사당하고 조세가 무겁게 부과되고 재산을 빼앗긴다. 이어서 다가오는 것은 영토의 황폐와 곤궁, 불평과 반란이다. 본국의 사치와 부패, 타락이다. 그리고 그 국가는 또 다른 신흥 제국에게 정복당한다. 예로부터 무력 제국의 흥망은 완전히 똑같은 과정을 거치고 있다.

저 옛날, 스키피오[40]는 카르타고의 폐허를 보고 로마 또한 언젠가 이렇게 될 것이라고 탄식하며 말했다. 그렇다. 최후에는 정말로 그렇게 되었다. 칭기즈 칸의 몽고제국은 지금 어디에 있는가. 나폴레옹의 제국은 지금 어디에 있는가. 진구(神功) 황후[41]의 속령은 지금 어디에 있는가. 도요토미 히데요시(豊臣秀吉)의 웅대한 계획은 어디에 있는가. 아침이슬처럼 덧없이 사라져버리지 않았는가. 기독교 제국은 결코 멸망하지 않는다고 말하지 말라. 로마제국은 말년에 기독교를 국교로 신봉하지 않았던가. 노예 해방 이후의 제국은 결코 쇠퇴하거나 퇴폐하지 않는다고 말하지 말라. 에스파냐 대제국의 본토는 노예 제도를 폐지하지 않았는가. 공업 제국은 결코 영락하지 않는다고 말하지 말라. 무어인[42]과 피렌체인은 공업을 크게 발달시키지 않았는가.

국가의 번영은 결코 강도질로는 얻을 수 없다. 국민의 위대함은 결코 약탈과 침략으로는 얻을 수 없다. 문명의 진보는 일개 제왕의 전제로 가능한 것이 아니다. 사회의 복리는 한 나라 국기의 통일에 있는 것이 아니다. 오로지 평화에 있다. 오로지 자유에 있다. 평등에 있다. 생각해보면 알 수 있다. 우리 호조(北條) 씨 치하의 인민은 몽고 황제 쿠빌라

----

40) **스키피오**(Scipio, BC 236~BC 184) 대(大) 스키피오로 불리는 고대 로마의 장군. 포에니 전쟁으로 카르타고를 이스파니아에서 몰아내고 한니발을 쓰러뜨려 카르타고를 멸망시켰다. 이 업적으로 아프리카누스(Africanus) 칭호를 받았다.

41) **진구 황후** 주아이(仲哀) 천황의 황후. 천황과 함께 구마소(熊襲)를 평정하기 위하여 쓰쿠시(筑紫)로 나갔으며, 천황이 죽은 뒤에는 신탁(神託)으로 신라 정벌군을 조직하여 복속시켰다고 한다. 개선하는 도중에 오진(應神) 천황을 낳았다. 이후 즉위하지 않고 67년 동안 지배했다고 하지만, 설화적 인물로 보아야 할 것이다.

42) 무어인은 지금의 북아프리카 모로코나 알제리에 해당하는 고대 마우레타니아 원주민을 가리킨다. 7세기에 이슬람의 침공을 받아 이슬람교로 개종했다.

이(1215~1294) 병사에 비해 얼마나 천수를 누릴 수 있었는가.[43] 현재의 중립국 벨기에 인민이 독일, 러시아 국민들에 비해 얼마나 평화를 즐기고 있는가.

쇠락은 국기를 뒤따른다

누가 '무역(trade)은 국기(國旗)를 뒤따른다'고 하는가. 역사는 명백히 쇠락이 국기를 뒤따르고 있음을 보여준다. 그런데도 앞차가 뒤집히면 그 바퀴자국에 뒤차도 빠지는 것이다. 주마등의 회전이 끝이 없는 것과 같다. 나는 지하의 스키피오가 또다시 오늘날 서구의 말로를 한탄하지 않을까 걱정한다..

2

국민의 팽창인가

제국주의자는 이렇게 말한다. 과거의 대제국 건설이 제왕 정치가의 공명과 사욕을 위해서였던 것은 정말로 그렇다. 하지만 지금의 영토 확장은 국민의 팽창을 억누를 수 없기 때문이다. 과거의 제국주의는 개인적(personal) 제국주의였다. 지금의 제국주의는 국민적(national) 제국주의로 명명하지 않으면 안 된다. 과거의 불의와 해악을 끄집어내어 현재에 적용할 수는 없다고 한다.

정말로 그런가. 지금의 제국주의는 국민의 팽창인가. 소수 정치가나 군인의 공명심 팽창이 아닌가. '국민이 팽창'한 반면에 국민 다수의 생활의 전투(struggle)가 나날이 매우 심해지고 있지는 않은가. 빈부 격차

---

43) 쿠빌라이는 일본과 통교를 요구하며 가마쿠라 막부에 국서를 보냈으나, 호조 도키무네(北條時宗, 1251~1284)는 이 요구를 거부하고 몽고군을 격퇴해 후세에 일본을 국난에서 구한 영웅으로 평가받았다.

가 점점 벌어지고 있는 것은 아닌가. 빈궁과 기아, 무정부당(anarchist)과 무수한 죄악이 점점 증가하고 있는 것은 아닌가. 이와 같은 상태에 놓인 그들 다수의 국민은 어떠한 여유가 있어 무한히 팽창을 할 수 있겠는가.

소수의 군인, 정치가, 자본가

게다가 소수의 군인, 정치가, 자본가는 가엾은 국민 다수의 생산을 방해하고 재산을 낭비하고 생명까지 빼앗아, 그것으로 대제국 건설을 도모하고 있다. 자국 국민 다수의 진보와 복리를 희생해서 가난하고 약한 아시아인이나 아프리카인, 필리핀인을 협박하고 능욕한다. 그리고 이름하여 국민의 팽창이라고 하는데, 엉터리도 너무 심하다고 하지 않을 수 없다. 설령 국민 다수가 이 정책에 가담했다고 해도 어찌 이것이 진정한 팽창일까. 오로지 국민들의 야수적 호전심이 교묘하게 선동당했기 때문일 뿐이다. 애국적 허영과 미신과 해독은 결코 고대 제왕의 제국주의에 뒤지지 않음을 알 수 있다.

트란스발의 정벌

영국이 트란스발 정복을 도모한 것은 보어인의 독립을 빼앗고 자유를 빼앗고 유익한 금광을 빼앗아, 영국의 국기(國旗) 아래 아프리카를 통일하고 철도를 관통시켜 그것으로 소수의 자본가와 공업가, 투기꾼의 잇속을 만족시키기 위해서였다. 세실 로즈의 야심과 체임벌린의 공명을 만족시키기 위해서였다.[44]

놀랄 만한 희생

그들이 쓸데없는 목적을 위하여 얼마나 가공할 만하고 놀랄 만한 희생을 강요하고 있는지를 보자.

1899년 10월 트란스발 전쟁(보어전쟁)이 벌어진 뒤로 내가 이 원고를 집필하는 시점에 이르기까지 거의 500일, 그간 영국군 사망자는 이미 1만 3천 명에 이른다. 부상자는 이보다 더 많다. 그리고 불구자가 되어 병역을 면제받고 집으로 돌아간 자가 3만 명이다. 현지인 사망자는 실제 수치를 알 수 없다고 하지 않는가.

수만 명의 선혈의 값 10억 엔

더욱이 그들의 재정적 희생을 보자. 20만 병사를 2천 리 밖에 주둔시키고 수많은 선박이 왕래하는 데 드는 하루 군비가 2백만 엔이라고 한다. 그들은 이미 10억 엔의 부를 두 나라 국민의 선혈로 바꾸지 않았는가. 그리고 그 사이 금광 채굴 정지로 거의 2억 엔에 해당하는 금의 산출이 감소했다고 하지 않는가. 비단 두 나라의 불행일 뿐만 아니라, 세계 복리에 끼치는 영향 또한 적다고 할 수 없다.

현지인의 참상에 이르면 특히 동정을 금할 수 없다. 영국인의 포로가 되어 세인트헬레나 섬에 유배된 자가 이미 6천 명, 세일론(실론) 섬으로 유배된 자가 2천4백 명, 지금 키치너 장군은 1만 2천 명을 더 인도로 보내려 하고 있다. 그리고 두 나라 공화국의 장정은 거의 사라졌고 전원은 완전히 황폐해졌으며 병마(兵馬)가 통과하는 들에는 풀이 없다고 한다. 아아, 그들에게 도대체 무슨 죄가 있는 것인가. 어떤 책임이 있는 것인가.

....

44) 세실 로즈(Cecil Rhodes, 1853~1902)는 영국에서 태어나 남아프리카로 이주해 거기에서 로스차일드 재벌의 지원을 받아 다이아몬드 채굴과 금융업을 독점했다. 1890년 케이프 식민지 총독이 되었으며, 1890~1893년에는 중앙아프리카를 정복해 자신의 이름에서 유래한 로데시아 식민지를 건설했다. 1895~1896년에 트란스발공화국에 대한 침략 정책을 펼쳐 비판을 받고 실각했다. 체임벌린(Joseph Chamberlain, 1836~1914)은 영국 자유당원이었는데, 글래드스턴의 아일랜드 자치법안에 반대하여 탈당해 자유통일당을 결성했다. 1895~1903년에 솔즈베리 내각의 식민장관으로서 제국주의 정책을 실행하여 보어전쟁을 이끌고 오렌지자유국, 트란스발공화국을 영국 식민지로 삼았다.

현실이 이와 같은데도 여전히 지금의 제국주의는 불의나 부정이 아니라고 하는가. 횡포나 해독이 아니라고 하는가. 고상한 도의를 내세우는 국민이 허락할 수 있는 존재인가. 20세기 문명 천지에 포함시킬 수 있는 존재인가.

독일의 정책

자유를 숭배하고 평화를 사랑한다고 하는 영국에서조차 여전히 이와 같다. 나는 독일, 군국주의의 화신인 독일이 육해군비를 크게 확장하느라 항상 수많은 귀중한 희생을 강요하고 있음을 의심하지 않는다. 작년에 의화단 운동에 독일 황제가 복수라는 말을 부르짖으며 발더제 장군을 동아시아에 파견했을 때, 같은 해 9월에 독일사회당대회가 한 결의는 독일 제국주의의 진상을 갈파하고도 남음이 있었다.

독일사회당의 결의

마인츠에서 열린 독일사회당대회 총회는 다음과 같이 결의했다.

독일제국 정부가 취한 중국 전쟁 정책은 자본가의 광적인 이익 추구와 대제국 건설이라는 군사적 허영심과 약탈적 정욕에서 출발한 것으로서, 이 정략은 외국의 땅을 강제적으로 영유하여 그 주민을 억압하는 것을 주의로 하는 것이다. 이 주의의 결과는 약탈자가 멋대로 야수적 힘을 떨쳐 멋대로 파괴할 수 있게 하는 것이므로, 강포하고 의롭지 못한 수단으로 침략의 욕망을 채우고 그로 인해 학대를 받은 자는 끊임없이 약탈자를 향해 반항을 시도하게 되는 것이리라. 그뿐만이 아니라, 외국에서 펴는 약탈 정책과 정복 정책은 반드시 각국의 질시와 경쟁을 불러일으켜, 그로 인해 육해군비의 부담은 견딜 수 없는 지경까지 이르게 될 것이다. 이것은 실로 위험한 국제 분쟁을 초래하여 전 세계 대혼란을 야기하기에 이를 것이다.

우리 사회민주당은 인간이 인간을 억압하고 멸망시키는 신조에 반대하므로, 단호히 약탈 정책과 정복 정책에 반대한다. 인민의 권리와 자유, 독립을 존중하고 보호하며, 근대 문명의 교의에 따라 세계 각국과 문화 관계, 교통 관계를 유지하는 것은 바로 우리 당이 희망하고 의도하는 바다. 현재 각국의 부르주아 사회와 군사력을 쥔 자들이 응용하는 교칙은 바로 문명에 대한 대대적 모욕이다.

그 말이 얼마나 공명하고 고상한가. 너무도 찬란해서 해나 별과 그 빛을 겨룰 듯한 진리가 여기에 있지 않은가.

그렇다. 약탈과 정복으로 영토 확장을 시도한 유럽 각국의 제국주의는 문명과 인도에 대한 대대적 모욕이다. 그리고 나는 미국의 제국주의에서도 마찬가지로 많은 부정과 불의를 인정하지 않을 수 없다.

미국의 제국주의

미국이 처음에 쿠바의 반란자를 도와 에스파냐와 싸울 때는 자유와 인도를 위하여 학정(虐政)을 제거한다고 내세웠다. 정말로 그대로라면 의의는 대단히 숭고하다고 해도 좋을 것이다. 그리고 만약 쿠바 인민이 은혜에 감복하여 덕을 좇아 미국의 통치를 받는 백성이 되기를 원한다면, 쿠바를 병합해도 나쁘지는 않다. 나는 결코 미국이 온갖 책략을 써서 쿠바 인민을 교사하고 선동한 증거를 적발하지는 않을 것이다.[45]

필리핀의 병탄

하지만 필리핀 군도의 병탄과 정복에 이르면 절대로 용서할 수가 없다.

독립의 격문과 건국의 헌법을 어찌하리

미국은 정말로 쿠바 반란자들의 자유를 위해서 싸웠는가. 그렇다면 어찌하여 필리핀 인민의 자유를 구속함이 그리도 심한가. 정말로 쿠바의 자주와 독립을 위해서 싸웠는가. 그렇다면 어찌하여 필리핀의 자주와 독립을 침해함이 그리도 심한가. 미국은 다른 나라 인민의 의지와 달리 무력과 폭력으로 강압하여 그 땅을 빼앗고 부를 갈취하려 하고 있다. 이것은 참으로 문명과 자유가 빛나는 미국 건국 이래의 역사를 심하게 더럽히는 것이 아닐까. 생각건대 필리핀의 땅과 부를 병탄하는 것은 미국에게는 물론 이익일 것이다. 하지만 이익이 되니까 해도 괜찮다는 논리를 댄다면 옛날 무사의 강도 짓도 이익 때문에 해도 된다는 것인가. 그들은 과연 그들 조상의 독립선언서, 건국 헌법, 먼로선언[46]을 어디에 팽개쳐버리려고 하는가.

국가가 생존하려면 영토 확장이 불가피하다고 주장하는 것은 용서되지 않는다. 그들은 출병하면서 처음에 자유와 인도를 표방했다가 갑자기 돌변하여 국가 생존의 필요를 구실로 내세우고 있다. 얼마나 급속한 타락인가.

설령 그들이 말하는 대로 영토를 확장하지 않으면 미국이 경제적으로 위험에 빠진다고 해도 필리핀 병합에서 얻는 부와 이익은 뻔하다.

---

45) 에스파냐령 쿠바에서는 1895년에 호세 마르티(José Martí, 1853~1895) 등이 이끄는 독립 운동이 시작되었다. 미국 대중 신문은 에스파냐의 탄압과 잔학 행위를 강조했다. 1898년의 전함 메인호 격침 사건 등을 계기로 삼아, 1898년 4월 매킨리 미국 대통령은 에스파냐에 선전포고하여 미국-에스파냐전쟁이 개시되었다. 그 결과, 쿠바의 독립, 푸에르토리코 · 괌 · 필리핀의 미국 할양, 배상금 지불이 결정되었다. 미국 내에서도 브라이언이나 카네기를 중심으로 반제국주의 동맹이 결성되어 필리핀 영유에 반대하는 목소리를 높였다.
46) **먼로선언** 제5대 미국 대통령 먼로(James Monroe, 1758~1831)가 1823년 연차교서에서 제창한 외교의 기본 방침. 유럽 각국의 미국 불간섭 원칙, 미국 비식민지화 원칙, 미국의 유럽 불간섭 원칙 등으로 건국 이래의 고립주의 입장을 천명했다.

과연 미국의 위험을 구하기에 충분할까. 단지 경제적 존속을 하루 늘릴 수 있는 정도일 뿐이다. 그렇다. 쇠망은 단지 시간 문제가 될 것이다. 그들의 토지와 인구, 자본과 기업 세력이 무한함을 인식하면서도 굳이 비관적 관측을 해보았지만, 아무리 경시하려고 해도 나는 그럴 수 없다.

미국의 위험

만약에 장래에 미국의 국가 존속에 위험이 있다면, 그것은 결코 영토가 좁아서가 아니라 영토 확장이 끊이지 않는 데 있다. 대외로 세력을 떨치지 못하는 것이 문제가 아니라, 사회 내부의 부패와 타락에 위험이 있다. 시장이 작은 것이 문제가 아니라, 부의 분배가 불공평한 데 있다. 자유와 평등의 멸망에 있다. 침략주의와 제국주의의 유행과 발호에 있다고 믿는다.

미국이 융성한 원인

미국이 오늘날 융성과 번영을 이룩한 원인을 한 번 더 떠올려보아도 좋다. 자유인가 압제인가. 논리인가 폭력인가. 자본주의적 세력인가 군비의 위엄인가. 허영의 팽창인가 근면한 기업인가. 자유주의인가 제국주의인가. 지금 그들은 일종의 공명과 사욕을 위해서, 애국적 열광을 위해서 앞다투어 나쁜 길로 들어서려 하고 있다. 나는 그들이 쓰러질 위험을 두려워할 뿐만 아니라, 참으로 자유와 정의와 인도를 위하여 깊이 슬퍼한다.

민주당의 결의

재작년 가을에 미국 아이오와 주의 민주당이 결의한 내용은 무척 만족스러웠다.

우리는 필리핀 정복에 반대한다. 왜냐하면 제국주의는 군국주의(militarism)를 의미하기 때문이다. 왜냐하면 군국주의는 무단 정치(government by force)를 의미하기 때문이다. 왜냐하면 무단 정치는 합의 정치의 사망을 의미하고 정치적·공업적 자유의 파괴를 의미하며, 권리 평등의 살해와 민주 제도의 섬멸을 의미하기 때문이다.

그렇다. 제국주의는 도처에 이와 같은 부정과 해독을 끼치려 하고 있다.

3

이민의 필요

영국, 독일의 제국주의자들이 대제국 건설이 필요하다고 주장하는 첫 번째 논거는 이민에 있다. 그들은 공공연히 말한다. 지금 우리나라 인구는 해마다 늘어나 빈민이 날이 갈수록 증가하고 있다. 영토 확장은 과잉 인구 이주를 위해 어쩔 수 없다고 한다. 언뜻 대단히 도리에 맞는 것처럼 보인다.

인구 증가와 빈민

영국, 독일 제국의 인구 증가는 사실이다. 빈민 증가 역시 사실이다. 하지만 빈민이 증가한 원인을 모두 인구 증가로 돌리지 않으면 안 되는가. 이것은 한 번 생각해보지 않으면 안 되는 문제다. 그들 말대로라면 그 논리는 요컨대 인구가 많으면 재부(財富)가 적고, 인구가 적으면 재부가 많다는 것으로 귀착될 것이다. 절로 웃음이 나는 이야기다. 이것은 실로 사회 진보의 대법칙을 무시하는 것이다. 사회과학(Social Science)을 무시하는 것이다. 경제의 원리를 무시하는 것이다.

짐승이나 물고기들은 모두 자연의 음식을 먹는다. 먹는 수가 점점 많아지면 음식물이 점점 주는 것은 필연의 도리다. 하지만 인간은 생산적 동물이다. 자연의 힘을 이용하여 스스로 의식주를 생산할 수 있는 지식과 능력이 있다. 그리고 이 지식이나 능력은 해마다 시대마다 가공할 만한 속도로 개선되고 진보되고 늘고 있다. 그러므로 산업혁명이 일어난 이후 세계 인구가 몇 배 증가하는 한편으로 재부가 확실히 몇십 배 증가한 것이다. 그리하여 영국, 독일 제국은 실로 세계 재부의 대부분을 점유한 나라가 아닌가.

빈민 증가의 원인

부(富)만 놓고 보면, 이미 온 세계를 압도하고 있다. 그런데도 빈민이 날이 갈수록 증가하는 것이 어찌하여 인구 과잉의 죄인가. 생각건대 원인은 따로 존재하지 않으면 안 된다. 그렇다. 빈민의 증가는 사실은 지금의 경제 조직과 사회 조직이 불량하기 때문이다. 그리하여 자본가나 지주가 터무니없이 이익과 토지를 독점하기 때문이다. 그리하여 재부 분배의 공정성을 잃었기 때문이다. 그러므로 나는 진정한 문명적 도의와 과학적 지식에 따라 이 폐인을 제거하지 않으면 이민과 같은 것은 임기응변식의 관장(灌腸)적 치료에 지나지 않으며, 설령 온 나라의 인민을 모조리 이주시켜도 빈민은 결코 모습을 감추지 않을 것이라고 믿는다.

한 발 물러서서 이민이 인구 과잉과 빈민 증가를 해결할 유일한 구제책이라고 해보자. 그렇다고 과연 영토를 확장할 필요가 있는가. 대제국을 건설할 필요가 있는가. 그들의 인민은 과연 자국의 국기 아래가 아니면 생활할 수 없는가. 부디 사실을 보여 달라.

영국 이민의 통계

영국 영토의 광대함은 이미 '해가 저물지 않는다'고 한다. 그러면서도 1853년부터 1897년에 이르는 동안에 외국으로 이주한 영국인과 아일랜드인 약 850만 명 가운데 자국 식민지로 향한 사람은 불과 200만 명에 지나지 않고, 나머지 550만 명은 모두 미합중국으로 향했다. 1895년의 영국 이주 통계는 다음과 같다.[47]

미합중국	195,632명
오스트레일리아	10,809명
영국령 캐나다	22,357명

자국 영토로 향하는 자는 영토 이외의 나라로 향하는 자에 비해 6분의 1의 비율에 지나지 않는가.

이민자들은 자유가 있는 곳이면 곧 내 고향이나 다름없다. 결코 모국 영토인지 아닌지를 문제삼지 않는다. 그러므로 제국주의자가 이민의 필요를 구실로 내세우는 것은 전혀 이유가 되지 못함을 알 수 있다.

이민과 영토

나는 이민 자체를 나쁜 것이라고 생각하지는 않는다. 적어도 스파르타인이 노예(Helot)의 인구 증가를 꺼려 살육한 것에 비하면 대단히 진보한 방법임을 의심하지 않는다. 하지만 세계 영토가 확장할 수 있는 것은 일정한 한계가 있는 반면에 인구 증가는 무제한의 기세를 보이고

---

47) 통계는 로버트슨의 《애국심과 제국》에 나온다. 아울러 고토쿠가 기술하고 있듯이, 1853년부터 1897년까지 영국인과 아일랜드인 해외 이주자를 총계 850만 명으로 하고, 영국 식민지로 이주하는 자가 200만 명, 미합중국으로 이주하는 자가 550만 명이면 계산이 맞지 않지만, 원문대로 번역했다.

있다. 만약 이민이 절대로 자국 영토가 아니면 안 된다고 한다면 곤란하고 급박한 상황이 반드시 닥칠 것임에 틀림없다.

생각해보라. 영국, 독일 제국은 처음에 아시아, 아프리카의 무인지경에서 영토를 찾을 것이다. 이것을 분할할 것이다. 그리고 이민은 결국 분할한 영토에 가득 찰 것이다. 그리고 또 다른 영토를 찾아도 여지가 없는 데까지 이를 것이다. 이렇게 되면 그들 제국은 서로 죽이며 서로 빼앗지 않으면 안 된다. 최후에 강대한 무력 국가가 다른 영토를 빼앗을 수 있었다고 가정해보자. 그 영토도 몇 년이 지나면 인구 과잉이 될 것이다. 다음에 오는 것은 궁핍과 쇠락일 수밖에 없다. 이와 같은 것이 곧 제국주의의 논리이자 목적이라고 한다면, 대단히 비과학적이지 않은가.

한편에서는 프랑스도 실제로 왕성하게 영토 확장을 추구해 마지않는다. 하지만 프랑스의 인구는 결코 증가하지 않고 빈민이 비교적 적은 것을 보면, 어찌 이민의 필요 때문에 일어난 일이라 할 수 있겠는가.

이제 미국도 마찬가지로 영토 확장을 추구하고 있지만, 이민의 필요에서 나온 것이 아님은 명백하다. 미국 영토는 광대하고 천연자원이 풍부하며, 세계의 이민이 여기에 모이는 형국은 마치 백천(百川)이 앞 다투어 대하(大河)로 흘러 들어가는 것 같은 느낌이다. 영국인 이주자가 많을 뿐 아니라, 1893년부터 1897년에 이르는 동안 외국으로 이주한 독일인 22만 4천 명 가운데 19만 5천 명이 미국으로 향했다. 그리고 스위스, 네덜란드, 스칸디나비아 제국의 이민도 마찬가지로 다수가 미국으로 간다. 세계의 이민을 병탄하는 미국이 어찌 자국 이민을 장려할 필요가 있겠는가.

이탈리아도 재화를 낭비하고 인간을 살육하여 아비시니아의 광막한 들에 식민지를 얻고자 고투하고 있는데, 이민은 모두 남북 아메리카의 외국 국기 아래로 향하고 있다.[48]

커다란 오해

그러므로 나는 단언한다. 제국주의라 명명하는 영토 확장 정책이 진정 이민의 필요 때문에 일어났다고 하는 것은 커다란 오해다. 특히 이민을 침략의 구실로 삼는 따위의 행위는 자신과 타인을 기만하는 정도가 심하므로, 마땅히 일어나서는 안 된다.

4

새로운 시장의 필요

제국주의자는 누구든지 일제히 '무역은 국기를 뒤따른다'고 외치며, 영토 확장은 자국 상품을 팔 시장을 긴급히 찾아야 하는 필요성 때문에 일어났다고 말한다.

나는 세계의 교통이 점점 편리해지기를 바란다. 세계 무역이 점점 번영하기를 바란다. 하지만 영국 상품의 시장이 반드시 영국 국기 아래 있어야만 하며, 독일 상품의 시장이 반드시 독일 국기 아래 있어야만 하는 이유가 과연 어디에 있는가. 우리의 무역이 무력이나 폭력으로 강요하지 않으면 이루어질 수 없다는 이유는 과연 어디에 있는가.

암흑 시대의 경제

암흑 시대의 영웅호걸은 자국의 부강을 바라기에 항상 타국을 침략하여 재부를 약탈하고 조세를 징수했다. 칭기즈 칸, 티무르[49]의 경제는 이와 같은 것이었다. 만약 제국주의자가 오로지 다른 미개한 백성을 압도하여 토지를 빼앗고 그 백성을 신하로 삼아 이들에게 매매를 강요하

---

48) 이탈리아는 1895년에 동아프리카에서 입지를 굳히기 위하여 에티오피아를 침략했다(아비시니아 전쟁). 그러나 이듬해에는 아두와 전투에서 완패하여 아비시니아의 독립을 승인하여 제국주의자로서 약한 군사력을 드러냈다.

는 것을 경제 원칙으로 삼는다면, 암흑 시대의 경제와 무엇이 다른 것일까. 이것은 문명의 과학이 절대로 허락하지 않는 것이 아닌가.

생산 과잉

그들은 어떠한 이유로 신시장 개척을 필요로 하는 것일까. 그들은 자본 과잉과 생산 과잉으로 괴로워하고 있기 때문이라고 말한다. 아아, 이것은 무슨 잠꼬대인가. 자본가와 공업가가 생산 과잉에 괴로워하고 있다고 외치는 반면에, 보라, 수천만 하층 인민은 항상 의식주 부족을 호소하며 울부짖고 있지 않은가. 생산이 과잉인 것은 정말로 수요가 없기 때문이 아니라, 다수 인민의 구매력이 부족하기 때문일 뿐이다. 다수 인민의 구매력이 부족한 것은 부의 분배가 공평성을 잃고 빈부 격차가 점점 벌어지고 있기 때문일 뿐이다.

오늘날의 경제 문제

그리고 생각해보라. 서구에서 빈부 격차가 점점 확대되고 부와 자본이 점점 소수의 손에 축적되어 다수 인민의 구매력이 크게 약화된 까닭이 무엇인가. 다름 아니라 지금의 자유 경쟁 제도의 결과로 자본가와 공업가가 자본 이익을 터무니없이 독점하고 있기 때문이 아닌가.

사회주의 제도의 확립

그러므로 서구에서 오늘날의 경제 문제는 다른 미개 인민을 무릎 꿇게 하여 상품 소비를 강요하는 것보다 우선 자국 내 다수 인민의 구매

49) **티무르**(Tīmūr, 1336~1405) 1369년에 사마르칸트를 수도로 삼아 왕위에 올라, 페르시아, 그루지야, 타타르를 정복하고 인도에 침입했다. 1402년 앙고라(앙카라) 전투에서 오스만 제국군을 격파하여 중앙아시아에서 서아시아에 이르는 대제국의 술탄이 되었다. 칭기즈 칸의 자손이라 자칭하며 몽고제국의 재건을 꿈꾸었다.

력을 증진시키는 것이 아니면 해결할 수 없다. 자국의 구매력을 증진시키려면 자본 이익을 터무니없이 독점하는 것을 금지하고, 그것으로 일반 노동에 대한 이익 배분을 공평히 하는 것이 아니면 안 된다. 그리고 분배를 공평하게 하려면 현재의 자유 경쟁 제도를 근본적으로 개조하여 사회주의 제도를 확립하는 것이 아니면 안 된다.

이대로만 진행된다면 자본가의 경쟁은 없다. 어찌 이익을 독점할 필요가 있겠는가. 이익 독점이 없어지면, 다수의 의식주는 공평히 분배될 것이다. 다수의 의식주가 충족된다면 어찌 과잉 생산에 종사하겠는가. 생산 과잉의 걱정이 없어지면, 어찌 국기의 위엄을 빌려 티무르식 경제를 행할 필요가 있겠는가. 이것이 문명적인 경제고, 과학적인 경제며, 또한 진정으로 도의적인 경제다.

파산과 타락이 있을 뿐

그런데도 서구의 정치가나 상공업자는 이렇게 하지는 않고 오로지 한때의 허영을 자랑하며 영원히 이익을 독점하고자 하여 해외 영토를 확장하는 데 막대한 자본을 투입하는 것이 흐르는 강물처럼 멈출 줄을 모른다. 그리하여 그 결과는 어떠한가. 정부 재정은 점점 팽창하고, 자본은 점점 흡수된다. 상공업자는 이익에 광분하여 점점 격해진다. 분배는 점점 불공평해진다. 이렇게 영토 확장이 점점 더 확대되고 무역액이 점점 더 증가하면 국민 다수의 곤궁은 갈수록 심해질 것이다. 다음에 오는 것은 곧 파산과 타락뿐이다.

유목적 경제

설령 영토 확장 비용 때문에 재정이 고갈되고 파산에까지 이르지 않는다 하더라도, 각국의 경쟁이 오늘날과 같이 격렬하다면, 이른바 신시장 개척은 장래에 과연 어느 정도의 여지를 남기고 있을까. 여지가 없어지면, 곧 앉아서 굶어 죽을 수밖에 없다. 굶어 죽지 않으려면 각국이 서로 싸워서 **빼앗지** 않으면 안 된다. 물과 풀을 찾아 전전하는 유목민은 물과 풀이 없어지면 당장에 쓰러질 수밖에 없다. 쓰러지지 않으려면 서로 죽이고 **빼앗을** 수밖에 없다. 제국주의 경제는 곧 유목적 경제인가.

그렇다. 개척할 수 있는 시장이 부족하기 때문에 각국이 이미 서로 **빼앗을** 조짐을 보이고 있다. 영국인은, 독일은 우리 시장의 적이다, 격파하지 않으면 안 된다고 말한다. 독일인은, 영국인은 우리의 경쟁자다, 압도하지 않으면 안 된다고 말한다. 그리하여 양국은 전쟁 준비에 여념이 없다. 기괴하기 이를 데 없다. 그들의 통상과 무역은 상호 복리에 있는 것이 아니라, 남을 손상시킴으로써 어떻게든 이익을 챙기는 데 있다. 평화 생산을 경쟁하는 것이 아니라 무력 쟁탈에 전념하는 데 있다.

영국 대 독일의 무역

특히 영국은 현재 독일 무역의 최대 고객이 아닌가. 독일은 현재 영국 무역의 고객으로서 3위 아래로 내려가는 일이 없지 않은가. 양국 무역은 최근 10년 동안 이미 수천만 엔 증가했다. 영국의 독일 무역액은 오스트레일리아 무역액과 비교해 크게 손색이 없으며, 또한 캐나다와 남아프리카를 합친 것보다 훨씬 많다. 독일이 영국 자본을 수입하여 이용하고 있는 액수 역시 결코 적지 않다. 만약 그들이 타국을 격파하고 압도하는 것을 유쾌하게 여긴다면 이것은 자기 손으로 무역의 대부분을 부수는 것을 유쾌하게 여기는 것이다. 기타 각국의 관계가 대개 이런 식이다.

고객의 살육

만약 고객을 살육하고 재화를 **빼앗고는** 재산을 축적하는 비결을 알았다고 한다면 천하 만인이 누가 비웃지 않겠는가. 서구 각국이 오로지 다른 나라를 괴롭혀서 자기 나라의 이익을 도모하고자 하는 것이 마치 상인의 어리석음을 닮지 않았는가.

나는 지금의 시장 확장 경쟁이 마치 무력 전쟁과 같음을 슬퍼한다. 그들은 남을 괴롭히기 위해서 우선 자신이 괴로움을 당하고 있다. 남의 이익을 갉아먹기 위하여 우선 자신의 이익을 갉아먹을 수밖에 없다. 그 결과 다수 국민은 이 때문에 곤궁해지고 기아에 허덕이며 부패하여 멸망한다. 그러므로 나는 이렇게 말하고 싶다. 제국주의 경제는 야만적 경제다. 티무르식 경제다. 부정(不正)이다. 불의다. 비문명적이다. 비과학적이다. 정치가가 눈앞의 헛된 명예를 좇고 투기꾼이 뜻밖의 이익을 손에 쥐기 위함일 뿐이다.

일본의 경제

되돌아와서 우리 일본의 경제 실태를 보라. 이보다 더욱 심하다. 우리 일본은 무력을 가지고 있다. 그것으로 국기를 해외에 세울 수 있을 것이다. 우리 국민은 이 국기 아래 투입할 수 있는 자본을 얼마나 가지고 있는가. 이 시장에 출하할 수 있는 상품을 얼마나 제조할 수 있는가. 일단 영토를 확장하면 무인들이 점점 발호할 것이다. 정무 비용이 점점 증가할 것이다. 자본이 점점 결핍되어 생산이 점점 위축될 것이다. 우리 일본이 제국주의를 받들고 맹목적으로 나아간다면 그 결과는 이대로 비참한 것이 될 뿐이다.

타의 추종을 불허하는 어리석음

서구 제국주의자들은 자본 과잉과 생산 과잉에 구실을 돌리고 있지만, 일본의 경제 사정은 이것과 완전히 다르다. 서구의 대제국 건설은 부패와 영락을 향하여 나아가는 것은 두말할 필요도 없지만, 그래도 아직 몇 년간은 국기의 허영을 자랑할 수 있을 것이다. 우리 일본에 이르면 제국을 건설한대도 어찌 능히 하루라도 유지할 수 있겠는가. 그런데도 멋대로 다수 군대와 군함을 끌어안고 목청껏 외치면서 제국주의가 아니면 안 된다고 말한다. 우리 일본 제국주의자의 어리석은 정도는 정말로 타의 추종을 불허한다.

5

영국 식민지의 결합

영국 제국주의자는 또한, 우리 군대를 완전히 하고자 한다면 식민지 전체의 강고한 통일과 결합이 필요하다고 말한다. 이것은 호전적 애국자가 가장 좋아하는 주장이다. 하지만 아주 조소를 금치 못할 논의다.

불리함과 위험

영국 제국주의자들이 영국 국민에게 끊임없이 방비가 완전하지 못함을 들어 걱정시키는 이유는 영토가 너무 크기 때문이 아닐까. 생각해보기 바란다. 각 식민지 인민은 모두 애초에 모국에서 생활할 수 없어서, 자유를 얻기 위해, 의식주를 얻기 위해 천리 타향으로 이주한 사람들이다. 그리하여 이제 각자가 번영된 행복한 생활을 할 수 있게 되었다. 무엇이 걱정되어 새삼스레 대제국 통일이라는 미명하에 모국의 간섭과 질곡을 감수하지 않으면 안 되는가. 모국을 위하여 막대한 군비와 병역을 부담하지 않으면 안 되는가. 항상 모국과 함께 서구 각국의 분쟁에 말려들지 않으면 안 되는가. 이보다 더 불리하고 위험한 일은 아마도 없을 것이다.

소(小)영국 당시의 무력

특히 무력이 쓸모없는 죄악이라는 것은 앞에서 이미 언급했다. 하지만 가령 자국의 방비가 필요 불가결한 것이라고 하자. 방비의 완벽함과 무력의 위세는 결코 영토의 광대함에서 나올 수 있는 것이 아니다. 보라. 펠리페 2세가 이끄는 에스파냐 대제국을 격파했을 당시 영국은 아직 소영국(little England)이지 않았는가. 루이 14세의 프랑스 대제국을 격파했을 당시의 영국도 아직 소영국이지 않았는가.

영국의 번영 원인

그렇다. 그들의 무력이 찬란한 광채를 뿜어낸 것은 그야말로 소영국일 때였다. 그들 제국주의자가 진정으로 방비가 완전하지 않음을 걱정한다면, 왜 단호히 각 식민지의 독립을 허락하지 않는가. 다행히 이대로 실현된다면 그들은 비로소 두 발 뻗고 잘 수 있고, 동시에 각 식민지도 마찬가지로 오히려 자유의 복리를 얻은 것을 진심으로 기뻐할 것이다.

생각해보라. 지금까지 영국의 번영과 팽창은 결코 무력에서 나온 것이 아니라 풍부한 철과 석탄에 힘입은 것이다. 무력을 앞세운 침략과 약탈에서 나온 것이 아니라 평화로운 제조업 덕분이었다. 그 사이, 그들이 길을 잘못 들어서 야수적 본능을 굳히고 고대 제국주의의 방식을 흉내 내어 식민지를 티무르식 경제 수단으로 취급한 적이 없었던 것은 아니다. 그러나 그들은 이 때문에 미합중국의 이반이 일어나자 넌더리가 나서 생각을 고치고 방도를 바꾸어 각 식민지에 자치를 허락했다. 그러므로 그들의 광대한 영토는 사실 제국주의자가 일컫는 제국을 형성한 것이 결코 아니다. 다만 혈맥과 언어, 문학을 같이하여 변함없는 진정한 동정심이 있고 무역 부문의 상호 이익이 다르지 않기 때문에, 그 연합은 영구한 운명을 지속하고 무한한 번영을 가져온 것이다.

영국제국의 존재는 시간 문제

그렇다. 영국이 예전에 무력적 허영에 취해 항상 대륙 각국과 교섭에

만 열중했다고 한다면, 어찌 오늘날의 성대를 누릴 수 있었겠는가. 아니, 오늘날의 성대조차도 장래에 국기와 무력의 영광을 위하여 각 식민지에 불리함과 위험을 안겨주어 정신적 연대를 잃게 하는 행동을 강요한다면, 나는 대영제국의 존재는 실로 시간 문제라고 믿는다.

지금 체임벌린의 억누를 수 없는 야심은, 피트, 디즈레일리의 의봉[50]을 이어 이 평화로운 대국민을 이끌어 군국주의와 제국주의의 나쁜 술에 취하게 만들고 예로부터 이어져 온 무력적 제국 멸망의 전철을 밟게 하고 있다. 나는 이 명예 있는 국민을 위하여 깊이 유감스러워하지 않을 수 없다.

키플링과 헨리

공명을 안달하는 군인과 정치가, 뜻밖의 이익을 좇는 투기꾼은 아직 어느 정도 용서할 수 있다. 하지만 학식이 높아 국민의 정신적 교육을 책임져야 하는 문사나 시인이 모두 나서 무력 확장을 앞장서서 외치는 데 이르면 통탄을 금할 길이 없다. 영국에서 키플링이나 헨리 등이 가장 두드러진 예다.[51]

---

50) 피트(William Pitt, 1708~1778)는 영국의 정치가. 7년전쟁(1756~1763)을 사실상 이끌었을 뿐만 아니라, '위대한 평민'이라 불릴 정도의 인기를 배경으로 삼아 인도나 북아메리카에서 프랑스와 벌인 전쟁에 승리하여 영국을 세계 제국으로 이끌었다. 디즈레일리(Benjamin Disraeli, 1804~1881)는, 글래드스턴이 영국 내에서 벌인 자유주의적 개혁들에 맞서 수에즈 운하 매입(1875)이나 빅토리아 여왕의 인도 여제(女帝) 겸임 등 적극적인 대외 제국주의 정책을 폈다.

51) 키플링(Rudyard Kipling, 1865~1936)은 소설가, 시인. 영국령 인도 봄베이(뭄바이)에서 태어나 영국에서 교육받았다. 《정글 북》(1894)으로 유명하다. 또한 그가 쓴 《백인의 책무》에 드러난 것처럼 인종차별주의자였고, 특히 그의 시집 《막사의 발라드(Barrack-Room Ballards)》는 영국 제국주의를 찬양하는 군가로 불렸다. 헨리(William Henley, 1849~1903)는 시인, 평론가, 신문 편집자였으며, 성장하는 제국주의에 공감하는 기사를 썼다.

제국주의는 사냥꾼의 생계

그들은 야수 같은 애국자가 먹이를 뒤지는 것을 보고 찬미하며 말한다. 국기의 영광이다. 위인의 공로가 있는 사업이다. 국민적 사상을 환기한다. 누가 세실 로즈가 우리 영국에서 태어난 것을 자랑으로 여기지 않겠는가. 누가 키치너의 공적을 기리지 않겠는가. 전자는 우리 제국을 위하여 수천 킬로미터의 영토를 확장했고, 후자는 하르툼의 국치를 씻고 문명과 평화로 야만적이고 미개한 습속을 개선했다고 한다.[52] 제국주의의 목적이 정말로 야만인을 토벌하고 섬멸하여 문명과 평화의 정치를 시행하는 데 있다고 한다면, 제국주의의 생명과 활력이 지속되는 것은 오로지 야만인이 존재하는 기간 동안뿐일 것이다. 사냥꾼의 생계가 유지되는 것은 부근의 산과 들에 짐승들이 떼 지어 돌아다니는 기간에 지나지 않는다.

남아프리카가 완전히 평정된다면 로즈는 나아가 어디에서 제2의 남아프리카를 찾으려 할 것인가. 수단은 이미 정복되었다. 키치너는 나아가 어디에서 제2의 수단을 찾으려 할 것인가. 만약 토벌할 야만인이 없어지면 그들은 국기의 영광을 잃는 것이다. 국민적 사상은 소멸해 간다. 위인의 공로가 있는 사업은 행방을 모르게 되는 것이다. 덧없는 것이 제국주의의 전도가 아닌가.

호언장담하며 국민의 호전심을 선동하는 키플링, 헨리의 사상이 내게는 아이들의 장난처럼 보인다. 사회 문명의 진정한 진보와 복리를 원하는 자는 명심하고 이런 식으로 하면 안 된다.

---

52) 본서 80쪽 각주 35) 참조.

제국주의의 현재와 미래

이상과 같이 보면, 제국주의의 현재도 미래도 예측 곤란한 것은 아니다. 그것은 요컨대 경멸스러운 애국심을 만족시키기 위하여 혐오스러운 군국주의로 추진하는 일정한 정책을 부르는 명칭에 불과하다. 그 결과는 곧 타락과 멸망뿐이다.

그들의 대제국 건설은 필요가 아니라 욕망이다. 복리가 아니라 재해다. 국민적 팽창이 아니라 소수 인간의 공명과 야심의 팽창이다. 무역이 아니라 투기다. 생산이 아니라 강탈이다. 문명을 뿌리내리게 하는 것이 아니라 다른 문명을 괴멸하는 것이다. 이것이 어찌 사회 문명의 목적인가. 국가 경영의 본지인가.

이민을 위해서라고 말하지 말라. 이민은 영토 확장이 필요하지 않다. 무역을 위해서라고 말하지 말라. 무역은 결코 영토 확장이 필요하지 않다. 영토 확장을 필요로 하는 것은 오로지 군인과 정치가의 허영심뿐이다. 금광과 철도의 이익을 좇는 투기꾼뿐이다. 군수를 공급하는 어용 상인뿐이다.

국민의 존엄과 행복

특히 국민의 존엄과 행복은 결코 영토의 위대함에 있는 것이 아니라, 높은 도덕 수준에 있다. 무력의 위대함에 있는 것이 아니라 이상의 고상함에 있다. 군함과 병사가 많음에 있는 것이 아니라 의식주 생활의 풍요로움에 있다. 영국의 전통적 존엄과 행복은 방대한 인도제국을 영유하는 데 있는 것이 아니라, 오히려 한 사람의 셰익스피어를 가진 점에 있다는 것은 칼라일이 말한 대로다.

독일국을 크게, 독일인을 작게

로버트 모리어 경(Sir Robert Burnett David Morier, 1826~1893)은 예전에 비스마르크를 비평하며 말했다. 그는 독일을 크게 만들었다. 그렇지만 독일인을 작게 만들었다. 그렇다. 영토의 위대함은 대개의 경우 국민의 위대함과 반비례한다. 왜냐하면 그들의 대제국 건설은 오로지 무력의 팽창이기 때문이다. 야수적 본능의 팽창이기 때문이다. 그들은 나라를 부유하게 만들려고 인민을 약화시키고, 국광(國光)과 국위를 빛내기 위하여 인민을 부패하고 타락하게 만든다. 그러므로 제국주의가 나라를 크게 하고 인민을 작게 한다고 일컫는 것이다.

한때의 물거품

국민이 작아지고 말았는데 국가가 어찌 성대할 수 있겠는가. 성대한 것처럼 보이는 것은 요컨대 한때의 물거품에 불과하다. 태풍이 한번 지나가면 구름이나 안개와 마찬가지로 흔적도 없이 사라지는 것은 예로부터 역사가 명확히 보여준다. 그럼에도 불구하고 슬프게도 세계 각국은 경쟁적으로 이러한 물거품 같은 팽창에 애쓰면서 멸망으로 향하는 위험을 깨닫지 못하고 있다.

일본의 제국주의

그리하여 지금 우리 일본도 마찬가지로 이 주의에 열광하여 다른 것은 돌아보지 않는다. 13사단의 육군, 30만 톤의 해군은 더 커졌다. 타이완의 영토가 확장되었다. 의화단 운동에 군대를 파견했다. 국위와 국광은 덕분에 올라갔다. 군인은 가슴팍에 허다한 훈장을 장식했다. 의회는 이것을 찬미했다. 문사와 시인은 이것을 칭송했다. 그런데 이 영토 확장은 얼마나 우리 국민을 위대하게 했는가. 얼마만큼 우리 사회에 복리를 가져왔는가.

그 결과

8천만 엔의 예산은 수년이 지나지 않아 3배가 되었다. 타이완 경영은 점령 이래 1억 6천만 엔의 경비를 내지에서 빼앗아 갔다. 2억 엔의 배상금은 꿈처럼 사라졌다. 재정은 점점 문란해졌다. 수입은 점점 초과했다. 정부는 증세에 이어 또 증세를 했다. 시장은 점점 곤혹스러워했다. 풍속은 점점 퇴폐하고 죄악은 나날이 증가했다. 그런데도 사회 개혁 주장은 매도되기 일쑤고, 교육 보급 논설에는 냉소를 보낸다. 국력이 날마다 없어지고, 국민의 생명이 날마다 줄어들고 있다. 만약 이와 같은 상황이 그대로 수년간 멈추지 않는다면, 나는 동양 군자국의 2500년 역사는 눈 깜짝할 사이의 짧은 꿈으로 끝날 수밖에 없다고 믿는다. 아아, 이것이 우리 일본에서 제국주의의 효과가 아닌가.

그러므로 나는 단언한다. 제국주의 정책은 소수의 욕망 때문에 다수의 복리를 빼앗는 것이다. 야만스런 감정 때문에 과학적 진보를 저해하는 것이다. 인류의 자유와 평화를 섬멸하고 사회의 정의와 도덕을 살해하여 세계 문명을 쳐부수는 파괴자일 뿐이다.

제5장 결론

신천지 경영

아아, 20세기 신천지에서 우리들은 어떻게 하면 경영을 완성할 수 있을까. 우리들은 세계 평화를 바라고 있다. 그런데 제국주의는 세계 평화를 교란한다. 우리들은 도덕의 발달을 바라고 있다. 그런데 제국주의는 도덕의 발달을 말살한다. 우리들은 자유와 평등을 바라고 있다. 그런데 제국주의는 자유와 평등을 파괴한다. 우리들은 생산과 분배의 공평함을 바라고 있다. 그런데 제국주의는 생산과 분배의 불공평함을 더욱더 자극한다. 문명의 위기 중에 진정으로 이보다 더 큰 것은 없다.

20세기의 위험

이것은 나의 개인적인 의견이 아니다. 작년에 뉴욕 《월드신문(World)》[53]이 〈20세기의 위험〉이라는 제목으로 서구의 여러 명사에게 의견을 구했을 때, 군비주의와 군국주의가 가공할 만한 것이라고 답변한 사람이 대단히 많았다. 프레더릭 해리슨은 장래의 정치적 위험은 유럽 각국이 과다한 군대와 군함과 군비를 축적하는 데 있으며, 그 결과는 곧 그들의 통치자와 인민을 유혹해서 주로 아시아, 아프리카 땅에 지배권을 다투게 하려고 하기 때문이라고 했다. 쟁월은 20세기의 위험

---

53) **월드신문** 뉴욕에서 간행된 일간지. 1883년에 조지프 퓰리처(Joseph Pulitzer)가 사들일 당시 2만 부에 불과했던 발행 부수가 이 무렵에는 100만 부를 넘었다. 허스트(William Randolph Hearst)가 창간한 《저널(Journal)》지와 치열한 판매 경쟁을 계속하여 대중의 흥미를 끄는 가십기사를 실었다. 이 신문에 연재된 만화 주인공이 노란 옷을 입고 있어 옐로 저널리즘이라는 말을 낳았다. 고토쿠가 여기서 소개한 기사는 1900년 12월 30일자.

은 군국주의라는 중세 사상의 반동적 흥기라고 했다. 하디는 군국주의보다 위험한 것은 없다고 했고, 블린트는 위험은 제국주의라고 했다.[54]

페스트의 유행

그렇다. 제국주의는 마치 페스트의 유행처럼 추잡하고 무섭다. 그것에 접촉하는 곳은 당장에 멸망에 이르고 만다. 애국심은 진정으로 그 병균이다. 군국주의는 틀림없이 전염의 매개인 것이다. 생각건대 18세기 말에 프랑스혁명의 대청결법은 유럽의 천지를 청소하고 일단 소멸했다. 그 이후 영국의 32년 개혁이나 프랑스의 48년 혁명이나 이탈리아의 통일이나 그리스의 독립은 한결같이 이 제국주의라는 역병의 유행을 막는 수단이었다. 그래도 그 사이 나폴레옹이나 메테르니히(Klemens Wenzel Lothar von Metternich, 1773~1859)나 비스마르크 패거리가 교대로 병균을 뿌려댔기 때문에 결국 오늘날과 같은 유행을 불러왔던 것이다.[55]

....

54) 해리슨(Frederic Harrison, 1831~1923)은 영국의 실증주의 철학자, 전기 작가, 비평가. 영국실증주의협회를 설립하여 회장을 역임했다. 쟁윌(Israel Zangwill, 1864~1926)은 영국의 소설가, 시인, 시오니스트로 유명했다. 하디(James Keir Hardie, 1856~1915)는 영국의 노동운동가, 사회주의자로서 독립노동당을 창설했다. 1907년에 일본을 방문했다. 블린트(Karl Blind, 1826~1907)는 독일의 정치가, 작가. 1848년 혁명에 참여했고, 《독일 민화》 등을 썼다.
55) '영국의 32년 개혁'은 1832년 그레이 내각의 선거법 개정을 가리킨다. 이에 따라 유권자 수가 16만 명에서 93만 명으로 증가했고, 신흥 부르주아지에게 정치 권력이 부여되었다. '프랑스의 48년 혁명'은 루이 필립의 7월 왕정을 쓰러뜨린 2월혁명을 가리킨다. 파리 민중 봉기로 국왕을 퇴위시키고 제2공화정이 수립되었다. '이탈리아의 통일'은 1861년, 오스만제국으로부터 '그리스 독립'이 정식으로 인정된 것은 1829년 런던 회의에서였다. 오스트리아의 정치가 메테르니히는 교묘한 정책으로 나폴레옹 1세에 대항했으며, 1814~1815년의 빈 회의에서 의장을 역임했다. 1821~1848년까지 오스트리아 재상으로 반동적 빈 체제를 뒷받침했다. 입헌주의에 극도로 부정적이었던 그는 시민 사회의 반발을 샀고 1848년에 아래로부터의 혁명을 우려했던 황제에 의해 전격 해임됐다.

애국적 병균

이제 이 애국적 병균은 관민과 상하에 만연하고 제국주의 페스트는 세계 각국으로 전염되어, 20세기 문명을 파괴하지 않고는 못 배길 듯한 기세를 보이고 있다. 사회 개혁의 건아로서 국가의 유능한 의사(醫師)를 자임하는 의로운 지사가 부디 크게 분발하여 일어나지 않으면 안 될 때가 아닐까.

대청결법과 대개혁

그렇다면 어떠한 계획으로 오늘날의 급무에 대응하지 않으면 안 되는가. 다름 아니다. 사회와 국가를 향해 대청결법을 시행하라. 바꾸어 말하면 세계적 대혁명 운동을 개시하라. 소수의 국가를 변혁하여 다수의 국가로 만들라. 육해 군인의 국가를 변혁하여 농상공인의 국가로 만들라. 귀족 전제의 사회를 변혁하여 평민 자치의 사회로 만들라. 그런 후에야 정의와 박애심이 곧 편협한 애국심을 압도할 수 있는 것이다. 사해동포의 세계주의가 곧 약탈적 제국주의를 소탕하고 잘라내버릴 수 있는 것이다.

칠흑 같은 암흑의 지옥

무사히 이대로 계획이 실현되었을 때 우리들은 비로소 부정과 불의, 비문명적이고 비과학적인 현재의 천지를 개조할 수 있고, 사회의 영원한 진보를 기대할 수 있으며, 인류의 전반적 복리가 완전해질 수 있는 것이다. 만약 그렇지 않고 오래도록 오늘날의 추세대로 방임하고 반성하지 않는다면 우리들의 앞길에는 오로지 칠흑 같은 지옥이 기다리고 있을 뿐이다.

장광설

개요) 각종 신문, 잡지에 실린 평론 34편을 단행본으로 묶은 평론집이다. 그중 핵심을 이루는 것은 사회주의에 관한 시리즈다. 〈19세기와 20세기〉, 〈혁명이 도래한다〉를 시작으로 〈파괴주의인가 폭도인가(사회주의의 실질)〉, 〈금전을 폐지하라(사회주의의 이상)〉, 〈위장의 문제(사회주의가 시급하다)〉, 〈최근의 노동 문제(사회주의의 적용)〉, 〈제국주의의 쇠운〉 등의 글에서 고토쿠는 제국주의의 파멸과, 제국주의가 초래한 참상과 해악을 구제하는 것으로서 사회주의의 필요성과 그 필연적 도래를 설파하여 일반 지식인의 이해를 끌어내고자 했다.

한편으로 후쿠자와 유키치에 대한 비판에서 뚜렷이 나타나듯이, 근대 사회의 원동력이 된 개인의 독립자존을 비판하며 사회적 책임과 의무를 강조했다. 또한 국가와 사회에 대한 개인의 절망이 무정부주의와 암살을 낳는다고 주장한 〈무정부당 제조〉나 〈암살론〉 등은 중국 혁명가들에게 깊은 영향을 끼쳤으며, 신채호를 비롯한 조선 혁명가들에게도 영향을 준 것으로 알려져 있다.

서지) 《長廣舌》이라는 제목으로 1902년 2월 20일에 인문사(人文社)에서 간행되었다. 같은 해에 《廣長舌》(中國國民叢書社 역, 上海商務印書館)이라는 제목으로 중국어로 번역 출간되었고, 1912년에 재판되었을 때는 《社會主義廣長舌》이라는 제목으로 소개되었다.

율시 한 편으로 마음을 기록하여 제목을 대신한다

(書懷一律代題詞)

한 주정뱅이가 고뇌에 차서 머리를 긁적이며 하늘에 묻고자

(一醉搔頭欲問天)

높은 누각에서 또 다시 글로 번 돈을 내던지네.(高樓又擲賣文錢)

칼처럼 날카로운 글은 십 년이 지나도 여전히 뜻이 남고(劍書十載仍存志)

눈 속의 달빛을 받아 맺어진 인연은 삼생이 지나도 다하지 않네.

(雪月三生未了緣)

땅을 가르고 떠들썩하게 노래하는 소년의 호방함과,(斫地浩歌少年俠)

꽃을 들자 미소 짓는 미인의 깨달음이여.(拈華微笑美人禪)

거기에 따로 종횡으로 움직이는 혀가 있으니(箇中別有縱橫舌)

한가로이 고향 산의 두 고랑 밭으로 물러나네.(閑却故山二頃田)

슈스이 덴포 지음(秋水傳甫艸)

19세기와 20세기

19세기의 천지는 우리에게 과연 어떠한 정신을 남겼는가. 20세기의 세월은 우리에게 과연 어떠한 물질을 제시할 것인가.

역사는 인류 진보의 기록이다. 인류는 세대를 거듭하고 세월을 지나면서 지능과 도덕을 지속적으로 개발하고 축적했으며, 정신적 지위를 높이고 물질적 생활을 개선하기 위하여 일찍이 잠시도 쉬는 일이 없었고 결코 물러서는 일도 없었다. 무릇 제행(諸行)은 무상하지 않은 것이 없고 융성한 것은 반드시 쇠퇴하지 않는 것이 없다. 개인에게는 확실히 그렇다. 하나의 국가나 하나의 국민에게는 확실히 그렇다. 그것들은 부패하고 타락하며 약해지고 쇠퇴해서 사라진다. 그렇지만 세계 전체를 보라. 인류의 정신, 생활, 종교, 정치의 상태가 얼마나 급속히 진보하고 개선되었는가. 물이 증발하는 것을 보고 양이 줄었다고 하지 말라. 증발한 물은 이윽고 비와 이슬이 되어 오곡이 자라는 것을 돕지 않는가.

그렇다. 예로부터 문명은 결코 한 제왕, 한 국가, 한 국민을 위해서가 아니라, 반드시 인류 전체의 복리를 위해 진보해 왔다. 문명이 빛을 비추는 폭은 시간이 갈수록 점점 넓게 보충된다. 이로써 보아야 한다. 이 집트, 아시리아, 바빌론, 페니키아 문명은 잠시 제쳐 두고, 그리스 문명은 페리클레스(Periklēs, BC 490?~BC 429) 전성 시대에만 전유(專有)된 것이 아니었다. 코딱지만 한 유럽에서만 전유된 것이 아니었다. 로마는 그리스 문명의 정수를 지속시켰고 그것을 개선하고 확충하였으며, 18세기에서 19세기에는 유럽뿐만 아니라, 남북 아메리카로, 동아시아로, 아프리카의 남북 양끝까지 알려지게 되었다. 그리하여 진보와 확장 방법 또한 마치 물건이 공중에서 낙하할 때 지상에 가까워짐에 따라 중력과 속도가 커지듯이, 올해는 작년보다, 오늘은 어제보다 현저히 가속화되어, 한 종족의 문명은 여러 국민의 문명이 된다. 여러 국민의 문명은 세계 전체의 문명이 되려고 한다. 그리하여 19세기의 진보와 확장 속도는 실로 전대미문의 것이었다. 생각건대 20세기의 속도는 그보다 훨씬 빨라질 터이고, 그 첫해에 미개국이나 야만국이라는 이름이 지구상에서 거의 흔적 없이 사라질 것이라고 감히 믿는 사람은 없겠지만, 더욱더 진전될 것이다.

하지만 개인이 성장함에 따라 음식, 옷, 기구의 성질, 상태, 효용이 점차로 달라져야 하는 것처럼, 문명이 미치는 판도가 확장됨에 따라, 또한 인류 전체의 복리 실현이라는 목적의 완성이 가까워짐에 따라 이념과 사상을 달리하지 않으면 안 된다. 1천 명의 복리에 적합한 문명은 1억 명에 적합할 수 없다. 그리스·로마의 문명은 노예제를 허용했다. 하지만 유럽의 문명은 노예제를 허용하지 않는다. 18세기 말의 문명은 귀족 전제주의를 허용했다. 19세기의 문명은 귀족 전제주의를 허용하지 않는다. 지금 제국주의라는 일종의 이데올로기는 나아가 19세기 후반 문명의 정신인 개인 자유의 이데올로기를 압도하여 굳이 그것을 대신하려 한다. 이에 따라 오늘 옳은 것이 내일 그른 것으로 바뀌는 느낌이 대단히 강하게 든다. 하지만 나는 믿는다, 이것은 인류가 진보하는 한 피할 수 없는 길이며, 국민적 문명을 세계적 문명으로 만드는 치하할 만한 경향이라고.

19세기 문명이 개인 자유주의로 귀족 전제주의를 타파하여 인류를 노예의 처지에서 벗어나게 한 공로는 참으로 위대하다. 이것은 문명 진보가 한 차례 거치지 않으면 안 되는 길이다. 하지만 인류 문명의 목적은 개인의 복리에 있는 것이 아니라 사회 전체의 복리에 있다. 우리들의 진보는 자유 획득에 머무는 것이 아니라 더욱더 평등의 영역으로 나아가지 않으면 안 된다. 유럽의 인민 가운데 재빨리 개인 자유주의에서 국민적 통일 결합 운동으로 나아간 자는 실로 부지불식간에 그 기반을 굳히지 않았는가. 그리고 국민 통일주의에서 다시 확 달라져 제국 팽창주의가 된 것을 보면, 그것이 결국에 또다시 변하여 세계 통일주의가 될 것임을 알 수 있다. 아니 세계 통일주의는 현재 문명의 조류임을 알아야 한다.

또한 비록 19세기 자유주의가 정권의 불평등을 타파했다고 하더라도, 아직 경제적 불평등을 타파하지는 못했다. 자유 경쟁 제도는 오히려 경제적 불평등을 격화시켰기 때문에 하층 노동자는 그 폐해를 견디지 못한다. 일찍이 그들이 결합하여 정치적 질곡을 벗어난 것처럼, 이제 다시 자본의 질곡을 벗어나기 위하여 국민적 결합주의를 개시했고, 더욱이 세계적 운동으로 한 걸음 나아가 자본가와 활발히 부딪치게 되었다. 자본가들 역시 상호 경쟁의 폐해를 견디지 못하고 자본을 합칠 필요를 느껴, 이른바 트러스트를 조성하여 해외 시장을 찾아 제국주의자를 자칭하는 정치가와 손잡고 국민적 팽창을 도모하게 되었다. 그들이 개인의 자유 경쟁을 견디지 못하고 국민적 경쟁으로 나아갔다가, 또다시 국민적 경쟁을 견디지 못하는 상황이 극에 달하여 결국 세계적 결합 통일의 필요를 느끼는 것은 시간 문제일 뿐이다.

대개 교통이 발달하고 문명이 미치는 판도가 확장됨에 따라 세계의 생활이나 이해 관계나 물가나 지식이나 도덕이 점차 평준화되는 것이 자연스러운 흐름이다. 그리하여 유럽의 정치가는 홀로 무력을 자랑하지 못하고, 서구의 자본가는 홀로 값싼 동양 노동자를 이용하지 못하니, 포악한 마음은 박애로 바뀌고, 경쟁의 수단은 협력의 결과로 바뀌고, 정치적으로는 자유주의에서 국민주의로, 국민주의에서 제국주의로, 제국주의에서 세계 평화주의로 바뀌는 한편으로, 사회경제적으로는 자유 경쟁주의에서 자본가 합동주의로, 자본가 합동주의에서 순수한 세계적 사회주의로 바뀌는 것은 불을 보듯 명확할 것이다. 이리하여 아마도 인류 문명 진보의 역사가 비로소 크게 이루어질 것이다.

대단히 고맙구나, 19세기여. 너는 정치적 자유의 복리를 우리들에게 가져다주었고, 나아가 제국주의를 산출하여 자유 경쟁의 폐해를 바로잡으려 한다. 하지만 제국주의는 그저 우리가 세계적 사회주의에 도달하는 하나의 계단일 뿐, 우리들은 20세기 전반에 세계적 사회주의가 제국주의의 폐단을 모조리 없애는 것을 두 눈으로 보게 될 것을 의심하지 않는다. 얼마나 희망찬 일인가.

(〈十九世紀と二十世紀〉,《日本人》1900년 12월 10일)

혁명이 도래한다

음기가 쌓이고 아득한 후에는 곧 한줄기 볕이 다시 온다. 장마로 갑갑한 후에는 곧 이글거리며 타오르는 여름 햇살이라. 자연 만물이 탄생하고 자라는 것은 실로 이러한 이치가 있기 때문이다. 사회에 혁명이 존재하는 것도 또한 이와 같다.

혁명이라는 말을 듣고 당장에 이것이 불경하다고 오해하지 말라. 이것이 모반이라고 오해하지 말라. 이것이 시해라고 오해하지 말라. 이것이 공화 정치며 무정부라고 오해하지 말라. 혁명은 크롬웰의 전유물이 아니다. 워싱턴의 전유물이 아니다. 로베스피에르의 전유물이 아니다. 총성이 울리고 선혈이 낭자한 것만은 아니다. 사민 평등은 사회적인 일대 혁명이었다. 왕정 복고, 대의정체의 성립은 정치적인 일대 혁명이었다. 18세기 과학적 산업 기계의 발명은 산업상의 일대 혁명이었다. 시해를 하지 않더라도 혁명은 곧 혁명인 것이다. 철혈을 사용하지 않더라도 혁명은 곧 혁명인 것이다. 그런 탓에 페르디난트 라살[1]은 "혁명은 일종의 전복이다. 혁명은 완전히 새로운 차원의 이념이 기존 제도나 조직을 대신하려고 할 때 일어난다. 그리고 강한 힘을 사용하는 것은 결코 혁명의 필요 조건이 아니다. 그에 반해 개혁은 지금의 제도와 조직

....

1) **라살**(Ferdinand Lassalle, 1825~1864) 독일의 유대계 정치학자, 사회주의자, 노동운동 지도자. 19세기 독일에서는 마르크스, 엥겔스와 동등하거나 그 이상의 평가를 받았다. 1862년에 《노동자 강령》을 저술해서 당시의 자본주의 국가를 비판하여 '야경국가론'을 주장한 것으로 유명하다. 1863년에 라살이 세운 독일노동자동맹은 이후 독일사회민주당으로 발전했다. 또한 노동자의 빈곤의 원인을 파헤쳐 생산조합과 보통선거에 의한 국가사회주의의 실현을 주장했다. 비스마르크와 친구였으며, 국가사회주의로 간주되는 비스마르크의 사회 정책에 영향을 끼쳤다.

을 유지하면서 다만 그것을 발달시켜 더욱더 융성하고 유효하면서도 정당한 결과를 얻게 하려는 것이다. 그리고 어떤 수단을 동원하는지는 그다지 중요한 문제가 아니다. 개혁이 반란과 유혈로 이루어지는 경우도 있다. 혁명이 오히려 아주 평화롭게 일어나는 경우도 있다"고 했다.

혁명이 정말로 새 이념이 옛 제도를 대신하기 위하여 일어나는 것이라면, 오늘날 우리나라의 정황은 더욱더 일대 혁명의 기운에 놓인 것은 아닐까. 아니 일대 혁명이 이미 아주 평화롭게 일어나고 있는 것은 아닐까.

첫 번째로 정치를 보라. 부패가 극에 달하지 않았는가. 그들 내각이 행하는 바, 중의원이 행하는 바, 귀족원이 행하는 바, 각 정당이 행하는 바를 보라. 완전히 번벌의 노예가 되어버리지 않았는가. 완전히 번벌의 사리사욕에 봉사하는 기구가 되어버리지 않았는가. 그리하여 일면에서 보면, 우리나라의 정치 조직은 사실상 결코 자유의 제도가 아니고 대의 여론의 제도도 아니며, 바로 과두 전제의 참상에 빠진 것이 아닌가. 이 현실을 보고 어찌 더욱 진보된 새 이념으로 대체하는 것이 시급하다고 느끼지 않겠는가. 그리고 이것을 이룩하는 것은 일대 혁명 사업이 아니겠는가.

다음으로 산업 경제의 실상을 보라. 유럽의 산업혁명 여파가 도도히 우리나라에 침입하여 생산 비용은 극도로 줄어들고 생산액은 극도로 증가했다. 하지만 그 성과는 오로지 일부에 퇴적되어 사회 일반이 혜택을 입는 것은 대단히 어렵다. 또 보라. 빈부 격차가 더욱더 벌어지고 있다. 공황이 점점 더 빈번해져 간다. 투기가 점점 더 성행한다. 분배가 점점 더 나빠진다. 우리나라의 상업은 이제 완연히 일대 도박장이 되어버렸고, 정당한 사업가를 수용할 땅은 점차 사라진다. 우리들은 결코 생산의 대규모화를 공격하는 것이 아니다. 아니, 오히려 점점 더 대규모화되는 것을 기뻐하지만, 오늘날 자유 경쟁 제도 아래에서는 규모가 오히려 사회 인민을 몹시 괴롭히고 있다는 것을 알았다. 그런 탓에 진정으로 산업 성장의 성과를 사회 전반에 미치게 하고자 한다면, 더욱 진보한 새 이념에 따라 산업 경제 조직을 개조하지 않으면 안 된다. 그 것을 이루는 것이 바로 일대 혁명 사업이 아닌가.

나아가 사회 풍습과 교육의 실상을 보라. 이토 히로부미[2]가 계급 제도를 정하고 나서 유신혁명의 목적인 사민평등주의는 완전히 파괴되었다. 오늘날 팔짱을 끼고 놀고먹는 귀족은 유유자적하며 따뜻하고 배부르게 지내니 본받을 점이 없고, 사회 풍속을 나날이 퇴폐로 몰고 갈 뿐이다. 그러면서도 한편으로는 귀족 전제의 제도를 영원히 유지하기 위하여 거짓되고 형식적인 충군애국 네 글자를 교육의 이념이나 뼈대로 삼은 결과, 교육의 근간이 몹시 굴절되고 발달이 완전히 저해되어 사상계의 고루함과 혼미함이 거의 수백 년 전으로 퇴보한 것 같다. 이것이 과연 언제까지 영속할 수 있는가. 또한 영속시켜야 하는 현상인가. 아니, 오히려 진보한 새 이념으로 대체하는 것이 급무임을 느끼지 않는가. 그리고 이 변화를 이룩하는 것이 일대 혁명의 사업이 아니겠는가.

혁명은 본래 인위적으로 만들어내야 하는 것이 아니며 억지로 촉진해야 하는 것도 아니다. 하지만 독일의 사회주의자가 말한 바와 같이 "혁명은 진보의 산파다." 진보는 항상 혁명을 기다린다. 혁명이 있는 곳에 진보가 생긴다. 우리들은 우리나라의 실상이 이미 혁명의 기운이 임박해 있음을 안다. 다만 그것을 선혈의 혁명으로 만들지, 평화의 혁명으로 만들지는 국민의 준비 여하에 달려 있다.

〈革命論〉, 《萬朝報》 1900년 5월 18일)

2) **이토 히로부미**(伊藤博文, 1841~1909) 일본의 원로(元老) 정치가이자 총리. 근대적 내각 제도를 창설하고 대일본제국헌법을 기초하고 제정하는 데 중심 역할을 했다. 이 토는 천황을 중심으로 하는 군주제를 유지하기 위해서도 천황을 보좌하는 세습귀족 (화족)의 필요성을 인식했다. 그래서 선거로 선출되는 중의원과 대조적으로 세습귀족이 중심을 이루는 귀족원을 두어, 민주주의에 대항하는 역할을 기대했다. 처음부터 그는 정당 내각은 사실상 주권이 천황에서 정당으로 옮겨 가는 것이기 때문에 인정할 수 없다고 생각하여, 귀족원을 중의원의 정당 세력에 대항하는 세력으로 설정했다.

파괴주의인가 폭도인가(사회주의의 실질)

고운 구슬이 어둠 속으로 던져지면 사람들은 모두 칼에 손을 댄다. 지금 우리 국민들이 사회주의를 대하는 방식이 바로 이와 같다. 그들은 아직 사회주의의 진상이나 실질이 어떠한지 돌아볼 틈은 없고 단지 눈과 귀에 익지 않은 탓에 들떠서 외치며 말하기를, 사회주의는 파괴주의고 사회당은 폭도라고 한다. 이를 마치 전염병을 대하듯 두려워하고 뱀과 전갈을 대하듯 꺼린다. 아아, 그것이 어찌 파괴주의인가, 그것이 어찌 폭도인가.

예로부터 적어도 사회의 진보를 추구하고 개혁을 희망하는 논의와 운동이라면 하나같이 어느 정도 파괴적 수단에 기대지 않는 경우가 없었다. 그런데 오로지 파괴적 수단에 기대었다는 이유만으로 완전히 죄악시한다면 대개 천하에 새로운 것으로 옛것을 대신하는 일을 수행하는 사람 가운데 누가 예외가 될 수 있겠는가. 그렇지 않은가. 가령 여기에 이렇게 말하는 사람이 있다고 하자. 당신의 가옥은 썩었다, 마땅히 그것을 개축해야 한다, 당신의 옷은 티끌과 먼지로 가득하다, 마땅히 그것을 세탁해야 한다고 말하는 사람이 있다면, 이것을 모조리 파괴주의로 여기고 폭도로 여길 것인가.

하지만 세상일에 어두운 무리, 겁을 내며 잠시의 안락함을 탐하는 패거리가 진보와 개혁을 너무 혐오하여, 새 이념을 부르짖는 사람을 만나면 일단 얼핏 보고 파괴주의라 규정하고 폭도라고 부르며 백방으로 박해를 시도하지 않는 경우가 없는 것은, 동서고금으로 궤를 같이한다. 그런 탓에 일찍이 천황을 섬기고 막부를 타도하자는 논의가 일어나자, 막부 말기의 관료들은 파괴주의라며 꾸짖고 그것을 주장하는 사람을 폭도로 몰며 박해를 일삼았다. 안세이의 의옥[3]에 이르러서는 진시황 이래의 비참함이 얼마나 극에 달했던가. 일찍이 자유민권설이 일어나자, 번벌 정권의 관료들은 그것을 꾸짖어 파괴주의라 규정하고 자유민권을 주장하는 사람을 폭도로 몰며 박해를 일삼았다. 보안조례 공포에 이르러서는 나폴레옹 3세 이후의 횡포함이 얼마나 극에 달했던가. 하지만 보라. 우리 일본 국민으로 하여금 봉건 지배 계급의 질곡을 벗어나 사민 평등의 경지에 들어서고, 전제 억압 제도를 버리고 입헌 대의의 치세를 만나 국위, 국광을 태평양 앞바다에 찬연히 빛나게 한 것은 바로 당시의 파괴주의, 폭도가 아니었겠는가.

무릇 세상의 허다한 새 이념, 새 운동 가운데 일시적인 파괴주의나 폭도에 지나지 않은 것이 있다면, 그 성질이 과연 진정으로 사회의 진보와 개혁을 위해 시급하고 적절한 것이겠는가. 당시 일반 인민의 눈과 귀에 익숙하든 익숙하지 않든 간에, 당장이라도 널리 퍼질 듯한 기세가 팽배하여 마치 커다란 제방을 무너뜨리는 것처럼, 수천의 공격, 수만의 박해가 결국에 아무렇지도 않은 것이 사회의 진보와 개혁이다. 기독교의 개혁이 그러했다. 니치렌종[4]의 발흥이 그러했다. 유럽 대륙에서 자유 제도의 창립이 이러했다. 곡물법 폐지 운동[5]이 그러했다. 선거구 개정안이 그러했다. 노예 금지 운동이 그러했다. 아니, 속된 인사들이 속된 주장으로 공격하고 박해해도 아무렇지도 않았을 뿐만 아니라, 공격

----

3) **안세이(安政)의 의옥(疑獄)** 1858년(安政 5)부터 1859년(安政 6)에 걸쳐 쇼군(將軍, 막부의 수장)의 최고 보좌역인 이이 나오스케(井伊直弼) 등이 천황의 허가 없이 미일수호통상조약에 조인하는 등 정책을 펴자, 존황양이를 주장하던 지사나 정치 세력들이 강력히 반발했다. 막부는 이들 반대 세력을 탄압했는데, 연좌된 자가 100여 명에 달했다고 한다.
4) **니치렌종(日蓮宗)** 가마쿠라(鎌倉) 시대에 니치렌(日蓮)이 연 종파. 법화경에 귀의하여 남무묘법연화경의 제목을 읊는 실천을 중시하며, 현실에서 불국(佛國)을 건설하고자 했다. 하지만 니치렌종은 다른 종파와 알력 때문에 종종 국가 차원의 박해를 받았다.

과 박해가 한층 가혹해질수록 반동 또한 한층 거세져서 오히려 그들의 성공을 재촉하고, 나아가 그 성공의 여세가 예측 불허의 참상을 낳는 일도 있다. 루이 16세는 그래서 참수당했다. 메테르니히는 그래서 쫓겨났다. 한심함의 극치다.

우리들은 당분간 사회주의의 본질이 과연 오늘날의 사회 상태에 시의적절한지 그렇지 않은지를 다투지 말아야 한다. 그렇지만 유럽과 미국 양 대륙에서 사회주의가 아무리 가혹한 진압에 직면해도 파발을 두어 명령을 전달하는 것만큼 빠르게 퍼져 나가고[6] 봄풀들이 비를 맞으면서 자라는 것처럼 세력이 커지는 형국을 보면, 대단히 닮지 않았는가. 그런데도 우리 국민 가운데 완고하고 몽매하여 새로운 것을 싫어하는 무리들은 막연히 이것을 파괴주의라고 부르고 폭도라 부르거나, 겁을 내며 안락을 추구하는 인사는 이에 부화뇌동하여 진압과 전멸에 바빠서 시간이 부족할 정도다. 심한 경우에는 최근에 노동 문제 해석을 위해 분주히 논의하는 사람들조차도 대개는 사회주의를 입에 담기를 꺼리는데, 사회주의를 외치면 중상류 사회의 동정을 얻을 수 없어서 운동이 매우 곤란하기 때문이라고 말한다. 이리하여 사회주의에 쏟아지는 공격과 증오, 기탄은 결국 눈곱만치도 사회주의의 진상과 실질 여하

---

5) **곡물법 폐지 운동** 영국 의회는 1815년에 값싼 외국산 밀의 수입을 금지하여 지주의 이익을 극대화하기 위한 곡물법을 통과시켰다. 그러자 밀 가격이 오르면 노동자의 임금 인상 요구에 직면하게 되는 산업자본가들이 앞장 서서 폐지를 주장했다. 이후 계속되는 논쟁과 반대 운동이 전개되었고, 결국 영국 의회는 1848년에 곡물법 폐지안을 통과시켰다. 곡물법 폐지는 자유무역 체제를 낳았고, 지주 계층 중심의 보수당과 경쟁 우위를 주장하는 자유당의 양당 정치 체제로 이어졌다. 마르크스도 곡물법 폐지를 자본주의 확산의 결정적 계기로 보고, 《자본론》에서 "곡물법 폐지는 토지 귀족에 대해 산업 자본이 거둔 승리의 마침표다"라고 언급했다.

6) 《맹자》의 〈공손추 상(公孫丑上)〉에 나오는 "공자가 말씀하시기를, 덕이 흘러 퍼져 나가는 것은 파발을 두고 명령을 전달하는 것보다 빠르다 하니(孔子曰 德之流行 速於置郵而傳命)"를 인용한 것이다.

와 관계없이 오로지 무식함과 고루함, 안락함에 안주하는 것이다. 진정
으로 천하의 기운에 응하는 사회주의자라 할 수 있겠는가. 넓은 가르
침의 전파는 그들이 결코 방해할 수 있는 바가 아니라 하더라도, 그들
이 말하는 바는 오히려 문명 국민으로서 일대 치욕이 아닌가. 나는 우
리 국민이 사회주의를 증오하고 박해하기 전에 우선 깊이 연구하고 익
힐 것을 갈망한다.

(〈破壞主義乎亂民乎〉,《萬朝報》1900년 9월 13일)

금전을 폐지하라(사회주의의 이상)

병균이 사람의 혈액에 섞여 점차로 육체를 갉아먹는 것처럼 금전이 세상에서 무한 만능의 세력을 떨치는 한, 세도(世道)는 갈수록 피폐해질 것이다. 풍속은 갈수록 쇠망으로 치달을 것이다. 인심은 갈수록 부패로 향할 것이다. 그리하여 사회는 결국 망하여 멸망에 이르지 않고는 끝나지 않으니, 공창제 폐지를 주장하는 자여, 신사의 타락을 분노하는 자여, 풍속 개량을 부르짖는 자여, 도덕의 왕성함을 촉구하는 자여, 우리들은 오늘날과 같이 한 편의 도덕서를 얻든 한나절의 설교를 듣든, 여전히 금전을 필요로 하는 날에는 여러분의 천 마디 만 마디 교훈도 완전히 무익함을 알 것이다. 누구든 스스로 원해서 천한 기생이 되는 자는 없을 것이다. 누구든 풍속의 개량, 도덕의 왕성함을 바라지 않는 자는 없을 것이다. 그런데도 그렇게 될 수 없는 까닭은 오로지 금전 때문이다. 그러므로 여러분은 열심히 혀를 짓무르게 하고 붓이 닳게 하기보다도 우선 스스로 금전 만능의 힘을 휘두르는 것이 더 나을 것이다. 만약 금전을 가지고 있지 않다면 금전 만능의 힘을 절멸시키는 것이 더 나을 것이다. 다시 말해서 세상에서 금전의 필요를 없애지 않는다면 결코 세상의 도의와 인심을 유지할 수는 없을 것이다.

금전이 없으면 사람은 살 수 없다. 이것이 세상의 실제다. 그렇지만 오늘날의 부패한 사회라 해도 아무도 이것을 정의라 믿지는 않을 것이다. 진리라 믿지는 않을 것이다. 사람은 진실로 금전의 바깥에서 살지 않으면 안 된다. 금전의 바깥에 세력이 있고 명예가 있으며, 권리가 있고 의무가 있다. 거기에 빵과 의복이 있지 않으면 안 된다. 그런데 지금 금전은 실제로 무한 만능의 힘을 지녔다. 진리는 결국 실제로 나타나지 않으면 안 된다. 정의는 결국 실제로 행하지 않으면 안 된다.

시험 삼아 금전이 하루아침에 폐지되었다고 하자. 필요가 완전히 없어졌다고 하자. 사회는 얼마나 고상해질까. 얼마나 평화로워질까. 얼마나 행복해질까. 뇌물, 매수, 매절(買切)은 완전히 흔적을 감출 것이다. 살인강도, 간음은 태반이 줄어들 것이다. 공창제 폐지를 부르짖을 필요가 없다. 풍속 개량을 설파할 필요가 없다. 당장에 이곳이 정토이고 천당이니, 성쇠란 자연의 숫자다. 예로부터 인도, 이집트, 그리스, 로마 문명에서 만약 금전의 존재가 없었다면, 그 수명이 수천 년은 더 유지될 수 있었을 것이라 믿는다.

다만 금전의 세력이 지금과 같은 때에 금전 폐지라는 말을 꺼낸다면, 세상 사람들은 우리를 보고 미쳤다고 할 것이다. 미쳤는가, 정말로 미쳤는가. 세계 도처에 충만한 유럽 최신의 사회주의는 모조리 미쳤을까. 사회주의자는 금전 폐지, 자본의 사유(私有) 절멸을 이상으로 삼았다. 그들은 인간과 사회가 금전 밖에서 살기를 바라기 때문이다. 금전 바깥에 세력, 명예, 권리, 의무가 있기를 바라기 때문이다. 이것이 진리다. 이것이 정의다. 진리와 정의가 과연 실제로 행할 수 있는 것이라고 한다면, 사회주의 실행이 어찌 어렵겠는가. 그렇다, 불가능한 것이 아니라 이루려 하지 않는 것이다.

우리들은 본래 단순한 교환 매개, 가격 표준으로서 금전을 부정하지 않는다. 그 효용을 도량형이나 철도 승차권이나 의사의 처방전 같은 것에 지나지 않게 한다면 그것이 희든 누렇든 둥글든 네모났든, 진구 황후[7]를 옮기든 스가와라노 미치자네[8]를 그리든 추호도 폐지할 필요를 느끼지

----

7) 진구 황후(神功皇后)는 《일본서기》나 《고사기》에 등장하는 전설적 인물이다. 임신한 몸으로 신라를 정벌했다는 점이 특히 강조된다. 1881년에 위조를 방지하기 위해 새로이 발행된 개조 지폐 1엔 권의 초상으로 등장했다. 지폐에 사용된 일본 최초의 여성 도안이었다. 이탈리아인 조각가가 원판을 만들어 서양풍이다.

못한다. 다만, 어쩌겠는가. 금전은 본래의 효용이나 목적 이상으로 무한 만능의 세력을 떨치며 인심을 부패시키고 풍속을 어지럽히고 자유를 파괴하고 평등을 교란하고 사회와 국가를 망하게 하지 않고는 끝나지 않는다. 그러므로 우리들이 금전 폐지를 부르짖는 것은 오늘날의 이른바 '금전'의 의미를 절멸시키는 데 있다. 다시 말해 무한 만능의 힘을 절멸시키는 데 있다.

그런데 금전 폐지는 어떻게 이룰 수 있는가. 오로지 자본의 사적 소유를 금하는 데 있을 뿐이다. 왜냐하면 오늘날 금전이 무한 만능의 힘을 누리는 까닭은 개인이 그것을 생산 자본으로 자유로이 사용하기 때문이다. 보라. 그들은 금전을 자본에 투자한 탓에, 배불리 안락한 생활을 하며 손가락 하나 움직이지 않고 토지, 기계, 노동의 세 요소에서 생산된 부의 대부분을 혼자서 빼앗을 수 있는 것이 아닌가. 그리하여 그들은 빼앗은 부를 가지고 더욱더 자유로이 토지와 노동을 매수하여 끊임없이 생산의 대부분을 빼앗을 수 있는 것이 아닌가. 금전을 생산 자본으로 삼아 자유로이 사용하는 한, 부는 자연스럽게 한 사람의 손에 축적되고 분배는 점점 더 균형을 잃어 빈부 격차가 점점 더 벌어진다. 그리하여 금전에 대한 사회의 욕망이 한층 맹렬해지면, 다시 그만큼 금전의 세력은 커진다. 그리하여 그것이 극에 달하면 '금전'이라는 무한의 세력을 가진 자는 홀로 명예와 권세와 부귀를 독점하여 사회는 완전히 타락해버린다. 이것을 공평하다고 할 수 있는가. 정의라고 할 수 있는가. 하지만 이것이 오늘날의 실상이 아닌가.

더구나 금전은 직접적으로 생산 자본을 의미하는 것이 아니라, 단지 토지, 기계, 물품의 가격 표시에 지나지 않는다. 토지나 생산 기계를 사

---

8) **스가와라노 미치자네**(菅原道眞, 845~903) 헤이안(平安) 시대에 학자로 유명했던 귀족 정치가. 사후에 학문의 신으로 숭상되었는데, 메이지 시대에는 황실의 충신이었다는 점이 강조되어 1888년부터 5엔 권 등의 지폐 도안으로 사용되었다.

회 공공의 소유로 옮겨 만인이 똑같이 생산에 종사한다면 금전은 단지 생산된 물품의 분배에 필요한 매개 표준에 지나지 않으며, 그 효용은 도량형에 지나지 않는다. 승차표에 지나지 않는다. 의사의 처방전에 지나지 않는다. 어찌 오늘날과 같은 세력과 해독이 있을 수 있겠는가.

무릇 이 세상에 태어나서 일하지 않는 자는 먹을 수 없다. 이것은 천지의 가장 중요한 법이다. 지금 금전으로 자유롭게 토지와 기계와 노동을 매수하게 하기 때문에, 다시 말해 개인으로 하여금 금전을 생산 자본으로 자유로이 사용하게 하기 때문에 금전을 가진 자는 모두 무위도식한다. 단지 무위도식할 뿐만 아니라 나아가 타인의 의식주 대부분을 빼앗아 낭비하고 있지 않은가. 이것은 석가가 크게 개탄하고, 예수가 통분한 일이다. 그런데도 그들은 아직 자본 사유의 금지에 생각이 미치지 못했다. 그들이 이것을 단행하지 못할 만큼 오늘날의 세상이 말세는 아님을 믿는다.

그렇다. 우리들은 다시 한 번 말한다. 금전 무한 만능의 힘을 절멸시켜 사회의 타락을 구하고자 한다면, 마땅히 신속히 오늘날의 경제 제도를 개혁하여 생산 자본을 사회 공동의 소유로 옮겨야 한다. 이것을 사회주의적 개조라고 하며 근대 사회주의자는 이것을 유일한 이상으로 삼는다.

천하에 인심을 밝히고 세상의 도의를 유지하고자 하는 자는 어찌 구구히 지엽적 논의를 그만두고 우선 사회주의의 실행에 힘쓰지 않는가. 이것이 여러분이 그 목적을 달성하는 가장 빠른 지름길이다. 아아, 19세기는 자유주의 시대였다. 20세기는 장차 사회주의 시대가 되려고 한다. 천하의 유망한 자들은 다만 이 새로운 기운을 뚫어 볼 필요가 있다.

(〈金錢廢止の理想〉·〈金錢廢止の方法〉,《萬朝報》1900년 2월 9일 · 22일)

위장(胃腸)의 문제(사회주의가 시급하다)

아아, 어리석은 교육자여. 세상 물정에 어두운 종교인이여. 우둔한 정치가여. 그대들은 날마다 신문 3면 기사를 읽고 있는가. 그대들이 전심전력으로 목청을 쉬게 하고 심기를 소모하며 열심히 윤리를 풀이하고 도덕을 설파하고 치국평천하를 강구하는데도, 한편에서 얼마나 우리나라 사회 질서가 문란하고 풍속이 타락하고 사기, 분쟁, 뇌물, 간음, 도적, 살인 기타 모든 부덕한 죄악이 한 치의 거리낌도 없이 갈수록 유행하고 있는지를 생각하면, 그대들은 자신들의 설득력 있는 설법, 고상한 교훈, 세심한 제도의 효과가 미미한 것에 어이가 없을 것이다. 실망할 수밖에 없을 것이다.

그대들의 배움이 얕은 것이 아니다. 그대들의 앎이 적은 것이 아니다. 그대들의 열성이 부족한 것이 아니다. 그런데도 효과가 없는 것은, 마치 떨어지는 물방울로 수레에 실린 장작에 붙은 불을 끄려고 하는 것과 같은데, 그토록 사회의 타락이 심한 까닭은 과연 무엇인가. 그대들은 이 사태를 이해할 수 있는가.

인간이 빵만으로 사는 것은 아니다. 하지만 또한 하루라도 빵 없이는 살 수 없다. 학생에게 생활을 위해 배우지 말라고 할 것인가. 시인에게 생활을 위해 시를 쓰지 말라고 할 것인가. 상인에게 허위 광고로 세상 사람들을 속이지 말라고 할 것인가. 이것은 바로 그들에게 자살을 강요하는 것이 아닌가. 자살을 강요하는 종교나 교육에 과연 누가 귀를 기울일 수 있겠는가. 사람이 첩이 되는 것도 먹기 위해서다. 정치 활동가(壯士)[9]가 투표를 사는 것도 먹기 위해서다. 의원이 절개를 파는 것도 먹기 위해서다. 이것을 금하고자 한다면 따로 먹는 길을 부여하지 않으면 안 된다. 인생에서 과연 먹지 않고 덕의(德義)나 인도(人道)가 있을 수 있겠는가. 어차피 인생의 첫 번째 의미는 위장의 문제다. 이 문제를 먼저 해결하지 않는 한 만사 만물은 여전히 혼돈 속에 있을 것이다. 공자가 일컫기를 백성을 부유하게 한 뒤에 가르치라고 했는데,[10] 이것이 바로 그 의미다.

지금 우리 국민의 위장 문제는 과연 완전하고 정당하게 해석되었다고 할 수 있는가. 다시 말해 우리 동포는 완전하고 정당하게 먹고 있는가.

예쁜 옷을 걸치고 맛있는 음식을 먹는 것은 항상 소비자지 생산자가 아니다. 일거에 수천만의 부를 얻는 것은 항상 투기꾼이지 생산자는 아니다. 일개 정당이 토지세를 늘리거나 우편선 회사를 보호하여 수십만 금을 취득하는 반면, 수만 명의 노동자는 해마다 조세 체납 때문에 경매 처분을 당하는 것이 보이지 않는가. 정당한 육체 노동으로 1센을 얻거나 또는 얻지 못하는 동안에, 부정한 사업을 하는 자는 100금을 얻는다. 많이 정직할수록 그만큼 많이 가난하고, 많이 간계할수록 그만큼 부유해지는 것을 보면 누가 함께 이쪽으로 향하지 않겠는가. 그리하여 부의 분배가 갈수록 부정해지고 생존 경쟁은 갈수록 치열해져서 신문 3면을 부덕과 죄악으로 채우게 되는데, 이것이 오늘날 우리나라의 실상이 아니겠는가.

이것을 구하는 길이 명확하지 않다면 수백 가지 교훈이나 제도도 결

....

9) 자유민권운동기의 활동가를 일컫는다.

10) 《논어》〈자로(子路)〉편에 나오는 이야기다. "공자가 위나라 땅을 지나갈 때 염유가 수행했다. 공자가 '백성이 많구나!' 하고 말하자, 염유가 '백성이 이미 많으면 뭘 해야 할까요?' 하고 물었다. 그러자 '백성을 부유하게 해주어라' 하고 대답하자, 염유가 또 '이미 부유해지면 뭘 할까요?' 하고 묻자, 공자가 '백성을 가르쳐라' 하고 말했다"(子適衛 有僕 子曰 庶矣哉 有曰 旣庶矣 又何加焉 曰富之 曰旣富矣 又何加焉 曰教之)를 인용한 것이다.

국 무익하고 어리석은 임시변통일 뿐이다. 그런데 지금 우리 국민의 위장 문제를 해석하려는 시도가 이처럼 의롭지 못하고 부정하고 불완전한 것은 무엇 때문일까. 우리는 단연코 이것은 개인주의적 제도의 폐단이자 자유 경쟁으로 발생하는 해독의 탓이라고 주장한다.

　개인의 경쟁은 사회 진보의 원천이라고 한다. 어떤 점에서 보면 우리도 그것을 의심하지 않는다. 하지만 인간은 교섭하는 동물이다. 경쟁이 있음과 동시에 통일이 없으면 안 되며, 한 개인이 스스로 살 권리가 있음과 동시에 다른 개인을 살릴 의무 또한 있다. 만약 경쟁이 있는데 조화가 없고, 차별이 있는데 통일이 없이 자신만 생존하고 다른 생존을 돌아보지 않게 된다면, 개인이 진실로 성장할 수 있을 것인가? 적자(適者)는 진실로 번영할 수 있을 것인가? 아니, 경쟁 또 경쟁의 끝에 적자는 더 고등한 적자에게 눌리고 우자(優者)는 더 고등한 우자에게 꺾여서, 단지 가장 고등한 우자, 적자만을 남길 뿐이고 다른 수천만은 모조리 타락하고 모조리 쇠망하지 않으면 안 될 것이다. 이것이 어찌 인간사회, 문명 진보의 목적이겠는가. 아니, 수천만의 타락과 쇠망의 끝에는 가장 고등한 우자, 적자도 스스로 서지 못한다는 것이 필연의 이치다. 현 사회의 추세는 바로 이와 같은 과정에 있지 않은가.

　과학이 진보함에 따라 사회의 생산력과 생산물이 얼마나 놀라운 비율로 증가하고 있는지는 이미 우리들이 두 번 말할 필요도 없다. 그러나 여전히 한편에서 세상이 갈수록 각박해져서 인간은 오로지 생활의 경쟁에 분주한 나머지 위장 이외에는 아무것도 생각할 수 없고 아무것도 이룰 수 없게 되었다. 이것은 매우 이상한 일처럼 보이지만, 자세히 검토하면 그 원인은 자유 경쟁 제도가 경제계를 무조직과 무정부 상태로 빠뜨린 데서 기인하지 않은 것이 없다. 봉건 세계에서는 개인의 진보가 없었다고 해도 만인의 안심은 있었다. 개인의 자유가 없었다고 해도 만인의 통일이 있었다. 위장의 문제는 정당하고 비교적 완전하게 해석되었다. 그래서 무사도도 있었고 명예도 있었고 도덕도 있었고 신용도 있었다. 그런데 지금의 자유 진보의 세상은 위장 이외에 아무것도 없지 않은가.

개인 경쟁이 경제 사회에 끼치는 폐해는 우리가 일일이 상세하게 서술할 여유가 없지만, 부의 분배가 불평등하고 또한 매우 의롭지 못하고 부정하게 이뤄지는 것이 첫 번째다. 빈부 격차가 갈수록 심해져서 생산이 낭비되는 것이 두 번째다. 운수 교통 기관 등의 독점적 사업이 경쟁에 휘말려 결국 한 개인이나 한 회사에 합병되는 것이 세 번째다. 광고 경쟁과 상업적 여행이 거액의 부를 낭비할 뿐만 아니라 고객을 기만하는 해독이 네 번째다. 생산이 항상 과잉되거나 부족하여 수요 공급이 자주 균형을 잃는 것이 다섯 번째다. 그리하여 그 결과란 공업이 위기에 처하고 공황이 발생하며 물가의 고저가 일정치 않고 결핍, 기아, 악덕이 초래되는 것이 여섯 번째다. 이리하여 경제계는 완전히 무정부 상태에 빠지는 것이다.

그렇다. 무정부다. 간계와 폭력의 경쟁에 일임한다. 오로지 우승열패, 약육강식의 결과에 일임한다. 이때에 자본가의 횡포를 탓하지 말라. 그가 횡포하지 않으면 다른 자본가에게 눌리는 것이다. 금전이 없는 자는 명예가 없다. 심한 경우에는 의식주도 없다. 그리하여 금전이 자유 경쟁, 부정 불의의 경쟁에 일임된다면, 누가 질서의 문란이나 풍속의 타락을 이상하게 생각하겠는가. 우리는 굳이 교육이나 종교를 폄하하는 것이 아니다. 하지만 금전이 없으면 교육의 혜택을 입을 수 없는 제도라면, 금전이 없으면 종교를 받들 수 없는 조직이라면, 결국 보급이나 감화의 성과를 볼 수 없는 것을 어찌겠는가. 그러므로 우리는 우선 만민의 위장을 만족시키는 것이 곧 교육과 종교가 번창하는 길이라고 생각한다.

경쟁으로 생기는 폐해는 조화를 통해서 구제하지 않으면 안 되고 차

별로 인해 생기는 해독은 평등을 통해서 구제하지 않으면 안 되며, 개인주의가 혼란하게 만든 세계는 사회주의를 통해 바로잡지 않으면 안 된다. 셰플레[11)는 사회주의는 명백히 위장의 문제라고 했다. 에드먼드 켈리[12)는 사회주의는 근검절약 위주의 생산과 공정한 분배 문제를 해결해주는 실질적 기획이라고 했다. 그렇다. 우리 국민의 위장 문제를 정당하고 또한 완전하게 해결하는 것은 오로지 사회주의를 기다리지 않으면 안 된다.

〈〈胃腑の問題(社會主義の急要)〉,《萬朝報》1900년 9월 18일~20일)

---

11) **셰플레(Albert Schäffle, 1831~1903)** 독일의 사회학자, 경제학자. 강단사회학파로 분류된다. 저서로 《사회체의 구조와 생활》, 《사회주의 신수》 등이 있다.

12) **켈리(Edmond Kelly, ?~1909)** 아일랜드계 미국인으로서 컬럼비아 대학 교수와 변호사를 지냈다. 초기에 스펜서의 진화론에 관심을 가졌지만 점차 회의를 느끼기 시작하여, 기독교적 가치와 재분배의 욕구를 조합해 마르크스주의와 근본적으로 다른 기독교 사회주의를 체계화했다. 미국사회당 당원이기도 했다. 대표작으로 《Government, or Human Evolution》(1900), 《Twentieth Century Socialism : what it is not; what it is; how it may come》(1910) 등이 있다.

최근의 노동 문제(사회주의의 적용)

최근 노동 문제를 논의하거나 운동하는 사람들 사이에서 사회주의를 비난하고 공격하는 목소리가 점차 높아지고 있다. 만약 이런 종류의 속설이 사회에서 세력을 얻기 시작한다면, 비단 사랑스러운 우리 노동자 여러분의 앞길을 크게 그르칠 뿐만 아니라, 나아가 우리나라의 각종 사회 문제, 특히 노동 문제의 앞길을 막고 갈수록 곤란과 분규 속으로 빠뜨려 오래도록 해결을 볼 기회가 없을 것이다. 천하 민생의 불행 가운데 이보다 더한 것이 있을까. 지금 이 속설들을 완전히 배척하고 우리 노동자 여러분을 위하여 외길의 불기둥(fire pillar)을 밝히는 것이 우리들의 시급한 책임임을 믿는다.

예전에 활판공 동지 간화회[13] 회보에 게재된 구와타(桑田) 모 씨의 〈노동자와 자본의 관계〉라는 제목의 연설을 읽었다. 이 연설 같은 것이 이 속설을 고무하는 것 가운데 하나다. 그는 "장래의 노동 문제 해결은 노동자와 자본가가 친밀하고 온화한 관계를 유지하는 데 있으며, 세상에 잔인하고 각박한 자본가가 없지는 않지만, 그것은 그 사람의 죄이지 자본가 전체의 죄는 아니다. 그것으로 자본가 전체의 박멸을 주장하는

....
13) **활판공 동지 간화회(活版工同志懇話會)** 1898년 2월 도쿄 후카가와(深川)의 도쿄인쇄 회사 직공을 중심으로 결성되었으나, 발기자가 해고되고 파업도 실패로 끝나면서 해체되고 말았다. 하지만 같은 해 8월에 같은 이름의 모임이 도쿄에서 재건되어 9월에 《회보》1호를 발행했다. 모임은 '완성된 활판공 조합의 결성'을 목적으로 '자본과 노동의 조화'를 표방했다. 회원이 늘면서 1899년 6월에 마이니치신문사(每日新聞社) 사장이 회장으로 취임하고, 같은 날 활판공조합(活版工組合)이라는 이름으로 재발족했다. 노자협조주의에 선 이 조합은, 활판인쇄업조합의 찬성을 얻어 2퍼센트의 잔업 수당 등을 규약에 명기했다. 하지만 사용자 측이 약속을 지키지 않아 1900년 5월에 해산되었다.

것은 부당하다. 단지 부당할 뿐만 아니라 도저히 실행해서는 안 되는 일이다"라고 했다. 자본가와 노동자 사이가 만약 온화하고 친밀할 수 있다면 정말 바람직하다. 사회주의자라고 해도 어찌 감히 이견이 있겠는가. 하지만 현 제도 아래 있으면서 과연 언젠가 그 목적을 달성할 수 있을까. 이론보다 증거라고, 양자 사이는 작년보다는 올해에, 어제보다는 오늘 시시각각으로 분열과 충돌이 늘어나고 있지 않은가. 분열과 충돌을 불러온 이유가 과연 무엇인지를 보라. 속설론자는 이것을 단지 노동자의 지식과 패기 부족에 돌리고 있다. 어쩌면 그럴 것이다. 하지만 노동자에게 지식과 패기가 부족한 것은 과연 무엇 때문인가. 그 이유는 주로 자본가의 횡포와 빈부 격차에 있지 않은가. 또한 자본가의 횡포와 빈부 격차는 과연 무엇 때문인가. 이것은 주로 현 자유 경쟁 제도의 폐단에 있지 않은가. 뿌리가 어지러운데 끝이 다스려질 리가 없다. 자유 경쟁의 조직이 폐단을 심화하는 동안은 양자의 친목과 조화가 어찌 쉽겠는가. 사회주의자가 자유 경쟁 제도를 사회주의 조직으로 대치하려고 하는 이유가 여기에 있다. 하지만 속설론자는 노동자에게 오로지 자본가와 친목하는 것이 최고의 책략이라 주장한다. 얼마나 잘못된 주장인가.

사회주의자라 하더라도 자본가 전체를 죄인으로 보지는 않는다. 자본가는 모조리 잔인하고 각박한 사람이라고 믿지도 않는다. 하지만 지금의 자유 경쟁이 결국 자본가를 저도 모르게 각박하고 잔인하게 만드는 것을 어쩌겠는가. 무릇 자유 경쟁은 비단 노동자를 괴롭힐 뿐만 아니라, 자본가도 거의 견디지 못하게 한다. 아무리 속설론자가 조화를 주장하든 친목을 주장하든, 그들은 도저히 싸우지 않을 수 없다. 겨루지 않을 수 없다. 다투지 않을 수 없다. 한 편은 항상 누르려고 한다. 한 편은 항상 저항하려고 한다. 설령 잠시 양자가 조화를 이룬 것 같은 느낌이 들더라도, 이것은 결코 진정한 조화가 아니라, 운 좋게도 마침 항거의 힘이 압제의 힘에 맞먹을 수 있었기 때문일 뿐이다. 이것이 어찌 영속적이겠는가. 그러므로 잘 보라. 노동자가 조합을 만들면 자본가는 트러스트를 만든다. 노동자가 동맹 파업을 하면 자본가는 블랙 리스트를 만든다. 그리하여 이 싸움은 지금과 같은 약육강식의 세상에서는 항상 노동자에게 불리하고 자본가의 이익으로 돌아가는 것이 아닌가. 사회주의자도 마찬가지로 자본과 노동의 상부상조의 필요성을 안다. 하지만 오로지 자본가와 노동자의 친목으로 자본과 노동이 조화를 이룬다는 것은 망령된 오류의 극치다. 아니, 자본가와 노동자의 영원한 친목은 결코 바랄 수 없는 일이다. 저 속설론자가 오늘날 이러한 친목을 유일한 목적으로 삼는 것은 우리 노동자 여러분을 영구 노예의 처지에 만족시키려는 것이다. 무턱대고 자본가, 고용주의 배를 살찌우려는 것이다.

그렇다. 자유 경쟁 제도는 자본가, 노동자 모두에게 도저히 견딜 수 없는 것이다. 우리나라가 아직은 폐단이 서구 여러 나라처럼 심해지지 않았기 때문에 '노동자 자본가 친목론'을 한가로이 고취할 여지가 있어도 서구의 전철은 이미 눈앞에 있다. 최근에 우리나라 방적업자가 일종의 트러스트 조성을 기도한 것 등은 이미 이러한 폐단에 말려들려고 하는 조짐이 아닌가. 자본가 절멸을 목적으로 한다고 사회주의자를 함부로 중상하지 말라. 자유 경쟁 제도를 사회주의적 제도로 고치는 것은 노동자를 살릴 뿐만 아니라, 자본가도 살리기 위함임을 알라. 사회주의자는 일시동인(一視同仁)이다. 전심을 다하여 자본과 노동의 조화를 바란다. 하지만 자본가와 노동자의 친목은 해서는 안 되는 것임을 안다. 저 속설론자라 해도 이것을 모르지 않는다. 실제로 구와타 모 씨는 연설에서 또한 "주식회사에서 주주는 오로지 이익 배당이 많기를 바란다. 관리자도 되도록 이익 배당을 많게 해서 주주의 환심을 사기를 바라기 때문에, 이들에게 직공을 보호하고 너그럽게 대할 것을 바라는 것은 도저히 실행될 수 없다"고 말한다. 이것은 명백히 친목을 바라기가 어렵다는 것을 증명하는 것이 아닌가. 속설론자의 자가당착적 논리가 아닌가. 그렇다. 자본가 전체는 잔인하고 각박하지 않다고 해도 그들은 결코 기꺼이 이익을 나누는 사람들이 아니다. 그러므로 노동자의 눈으로 보면, 아니 사회 민생의 눈으로 보더라도, 자본은 정말로 필요하지만 자본가는 결코 필요하지 않다. 이렇게 말한다고 해서 사회주의자가 일시에 급격한 변혁으로 천하의 자본가를 모조리 절멸해야 한다는 것은 결코 아니다. 이것을 바로 지금 곧바로 실행해야 한다고 주장하는 것도 아니다. 사회주의자를 이와 같은 폭도로 여겨 배척하고 비난하는데 열중하는 것은 중상도 너무 지나친 중상이다. 하물며 오늘날 자본가가 노동자를 보호하고 가까이할 희망이 도저히 없음을 알면서도 오로지 노동자들을 향해 온화와 친밀을 설파하는 것은 모순당착의 끝이 아니겠는가.

속설론자여, 자본과 자본가는 다르다는 것을 명심하라. 사회주의자는 감히 자본가의 절멸을 바라지 않는다고 해도, 자본과 노동의 진정한 조화를 위해서는 자본을 사회의 공유로 할 것을 주장하지 않을 수 없다. 그 결과로서 개인인 자본가의 부정한 폭리를 줄이는 것이 어찌 불가능하겠는가. 예전에 사민 평등을 위하여 봉건 군주의 영토를 봉환시켰던 것을 보라.[14] 이것이 부당한 처사가 아니라고 한다면, 어찌 유독 자본가의 폭리를 줄이는 것을 부당하다고 하겠는가. 이렇게 되면 자본가는 노동자를 약탈할 수 없을 뿐만 아니라, 자기보다 큰 자본가에게 약탈당하지 않을 것이다. 노동자를 살리는 동시에 자본가를 살리는 것

---

14) 1869년 사쓰마 번, 조슈 번 등이 주창하여 전국의 각 번이 판(版=토지)과 적(籍=인민)을 조정에 반납한 판적봉환(版籍奉還)을 말한다. 번주의 봉건적 특권은 이전과 거의 다르지 않았지만, 신분상으로는 지번사(知藩事)라고 하여 천황이 임명하는 관리가 되었다.

이다. 사회주의는 박애다. 일시동인이다. 속설론자의 희망처럼 하나를 괴롭혀서 다른 하나를 이롭게 하는 것이 아니다.

　속설론자라 해도 지금의 경제 조직의 폐단을 인정하지 않는 것은 아니다. 아니, 그것을 인정하기 때문에 예의 '자본가 노동자 친목론'을 떠들어대기도 하는 것이다. 하지만 미덥지 않은 현재 조직을 개조하여 자본과 노동의 완전한 조화를 목적으로 하는 사회주의를 비난하고 배척하기에 진력하는 것은 스스로를 너무 심하게 기만하는 것이라 할 수 있다. 그들은 "사회주의는 실행할 수 없는 탁상공론이며 동맹 파업을 목적으로 삼는 것"이라고 한다.

　사회주의는 과연 실행할 수 없는가. 우편, 전신, 철도, 삼림의 국유는 모두 사회주의의 실행이 아닌가. 전신, 가스, 시가철도 같은 것이 시영(市營)인 것이 사유인 것에 비해 훨씬 편리하고 저렴하다는 것은 서구의 여러 도시가 이미 실험하지 않았는가. 글래스고 같은 곳은 시가 나서서 값싼 임대주택을 건축하여 노동자에게 빌려주지 않았는가. 만약 사회주의자가 일거에 천하의 자본을 모조리 국가로 몰수하고 모든 공업을 모조리 중앙정부에 위임하라고 주장한다면, 이것은 진정 실행하기 어려운 탁상공론일 것이다. 하지만 걱정을 멈추라. 사회주의는 결코 이와 같이 과격하고 난폭하지 않다. 사회주의자는 오로지 중앙정부의 만능을 믿는 사람이 아니다. 국가의 무한한 권력을 숭배하는 사람이 아니다.

　영국 페이비언협회(Fabian Society)의 노동자 정치 강령 중에 "우리는 시회(市會)나 군회(郡會)가 공업 생산의 각 부에 관계할 세력을 갖기를 바란다"고 하는 구절이 있다. 또한 "우리의 금전을 둘 곳을 중앙정부의 금고 이외에 찾을 수 없는 한은, 토지를 국유로 한들 무슨 이익이 있겠는가. 중앙정부는 다만 재산을 화약 등의 외교적 손상에 소비할 줄만 알 뿐이다. 의회는 지방의 공업 생산의 곤란함이나 실업 노동자를 구제하지는 않는다"고 한다. 그렇다. 작게는 일개 정촌(町村)의 사업에서 크게는 일개 현(縣)이나 도부(都府), 한 나라의 사업까지 각각의 편의에 따라 점차 자본을 사회 인민 모두의 손에 집중해 생산의 이익을 공평하게 분배한다. 이것이 사회주의의 주장이다. 도쿄 마차철도[15]가 영원히 사유로 남아야 할 이유는 없다. 시가철도는 결코 영원히 증권 중개업자의 먹이가 되어야 할 이유가 없다. 이것을 공유로 하여 만민이 공평히 이익의 배당을 받는 것이 어찌 실행하기 어려운 일이겠는가. 다만 땅과 때와 사정에 따라 다소 시일의 길고 짧음과 성과의 완성도를 달리할 뿐이다.

하물며 사회주의자가 동맹 파업을 목적으로 삼는다고 주장하는 것은 무슨 견강부회인가. 속설론자가 숭배하는 자본가 가운데 때로 잔인하고 각박한 사람이 있듯이, 사회주의자 가운데 또는 엄청난 억압과 박해 탓으로 난폭하고 과격한 행동을 불사하는 사람이 있을 것이다. 그렇지만 그 때문에 사회주의를 배격해야 한다고 한다면, 유신 이전의 근왕론자는 모조리 난적이 아닌가. 오히려 웃음을 참을 수 없다. 아마도 그렇다. 세상에 만약 실행하기 힘든 탁상공론이 있다면, 그것은 사회주의자의 논의가 아니라, 오히려 속설론자가 주장하는, 지금의 경제 조직의 범위 내에서 노동자의 지위를 개선하려고 하는 논의임을 알라.

요컨대 우리나라 노동 문제의 귀착은 비단 시간 단축을 탄원하는 것만도 아니고, 임금 증가를 탄원하는 것만도 아니다. 오히려 노동자가 정당한 지위와 권력을 보유하고 생산에 대한 공평한 분배를 얻는 것을 궁극적 목표로 삼지 않으면 안 된다. 그런데 이것은 지금의 경제 조직에서는 도저히 바랄 수 없는 일이며, 반드시 사회주의적 이상의 실행을

15) **마차철도** 말이 선로 위를 달리는 수레를 끄는 철도로 19세기에 영국에서 등장했다. 일본에서는 1882년에 최초로 운행을 개시하여 전국으로 퍼졌다. 전차가 등장하자 급속히 쇠퇴하여 1903년에 '도쿄 전차철도'가 되었다.

기다리지 않으면 안 된다. 노동자로 하여금 자본을 공유케 하지 않으면 안 된다. 적어도 우선 공공사업에 참여할 권리를 갖게 하는 방법을 찾지 않으면 안 된다. 보통선거 시행과 같은 것은 특히 시급한 사안에 속한다.

아아, 우리나라 노동 문제를 해결하는 데에는 오로지 사회주의가 있을 뿐이다. 노동자 여러분을 살리는 것은 오로지 사회주의가 있을 뿐이다. 속설에 속지 말라.

(〈近時の勞働問題(社會主義の適用)〉,《萬朝報》1899년 10월 3일~4일)

제국주의의 쇠운

사회주의를 혐오하는 자여. 눈을 크게 뜨고 세계의 대세를 보라. 사회주의는 명백히 20세기의 위대한 이념이자 위대한 이상이 아닌가. 무릇 지금의 세계를 지배하는 것이 제국주의와 군국주의라는 것은 우리들도 의심하지 않는다. 하지만 제국주의와 군국주의의 해악은 이제 거의 절정에 달했다. 유럽 각국이 민력과 국력을 다하여 새 영토 경영과 군비 확장에 급급한 결과는 곧 인민 다수의 곤란과 기아, 죄악뿐이다. 우리는 이미 독일과 러시아 두 나라의 실상을 통해 분명한 예증을 볼 수 있었다.

비전쟁론자로 유명한 장 드 블록[16]은 일전의 《평론의 평론》 지상에서 〈독일의 무장을 통한 평화〉라는 제목으로 그 위험성을 논했는데, 독일은 결코 전쟁을 할 수 없는 상황에 놓여 있다. 그들은 농업국에서 공업국으로 변한 뒤로 거액의 식량을 해외에서 수입해 왔다. 만약 그들이 4백만 명의 병사를 징집한다면 당장 내지에서 9백만 톤의 식량 생산력을 잃을 것이다. 게다가 공업은 전쟁 중에는 원료 공급 길이 완전히 끊길 것이다. 그런데 현재 독일 무역은 2천만 명을 먹이고 있다. 상공업이 한번 위축되면 그들은 어떻게 먹고살 수 있겠느냐고 했다. 블록은

---

16) 블록(Jean de Bloch, 1836~1902) 러시아 이름은 이반 블로흐(Ivan Stanislavovic Bloch). 폴란드 출신 유대계 은행가이자 철도 사업가로서 러시아제국에서 철도왕이 된 인물이다. 철도 경영, 재정학, 지방 경영 등에 관한 저서를 다수 남겼다. 또한 1870년 프로이센-프랑스전쟁에서 프로이센이 압도적으로 승리한 데 영향을 받아 산업혁명 이후의 전쟁도 연구하여 외교 문제 해결의 수단으로서 전쟁은 이제 쇠퇴할 것이라는 중요한 저작을 남겼다. 전 6권에 달하는 대표작 《전쟁의 미래》는 1898년 파리에서 출판되었다.

또한 "독일의 상업적 위치는 점차 비운으로 치닫는다. 그들은 염가에 염가를 거듭하여 상품을 팔고 있다. 또한 빈번히 외국 시장을 찾고 있지만 침체에서 도저히 벗어날 가망이 없다. 지금 구제 방책은 오로지 군비 감축 하나뿐이다. 이것이 아니면 독일은 과거와 같은 전성기는 다시 누리지 못할 것이다. 보라, 시장이 정말로 부담을 견딜 수 있겠는가. 어찌 의화단 운동 때 출병 비용을 대기 위해 미국에서 외채를 모집할 필요가 있겠느냐"고 했다.

블록은 나아가 프로이센-프랑스전쟁 이래로 독일의 전시 저항력은 70퍼센트가 줄었다고 단언하고 독일 국민의 번영은 한갓 환상에 지나지 않는다고 갈파하며 아래의 통계를 제시했다.

인구의 45퍼센트	1년 수입	197마르크 이하
인구의 40퍼센트	1년 수입	276마르크 이하
인구의 5퍼센트	1년 수입	896마르크 이하
인구의 1퍼센트	1년 수입	2,781마르크 이하

블록의 말이 과연 정곡을 찔렀다고 한다면 빈약함이 오히려 놀랄 만하지 않은가. 하지만 이것은 이상하게 여길 일이 아니다. 블록이 일컫는 유일한 구제책인 군비 감축을 하지 않은 채 상공업 이익이 완전히 군비와 식민지 확장으로 흡수되는 동안 다수 인민은 갈수록 빈곤으로 떨어지고 생존을 위한 싸움은 갈수록 격심해질 것이다. 그렇다. 실제로 작년 통계에 따르면 이 나라에서 1년간 자살자가 거의 8천 명에 이르는데, 전반적인 생활의 타락, 악덕과 비관이 원인이라고 한다. 무릇 그들이 중국에서, 남아프리카에서, 사모아에서 많은 이익과 영광을 얻은 결과는, 이와 같이 사회 조직을 거의 뿌리에서부터 위험에 빠뜨리고 있다. 인민은 결코 위험한 상태를 오래 견딜 수 없을 것이다.

그러므로 저들의 제국주의는 평화에 의해서든 혁명에 의해서든 어느 쪽이든 머지않아 바로 묘지에 묻히려고 한다는 것을 우리들은 믿는다.

러시아는 위험성이 이보다 더욱더 심하다. 러시아 예산이 결코 신뢰할 만한 것이 아님은 세상 사람들이 다 안다. 최근에 도착한 《격주평론》에 실린 어떤 글은 파울스의 《기아의 러시아》라는 책[17]을 인용하여 일컫기를, 1887년 1월부터 1899년 1월에 이르는 12년간 러시아 공채는 43억 루블에서 61억 루블로 증가했다. 하지만 이 17억의 공채 수입 중에 철도 등 생산 사업에 투자한 것은 12억이고 나머지는 모조리 세수 부족을 보충했다고 한다. 그리하여 무턱대고 영토를 팽창하고 군비를 확충한 결과는 한편에서 민간의 극심한 피폐를 낳음과 동시에, 다른 한편에서 철도 등의 사업은 아직 수익을 얻지 못하고 있다. 현재의 외채 원리금 상환과 세수 보충을 위해서는 또다시 외자를 투입하지 않으면 안 된다. 만약 외자 투입 방법이 없다면 내국의 모든 정화(正貨)를 수출하지 않으면 안 된다. 정부 재산은 이제 매우 위험한 상황에 처했을 뿐만 아니라, 각지의 상공업이 위축됨에 따라 하층 인민의 불만은 갈수록 증가하여 정말로 일대 혁명의 조짐을 드러냈다. 그렇다면 그들이 여전히 군비주의, 제국 팽창주의로 나아가고자 한다면, 뒤를 잇는 것은 파산이냐 혁명이냐 양자택일밖에 없다. 이것이 러시아 위정자가 현재 가장 고심하는 문제다. 그러므로 러시아도 머지않아 제국주의를 버리고 나아가 일종의 새 이념을 구하지 않을 수 없는 운명과 마주칠 것임을 우리들은 믿는다. 비단 독일과 러시아 두 나라뿐만 아니라 이탈리아도 그렇고 프랑스도 그렇고 미국도 그렇고 영국도 그렇다. 제국주의는 지금 사회 다수의 곤란과 기아, 죄악을 증가시키고 사회 조직을

----

17) 원전 불명. W. Barnes Steveni의 《Through Famine-stricken Russia》(S. Low, Marston & Co., 1892)는 당시 러시아의 기아 문제를 다룬 유명한 기행문이다. '파울스'는 '반즈(Barnes)'를 잘못 표기한 것일 수도 있으나 확실하지 않다.

위험에 빠뜨리고 있다. 군인, 자본가, 정치가는 자기의 헛된 명성과 이익 때문에 그것을 견딜 수 있을 것이다. 하지만 다수 인민은 이 상태를 견딜 수 없으며, 나아가 사회 구제의 위대한 이념과 위대한 이상을 외치기에 이를 것이다. 그리하여 제국주의가 쓰러지면 세계를 지배하는 위대한 이념과 위대한 이상은 바로 사회주의가 아니고 무엇이겠는가.

생각해보라. 제국주의가 다수 인민을 곤란과 기아, 죄악에 빠뜨리는 까닭은 빈부 격차를 심화하고 생존을 위한 싸움을 혹독하게 만들기 때문이다. 그러므로 사회주의의 목적은 우선 빈부 격차를 제거하는 것이 아니겠는가. 그렇다. 빈부 격차를 제거하고자 한다면, 사회주의자가 주장하듯이, 모든 생산수단을 공유로 하고 만인을 균등하게 노동자가 되게 하여, 생산 분배를 공평하게 하는 것 이외에 결코 방법이 없다. 에밀 졸라는 탄식하며 "아아, 이것은 세상을 구할 경이로운 교의다(wonderful doctrine)"라고 말했다. 그렇다. 사회주의는 세상을 구할 위대한 이념이다. 이것은 공상이 아니라 현재의 문제다. 이것은 과격한 것이 아니라 시급한 문제다. 지금 서구의 어질고 의로운 지사는 우선 이에 따라 사회의 개혁 구제를 수행하기 위해 착실히 보무를 내딛어, 그 세력은 제국주의의 해독이 늘어남과 동시에 증대하고 있다. 우리나라 사회주의를 혐오하는 우매한 무리는 마땅히 눈을 크게 뜨고 보라.

독일에서는 비스마르크가 잔혹한 진압을 시도했는데도 점차 당원이 증가하여 지금 제국의회에 58명의 의원이 있지 않은가. 프랑스는 사회당 지도자 밀랑[18]이 내각에 들어갔을 뿐만 아니라, 의회에 47명의 의원이 있지 않은가. 영국의 사회당은 13명의 의원이 있으며 벨기에의

18) **밀랑(Alexandre Millerand, 1859~1943)** 법률가, 저널리스트. 1885년 사회당 소속으로 하원에 진출했다. 1899년 발데크 루소 정부에 상업장관으로 참여했는데, 이때 로자 룩셈부르크 등의 반대에 직면했다. 밀랑은 갈수록 우경화해 1914년에는 제국주의 전쟁을 지지한 공화파 국민연합을 결성했다. 그는 1920년 1월에 공의회 대표로 조르주 클레망소의 후임이 되어 프랑스공화국 대통령에 선출되었다(1920년 9월).

사회당은 35명의 의원이 있다. 그리하여 유럽 전체의 사회당 선거자를 계산하면 장년층만으로도 무려 수백만 명에 이르며, 선거마다 경이로운 비율로 증가하고 있지 않은가. 더욱이 이들 각국 지방의회에서 사회당 의원에 이르면, 간단히 그 지방의 다수를 차지하는 곳이 적지 않다.

무릇 최근 그들의 국제 운동[19]은 재작년(1899년) 3월 런던 대회, 같은 해 5월 브뤼셀 대회부터 작년(1900년) 파리 박람회 당시의 대회에 이르러 급전직하의 기세로 세력을 드러내기 시작했다. 그들은 파리 대회의 결과로 만국동맹 본부를 벨기에에 두고 세계 각국 사회주의의 단결을 견고히 하여 민활하게 일치 운동을 벌이고자 했다. 그리하여 사회주의가 실제 정치에 응용되는 곳은, 벨기에나 뉴질랜드나 런던, 글래스고 등의 시정(市政)처럼 모두 성과를 올리고 있다. 대개 이와 같다. 세계의 대세가 향하는 곳은, 비스마르크의 무쇠팔이 환생한다 하더라도 어쩌지 못하기 때문이다. 우리 일본이 어찌 홀로 사회주의 운동의 조류를 탈출할 수 있겠는가. 그렇다. 공업이 있고 군비가 있고 빈부 격차가 있고 생존을 위한 고투가 있고 다수의 곤란과 기아, 죄악이 있는 곳에는 사회주의가 반드시 구세주로 도래할 것이다. 아니, 도래하지 않을 수 없다. 우리들이 최근에 사회주의를 절규하는 것은 그 때문이다.

우연히 미국인의 소설을 펼치자 다음과 같은 구절이 눈에 들어왔다.

그때 모아나의 뺨은 뚜렷이 홍조를 띠고 그 눈은 아름답게 빛났다.

그녀는 쓸쓸히 미소 지으며, 부디 내가 논쟁적인 것을 용서해줘, 로드 군.

---

19) 프랑스 파리에서 1889년에 창설된 사회주의자 국제기구인 제2인터내셔널(Second International)을 말한다. 1912년까지 아홉 차례 대회를 열었다. 독일사회민주당을 비롯하여 유럽의 약 20개국 외에 일본 등도 가입했다. 운동이 국가별로 편성되어 가는 시기를 반영하여 느슨한 연합체를 형성했다. 무엇보다 반전 세력으로 주목받았지만, 1914년 제1차 세계대전에서 각국 사회주의 정당이 인터내셔널리즘을 포기하고 자국 전쟁을 지지함으로써 사실상 해체되어, 1920년 제10차 대회가 마지막이 되었다.

나는 많이 살았어. 나는 가난한 자가 억압받는 것을 봤어. 그리고 부자와 그들의 고용주가 무관심한 것을 봤어. 내가 만약 남자였다면 나는 반드시 사회주의자가 되었을 거야.

아아, 이것을 소설가가 꾸며낸 말이라고 하지 말라. 적어도 어느 정도 이론적 두뇌를 가지고 인자하고 박애하는 마음이 풍부하며 매우 공평한 눈빛으로 만국 사회의 상태를 관찰할 수 있는 사람은 평범한 부인이라 해도 사회주의자임을 결코 금할 수 없는 것이 오늘날의 실상이다. 하물며 수염 난 당당한 대장부로서 천하에 뜻을 품는 자라면 오죽하겠는가. 왜냐하면 오늘날의 사회는 사회주의가 아니면 도저히 길이 없기 때문이다. 구제할 방법이 없기 때문이다. 세상의 우매한 무리가 여전히 코를 골고 잠에 취해 있다면 사회주의의 홍수는 하루아침에 당신의 침대를 표류하게 할 것이다.

(〈社會主義の大勢〉, 《日本人》 1900년 8월 20일)

암살론

암살을 죄악이라 하는 것은, 마치 분뇨를 더럽고 냄새난다고 하는 것과 마찬가지로, 결코 아무도 이의가 없는 사항이므로 논할 필요조차 없다. 분뇨는 원래 인체 조직상 자연스러운 결과로 나오는 것이니 아무리 냄새나고 더러운 것이 싫어서 막으려 해도 어쩔 수 없는데, 사회가 암살자를 낳는 것도 아마도 이와 마찬가지 흐름이 아닐까.

전쟁은 나쁜 것이다. 우리는 하루속히 전쟁이 없는 시대가 오기를 바란다. 결코 전쟁을 장려해서는 안 된다. 하지만 지금의 사회 조직에서는 때로 전쟁이라는 나쁜 일을 저지르지 않고서는, 자국의 억울함을 달래고 굴욕을 피하며 권리와 이익을 지킬 수 없는 경우가 있다. 그런데 도덕이 이 경우에도 여전히 전쟁을 나쁜 것이라고 배척할 정도로 나아가지 않거나, 국제공법이 전쟁을 하지 않고도 각국의 행복과 권리를 보전할 수 있을 만한 능력을 갖추지 않는 한, 전쟁은 결국 피할 수 없는 추세다. 전쟁이 결국 피할 수 없는 추세라면, 비단 그 죄를 군인한테 돌려서 그들을 흉악한 무리라 부르고 나약한 겁쟁이라고 손가락질하며 입에 침이 마르도록 외치고 붓이 닳도록 써대도, 아무런 효과가 없음은 명백하다. 지금의 암살자가 나오는 것을 방지하려는 것도 마찬가지로 이와 비슷한 점이 있지 않겠는가.

동맹파업은 좋지 않은 일이다. 이것을 장려하지 않아야 함은 물론이다. 하지만 때로 노동자가 이 불량한 수단으로 핍박과 궁핍을 피할 수 있는 경우가 있다. 오늘날의 경제 조직이 노동의 가치를 수요공급의 법칙에 따라 매기는 한, 어쩌면 일반 노동자가 굶어 죽더라도 절대로 불량한 짓을 하지 않겠다고 천명한 백이와 숙제 같은 인물이 되지 않는 한은, 동맹파업은 결국 피할 수 없는 추세다. 동맹파업이 결국 피할 수 없는 추세라고 한다면, 오로지 그 죄를 노동자한테 돌려서 그들을 흉악한 무리라 부르고 나약한 겁쟁이라고 칭하며 입에 침이 마르도록 외치고 붓이 닳도록 써대도 아무런 효과가 없음은 명백하다. 지금의 암살자가 나오는 것을 방지하려는 것도 마찬가지로 이와 비슷한 점이 있지 않겠는가.

국제공법이 국제 분쟁을 판결할 능력이 없는 것처럼, 경제 조직이 자본가와 노동자를 조화시킬 수 없는 것처럼, 개인이나 당파의 행위에 대하여 사회의 법률도 양심도 완전히 시비와 이해를 판단하고 또한 그것을 제재할 힘을 상실하는 경우가 있다. 또는 그 힘을 상실한 것과 비슷한 경우가 있다. 그래서 사회의 판단과 제재에 절망한 사람은 은자가 되거나 광인이 되거나 자살을 하거나 바로 암살자가 된다. 암살은 정말로 죄악이다. 하지만 암살자를 절망에 빠뜨린 사회는 한층 더 죄악이 아니겠는가.

그렇다. 그들은 개인이나 당파의 행위에 대한 사회의 판단과 제재가 무력한 데 절망하여, 스스로 사회를 대신해서 판단과 제재를 하려는 사람들이다. 고로 가슴속에 한 점 사적인 것을 품지 않으며, 사회 다수의 의견에 근거하여 자기 자신의 나아갈 방향을 정하는 경향이 있음은 분명한 사실이다. 물론 모든 암살자가 이와 같다는 것은 아니다. 그중에는 헛된 명예를 위하여 암살하는 자도 있고, 미쳐서 암살하는 자도 있으며, 사적 원한 때문에 암살하는 자도 있다. 마치 의롭지 못한 명성을 위해 전쟁하고, 불법적 사욕을 위해 동맹파업을 하는 것과 같다. 하지만 진정으로 당시 사회에 절망하여 암살을 사회의 유일한 활로로 삼은 사람은 명백히 많은 민생의 아군이 아니고 무엇이겠는가. 송구스럽지만, 나카노오에 황자[20]는 소가노 이루카(蘇我入鹿, ?~645)의 암살자셨다. 야마토 다케루노미코토[21]는 가와카미노 다케루(川上梟帥)의 암살자셨다. 그들이 어찌 암살이 상도를 벗어났음을 알지 못했겠는가. 다만 당시 사회의 법률도 양심도 이에 대해 아무런 제재도 할 수 없는 것을 보고 스스로 사회를 대신하고자 했던 것이다. 그리하여 이루카를 죽이고 다케루를 치는 것을 사회 다수의 의견이라고 확신했던 것이다. 과연 천하는 이 암살에 손뼉을 치며 통쾌히 여겼다. 그렇다. 당시의 법률, 도덕, 사회 조직에서 이 거사가 있었던 것은 어쩔 수 없는 추세였고, 인력으로 도저히 저지할 수 없는 것으로서 오히려 하늘의 뜻이라고 할 수도 있었다.

그렇다면 메이지(明治)인 오늘날의 암살은 어떠한가. 암살은 도저히 근절할 길이 없는가. 우리들은 따로 주장이 있다. 메이지인 오늘날도 마찬가지로 사회가 개인이나 당파의 행위에 대해 정당한 판단과 제재의 힘을 잃어버린 시대다.

호시 도루 암살 사건[22]을 보라. 그를 가령 올바른 군자(君子)였다고 해보자. 이 올바른 군자를 보고 공공연히 도적이라고 매도하고 악한이라고 부르는 언론에 대해서는, 사회가 이것을 옳지 않다고 해서 충분한 제재를 하지 않으면 안 되는 것이 아닌가. 하지만 사회는 이것을 알면

---

20) **나카노오에 황자(中大兄皇子, 626~672)** 일본 고대의 조메이(舒明) 천황의 아들. 쿠데타를 일으켜 조정의 유력자인 '소가노 이루카'를 살해한 후, 원호를 다이카(大化)로 제정하고, 당(唐)의 율령제를 바탕으로 하여 공지공민제(公地公民制)를 근간으로 하는 중앙집권국가 건설을 목표로 삼아 일련의 정치 개혁을 단행했다(다이카의 개신). 개신의 조칙(詔勅)에는 황족이나 호족의 사유지·사유민 폐지, 지방 행정 제도 확립, 당의 균전법을 흉내 낸 반전수수법(班田收授法) 실시, 조용조 등의 통일적 세제 실시 등을 천명했다. 백제 구원을 지휘하고 대패한 후 즉위하여 '덴지 천황(天智天皇)'이 되었다.

21) **야마토 다케루노미코토(日本武尊)** 《일본서기》나 《고사기》에 나오는 영웅. 천황의 아들로 태어나지만, 천성이 사납고 과격하여 아버지에게 경원당해 규슈(九州)의 구마소(熊襲)나 동쪽의 에조(蝦夷) 등을 토벌하도록 파견된다. '가와카미노 다케루'는 구마소의 수장이었는데 그를 살해한 후에 '다케루'라는 이름을 헌상받아 '야마토다케루'가 되었다.

서도 제재할 수 없었던 것이다. 이와 반대로, 호시를 가령 나쁜 도적이라고 해보자. 사회는 재빨리 선고를 내려서 결코 그가 공인으로 나서지 못하게 해야 하지 않는가. 그런데도 사회는 이것을 알면서도 제재할 수 없었던 것이다. 세상 사람들이 이미 사회의 판단과 제재를 기대할 수 없어서 사회에 절망한 끝에, 오로지 자기가 보았을 때 사회 다수의 복리라고 믿는 것을 단행할 수밖에 없다고 생각하기 시작하면, 곧 암살자가 나오는 것이 아니겠는가. 암살자도 본래 암살이 나쁜 행위임을 알았다. 하지만 그는 무능력한 사회에 의해 다수의 복리가 훼손당하는 것을 방관하는 것은 암살보다 더 큰 죄악으로 보았던 것이다. 이것이 어찌 고대 순교자(martyr)의 마음이 아니겠는가.

그러므로 우리들은 믿는다. 호시의 암살은 호시 자신의 행위도 원인일 것이다. 이바 소타로(伊庭想太郎, 1851~1903)의 어리석음도 원인일 것이다. 신문 등의 언론도 원인일 것이다. 하지만 그들을 이 지경까지 이르게 한 근본 원인은 사회가 판단과 제재의 힘을 잃은 데 있다고 하지 않을 수 없다.

사회가 판단과 제재의 힘을 잃은 것은 부패와 타락이 고질병이 되었기 때문이다. 그들은 공의(公義)를 모른다. 공익을 보지 않는다. 있는 것은 오로지 자기 한 몸의 이익뿐이고 권세뿐이다. 호시의 행위에 대해서는, 자기에게 이익이 되면 칭찬할 뿐이고 자기에게 불리하면 헐뜯을 뿐이다. 이런 식으로 무슨 판단과 제재를 할 수 있겠는가. 절망한 자가

---

22) **호시 도루(星亨, 1850~1901)** 정치가. 의사의 양자가 되어 궁핍한 속에서 영학(英學)을 배워 유신 후에 관계로 진출했다. 요코하마 세관장을 거쳐 영국으로 유학을 떠나 1877년에 일본인으로서 처음으로 영국 법정 변호사 자격을 취득했다. 귀국 후 1882년에 자유당에 입당하여 1892년에 중의원 의원으로 당선되었고 이토 히로부미와 손잡고 입헌정우회에 세력을 뻗었다. 제4차 이토 내각에서 체신대신 등을 역임했다. 정치 수완이 탁월했으며 한편으로 뇌물 수수 등의 소문도 끊이지 않아 일본의 금권형 정당 정치를 구축한 인물로 평가받는다. 1901년에 도쿄 시회(東京市會) 의장 재직 중에 이바 소타로라는 교육자이자 검술가에게 암살당했다.

나오는 것은 피할 수 없는 일이다. 우리들은 두려워한다. 사회의 부패와 타락이 오늘날의 추세로 흘러 막을 길이 없다면, 비단 한 사람의 암살자를 내는 데 그치지 않고 장래에 얼마나 많은 허무당과 많은 무정부당을 내게 될지 아직 알 수 없다. 이것은 마치 상한 음식을 먹고 급성 설사를 하는 것처럼 오싹하지 않은가.

바로 그렇다. 단지 군인을 헐뜯는 것으로는 전쟁을 방지할 수 없다. 단지 노동자를 책망하는 것으로는 동맹파업을 방지할 수 없다. 암살자를 공격해도, 현 사회의 부패와 타락을 구제하여 판단과 제재의 힘을 회복하지 않는다면, 어찌 암살을 근절할 수 있겠는가.

그렇다면 부패와 타락을 구제하기 위해서는 어떻게 해야 하는가. 다른 길이 없다. 지금의 경제 조직을 근본적으로 개조하고 의식주에서 자유 경쟁을 폐지하는 데 있다. 생활의 곤궁을 제거하고 금전 숭배 풍조를 몰아내는 데 있다. 만민이 평등하게 교육받을 자유를 누리고, 사회적 지덕을 증진하는 데 있다. 만민이 평등하게 참정권을 누리고 국가 사회의 정치·법률을 소수 인사가 독점하지 않는 데 있다. 다시 말해 곧 근대 사회주의를 실행하는 데 있다. 사회주의를 실행할 수 있다면, 사회는 총명한 판단력과 효과 있는 제재력을 발휘하게 되어, 암살의 죄악은 절로 근절되기에 이를 것이다. 이것은 경세(經世)의 군자가 마땅히 숙려해야 하는 것이 아니겠는가.

〈暗殺論〉,《萬朝報》1901년 6월 27일~28일)

무정부당 제조

미국 대통령이 무정부당에게 살해당한 사건[23]은 우리 국민들이 반면교사로 삼기에 충분하다. 왜냐하면 우리 사회도 지금 활발히 무정부당 제조 준비에 급급하기 때문이다.

나는 잠시 무정부주의의 시시비비나 이해득실을 따지지 않으려 한다. 다만 이 이념을 낳고 이와 같은 흉악한 수단을 강구하게 만드는 원인을 생각하면, 그 책임은 다른 곳으로 귀결되는 경우가 없지 않다. 어떤 이는 그것을 미신이라고 하고, 또 어떤 이는 그것을 광기라고 하고, 또 어떤 이는 그것을 공명심 때문이라고 한다. 그렇다. 미신도 있을 것이다. 광기도 있을 것이다. 공명심도 있을 것이다. 하지만 그들로 하여금 그토록 광대한 단결을 이루어 그토록 굳게 비밀을 지키고, 그토록 대담하고 흉악한 수단으로 나가도 전혀 후회하지 않을 정도로 미신처럼 만들고 열광하게 만드는 원인을 생각하면, 어찌 대단히 유력한 동기가 그들을 몰아세웠다고 보지 않을 수 있겠는가. 유력한 동기란 무엇일까. 오늘날의 국가 사회에 대한 절망이 그것이다.

오늘날의 국가 사회 조직이 일반인들에게 얼마만큼 복리를 가져다주고 있는지는 의문이다. 정치 자유, 학술 진보, 기계 발달, 풍부한 자본,

---

23) 1901년 9월 6일에 발생한 매킨리 대통령(William McKinley, 1843~1901) 저격 사건을 가리킨다. 제국주의 정책을 강력하게 추진한 것으로 유명한 매킨리는 전미박람회 참석 도중에 무정부주의자인 레온 촐고츠(Leon Frank Czolgosz, 1873~1901)에게 저격당했고, 9월 14일에 사망했다. 촐고츠는 폴란드계 이민자로서 엠마 골드만 등의 영향을 받아 무정부주의자가 되었다. 그는 단독 범행이라고 주장했지만, 골드만도 체포되어 단기간 구류되기도 했다. 고토쿠는 이 암살 사건을 접하고 즉시 이 글을 기고한 것이다.

생산 증가는 피상적으로 보면 일반인들의 생활을 고대 봉건 시대의 왕후보다도 더 크게 행복하게 만들지 않으면 안 된다. 행복하게 만들 터였다. 하지만 실제는 이와 반대다. 세상은 점점 더 각박해졌다. 생활은 점점 더 곤란해졌다. 빈민은 점점 더 증가했다. 죄악은 점점 더 심각해지고 많아졌다. 서양인은 일찍이 입바른 말을 하여 의회는 조세를 늘리는 도구라고 했다. 조세를 늘리는 도구가 인민에게 무슨 필요가 있겠는가. 정치도 학술도 기계도 자본도 생산도 오로지 왕후를 이롭게 하고 부자를 이롭게 하고 관리를 이롭게 하고 군인을 이롭게 할 뿐, 추호도 일반인들을 이롭게 하지 않는다고 한다면, 현재의 국가 사회에 절망하는 다수가 생겨나는 것도 어쩔 수 없는 추세가 아닐까.

이와 같은 현상은 비단 무정부당뿐만 아니라 각 계급 인사들도 마찬가지로 인정했다. 이것을 인정했기 때문에 노동 보호 주장도 일어났다. 만국 평화 논의도 제창되었다. 공산주의도 설파되었다. 사회주의 운동도 전개되었다. 이것들은 모두 앞길에 찬란한 희망을 크게 품고 지금의 병적인 현상을 고치고자 하는 것이다. 무정부당도 본래는 이와 마찬가지였다. 하지만 국가 사회의 타락과 죄악과 곤란한 생활이 날이 갈수록 격심해지는 것을 보고 그들은 결국 앞길의 희망을 포기했다. 그들은 완전히 절망한 자들이 되었다. 세상에 절망한 자만큼 용기 있는 자가 없고 대담한 자가 없으며 흉악하고 사나운 자가 없다. 설령 그들이 흉포함을 들고 공명심으로 나아갔다 하더라도, 그들은 이 흉포함에 기대지 않고는 공명을 얻을 방도가 없다고 생각할 만큼 절망했던 것이다.

쥐와 낡은 옷이 많은 곳에는 흑사병이 쉽게 전염되었다. 국가와 사회가 불결하여 절망이라는 쥐와 낡은 옷이 많은 곳에는 무정부당이라는 병균이 많이 들어온다. 그리하여 무정부당은 유럽 대륙에 많았다. 하지만 사회 제도를 개혁하는 데 대단히 고심했던 영국에는 그 해악이 심하게 창궐하지는 않았다. 지금 미국 또한 이 흉포함을 맛보기 시작했다.

이것은 무정부당이 만연하는 해악이 가공할 만한 것임을 알려주는 한편으로, 어떤 면에서는 미국의 최근 정책이 얼마나 무정부당의 전염을 유발시키는 경향이 있는지를 충분히 상상하게 한다.

한편 우리 일본을 보라. 우리 일본의 수도, 의회, 정당, 교육, 경제, 종교는 얼마나 국민 전반의 복리를 증진하고 있는가. 우리는 화족의 증가를 보았다. 우리는 벼락부자가 된 어용상인을 보았다. 우리는 군인의 영광을 보았다. 하지만 국민 대중은 시시각각으로 염증을 느끼고 있지 않은가. 빈곤해지고 있지 않은가. 염증이나 빈곤은 가공할 만한 절망으로 한 발 한 발 다가가는 것이 아닌가.

예를 들면 아시오(足尾) 광산 광독 피해지[24]의 인민을 보라. 고가네가하라(小金が原) 개간지[25]의 인민을 보라. 그들의 고생이나 염증이나 인내는 지금 거의 극에 달했다. 두세 명 인사의 동정심이 있을 뿐 국가와 사회는 완전히 그들을 버렸다. 그들을 절망하게 만들지 않는 것도 오로지 종이 한 장 차이일 뿐이고, 무정부당으로 만들지 않는 것도 오로지 종이 한 장 차이일 뿐이다. 하나를 보면 만사를 헤아릴 수 있다. 비단 그들에게만 해당되는 일이란 법은 없다. 그들에게 이토록 냉혹한 사회는 모든 방면, 모든 계급에게도 마찬가지로 냉혹할 수밖에 없다. 아시오와 고가네가하라에 무정부당을 제조하고 돌아보지 않는 국가가 어찌 일본 전국에 무정부당을 제조하기를 꺼리겠는가. 만약 우리 국가

---

24) 본서 314쪽 각주 27) 참조.
25) 치바 현(千葉縣) 북서부에 위치한 고가네가하라는 에도 시대까지 방목장이었는데 메이지 시대에 들어와 도쿄 부의 관할로 개간이 시작되었다. 처음에는 개간한 땅을 입식자(入植者)와, 현지에서 개간을 지휘한 개간회사에 출자한 자들에게 토지로 주기로 했는데, 많은 비출자 입식자들에게는 경작권만 주어, 극소수의 지주와 다수의 소작농이 생겼다. 이로 인해 쟁의와 법정 투쟁이 일어났다. 1895년에는 이와세 겐초(岩瀬謙超)가 펴낸 《부실한 고가네가하라 개간(小金原開墾之不始末)》이 출판되었으며, 1896년에 다나카 쇼조가 국회에서 이 문제를 다루기도 했다. 하지만 대부분의 경작지는 패전까지 입식자 소유가 되지 않았다.

와 사회가 오늘날과 같은 상태를 막지 못한다면, 나는 머지않아 일본도 무정부당 산출지에 등극할 것임을 믿는다. 아아, 무섭고도 두려운 일이 아니겠는가.

그렇다. 무정부당의 해악은 가공할 만하다. 하지만 그들을 이렇게 만드는 국가와 사회의 해악은 더욱더 가공할 만하다. 이것이 치안경찰법 하나로 무정부당을 방지할 수 없는 이유다.

(〈無政府黨の製造〉,《萬朝報》1901년 9월 20일)

위험한 국민

외교는 막중하다. 내치는 이보다 더 막중하다. 다사다난한 외교는 위험하다. 문란한 내치는 이보다 더 위험하다. 그리하여 내치에서 국민의 모든 이익과 행복을 오로지 외교의 희생으로 삼고자 하기에 이르면 그 국가가 혁명이나 멸망으로 끝나지 않는 경우가 거의 드물다. 이것은 국민이 지금 깊이 경계해야 할 사항이다.

로마의 민정은 내치의 부패 때문에 무너졌다. 백전백승의 율리우스 카이사르도 로마를 구할 수 없었다. 카르타고는 국민의 타락 때문에 망했다. 15년간 이탈리아 전역을 다스렸던 한니발도 나라를 구할 수 없었다. 예로부터 외적 때문에 멸망한 국가가 적지 않다. 하지만 그들이 멸망으로 치달을 때 내치의 문란과 부패가 반드시 앞서지 않는 경우는 없다. 적어도 내치가 문란하고 부패하지 않았다면 백만 외적이 압살해 온다 하더라도 두려워할 필요가 없다.

무릇 외적은 무력으로 소탕할 수 있다. 내치의 부패와 문란이 극에 달하면 무엇으로 소탕할 수 있겠는가. 혁명이 아니면 멸망만이 있을 뿐이다. 그러므로 국가가 무력을 지지하고 무위를 떨치는 이유도 오로지 국민의 원기가 왕성하고 재부가 풍요로운 데에서 나오지 않으면 안 된다. 실로 내치가 정제되고 도의가 두텁고 풍속이 너그러워 농·공·상인이 근면하게 일할 수 있어야 비로소 무위를 떨칠 수 있다. 만약 그렇지 않고 인심이 타락하고 도의가 퇴폐하고 행정과 재정이 문란하고 상공업이 위축되고 재산이 고갈되는 것이 지금의 조선이나 중국 같다면, 설령 백만의 뛰어난 스승과 견고한 군함이 있어도 무슨 쓸모가 있겠는가. 그러므로 타락한 내정은 다사다난한 외교보다도 훨씬 위험한 것이다.

그런데 지금 우리 국민은 이 위험을 무릅쓰고 나아가고 있다. 하지만 자각하지 못하고 있는 것은 아닐까. 청일전쟁 대첩은 당시 우리 내정이 아직 오름세에 있고 기강이 탄탄하고 원기가 왕성하고 재산이 풍부한 결과였다. 하지만 전후에 우리 국민은 그 뿌리를 잊고 끝만을 좇아 오로지 군대가 많음을 자랑하고 군함의 크기를 신뢰하여, 국가의 영구불변의 업이라 여긴다. 그리하여 갈수록 무력을 써서 국기(國旗)의 영광을 빛내고 국위를 드높이려고 한다. 그 성과를 어찌 알겠는가. 인심이 극도로 타락하고 재산이 고갈되어 사회적·정치적으로 죄악과 빈곤이 천하에 넘쳐나고 국기의 영광은 진실로 한순간의 허영이고 국위는 한순간의 허위에 지나지 않다는 것을 어찌 알겠는가.

보라. 의회에서 만취하여 다수가 의결해도 나는 그에 따르지 않겠다고 망언을 하는 재상이 있다. 중의원은 헌법을 논의하는 장이 아니라고 갈파하는 대신이 있다. 헌법은 대권의 일부다. 폐하는 그것을 따를 필요가 없다고 외치는 의원이 있다. 한편에서 도네가와(利根川) 강 개축 6백만 엔을 의결하고 한편에서 그 수원(水源)의 산림을 한낱 부호에게 벌채하게 하는 정부가 있다. 시정을 장악하여 자기 집의 이익을 도모하는 기구로 여기는 도당이 있다. 지방 의회에 쿠데타를 일으키는 지사가 있다. 당원과 결탁하여 죄인을 비호하는 경찰이 있다. 우리 군대에 마소도 먹지 않는 나쁜 음식을 보내는 군 관료가 있다. 뇌물로 미곡의 양을 줄이는 어용상인이 있다. 위조 주식은 항상 시장에 횡행하고 있다. 은행은 자꾸 파산으로 치닫고 있다. 자치제는 완전히 파괴되었다. 도의는 완전히 사라졌다. 경제계는 완전히 무정부 상태가 되었다. 그러므로 도도하게 저지하지 못한다면 국가가 무엇으로 설 수 있겠는가.

러시아가 만주와 조선을 침략하는 것은 위험하다. 하지만 우리 무력은 그들을 간단히 소탕하기에 충분하다. 내치가 부패와 문란에 이르면 그것보다 더 위험하므로 내치의 구제가 그것보다 더 급하다는 것을 깨닫지 않으면 안 된다. 우리나라는 여전히 열성적 지사와 비분강개하는 청년이 많다. 하지만 우리들은 그들이 뿌리를 잊고 끝으로 달려, 외교 때문에 광분하고 전쟁 때문에 광분하여 모든 행복과 이익을 희생하고 돌아보려 하지 않음을 안타까워하지 않을 수 없다. 하물며 다사다난한 외교와 국위를 드높이는 것은 예로부터 의롭지 못하고 부정한 전제 정치가가 항상 국내의 인심을 전향시키고 현혹시켜 하룻밤 권세를 훔쳐 이욕과 야심을 채우는 도구로 사용하지 않았는가.

세상의 열성적인 지사 청년들이여. 이제 국가 백년의 대우환은 외부에 있는 것이 아니라 오히려 내부에 있음을 알라.

(〈危險は內に在り〉, 《萬朝報》1901년 4월 2일)

월폴 정책

영국사를 읽다가 로버트 월폴 경[26]에 관한 사항에 이르러 서글피 탄식한다. 그는 의원 매수를 한 탓에 천하의 공격과 매도를 한 몸에 받았고, 그 주검은 지금도 여전히 역사가들에게 채찍질당하고 있다. 하지만 오늘날 우리나라의 실상과 자세히 비교해보면 더욱더 전율할 만한 것이 있음을 느낀다.

월폴이 매수를 한 것은 죄임에는 틀림이 없다. 하지만 당시 그는 독으로써 독을 제압하려 했다. 왕권은 이미 쇠퇴했지만 국민 여론은 아직 진작되지 않아서 천하의 위력은 오로지 의회가 좌지우지하고 있었다. 조직은 과두제적이고 의사(議事)는 비밀스럽고 권력이 미치지 않는 곳이 없을 때, 그는 이렇게 하지 않으면 의회의 발호를 억누를 길이 없음을 알았다.

대개 16세기 이전의 의회는 완전히 왕권이 좌우하는 곳이었으므로, 인민이 선출하든 말든 아무런 관계가 없었다. 이때에 정치가는 오로지 왕가의 신임을 얻어 곧바로 그 뜻을 이루는 데 만족했다. 찰스 3세 시대로 내려오면, 의회의 권위가 왕성해지고 왕권은 오히려 의회에 좌우되었다. 그리하여 인민이 선출하지 않은 의원이 오로지 자기를 위하여 권세를 이용하는 데 꺼릴 것이 전혀 없었다. 아니, 인민이 선출한 의원

---

26) **월폴(Robert Walpole, 1676~1745)** 영국 정치가. 1721~1742년 총리 겸 재무장관을 지냈다. 그는 20년의 시정 기간 중 평화 정책을 고수하고 정당 간 항쟁과 종교적 대립을 없애려고 노력하는 한편, 산업 발달을 촉진함으로써 국가의 부(富)를 늘렸다. 대외적으로는 평화 외교를 펼쳐, 1733년 폴란드 왕위계승전쟁 개입을 원하는 국왕의 제의를 거부하기도 했다. 1742년 총선거에 패한 뒤 사직했으나, 영국 헌정사상 처음으로 내각책임제를 창시했으며, 일반적으로 영국의 초대 총리로 평가받는다.

이라 해도 오늘날처럼 항상 책임을 지는 것이 아니었으며, 유권자들은 날마다 연설, 토의, 투표 여하를 듣고 확인할 수 없었기 때문에 여론의 제재를 가할 수가 없었다. 그런 탓에 당시 정부는 일을 벌이고자 하면, 왕가의 신임도 이미 신뢰하기 힘들고 인민의 후원 또한 기댈 만한 것이 못 되니, 오로지 하원의 숨소리에 만사가 달려 있을 뿐이었다. 정부가 의원에게 뇌물을 주는 것은 자연스러운 흐름이었으니, 의원도 모두 성인군자가 아니어서 그랬다기보다는 뇌물을 배척할 제재력이 없었다. 나는 이와 같은 시대에 심히 정계(政界)의 공덕이 부패했음을 의심하지 않는다.

한편 우리나라 제도를 보라. 월폴 시대와 같은 장애는 전혀 없다. 정부는 성명(聖明) 보필의 책임을 질 뿐이지, 중의원의 결의에 따라 진퇴할 필요는 없지 않은가. 중의원 의원은 월폴 시대와 달리 모두 인민이 선출한 의원이 아닌가. 그리하여 비리에 빠진 것을 보면 몇 번이든 해산을 주청(奏請)할 수 있지 않은가. 지금 정치가는 적어도 군주의 신임과 인민의 후원을 얻으면, 하지 못할 일이 어디에 있겠는가. 또한 중의원의 전횡적 반대를 우려할 필요는 추호도 없다. 그런데도 여전히 의원 매수, 당원 임명 수단이 아니면 자신들의 의견을 수행할 수 없다고 한다면, 이것은 정부가 군주의 신임이 없고 인민의 후원이 없는 탓인가, 기획이 의롭지 못하고 부정한 탓인가. 아니면 용기 있는 결단을 못 내리고 지능이 없는 탓일 수밖에 없다. 이것만으로도 정치가의 자격이 없다. 그 무력함은, 자리만 차지하고 하는 일 없이 녹(祿)만 받아먹은 책임을 피할 수 없다. 하물며 그 정책이 나날이 관민의 부패를 촉진시킨 죄악은 말할 필요도 없을 것이다.

무릇 이러한 정치가가 의원 매수 같은 부패한 수단을 강구하는데도 지금까지 여전히 아무런 제재를 하지 못한 데 대해, 나는 우리 국민의 무력함을 깊이 슬퍼한다. 아니, 이것은 바로 우리 국민의 부패와 사회의 타락을 증명하는 것이 아닌가. 우리 의회는 월폴 시대처럼 의사(議事) 진행을 밀실에서 하지 않는다. 국민은 밤낮 의회의 행동과 말을 보고 듣지 않는가. 의원은 모두 국민에게 진실을 호소하여 선출된 것이 아닌가. 그런데 절개를 꺾고 도리를 팔아 오로지 황금을 위해서 국민의 참정권을 희생하는 것을 엄연히 의심하지 않는 것은 왜인가. 매콜리 경이 예전에 월폴을 평하여 "그가 널리 부패 수단을 행사한 것은 의심할 여지가 없다. 하지만 이것이 그가 받은 모든 매도와 공격에 상응하는 것인지는 의문이다. 사람이 시대를 초월하는 덕성을 갖추지 못한 탓에 꾸지람을 받는 것은 가혹하다. 선거구민의 표를 사는 부도덕함은 마치 의회의원의 표를 사는 것과 같다. 양민에게 5기니아를 주는 후보자는 의회의원에게 300기니아를 주는 사람과 똑같이 죄악을 저지른 것이 아닌가"라고 했다.

이미 정세를 달리하는 우리의 현 내각에서는 이와 같이 관대할 수는 없다. 하지만 300기니아를 받는 국민은 의회의원을 심하게 제재할 수는 없다. 후세의 역사가가 만약 매콜리 경처럼 오늘날의 매수 정책으로 이 시대의 부패상을 추정한다면, 나는 우리 국민이 어떤 말로 답할지 모르겠다.

사물이 부패하면 벌레가 생긴다. 한 무리의 벌족(閥族) 정책은 부패에 생긴 벌레다. 의회도 그렇고 국민도 그렇고, 이미 부패와 타락이 극에 달해 주의도 없고 이상도 없고 혼미한 상태로 황금과 이익을 좇아 내달린다면, 사쓰마(薩摩)든 조슈(長州)든, 이토 히로부미든 오쿠마 시게노부(大隈重信, 1838~1922)든, 내각을 몇 차례 바꾸고 의회를 몇 회 거쳐도, 대의 제도는 오로지 형세만 유지하고 월폴은 여전히 족적을 끊지 않을 것이다. 기세가 극에 달하면 변한다. 이어서 오는 것은 바로 혁명이다. 이것은 고금의 역사책들에 나타나는 일치된 견해이고 지사들이 경계해야 하는 것이다. 월폴은 최고의 연설에서 "반대당은 세 단체다. 하나는 왕당, 또 하나는 이른바 애국자인 민당의 불평분자, 나머지 하나는 청년(boy)이다"라고 말했다. 월폴 내각의 전복은 청년(boy)의 힘으로 이루어졌던 것이다. 피트의 혀나 존슨의 붓은 모두 당시 월폴의 보이가 아니었던가.[27] 그렇다. 오늘날의 흐름에서 단지 드높은 이념과 이상을 품은 순결하고 활발한 청년들이 일어서지 않는다면, 우리 사회를 부패와 타락 속에서 구할 수 없을 것이다. 아아, 하늘은 국가의 앞길을 우리 청년의 어깨 위에 올려놓았다. 집에 틀어박혀 책만 읽는 사람은 당장 베개를 걷어차고 일어서야 할 시절이 아닌가.

(〈ワルポール政策〉,《中央新聞》1897년 9월 16일)

---

27) 새뮤얼 존슨(Samuel Johnson, 1709~1784)은 영국의 문학가이며 《영어사전》 (1755) 편찬과 셰익스피어 연구로 잘 알려져 있다. "애국심은 비겁한 자들의 마지막 은신처" 같은 유명한 경구들을 남겼다.

일본의 민주주의

"옛글을 볼 때마다 생각하네, 내가 다스리는 나라는 어떠한가를."

"능라비단을 겹겹이 입어도 생각나네, 추위를 감싸줄 신령조차 없는 신세가."

아아, 인민을 불쌍히 여기고 국가를 걱정하시는 깊은 마음이 어찌 이와 똑같겠는가. 우리는 메이지 천황이 지으신 두 편의 시가를 볼 때마다 감개가 무량해서 눈물이 복받친다.

남몰래 생각건대 동서고금의 영주(英主)·현군(賢君)의 덕이 사해에 넘치고 은택이 천년을 떨치는 것은, 모두 인민을 걱정하는 깊은 마음에서 나오지 않은 경우가 없다. 그리하여 우리 조종 열성(祖宗列聖)이 오야시마²⁸⁾에 군림하여 면면히 이어온 2500년 동안 이 취지와 정신은 일찍이 하루도 쉼이 없었다. 저 닌토쿠 천황²⁹⁾이 "백성들의 부(富)가 곧 짐의 부"라고 하셨고, 엔기(延喜) 치세(901~923)의 다이고 천황³⁰⁾이 겨

....

28) **오야시마(大八洲)** 신화에 기초한 일본의 명칭. 이자나기, 이자나미 신의 국토 탄생으로 생겨난 8개 섬을 가리킨다.

29) **닌토쿠(仁德) 천황** 《일본서기(日本書紀)》나 《고사기(古事記)》에 나오는 고대 천황. 민가에 밥 짓는 연기가 나지 않는 것을 보고 백성들의 어려움을 깨달아 3년간 과역을 면제하여 성제(聖帝)로 추앙받았다는 고사가 전해진다. 위에 인용된 대사는, 3년 후에 밥 짓는 연기가 피어오르는 것을 보고 닌토쿠 천황이 "만약 인민이 가난하면 내가 가난한 것이다. 인민이 풍족하면 내가 풍족한 것이다. 인민이 풍족한데 임금이 가난한 경우는 없다"고 한 말에서 따온 것이다.

30) **다이고(醍醐) 천황(885~930)** 13세에 즉위하여 당대의 뛰어난 귀족 관료들을 등용하여 엔기 장원 정리령을 공포했고, 일본의 정사인 《일본삼대실록(日本三代實錄)》, 율령의 보조법령인 《엔기 격식(延喜格式)》, 칙명에 의한 최초의 일본어 가집인 《고금화가집(古今和歌集)》을 편찬하는 등 율령 정치 부흥에 진력했다. 천황 친정을 실시했으며, 추운 밤에 옷을 벗어 백성들을 걱정했다는 청렴한 이미지가 널리 알려졌으며 후대에 그의 통치 시기를 '엔기(延喜) 치세'라 하여 칭송했다.

울밤에 스스로 옷을 벗으셨던 일 등은 실로 이 취지와 정신이 때를 만나 크게 떨쳐 일어난 것이었으며, 우리들은 이 취지와 정신을 이름하여 완전한 민주주의라 부르는 것이 매우 적당하다고 믿는다. 본래 그렇다. 그리하여 우리의 이른바 민주주의가 역사상 유례없는 광휘를 발한 것은, 금상(今上)의 유신 중흥 때였다. 무진년(1868) 3월에 황송하게도 친히 천지신명께 서약하신 〈5개조 서약문(五箇條の御誓文)〉을 보라. 모든 중요 사항(萬機)을 공개된 논의(公論)로 결정해야 한다고 하고, 상하가 마음을 하나로 합해야 한다고 하고, 관무(官武)가 하나가 되어 서민에 이르기까지 그 뜻을 이루게 한다고 하고, 천지의 공도(公道)에 기초한다고 하고, 지식을 세계에서 취한다고 한다. 어찌 이것이 이른바 민주주의의 신수(神髓)와 정화(精華)를 완전히 발휘한 것이 아니겠는가. 우리들에게 함부로 견강부회한다고 말하지 말라. 메이지 6년(1873)에 기도 다카요시[31]가 유럽에서 돌아와 당국자에게 건넨 의견서 일부는 서약문의 뜻풀이로 볼 수도 있다.

무릇 정규(政規)는 그 나라의 국시에 따라 정한다. 조정 관리들의 억측에 따라 헛되이 우열을 가릴 수 없다. 천하의 대소사는 이것을 조치의 준칙으로 삼는다. 사려 깊고 원대한 기약은 억조사민(億兆士民)이 누가 감히 천자의 깊은 뜻을 황송히 받들지 않겠는가. 다만, 문명국은 군주 전제를 하지 않고,

31) **기도 다카요시(木戶孝允, 1833~1877)** 메이지 유신 전후의 정치가. 조슈 번 무사 출신으로서 '유신 삼걸' 중 한 사람이다(본서 516쪽 각주 2 참조). 막부 타도파의 대표로서 1866년에 사쓰마 번과 동맹을 체결하는 데 성공한다. 메이지 유신 실현 후에 정부 관료로 활약하여, 〈5개조 서약문〉을 기초하기도 했다. 나아가 1870년에는 판적봉환이나 폐번치현(廢藩置縣)을 통해 통일 정권 수립에 지도적 역할을 했다. 1871년에는 이와쿠라 도모미(岩倉具視)가 이끄는 서구사절단에 참가하여 외국의 제도나 시설 등을 시찰했다. 메이지 국가 성립 과정에서 절대주의 정권으로 출발한 이와쿠라·오쿠보 체제 내부에 있으면서 개명적 입장을 대표하는 측면을 가졌던 것으로 평가받는다.

전국의 인민이 일치 화합하여 함께 그 뜻을 이루어 국무를 조례하고, 그 후에 재판을 과하고 그것을 한 부서에 위탁해서 명령하기를 정부라 한다. 관리에게 각각 그 일을 맡게 한다. 관리들은 또한 각각 일치 화합하여 민의를 보전하고 스스로를 엄중히 꾸짖어 국무에 종사한다. 비상사태가 닥쳐도 민의에 따르지 않는다면 감히 조치를 멋대로 할 수 없다. 정부의 엄밀함은 이와 같다. …… 황송하게도 전날의 조지(詔旨)는 천하를 천황 가문의 사유로 삼지 않고, 백성과 함께 있고 백성과 함께 지킨다고 선언했다. 대개 천하의 사무가 천하의 인민과 관련이 없는 것이 하나도 없으니, 천하의 인민도 스스로 천하 인민이 다할 의무가 있다. 어찌 그냥 순순히 조정의 명령을 듣고 분주히 움직이며 명령에 따라 행동하기만 할 수 있겠는가.

아아, 지금의 대신, 지금의 관리, 지금의 의원, 지금의 국민은 다시 이 글을 읽고 과연 무엇을 느낄지. 저 서약문은 이와 같은 취지로 만들어졌고, 유신 중흥 사업, 제반 개혁은 이와 같은 정신으로 착착 실행되었다. 아니, 이것은 고금의 조종 열성(祖宗列聖)이 오래도록 일관되게 유지하신 큰 이념이고, 그리하여 일단 금상이 영매한 자질을 얻어 유례없는 광휘를 발할 수 있었던 것이다.

당시 민주주의 정치에서 활동한 세력이 파죽지세로 내놓은 조칙, 포달(布達), 보고서 등을 보면 어느 하나 민의를 중심으로 하는 글자가 없는 것이 없었고, 공의(公議)와 여론이라는 말을 내걸지 않은 것이 없었다. 마침내 보상(輔相), 의정(議定), 참여(參與)[32] 같은 대신조차도 한때 공선으로 임명하기에 이르렀다. 얼마나 번성한가. 그리하여 이것이 오늘날 우리나라의 진보와 흥륭이 유럽 강국과 각축할 수 있게 된 까닭이

....

32) 메이지 유신(1868) 당시 왕정복고와 함께 설치된 중앙정부의 관직들. '보상'은 재상, '의정'은 상급 관직, '참여'는 하급 관직이었는데, 1869년에 폐지되었다.

아닐까 하다가 깊은 예지(叡旨)에 생각이 미치면 우리들은 항상 감개무량해서 울지 않을 수 없다.

무릇 이른바 민주주의를 공화 정치의 전유물로 보고 군주 정치와 양립할 수 없다고 믿는 자가 있다면 그것은 커다란 잘못이다. 요순은 실로 민주주의자였다. 우(禹)·탕(湯)·문(文)·무(武)도 민주주의자였다. 예로부터 군주가 가장 완전하고 가장 열심히 민주주의를 유지하고 대표하고 실행한 것은 우리 일본에 미치는 예가 없다. 우리 만세일계의 황위(寶祚)가 천하(宇內)에 탁월하고 무궁무진하게 번성하는 까닭이 어찌 우연이겠는가.

그렇다. 이것을 민주주의라 명명할 수 없다면, 충군주의라 부르는 것도 가능하다. 박애주의라 부르는 것도 가능하다. 다만 중요 사항(萬機)에 대해 민의를 중심으로 하시는 서약문, 기도 다카요시가 일컬은, 백성과 함께 있고 백성과 함께 지키시는 취지와 정신은 명백히 일월과 그 빛을 다투는데, 이것이 우리의 국시요 국체다. 이것에 등을 돌리고 이것을 기피하는 자는 폐하의 죄인이다. 그리고 조종 열성의 죄인이다.

(〈日本の民主主義〉,《萬朝報》1901년 5월 30일)

외교상의 비입헌국

나는 우리 일본이 외교상으로는 여전히 비입헌적 · 전제적 영역을 탈
피하지 못했음을 슬퍼한다.

블라디미르는 최근에 청일전쟁 이후 러일 관계를 평하여 "러일 두
나라 국민의 절박한 감정에서 생겨나는 위험은, 다행히 두 나라의 충의
의 마음이 작렬함으로써 배제될 수 있었다. 두 나라에서 군주라는 한마
디는 당장 두 나라 국민이 법률로 기꺼이 따른다. 차르와 미카도[33]도
평화와 우애를 희망하므로 러일 간에 결코 충돌이 있을 우려가 없다.
총명한 군주가 결정하는 것은 감정적이고 무책임한 인민보다도 훨씬
달견(達見)이다"라고 언급했다(《태평양상의 러시아》, 329면).[34] 아마도
그러할 것이다. 위로 총명한 천자가 있고 아래로 충성스러운 인민이 있
어서, 외국과 평화와 우애로 교류하는 것은 물론 깊이 경하할 만하다.
하지만 한편으로는 다소 우려할 만한 점이 없지 않다. 나는 천황에게
우리 헌법에서 선전 강화권이 있음을 안다. 그리고 군주 독점적 외교가
우리 헌법의 자구에 모순되지 않음을 안다. 더욱이 우리 국민이 대권
분배를 바라지 않는다는 것을 안다. 하지만 이와 같이 한 나라의 외교가
항상 국민의 의사를 도외시하고 전혀 알려지지 않는다면, 이것은 과연
만세를 통해 지킬 만한 제도인가. 이것이 과연 각국의 국민적 외교와 대
적할 수 있는 것인가. 이것을 과연 문명적 외교라 할 수 있는가. 이것은

....

33) 천황의 존칭.
34) 이탈리아의 극동 문제 전문가였던 제노네 볼피첼리(Zenone Volpicelli, 1856~
   1932)가 블라디미르(Vladimir)라는 필명으로 발표한 《Russia on the Pacific, and
   the Siberian Railway》(S. Low, Marston & company, limited, 1899, London)를
   가리킨다.

그 정신에서 비입헌적 외교가 아닌가. 이것은 전제적 외교가 아닌가.

우리 황상은 영매하고 입헌적 군주로서 자질이 풍부하여 공의를 중시하고 여론을 취함에 소홀함이 없다. 우리 국민이 마땅히 안심하고 저절로 천황의 법을 따라야 한다는 것은 블라디미르가 언급한 대로다. 또한 랴오둥(遼東) 반도 반환 건과 같은 것은 한 편의 조칙으로 두 나라 간의 위험을 배제했다는 것도 블라디미르가 언급한 대로다. 하지만 우리 당국 대신들은 우리 천황의 예지를 이해하지 못하고 항상 국민의 의사를 도외시하고 국민이 전혀 알지 못하게 하고 있다. 다시 말해 우리 국민의 눈을 가리고 귀를 막아 비밀을 지키기 위하여 항상 전제적, 비입헌적, 비문명적 외교를 펼쳐서 국가가 크게 폐해를 입은 것은 반론의 여지가 없는 사실이다. 나는 여기에 극명한 예를 한두 가지 들고자 한다.

시모노세키(下關) 조약 당시 우리 국민은 이토 히로부미 전권 등[35]이 과연 어떠한 담판으로 무엇을 요구하였으며 그 조약이 어떠한 결과를 낳을지 불행히도 오래도록 알지 못했다. 다만 우리 황상이 이 조약을 칭찬한 것을 듣고 그 위대한 성과를 상상할 뿐이었다. 그런데 전승국이자 조약 지정자인 일본 국민이 조약에 대해 모르고 있을 때, 패전국인 청국인과 국외자인 유럽인은 이미 이것을 들을 수 있지 않았는가. 보라. 저 단판의 기록과 왕복문서는 실로 《베이징 톈진 타임스》가 처음으로 천하에 공개하지 않았는가. 우리 정부가 이것을 발표한 것은 이미 기사가 강호에 나돌고 오랜 시간이 지난 후가 아닌가. 만약 《베이징 톈진 타임스》가 전하지 않았다면, 우리들은 영원히 세부 사항을 알 수 없었을지도 모른다. 나아가 삼국간섭 문제가 일어나자, 우리들은 겨우 외국 전보와 외국 신문을 통해 그 사정을 상상할 뿐이었는데, 문제가 진

35) 조약 조인에 참여한 것은 전권 변리(弁理)대신 이토 히로부미(당시 내각총리대신)와 무쓰 무네미쓰(陸奥宗光, 당시 외무대신)였다.

행 중이었을 때는 물론이고 랴오둥 반도 반환 조칙이 공포되어 시국이
완전히 종료된 뒤까지도 우리 정부는 우리 신문 잡지가 이면의 사정을
보도하고 평론하는 것을 허락하지 않았다. 작년 의화단 창궐이 극에 달
했을 때, 우리들은 오로지 서구 신문으로 영국과 일본 두 나라가 교섭
했음을 알았다. 이어서 영국이 의원 공문서로 일본에 출병을 촉구하고
재정 보증도 서겠다는 공문을 공개했다는 전보가 도착하자, 경시청은
우리 신문기자들에게 그것을 보도하지 말라고 엄중히 명령했다. 이튿
날 금지를 풀었는데도 여전히 당국은 백방으로 이 주장을 말살하려고
하지 않았던가. 무릇 외국 의원 공문에 발표된 사실을 굳이 우리 신문
에 싣는 것을 금지하는 처사는 오히려 웃음거리로 보이지만, 이것은 엄
연히 사실이다. 외교 문제에서 서구 각 신문은 잘 알고 보도하고 비평
하고 논할 자유가 있는 데 비해, 우리나라의 각 신문과 우리 국민은 결
국 이 자유를 누리지 못하고 우리나라는 항상 도쿄에서 일어난 사건을
외국 신문을 보지 않으면 알 수 없거나 알아도 말할 수 없는 처지에 놓
여 있다.

저스틴 매카시[36]는 일찍이 영국 외교를 논하여 "영국이 엄정한 입헌
제도 아래 통치되는 입헌국임을 누가 감히 의심하겠는가. 하지만 외교
정책을 행하는 데 완전히 국민 여론을 도외시하는 것을 보면 유럽 대륙
에서 몹시 전제적인 정부라 해도 영국 정부처럼 심한 예를 보지 못했
다. 영국 정부가 어떠한 외교 정책을 취하고 있는지는 비단 보통 인민
뿐만 아니라 중의원 의원도 관리 외에는 전혀 알 수 없다. 관리들 이외
의 의원은 본래 질문을 할 권리가 있다. 하지만 항상 임시방편적 답변

---

36) **매카시(Justin Huntly McCarthy, 1859~1936)** 아일랜드계 자유주의 역사가, 소설가,
정치가. 영국 하원의원을 지냈으며, 그의 대표작 《우리 시대의 역사(History of Our
Own Times)》(vols. 1 · 4, 1879~1880 ; vol. 5, 1897)는 자유주의 관점에서 쓴 빅토
리아 시대의 역사서다.

을 들을 뿐, 정부 관계자는 대개 정부가 상세한 설명을 할 시기가 되지 않았다고 말하지 않은 적이 없다"고 했다(《우리 시대의 역사》 말권, 398면). 또한 "보통 인민이 모든 외교 사정에 능통할 필요는 없지만, 각종 외교 문제를 쉽게 알 수 없는 것은, 정부의 여러 수령이 그들에게, 아니 의회에 있는 대표자들에게조차 특별히 고지하지 않기 때문이다. 외교에 관한 실상에서 보면 우리들은 영국이 대륙의 다수 국가들보다도 훨씬 비입헌국임을 느낀다"고 언급했다(위의 책, 402면). 매카시는 수단 둔쿨라 원정의 일거에 대해 이러한 말을 했던 것이다. 그런데 보라. 당시 둔쿨라 출병 건이 결정되자, 영국 하원에서는 질크나 존 몰리 등의 질문 공세, 체임벌린이나 밸푸어의 설명 반박, 연일 이어지는 용쟁호투의 장관이 극에 달했다. 영국의 외교는 비밀주의가 심하다고 할 수는 없다. 이번 청나라 사건이 일어났을 때 영국 의회의 광경은 필기를 읽는 것만으로도 이미 피가 용솟음치고 살이 떨리는 느낌이 있었다. 또한 영국 정부는 매번 의원 공문을 발표하여 외교 문서를 공개했고, 외무장관은 해마다 시장(市長)의 연회에 참석하여 외교 방침을 공개한다. 영국 외교는 심하게 비입헌적이라고 할 수 없다. 하지만 매카시는 영국 외교를 단죄하면서, 대륙의 전제 정부들보다 훨씬 비입헌적이라고 했다. 만약 그가 우리 일본 정부의 행동을 봤다면 과연 뭐라고 했을까.

나는 일본 외교를 전제적이라거나 비입헌적이라고 단정하는 것은 초점을 크게 빗나가는 것이라고 믿는다. 외교에 어느 정도까지 비밀이 필요함은 물론이다. 하지만 한편으로는 외교는 반드시 국민적이지 않으면 안 되며, 국민의 신임과 후원이 없는 외교는 위험하다. 나폴레옹 대제와 나폴레옹 3세의 말년의 외교에는 이것이 없었다. 그들의 외교는 국민의 외교가 아니라 국민을 미혹하기 위한 것이었다. 그 결과 전복되어 국민이 등을 돌리지 않았는가. 매카시는 또한 "(이집트 원정에서) 전체적으로 특히 우리들의 이목을 끈 것은 많은 영국민이 이 문제의 시시비비와 이해득실을 알지 못하는 것은 마치 청나라 인민이 청일전쟁의 이해득실에 무관심한 것과 다르지 않다. 우리들은 전 국민이 통치자의 외교 정책에 완전히 몽매하다는 것이 매우 위험한 것임을 믿는다"고 했다(위의 책, 401면). 그렇다. 국민을 소외시키고 무지하고 어리석게 만들어, 국가의 존망과 안위(安危)에 관련된 커다란 문제에 대해 국민이 항상 아무것도 들을 수 없고 아무것도 보도하고 평론할 수 없다면, 지금의 청나라 인민과 다른 점이 무엇인가. 이것은 비단 국민의 큰 치욕일 뿐만 아니라, 외교 당국에 대한 신임과 후원을 전혀 기대할 수 없게 한다. 이보다 더 커다란 위험은 없을 것이다.

이제 동양의 풍운은 점점 더 거세져 우리나라도 각국 외교의 소용돌이에 휩쓸린다. 나는 정부 당국이 신속히 전제적이고 비입헌적인 영역에서 벗어나 국민적 · 입헌적 외교를 시도하기를 희망한다. 그리하여 첫 번째 수단으로 적어도 공문서 발표, 외교 방침 연설과 신문 잡지에 대한 비밀 정도를 되도록 감소시키는 것 등은 가장 급하다고 할 수 있다. 감히 당국자의 숙려를 촉구한다.

(〈外交に於ける非立憲國〉,《日本人》1900년 10월 5일)

재정의 대혁신

군비가 충실하지 않다고 말하지 말라. 교육이 보급되지 않았다고 말하지 말라. 외교가 부진하다고 말하지 말라. 실업이 위축되었다고 말하지 말라. 이런 말을 하기 전에 우선 우리 재정의 실상이 어떠한지를 보라. 무릇 한 나라의 정치 기관의 주축인 재정에서 확고한 이념이나 기초가 없고 계획 방침이 항상 동요하여 일정하지 않아, 당국자가 단지 호도하고 미봉하기에 급급한 오늘날과 같은 현실에서는 다른 기관들의 발달과 진작을 바랄 틈이 없을 뿐만 아니라, 국가의 운명이 머지않아 일대 곤경에 처할 것임은 불을 보듯 명확하다. 이것이 어찌 깊이 걱정스러운 일이 아닌가. 그런데 지금 왜 이런 말을 하는가.

마쓰카타 마사요시 백작(松方正義, 1835~1924)은 지금의 재정을 '짝맞추기 재정'이라고 했다. 돌려막기다. 전후의 경비는 해마다 팽창하여 전쟁 이전에 8천만 세수는 불과 5년을 거치는 사이에 당장 2억 5천 만이라는 거액이 되었다. 그런데 격변에 대처하는 데 정해진 큰 방침이나 계획이 없고 단지 돌려막기로 분주할 뿐, 상금을 유용하고 외채를 모집하고 필사적으로 5개년의 토지세를 늘리고, 간장, 우편, 전신 등의 각종 세금을 늘리는 것을 보면 추태가 극에 달했다. 더욱이 이 일로 내각이 서너 차례 경질되었다. 그런데도 당국은 의회에 재정의 기초가 견고하다고 공언했다. 견고한가, 참으로 견고한가. 돌려막기의 필요성은 앞으로도 여전히 끝이 보이지 않는다. 그렇다. 필요성은 끝이 없지만, 수단에는 실로 한계가 있음을 어찌할까. 만약 오늘날과 같은 식으로 지나간다면 정말로 수습할 수 없는 대파탄을 겪을 것이다. 일정한 직업도 없고 생산도 없이 항상 고리(高利)의 돈을 빌려 빚에 쫓기면서도, 나가서는 좋은 옷과 주색에 빠져서 도박을 일삼고 의기양양해서 입만 벌리면 만금의 거래 이야기가 끊이지 않는 이른바 투기꾼의 생활을 흔히 보고 듣는다. 얼마나 위험한가. 그런데 우리나라 재정의 실상이 이와 닮지 않았는가.

우리 재정이 이와 같은 까닭은 일정한 이념이나 방침이 서지 않은 데 있다. 우리 재정가의 수완은, 아니 우리들의 지위와 권력은 각종 주식의 등락을 미리 알거나 좌우할 수 있어야 한다. 금리의 고저를 미리 알 수 있어야 한다. 하지만 능히 세운의 대기(大機)를 간파하고 사회의 안배를 헤아려 한 나라 재정의 큰 이념과 방침을 세울 자질은 결국 기대할 수 없다. 그런 탓에 그들이 하는 일은 결코 과세가 공평한지 불공평한지를 묻지 않는다. 산업의 미래가 유익할지 불리할지를 묻지 않는다. 인민의 부담이 편중되지 않았는지를 묻지 않는다. 그들이 표준으로 삼는 것은 한때의 구멍을 메우면 족했다. 얻기 쉬운 것을 얻으면 족했다. 짜내기 쉬운 것을 짜내면 족했다. 빌릴 수 있는 만큼 빌리면 족했다. 이리하여 토지세, 간장, 우편, 전신, 가옥, 담배, 새로 생긴 복잡한 세목(稅目)을 계산하고는 재정의 능사는 끝났다고 한다. 한 나라 정치의 능사는 끝났다고 한다. 그리고 얼마간을 뇌물, 매수, 투기, 중상(重商) 보호를 위해 낭비하고는 반성도 안 한다. 다시 말해 우리 재정가가 하는 것은 임시변통이다. 돌려막기다. 쩨쩨한 방식이다. 눈속임이다. 국고가 다할 날을 기다려야 할 뿐이다.

한편 각 정당의 재정론을 보면, 마찬가지로 일정한 이념이 없고 방침도 없다. 어떤 당은 단지 정부당이라는 이유로 칭찬할 뿐이고, 또 어떤 파는 단지 반대파라는 이유로 반대할 뿐, 다른 것은 모른다. 이로써 의견과 운동이 항상 이리저리 돌려막다가 모순이 반복되는 상황을 벗어나지 못하여, 궁극적으로는 완전히 천하의 신용, 국민의 동정을 잃게 되었다. 오늘날의 정당이 본령으로 하는 정신을 완전히 상실하여 커다란 산송장에 지나지 않을 뿐이니, 앞으로의 정국을 맡길 수 없는 까닭이 여기에 있다.

군비라고 하지 말라. 교육이라고 하지 말라. 외교라고 하지 말라. 실업이라고 하지 말라. 당장 우리 재정을 근본적으로 개혁하여 큰 이념과 방침을 확립하지 않는다면, 우리들은 국가의 앞날이 심히 걱정스러운 것임을 느낀다. 아아, 어떠한 위대한 수완가가 능히 이것을 맡을 수 있을까.

(〈我財政を如何せん〉,《萬朝報》1900년 4월 10일)

호전적인 국민인가

우리 일본 육해군의 장병들이 전쟁에 뛰어나다는 것은, 참으로 우리 국가와 국민의 명예다. 예로부터 전쟁에 뛰어난 자는 대개 전쟁을 좋아하기 때문에 세계 각국이 모두 우리 국민을 가리켜 전쟁을 좋아하는 국민이라고 하는 것 같다. 하지만 전쟁에 뛰어나다는 것과 전쟁을 좋아한다는 것은 완전히 다르다. 전쟁에 뛰어난 것은 명예다. 전쟁을 좋아하는 것은 단연코 명예가 아니다.

군대는 살인 기계다. 천하의 부를 소비하는 도구다. 생산력을 고갈시키는 도구다. 군인의 허영을 증대시키는 기초다. 무단 정치를 유발하는 요인이다. 인심이 부패하고 풍속이 퇴폐하는 원천이다. 전쟁에 뛰어나기 때문에 무위(武威)가 국광(國光)을 발하는 일은 있어도, 전쟁을 좋아하고도 나라가 망하지 않은 예는 아직 없다. 스파르타는 전쟁을 좋아하는 국민이었다. 하지만 그 명예는 아테네가 자유 공화 정치로써 철학, 문예, 미술, 도덕에 기여한 공적이라는 불후의 명예에 미치지 못한다. 로마의 명예는 정복한 땅의 크기에 있는 것이 아니라 그 문명의 찬연함에 있었다. 그런데 그들이 싸우게 되자 그 문명을 다른 세계에 이식하는 것이 아니라, 오로지 노예 수만 늘릴 뿐이었다. 많은 노예, 많은 신하를 얻기 위해 싸운 마음은 바로 그들의 문명을 멸망시킨 원인이 아닌가. 프로이센의 명예는 폴란드를 분할하고 오스트리아와 싸우고 프랑스와 싸운 데 있지 않고 독일의 국민적 통일을 완수한 데 있다. 일반 국민이 다수의 귀족이나 공후(公侯)의 질곡을 벗어난 데 있다. 그리하여 그들의 전쟁은 처음으로 명예로운 전쟁이 되지 않았는가. 러시아의 무위가 세계를 제압하는 까닭은 전쟁을 좋아하기 때문이 아니다. 러시아는 유럽 각국에 비해 전쟁 경험이 매우 적다. 그 나라는 항상 동북의 무인(無人)의 땅에서 자연과 투쟁함으로써 오늘날의 크기를 이루지 않았는가.

전쟁이 명예로울 수 있는 경우는 국가의 문명을 위한 이익이 손해에 비해 큰 데 있다. 적어도 보상하는 데 있다. 적어도 이것을 명심하는 데 있다. 청일전쟁은 동양의 영원한 평화를 위함이라고 일컬어진다. 이와 같다면 우리들은 우리의 출병이 명예로운 것임을 수긍할 수 있을 것이다. 하지만 한 사람의 허영을 만족시키고 한 사람의 야심을 채우기 위하여 수많은 목숨, 수만의 재산을 희생하고, 승전해도 여전히 장래의 부패와 많은 부채와 인민을 도탄에 빠뜨리는 화를 남기는 것은 결코 용서받을 수 없을 것이다. 맹자가 일컬어 "문왕이 한번 노하여 천하의 백성을 편안케 하였다"고 했다.[37] 그렇다. 전쟁은 반드시 천하의 백성을 평안케 하지 않으면 안 되며, 천하 백성의 자유를 빼앗고 행복을 빼앗고 생명을 빼앗고 재산을 빼앗는 전쟁은 단연코 명예가 아니다.

최근에 일시적 감정과 비루한 허영심에 들떠 전쟁을 좋아하는 자가 있다는 소리를 들었는데 아마도 사실이 아닐 것이다. 우리 일본은 군자의 나라다. 인도의 나라다. 전쟁에 뛰어날지언정 결코 전쟁을 좋아하는 국민이 아님을 믿는다.

(〈斷じて名譽に非ず〉, 《萬朝報》 1900년 9월 27일)

---

37) 《맹자》〈양혜왕 하(梁惠王下)〉에 "필부의 용기는 겨우 한 사람을 적대시하지만, …… 문왕은 한번 노하여 천하의 백성을 편안케 했다"(匹夫之勇 敵一人者也 …… 文王一怒而安天下之民)를 인용한 것이다.

후대받는 병사

최근에 신병 입영 시기가 올 때마다 입영자를 낸 각 정촌(町村) 인민은 고액의 비용을 들여 장엄한 의식을 갖추고 화려한 깃발을 세워 행렬을 보낸다. 또 환송을 받는 신병의 일가도 고액의 비용을 들여 성대한 향연을 베푸는데, 이에 응하는 사람이 도도히 바람을 일으킬 정도로 많다. 우리들은 이것이 단연코 국가의 경사가 아니라고 생각한다.

그들은 생각건대, 군인이 되는 것은 명예다, 축하해야 한다, 군인은 국가를 지킨다, 군인에게 경례해야 한다고 한다. 그렇다. 우리들도 군인이 명예가 아니라고 주장하는 것은 아니다. 군인에게 경례할 필요가 없다고 주장하는 것은 아니다. 하지만 군인이 국민들의 여러 직업에 비해 더욱더 명예롭고, 나아가 깊은 경례를 받아야 하는 자라고 여긴다면, 이것은 큰 오류다. 비단 오류일 뿐만 아니라, 이 오류에서 생기는 폐단은 국가와 사회의 진보의 기운을 저해하는 커다란 요소임을 알아야 한다.

고대에 무사가 농 · 공 · 상에 비해 많은 명예와 권리를 누리는 것을 지당한 일로 받아들인 것은 봉건적 사상, 미개적 사상, 야만적 사상이 아닌가. 그리고 그것이 부정하고 의롭지 못한 것임을 인정한 오늘날, 정치적으로 사회적으로 사민의 권리와 의무가 평등함을 인정한 오늘날, 군인의 명예와 지위와 권리가 유독 보통 국민과 다를 이유가 있는가. 그들은 국가를 지킨다고 칭송받는다. 하지만 국가는 군인만으로는 서지 않는다. 군인이 국가를 보호하는 것을 명예라고 한다면, 군인을 부양하는 농 · 공 · 상도 마찬가지로 명예가 아닌가. 쥐에 대비하는 고양이는 과연 그 집의 하인보다도 명예로운가. 도적에 대비하는 개는 과연 그 집의 하인보다도 명예로운가. 우리들은 아직 군인이 검과 총을 가지고 있다고 해서 보통 인간 이상의 명예와 존경을 의미하는 이유를 발견하지 못했다.

하지만 국민 사이에 무사를 존엄하다고 보는 야만적 사상이 아직 완전히 사라지지 않았을 뿐만 아니라, 무력으로 천하를 얻은 번벌의 원훈들이 일찍이 병마(兵馬)의 권한을 도당의 수중에 모아, 자신들의 위력과 복덕(福德)을 과시하는 도구로 삼은 지 오래다. 심지어 청일전쟁에 승리하고 나서 우리나라 군인의 세력은 더욱더 커져 이제 거의 절정에 이르렀고, 국민들은 국가는 곧 군인의 국가라는 생각으로 앞다투어 군인의 발아래 엎드리게 되었다. 그 결과, 군인들 스스로도 거만하게 남을 업신여기는 기풍이 생겨나, 군인이 아닌 자를 마치 인간이 아닌 것처럼 본다. 그렇게 거만하게 남을 업신여기다 보면 멋대로 행동하며 사치를 부리게 되고, 멋대로 행동하며 사치를 부리다 보면 부패하여 타락하게 된다. 군인이 풍속을 퇴폐적으로 만드는 원인의 하나라는 것은 유럽 각국의 정론이며, 예로부터 전승국의 풍속이 순식간에 퇴폐하고 도의가 땅에 떨어지는 것은 오로지 군인의 권세가 과대해지는 탓이다. 우리나라에서도 혈기가 아직 안정되지 않은 청년들이 병사로 입영한 뒤, 군대 안에서 받는 가혹한 속박의 반동으로 군대 밖에서 더욱더 방종해져서 도회의 부패한 공기에 감염되고, 그런 상태로 귀가한 후에 지방의 순박한 풍속을 깨는 자가 헤아릴 수 없이 많다. 하지만 그들은 의기양양하게 "명예 있는 군인이다. 국가의 파수꾼이다"라고 말한다. 정촌 인민이 모두 이것을 보고 굳이 비난하지 않는다. 비난하면 비애국자로 책망받는다. 아아, 양민을 무뢰한으로 바꾸었다. 선량하고 순박한 기풍을 거만하게 남을 업신여기고 멋대로 행동하며 사치를 부리는 행실로 바꾸는 것이 무슨 명예인가. 무슨 존귀함인가. 무릇 유망한 청년들이 모두 전장의 공훈이라는 허영에 눈이 멀어 앞다투어 몰려가고, 일반 인민은 스스로 비굴하여 군인을 받들기에 바쁘다. 봉건 시대의 하인과 마찬가지라고 한다면 어찌 이것이 국가의 경사인가. 이것이 군인에게 과도한 명예를 주고 과도한 존귀함을 유지하게 하여 얻은 가공할 만한 결과다. 그렇다. 입영하는 병사에게 과도하게 경례를 하는 것은 잘못이다. 허영이다. 실로 나쁜 일이다. 하물며 정촌 인민이 모두 기꺼운 마음에서 우러나 그렇게 하는 것이 아니라, 단지 사이비 애국자인 정촌 관리 등의 협박적 명령에 강요당해 귀중한 시간을 버리거나 피 같은 돈을 내는 데 예외가 없다. 그리하여 입영자 일가도 경례에 보답하는 향연을 마련하느라 부득이하게 말도 안 되는 비용에 울지 않았는가. 이것은 심한 악폐다. 각 정촌의 관리와 지위 있는 인사는 이 이유를 깨닫고 깊이 경계해야 한다.

〈〈何の名譽ぞ〉,《萬朝報》1900년 1월 23일〉

비전쟁문학

　최근에 우리 문단을 향해 전쟁을 제목으로 하고 군인을 소재로 한 뛰어난 대작을 내도록 재촉하는 사람이 많다. 그리하여 작가들 자신도 이 방면으로 크게 힘을 쏟으려 하는 것 같다. 이것이 우리 문학의 앞날을 위하여 이롭지 않다고 할 수는 없다. 하지만 나는 해로움이 더 심각함을 두려워한다. 왜냐하면 세상에서 말하는 전쟁문학은 대개 전쟁을 장려하고 군인에게 아부하는 도구가 되는 경향을 띠지 않는 경우가 드물기 때문이다. 나는 이 점에 대해 지금의 작가와 비평가에게 숙려를 촉구해야 한다고 느낀다.

　그들은 활발하고 장쾌하게 붓을 휘둘러 전쟁을 칭송하고 군인을 찬탄하는 것이 국민의 애국심을 격려하고 의협심을 고무하기 위함이며, 또한 이것은 문사나 시인이 국민으로서 마땅히 해야 하는 책무라고 주장한다. 이리하여 그들의 붓은 칼과 창이 태양에 빛나는 장관을 묘사하면서 살육의 참상은 묘사하지 않는다. 적국의 증오스러움을 설파하면서 병사의 애처로움은 설파하지 않는다. 전리품이 거액임을 설파하면서 약탈의 죄악은 설파하지 않는다. 일개 장군의 성공을 설파하면서 수많은 병사들의 수척함을 설파하지 않는다. 전사(戰死)의 명예로움을 설파하면서 그 이름이 당장에 소멸됨을 설파하지 않는다. 국기의 광영을 설파하면서 인민의 고통은 설파하지 않는다. 영토의 확장을 설파하면서 소모되는 재화는 설파하지 않는다. 야만의 경쟁을 즐기면서 문명의 파괴는 슬퍼하지 않는다. 그리고는 애국심을 격려한다고 한다. 국가를 사랑하는 마음은 어쩌면 격려할 수 있다. 그러나 인류를 사랑하는 마음은 과연 어디에 존재할 수 있는가. 강자와 승자를 찬미하는 마음은 어쩌면 고무할 수 있다. 약자와 패자에 대한 동정은 과연 어디에 존재할 수 있는가. 야만적 전쟁은 어쩌면 장려할 수 있다. 문명적 평화는 과연 어디에서 유지될 수 있는가. 동물적 감정은 어쩌면 진전될 수 있다. 도덕적 이상은 과연 어디에서 유지될 수 있는가. 그가 설파하고 읊조리는 것이 이미 진이 아니고 선도 아니고 더욱이 미를 얻을 수도 없다면 어찌 문사와 시인이 책무를 다한다고 할 수 있는가. 어찌 진정한 문학의 가치를 갖추었다고 할 수 있는가.

그리하여 애국심 장려를 목적으로 하는 문학이 만약 성과를 올렸다고 한다면, 그 성과는 곧 천하의 사람들에게 전쟁의 유쾌함을 느끼게 하고 전사의 명예를 흠모하게 하고 수억의 재화와 수천의 생명을 낭비하고 진보를 저해하고 학술을 위축시키고 몇몇 무단 정치가의 공명심을 만족시킨 것뿐이다. 이른바 국위와 국광의 허영심을 만족시킨 것뿐이다. 적국에 대한 증오를 만족시킨 것뿐이다. 이것은 비단 순정문학의 진가를 결여했을 뿐만 아니라, 타락을 표창하는 것이다. 신성함을 모독하는 것이다. 존 로버트슨은 그의 신작《애국심과 제국》에서 논하기를, "문명적 생활과 양립 불가능한 모든 동물적 천성에서 발현되어 나온 것을 최상의 문학이라고 정의하는 것은 문학의 엄청난 치욕이다. 전편을 통틀어 애정은 없고, 있는 것이라곤 야만적인 질투와 증오의 정뿐이니, 거짓 박애로 이것을 덮는 것은 결합적 정신의 윤리상 매우 열등한 형식이다. 문학이 인생에서 도덕적 양식과 쾌락의 원천인 까닭은 결코 이러한 열등한 감정을 부르짖기 위함이 아니다"라고 했다. 그렇다. 그들이 말하는 고무와 격려에는 박애적 동정은 눈곱만치도 없고, 실로 동물적 욕정을 선동하는 것에 지나지 않는다. 이러한 문학은 우리나라 문학의 앞날을 위하여 결코 축하할 만한 것이 아니다.

그들은 또한 대개 우리 문학은 너무 섬세하고 우미하고 화려하여, 웅대하고 고원하고 비장하고 준수한 대작을 전혀 볼 수 없다, 그러므로 전쟁을 읊고 용사를 노래할 필요가 있다고 말한다. 이런 목적은 진정한 문학을 위해 어느 정도 참된 것이라 할 수 있다. 그리고 예로부터 불후의 문학이 전쟁이나 용사를 소재로 하는 예가 많은 것도 알고 있다. 하지만 그것들이 불후의 명작인 까닭은 동물적 투쟁을 고무하고 찬탄했기 때문이 아니라 진정성에 있다. 선함에 있다. 아름다움에 있다. 그리고 이 고상한 생각을 그리는 것이 희대의 천재임을 알아야 한다. 그렇다. 예로부터 뛰어난 대작이라 하는 것은 제목과 소재를 취하는 데 전쟁을 필요로 하지 않는다. 전쟁 장려를 필요로 하지 않는다. 누가 국기를 노래하라고 하는가. 누가 조국을 칭송하라고 하는가. 보라. 호메로스는 단지 그리스를 위해 노래하지 않았다. 셰익스피어는 단지 영국을 위해 이야기하지 않았다. 단테는 단지 이탈리아를 위해 노래하지 않았다. 햄릿이나 리어왕이나 오셀로가 불후의 대작인 것은 영국의 애국심을 격려하기 때문이 아니며, 호메로스의 이름이 숭고한 것은 아킬레우스의 분노와 개선이 아니라 헥토르의 고뇌와 죽음에 있다. 그렇다. 그리스 문학이 중후한 것은 티르타이오스[38]의 잃어버린 군가에 있는 것이 아니라, 비극에 담긴 깊은 동정심과 사상가의 침잠에 있다. 그렇다. 그들은 국가적이지 않고 세계적이다. 일시적이지 않고 영구적이다. 본능적이지 않고 심리적이다. 살벌하지 않고 대단히 자비롭다. 국기의 영예가 아니라 사회와 인생의 광명이다. 적에 대한 증오가 아니라 이웃에 대한 동정이다. 그러므로 위대할 뿐이다.

무릇 웅대하고 고원하고 준수하고 비장한 것을 찾는다면 굳이 전쟁을 칭송할 필요는 없다. 문학의 바이블을 보라. 법화경을 보라. 평화를 씨실로 삼고 박애를 날실로 삼는다. 누가 이것을 웅대하고 고원하지 않

---

38) **티르타이오스(Tyrtaeos)** 기원전 7세기 무렵에 활약한 서정 시인. 스파르타 군가의 가장 유명한 작사자, 작곡가.

다고 하겠는가. 두보와 이백은 전쟁의 참상을 묘사하여 인민의 평화를 희구했다. 누가 그것을 준수하고 비장하지 않다고 하겠는가. 나는 본래 전쟁을 읊지 말라고 하는 것이 아니고 용사를 찬미하지 말라고 하는 것이 아니다. 우주 삼라만상은 자유롭게 제목을 취하고 재료를 뽑고 스스로 책임진다. 전쟁도 괜찮다. 평화도 괜찮다. 무용도 괜찮다. 검이나 창도 괜찮다. 주판도 괜찮다. 베이징도 톈진도 괜찮다. 하코네(箱根)도 가마쿠라(鎌倉)도 괜찮다. 다만 허위적, 선동적, 야만적이지 않고 진선미를 갖추고 자비롭고 세계적이고 영구적인 것을 기약하지 않으면 안 된다. 만약 헛되이 전쟁을 장려하고 군인에게 아부하는 것을 능사로 한다면, 우리 문학을 멸망시키는 것은 세상이 말하는 전쟁문학일 것이다. 그렇다. 지금 우리 문단은 백 명의 키플링이 필요한 것이 아니라, 한 사람의 톨스토이를 갈망한다. 작가와 비평가 여러분들은 어떻게 할 것인가.

(〈所謂戰爭文學〉, 《日本人》 1900년 9월 5일)

비정치론

정치를 믿지 말라. 정치는 만능이 아니다. 사회의 발달과 국민의 번영이 오로지 정치의 힘으로 이루어질 수 있다고 생각한다면 커다란 오산이다.

정치가 사회와 국민에게 피할 수 없는 현상이고 불가결한 요건임은 물론이다. 하지만 대의 정치의 세상에서는 어떤 면에서 보면, 정치는 확실히 그 사회와 국민이 지닌 성격과 의지의 반영이다. 단지 그 사회와 국민이 스스로 편익이라 여기고 선량하다고 믿는 것을 발표하고 시행하는 기관에 지나지 않거나 또는 그 기관에 칠하는 기름에 지나지 않는다. 그런데 이것을 가지고 그 사회와 국민이 질서도 없고 덕의도 없고 이상도 없고 신앙도 없이 부패하고 타락하여 하루살이나 구더기 같다고 할 수 있는가. 행해지는 정치가 임시변통식 정치일 뿐이다. 호도하고 미봉하는 정치일 뿐이다. 부패하고 타락한 정치일 뿐이다. 내각과 의회를, 국민과 사회를 그저 하루살이나 구더기처럼 꿈틀거리며 살게 하는 정치일 뿐이다. 현재 우리 일본의 정치가 바로 이와 같은 상태에 있지 않은가.

우리 일본의 정치가 더욱더 곤란에 빠지는 것을 보라. 우리 외교가 착실히 실패로 끝나는 것을 보라. 상공업의 날에 위축되는 것을 보라. 도덕의 달에 퇴폐하는 것을 보라. 우리 정치의 힘은 이런 현실을 얼마나 구할 수 있는가. 얼마나 회복시킬 수 있는가. 원로나 의원이나 정당원이나 학자나 논객이 수년 동안 이 문제를 고민하며 거의 미칠 지경이었다. 그리하여 시행하는 것은 더욱더 악화되고 있다. 더욱더 해로워지고 있다. 폐단이 시시각각으로 늘어나는 것이 보일 뿐, 조금도 성공을 거두지 못하는 것은 왜일까. 그들은 정치가 만능의 힘을 지녔다고 여기고 정치에만 의지하여 만사를 해결해야 한다고 보기 때문이다. 종교도 정치에 지배되고, 교육도 정치에 지배되고, 상공업 경제도 모두 정치의 은혜를 입게 하려고 한다. 왜 모르는가, 지금의 정치는 우리 국민의 부패와 타락을 늘리는 기관의 기름에 지나지 않음을. 이것이 초래하는 결과는 헛되이 진흙을 파서 파도를 일으키는 것에 지나지 않는다.

그러므로 일본 사회의 발달, 국민의 번영을 희구하는 자는 오늘날의 정사(政事)에 의지하는 것이 완전히 무익한 것임을 깨닫지 않으면 안된다. 우리 정치가 선량하기를 바라기 전에, 우선 우리 사회와 국민에게 덕의가 있게 하고 신앙이 있게 하고 이상이 있게 하고 제재가 있게 하고 신용이 있게 하고 그런 뒤에 비로소 정치를 행해야 한다. 그렇다. 오늘날의 현실을 개탄하는 어진 지사들은 정치 이외에서 전장(戰場)을 발견하지 않으면 안 된다. 천하의 정치에 광분하는 청년들이여, 크게 숙려하기를 바란다.

〈非政治論〉,《萬朝報》1899년 1월 13일〉

이상 없는 국민

건축공이 벽돌을 쌓을 때, 자전을 쉬지 않는 땅과 직각을 이루어 조금도 오차가 없는 것은 본래 기대하기 어렵다고 하더라도, 되도록 그 각도에 다가가려고 하지 않으면 안 되는 것처럼, 인간은 당장에 이상에 도달할 수 있는 것은 아니라고 하더라도 되도록 그것에 다가가려고 노력하지 않으면 안 된다. 이것은 칼라일[39]이 《영웅 숭배론》에서 설파한 바가 아닌가. 그렇다. 국민의 이상은 단지 그 국민의 정신적 건축의 법도일 뿐만 아니라, 사상적 의식주다. 그러므로 이상 없는 국민만큼 신뢰하기 어려운 것이 없고 이상에 다가가려고 애쓰지 않는 국민만큼 불쌍한 것이 없다. 그들은 바로 건축의 법도를 모르는 건축공이기 때문이다. 의식주를 공급받지 못하는 빈민이기 때문이다.

우리 일본이 과거 50년간, 미증유의 진보를 이룬 까닭은 우리 국민이 원대하고 숭고한 이념과 이상을 품고 오로지 그 지도에 따라 용맹정진하여 물러서지 않았기 때문이다. 이 이념과 이상은 한때 존황양이라 명명되었다. 한때는 개국진취라 명명되었다. 한때는 민권자유라 명명되었다. 때와 장소에 따라 형태와 이름을 달리했어도, 모두 원대하고 숭고한 이상이 일관되게 있었기에 동양의 일대 문명국을 건설할 수 있었다. 우리 국민이 이념과 이상에 충실했기에, 때로는 낭인으로서, 때로는 정치범으로서, 때로는 정당인으로서, 때로는 상공업자로서 물불 안 가리고 위세와 무력에 굴하지 않고 생명을 걸고 재산을 내던져서 찬란하게 빛나는 메이지 역사를 이룰 수 있었던 것이다. 그런데 지금은

39) **칼라일(Thomas Carlyle, 1795~1881)** 영국의 역사가, 수필가. 주요 저서로 《프랑스 혁명》, 《영웅 숭배론》 등이 있다.

어떠한가. 그들처럼 이념과 이상에 충실한 국민은 이미 쇠잔해져서 행동하기 힘들고, 이를 잇는 신국민, 즉 요즘 청년들의 뇌리에는 고원한 이념과 사상은 편린도 찾을 수 없다.

보라. 지금 천하에는 영원한 이상이 없고 다만 눈앞의 육욕이 있을 뿐이다. 시시비비를 보지 않고 이해득실을 볼 뿐이다. 도의를 보지 않고 금전을 볼 뿐이다. 그리하여 50년 동안 자유, 평등, 박애를 향해 맹렬히 나아간 일본이 이제 오히려 전제, 계급, 이기(利己)를 향해 달리는 것이 보이지 않는가. 그 극은 바로 부패이고 타락이니 지극히 개탄할 일이 아닌가.

우리들은 이미 죽어 가는 노인에게 이념과 이상을 실추시킨 책임을 묻는 것이 쓸모없는 일임을 안다. 다만 대개 지금의 청년이 도도한 이념도 없고 이상도 없이 취생몽사하는 자들이니, 아아 누구와 함께 천하를 경영할까. 에드먼드 버크(Edmund Burke, 1729~1797)가 나이 30에 여전히 미천한 한낱 서생으로 글을 팔아 겨우 생계를 유지하고 있었을 때, 우연히 해밀턴(William Gerard Hamilton, 1729~1796)이 300파운드의 연봉을 주며 붓을 꺾게 하고 저작 활동을 그만두라고 하자, 버크는 분연히 "내 희망을 가로막고 내 자유를 박탈하여 영원히 내 본령을 없애려 하느냐"고 하며 당장에 해밀턴과 관계를 끊은 것을 생각한다. 아아, 우리나라의 청년 가운데 희망과 자유, 본령을 위하여 눈앞의 영리를 버리는 버크처럼 될 수 있는 사람이 과연 몇이나 있을까. 우리들은 이상의 일본이 완전히 물질의 일본으로 타락해버린 것을 보고, 국가의 앞날이 불안함을 마음 깊이 느낀다.

(〈理想なき國民〉, 《萬朝報》1900년 5월 14일)

마비된 국민

물과 불이 몸에 닿아도 뜨거운지 차가운지도 모르고, 칼이 살을 찔러도 아픈지 가려운지도 모른 채 흐릿한 정신으로 잠들지 않고서 꿈을 꾸는, 흡사 중산(中山)의 술을 마시고 천 일을 취해 있는[40] 듯한 것이 우리 국민의 오늘날 상태가 아닌가. 그들은 정신적으로 마비되어버린 것이다.

본래 우리 국민은 감성이 매우 예민하고 정열은 가장 왕성하다고 칭찬받는다. 인의(仁義)를 위하여 자기 한 몸 돌보지 않고 충애(忠愛)를 위하여 죽음을 가벼이 여기는 데 이르면 거의 광인 같을 정도다. 이러한 광인들이 자주 배출된 것은 우리 일본 국사(國史)의 광채로서 우리가 군자국임을 자랑해 마지않는 까닭이었다. 보라. 우리가 청나라를 이긴 것은 본래 육해 장병들의 지혜와 용기 덕분이지만, 절반의 공과는 우리 국민 모두가 열광적으로 대처한 데 있다. 전후에 치롤 씨(Ignatius Valentine Chirol, 1852~1929)가 청나라를 떠나서 일본으로 건너가니 날이 밝은 것 같은 느낌이 든다고 경탄할 만큼 명예를 떨칠 수 있었던 것은 오로지 우리 국민이 애국심을 실천하는 기운이 유례없이 충만했기 때문이다.

그 이후 불과 3년이 지난 오늘날, 마치 불과 같았던 애국심의 기운과 열광은 지금 어디로 갔는가. 정부는 황금으로 우리 헌정을 유린하고, 의원은 대의의 책임을 헛되이 하여 권세와 이익에 광분한다. 하지만 국민은 여전히 부패에 분노하지 않는다. 국민이 재산을 내던지고 목숨을

---

40) 《박물지(博物志)》에 나오는 고사. 유현석(劉玄石)이 중산의 술집에서 천일주를 마시고 깨어나지 않자, 죽은 줄 알고 매장했는데 천 일 만에 깨어났다는 이야기다.

걸어 얻은 전승의 명예는 진흙탕에 처박아 두고 문명의 나라는 홀연히 야만의 땅이 되려 한다. 하지만 국민은 여전히 퇴보를 우려하지 않는다. 정부는 상공업 보호에 목숨을 걸고 일종의 중상주의 정책을 시행하여 자기 사욕을 채우느라 급급하다. 하지만 국민은 여전히 위태로움을 느끼지 못한다. 재상이 부덕하여 풍속이 나날이 타락하여 남편을 죽이고 부모를 죽이는 범인이 나오는데도 국민은 여전히 말세적 현실을 슬퍼하지 않는다. 무릇 우리 정계의 부패, 경제의 불안, 도덕의 타락이 나날이 심해져서 모든 것이 국가를 위급한 운명으로 몰고 가지 않는 것이 없다. 하지만 우리 국민은 여전히 거의 감지하지 못하는 것 같다. 국민의 마비가 이러한 지경이라면 끝났다고 보아야 할 것이다. 고대 로마는 이리하여 멸망했다. 오늘날 청나라는 이리하여 멸망하려 한다. 소식(蘇軾)은 "천하의 근심 중에 그렇게 될지 모르고 그런 것보다 더 큰 것은 없다. 그렇게 될지 모르고 그러는 것은 팔짱을 끼고 난을 기다리는 것이다"라고 했다. 그렇다. 우리 국민은 팔짱을 끼고 난을 기다리는 자가 아닌가.

무릇 흥분제를 과다 사용하는 것은 심기를 일시에 흥분시키므로 좋지 않다. 얼마 후에 혼미하고 졸도하여 인사를 분별하지 못하고, 겨우 이것을 각성하면 마치 여우에 홀렸다 깨어난 것과 같다. 지금 우리 국민은 청일전쟁에서 과도하게 흥분했다가 갑자기 엄청난 권태에 빠져 지쳐서 쓰러진 채로 앞뒤를 모르는 지경에 이르렀다. 그동안에 도둑이 당신의 재산을 약탈하고 있다. 도둑은 당신의 생명을 빼앗으려 한다. 하지만 당신은 마비되어 알지 못하고 헛되이 주식이 오르기를 꿈꾼다.

30년 전 자객이 밤에 교토 기야마치(木屋町)의 여관에서 사카모토 료마[41], 나카오카 신타로[42] 등 두 무사를 찌르고 달아났다. 잠시 후에 하우타[43]를 부르며 아래를 지나가는 자가 있었다. 나카오카가 상처를 어루만지며 한탄하기를, "지사는 홀로 고통을 받는데 세상 사람들은 평온하게 행락을 즐긴다. 세상은 다양한 것일까"라고 했다. 우리들은 오늘날 이를 깊이 한탄한다. 아아, 국민이 빨리 혼수 상태에서 깨어나지 않는다면 국가의 앞날은 어찌 될까.

(〈國民の麻痺〉,《中央新聞》1897년 5월 17일)

41) **사카모토 료마**(坂本龍馬, 1835~1867) 막부 말기 도사 번(土佐藩)의 무사였다. 1866년에 삿초(薩長) 동맹 성립에 진력했고, 도사 번 영주인 야마우치 도요시게(山內豊信)를 설득하여 대정봉환(大政奉還)을 성사시켰으나, 교토에서 암살당한다.

42) **나카오카 신타로**(中岡愼太郎, 1838~1867) 막부 말기의 지사로서 도사 번 출신이었다. 존황양이파 지도자로 삿초 동맹 성립에 진력했고 막부 토벌 운동에 분주했으나, 사카모토 료마와 함께 교토에서 막부의 자객에게 암살당한다.

43) **하우타**(端歌) 에도 시대 후기에서 막부 말기에 걸쳐 유행한 샤미센 반주의 소품 유행가.

목적과 수단

천하에 근심스러운 것 가운데 사회의 인민이 목적과 수단을 혼동하고 전도(轉倒)하는 것보다 심한 것은 없다. 사람이 먹는 것은 살기 위해서다. 하지만 요즘 사람들은 먹는 데 급한 나머지, 거의 먹기 위해서 사는 느낌이 든다. 무인이 싸움을 익히는 것은 혼란한 세상을 고쳐 바른 길로 되돌리기 위해서다. 하지만 요즘 사람들은 공명에 급한 나머지, 거의 국가의 변란을 이용하는 듯하다. 의사는 병을 고치기 위함이다. 하지만 요즘 사람들은 사업을 번창시키는 데 급한 나머지, 거의 전염병의 유행을 바라는 듯하다.

무릇 굶거나 포식하다가 잠에 빠져 과거도 없고 미래도 없이 아득한 꿈처럼 생을 마감하는 것은 금수나 어패류다. 인간이 일정한 이상과 목적을 가지고 그 명령에 따라 진퇴하고 움직이고 멈추는 것은 확실히 금수나 어패류와의 차이를 규정하는 요건임에 틀림없다. 그러므로 개인은 개인의 이상과 목적이 없어서는 안 되며, 사회는 사회의 이상과 목적이 없어서는 안 된다. 동서고금을 통틀어 개인과 사회가 좀 더 많이 진보하고 번영하는 것은, 그 이상과 목적에 대해 좀 더 많이 열성적이고 충실한 데에서 기인할 뿐이다.

세상에는 부정한 목적에 대한 부정한 수단이 있다. 이것이 사회에서 용인될 수 없음은 물론이다. 만약 원대하고 숭고하며 또는 필요 불가결한 목적을 위해 부정하고 추악한 수단을 강구했다면, 그것 때문에 원대하고 숭고한 목적과 이상을 벌하는 것은 가혹하다. 상투를 틀고 40년을 사방으로 돌아다니면서 뜻을 얻지 못하다가 마침내 상도를 벗어난 행동을 하고 만 중국의 호걸[44]처럼, 그 수단은 밉다 해도 뜻은 오히려 가련한 것이다. 먹고살기 위해 도둑질을 한 빅토르 위고의 소설 속 인물처럼, 그 수단은 증오할 만하다고 해도 그 정은 오히려 가련한 것이다. 부정하고 추악한 수단에 대한 책임은 목적이 아니라 따로 물을 곳이 있다. 그것은 주로 사회나 개인이 몽매하여 그들의 목적에 혹독하기 때문에 발생하는 것이다. 우리들이 처음부터 큰 공훈은 사소한 잘못을 돌아보지 않는다고 주장하는 것은 아니지만, 하나의 목적과 이상을 위하여 물러서기도 하고 나아가기도 하고 죽기도 하고 살기도 하는 것은 인간 사회의 본분임을 확신한다.

지금 우리 국민의 실상이 어떠한지 보라. 하나의 원대하고 숭고한 목적을 위하여 진퇴하는 자가 있는가. 언제 하나의 원대하고 숭고한 목적을 위하여 진퇴한 적이 있는가. 그 이상과 목적에 열성적으로 충실하지 않으면, 마침 그것을 가지고 있어도 홀연히 도중에 상실하거나 기각되고 마는 것이다. 수단의 난이도와 속도에 따라 몇 차례 목적을 경신하는 것이다. 이것은 목적을 위하여 수단이 있는 것이 아니라, 수단을 위하여 목적을 세우는 것이다. 다시 말해 목적과 수단이 완전히 전도되었다. 심한 경우에는 아무런 목적도 없으면서 목적이 있는 것처럼 가장하여 들개처럼 방황하고 장구벌레처럼 준동하기 시작한다. 생각해보라. 정당의 목적은 이념과 정견의 실행이 아닌가. 하지만 오늘날의 정당은 당세 확장을 위하여 이념과 정견을 완전히 희생하지 않았는가. 정치가의 목적은 인민의 이익 증진이 아닌가. 하지만 오늘날의 의원 정치가는 지위와 녹봉과 권세를 유지하기 위하여 인민의 이익을 완전히 희생시키지 않았는가. 정치 활동가도 그렇다. 교사도 그렇다. 승려도 그렇다. 학자도 그렇다. 그들은 목적과 수단을 완전히 전도시켜버렸다. 목적에

----

44) 중국 초나라 무인 오자서(吳子胥)를 말한다. 초의 평왕(平王)이 그의 부모형제를 죽이자, 오나라를 도와 초를 공격하여 원수를 갚고, 이미 죽고 없는 평왕의 무덤을 파헤쳐 시체에 채찍질을 했다.(본서 81쪽 각주 36 참조.)

충실하고 열심인 것이 아니라 오로지 수단을 표준으로 삼아 진퇴하는 국민은 책임 없는 국민이다. 식견 없는 국민이다. 의지가 박약한 국민이다. 경솔하고 가벼운 국민이다. 남을 속이고 자신도 속이는 국민이다. 예로부터 이와 같은 국민치고 쇠퇴하여 멸망하지 않은 예가 없으니 근심스럽지 않은가.

〈目的と手段〉,《萬朝報》1900년 6월 12일)

의무감

의무감은 말은 대단히 오래되었지만, 뜻은 매우 새로운 것임을 알아야 한다. 왜냐하면 의무감은 우리 국민에게 결핍된 것이기 때문이다. 아니, 전혀 없다고 해도 될 정도이기 때문이다.

생각해보라. 지금 우리나라의 관민(官民)과 상하(上下) 만반의 사회를 통틀어 정당하게 의무를 다하는 자가 한 사람이라도 있는가. 다하고자 마음먹고 있는 자가 있는가. 그들은 "이러이러한 것은 내 권리다, 여차여차한 것은 내 이익이다"라고 말한다. 권리와 이익이 존재하는 곳에는 멧돼지처럼 돌진하고 독수리처럼 날아오르려고 해도, 일단 의무라는 말을 들으면 교묘하게 비껴가고 책임을 전가하려고 하지 않는 자가 없다. 관리는 인민을 꾸짖을 권리를 크게 휘두르고, 인민을 보호하고 편익을 제공해야 한다는 의무감은 전혀 가진 적이 없다. 상인은 오로지 상품의 대금을 청구할 권리만 휘두르고, 상품이 반드시 양호하고 견고해야 한다는 의무감은 전혀 가진 적이 없다. 주주는 오로지 이익 배당을 받을 권리를 휘두를 뿐이고, 사업의 번영에 힘써야 한다는 의무감은 전혀 가진 적이 없다. 의원은 오로지 예산과 법률 협찬권을 휘두를 뿐이고, 그 시행이 국가와 인민의 이익과 행복이 되어야 한다는 의무감은 전혀 가진 적이 없다. 선거민 또한 오로지 선거권을 휘둘러 표를 팔 뿐이고, 헌정에 완전히 충실할 의무감은 전혀 가진 적이 없다.

진정한 권리는 진정한 의무를 수반하지 않으면 안 된다는 것은 말할 필요도 없다. 국가에 대한 의무를 다하지 않는 자는 국민의 자격이 없다. 사회에 대한 의무를 다하지 않는 자는 사회의 일원이 될 자격이 없다. 이미 자격이 없는 자에게 권리가 있을 리 없다. 그들이 먼저 의무를 다하지 않고 오로지 권리를 주장하고 휘두르려 하는 것은 방자함이다. 개인으로 보면 개인의 타락이다. 사회로 보면 사회의 파멸이다. 상하가 서로 이익을 취한다면 나라가 어려울 것[45]이라는 맹자의 가르침은 바로 이러한 뜻이다.

프랑스대혁명 이후에 혁명을 혁명으로 잇고 전복을 전복으로 이으면서 정치 체제가 몇 차례 바뀌었는지 모르지만, 결국 견고한 건설을 이룩할 수 없었던 것은 지혜가 없고 지식이 없고 용기가 없었기 때문이 아니다. 다만 프랑스 사회가 오로지 권리를 보고 의무를 보지 못했기 때문이니, 국가와 사회는 곧 타락이 아니면 붕괴가 있을 뿐이다. 만약 미국 건설 초기에 워싱턴이 오로지 권리와 이익을 주장하며 제3대 대통령이 되는 것을 받아들였다면, 우리들은 오늘날의 미국이 반드시 가공할 만한 세습 전제국이나 그렇지 않으면 혁명을 혁명으로 잇는 프랑스처럼 되었으리라고 확신한다.

알아야 한다, 오늘날 일본의 부패와 타락은 우리 국민 사이에 의무 개념이 완전히 결핍된 데서 나왔음을. 먼저 의무를 다하지 않고 오로지 권리와 이익을 주장하는 폐단에서 나왔음을. 고로 오늘날의 일본을 구하고자 하는 자는 먼저 우리 사회와 인민에게 의무를 중시하고 의무를 다하는 마음을 환기시키고 양성하는 것보다 급한 것이 없다. 만인이 각자 의무를 다하여 태만하지 않는다면, 진정한 권리는 저절로 여러분에게 올 것이다. 현대의 청년들이 오로지 이것을 명심한다면 앞당길 수 있지 않겠는가.

(〈義務の念〉, 《萬朝報》 1901년 7월 11일)

---

45) 《맹자》 〈양혜왕 상〉에서 혜왕이 나라를 이롭게 하는 방법을 물었을 때 맹자의 답변 중 "上下交征利 而國危矣"을 인용한 것이다.

노인의 손

노검객 모 씨가 일찍이 우리들에게 말하기를 "젊은 시절 검을 내리칠 때, 마음이 움직이는 찰나에 칼이 곧바로 함께 나갔지. 그 사이에 털끝 하나 들어갈 틈이 없었는데, 지금 내 눈은 여전히 보이지만 손이 이를 따르지 못하니, 아아, 내가 늙었구나" 하고 한탄했다. 현재 국가의 경영을 맡은 자의 태도를 보라. 이것과 비슷하지 않은가. 천하가 온통 위축되고 침체되고 마비되고 혼수 상태가 극에 달해 거의 죽은 것 같은데도 누구 하나 밝은 뜻을 품는 자가 없는 것은 왜일까. 그들이 진정으로 늙었기 때문이다. 비단 나이뿐만이 아니라 마음이 완전히 다하고 몸이 완전히 쇠했기 때문이다.

마음이 움직여도 볼 수 없고, 보아도 그것을 통제할 수 없다. 마치 노검객의 심기가 잘못 작용하여 수족을 자유자재로 움직이지 못하는 것과 같다. 이른바 정국 전개에서 그들이 얼마나 애썼는가를 보라. 관청의 규율 확립을 위하여 그들이 얼마나 애썼는가를 보라. 교육 부진에 대해 그들이 얼마나 애썼는가를 보라. 재정 불운에 대해 그들이 얼마나 애썼는가를 보라. 그런데도 결국 어느 방면에서도 조금도 효과를 거두지 못하고 위축과 침체와 마비와 혼수 상태가 여전하지 않은가. 그리하여 국가와 사회는 빨리 그들 노쇠한 자들과 고별하고 나아가려고 하는 것이다. 웃음을 참는다. 지금도 여전히 이토 히로부미를 받들고 이노우에 가오루를 밀고 오쿠마 시게노부를 끌어안고 천하를 구하려는 자여.

유신의 혁명은 〈토코톤야레〉[46]의 가락 속에서 성취되었다. 입헌 대

46) **토코톤야레** 〈미야상 미야상(宮さん宮さん)〉이라고도 불리는 메이지 초기의 유행가. 막부 토벌에 나선 관군들이 불렀다고 한다.

의 제도는 당시에 자유당 지사가 부른 "첫해, 사람 위에 **사람 없네**"라는 창가[47] 속에 설립되었다. 유신의 원훈이나 정당 지도자들은 당시의 중대한 혁명 사업을 자신들의 손으로 매우 쉽게 이룩했는데, 오늘날 구구한 작은 문제들을 결국 해결하지 못하는 것을 보면서 어찌 스스로 기이하게 여기지 않는가. 다름이 아니다. 당시 사업은 그들이 청년 활동가의 의기를 가지고 단행했기 때문이다. 오늘날의 문제는 오로지 늙은이의 수완에 의지하기 때문이다. 오늘날 풍속개량회에서 안좌법(安坐法)을 강의하고 조금의 반향조차 얻지 못하는 이타가키 다이스케 백작[48]이 당시 자유민권의 목소리로 60여 주(州)의 산하를 뒤흔든 것을 생각하면, 천하에 가장 가엾은 자가 어찌 미인과 명장뿐이겠는가.

번벌도 늙었다. 의회도 늙었다. 정당도 늙었다. 대학도 늙었다. 국회의원이나 학자나 상인 가운데 나이 40이 안 된 자는 있다. 하지만 그들의 마음은 완전히 늙었다. 국가와 사회의 경영은 이미 그들의 손을 떠나 우리 청년의 수중에 떨어지려 한다. 청년이 득의양양한 시대가 열리

....

47) 자유민권 사상을 고취하기 위해 정치 활동가들이 민간에 유행시킨 엔카(演歌)인 〈민권숫자풀이노래〉(民權數え歌)의 첫 구절 "첫해, 사람 위에 사람 없네. 권리를 대신하는 것이 없으니까 이것이 사람인 법(一ツトセ一 人の上には人ぞなき 權利にかわりがないからは・コノ人じゃもの)"으로 도사(土佐) 출신 자유민권운동가 우에키 에모리(植木枝盛)가 노랫말을 지은 것으로 전해진다.

48) **이타가키 다이스케**(板垣退助, 1837~1919) 도사 번 출신의 메이지 시대 정치가. 존황양이론을 외치며 막부 토벌 운동에 가담했다. 유신 이후에 신정부 관리가 되었으나, 정한론(征韓論)을 주장하여 하야했다. 이후 민선 의원 설립 의견서를 정부에 제출하고 자유민권운동에 착수했다. 1881년에 결성한 자유당 총리로 추대되었으나 서구 시찰 후인 1884년에 당을 해산했다. 1887년에 백작 작위를 받았으며, 같은 해에 국회 개설, 언론 자유, 민력 휴양(民力休養), 해군 확장, 조약 개정 등에 관한 의견서를 천황에게 제출했다. 민권파들의 통일적 반정부 운동인 대동단결운동이 분열 상태에 빠지자 재통합에 힘써 입헌자유당을 결성하고 정부를 공격했지만, 도사 출신 의원들이 정부에 매수되자 그 책임을 지고 탈당했다. 1895년에는 이토 히로부미 내각에 입각하여 내무대신이 되기도 했다. 이후 정치 활동을 떠나 풍속개량회를 조직하여 잡지를 창간하기도 했다.

려 하는 것이다.

　우리들은 천하에 유망한 청년 지사를 대신하여 오늘날의 노쇠한 무리들한테 대단히 감사한다. 우리들은 당신들의 20여 년에 걸친 노고와 진력을 진심으로 인정한다. 하지만 오늘 이후의 풍운은 우리 청년들의 손으로 일으켜야 한다. 오늘날의 침체, 위축, 마비, 혼수 상태를 보면 그것을 어찌할 수 없는데도, 당신들은 어째서 노검객의 말처럼 나는 늙었다고 자백하지 않는가. 헛되이 일시적인 피하주사로 노쇠함을 덮으려 해도 오히려 피로를 더할 뿐이다.

(〈老人の手〉, 《萬朝報》 1900년 4월 25일)

문명을 모욕하는 자

몸에 서양 신식 옷을 걸치고 손에는 반드시 양서를 들고, 이야기는 반드시 서양어를 섞으면서 의기양양해서 서양 문명의 진의를 얻었다고 떠들어대며, 그렇지 않은 인사를 가리켜 당장 미개하고 야만적이라며 비웃는 무리가 최근에 날이 갈수록 늘고 있다. 세상의 경박한 무리들이 엄청나게 이러한 유행을 따르는 것 같다. 아아, 그들이 어찌 진정한 문명인인가. 그들이 어찌 진정한 문명인인가.

19세기 서양 문명의 정수는 개인들이 자유 평등의 이상을 품고 자주 독립의 기상이 풍부했던 데 있다. 프랑스혁명이 유럽 천지를 일신한 것은 오로지 자유 평등의 이상을 향하여 매진한 덕분이었다. 대륙 각국이 헌법을 정하고 의회를 설치하여 수많은 국민적 통일과 흥륭을 이룬 것도 자유 평등의 이상이 널리 퍼진 덕분이었다. 많은 과학적 발명이 산업혁명을 이끈 것도 오로지 자유 독립의 기상이 축적된 덕분이었다. 영국의 공업과 통상이 세계 시장을 제패한 것도 이 기상이 떨쳐 일어난 덕분이었다. 프랑스의 문예가 크게 번성하고 독일의 학술이 다양하게 구비된 것도 모두 이와 같은 이상과 기상이 흥륭한 결과가 아닌 것이 없다. 자유주의도 여기에서 나왔다. 제국주의도 여기에서 나왔다. 사회주의도 여기에서 나왔다. 그들의 진보가 항상 세계에 앞서고 그들의 부강이 항상 세계에서 뛰어난 까닭은 모두 여기에서 기인하지 않은 것이 없다. 그러므로 서양 문명의 진의를 얻어 성과를 거두고 혜택을 입고자 한다면, 오로지 이 이상을 함양해야 한다. 이 기상을 떨쳐 일으켜야 한다. 어찌 하이칼라에 있겠는가. 화장품에 있겠는가. 글자를 옆으로 쓰는 데 있겠는가.

그런데 문명인을 자처하는 저 무리들을 보라. 자유 평등의 이상에 다가가고자 하는 자는 추호도 없고, 이 기상을 지닌 자도 하나도 없다. 그들이 숭배하는 것은 귀족이다. 번벌이다. 대훈위[49]다. 후작이다. 그들이 희망하는 것은 관직이다. 지위와 녹봉이다. 국장이다. 공사(公使)다. 그리하여 이익을 좇기 위해서는 아첨을 하지 않는 곳이 없고, 야망을 달성하기 위해서는 술수를 쓰지 않는 곳이 없다. 대개 실제 행실은 도박에 빠지고 주색에 빠지고 부채가 쌓여 있으면서도 여전히 반성하지 않는다. 그러면서도 여전히 문명의 신사, 문명의 정치가라 자처한다. 이보다 더 심하게 문명을 모욕하는 것이 있겠는가.

그렇다. 그들의 옷은 문명이다. 글자나 담화는 문명이다. 하지만 눈 속과 뇌리에 있는 것은 오로지 귀족, 전제, 관직, 금전, 주색, 맹종, 아첨에 지나지 않다고 한다면, 이것이 어찌 문명의 껍질을 뒤집어쓴 야만인이 아니겠는가. 그들이 평소에 조소하는 야만인은 사상이나 내용에서는 아직 그들만큼 야만적이지 않다. 저열하지 않다. 의지가 박약하여 실천을 못하지 않는다. 우리들은 그들이 의기양양하게 세상에 자랑하는 요즘과 같은 시절은 결코 국가의 경사가 아님을 믿는다.

(〈文明を汚辱する者〉, 《萬朝報》 1900년 4월 25일)

---

49) **훈위(勳位)** 국가나 군주를 위해 공을 세운 사람에게 수여하는 위계를 말하는데, 메이지 시대에는 8등까지 있었다. 대훈위는 최고의 훈위였다.

이토 후작의 성덕

일찍이 책을 읽다가 프랑스의 위인 장자크 루소가 탄식한 말을 본 적이 있다. 큰 인물은 비유컨대 길거리에 서 있는 흰 벽과 같다. 지나가는 사람들이 모두 그 위에 낙서를 하여 더럽힌다고 했다. 우리들은 오늘날의 이토 히로부미 후작에 대해 이와 같은 느낌을 대단히 많이 받는다.

우리들은 본래 이토 후작을 큰 인물로 보지는 않는다. 그가 겁약하고 아첨을 잘하며, 저열하고 파렴치한 소인이라는 것은 이미 여러 차례 강조했다. 하지만 그는 확실히 어떤 한 부분에서 4천만 명 중 어느 누구도 필적할 수 없고 어느 누구도 비난할 수 없고 어느 누구도 비판할 수 없는 성덕(盛德)을 지녔다. 우리들은 일단 성덕이라고 한다. 성덕이라는 말 이외에 적당한 명사를 선택할 자유가 없기 때문이다. 그의 성덕이란 다름 아니다. 천황으로부터 공전의 총애를 받는 것이 그것이다.

이 성덕은 예로부터 군자가 가지는 것인지 소인이 가지는 것인지를 묻지 말아야 한다. 이토 후작이 이것을 가질 자격이 있는지 없는지를 묻지 말아야 한다. 다만 그는 현실적으로 이 성덕을 가진다는 점, 성덕이 천하에 가장 뛰어나다는 점이 바로 그를 길거리의 흰 벽이 되게 했다. 지나는 자는 모두 그 위에 낙서를 하고 그를 모욕하지 않는 자가 없다. 하지만 그는 스스로 그것을 불식할 수 없다. 거절할 수 없다. 도피할 수조차 없다. 가엾지 않은가.

자유당이 그를 추대한 까닭은 오로지 그가 흰 벽의 성덕을 지녔기 때문이다. 정치적 말썽꾼들은 모두 이 흰 벽을 이용하여 글자로 얼굴을 그리는 식의 필력을 드러내려 몰려왔다. 구 관리인 막부 관료나 신진 학자들이 그를 추대하는 까닭은 역시 흰 벽을 이용하여 사랑의 낙서나 여러 가지 낙서를 하는 기쁨을 얻기 위해서다. 그밖의 허다한 정치적, 실업적 여행객은 이 흰 벽으로 달려가 이름을 새기고 생각하는 바에 제목을 달고 지나가지 않는 자가 없다. 이리하여 처음에는 휘황하게 빛났던 것도 종횡으로 칠해지고 상하로 그려져 단지 검게 변해, 어느 것이 글자로 그린 얼굴이고 어느 것이 사랑의 낙서인지도 분별하지 못하고, 오로지 떨어져 내리기를 기다릴 뿐이다.

그렇다. 그는 지금 이와 같은 처지에 있다. 그에게 성덕이 없었다면, 그는 결코 행인의 주목을 끌지 못했겠지만, 그래도 이와 같이 불식할 수 없는 모욕, 도피할 수 없는 궁지에 몰리는 일은 없었을 것이다. 단지 내지의 여행객에게 덧칠될 뿐만 아니라, 나아가 외국의 정치적 여행객의 얼굴 낙서를 감수하지 않을 수 없는 운을 만난 것이다. 그리하여 그는 나아가려고 해도 나아갈 수 없으며 물러서려고 해도 물러설 수 없으니, 뉘우쳐 한탄하고 회한하는 상태는 헤아리기조차 힘들다고 해야 할 것이다.

와타나베 구니타케[50]도 이 벽 위에 큰 붓을 휘두르려 하는 사람이었다. 처음에는 까마귀나 소처럼 덧칠된 추함을 견디지 못하고 떠나려고 하다가 겨우 여백이 약간 있는 것을 발견하고 다시 그 아래에서 쉬기 시작했다. 아아, 성덕, 흰 벽의 성덕, 우리들은 오히려 연민의 정을 느낄망정 부러워할 만한 것을 찾을 수 없다.

〈伊藤侯の盛德〉,《萬朝報》1900년 4월 25일)

---

50) **와타나베 구니타케(渡辺國武, 1846~1919)** 메이지 시대의 관료 정치가. 1888년에 마쓰카타 마사요시 재무장관 밑에서 차관이 되었다. 1892년에 제2차 이토 히로부미 내각에서 재무장관으로 발탁되어 청일전쟁 중 전시 재정을 담당했다. 전후 경영에서는 군비 확장, 제철소 건설, 철도 부설 등을 추진하기 위하여 등록세, 영업세, 담배 전매 창설 등의 증세를 단행했다. 이토는 정당 출신자와 균형을 맞추기 위해 관료 출신인 와타나베를 이용했다.

평범한 거인

거인이 두 명 있다. 한 명은 기이한 재능과 탁월한 수완을 휘둘러 비범한 활극을 연출하여 일시에 천하의 이목을 놀라게 하여 강호의 갈채를 받았다. 다른 한 명은 행실이 굳이 바른길을 벗어나지 않고 추호도 기이함이 없으면서도 선을 쌓고 덕을 높이 세워 마침내 한 시대가 추앙하는 사람이 되었다. 우리들은 전자를 비범한 거인이라 부르고 후자를 평범한 거인이라 부르고자 한다.

비범한 거인은 대개 군인, 정치가가 많다. 평범한 거인은 드물게 학자, 교육자, 종교인 중에서 나온다. 유사 이래 비범한 거인은 많으나 국가와 인민에게 이로운 바가 적고, 평범한 거인은 적으나 사회와 문명에 이로운 바가 많다. 비범한 거인은 예를 들면 기암괴석이나 거센 폭포가 사람을 놀라게 하는 것과 같다. 그런데 놀라게 한다고 해도 그 효과는 문사나 시인이 쓸데없이 잔재주를 겨루는 재료에 지나지 않을 뿐이다. 평범한 거인은 예를 들면 한 덩어리의 토양이 쌓여 우뚝 솟은 큰 산이 되고, 한 갈래 가는 물줄기가 모여 넓디넓은 강과 바다를 이루는 것과 같다. 그것이 평범하다고 해도 만민은 그것 덕분에 살고 의식주를 얻는 것이 아닌가.

그렇다. 두 명의 거인이 있는데, 하나는 폭력이고 하나는 의리다. 하나는 재지(才智)고 하나는 덕행이다. 하나는 인작(人爵)이고 하나는 천작(天爵)이다. 하나는 물질이고 다른 하나는 정신이다. 고로 하나는 눈앞에 있고 다른 하나는 썩지 않는다. 우리들은 비범한 거인을 천 명 내는 것보다는 오히려 평범한 거인이 한 명 있기를 바란다. 그리하여 보라. 유신 이래로 많은 비범한 거인을 냈다. 기도 다카요시(木戸孝允,

1833~1877)나 사이고 다카모리(西郷隆盛, 1828~1877)나 오쿠보 도시미치(木久保利通, 1830~1878)나 이와사키[51]는 모두 비범한 거인이었다. 평범한 거인에 이르면 과연 누가 있었는가. 우리들은 겨우 고 후쿠자와 유키치(福澤諭吉, 1835~1901) 옹 하나가 평범한 거인을 방불케 함을 보았을 뿐이다.

직언하면 우리들은 평소에 후쿠자와 옹의 소견에 따르지 않는 자가 많았다. 하지만 옹이 일찍이 서구 문명을 강의하고 많은 영재를 교육하여 일대 사상을 혁신하고 현재의 일본 문명을 이룩한 공적은 천고에 닳지 않을 것이다. 공자가 일컬어 관중(管仲)이 없었다면 우리는 옷깃을 왼쪽으로 여미는 오랑캐가 되었을 것이라고 했다. 생각건대 옹이 없었다면 우리 국운의 진보가 어찌 이와 같이 될 수 있었겠는가. 우리 국민이 옹에게 진 빚이 많다.

하지만 이것은 여전히 지엽적인 것이다. 우리들이 특히 옹에게 경도되는 까닭은 학문과 문장에 있는 것이 아니라 그 인물에 있다. 평범한 거인인 데 있다. 옹은 평범함에 안주하여 비범함을 바라지 않았다. 동도(東都, 도쿄)에 전쟁의 먼지가 충만할 당시에 의연히 글을 강론할 수 있었던 것이 이것이다. 40년이라는 오랜 세월을 가르치기를 쉬지 않는 성자를 닮을 수 있었던 것이 이것이다. 오래도록 무작(無爵)의 일개 평민으로서 부귀도 음탕하게 하지 못하는 저변의 도덕이 있고 위력도 굴복시키지 못하는 저변의 지조를 지키며 죽음에 이르기까지 변함이 없

....

51) **이와사키 야타로**(岩崎彌太郎, 1834~1885) 미쓰비시(三菱) 재벌의 창설자. 도사(土佐) 번 출신으로서 1866년에 도사 번의 산업 진흥 기관에 근무하기 시작하였고 나가사키에 드나들며 기업가로서 수완을 익혔다. 메이지 유신 후 번의 기관이 사기업이 되면서 해운업을 맡았다. 이후 그는 정계와 결탁하여 사업을 확장했으며, 세이난전쟁(西南戦争, 1877년) 등 내란을 진압하기 위한 정부의 군수물자 수송을 독점함으로써 막대한 이익을 독차지했다. 동시에 연료 확보를 위한 탄광 매수나 금융업, 창고업, 보험업 등에도 손을 뻗쳐 미쓰비시 재벌의 기초를 다졌다.

었던 것이 이것이다. 일대 사표로서 우리 사상계에 대혁신의 위공을 세운 것도 이것이다. 그렇다. 옹이 희대의 거인인 까닭은 다만 철두철미하게 평범한 천직을 행하여 굴하지 않은 데 있다. 평범한 본분을 다하여 꺾이지 않은 데 있다. 비범함을 바라지 않은 데 있다. 그리하여 지금 이 인물이 사라지니 우리들은 천 명의 비범한 거인보다는 일개 평범한 거인이 있기를 바란다. 그런데 지금 이 인물이 사라지니 애석하지 않겠는가.

(〈平凡の巨人〉,《萬朝報》1901년 2월 6일)

《수신요령》을 읽다

후쿠자와 옹이 편찬한 《수신요령》[52]은 "오늘날의 남녀가 오늘날의 사회에 대처하는 길"을 설파했는데, 독자적인 비평안을 갖추고 있어 평범하고 쓸모없는 선비들이 결코 필적할 수 없는 점이 있다. 참으로 최근 교육계의 귀중한 산물(product)임은 틀림없다. 하지만 우리들은 한 번 읽고 나서 대단히 답답한 마음이 들었다. 두 번 읽고 나서는 소름이 끼칠 정도로 두려운 마음이 드는 것을 금할 수 없었다. 왜 그런가.

《수신요령》은 제1조에서 제29조에 이르기까지 이른바 독립자존주의로 일관한다. 옹은 이 주의를 해설하여 "심신의 독립을 온전히 하고 스스로 그 몸을 존중하여 사람다운 품위를 부끄럽게 만들지 않는 것, 이것을 독립자존의 사람이라고 한다"고 했다. 또한 "독립자존의 사람은 자로자활(自勞自活)하는 사람이어야 한다", "신체를 소중히 여겨 건강을 지켜야 한다", "진취확취(進取確取)의 용기가 있어야 한다"고 했다. 이것이 곧 독립자존주의의 정의를 대략 간추린 것이다. 이와 같다면 우리들은 독립자존에 대해 추호도 비판할 곳이 없으며, 개인의 인격을 온전히 하기 위해서는 매우 필요한 것임을 믿는다. 그렇다. 참으로 필요하다. 하지만 "오늘날의 남녀가 오늘날의 사회에 대처"하는 것이 과연 독립자존을 내실로 하는 것으로 그저 본분을 다했다고 할 수 있을까.

사람이 모여서 국가를 이룬다. 그 사람이 바로 항상 국민의 한 사람임을 잊어서는 안 되는 것과 같이, 사람이 사회를 이루는 이상, 그 사람

---

52) **수신요령(修身要領)** 국민 도덕을 고양시키고자 한 후쿠자와 유키치의 유지를 받들어 게이오 의숙(慶應義塾)이 편찬한 교훈집이다. 《시사신보(時事新報)》 1900년 2월 25일호에 발표되었고, 1901년 7월에 단행본으로 나왔다.

은 반드시 항상 스스로 사회 구성원임을 잊어서는 안 된다. 만약에 우물을 파서 마시고 밭을 갈아서 먹고, 제왕의 은택이 있는지를 몰랐던 태곳적 사람이라면 상관없다. 문명의 진보로 분업의 세상이 되었다. 분업의 세상은 결국 사람을 불구자로 만든다. 상업은 결코 상업만으로 먹을 수 없다. 농업은 결코 농업만으로 입을 수 없다. 사회 각자가 상부상조하는 것은, 마치 앞발이 긴 이리와 앞발이 짧은 이리가 상부상조하는 것[53]과 같아, 잠시도 결코 서로 떨어져서는 안 된다. 그렇다. 개인은 오로지 사회 구성원일 때 비로소 독립자존을 내실로 삼을 수 있는 것이다. 일단 사회 조직과 모순을 일으키고 충돌하고 이반하면 사람은 당장 불구자가 될 수밖에 없다. 그러므로 사람이 이 세상에 대처하는 것은 개인으로서는 독립자존을 온전히 하는 한편으로, 사회 구성원으로서는 그 사회에 대한 평등과 조화를 내실로 삼지 않으면 안 된다. 즉 사회에 복종하는 공덕이 없으면 안 되고 사회를 위하여 진력하는 공의(公義)가 없으면 안 된다. 더욱이 나아가서는 사회 공공의 복리를 위하여 개인의 복리를 희생할 각오가 없으면 안 된다. 이리하여 사람은 사회에 속할 때 비로소 사람으로서 본분을 완수했다고 할 수 있지 않을까. 오늘날 문명 사회의 수신요령이라면 어찌 이 중대사를 등한시할 수 있겠는가. 하지만 후쿠자와 옹의 《수신요령》은 오로지 중심을 개인의 독립자존에 두고 사회에 대한 평등과 조화, 공의와 공덕을 훈계하는 데는 너무나도 지나치게 냉담한 것 같다. 제13조에서 제19조까지는 어느 정도 사회에서 개인의 처신을 설파하는 것 같기도 하지만, 단지 "건전한 사회의 기초는 한 사람 한 집안의 독립자존에 있다", "사회 공존의 길은 상호 침범하지 않고 자타의 독립자존을 손상시키지 않는 데 있다.", "복수는

....

53) 앞발이 길고 뒷발이 짧은 이리(狼)와 앞발이 짧고 뒷발이 긴 이리(狽)는 항상 서로 의지해야만 서서 다닐 수 있고 둘이 떨어지면 넘어져서 당황하게 된다는 이야기에서 '낭패(狼狽)'라는 말이 나왔다.

야만이다", "남과 교제할 때는 믿음으로 해야 한다", "예의범절은 교제의 요건"이다. "자신을 사랑하는 정을 넓혀서 타인에게 미치게 하고, 그 고통을 줄이고 복리를 증진하기 위해 힘쓰는 것은 박애의 행위이자 인간의 미덕이다"라고 말하는 데 그칠 뿐이다. 하지만 이것들은 모두 독립자존을 위한 것이며, 개인이 사회 전반의 복리 증진을 위하여 희생하는 것이 본분이고 책무이며 덕의임을 설파하지 않는다. 그리고 우리들은 제22조, 제23조, 제24조에서 군사에 복무하고 국비를 부담하여 외환(外患)이 있으면 생명과 재산을 던져서 적국과 싸워야 한다고는 하면서, 오히려 나아가 크게 전 사회와 인민을 위하여 목숨을 버리고 절개를 지키는 고상한 도의를 설파하지 않은 것을 아쉬워한다.

이와 같이 수신요령은 오로지 독립과 자존을 중시하고 평등과 조화를 경시하며, 오로지 개인의 도덕을 볼 뿐, 개인이 사회에서 지켜야 할 공도(公道)와 공덕을 거의 보지 않는다. 이것이 우리가 답답함을 느낀 까닭이다. 이와 같은 방침을 오늘날의 수신요령으로 삼는다면, 우리들은 그 결과를 상상해볼 때 깊이 우려하지 않을 수 없다.

대개 독립자존은 개인자유주의의 골수이자 주축이다. 우리들은 유럽 각국이 군주 전제의 질곡을 탈피하여 19세기 문명의 광휘를 발휘할 수 있었던 것이 바로 개인자유주의의 선물이었음을 안다. 그리고 우리나라의 오늘날의 문명에, 또한 후쿠자와 옹이 개인자유주의를 전하여 한 시대의 사상을 개혁하는 데 크게 공헌을 한 것을 안다. 하지만 세운(世運)은 날로 변하여 달라진다. 방패와 깃털을 잡고 춤을 추어 평성(平城)을 열 수는 없다.[54] 개인주의적 문명은 과연 언제까지 찬란한 빛을 유지할 수 있을까.

....
54) 순(舜) 임금이 복종하지 않는 묘족(苗族)을 무력으로 제압하지 않고 방패와 깃털을 잡고 춤을 춤으로써 그 덕에 이끌리게 했다는 고사와, 한 고조 유방(劉邦)이 삼십만 대군을 이끌고도 흉노에게 평성(平城)에서 포위를 당했던 고사를 연결한 것이다.

방패에는 양면이 있다. 물건에는 양끝이 있다. 이로움과 해로움은 반드시 어디서나 한 쌍이다. 개인주의는 한편으로 반드시 이기주의를 면할 수 없다. 귀족 전제, 봉건 계급의 폐단이 극에 이르러 인민이 거의 노예의 지경에 떨어졌을 때 개인의 자유와 독립자존주의는 세계의 구세주였다. 후쿠자와 옹은 이때에 이 구세주를 받들고 서서 전에 없이 훌륭하고 뛰어난 업적을 세운 덕분에 이 주의를 유지하였고, 수신요령도 수십 년 동안 변함없이 이것을 골자로 했다고 하지만, 보라. 지금 계급 타파는 질서가 붕괴되어버렸고, 자유 경쟁은 약육강식으로 변했으며, 개인자유주의는 나아가 이기주의의 한 면을 드러내어, 폐단이 사해에 넘쳐흐른다. 그런데 독립자존을, 아니 독립자존만을 사람들이 수신의 요령으로 삼는 것은 위험하지 않다고 할 수 있겠는가.

사회를 위하여 개인을 묻어버리라는 뜻이 아니다. 하지만 사회가 개인을 묻을 수 없듯이, 문명 사회에서는 결코 개인을 우선시하고 사회를 뒤로 할 수는 없다. 수신의 길, 도덕의 가르침은 반드시 한 시대의 사상에 따라 사회 다수의 복리를 표준으로 삼는 공의와 공덕이 아니면 안 된다. 사회의 공의와 공덕이 반드시 독립자존과 상반되는 것은 아니다. 후쿠자와 옹의 뜻은 본래 공의와 공덕을 무시하지 않는다고 해도, 아버지가 원수를 갚으면 그 아들은 반드시 위협한다. 독립자존은 일변하여 이기주의가 된다. 이기주의는 대개 사회에 대한 배덕이 되어버릴 수밖에 없으니, 우리들은 이것을 깊이 두려워한다. 설령 이기주의가 되지 않더라도 고답적인 은자가 될 뿐이다. 백이(伯夷)도 독립자존이었다. 엄자릉(嚴子陵)도 독립자존이었다. 사마휘(司馬徽, 173~208)도 독립자존이었다. 하지만 이들이 어찌 오늘날 사회가 바랄 만한 사람인가.

《수신요령》도 마찬가지로 박애를 말했다. 하지만 단지 "자신을 사랑하는 정을 넓혀서 타인에게 미치게 하는 것은 미덕이다"라고 하는 데 그쳤다. 그렇다. 자신을 사랑(愛己)하는 마음이 타인에게 미치는 것을 미덕으로 삼아도 아직 이기심을 벗어날 수 없다. "타인의 권리와 행복을 존중한다"도 "남과 교제할 때는 믿음으로 해야 한다"도, 모두 '독립자존'을 위해서라고 한다. 이기심을 추구하지 않은 것이 없다. 이것을 어찌 진정한 도덕이라고 할 수 있겠는가. 진정한 인간의 도덕은, 마치니[55]가 말한 바와 같이, 개개인이 사회에 책임과 의무를 다하는 데 있다. 보상을 바라는 데 있지 않다. 보상을 바라고 행하는 사람은 마치 자신의 그림자를 좇아서 달리는 것과 같을 뿐이다. 조금도 보상을 바라지 않고 사회에 대한 책임과 의무를 완수하려면 자신의 몸과 집안의 행복도 버려야 한다. 재산과 생명도 버려야 한다. 이리하여 비로소 대군자도 나오고 대개혁자도 나오는 것이다.

그러므로 독립자존의 가르침은 반드시 조화 평등의 덕을 수반하지 않으면 안 된다. 자애(自愛)의 마음은 반드시 박애의 마음을 수반하지 않으면 안 된다. 만약에 조화 평등의 덕이 독립자존을 통제하지 않고 박애의 마음이 이것을 따르지 않는다면, 독립자존, 개인 자유주의는 바로 부덕한 이기주의가 된다. 혐오할 만한 약육강식이 될 수밖에 없다. 이것이 오늘날의 실상이 아닌가.

그렇다. 오늘날의 근심은 개인주의의 폐단이 극한에 이른 데 있다. 이기주의가 성행하는 데 있다. 자유 경쟁만 있고 평등 조화가 없는 데 있다. 개인은 있어도 국가가 없고, 국가는 있어도 사회가 없다. 다시 말

....

55) **마치니**(Giuseppe Mazzini, 1805~1872) 근대 이탈리아 통일 운동 시대의 정치가, 혁명가. 이탈리아의 통일 공화국을 꿈꾸며 혁명 운동에 뛰어들어 1831년에 청년이탈리아당을 조직했고, 이후 세력을 넓혀 청년유럽당을 창당했다. 1849년에 로마공화국을 세웠으나 실패했다. 마지막까지 공화주의 통일 운동을 벌였으나 실패하고 사망했다. 권리에 앞선 의무를 강조하고 유럽의 조화 속에 조국 통일을 주장했다. 카보우르, 가리발디와 함께 이탈리아 통일의 삼걸로 꼽히며, 1892년에 일본 민우사(民友社)에서 《이탈리아 건국 삼걸(伊太利建國三傑)》(Marriott 원작)이 출판된 후, 중국에서는 1902년에 량치차오(梁啓超)가 번역했고, 한국에서는 1907년과 1908년에 신채호, 장지연, 주시경이 번역하는 등, 동아시아의 민족주의 운동에도 많은 영향을 끼쳤다.

해 사회에 대한 공의와 공덕으로 자기 한 몸을 규율하지 않고, 오로지 자기 한 몸의 이해득실로 사회의 복리를 좌우하려고 하는 데 있다. 이러한 때에 사회적 평등 조화, 공의와 공덕을 설파하지 않고 개인의 독립자존만을 가르치는 것은 불을 끄려고 기름을 붓는 꼴이다. 그 결과가 걱정스럽다.

우리들은 세상의 곡학(曲學)하는 사람처럼 단지 충효의 두 글자가 없는 것 때문에 멋대로《수신요령》을 비판하는 것이 아니다. 다만 진정한 사회적 관념으로 국가나 사회를 위해 자기 몸을 희생하여 있는 힘을 다하는 의용봉공(義勇奉公)의 마음을 장려하는 조목이 없음을 애석해한다. 만약 과연 이것이 있다면 충효는 저절로 그 안에 있을 뿐이다.

(〈修身要領を讀む〉,《萬朝報》1900년 3월 6일~7일)

자유당[56] 제문(祭文)

해는 경자(庚子)년 8월 어느날 밤, 금풍(金風)이 서글피 불고 이슬이 하얗고 하늘이 높을 때, 별 하나가 홀연히 떨어지는 소리가 났다. 아아, 자유당이 죽었는가. 그리하여 그 광영의 역사는 완전히 말살되었다.

아아, 그대 자유당이여, 우리는 이 말을 할 수 있을까. 생각해보면 20여 년 전 전제와 억압의 참혹한 독이 도도히 사해로 흘러넘치고 유신 중흥의 커다란 계획이 크게 좌절되었을 때 하늘에 계신 조종(祖宗)의 영혼은 환히 그대 자유당을 대지에 내려서 고고한 목소리를 드높이고 굵은 빛을 휘날리게 했다. 그리하여 그대의 부모는 우리 건곤에 가득한 자유 평등의 정기였다. 세계를 뒤흔든 문명 진보의 대조류였다.

이로써 그대 자유당이 자유 평등을 위하여 싸우고 문명 진보를 위하여 싸울 때, 의로움을 보고 나아가 바른 길을 밟는 것을 두려워하지 않

---

56) **자유당** 메이지 시대의 대표적인 정당. 결성에서 해산까지의 과정을 두 차례 겪었다. 첫 번째는 자유민권기의 정당으로서 1881년에 일본 최초의 전국적인 단일 정당으로 결성되어 메이지 정부를 전제정부로 비판하고 헌법제정과 국회 조기 개설을 요구하는 한편으로, 일원제와 인권 보장을 기조로 하는 입헌정체를 지향하는 헌법초안을 구상했다. 하지만 정부의 강권적 탄압이 계속되자 당내에 급진주의적 경향이 강해지면서 의견의 불일치가 표면화되는 한편 당의 지지기반이었던 부농층이 긴축 정책으로 몰락하게 되자 자멸하고 말았다. 두 번째는 제국의회 개설(1890)부터 청일전쟁 이후에 걸친 정당으로서 직접국세 15엔 이상의 선거 자격을 전제로 하는 한 지주나 부농층을 지지기반으로 할 수밖에 없고, 초기 의회에서는 민력휴양을 내걸며 토지세 경감을 요구했다. 동시에 국회의원 중심의 정당으로 전환을 도모하여 점차로 군벌정부로의 접근 경향을 강화해 갔다. 청일전쟁 이후에는 총리였던 이타가키 다이스케가 내각의 내무대신으로 입각하는 등, 공공연히 군벌 정부와 제휴하여 적극주의 정책을 추진했다. 지지기반도 도시 부르주아 층으로 확대되어 이윽고 원로 이토 히로부미를 총재로 하는 입헌정우회의 결성에 전면적으로 협력하여 체제 정당으로 크게 변신하게 된다.

고, 천 번을 굴하지 않고 백 번을 꺾이지 않는 의연한 의기와 정신은 진정으로 추상열일(秋霜烈日)의 감개가 있다. 그리하여 이제 편안히 있는가.

그대 자유당이 일어나자 정부의 억압은 더욱더 심해지고 박해는 더욱더 급했다. 언론은 속박당했다. 집회는 금지되었다. 청원은 방지되었다. 그리하여 포박, 추방, 투옥, 교수대. 하지만 그대는 정확(鼎鑊)[57]을 보기를 엿같이 했다. 수만 금의 재산을 탕진하고 후회하지 않았다. 수백 명의 생명을 손상시키고도 후회하지 않았다. 어찌 이것이 그대가 한 가닥의 이상과 신앙을 굳게 지니고 천고에 변함이 없었기 때문이 아닌가. 그리하여 지금 편안히 있는가.

그대 자유당은 이와 같이 당당한 장부가 되었네. 수많은 어질고 의로운 지사들의 오장을 짜낸 뜨거운 눈물과 고운 피는 그대 자유당의 양식이었다. 전당이었다. 역사였다. 아아, 타모노[58]나 무라마쓰[59]나 바바[60]나 아카이[61]처럼, 뜨거운 눈물과 고운 피를 흘린 어질고 의로운 지사들은 그대 자유당의 앞날이 광영으로 빛날 것을 상상하고 의연히 웃음을 머금고 죽음을 받아들였다. 당시 누가 알았겠는가, 그들이 죽고 자유당도 죽으리라고. 그들의 뜨거운 눈물과 고운 피가 원수인 전제주의자의 유일한 장식으로 제공될 것이라고. 아아, 저 뜨거운 눈물과 고

---

57) **정확** 중국 전국 시대에 중죄인을 삶아 죽이는 데 사용한 형구.

58) **타모노 히데아키**(田母野秀顯, 1849~1883) 메이지 시대의 자유민권운동가. 1881년에 자유당에 참가했고, 이듬해에 《후쿠시마 자유신문(福島自由新聞)》 발행에 관여했다. 후쿠시마 현령의 무리한 토목 건설 추진에 자유당원과 농민들이 저항한, 이른바 후쿠시마 사건으로 체포되어 1883년 11월에 옥사했다.

59) **무라마쓰 아이조**(村松愛藏, 1857~1939) 도쿄 외국어학교(東京外國語學校) 러시아어 학교에서 수학했으며, 자유민권운동에 관심을 갖기 시작하면서 고향인 나가노 현(長野縣)으로 돌아와 정치결사를 조직하고 국회 개설 운동에 뛰어들었다. 그러던 중 나가노 현의 자유당원들과 거병 폭동 계획을 세운 것이 사전에 발각되어 처벌받았다. 헌법 공포 특사로 석방된 뒤에는 중의원 의원이 되어 입헌정우회 소속으로 정계에서 활약했다.

운 피는 붉은 빛이 빠지고 푸른빛이 바랬는데, 지금 편안히 있는가.

그대 자유당이여. 처음에는 성현의 뼈와 영웅의 쓸개에 눈은 일월(日月)과 같고 혀는 벽력과 같아 공격하여 잡지 못하는 것이 없었고, 싸워서 이기지 못하는 것이 없었다. 이로써 일단 입헌 대의의 신천지를 개척하고 건곤을 알선하는 위업을 세웠다. 하지만 그대는 성공을 지키는 재능은 없었다. 그 전복은 겐무(建武)의 중흥[62]보다 위험하여 당장에 야만적 전제의 강적에게 정복되었다. 그리하여 그대의 영광스런 역사, 명예로운 사업은 지금 편안히 있는가.

또한 생각한다. 나는 어려서 하야시 유조(林有造, 1842~1921) 군의 집에 기거했다. 어느 날 밤 한풍이 세차게 불어대는 저녁에, 삿초(薩長) 정부가 갑자기 하야시 군과 나를 붙잡아 도쿄 3리 밖으로 쫓아냈다.[63] 당시 여러분들의 머리카락이 치솟았던 상태가 돌연히 눈에 어른거려

60) **바바 다쓰이**(馬場辰猪, 1850~1888) 도사 번 무사의 아들로 태어난 바바는 게이오 의숙에서 수학했으며, 1870년에서 1878년까지 두 번에 걸쳐 영국에 유학하여 법학을 배우고 영국, 프랑스의 정세 등을 조사했다. 귀국 후 소송 감정인으로 일하면서 자유당원 등으로 활동하며 자유민권 사상의 계몽에 노력했다. 1883년에는 도쿄 부에서 정치적 언론 활동을 하는 것이 금지될 정도로 설봉에 예리함이 있었다. 그 후 투옥되기도 했는데, 석방 후 미국으로 건너가 일본의 봉건 유제 타파의 필요성을 강연하며 다니다가 객사했다.

61) **아카이 가게아키**(赤井景韶, 1859~1885) 다카다 번(高田藩) 무사의 아들로 태어났으며, 세이난전쟁에서는 정부군 순사로 활약했다. 1881년에 향리의 자유당에 가입했으며, 1883년에 대신 암살과 내란 음모를 기도했다는 밀고로 호쿠리쿠(北陸)의 자유민권운동가들이 탄압을 받은 다카다 사건에 연루되어 내란 음모 예비죄로 중금고 9년의 판결을 받았다. 복역 중에 탈옥했으나 다시 체포되어 1885년에 처형되었다.

62) 1333년에 고다이고(後醍醐) 천황이 가마쿠라 막부를 쓰러뜨리고 교토에 돌아와 천황 친정을 부활시킨 것을 말한다. 이듬해에 겐무로 개원하고 조정에 의한 정치를 도모했으나, 아시카가 다카우지(足利尊氏)의 이반으로 2년 반 만에 붕괴하고 만다. 이로 인해 천황이 요시노(吉野)로 옮기면서 남북조 시대가 시작된다.

63) 대일본제국헌법 제정 직전에 침체되어 있었던 자유민권운동이 다시 활발해지자, 1887년에 정부가 이를 탄압하기 위하여 발령하여 즉시 시행한 보안조례(保安條例)를 말하며, 이로 인해 오자키 유키오(尾崎行雄)나 나카에 조민(中江兆民) 등의 민권파 570명이 도쿄에서 추방당했다. 1898년에 폐지되었다.

잊히지 않는다. 그리고 보라. 지금 여러분은 퇴거령을 발포한 총리였던 이토 후작, 퇴거령을 발포한 내무대신 야마가타 후작의 충실한 정우(政友)로서 그대 자유당이 죽는 것을 지켜보는 행인과 같고, 나는 단지 붓 한 자루와 세치 혀뿐이지만, 여전히 자유와 평등, 문명과 진보를 위해 분투하고 있음을. 그대 자유당의 시체를 매달아 영혼을 기리면서 우리 는 어찌 옛날을 그리며 지금을 어루만지는 정이 없을 수 있겠는가. 육 유(陸游, 1125~1210)가 일찍이 검각(劍閣)의 봉우리들을 바라보고 개 탄하면서 "은평(陰平)의 궁지에 몰린 적을 막는 것은 어렵지 않으나, 이 렇게 강산이 공연히 사람을 붙드네[64]"라는 노래를 불렀다. 아아, 전제 주의자라는 궁지에 몰린 적은 막기 어렵겠는가. 하지만 영광스러운 그 대의 역사는 이제 완전히 말살되었다. 우리는 다만 이 구절을 읊으며 그대를 매달 뿐이구나. 그대 자유당에 만약 영혼이 있다면 정말로 와서 잔치를 벌이라.

(〈自由黨を祭る文〉, 《萬朝報》 1900년 8월 30일)

---

64) 출전 불명. 인용된 시의 구절은 "陰平窮寇非難禦, 如此江山坐付人"이다. 삼국시대에 검각은 한중(漢中)에서 촉나라의 성도(成都)로 통하는 길목에 위치한 난공불락의 요 충지였으나, 위나라는 검각을 공격하지 않고 은평에서 산간 지대를 통해 성도에 입성 하여 촉나라를 멸망시켰다. 훗날 검각은 삼국시대의 역사를 회고하는 명승지로 유명 해졌다.

세모의 고통

고인이 "기약 없는 세상의 기약"이라고 한 세모(歲暮)가 왔다. 사람이 돈을 얻으려고 해도 얻지 못하여 고뇌하고 후회하고 두려워하며 낭패를 보고 바쁘게 뛰어다니는 것이 예나 지금이나 똑같다.

우리 인류가 세모의 고통 때문에 빼앗기는 행복이 과연 어느 정도일까. 사회 문명이 세모의 고통 때문에 저해당하는 진보와 발달이 과연 어느 정도일까. 그로 인해 많은 시간이 쓸모없이 소비된다. 그로 인해 많은 지력과 체력이 쓸모없이 소진된다. 많은 건강이 그로 인해 손상을 입고, 많은 면목이 그로 인해 굴욕을 당하고, 심한 경우에는 커다란 사기나 협박, 도적이나 살인이 그 하루의 고통 때문에 발생하여 사회에 백 년의 과실(過失)을 남기기에 이른다.

인류는 영원히 이와 같은 고통을 견디지 않으면 안 되는가. 사회 선각자 지위에 있는 인사는 영원히 다수 인류의 고통과 문명 진보의 저해를 묵시할 수밖에 없는가. 아니 방관할 수 있는가.

말하지 말라, 이것이 사회의 자연스러운 상태라서 도저히 제거할 수 없는 고통이라고. 어째서 그런가. 만약 이것을 자연스러운 상태라고 할 수 있다면 인간에게 질병이 있는 것도 자연스러운 상태가 아닌가. 생리학과 의약술의 진보는 질병을 고칠 수 있게 한다. 문명의 진보가 유독 인류의 사회적 고통을 제거할 수 없다는 것이 이치에 맞는가. 그렇다. 우리들은 제거할 수 있을지 없을지 단정하기 전에 우선 가장 중요한 원인을 엄격히 조사해야 할 것이다.

그렇다면 대다수 인류가 세모에 고통받는 원인은 무엇인가. 그것은 대단히 잘 보인다. 그들은 금전 결핍으로 궁지에 몰려 있을 뿐이다.

그들의 고통을 제거하고자 한다면, 단지 그들에게 금전을 얻게 하면 된다.

그런데 그들은 금전을 얻을 길이 없는가. 아니다. 그들 대다수는 실제로 매일 부의 생산에 종사하고 있지 않은가. 그렇다면 사회는 과연 그들의 궁핍을 구할 만한 금전을 가지고 있지 않은가. 아니다. 부호의 창고는 막대한 부를 저장하고 있지 않은가. 부는 이미 많다. 더욱이 부를 생산하고 늘릴 길도 이미 구비되어 있다. 그런데도 무엇 때문에 부를 대표하는 금전에 궁핍한 자가 이렇게 많아졌는가. 이제야 우리들은 알게 되었다. 그들이 겪는 세모의 고통, 견딜 수 없는 고통, 방관하기 힘든 고통은, 오로지 부의 분배가 공평하지 않아서 단지 소수의 손에 부가 축적된 데 원인이 있음을.

그렇다. 오늘날의 사회는 부의 분배에서 공평함을 잃었다. 부의 대부분은, 그것을 생산하기 위하여 노동하는 다수 인민에게 돌아가지 않고 아무것도 하지 않고 놀고먹는 소수 자본가의 손에 들어간다. 이것이 옳지 않고 도리에 어긋난 것임은 본래 따질 필요도 없는 일이지만, 그래도 자본이 개인의 손에 사유되고 생산 사업이 자유 경쟁에 방임되는 동안은 도저히 피할 수 없는 폐단이라는 점은, 서구의 의롭고 어진 지사들이 이미 통절히 논했고 또한 우리가 평소에 절규했다. 그러므로 부가 일부에 축적되는 것을 막고자 한다면, 우선 토지와 자본을 자본가의 손에서 옮겨 다수 인민의 공유로 돌리지 않으면 안 된다. 이와 같이 된다면 생산된 부는 비로소 공평하게 분배될 뿐만 아니라, 자본가도 아무것도 하지 않고 놀고먹을 수는 없으니, 사회 전반의 생산액은 더욱더 증가할 것이다. 다수 인류가 어찌 세모의 고통을 맛볼 필요가 있겠는가. 그렇다. 그들이 영원히 세모의 고통에서 벗어나는 길은 오로지 자본의 공유 하나뿐이다. 이름하여 사회주의 제도다.

우리들은 지금 사회주의 논리의 세목을 강연할 틈이 없고 또한 실행

수단과 방법을 자세히 설명하는 번잡함을 피하고자 한다. 하지만 진실로 많은 인민의 복리를 위하여 사회 문명의 진보를 위하여 몸 바치려는 어질고 의로운 지사들에게 고한다. 세모의 고통은 오로지 부의 분배가 불공평한 데서 비롯된다. 분배의 불공평함은 오로지 자본가의 전횡에 원인이 있다. 자본가의 전횡은 자본의 사유를 허락하는 데 있다. 일찍이 다수의 단결된 세력으로 정치적 권리를 봉건 제후한테서 빼앗고 삿초 번벌 정부한테서 빼앗아 평등하게 사회에 나누었던 이들이, 어찌 경제적 권리를 자본가의 손에서 빼앗아 평등하게 사회에 나누지 않는가. 당시의 존왕토막당(尊王討幕黨)이나 자유개진당(自由改進黨)은 어찌 한 발 더 나아가 민주적 사회당이고자 하지 않는가. 이것은 웃어른을 위해 나뭇가지를 꺾어드리는 것과 같은 일일 뿐이다. 태산을 옆에 끼고 북해를 뛰어넘는 불가능한 일이 아닌 것이다.[65]

(〈歲末の苦痛〉,《萬朝報》1900년 12월 17일)

---

[65] 《맹자》〈양혜왕 상〉에서 맹자가 왕도 정치를 실행하지 못하는 것은 할 수 없는 것이 아니라 하지 않는 것이라고 하자, 제나라 선왕은 하지 않는 것과 할 수 없는 것의 차이를 설명해 달라고 요청한다. 그러자 맹자는 할 수 없는 것의 예로 태산을 옆에 끼고 북해를 뛰어넘는 일을 들고, 하지 않는 것의 예로 웃어른에게 나뭇가지를 꺾어드리지 않는 일을 들었다(曰挾太山以超北海 語人曰 我不能 是誠不能也. 爲長者折枝 語人曰 我不能 是不爲也 非不能也).

신년의 환희

즐거운 새해. 새해의 즐거움은 문 앞을 장식하는 소나무가 있기 때문이 아니다. 소나무가 없는 집도 즐거운 법이다. 도소주[66]가 있기 때문이 아니다. 도소주가 없는 집도 즐거운 법이다. 돈이 있기 때문이 아니다. 좋은 옷을 입기 때문이 아니다. 홍분(紅粉)으로 화장하기 때문이 아니다. 돈 없고 좋은 옷도 없고 홍분이 없는 사람도 즐거운 법이다.

나와 남과 사회가 죽음을 향하여 1년을 다가가서 모두 흐르는 세월의 빠름을 깨닫지 않을 수 없는데도, 기꺼이 새해를 즐길 수 있는 까닭은 무엇일까. 다름 아니다. 이때야말로 나와 남과 사회가 모두 함께 정의롭고 자유롭고 평등할 수 있기 때문이다.

사람은 각각 양 끝을 가진다. 세상에 완전한 선인이 없다면 또한 완전한 악인도 없다. 다만 평소에는 수많은 경쟁, 수많은 유혹, 수많은 홍분을 접하기 때문에 대개 선을 드러내기도 하지만 또한 악도 드러낸다. 선악이 항상 서로 싸우고 이해가 항상 서로 다투는 것이 거의 평생 동안 계속되어 끊임이 없다. 그런데 이 경쟁, 유혹, 홍분이 제야의 백팔번의 종소리와 함께 완전히 멎고, 만인은 허심탄회해진다. 마음이 넓고 몸이 편안하여 이해관계가 꼬이지 않고, 이로써 움직이고 생각하고 듣고 보고 말하는 것이 오로지 선이 있고 정의가 있을 뿐이다. 천하에 추호도 부정과 비리가 드러나지 않는다. 새해의 즐거움이 어찌 당연하지 않겠는가. 사람과 사회가 이미 정의로운데 어찌 자유롭지 않겠는가. 그

---

66) **도소주(屠蘇酒)** 사악한 기운을 물리치고 오래 산다 하여 설날에 마시는, 도소라는 약재를 넣은 약술.

렇다. 새해의 천지만큼 자유로운 것은 없다. 새벽닭이 한 번 새해를 알리고 일 주일 동안 금전이 우리를 누르지 않고 권세가 우리를 괴롭히지 않으며 이욕이 우리를 빼앗지 않으니, 하늘을 우러러 홀로 서서 천지에 구애받지 않고 속박이나 장애가 없이 마음대로일 뿐이다. 사람과 사회가 자유를 얻었다. 새해의 즐거움이 어찌 당연하지 않겠는가.

이미 자유가 있는데 평등이 없어서 되겠는가. 집집마다 문 앞에 세운 소나무는 크기가 다를 뿐, 세계는 평등하다. 주인의 새해일 뿐만 아니라, 하인도 새해인 것이다. 깃털 공을 치며 노는 하고이타 채(羽子板)[67] 에 먹을 칠하는 것은 하녀와 귀족의 따님을 불문한다. 연날리기는 견습 공과 도련님을 불문한다. 계급은 완전히 제거되고 차별은 완전히 사라진다. 한 자리에서 서로 화목하고 즐거울 뿐이다. 한 집안에서 화평하고 즐거움이 넘쳐흐를 뿐이다. 이로써 평등을 얻었다. 새해의 즐거움이 어찌 당연하지 않겠는가.

인생의 목적은 정의로움에 있다. 자유로움에 있다. 평등함에 있다. 오로지 이 셋을 얻으면 인간은 성인이고 사회는 천당이다. 해마다 인간이 죽음에 다가가면서도 여전히 새해를 즐기는 까닭은 여기에 있기 때문이 아닐까. 다만 이것이 있다면 새해가 아니라도 새해처럼 즐거움을 얻을 터이다. 하지만 아아, 1년 360여 일 중 이 일 주일을 제외하면 정의가 없고 자유가 없고 평등이 없는 천지가 인생에 끊임이 없는 것은 본래 누구의 허물인가.

(〈新年何故に樂しき乎〉,《萬朝報》1900년 1월 5일)

----

67) 하고이타는 장방형 손잡이가 달린 나무판에 그림을 그려넣은 것으로, 이것으로 깃털 공을 서로 치며 노는 것이 여자들의 설날 놀이로 유명하다.

고등교육의 권리

최근에 우리 문명의 진보와 국가의 부강을 위해 통탄해 마지않는 큰 문제가 있다. 이 문제는 나날이 우리를 압박하여 해석이 시급하다. 무엇인가. 바로 국민이 고등교육을 거절당하는 것이 그것이다.

고등학교 입학을 희망하는 자는 해마다 늘어난다. 그런데 입학 허가를 얻는 자는 항상 수험자의 10분의 1에 못 미치고 10분의 9는 거절당한다고 한다. 이유를 물으면, 단지 고등학교 수가 적고 설비가 부족하여 다수를 수용할 수 없다고 하면서 시험 성적이 가장 높은 학생을 뽑는다. 그러므로 평소에 아무리 학력이 우수하고 품행이 방정하고 자금에 여유가 있어도, 시험 때 잘못해서 1등을 하지 못하면 낙제의 불명예를 얻을 수밖에 없다. 가령 100명 가운데 10명의 합격자를 낸다고 하면, 10등보다 불과 1점이 모자라도 불행한 운명에 항복하지 않을 수 없는 것이다. 그렇다. 이것은 진정으로 불행한 운명이며, 전혀 그 사람의 죄가 아닌데도 앞날이 완전히 끊긴다.

우리들은 근면하고 학력이 우수한 한 학생이 시험을 여러 차례 보고도 합격하지 못하여 낙담한 나머지 사기를 완전히 잃고 결국 타락한 것을 보았다. 우리들은 또한 한 학생이 죄를 자기의 학력 부족에 돌리며 과도하게 공부를 한 결과, 심신이 쇠약해서 폐병에 걸린 것을 보았다. 이것이 단지 한 사례에 지나지 않는다고 한다면, 입학 거절이 장래 우리 국민의 발달에 영향을 미칠 폐단은 대단히 걱정스러운 것이 아닐까.

국가는 공공의 복리를 위하고 문명의 진보를 위하여 반드시 국민을 교육시킬 책무가 있다. 가령 국민이 전혀 교육을 받을 뜻이 없어도 백방으로 장려하지 않으면 안 되는 것은 물론이다. 아동의 소학교 입학을 강제하는 것은 이러한 이유가 아닌가. 이미 소학 교육을 강제하고 일반에게 중학을 개방하여 충분히 고등교육을 받을 자격을 양성해놓고 그 후에 그것을 거절하는 것은 매우 잔혹할 뿐만 아니라, 대단히 몰지각하다. 생각해보라. 국가가 굳이 장려하지 않는데도 고등교육을 받으려고 경쟁하는 사람이 나날이 많아지는 것은 국가의 경사다. 그런데도 거절하고 그것을 가로막는 것을 보면 통탄스럽고 한심할 뿐이다.

아니, 우리 국민은 상당한 학력을 가지고 상당한 학자금이 있는 이상, 균등하게 고등교육을 받을 권리가 있다. 지금 우리 청년의 10분의 9는 교육 사회가 무지하고 교육 행정 당국이 무능한 탓에 중대하고 신성한 권리를 박탈당하고 있지 않은가. 그리고 우리 국가는 그로 인해 해마다 10분의 9의 학자를 잃고 있지 않은가.

우리들은 지금 대학들이 항상 우리나라의 학술을 독점하여 고등 지식의 보급을 막는 경향이 있음을 개탄한다. 하지만 이것은 그나마 괜찮다. 고등학교와 대학교에 들어갈 훌륭한 자격을 갖춘 사람이 항상 불운함에 울 수밖에 없는 것이 참으로 견디기 힘들다. 입학을 허가하기 위해서가 아니라 오로지 거절하고 떨쳐내기 위해서 시험을 본다는 사실은 참으로 견디기 힘들다. 이것이 어찌 세상을 다스리는 군자가 숙고해야 하는 바가 아니겠는가.

그렇다면 이 문제를 어떻게 해결할 것인가. 크게 사립 고등학교를 장려해야만 한다. 사립학교에 관립과 동일한 자격을 부여하여 오로지 관립으로만 향하는 일념을 바꾸어야만 한다. 그렇다. 대체적인 방침은 마땅히 이와 같아야 한다. 상세한 것은 더 논할 기회가 필요하다.

〈高等教育の拒絶〉, 《萬朝報》 1901년 9월 6일)

연애문학

어떤 미인이 있었다. 부호의 아내다. 그녀는 남편의 눈을 피해 화가 모 씨를 연모했다. 하지만 화가는 자신의 여동생의 오랜 약혼자다. 그리고 그녀의 의붓딸도 이 화가를 연모하여 모녀와 자매가 한 남자를 두고 은밀히 서로 다투었다. 그리하여 한편에서는 그 집에 기식하던 일개 서생이 처음에 하녀와 통하고 나아가 미인 모녀를 연모하여 마침내 주인의 아내를 범하게 되었다고 한다. 이상은 최근에 저명한 작가 모 씨가 쓴 소설의 줄거리다.[68]

독자들이여. 이와 같은 문학이 우리 사회에 끼치는 영향은 과연 어떠할까. 특히 지금 청소년의 심성에 끼치는 영향은 과연 어떠할까. 생각이 여기에 미치면, 몸이 오싹해지지 않을 수 없다.

인륜을 혼란에 빠뜨리는 추하고 외설적인 이야기다. 이것을 노골적으로 서술하면 누가 눈살을 찌푸리고 구토하지 않겠는가. 누가 이러한 이야기를 가정에 들여놓고 자녀들에게 들려주고자 하겠는가. 하지만 인륜을 저버리고 추잡한 내용을 담은 소설이 공공연히 신문 잡지에 광고되고 비평되어, 세상의 청소년들이 앞다투어 환영하고 있는 것은 어째서인가. 다름 아니다. 인륜을 저버린 추잡한 사건조차 작가의 교묘한 표현으로 묘사된다. 여전히 독자에게 어느 정도 쾌감을 느끼게 하기에 충분하기 때문이다. 빈축과 구토로 이것을 보는 것도 가능하다. 쾌감을 느끼며 이것을 읽는 해악은 과연 얼마나 될까.

---

[68] 비슷한 설정의 간통 사건을 테마로 한 소설로 고스기 덴가이(小杉天外)의 《사랑과 사랑(戀と戀)》(春陽堂, 1901)이 있다.

우리는 단지 모 작가를 공격하기 위하여 이러한 말을 하는 것이 아니다. 지금의 연애문학의 폐해가 심각한 것을 개탄하기 때문이다. 보라. 간다(神田)나 혼고(本鄕)의 잡지 가게에 가보라. 거기에 배열되어 있는 서적의 태반은 연애, 부인, 정화(情話) 등의 글자가 붙어 있지 않은 것이 없다. 그 내용은 고금의 정화(情話)다. 연애의 시가다. 그리하여 이것을 해석하고 설명하고 읊는데, 심한 경우에는 이것을 장려하는 필법을 사용하는 자도 있다. 그리고 이것을 구독하는 것은 대개는 미혼 청소년들이다. 아직 심하게 세상의 풍파를 만난 적이 없이 공상에 공상을 꿈꾸고 물들기 쉬운 것이 마치 흰 실과 같은 청소년들을 꿀과 같이 달콤한 색정으로 유혹하여 신성한 사랑이라 일컫고 고결한 사랑이라 부추긴다. 그리고 교묘하게 우주, 자연, 인생 등 고상한 문제를 끌어들여 연애라는 두 글자와 섞어서 권하는데, 이것으로 말을 만드는 편의를 제공하지 않는 것이 없음을 안다면, 청소년의 성정이 나날이 타락하여 문틈으로 작약을 넣어 두는 것[69]이 크게 유행하는 것을 굳이 수상하게 여길 것도 없다.

우리들은 문학이 당장에 권선징악의 도구가 되어야 한다고 주장하는 것이 아니고, 소설과 시가를 당장에 윤리 교육의 용도로 제공하자고 하는 것도 아니다. 하지만 문학과 미술을 업으로 삼는 사람의 이상은 반드시 선을 추구하지 않으면 안 되고 미를 추구하지 않으면 안 되며 진을 추구하지 않으면 안 된다. 오로지 독자의 쾌감을 자극하는 것을 능사로 할 뿐이라고 한다면, 이것은 옛날 게사쿠[70] 작가의 일에 지나지

---

69) 《시경(詩經)》 정풍(鄭風) 편에 실린 〈진유(溱洧)〉라는 시에 "(남녀가) 서로 웃으며 장난치다가 작약을 건네네(伊其相謔 贈之以勺藥)"라는 구절이 있다. 여기서 알 수 있듯이 작약을 보내는 것은 남녀가 정을 맺는 것을 상징한다.

70) 게사쿠(戲作) 에도 시대 후기부터 메이지 초기에 쓰인 산문 계통의 속문학의 총칭. 당시 정통적인 문학에 대해 비정통적인 게사쿠에 종사하는 작가들은 한가할 때 틈틈이 취미로 하거나 독자에게 오락을 제공한다는 자세로 다양한 취향의 작품을 썼다.

않는다. 라쿠고가[71]의 일에 지나지 않는다. 강석사[72]의 일에 지나지 않는다. 이것이 미술가나 문학가다운 것이겠는가. 하물며 그들이 짓고 읊는 것이 날로 많은 청소년을 타락시키고 부패하게 만드는 것은 의심할 여지 없는 사실이 아닌가. 남의 자식을 해친 죄악은 도저히 면할 수 없다.

전문 미술가나 문학가뿐만 아니라 신성한 종교계에 있으면서 심한 경우에는 공공연히 여성을 조종하는 방법을 잡지에 게재하거나 생식기의 작용을 여학교 강당에서 강연하는 자가 있다는 것은 언어도단의 행위라고 하지 않을 수 없는데, 최근 문예계 취향이 여기에 이르니 깊이 슬퍼하지 않을 수 있겠는가.

하지만 우리들은 함부로 당국 관리 무리에게 언론 출판 단속을 엄중히 할 것을 촉구할 수 없다. 왜냐하면 무식한 그들은 도저히 옥석을 가리지 못하여 종래에 항상 문예의 진보를 저해하는 결과를 낳았기 때문이다. 다만 우리들은 세상의 정의를 품고 부패와 타락을 개탄하는 인사가 추하고 외설적인 문학에 맹렬히 사회적 제재를 가할 필요를 느낀다.

(〈戀愛文學の害毒〉, 《萬朝報》 1901년 7월 7일)

---

71) **라쿠고가(落語家)** 에도 시대에 생겨나 현재까지 전승되고 있는 전통 만담의 일종. 도구나 음악은 거의 사용하지 않고 동작과 재담만으로 이야기를 풀어나가는 독특한 연예다. 일반적으로 '라쿠고(落語)'란 골계적 이야기를 중심으로 하여 농담이나 말장난 등으로 끝맺는 이야기를 말한다.
72) **강석사(講釋師)** 에도 시대에 손님들을 모아놓고 군담이나 강담(講談)을 들려주는 것을 직업으로 하던 사람을 가리키는 말이다.

자살론

일본에서 가장 슬퍼해야 할 일은 자살자가 많다는 것이다. 살해당하는 사람은 매년 1천 명 남짓이지만, 자살자는 해마다 7천 명 이상으로 자꾸 늘어나는 추세에 있다. 1898년에는 거의 8,700명에 달했다.

일본에서는 어떤 측면에서 보면 자살이 명예를 의미했던 시대도 있었다. 하지만 오늘날의 자살은 궁핍하거나 회한에 찬 나머지 발생하는 것뿐이어서, 결국 의지가 박약함을 나타낸다. 원래 자살하는 사람 가운데 결코 의지가 강한 자는 없다. 자살자가 많은 나라는 결코 부강한 나라가 될 수 없다. 자살자가 1년에 9천 명에 가깝다는 것은 국가의 앞날이 우려할 만하다고 하지 않을 수 없다.

자살자가 많은 것은 정신적으로 국민이 약하다는 것을 드러낼 뿐만 아니라, 물질적으로나 경제적으로 국민이 피폐해 있음을 보여준다. 이 현상은 정치로도 군비로도 의회로도 치료할 수 없다. 도덕 교육을 강화하고 상공업이 번성하는 데 달린 문제다.

목을 매서 죽는 자살자가 가장 많다는 것이 약간 흥미롭다. 자살자 가운데 과반수는 교살이다. 그 다음이 투신 자살, 그 다음이 칼이고, 음독 자살이나 총 같은 것은 매우 적다. 아마도 교살이 가장 손쉬운 방법이기 때문일 것이다. 투신 자살도 별로 준비가 필요 없는 방법이지만, 동절기에는 별로 많지 않아 수치가 낮다. 이제 죽으려는 몸이라도 추운 것은 싫은 것 같다. 극약은 의학생이나 직공의 동반 자살 정도에 한정된다. 그래도 해마다 100명 내외는 있는 것 같다.

자살은 확실히 일종의 병적 작용으로, 자살자를 많이 내는 국민은 결코 건강한 국민이라고 할 수 없다. 예전에는 무사가 의로움을 위해 자살한다고 해서 대단한 명예처럼 생각했지만, 이것은 완전히 불완전한 교육의 결과라고 할 수밖에 없다. 자신이 저지른 불의나 죄악이 자살로 소멸된다고 생각하는 것은 커다란 착각이다. 착각이라도 그렇게 믿으면 그나마 낫지만, 대부분은 단지 양심의 가책을 견디지 못하고 번뇌한 나머지 발광하거나 발광하지 않더라도 그 고통을 잊기 위하여 자살하므로 어쨌든 정신적으로 건강하지 못한 인간이다.

세상에는 다양한 병적 작용이 존재하고 별다른 이유가 없어도 죽고 싶어서 견디지 못하는 사람이 있다. 몇 번이고 몇 번이고 자살을 시도해도 남에게 저지를 당해 살아 있는 사람도 있다. 이것이 세상에서 말하는 죽음의 신에게 홀린 것이리라. 대체로 병적 작용만큼 이상한 것은 없기 때문에 죽음의 신 이외에 절도병이라는 것도 있다. 일종의 호기심 (curiosity)으로 타인의 물건을 훔치고 싶어서 견딜 수 없다고 한다. 루소가 소년 시절에 별로 자기한테 필요하지 않은데도 절도를 한 것이 《고백록》에 씌어 있다. 이것도 확실히 병적 작용임에 틀림없다. 또한 연회에 가서 잔이나 술병이나 기타 다양한 것을 소매나 품에 숨겨 가지고 나오는 사람이 있다. 이것도 일종의 호기심이 끓어올라 거의 병이 된 경우다.

며칠 전 오쿠마 시게노부 씨가 어느 신문기자에게 이토 히로부미 씨의 방탕함도 병 탓이라고 했다고 하는데, 우리들이 들은 바로도 확실히 그렇다. 이토 씨가 닥치는 대로 비행을 저지르는 것은 이제 생활의 필요 조건이 되었다. 술과 여자를 끊는다면 후작은 한낱 늙어빠진 늙은이가 되고 만다고 어떤 유명한 의사가 말했다고 한다.

자살이 심리적으로 생리적으로 건강하지 못한 결과며, 국가를 위해서 우려해야 하는 일이라는 것은 단언할 수 있지만, 자살이 도덕적 죄악인가에 대해서는 연구할 만한 문제다.

자살이 부도덕하다는 것은 문명인 행세하는 선생이 흔히 주장하는 것이지만, 이 문제는 서구 국가들에서도 아직 논쟁 중이고 결정된 것은 없다. 《효경》에는 "내 몸과 피부와 머리털은 부모에게서 받은 것이니, 감히 헐어 상하지 않게 하는 것이 효의 시작이다"라고 씌어 있지만, 이 것은 아무리 특별한 이유가 있어도 자살은 불효라는 의미는 아니다. 공자는 한편으로는 이렇게 말하면서 한편으로는 "몸을 희생하여 인(仁)을 이룬다"고 하니, 인과 효는 서로 모순되지는 않을 것이다.

서양에서 자살을 부도덕하고 죄악이라고 보는 설로서 유명한 것은, 인간의 목숨은 신에게서 받은 것이므로 생사는 오로지 신의 의사에 맡겨야 한다는 주장이다.

그러나 이것은 생각해볼 문제다. 설령 인생은 신으로부터 받은 것이라 해도, 과연 자살이 신의 뜻과 다르다고 단언할 수는 없다. 동서고금의 종교가 대개 자살을 장려하고 있다. 구약성서에도 신약성서에도 자살을 비난하는 곳은 보이지 않는다. 고대에는 기독교도들의 자살이 흔한 일이었다.

본래 자살 죄악론자는 자살은 인간의 자연스러움을 거스른다, 올바른 사고를 가진 인간이라면 누구나 삶을 즐기고 죽음을 슬퍼할 터이다, 또한 사회의 한 사람으로서 살아온 이상 그 사회를 위하여 다해야 할 마땅한 의무가 있다, 이것을 다하지 않고 멋대로 자살하는 것은 좋지 않다고 논한다. 그러나 반대론자는 인생은 반드시 자연에 따라야 하는 것은 아니다, 예를 들면 의약의 진보는 자연을 심하게 거스르는 게 아닌가, 또 생리적으로나 심리적으로 불건전한 것은 사회의 골칫거리니, 이들의 자살은 오히려 사회에 대한 의무를 다하는 것이다, 불치병에 걸린 자 따위는 얼른 자살하는 것이 좋다고 논한다.

그러므로 우리들은 자살을 신에 대해서도 인간에 대해서도 결코 부도덕한 소행이라고 인식하지는 않지만, 건전하고 우등한 인간이 할 일은 아니다. 자살자는 대단히 나약하거나 대단히 바보거나 미치광이다.

사회는 경쟁에 의해 진보한다. 우승열패의 자연도태가 이루어지므로 진보하는 것이다. 그러므로 경쟁장 안에 설 수 없는 불구자는 빨리 자살해버리는 것이 사회 전체를 위하는 것이다.

이런 불구자 중에는 단지 세습된 부와 위계로 보호받으며 경쟁장 밖에서 안일을 탐하는 자가 많다. 이러한 자가 오히려 신과 사회에 대한 죄인이다. 적어도 나체로 밀어내서 독립자활할 수 없는 자는 죽는 편이 낫다.

일본에 자살자가 많은 것은 불건전한 인간이 많은 증거로 슬픈 일이기는 하지만, 그렇다고 그러한 자를 굳이 살려 두어도 소용이 없다. 이제부터 해마다 5만, 6만 명씩 자살자가 생기고, 우등하고 건전한 인간만 남는다면, 일본도 크게 부강해질 것이다.

(〈自殺論〉,《千代田毎夕》1900년 10월?)

불완전한 연회

요즘 세상에 다수가 참석하는 연회가 품위와 질서를 갖추지 못하고 어수선하고 살풍경하니 정말 놀라지 않을 수 없다.

송별회든 친목회든 피로연이든 축하연이든, 기타 어떠한 이름으로 부르든, 이것은 단지 이름뿐이고 내실은 거의 망각되지 않은 것이 없다. 그들은 각자 마시고 취할 뿐이고 멋대로 노래하고 어지러이 춤추고 농담을 주고받을 뿐, 다른 것을 모른다. 그러므로 마시고 취하고 멋대로 노래하고 어지러이 춤추고 농담을 주고받을 수 없는 사람은 연회에 참석할 자격이 없는 것처럼 여겨진다. 예를 들면 송별회를 열어볼까. 만약 중요한 주빈인데 침묵하는 사람이라면 당장에 배제되어 돌아보는 사람도 없다. 또는 술잔치가 무르익어 많은 사람들을 초대한 주인이 먼저 취해버리면, 손님은 할 일이 없어 무료해지는 경우가 많다. 심한 경우에는 친목회 석상에서 옆에 앉아 있는 사람에게는 한마디도 걸지 않고 오로지 유녀(遊女)들과 희희덕거리고 방약무인하면서 은근히 부녀자의 환심을 샀다고 자랑하는 자가 있다. 유녀 패거리들은 모두 서로 아는 자 앞에 몰려가서 다른 사람을 대단히 쓸쓸하게 만들기를 밥 먹듯이 한다. 이와 같이 하여 대개의 연회는 모두 매우 난폭하고 난잡한 추태를 보이니, 열등한 네다섯 명을 제외하면 모두 불평과 불쾌함으로 끝난다. 아아, 이것이 연회의 목적인가.

마시고 또 취하고자 한다면 혼자서 마시고 취해야 한다. 어지러이 춤추고 멋대로 노래하고자 한다면 혼자서 어지러이 춤추고 멋대로 노래해야 한다. 하지만 이것은 애초부터 취하는 것을 목적으로 하고 춤추고 노래하는 것을 목적으로 한 장소와 시간이 되지 않을 수 없다. 송별이

나 친목 등 특수한 목적이 있는 교제 위주의 연회에서는 목적에 어긋나
지 않을 만큼 체면을 갖추지 않으면 안 된다. 품위와 질서를 지키지 않
으면 안 된다. 교제상 예의와 유쾌함이 서로 따르지 않으면 안 된다. 일
단 잔만 잡으면 일장의 연설조차도 농담 속에 묻어버리는 것은 신사가
가장 부끄러워해야 할 일이다.

이상과 같은 점에서 우리 일본 요리점에서 열리는 연회는 우리나라
의 교제 사회가 하등한 것임을 드러내는 가장 치욕스러운 것이다. 이
악습을 고치고자 한다면, 우선 연회 방법, 음식의 양, 시간 제한, 급사
들의 안배와 알선을 개량하여 모든 것에서 일정한 규율, 의식이 있게
해야 한다. 이것들이 품위와 질서를 지키는 데 매우 중요하기 때문이
다. 그런데 서양 요리점에서 열리는 연회는 어느 정도 이 이상에 가까
운 것을 느낀다. 우리들은 굳이 음식이 일식인지 중식인지 양식인지를
묻지 않지만, 방법에 대해서는 모두 서양 요리점과 같은 것을 희망함과
동시에 여기에 참석하는 신사들이 스스로 충분히 근신하여 행동할 것
을 권고한다.

(〈宴會の不完全〉,《萬朝報》1900년 1월 14일)

사회주의 신수

社會主義神髓

幸德秋水著

東京

朝報社發行

개요) 청일전쟁 이후 사회 문제가 심각해짐에 따라 사회주의에 대한
관심이 고조된 시기에 발표된 초기 사회주의(일본에서 러시아
혁명의 영향을 받기 이전의 사회주의)의 대표작으로서 많은 사회주의자들에
게 지표가 되었다. 자본주의 메커니즘 분석과 혁명을 통한 생산수단의 사회
적 공유 · 관리, 부의 민주적 분배에 의한 평등 사회 실현이라는 마르크스주
의의 골자를 담고 있다. 하지만 여기서는 아직 입헌 정치의 틀을 활용하면서
의회를 통한 정치 활동으로 평화적 혁명을 실현하려고 했다. 그리고 공공적
사회 제도를 유지하기 위해서는 사유재산을 적극적으로 용인해야 한다고 보
는 점에서 마르크스보다 일리(Richard Theodore Ely)의 사회개량론에 더
많은 영향을 받은 것으로 보인다. 또한 "만국의 노동자들이여 단결하라"는
《공산당 선언》을 인용한 글머리에 대응하는 글 말미가 "어질고 이로운 지사
는 일어서라"로 맺은 점에서도 명확하게 드러나듯이, 고토쿠 슈스이는 사회
주의 혁명 실행의 주체를 전통적 가치를 체현한 도덕적 지식인으로 보고 있
다. 뿐만 아니라 혁명의 자연성을 주장하거나 혁명 이후에 도래할 도덕적 이
상 사회를 강조하는 점 등에서는, 고토쿠가 왕도 정치를 핵심으로 하는 전통
적 유교 사상을 기반으로 서구의 사회주의 이론을 수용했음을 알 수 있다.

서지) 《社會主義神髓》라는 제목으로 1903년 7월 5일에 조보사(朝報
社)에서 간행되었다. 같은 해 11월까지 이미 제6판이 나왔으며,
1905년에 제7판을 출간했을 정도로 널리 보급되어 사회주의 기본서가 되었
다. 도중에 발행처가 동경당(東京堂)으로 바뀌었고, 제7판은 유분사(由分
社)에서 나왔다. 1907년에는 중국어로도 번역 출간되었다(蜀魂遙 역).

평민사 편집실. 책상을 사이에 두고 왼쪽 끝에 고토쿠 슈스이, 오른쪽 끝에 사카이 도시히코가 앉아 있다. 오른쪽 벽면에 카를 마르크스의 초상화가 걸려 있다.

Let the ruling classes tremble at a Communistic revolution.

The proletarians have nothing to lose but their chains.

They have a world to win. Working men of all countries unite!

권력 계급으로 하여금 공산적 혁명 앞에 전율케 하라.

노동자가 잃을 것은 쇠사슬뿐. 그리하여 얻는 것은 전 세계다.

만국의 노동자들이여 단결하라!†

....

† 고토쿠 슈스이 · 사카이 도시히코 공역 《공산당 선언(共産黨宣言)》에서.

서문

'사회주의란 무엇인가'.

이것은 우리 국민이 앞다투어 알고자 하는 문제인 것 같다. 또한 정말로 알아야 하는 문제이다. 나는 우리나라 사회주의자의 한 사람으로서 이것을 국민에게 알리지 않으면 안 될 책임이 있음을 통감하기에 이 책을 지었다.

요즘 사회주의에 관한 저서나 역서로 간행되는 것은 대개 사회주의자가 아닌 사람이 쓰거나 번역해서 왕왕 독단으로 흘러 정곡을 벗어나 있다. 그렇지 않은 것이라도 거의 일부만 논한다거나 단지 일면을 묘사한 것에 지나지 않는다. 그리고 분량이 많은 것은 번잡한 데다 너무 지루하고, 간단한 것은 요점을 파악하지 못하는 결점이 있다. 이에 나는 본서에서 애써 지엽을 없애고 세부에 집착하지 않고 한 번에 대강을 이해하고 요점에 투철하려고 노력했다. 아직 사회주의가 무엇인지를 모르는 세상 사람들이 이것으로 이른바 '조감도(bird's eye view)'를 이해할 수 있다면 더없는 행운이다.

생각건대 저술이 어려운 것은 쪽수를 많이 쓰는 것이 아니라, 이론 전개가 완벽한 스타일을 만들어내는 것이다. 재료를 풍부하게 하는 것이 아니라 번잡함과 간결함의 중간 균형을 잡는 것이다. 본서는 본래 얄팍한 소책자이기는 하지만, 그래도 원고를 고쳐 쓰기를 10여 차례, 시간을 소비하기를 반년이나 걸렸는데도 결국에 만족스럽게 완성되지 못한 점은 참으로 부끄럽기 그지없다. 나의 재능 부족은 어쩔 수 없지만, 세상에 사회주의를 알고자 하는 사람이 점점 급증해 가는 것을 보고, 나 자신의 불만을 억누르고 인쇄하기로 했다. 그러므로 본서가 주장하는 바에 관해서 반대 의견이나 의문을 품고 질문하시는 분이 계시면 나는 기꺼이 나아가 답변과 설명의 책임을 다할 것이다.

본서 집필에 다음과 같은 책들을 참고했다.

- Marx, K. & Engels, F. *Manifesto of the Communist Party.*
- Marx, K. *Capital: A Critical Analysis of Capitalist Production.*
- Engels, F. *Socialism, Utopian and Scientific.*
- Kirkup, T. *An Inquiry Socialism.*
- Ely, R. *Socialism and Social Reform.*
- Bliss, W. *A Handbook of Socialism.*
- Morris, W. & Bax, E. B. *Socialism: Its Growth and Outcome.*
- Bliss, W. *The Encyclipedia of Social Reforms.*

초학 청년을 위하여 특히 이것을 기록해 둔다.

1903년 6월

저자

제1장 서론

크롬웰도 아니다. 워싱턴도 아니다. 로베스피에르도 아니다. 만약 나에게 고금을 막론하고 최대 혁명가는 누구인가 하고 질문하는 자가 있다면, 나는 다름 아닌 제임스 와트(James Watt, 1736~1819)를 주저 없이 꼽을 수밖에 없다. 그가 한번 섬세한 두뇌를 써서 자연계의 비밀을 포착하여 인간의 눈앞에 펼치자, 세계 만국의 물질적 생활 상태가 갑자기 크게 바뀌는 대변화가 일어나지 않았던가. 그가 산업혁명에 끼친 영향은 참으로 위대한 것이었다.

생각건대 오늘날의 방적 · 직포 · 주철(鑄鐵) · 인쇄 등에 쓰이는 모든 공업 기술 기계, 철도 · 기선 같은 모든 교통 수단은, 멀리서 보면 마치 정체를 알 수 없는 귀신과 같고, 가까이 다가가면 마치 산악과 같이 거대하다. 이들 기계와 도구가 항상 자유자재로 조작되고 움직일 수 있는 동력이 오로지 손에 잡히지 않는 증기가 뿜어내는 힘에 의지하고 있음을 생각할 때, 기술이 어떻게 그토록 정교하고 성능은 어떻게 그토록 위대한지 놀라지 않을 수 없다. 만약 18세기 중엽의 인류를 지하에서 일으켜 오늘날의 사회를 보여준다면, 반드시 탄식을 지르며 깜짝 놀랄 것이 틀림없다. 하물며 이를 이어 전기 발명의 기이함과 응용의 절묘함이 시시각각 새로운 것을 만들어내는 것을 보면, 인간의 지능이 어디까지 발달할지는 참으로 헤아릴 수 없다. 나는 만물의 영장이라는 말이 여기서 비로소 실증되었음을 체험했다.

하지만 이들 기계와 도구의 발명과 개선으로 달성되고 있는 산업혁명의 가치와 효과는 기술이 정교한 데 있는 것이 아니라, 생산물이 풍부해지고 교환이 편리해진 데 있다고 하지 않을 수 없다.

생각건대, 최근의 생산력 발달 수준과 비율은, 산업 종류별로 격차가 있으므로 상세하고 정밀하고 정확한 통계는 내기 힘들지만, 그래도 기계가 인력을 대신했기 때문에 엄청나게 증가했다는 것은 거의 논의의 여지가 없다. 일리 교수[1]는 "어떤 종류의 산업은 그로 인해 10배 성장했고, 어떤 종류의 산업은 그로 인해 20배 성장했다. 사라사의 생산 같은 것은 가볍게 100배는 넘을 것이고, 서적 출판 같은 것은 가볍게 1000배는 넘을 것"이라고 말했다. 로버트 오언[2]은 일찍이 앞 세기 초엽에 공언하여 "50년 전에 60만 명의 노동이 들었던 재부(財富)는 지금은 불과 2500명의 힘으로 생산할 수 있다"고 말했다. 그 후 오늘날에 이르기까지의 100년 동안 몇 배는 더 진보했음은 의심할 여지가 없다. 또한 어떤 학자는 "최근의 기계는 일가 5명의 가정에 옛날 60명의 노예가 생산한 것과 같은 액수의 자재를 공급할 수 있을 것"이라고 했다. 이를 바탕으로 판단하면, 최근 100여 년 동안에 세계의 생산력이 적어도 평균 10여 배 증가했음은 누구나 주저 없이 단언할 것이다.

그리고 풍부한 재부들은 자유자재로 매우 빠르게 세계 각국으로 운송되고 교환된다. 거미줄처럼 얽힌 철도와 항로 덕분에 지구의 거리가 몇천 리나 축소되었는지 알 수 없다. 신경계통 같은 전선은 만국을 한

---

1) **일리**(Richard Theodore Ely, 1854~1943) 미국의 경제학자, 기독교 사회주의자. 《사회주의와 사회 개량》의 저자. 법과 신앙의 윤리를 자본주의의 모순을 해결하는 열쇠로 보고, 그것을 발전시키는 법적 질서와 제도를 구비해야 한다고 주장했다. 이와 같은 조직된 힘은 결코 무정부주의적 직접행동으로는 이룰 수 없다고 하여, 사회주의를 행정 기능의 확대를 긍정하는 일종의 사회 복지 국가 정책으로 간주했다. 가타야마 센을 비롯한 초기 사회주의 운동가들에게 많은 영향을 끼쳤으며, 특히 고토쿠의 《사회주의 신수》는 마르크스의 이론보다 일리의 주장에 크게 기대고 있다.
2) **오언**(Robert Owen, 1771~1858) 영국의 사회주의 개혁가. '공상적 사회주의자'였던 그는 실현 가능한 협동조합적 공장 커뮤니티의 실례로서, 스코틀랜드에 유명한 뉴래너크 제분소를 설립했다. 많은 산업가들은 실제로 이러한 '모델 공장'을 방문했고, 그 중에는 오언의 시스템 일부를 채용한 예도 있었다. 오언은 이 실험을 농업으로 확장하려고 인디애나 주 뉴하모니에서 집단 농법을 장려했지만 실패로 끝났다.

데 묶어 일체화시키고 있다. 오스트레일리아에서 도살된 양고기는 곧바로 영국인의 식탁에 오를 수 있고, 미국에서 만든 면화는 남김없이 아시아인의 몸을 감싸고 있다. 완급이 타협하고 유무가 상통하는 작용이 유사 이래 오늘처럼 왕성한 시대는 없다.

아아, 이것이 근대 문명의 특성이고 화려함이고 광휘다. 우리들은 지상에서 태어나 이와 같은 문명의 백성이 되어 유례없이 위대하고 장엄한 광경을 두 눈으로 볼 수 있는 것을 마음속으로 자축하며 자랑해도 좋을 것 같다.

하지만 우리들은 근대 문명의 백성이라는 점에서 정말로 스스로를 축하해도 좋은가. 정말로 스스로 자랑해도 좋은가. 아니, 이것은 의문이다. 그렇다, 큰 의문이다.

한번 생각해보자. 최근에 기계와 기구의 도움으로 우리들의 생산력이 10배, 100배, 때로는 1000배 증가한 것은 사실이다. 그렇다면 세계 다수의 노동자는 산업혁명 이전에 비해 노동 시간과 노동량을 크게 줄일 수 있어야 한다. 그러나 사실은 이와 다르다. 그들이 여전히 길게는 11~12시간 또는 14~15시간의 가혹한 노동을 하지 않으면 안 되는 것은 왜인가. 이상한 이야기다.

한번 생각해보자. 최근에 1000배 증가한 풍부한 재부는 운수, 교통 기관의 도움으로 세계 구석구석까지 자유자재로 빠르게 분배되고 거래되고 있는 것 또한 의심할 여지가 없는데, 그렇다면 세계 다수의 인류는 의식주에 크게 여유가 있고, 유유히 태평을 누려야 마땅하다. 하지만 사실은 이와 다르다. 입에 쌀겨조차 변변히 넣지 못하고 부모는 굶주림에 괴로워하며 추위에 떨고, 형제와 처자가 헤어지는 일이 날이 갈수록 증가하는 것은 왜인가. 이상한 이야기다.

인력의 필요는 감소했다. 하지만 노동의 필요는 감소하지 않는다. 재부의 생산은 증가했다. 하지만 인류의 의식주는 증가하지 않는다. 이미 노동의 가혹함을 견디지 못할 뿐만 아니라, 더욱이 의식주의 결핍으로 괴로워하고 있다. 같은 이유로 학교는 많이 설립되지만, 인간은 교육을 받을 자유가 없다. 교통기관은 편리하지만, 인간은 여행의 자유가 없다. 의료 기술이 진보해도 인간은 요양의 자유가 없다. 많은 정치 제도가 있어도 인간은 참정의 자유가 없다. 문예나 예술이 발달해도 인간은 오락의 자유가 없다. 그리하여 근대 문명의 특성이나 화려함, 광휘가 이와 같다면 많은 인류의 행복과 평화, 진보에 과연 어느 정도의 가치가 있다고 할 수 있는가.

인간은 빵만으로 살 수 없다고 말하지 말라. 의식주 없이 무슨 자유가 있겠는가. 무슨 진보가 있겠는가. 무슨 도덕이 있겠는가. 무슨 학예가 있겠는가. 중국의 관중(管仲)이 한 말이 있다. "창고에 곡물이 가득 차야 인간은 예절을 안다."[3] 어차피 인생의 첫 번째 의미는 의식주 문제다. 그런데도 근대 문명의 백성인 많은 인류는 의식주 결핍으로 허둥지둥하고 있지 않은가.

노동이 의식주를 낳는다고 말하지 말라. 보라, 저 노동자의 자녀들을. 태어나서 8, 9살 어릴 때부터 노쇠하여 병사하기까지 아등바등 소처럼 혹사당하고 열심히 개미나 벌처럼 노동하고 있다. 검약하고 근면한 것으로 아마도 그들을 능가하는 자는 없을 것이다. 그런데 조세 체납 때문에 공매 처분을 당하는 자가 해마다 몇만 단위다. 의식주가 항상 남아도는 자는 노동하는 자가 아니라, 오히려 맨손으로 향락을 즐기며 나태한 사람이 아닌가.

하지만 노동의 고통은 오히려 나은 편이다. 만일 노동할 만한 지위나 직업조차도 결국에 얻지 못하는 상황에 빠지면 인생의 참상은 이보다 심한 것이 없다. 그는 강건한 신체를 가지고 있다. 그는 명민한 두뇌를

---

3) 《관자(管子)》〈목민(牧民)〉의 "창고에 곡물이 가득 차야 예절을 알고, 의식주가 충만해야 영광과 치욕을 구분하게 된다(倉廩實則知禮節 衣食足則知榮辱)"를 인용한 것이다.

가지고 있다. 그는 뛰어난 기능을 가지고 있다. 그리고 능력으로 보면, 충분히 의식주 생산을 담당할 수 있는데도 단지 직업을 얻지 못해서 평생 궁핍에 울고 생활의 협곡으로 전락해 가는 자가 세상에 과연 몇만 명이나 있을까.

좋다. 고리(高利)로 의식주하라. 주식으로 의식주하라. 땅값으로 의식주하라. 조세로 의식주하라. 그러나 오늘날의 문명 사회에서 그러한 흉내를 못 내는 자는 곧바로 장시간 노동에, 고통에, 궁핍에, 실업에, 아사다. 아사에 만족하지 못하면 남자는 강도나 절도, 여자는 매춘부가 될 수밖에 없고 타락할 수밖에 없다. 죄악밖에 없다.

그렇다. 오늘날의 문명은 찬연한 화려함과 광휘를 발하는 한편으로 궁핍과 죄악의 암흑을 가지고 있다. 찬연한 하늘 아래 춤추며 노는 자는 천만 명 중 불과 한 사람에 지나지 않는다. 세계 인류의 대다수는 암흑의 세계로 전락한다. 이것을 어찌 우리들 인류가 스스로 자랑거리로 삼을 수 있겠는가.

세계 인류의 고통과 추위와 배고픔은 날이 갈수록 급박하고 달이 갈수록 극심함을 더한다. 인류의 다수는 다만 생활의 자유와 의식주의 평등을 추구하기 위하여 일체의 평화와 행복, 진보를 희생해도 상관없는 듯한 태도를 취하고 있다. 인생이라는 것은 결국 그러한 것일까. 이렇게 되지 않으면 안 되는 것일까. 예수가 일컫는 원죄인가. 부처가 일컫는 사바 세계의 속성인가. 당치도 않다. 어째서 이것이 진리(truth)이고 정의(justice)이고 인도(humanity)인가.

아, 위대한 산업혁명의 효과는 결국 인도·정의·진리에 합치할 수 없는 것일까. 근대문명 세계는 결국 인도·정의·진리를 실현할 수 없는 것일까. 이 문제는 20세기의 길 위에 서 있는 스핑크스의 수수께끼다. 이것을 해결하는 자는 살 것이다. 그렇지 않으면 죽을 것이다. 세계 인류의 운명은 이 수수께끼에 달려 있다.

누가 이것을 해결할 것인가. 종교인가. 아니다. 교육인가. 아니다. 법률인가. 군비인가. 아니다. 아니다. 아니다.

종교는 미래의 낙원을 상상케 하지만, 아직 우리를 위하여 현재의 고통을 없애주지 않는다. 교육은 다대한 지식을 가져다주지만, 아직 우리를 위하여 하루의 의식주를 내주지 않는다. 법률은 사람을 징벌하지만, 사람을 행복하게 하는 도구는 아니다. 군비는 사람을 도살하지만, 사람에게 생명을 부여하는 그릇은 아니다. 아아, 아아, 도대체 누가 이 문제를 해결할 수 있을까.

以貨財害子孫	재화로써 자손을 해하니
不必操戈入室	창을 들고 집에 들어갈 필요가 없다.
以學術殺後世	학술로써 후세를 죽이니
有如按劍伏兵	검을 눌러 군사를 복종시키는 것과 같다.

제2장 빈곤의 원인

의약을 처방하는 자는 우선 상대의 병의 근원이 어디에 있는지를 진단할 필요가 있다. 그래서 나는 다음과 같은 질문을 하고자 한다. 현재 생산의 자재가 부족한 것도 아니고 시장의 상품이 적은 것도 아닌데, 그런데도 우리 인류의 다수는 무엇 때문에 이토록 의식주의 결핍을 느끼는가.

다름 아니다. 이것은 분배의 공평을 잃고 있기 때문이다. 그것이 세계로 널리 퍼지지 않고 일부에 퇴적되고 있기 때문이다. 만인에게 똑같이 분배되지 않고 소수 계급이 독점하고 있기 때문이다.

영미 양국과 같은 나라는 산업의 진보와 융성이 유사 이래로 가장 현저하여, 세계 각국이 모두 감탄하고 군침을 흘린다. 그런데도 그들의 부의 분배 상황을 보면, 오히려 얼굴을 돌리고 싶어지는 점이 있다. 토머스 셔먼이 계산한 바에 따르면, 미국의 부의 70퍼센트는 인구의 1.4퍼센트에 불과한 소수가 점유하고 있다. 다른 12퍼센트의 부는 불과 9.2퍼센트의 인구가 점유하고 있고, 나머지 인구인 89.4퍼센트의 다수 인민은 불과 18퍼센트의 부를 유지할 뿐이다. 스파 박사가 영국의 부를 계산한 예에서는 영국인 200만의 다수는 불과 8억의 재산을 소유할 뿐인데, 한편으로 12만 5천 명의 소수가 오히려 79억의 거액을 점유하고 있다. 또한 총인구의 4분의 3 이상은 완전한 무자산이라고 한다. 이들 두 나라의 빈민 가운데 공적 원조를 바라는 사람은 수백만 명에 달한다.

이것은 뭐라 해도 가공할 만한 편중이 아닌가. 하지만 이것이 어찌 영미뿐이겠는가. 독일도 그렇고 프랑스도 그렇다. 이탈리아도 그렇고 오스트리아도 그렇다. 그들은 각각의 대소(大小)나 고저(高低)의 정도와 비율을 달리하지만, 그래도 현재 재부가 일부에 집중되는 것은 세계 만국이 추세를 같이한다. 우리 일본 또한 예외일 수 없다.

우리나라에서는 아직 어떠한 사항에 관해서도 정밀성과 정확성에서 신용할 수 있는 통계가 없는 것이 유감스럽기 그지없지만, 최근에 재부 분배가 더욱더 일부에 편중되고 빈부 격차가 더욱더 벌어지는 것은 부정할 수 없는 사실이다. 보라. 땅은 더욱더 겸병되지 않는가. 자본은 더욱더 합병되지 않는가. 자본은 자본을 빨아들이고 이자는 이자를 낳아, 국가와 인민 전체의 자산액은 그다지 증가하지 않는데도, 소수에 불과한 대자본가와 대지주인 소수 계급의 자산이 나날이 팽창하고 있는 것은, 마치 눈덩이가 구를 때마다 엄청나게 불어나는 것과 닮지 않았는가.

한번 생각해보라. 만약 근대 물질 문명이 정치한 기계와 교묘한 기술로 해마다 산출하는 거액의 재부를 다수 인민에게 공평하게 분배하여 일용의 소비에 충당할 수 있었다고 가정해보라. 어찌 오늘과 같이 의식주 결핍을 한탄할 필요가 있겠는가. 그런데도 분배의 공평성을 잃는 것이 이토록 심하고, 그것이 일부에 축적되어 소수 계급이 독점하는 것도 이토록 심하다. 세계의 다수가 항상 춥고 배고픈 상태로 전락하는 것은 전혀 이상한 일이 아니다.

이렇게 되면 따로 또 다른 문제를 제기하지 않을 수 없다. 그것은 무엇인가.

생각건대 사회의 재부는 하늘에서 떨어진 것이 아니다. 땅에서 솟아난 것이 아니다. 한 톨의 쌀, 한 조각의 금이라도 이것은 모두 인간 노동의 결과가 아닌 것이 없다. 그것은 오로지 노동의 결과인 것이다. 그 결과는 당연히 노동자, 즉 그것을 산출한 자의 소유로 돌아가야 하는 것이 도리가 아니겠는가. 그런데도 다수의 노동자여, 왜 그대는 그대가 산출한 재부를 자유롭게 소유하거나 소비할 수 없는가. 고시(古詩)에도 있듯이, "전신에 비단을 두른 자는 누에 치는 자가 아니었네[4]"라고 했다. 그러면 왜 누에 치는 자는 반대로 비단으로 온몸을 감쌀 수 없는 것일까.

다름 아니다. 그들은 전혀 생산수단을 소유하지 않기 때문이다. 다시 말해, 자본을 소유하지 않기 때문이다. 땅을 소유하지 않기 때문이다. 자본이 없는 자는 노동할 수밖에 없는 것이다. 땅이 없는 자는 노동할 수밖에 없는 것이다. 노동하지 않으면 바로 굶어 죽을 수밖에 없다. 그들은 굶어 죽지 않으려고 애쓸수록, 그만큼 생산수단인 직장에 들어가려고 애쓰지 않을 수 없다. 생산수단인 직장에 들어가려고 애쓸수록, 그만큼 이익과 행복을 모조리 희생하지 않을 수 없다. 그리고 그들은 자본 소유자와 토지 소유자의 발밑에 엎드려 자본과 토지의 사용 허가를 간청하지 않을 수 없다. 그리고 사용 허가를 얻는 대가로 생산의 대부분을 자본가와 지주의 창고에 헌납하지 않을 수 없다. 그리고 평생토록 땀 흘려 노동한 결과는 가엾게도 불행한 생명을 어떻게든 유지하는 데 급급할 뿐인 것이다. 그렇다. 현재의 소농과 소작인은 의심할 여지 없이 이와 같은 상태에 놓여 있다. 토지와 자본을 소유하지 않고 임금으로 먹고살고 급료로 먹고사는 자는 모두 이와 같은 상태에 놓여 있다.

한번 생각해보라. 만약 세계의 토지와 자본을 다수 인류가 자유롭게 생산 용도로 쓸 수 있다고 가정해보라. 그들이 고액의 금리를 빼앗기고 터무니없는 지대를 갈취당하거나 저렴한 임금으로 고용될 필요 없이, 노동의 결과인 재부를 곧바로 그들 소유로 자유롭게 소비할 수 있다고

---

4) 송나라 시인 장유(張兪)가 쓴 오언절구 〈누에 치는 아낙네(蠶婦)〉의 일부. 전문은 다음과 같다.

昨日入城市　어제 성 안에 갔었는데
歸來淚滿巾　돌아올 때는 눈물로 수건이 다 젖었네.
遍身羅綺者　온몸에 비단을 두른 자는
不是養蠶人　누에 치는 자가 아니었네.

가정해보라. 분배가 공평성을 잃고 빈부 격차가 심해지는 상태가 어찌 오늘날처럼 심해졌겠는가. 더욱이 현재 그들은 오로지 노동력을 가지고 있을 뿐이다. 토지와 자본은 모두 완전히 소수 계급의 전용이 되어, 생산의 대부분을 그들에게 내지 않으면 결코 사용을 허락받지 못한다. 세계의 다수가 항상 춥고 굶주린 상태로 전락하는 것은 전혀 이상한 일이 아닌 것이다.

이렇게 되면 다시 문제를 하나 더 제기하지 않을 수 없다. 무엇인가.

토지와 자본 등 모든 생산수단은 인류 전체를 생활하게끔 하는 근본 요건이다. 이것을 독점하고 점유하는 것은 곧바로 인류 전체의 생활을 좌우하고 삶과 죽음을 제압하는 것이다. 지주와 자본가들은 과연 무슨 덕이 있고, 무슨 권리가 있고, 무슨 필요가 있어서 이것을 독점하고 전유하고 증대시켜서 다수 인류의 평화와 진보와 행복을 짓밟는 것일까.

다름 아니다. 요행일 뿐이다. 교활함일 뿐이다. 탐욕일 뿐이다. 그들 지주와 자본가는 때로 노동에 종사하고 생산을 돕는 일이 없지는 않을 것이다. 근면하지 않은 것은 아닐 것이다. 검약하지 않은 것은 아닐 것이다. 하지만 근면한 노동자, 검약하는 생산자로서의 소득은 뻔한 것이다. 그리고 지주와 자본가로서 끌어안는 재부는 결코 근면과 검약으로 얻는 것이 아니다. 그것들 중 어떤 것은 조상의 양도다. 어떤 것은 투기의 승리다. 어떤 것은 이자의 누적이다. 그렇다. 재산을 늘리는 자로서 세 가지 가운데 하나에 해당하지 않는 자가 없다. 그리고 그 부가 변해서 자본이 되어 주식을 사고 땅을 병합하면, 그들은 조금도 손발을 움직이지 않고 따뜻하게 포식하고 편안히 놀면서 다수 인류의 노동 결과를 약탈한다. 그리고 약탈한 부는 더욱 전화하여 자본이 되고 다시금 많은 부를 약탈하는 무기가 된다. 이런 식으로 끊임없이 돌고 도는 동안에 부유한 소수는 더욱더 부유해지고 가난한 다수는 더욱더 가난해지게 되었다. 그래서 프루동[5]은 "재산은 강탈의 결과다. 자본가는 도적이다"라고 외쳤던 것이다. 그렇다. 도의적 관점에서 보면, 그들은 자신이 도적임을 모른 채 도적이 되고 있는 것이다. 무슨 덕이 있고 무슨 권리가 있고 무슨 필요가 있겠는가. 그럼에도 예컨대 우리들은 이들 도의적 도적을 풀어놓고 오만하게 약탈을 멋대로 하게 하는 것과 같지 않은가. 이래서는 다수 인류가 항상 춥고 배고픈 상태로 전락하는 것도 결코 이상한 일이 아니다.

이리하여 우리들은 현대 사회의 질병 원인에 대하여, 대체로 전모를 깨닫게 된 느낌이 든다. 그것은 무엇일까. 다름 아니다. 다수 인류가 굶주림과 추위에 위협받는 것은 부의 불공평한 분배에 있고, 부의 불공평한 분배는 생산물을 생산자의 손에 건네지 않는 데 있다. 생산물을 생산자의 손에 건네지 않는 것은 지주와 자본가 같은 소수 계급이 약탈을 하게 되어 있기 때문이다. 지주와 자본가가 약탈하게 되는 것은 토지와 자본 같은 모든 생산수단을 애초에 지주와 자본가가 수중에 넣고 있기 때문이다.

정말로 이대로라고 한다면, 이 질병의 치료 시술도 실제로 알기 어려운 것은 아니다.

그래서 나는 다음과 같이 단언할 작정이다. 지금의 사회 문제를 해결할 방법은 오로지 모든 생산수단을 지주와 자본가의 손에서 빼앗아, 이것을 사회와 인민의 공유로 옮기는 것뿐이다.

그렇다. "일체의 생산수단을 지주와 자본가의 손에서 빼앗아 이것을

....

5) **프루동(Pierre-Joseph Proudhon, 1809~1865)** 프랑스의 사회주의자. 무정부주의의 아버지로 일컬어진다. 그는 스스로가 세운 《재산이란 무엇인가》(1840)라는 물음에 위와 같이 답한 것으로 유명하다. 프루동은 근대 사회의 쓸데없는 장식물들을 거의 모두 폐지해야 한다는 등의 사회 재편을 호소했는데, 이 '쓸데없는 장식물'에는 화폐나 국가도 포함된다. 그는 사회 재편의 형태로 공동체주의(communitarianism)를 지지했고, '사회적 구축물'이 사라지면 저절로 '선의'가 출현할 것으로 보았다. 이에 대해 마르크스는 공개적으로 프루동을 비판하며 《철학의 빈곤》(1847)을 썼다.

사회와 인민의 공유로 하는" 것, 다시 말해 지주와 자본가인 유한 계급을 절멸시키는 것은 '근대 사회주의', 일명 '과학적 사회주의'가 진수로 삼는 것이 아닌가.

이렇게 말하면, 세상의 사회주의를 잘 모르는 사람들은 어처구니없어하며 이렇게 말을 꺼낼 것이다. "무슨 터무니없는 말인가. 무슨 망상인가. 생각해보라. 사회의 생산은 모두 지주와 자본가가 좌우하는 것이 아닌가. 분배는 모두 지주와 자본가가 지휘하는 것이 아닌가. 농공상의 경제는 모두 지주와 자본가가 유지하며 다수 인민은 모두 그들이 먹여 살리고 있다. 어찌 이것을 절멸시킬 수 있을까. 설령 이것을 절멸시켜 보았댔자, 만일 지주와 자본가가 없으면 사회는 암흑이 될 뿐이다. 그런데도 지주와 자본가의 절멸을 입에 담는 사회주의라는 것은 애초에 얼마나 심한 망상이자 잠꼬대인가" 하고 말이다.

아아, 잠꼬대인가. 망상인가. 사회는 영구히 지주와 자본가의 존재를 시인하는 것이 좋은가. 시인하지 않으면 안 되는가. 우리들은 이러한 논쟁을 하는 사람에게 우선 인류 사회를 조직하고 진보하게 만드는 근본 원인을 꼭 한 번 조사하고 토의할 것을 바라 마지않는다.

爭之難平也	다툼이 진정되기 어려우니
天折地絶	하늘이 두 동강 나고 땅이 갈라져도
亦無自屈之期	또한 스스로 굴하지 않네.
報之不已也	앙갚음이 끊이지 않으니
鬼哭神愁	귀신이 곡을 하고 신이 심려하네.
奚有相安之日	어디에 서로 평안할 날이 있겠는가.

제3장 산업 제도의 진화

근대 사회주의의 큰 스승 카를 마르크스는 우리들을 위하여 인류 사회를 이룬 근본 구조의 진상을 꿰뚫어, "유사 이래로 언제 어디든 관계없이 모든 사회가 조직되는 근본 이유는 경제적 생산 및 교환 방법이 토대를 이루지 않은 것이 없다. 그리고 그 시대(epoch)의 정치적이고 지적인(intellectual) 역사와 같은 것은 오로지 이 토대 위에 서 있는 것이며, 또한 이 토대에 서야 비로소 해석할 수 있다"고 말했다.[6]

그렇다. 인간이 지상에 태어나자, 우선 먹지 않고는 살 수 없었다. 입지 않고는 살 수 없었다. 비바람과 눈, 이슬을 피하지 않고는 살 수 없었다. 미술이나 종교, 학술은 오로지 이 최초의 요구가 만족된 후에 비로소 발전할 수 있을 뿐이다. 그러므로 인민이 일단 생산과 교환 방법을 달리하게 되면, 사회의 조직과 역사의 발전 또한 이에 따라 상태를 달리하지 않을 수 없다.

보라. 원시 인류도 코는 세로였고 눈은 가로였으니, 우리가 인류라는 점에서 얼마만큼 차이가 있겠는가. 그러나 원시 인류가 혈족이 모여 부락을 이루고 공산 사회를 만들었을 때, 의식주는 오로지 사회 전체를 위하여 생산하였고, 사회 전체의 수요를 충당할 뿐이었다. 개인이 존재함을 몰랐다. 계급이 존재함을 몰랐다. 하물며 지주나 자본가를 알았겠는가. 루이스 모건[7]은, "인류 사회가 생긴 이래로 거의 10만 년이 지났지만, 9만 5천 년은 공산 제도의 시대였다"고 말한다. 우리 인류는 9만 5천 년간 지구상에 점점이 흩어진 혈족적, 부락적 소공산제 시대에 본

---

6) 《공산당 선언》 영어판(1888)에 엥겔스가 쓴 서문에서 인용했다.

능적으로 움직이는 야수의 경지에서 벗어나 활과 화살을 만들고 배와 노를 만들며 목축을 익히고 농업을 배우는 진보와 변천을 경험했다.

생각건대 문명의 진보는 돌이 땅에 떨어지는 것과 같다. 낙하하는 돌이 땅에 점점 가까워질수록 속도가 점점 증가한다. 고대에 인구가 더욱더 늘어나고 집단이 더욱더 번영하여 의복의 수요도 더욱더 많아지고, 교환 방법도 복잡해짐에 따라 공산 제도는 이윽고 붕괴의 기운이 감돌기 시작했다. 그리하여 그들은 이전에는 사로잡아 죽였던 적을 용서하고 생산적으로 부리고 일을 시키면서 바로 노예 계급을 낳았고, 나아가 인류 사회의 역사에서 공산제는 완전히 일단락을 지었다.

아아, 노예 제도는 지금이야 우리들이 입에 담기도 부끄러워하지만, 그래도 당시에는 모든 산업의 기초일 뿐만 아니라, 가엾은 수억의 노예가 흘린 피와 땀이 있었기에 이집트, 아시리아의 지식이나 그리스의 예술, 로마의 법률 등 천 년의 역사가 빛날 수 있었음을 알아야만 한다. 그렇다. 당시 문명을 꽃피운 것은 이들 산업 제도였고, 마찬가지로 당시 문명을 뒤엎은 것도 이들 산업 제도였다. 꽃을 재촉하는 비는 또한 꽃을 떨구는 비가 아닐 수 없다.

보라. 이들 노예의 피와 땀과 천연의 부(富)의 원천도 고갈되는 날을 맞지 않을 수 없었다. 로마 시대 말기에 이르러, 사치와 방탕에 드는 막

....

7) **모건(Lewis Henry Morgan, 1818~1881)** 미국의 인류학자, 사회학자. 근대 사회인류학의 친족 체계를 중심으로 한 연구의 기초를 세운 선구자로 높이 평가받는다. 일찍이 선주민 사회에 대한 실지 견문을 심화하는 한편으로, 세계 각지의 미개 사회에 대해서도 고찰 범위를 넓혔다. 모건의 주요한 업적으로 이로코이 인디언의 정치 조직을 분석한 《이로코이 동맹》(1851), 친족 및 친족 명칭의 체계를 비교 분석하여 연구사적으로 가장 중요한 《인류의 혈연과 친족 체계》(1869), 19세기 후반의 단선적 사회진화론을 축으로 하여 종합적으로 인류 문화의 다양한 측면(기술, 통치, 가족, 재산 등)의 발달을 그린 《고대 사회》(1877) 등이 있다. 그중에서 엥겔스가 주목하여 《가족, 사유 재산 및 국가의 기원》 등에 인용한 것도 있어서 《고대 사회》만 널리 알려졌는데, 발전 단계 도식에 어긋나는 사실들을 배제하고 정리하는 등 문제점이 있다고 지적된다.

대한 자금을 충당할 수 없게 되자, 연이어 사방으로 정벌에 나섰다. 연이어 영토 확장에 나섰다. 연이어 세금을 갈취했다. 그리하여 정말로 외부가 반란을 일으켰을 때는 이미 내부가 붕괴되는 날이었던 것이 아닐까.

그 결과로 로마로 통하는 큰길은 가시가 무성한 풀밭이 되었다. 세계가 분열하고 산업은 전혀 진작되지 않았다. 이어서 일어나는 것은 바로 농노에 의한 경작일 수밖에 없었다. 그리고 이것을 보호하는 것은 바로 봉건 제도일 수밖에 없었다. 그러나 사회 변화는 조금도 멈추지 않는다. 하루하루 경제적 생활이 변함에 따라 사회 조직도 마찬가지로 진화하지 않을 수 없다. 그리하여 자유농공이 발생한다. 도시가 번영하고 농노가 해방된다. 교통이 발달하고 시장이 확대되고 산업이 증가한다. 그 속도가 점점 빨라진다. 그리하여 지방적 봉건의 울타리는 마침내 국민적, 세계적 무역의 큰 흐름을 억누르지 못하고 스스로 흔적도 없이 사라졌다.

그러므로 프리드리히 엥겔스도 "모든 사회적 변화와 정치적 혁명의 궁극적 원인이 인간의 두뇌에서 나온다고 해서는 안 된다. 일정하고 변치 않는 정의와 진리 연구에서 나온다고 해서는 안 된다. 오로지 생산과 교환 방법의 변화 여부를 보지 않으면 안 된다. 그렇다. 이것을 철학에서 찾아서는 안 된다. 오로지 각 시대의 경제에서 살펴보라. 만약 현재의 사회 조직이 불합리해지고 부정해져서 어제의 정의가 오늘의 모순이 되고 작년의 정의가 금년의 죄악이 되어 있는 것을 본다면, 생산과 교환 방법이 이윽고 겉으로 드러나지 않게 변화해 당초에 적응했던 사회 조직이 이미 쓸모없는 것이 되었음을 알 수 있는 것이다"라고 말했다.[8]

세계 역사는 산업 방법의 역사에 지나지 않는다. 사회의 진화와 혁명은 모두 산업 방법의 변이에 지나지 않는다. 누가 말할 수 있겠는가, 지

8) 엥겔스의 《공상에서 과학으로 : 사회주의의 발전》에서 인용.

금의 산업 제도가 늘 이대로 있을 것이라고. 누가 말할 수 있겠는가, 지금의 지주와 자본가가 영원할 것이라고.

그렇다고 한다면, 요컨대 현대 사회의 산업 방법, 즉 마르크스 이래로 자본주의로 알려진 특수한 산업 방법은 과연 어디에서 왔으며 어디로 가려고 하는 것일까.

생각건대 중세에는 지금의 자본가, 지금의 대지주가 없었다. 그리고 사회를 유지하는 근본 산업은 항상 일반 노동자의 손에 있었다. 지방에서는 자유민이나 농노의 경작이 있었다. 도시에서는 독립 공인(工人)의 수공업이 있었다. 그들의 생산수단인 토지와 농구, 작업장과 기구는 모두 각 개인이 단독으로 사용하기에 적합한 것이었기 때문에, 각 개인이 생산수단을 소유하여 자유롭게 각자 생산을 했던 것이다.

이들 산만하고 소규모인 산업기관을 집중하고 확대해서, 현대 산업의 유력한 지렛대로 바꾼 것은 산업 역사에서 자연스러운 큰 흐름이었다. 이른바 상공 자본가의 천직이었다. 더욱이 아메리카대륙 발견이나 희망봉 회항, 동인도 무역, 중국의 시장이나 세운의 진보는 산업 방법을 채찍질하여 지방적인 것에서 국민적인 것으로, 국민적인 것에서 세계적인 것으로 촉진하지 않을 수 없었다. 그리하여 15세기 이후 어떻게 산업 방법이 점차 각종 역사적 단계를 지나 이윽고 '근대 공업'에 도달하게 되었는가는 마르크스가 대작인 《자본론》에서 상술했다.

하지만 일반적인 생산수단이 여전히 개인적 방법의 영역에서 방황하고 있어서 아직 많은 노동자의 협력을 필요로 하는 사회적 방법을 채용할 수 없는 동안은, 그들 자본가도 당장 생산수단들을 변화시켜 위대한 산업 세력으로 확실히 모습을 드러내는 것은 도저히 불가능했다. 그런데 절호의 기회가 왔다. 증기기관이 발명되자, 역사는 급전직하의 기세로 '산업혁명'을 성공시켰다.

물레는 곧바로 방적 기계가 되었다. 베틀은 직물 기계가 되고, 개인의 작업장은 수백 명 또는 수천 명이 일하는 공장이 되고, 개인적 노동은 사회적 노동으로 바뀌고, 개인적 생산물은 사회적 생산물로 바뀌었다. 보라. 옛날에는 개인이 각자 알아서 생산하던 것이 지금은 한 가닥의 실, 한 필의 천이라도 많은 노동자가 협력한 결과가 아닌 것이 없고, 또한 '이것은 내가 만든 나 혼자의 생산물'이라고 말할 수 있는 자는 한 사람도 없다.

다만 우리들은 다음과 같은 것을 깨닫지 않으면 안 된다. 산업혁명의 효과는 이상과 같이 뚜렷했지만, 처음에 그들 상공 자본가는 결코 혁명의 근본 구조를 이해하고 받아들이려 하지는 않았다. 그들이 산업혁명을 지도하고 도운 것은 오로지 상품의 증가와 발달을 바라기 때문일 뿐이었다. 상품의 증가와 발달을 위하여 자본 집중, 생산수단 확대를 바라기 때문일 뿐이었다. 오로지 이 목적을 달성하는 데만 열중하여 개인적 생산을 파괴하게 되었고, 나아가 개인적 생산을 보호하는 중추인 봉건 제도를 전복하게 되었다. 요컨대 저도 모르게 역사적 사명을 다했을 뿐이었다.

그들은 오로지 생산 증가를 바랄 뿐이고, 어떻게 교환할 것인가는 문제삼지 않는다. 오로지 자본 집중을 바랄 뿐이고, 소유 관계를 어떻게 할 것인가는 문제삼지 않는다. 그리하여 생산은 협동적으로 되었지만, 교환은 여전히 개인적인 데서 벗어나지 못했다. 제조 공장 조직은 이미 신천지를 출현시켰는데도, 소유 관계는 아직 구세계 양식에서 벗어날 수 없었다. 당연한 결과로 모순이 생기지 않을 수 없다.

생산이 아직 개인적이었던 시대에는 생산물 소유를 둘러싼 문제가 발생하는 일이 결코 없었다. 각자의 생산은 모두 자기의 기술로 했다. 자기의 원료로 했다. 자기의 기구로 했다. 그리고 그와 그의 가족의 노동으로 했다. 그렇다면 생산한 결과는 누구한테 속해야 하는 것일까. 굳이 설명하지 않아도 확실하지 않은가.

그러므로 옛날에 생산수단을 소유하는 자는 모두 생산물을 소유했다. 이것은 의심할 여지 없이 그들 자신이 노동한 결과이기 때문이었다. 그리고 지금의 생산수단 소유자도 마찬가지로 생산물을 전유하고 있다. 하지만 보라. 그 생산물은 결코 그들 자신이 노동한 결과가 아니라, 실은 남이 생산하는 것이 아닌가. 그렇다. 지금의 노동은 협동적이다. 지금의 생산은 사회적이다. 또한 어느 하나도 이것은 자기 개인의 생산물이라고 말할 수 있는 것이 없다. 그런데도 생산물은 생산자들이 사회적으로 공유하지 않고 옛날과 마찬가지로 오로지 개인 소유가 되고 있다. 오로지 지주와 자본가라는 개인 소유가 되고 있다. 이것은 아무리 생각해도 커다란 모순이 아닌가.

그렇다. 커다란 모순이다. 그리하여 나는 믿고 있다, 현대 사회의 모든 해악은 이 모순에서 싹텄다는 것을.

첫 번째는 바로 계급투쟁이다. '근대 산업'이 일단 크게 일어나자, 눈 깜짝할 사이에 사회와 만국을 압도하여 도처에서 개인적 소산업이 무너지는 것이 마치 뚝뚝 떨어지는 낙엽같이 무수한 것은 당연한 결과이며 전혀 이상한 일이 아니다. 그리하여 종래의 개인적 생산자는 완전히 이익을 잃을 수밖에 없다. 직업을 잃을 수밖에 없다. 그들은 개인적 소기계를 버리고 사회적 생산을 따르고자 하기 때문에, 대공장으로 달려갈 수밖에 없다. 하지만 대공장의 생산물은 자본가라는 개인의 소유로 돌아가기 때문에, 그들이 얻는 것은 불과 하루의 생명을 지탱하는 임금에 지나지 않는다. 게다가 봉건 제도가 파괴되어 토지 겸병이 성행하자, 지방의 소농이 앞다투어 도시로 나아가 임금에 의지하여 의식주를 해결하기를 바라는 것이 자연스러운 흐름이었다. 공업 발달이 왕성하면 할수록 자유독립적인 노동자는 모습을 감추고 임금 노동자가 나날이 증가했다. 그 결과, 생산수단을 전유하여 생산을 독점하는 자본가 계급이 발생함과 동시에, 다른 한편으로 노동력 이외에 아무것도 소유하지 않는 노동자 계급이 발생해, 양자 사이에 확실히 커다란 틈이 벌어졌다. 사회적 생산과 자본주의적 소유 사이에 생겨난 일대 모순은, 우선 지주 및 자본가와 임금 노동자의 충돌로 드러나고 있다.

이뿐만이 아니다. 개인적 소유의 결과는 요컨대 자유 경쟁이 될 수밖에 없다. 자유 경쟁의 결과는 바로 경제계의 무정부(anarchy)가 될 수밖에 없다. 옛날 개인적 생산 시대에는 생산은 주로 자신의 소비에 충당하고 여분이 생기면 지방의 소시장에 나를 뿐이었다. 따라서 상품의 수요를 미리 알 수 없었다. 물론 일반 경쟁의 법칙에 지배받는 일이 없었던 것은 아니지만, 범위가 매우 제한되어 있어 아직 그다지 크게 두드러진 현상이 아니었다. 지금은 그렇지 않다. 이제 상품 제조는 결코 생산자 자신의 소비를 충족하기 위해서가 아니라 철저히 개인의 상품으로서 교환의 이익을 겨루는 데 목적이 있다. 그것은 오로지 개인의 경쟁에 내맡겨져 있다. 생산력이 증가하고 발달하여 시장이 확대됨에 따라 경쟁이 더욱더 치열해지고 세계의 경제 사회는 완전히 무정부 상태로 추락하여, 우승열패와 약육강식 현상을 나타내며 이래저래 참상이 극에 달했다. 이리하여 사회적 생산과 자본주의적 소유 사이에 생긴 일대 모순은 나아가 조직적인 공장 생산과 무정부적인 일반 시장의 충돌로 확실히 나타나고 있지 않은가.

그렇다. 모순의 극은 충돌이다. 충돌의 극은 파열이 아닌가. 지금의 자본주의적 산업 방법은 근원에서 이미 일대 모순으로 운행을 시작한 것이다. 그리하여 모순이 발전하여 한편으로는 계급이 충돌하고, 다른 한편으로는 시장이 충돌한다. 그리하여 두 방면에서 생긴 충돌이 서로 뒤섞이고 회오리처럼 엉켜 있는 사이에 기세가 점차 격렬함의 도를 더하여, 결국 현재 산업 제도 전체의 커다란 충돌과 파열에 이르지 않으면 끝나지 않을 듯한 형세가 내 눈에 비치고 있다. 무슨 근거로 이런 말을 하는가.

경제적 자유 경쟁과 계급투쟁이 장기간에 걸쳐 일어나면, 그 결과는 반드시 다수의 열패자가 자산을 잃는다. 임금 노동자가 증가한다. 자본 집중이 강화된다. 생산 기계의 개량을 더한다. 기계 개량이 해마다 노동 수요를 절감해버리는 한편으로 노동 공급이 나날이 증가하면, 바로 다수 노동자가 남아돌 수밖에 없다. 엥겔스의 '산업 예비군(industrial reserve army)'이라는 것이 이것이다. 산업 예비군의 출현은 근대 공업에서 매우 슬퍼할 만한 특징이다. 그들은 경제 시장이 호황기일 때는 어떻게든 직업을 얻을 수 있지만, 일단 무역이 부진하면 수만 내지 십수만 명의 많은 노동자가 마치 쓰레기가 버려지듯 공장 밖으로 내쫓겨 길바닥에서 굶주림과 추위에 괴로워하지 않을 수 없다. 이것이 실제로 현재 유럽 각국이 처한 상태다. 우리나라 같은 경우는 아직은 참상이 이렇게까지 심각하지는 않다고 하더라도 사회 경제가 자본주의적 자유 경쟁에 내맡겨져 있는 이상은 도저히 피할 수 없는 추세이며, 남은 것은 오로지 시간의 문제일 뿐이다.

이에 따라 노동자들 사이의 경쟁이 치열해진다. 이어 일반 임금이 하락세로 돌아선다. 일반 임금이 하락하면 노동자는 먹고살기 위해 장시간 과도한 노동에 종사할 수밖에 없다. 그리하여 이때 자본가는 마음껏 약탈을 시작한다.

마르크스는 이렇게 말한다.

"교환은 결코 가치를 낳는 것이 아니다. 가치는 결코 시장에서 창조되는 것이 아니다. 그런데도 자본가가 자본을 운용하는 사이에 스스로 금액을 늘릴 수 있는 것은 왜일까. 다름 아니다. 그들은 가치를 창조할 수 있는 놀랄 만한 힘을 가진 상품을 구매할 수 있기 때문이다. 상품이란 무엇인가. 바로 인간의 노동력이다. 이 힘의 소유자는 생활하는 데 필요하므로 자신의 힘을 저렴하게 매각하지 않을 수가 없다. 그리고 이 힘이 하루에 창조하는 가치는 반드시 소유자가 하루 생활을 유지하는 비용으로 받는 임금의 가치보다도 훨씬 많다. 예를 들면 하루에 6실링의 부를 창조할 수 있는 노동자는 하루에 3실링에 구매된다. 그 차액을 이름하여 잉여가치(surplus value)라고 한다. 그들 자본가가 자본을 늘릴 수 있는 것은 오로지 잉여가치를 노동자한테서 약탈하여 수중에 축적하기 때문이다."

그렇다. '잉여가치' 약탈은 끊임없이 자본을 증가시킨다. 자본 증가는 나아가 기계 개량을 끊임없이 촉진한다. 개량된 기계는 또다시 잉여가치 약탈의 무기로 변한다. 그리하여 이렇게 전전하는 사이에 사회의 생산력은 계속해서 팽창하여 멈출 줄을 모른다. 더욱이 국내 시장은 이미 자본가가 고혈을 다 짜내어, 사회 다수의 구매력은 도저히 이에 맞설 만한 힘이 없다. 이렇게 되면, 자본가는 백방으로 생산력을 유통시킬 길을 찾는 데 열중한다. 가라사대 시장을 개척하라. 영토를 확장하라. 외국의 물자를 추방하라. 대제국을 건설하라. 하지만 세계 시장도 마찬가지로 무제한일 수 없다. 현재 생산의 홍수는 벌써 감출 수 없는 무한한 범람의 기세를 드러내고 있다.

그리하여 그 다음으로 오는 것이 곧 자본 과잉이다. 자본가는 투자할 사업이 없어 괴로워하고 있다. 생산 과잉이다. 상품은 이것을 수출할 시장이 없어 괴로워하고 있다. 노동 공급의 과잉이다. 산업 예비군은 고용하고 사역하는 공장이 없어 괴로워하고 있다. 지금 문명 제국 가운데 적어도 근대 공업을 채용하고 있는 곳은 모두 이 딜레마에 빠졌거나 빠지고 있다. 이 역경을 겪지 않는 나라가 없지 않은가. 이리하여 '생산 과잉'의 외침이 도처에서 메아리치고 있다.

생각해보는 것이 좋다. 자본가는 열심히 자본 집중, 생산 증가에 노력한 것이다. 그리고 이제 그들은 오히려 생산 과잉으로 괴로워하고 있다. 기계 개량은 인력 수요를 절감했다. 그런데도 많은 노동자는 오히려 의식주 결핍으로 괴로워하고 있다. 사회 다수의 인류는 값비싼 의복을 만든 탓에 오히려 벌거벗고 있을 수밖에 없다. 이것은 무슨 기현상일까. 현재의 산업 제도의 모순과 충돌은 여기에 이르러 한층 커다란 발소리를 내며 성큼성큼 다가온 것이 아닌가.

아아, '생산 과잉'의 외침 소리. 이것은 의심의 여지 없이 바로 파열이 다가왔음을 알리는 경계 신호가 아닌가. 과연 공황이 속출할 때 파열은 시작된다.

공황의 재앙도 마찬가지로 비참하다. 무역은 부진이 극에 달한 것이다. 물가는 갑자기 폭락한다. 화물은 정체되어 움직이지 않는다. 신용은 완전히 땅에 떨어진다. 공장은 빈번히 폐쇄된다. 많은 상공업자의 파산은 또 다른 파산을 낳고, 많은 노동자의 실업은 또 다른 실업을 낳아 곡식이나 육류가 창고에 넘치는데도 오히려 굶주린 사람들이 길에 쓰러져 있다. 이와 같은 상태가 몇 주, 몇 달, 심할 때는 그 상처가 몇 년에 걸쳐 낫지 않을 정도로 깊어진다. 푸리에[9]가 말한 '충만의 위기'가 바로 이것이다. 그리하여 공황이 일어나는 것은 결코 우연이 아니다. 가라앉는 것도 우연이 아니다. 1825년의 대공황 이래로 거의 10년마다 정기적으로 재앙을 입지 않는 경우가 없는 것을 보면 현재 경제 조직의 토대가 얼마나 깊이 공황에 길들어 있는지를 충분히 알 만할 것이다.

공황이 다가올 때마다 소수의 대자본가 가운데 능숙하게 이 위기를 견뎌내는 자가 항상 다수의 파산하고 영락하는 소자본가들을 삼키려는 욕망을 능란하게 발휘하는 것은 자연스러운 흐름이다. 더욱이 대자본

---

9) **푸리에**(François Marie Charles Fourier, 1772~1837) 프랑스의 사회사상가, 공상적 사회주의자. 당시 산업주의를 비판했지만, 국가의 폭력에 대해 '혁명'의 폭력으로 맞서는 것은 악순환을 초래한다고 하여 이상적인 협동체 창조를 제안했다. 그 협동체는 토지나 생산수단 공유, 자급자족에 의한 공동 생활, 노동 집약에 의한 노동 시간 단축 등 사회주의 사상과 비슷하지만, 자연적 욕망을 긍정한다는 점은 독자적 관점이라고 할 수 있다.

가인 그들 자신도 마찬가지로 상호 경쟁의 위험과 공황의 습격이 두려워서 견딜 수 없기 때문에, 점차 소유와 교환 범위에서 개인적 방법을 양보하여 사회적 방법을 채용하고 그것으로 모순과 충돌을 완화하려고 시도한다. 주식회사의 조직은 그 때문이었다. 동업자의 대동맹(combination)이 일어난 것은 그 때문이었다. 그리고 이러한 수단으로도 그들의 운명을 영속시키는 데 불충분하다는 것을 깨닫자, 그들은 곧 현재의 트러스트(trust)의 아성을 쌓아, 그것으로 최후의 악전고투를 개시했다. 이리하여 자유 경쟁의 근저에 서 있는 자본주의는 진화와 발달의 끝에 오히려 스스로 자유 경쟁을 일소해버리고 세계 각국의 산업은 거의 트러스트의 독점과 통일로 귀착되지 않으면 진정되지 않을 형세가 되었다.

하지만 트러스트가 자본가 계급을 위하여 그들의 지배를 받는 동안은 현재의 모순과 충돌에 결정적 해결책을 줄 수 없을 뿐만 아니라, 오히려 한층 격화시키는 도구가 될 수밖에 없다. 왜냐하면 지금 자본가들의 사업은 오로지 생산량을 제한하는 데 있기 때문이다. 가격을 폭등시키는 데 있기 때문이다. 독점의 맹위를 이용하여 잉여가치를 터무니없이 약탈하는 데 있기 때문이다. 사회 전체의 곤궁과 결핍을 증대시키는 데 있기 때문이다. 이렇게 되면, 인류 사회의 다수는 오로지 트러스트를 소유하는 소수 계급을 위하여 탐욕의 희생이 되기 시작한다. 자본가 대 노동자의 계급투쟁은 진화와 발달의 최종 단계에서 마침내 트러스트 대 사회 전체의 충돌로 변화하고 만다.

사회 전체는 언제까지 이와 같은 상태를 견딜 수 있을까. 언제까지 자본가 계급의 존재를 시인하려는 것일까. 방대한 트러스트는 무책임하고 비규율적인 개인 자본가의 손에 지배되지 않으면 안 되는가. 사회가 이것을 공유하여 통일되고 조직적이며 조화롭고 책임 있는 산업으로 만들 수는 없는 것일까. 종래에 오로지 자본 집중과 생산 증가를 천직과 사명으로 삼아 온 자본가 계급은 여기에 이르러 이미 천직과 사명을 다한 것은 아닐까. 존재 이유를 잃은 것은 아닐까. 지금 그들은 단지 재산 분배의 방해물로서 존재할 뿐이지 않은가. 비단 노동자뿐만 아니라, 사회 전체와 생산수단 사이에서 장애물로 존재하고 있을 뿐 아닌가.

그렇다. 지금 공장에서 협동적이고 사회적인 생산 조직의 발달은 마침내 일반 사회의 무정부적 자유 경쟁과 양립하지 않는 곳까지 와 있다. 소수 자본가 계급의 존립을 승인하고 허용하지 않는 곳까지 와 있다. 다시 말해, 모순과 충돌이 극에 달해 있다. 한편으로는 자본주의적 사유 제도가 이미 생산력을 지배할 능력이 없음을 나타냄과 동시에, 다른 한편으로 생산력 자체도 마찬가지로 무한하고 방대한 힘의 위압으로 현재 제도의 모순을 완전히 배제하려 하고 있다. 사유 자본의 영역을 완전히 탈출하려고 하는 것이다. 그 사회적 성질을 실제로 승인하라고 요구하고 명령하고 있다. 이것이 어찌 일대 전변(轉變)의 기운으로 향하는 것이 아니겠는가. 일대 파열의 시기의 고비에 와 있는 것이 아닌가. 이것은 세계의 산업 역사가 진화하고 발달하는 근본 대세로, 자본가 계급이 가진 억만의 황금으로도 이것을 어쩌지 못한다.

새 시대는 이렇게 해서 다가온다.

聖賢不白之衷	성현이 표현하지 않은 마음은
托之日月	세월에 의지한다.
天地不平之氣	천지가 평탄하지 않은 기운은
托之風雷	비바람에 의지한다.

제4장 사회주의의 주장

현재의 생산과 교환 방법, 즉 자본주의는 이제 진화와 성장의 극점에 도달했다. 기세가 극에 달하면 변화가 생긴다. 꽃잎은 꽃이 지는 날이 오면 언젠가 산산이 흩어지지 않으면 안 된다. 달걀 껍데기는 병아리가 태어나는 날이 오면 언젠가 파괴되지 않으면 안 된다. 단지 떨어져 흩어진다. 그리고 과실이 맺힌다. 단지 파괴된다. 그리고 병아리가 태어난다. 어찌 사회와 산업 조직만이 이 법칙에서 벗어날 수 있겠는가.

그리고 우리 과학적 사회주의자들은 진화의 법칙을 설명하고 필연적 결과를 지시하여 인류 사회의 향상을 재촉하지 않으면 안 된다. 그렇다면 사회주의는 우리들을 위해 과연 어떠한 새로운 과실과 병아리를 가져오려고 하는가. 어떠한 새 시대를 지시하여 사유 자본의 낡은 조직을 대신하려고 하는가.

일리 교수는 사회주의의 주장을 해부하고 분석하여 네 가지 요건 (element)을 포함한다고 했다. 그의 말은 대단히 타당하게 여겨지는데, 네 가지 요건이란 무엇일까.

첫 번째 요건은 물질적 생산수단, 즉 토지와 자본의 공유다.

현대 사회에서 백 가지 해악의 원천이 바로 사회적 생산수단이 모두 개인 소유라는 점에 있음은 앞 장에서 이미 언급했다. 생산수단을 다만 개인의 소유에 맡기고 있기 때문에 소유자는 무위도식하면서 사회 생산의 대부분을 약탈하고 다수 인류가 그 때문에 더욱더 결핍되고 타락하는데 그 상태는 우리들이 더는 참을 수 없는 지경까지 와 있다. 이 상황은 결코 잔재주로 해결할 수 있는 것이 아니라, 반드시 근저의 모순을 배제하고 산업 조직 전체의 조화가 이루어지게 하지 않으면 안 된다. 생산수단의 공유를 어찌 피할 수 있겠는가.

토지라는 것은 인류가 아직 발생하지 않은 시대부터 존재했다. 본래 지주가 만들어낸 것이 아니다. 자본은 사회 협동 노동의 결과다. 본래 자본가가 생산한 것이 아니다. 토지와 자본이 존재하는 것은 오로지 사회와 인류 전체를 위해서지, 개인이나 소수의 계급을 위해서가 아니다. 그러므로 지주와 자본가가 홀로 이것을 점유할 권리가 본래 있을 리가 없는데, 그래도 이것을 사용하여 사회가 은혜를 입는 동안은 용서할 수 있다. 하지만 그들이 이것을 오로지 사회 전체의 재부를 약탈하고 행복을 희생시키고 진보와 향상을 저해하는 도구로 이용한다면, 사회가 곧바로 이것을 그들의 손에서 빼앗는 것, 즉 마르크스가 일컫듯이 "이 약탈자들로부터 약탈"하는 것이 지당함은 말할 필요도 없는 일이다.

그러므로 근대 사회주의는 사회 인민 전체에게 토지와 자본을 공유시킬 것을 주장한다. 사회 인민 전체에게 지금부터 생기는 이익에 관여하게 할 것을 주장한다. 나아가 종래의 경제적 의미에서 땅값과 이자 폐지를 주장한다.

이것을 이상하게 생각해서는 안 된다. 보라. 지금 시점에도 각종 사업 가운데 이미 공공 소유가 된 것이 적지 않다. 우편과 전신은 미국을 제외한 모든 문명국은 모두 국유다. 철도도 마찬가지로 독일, 오스트리아, 덴마크 각국에서 국유이고, 그밖에 산림·광산·경지의 일부, 담배·알코올 판매 사업 등 국유로 하고 있는 것이 많지 않은가. 다만 지금의 국유는 왕왕 중앙정부의 소유를 의미하여 아직 완전한 사회적 공유의 영역에 이르지 못하는 경우가 있지만, 그래도 개인이나 소수 계급의 사유를 벗어난 점에서는 같은 것이 아닌가.

그렇다. 사회주의의 주장은 결코 중앙집권을 바라는 것이 아니라, 기관과 사업의 특성에 따라 어떤 것은 국가의 소유로 하고 어떤 것은 군현이나 정촌(町村)의 소유로 하자는 것이다. 현재의 공유 산업 가운데 수도·전등·가스·전철 등이 도시의 소유에 속하는 것과 같은 사례가 곧 이에 해당한다. 요점은 개인의 손에서 옮겨 일반 공공의 이익을 위하여 제공하는 데 있다.

지금의 경제학자는 모두, 애초에 독점적 성격을 띠는 사업은 국유나 시유(市有)로 하는 것이 좋고, 그렇지 않은 것은 개인의 경쟁에 맡겨 진보를 꾀하는 것이 가장 좋다고 주장한다. 하지만 산업 제도의 진보는 지금까지 독점적 성질을 띠지 않았던 각종 사업 또한 모조리 독점 사업으로 변화시키고 있지 않은가. 미국을 보라. 제철도 독점이 되지 않았는가. 석유도 독점이 되지 않았는가. 석탄도 방적도 모두 대회사나 대 트러스트의 독점이 되어 다른 경쟁을 허락하지 않게 되지 않았는가. 개인 경쟁의 극치는 자본 집중과 합병이다. 자본 집중과 합병의 극치는 곧 각종 사업을 모조리 독점 사업으로 만들고야 만다. 경제적 자유 경쟁에서 나오는 진보는 과거의 꿈이다. 이제 문제는 독점 사업들을 여전히 소수 계급의 사유로 내버려 두어도 좋은가, 아니면 사회 공공의 소유로 옮겨 통일을 기대하는 것이 좋은가, 둘 중 하나를 고르는 데 있다. 이것이 사회 진화의 대세고 필연적 결과가 아니면 안 된다. 그리하여 사회주의의 첫 번째 의의는 오로지 이 사업을 지적하려고 하는 데 지나지 않는다.

두 번째 요건은 생산의 공공적 경영(common management)이다.

생산수단인 토지와 자본이 사회의 공유로 돌아간다고 해도, 사업 경영은 아직 개인의 수중에 있는 것이 많다. 예를 들면, 철도나 시가전철 같은 것은 사회가 공유하면서도 경영은 곧 사설 회사에 맡기고, 또한 알코올이나 소금, 담배와 같이 정부 독점 사업이라도 생산이나 교환의 일부는 여전히 개인 사업으로 남아 있거나, 공유 경지를 개인에게 맡겨 경작하게 하는 등의 예가 이것이다. 개인이나 사설회사의 경영 목적은 항상 그들 자신의 시장 이익을 추구하는 데 있다. 그들의 이익이 일단 없어지면 산업은 갑자기 폐기된다. 이것은 자본주의 체제에서 피할 수 없는 일이다. 그러므로 사회의 산업을 개인의 이익을 위해서가 아니라 사회 전체의 소비에 제공하고, 시장의 교환을 위해서가 아니라 사회 전체의 수요를 만족시키고자 한다면, 경영을 결코 개인의 손에 맡겨서는 안 되며, 반드시 공공의 관리를 기다리지 않으면 안 된다. 사회는 단지 생산수단을 공유하는 데 머물지 않고 공개적으로 선출한 대표자에게 경영을 맡기지 않으면 안 된다. 그리하여 이것의 경영은 반드시 사회 전체에 그 책임을 지게 하지 않으면 안 된다.

또는 사업 경영은 오로지 사유로 하는 경우에만 비로소 효과를 올릴 수 있기 때문에, 이미 자기 소유가 아니라고 하면 누가 직무에 충실하겠는가 하는 의견이 나올지도 모른다. 하지만 살펴보라. 지금 미쓰이(三井) 집안의 주인은 사업의 경영에서 과연 어느 만큼 근로에 복무하고 있는가. 이와사키(岩崎) 집안의 주인은 사업의 관리에서 과연 어느 만큼 기량을 나타냈는가. 생산수단이 방대해지고 사업이 발달하고 생산이 증가하는 것이 고도의 단계에 이르면, 그 운용은 도저히 개인의 기량으로 처리할 수 있는 것이 아니며, 결국 다수의 협동적 수완을 필요로 하게 된다. 하물며 평범하고 놀고먹는 자본가의 경우는 오죽하겠는가. 현재 각종 대규모 산업에서 실제 경영과 관리는 소유자인 자본가가 하지 않고, 오히려 사원이나 고용인의 기능으로 효과를 많이 올리고 있지 않은가. 사회주의는 요컨대 이들 세습 소유자를 사회에서 뽑은 대표자로 대신하고, 안일한 자본가를 책임 있는 공무원으로 대신하고, 개인이 부리는 고용인이나 직원을 공공이 임명한 직원으로 대신하려고 할 뿐이다. 그리하여 그 산업의 진보가 오로지 소유자의 이익이 되는 것이 아니라 사회 전체가 모두 곧바로 은혜를 입을 수 있다면, 나는 각자가 지금보다 직무에 충실하지 않을 것이라는 이유를 발견할 수 없다.

사회가 이리하여 모든 생산수단을 공유하고 모든 생산을 관리한다면, 사회와 인민 전체는 곧 주주인 동시에 노동자인 것이다. 사회는 그들에게 적당한 직업을 주고 그들은 노동으로 사회에 봉사한다. 그러면 시장에서 교환하기 위해서가 아니라 사회 전체에서 소비하기 위해 생산하게 되고, 생산이 점점 많아져서 사회의 수요를 점점 만족시킬 수 있게 되고, 또 물가 하락을 걱정하지 않아도 된다. 노동자의 실업 문제도 완전히 해결될 것이다. 만약 정말로 생산이 남았을 경우는 단지 노동 시간을 단축하는 것으로 충분하다. 어찌 한 명이라도 실업자를 내는 일이 있겠는가.

아니, 실업자가 없을 뿐만 아니라, 한편으로는 만인이 모두 노동을 하지 않으면 안 되는 것을 의미한다. 공공적 생산 아래서는 이자가 없고 땅값이 없다. 무위도식하며 타인의 노동 결과를 약탈할 수단이 없기 때문이다. 피히테[10]가 "노동하지 않는 자는 곧 의식주의 권리가 없다"고 한 적이 있다. 이것은 진리다. 정의다. 사회주의는 진리와 정의를 실현할 것을 요구하고 있다.

세 번째 요건은 사회적 수입의 분배다.

공공적 생산의 수입은 반드시 사회 공공의 소유로 귀결되어야 하며 개인이 멋대로 점유하는 것을 허락하지 않는 것은 논란의 여지가 없다. 그리하여 사회가 공개적으로 선출한 대표자나 직원은 우선 수입의 일부를 생산수단의 유지와 확장, 개량과 재해 준비 자금에 충당하는 외에 나머지는 모두 사회 전체에 분배하여 소비에 제공할 것이다. 그리하여 수입의 분배는 이것을 생산하는 자만이 관여하는 것이 아니라 노인이나 어린이 등 노동 능력이 없는 자라도 근본적으로 요구할 권리가 있

---

10) **피히테**(Johann Gottlieb Fichte, 1762~1814) 독일의 철학자. 칸트 철학에서 출발하여 사물 자체의 사고를 부정, 자아의 실천성을 이론적 인식으로까지 넓혀서 기초를 마련했으며, 윤리적 색채가 짙은 사상 체계를 수립하였다. 나폴레옹 점령하의 베를린에서 〈독일 국민에게 고함〉을 강연했다.

다. 왜냐하면 그 부는 이미 사회의 소유이고, 그 사람은 틀림없이 사회를 조직하는 일원이기 때문이다. 이 점에서 사회주의의 주장은 완전한 상호 보험이다. 사회주의 제도에서는 우리들 만민은 태어나서 죽을 때까지 질병과 재앙, 노쇠에 대해서뿐만 아니라 교육과 오락 등 모든 수요를 만족할 수 있는 보장이 있다. 다만 노동 능력이 있는데도 의무에 따르는 것을 싫어하는 자만은 엄격히 제재하지 않으면 안 된다. 아니, 사회 조직이 개선되고 생산 고통이 감소함에 따라 이들 부덕한 무리도 자연히 모습을 감추게 되리라는 것을 믿어 의심하지 않는다.

여기에 이르러 우리들은 중대한 문제에 맞닥뜨린다. 무엇인가. 말하자면 분배의 공정성(justice)이라는 것이 이에 해당한다. 그렇다. 공평한 분배, 이것은 참으로 사회주의를 앞장서서 외치는 근본 이유 중 최대 동기다. 사회주의의 요건 중 요건이다. 산업 조직이 진화하고 발전하는 근본 원인 중 주요한 목적이다. 그렇다면 어떠한 방법과 표준이라면 정말로 공정성이 확보된다고 여기겠는가.

분배의 표준에 관해서 사회주의자의 시도는 예로부터 지금까지 동일하지는 않지만, 대체로 네 가지로 나눌 수 있다. 하나는 분배하는 물품은 질과 양으로 나누면서도 반드시 균일해야 함을 요구하는 것인데, 바뵈프[11]가 제창했다. 다음은 기능이나 성적의 우열에 비례해서 보수에 차등을 두고자 하는 것으로서 생시몽[12]이 주장했다. 다음은 오로지 각자의 필요에 준하여 나누어주는 것으로서 루이 블랑[13]이 이상으로 삼았다. 최근 사회주의자 가운데 각자의 분배액은 질을 표준으로 하지 말고 가치의 평등으로 하자고 앞장서 주장하는 자가 많다.

그도 그럴 것이 인간은 심신이 모두 다르지 않은 자가 없다. 따라서

....

11) **바뵈프**(François Noël Babeuf, 1760~1797) 프랑스혁명기의 혁명가, 사상가. 평등 사회의 실현을 목표로 이른바 '바뵈프의 음모'를 기도했으나 실패로 끝나 사형당했다. '독재'라는 말을 현대적 의미로 처음 사용한 인물 중 하나다.

생활에 필요한 것이 다르고 기호가 다르다. 무리하게 평등하게 분배하자고 요구하는 것은 오히려 심각하게 공정성을 잃을 수 있다. 분배의 양과 질이 똑같을 수 없는 것은 논쟁의 여지가 없다.

기능의 우열에 따라 보수에 차등을 두는 것은 얼마간 공정에 가까울 것 같다. 그러나 이렇게 되면 노동 능력이 없는 자는 곧바로 굶지 않을 수 없다. 이것이 어찌 사회적 도덕의 본뜻이겠는가. 더욱이 기능의 우열은 소비의 다소(多少)에 비례하지 않는다. 예를 들면 갑의 성적이 을의 두 배에 달하더라도 갑의 식사량은 결코 을의 두 배로 정해진 것이 아니다. 그뿐만 아니라 사회주의 제도에서는 대개 사회적 생산이다. 협동적 생산이다. 개인의 특수한 기능에 크게 의존하는 것이 아니다. 우연히 개인의 특수한 기능에 의존하는 것이 있더라도, 이 기능들은 또한 사회 전체의 감화 · 교육 · 훈도 · 계몽의 결과가 아닌 것이 없다. 이미 사회에 빚진 것이 많은 자가 사회를 위해서 많은 힘을 쓰는 것은 당연한 책임이자 의무일 뿐이다. 어찌 특별히 물질적 재부를 많이 탐닉하지 않으면 안 되는 도리가 있겠는가.

사회의 생산과 분배의 목적이 참으로 사회 만민의 생활 수요를 만족시키고 진보를 촉진하는 데 있다고 한다면, 우리들은 곧 필요에 따라 분배하는 것을 최종 이상으로 삼지 않으면 안 된다. 여기에 한 가정이

....

12) 생시몽(Claude Henri de Rouvroy, comte de Saint-Simon, 1760~1825) 프랑스의 사회주의자. 자본가를 포함한 산업 계급이 지도하는 사회 체제를 제창했다. 푸리에나 오언과 함께 공상적 사회주의자로 불린다. 저서에《산업론》《신 기독교》등이 있다.

13) 블랑(Louis Blanc, 1811~1882) 프랑스 제2공화정기의 사회주의 정치가, 역사가. 2월 혁명 후에 임시정부에 들어가 노동 시간 단축을 단행하고 국립작업장을 설립했다. 그러나 1849년 4월 선거에서 낙선했다.(농민들은 겨우 손에 넣은 땅을 평등을 취지로 하는 사회주의파 때문에 다시 잃는 것을 두려워하여 루이 블랑을 지지하지 않았다.) 이로 인해 임시정부는 국립작업장 폐지를 결정했다. 파리 민중이 무장봉기를 일으켰다가 진압되자 영국으로 망명했다. 그가 "각자가 재능에 맞게 생산하고 필요에 따라 소비한다"고 한 말이 공산주의자들에게 영향을 끼쳤다.

있다고 하자. 만약 부모가 자녀를 대하는 데, 재능이 있는 아이에게는 좋은 옷과 좋은 음식을 주고 멍청한 아이에게는 싼 옷과 싼 음식을 준다면 우리들의 양심은 과연 이 차별을 감내할 수 있을까. 본래 한 집의 자녀는 옷과 음식을 분배할 때 결코 재능이나 성적이 아니라 반드시 각자의 필요에 따라 이루어져야 한다는 것이 인간 도덕이 명하는 바가 아닌가. 사회주의의 주장은 사회를 일대 가정으로 삼는 것이어야 한다. 사회는 곧 부모가 아니면 안 된다. 각자는 모두 형제가 아니면 안 된다. 부모가 자녀들에게 분배하는 방법은 우선 가장 급한 것, 예를 들면 식사나 의복, 주거와 교육 자재에서 시작해서 점차 그다지 급하지 않은 것으로 옮겨 간다. 양과 질은 물론 크게 다를 수밖에 없지만, 그래도 각자가 충분히 만족스러운 생활을 하는 근본 원칙은 똑같지 않은가.

나아가 눈을 돌려 분배의 가치를 평등하게 하자는 주장은 필요에 따라 분배하는 것과 자연히 결과가 같게 될 것이다. 왜냐하면 이 분배는 결코 물품이 같음을 의미하는 것이 아니기에, 각자는 가치의 범위에서 자유롭게 자기의 필요와 기호를 만족시키는 물품을 요구할 수 있기 때문이다. 다만 가치의 결정이 대단히 곤란할 뿐이다.

네 번째 요건은 사회적 수입의 태반을 개인의 사유로 귀결시키는 것이다.

대부분의 세상 사람들은 "재산의 사유는 개인의 자유를 유지하고 지덕을 향상시키기 때문에 극히 필요하다. 그럼에도 불구하고 사회주의는 이것을 근절하려고 하는 것이 아닌가"라고 말한다. 재산 사유가 필요한 것은 참으로 마땅하다. 하지만 사회주의가 이것을 근절하려고 한다는 부분에 이르면 중상모략이 너무 심하다. 아니, 이것을 근절하는 것은 오히려 지금의 산업 제도가 아닌가. 보라. 지금의 산업 조직에서는 사회의 재부가 항상 일부의 지주와 자본가에게 집중되고, 사회 전체에 자유를 유지하고 지덕을 향상시키는 데 충분한 재산 소유를 결코 허락하지 않게 되어 있다. 그리고 그들 다수는 점차로 무일푼이 되고 하루살이가 되어 '임금 노예'로 전락하고 있지 않은가.

사회주의 제도는 이에 반대한다. 사회적 세입의 태반을 각자에게 분배하여 소유하게 한다. 그러므로 공공 생산이 발달하고 사회적 수입이 증가할수록 개인의 사유도 점점 풍요로워지고, 각자가 바라는 대로 소비하거나 저축할 수 있다. 또한 그 결핍 때문에 타인에게 의뢰할 필요가 없고, 타인에게 제약받을 걱정이 없다. 이리하여 사회주의는 진정으로 사유재산 제도를 확장하고 그것으로 만인의 자유를 보장하고 촉진하고자 한다.

다만, 다음과 같은 요점을 알아야 한다. 사회주의는 사유재산을 증가시키지만, 이것은 정말로 각자의 소비를 충당하는 재산이지 결코 토지와 자본, 즉 생산수단을 의미하지 않는다. 생산수단은 반드시 공유여야 한다. 생산 결과가 반드시 사회의 수입이어야 하는 이유는, 물론 앞에서 설명한 대로다.

또한 어떤 논자는 "아마도 사유재산이 풍요로워지면 절약하는 자는 이것을 저축하여 자본으로 사용하는 경우가 나올 것이고, 정말로 이렇게 되면 당장 자본가 계급이 생겨나, 빈부 격차가 원래로 돌아갈 것"이라고 한다. 하지만 산업 방법이나 규모가 점차 방대해짐에 따라 오로지 공동 경영에 기대지 않으면 안 되며, 개인이 감내할 수 없다는 것은 이미 지금의 정세가 설명하고 있다. 그렇지 않아도 모든 생산수단이 이미 공유가 되고 중요한 산업을 모두 사회 공공의 손으로 관리하는 시대에는, 한 개인이 사유재산을 자본으로 투자할 기회는 없을 것이다. 설령 영세한 사기업을 기획하여 여기에 투자하는 자가 있더라도, 어찌 사회 공공의 대산업과 경쟁하여 양립할 수 있겠는가. 참으로 이것은 소뿔에 붙은 모기와 같이 불쌍한 처지에 지나지 않는다. 결코 전체 조직을 손상시킬 수 없다.

더욱이 다음과 같은 요점을 알아야 한다. 우리들은 사회적 수입의 '태반'을 사유할 수 있다고 했지만, '전부'라고 한 것은 아니다. 사회 생산의 목적은 오로지 수요를 만족시키는 데 있지만, 우리들의 수요 중에는 결코 수입의 사유를 필요로 하지 않는 것이 많다. 지금도 학교, 공원, 도로, 음악당, 도서관 같은 시설은 공유재산으로서 각자의 필요와 기호를 만족시키기 때문에 자유로이 사용할 수 있다. 미래에 경제 조직이 점차 통일되고 사회적 도덕이 더욱 발달할 수 있다면, 사회적 수입을 공공사업에 사용하여 공공의 이익과 진보, 쾌락을 도모하는 기풍이 더더욱 왕성해질 것이다. 그러한 이유로 각종 수입이나 재산 중에서 공유로 남는 것이 오늘날에 비해 더욱 비약적으로 증가할 것이다.

일리 교수가 주장한 사회주의의 네 요건은 이상과 같다. 나는 이에 따라 대체로 그가 주장하는 내용을 엿볼 수 있었다고 믿는다. 그렇다. 사회주의는 진정으로 이 요건들을 실현하는 것을 사회 산업의 역사적 진화의 필연적 귀결로 여긴다.

그러므로 밀[14]은 "사회주의의 특질은 생산수단과 방법을 사회 인원 전체의 공유로 하는 데 있다. 따라서 생산물 분배도 공공사업으로서 그 사회가 규정하는 바에 준하여 하지 않으면 안 된다"고 정의했다.

커컵[15]은 브리태니커 백과사전에서 "현재 개인 자본가가 임금 노동자를 부려 경영하는 공업은, 미래에는 연합(associate)이나 공동(cooperate) 사업으로 곧 만인 공유의 생산수단으로 하지 않으면 안 된

---

14) **밀(John Stuart Mill, 1806~1873)** 영국의 철학자이자 경제학자. 사회민주주의, 자유주의 사상에 큰 영향을 끼쳤다. 벤담이 제창한 공리주의의 옹호자였으며, 만년에는 스스로 사회주의자라 칭했다.

15) **커컵(Thomas Kirkup, 1844~1912)** 사회주의 저술가. 출판사의 교과서 편집자로 일했으며, 브리태니커 백과사전에 글을 쓰기도 했다. 1880년대 이후로《사회주의 연구》(1887),《사회주의의 역사》(1892),《사회주의 입문》(1908) 등의 사회주의에 대한 대중적 저서를 내며 명성을 쌓았다. 페이비언 계통의 온건 사회주의자였으며 혁명보다는 점진적 사회주의를 신봉했다.

다. 사회주의의 근본적인 원리로서 승인되어야 하는 것은 이론적으로 생각해도 역사적으로 보아도 이것밖에 없다"고 언급했다.

마르크스의 사위로서 프랑스 마르크스주의 지도자인 폴 라파르그[16]는 "사회주의는 어떠한 개량가(reformer)의 조직(system)도 아니다. 오로지 지금의 사회 조직이 이미 중대한 경제적 진화의 기운에 밀리고 있음을 믿고, 진화의 결과는 곧 자본 사유 제도가 변화하여 노동자 전체의 공동적 소유가 이를 대신하지 않으면 안 됨을 믿는 사람들의 교의(doctrine)다. 그러므로 사회주의의 특질은 역사적 발견이라는 점에 있다"고 언급했다.

또한 엥겔스는 "사회가 생산수단을 장악하면 상품 생산은 곧 모습을 감출 것이다. 또한 생산자는 생산물로 제어받는 일이 없어질 것이다. 사회적 생산의 무정부는 일소되며 이것을 대신하는 것은 곧 규율과 통일이 있는 조직이다. 개인적 생존 경쟁은 소멸될 것이다. 그리하여 인간은 비로소 동물의 영역을 벗어나 진정으로 인간의 존재 가치와 의미를 완성시킬 수 있을 것이다"라고 말했다.

그렇다. 참으로 이렇게 된다면 자본가는 절멸할 것이다. 노동자는 임금의 질곡에서 벗어날 수 있을 것이다. 각자는 사회를 위하여 응분의 노동을 제공하고 사회는 각자를 위하여 필요한 의식주를 생산한다. 분배가 있고 상업이 없다. 통계가 있고 투기가 없다. 협동이 있고 투쟁이 없다. 어찌 또한 생산 과잉이 있겠는가. 어찌 또한 공황의 습격이 있겠는가. 인간은 결코 부에 지배되지 않고, 부를 지배할 수 있을 것이다.

---

16) **라파르그**(Paul Lafargue, 1842~1911) 프랑스의 사회주의자. 쿠바에서 태어났다. 학창 시절부터 사회주의 운동에 뛰어들었으며 런던에서 마르크스를 만나 둘째딸 라우라와 결혼했다. 파리코뮌 패배 후에 에스파냐로 망명했지만, 1881년에 귀국하여 프랑스노동당을 결성하여 지도자가 되었고 한편으로 마르크스 · 엥겔스 저작을 프랑스어로 번역하여 마르크스 사상을 프랑스에 보급했다.

이렇게 되면, 지금의 산업 조직의 모순으로 발생하는 백 가지 해악이 일소되고 자연의 조화를 완전히 유지할 수 있을 것이다.

杖底唯雲	지팡이 밑에는 구름만이 펼쳐지고
囊中唯月	배낭에 든 것이라곤 달뿐이니
不勞關市之譏	시장의 비난에 번뇌하지 않네.
石箸藏書	돌상자에 책을 넣고
池塘洗墨	연못에 먹을 씻는데
豈供山澤之稅	어찌 자연의 세금을 내겠는가.

제5장 사회주의의 효과

이야기가 여기까지 오면, 한 덩어리 의혹이 곧바로 사람들의 뇌리를 스쳐 검은 구름처럼 솟아날 것이다. 그것은 무엇일까.

요컨대 '예로부터 인간의 기력이 분발하여 일어나고 지능이 연마되고 인격이 향상되는 근본 이유는 다름 아닌 생존경쟁이 있기 때문이 아닌가. 만약 만인이 의식주 걱정이 없고 부귀를 손에 쥘 전망도 없고 현자(賢者)와 우자(愚者), 강자와 약자가 모두 평등한 생활에 만족하지 않으면 안 된다면, 도대체 무엇이 우리들의 경쟁을 고무할 것인가. 경쟁이 없는 사회에는 곧 근면이 없을 것이다. 근면이 없는 사회에는 곧 활동과 진보가 없을 것이다. 활동과 진보가 없는 사회는 정체와 타락, 부패 외에 아무것도 없을 것이다. 사회주의를 실행한 효과는 오로지 이와 같은 것에 머물지 않을까'라는 것이다.

일반 민중이 이처럼 쓸데없는 걱정을 할 뿐만 아니라, 스펜서[17] 같은 대학자도 "사회주의 제도는 대체로 노예 제도"라고 했다. 벤저민 키드[18]도 《사회적 진화(Social Evolution)》(1894)에서 "개인의 생존경쟁은 사회가 생긴 이래로 존재했을 뿐만 아니라, 생물이 존재한 이래로 항상 진보의 원천이 된 것이다. 그런데도 사회주의의 목적은 완전히 이것을

---

17) **스펜서(Herbert Spencer, 1820~1903)** 영국의 철학자, 사회학자, 윤리학자. 그의 방대한 저서들은 진화라는 착상으로 관철되어 있다. 사회진화론 개념이 그의 저작에서 나왔다. 구조기능주의적 사회학의 창시자로도 유명하다. 1880~1890년대 일본에서는 스펜서의 저작이 많이 번역되어 '스펜서 시대'라 불릴 정도였다. 예를 들면 《교육론》(1860)은 1880년에 《사씨 교육론(斯氏教育論)》이라는 제목으로 간행되어, '스펜서 교육론'으로 널리 알려졌다. 또한 사회진화론으로 뒷받침된 스펜서의 자유방임주의는 당시 일본의 자유민권운동의 사상적 지주로도 환영받아 수많은 역서가 번역되고 읽혔다.

절멸하는 데 있다"고 논했다. 지금의 지주와 자본가에게 아부하면서 단물을 빨려고 하는 무리도 이런 식의 담론을 과장하여 사회주의의 대세에 맞서는 유일한 무기로 삼고 있는 것 같다.

도대체 사회주의가 실행하려고 하는 바가, 그들이 말하는 대로 정말로 개인의 자유를 빼앗고 사회의 진보를 정지시키는 것이라면 침을 뱉지 않으면 안 되는 것은 당연하다. 하지만 이런 주장은 그들의 오류다. 오류가 아니라면 곧 중상모략이다.

생각해보면 알 수 있다. 생존경쟁이 사회 진화의 커다란 동기라는 것 정도는 그들에게 배워서 비로소 안 것이 아니라 학문의 상식이다. 더욱이 예로부터 사회 조직이 점차로 상태가 변화하면 그것을 자극하고 움직이게 하는 근본 경쟁도 마찬가지로 성질이나 방법을 변화시키지 않을 수 없다. 힘의 경쟁이 지식의 경쟁이 되어 있는 것을 보라. 개인의 경쟁이 집단의 경쟁이 되어 있는 것을 보라. 무기의 경쟁이 설득의 경쟁이 되어 있는 것을 보라. 약탈의 경쟁이 무역의 경쟁이 되어 있는 것을 보라. 침략의 경쟁이 외교의 경쟁이 되어 있는 것을 보라. 생존경쟁의 성질이나 방법이 항상 사회의 진화에 따라 진화하고 있는 흔적을 볼 수 있지 않은가.

더 보자. 지금의 경제적 자유 경쟁이 산업혁명을 전후해서 세계적으로 상공업 발달에 관여하여 커다란 힘을 발휘했다는 것은 나도 의심하지 않는다. 하지만 이 경쟁들이 필요하던 시대는 이미 지나갔다. 지금 자유 경쟁은 무엇을 의미한다고 생각하는가. 오로지 소수 계급의 횡포

---

18) **키드(Benjamin Kidd, 1858~1916)** 영국의 사회학자. 19세기 후반 사회진화론의 방법론적 입장에 서서 《사회진화론》(1894), 《서양 문명의 제 원리》(1902) 등을 저술했다. 그는 스펜서처럼 '개인'을 중시하는 것이 아니라, 오히려 '사회'를 중시한다. 키드에 따르면, 사회의 진화는 사회집단 간 투쟁과 도태로 실현되는 것으로, 그 과정에서 사회 통합을 이끄는 종교의 역할이 강조되어야 했다. 버클 등이 '개인'의 합리적 지성에 의거한 데 비해 키드는 '사회'의 종교적 심성을 중시하는 사회 통합의 시점에 서 있다.

가 아닌가. 다수 인류의 고통이 아닌가. 빈부 격차가 아닌가. 끊임없는 공포가 아닌가. 재계의 무정부가 아닌가. 이것은 사회 진화에 이익이 되지 않을 뿐만 아니라, 오히려 타락을 심화하는 것이 아닌가. 그런데도 우리들은 아직 그것의 보존을 바랄 이유가 있는가.

원시 야만 시대에 폭력 투쟁은 사회 진화의 유일한 동기였다. 하지만 오늘날에는 명백히 한낱 죄악이 아닌가. 만약 경쟁이 진보에 필요하므로 폭력도 금지할 수 없다고 한다면, 누가 그 부당함을 비웃지 않겠는가. 오늘날 자유 경쟁이 필요하다고 말하는 어리석음은 완전히 이것을 닮지 않았는가.

더욱이 진정한 경쟁을 시도할 경우에는 반드시 경쟁자들을 평등한 지위에 세우지 않으면 안 된다. 출발점을 같이하지 않으면 안 된다. 그런데 지금의 경쟁은 어떻게 되어 있는가. 한편은 나면서부터 부귀하다. 의식주가 넉넉하고 교육을 잘 받고 게다가 조상에게 물려받은 지위와 신용과 자산도 있다. 다른 한편은 가난하고 천한 아이다. 굶주림과 추위에 시달리며 곤궁하게 자라, 교육을 받지 못하고 자산이 없고 지위가 없고 신용이 없다. 있는 것이라곤 오로지 몸뚱이 하나뿐이다. 그런데 이 둘을 그대로 경쟁터에 던져 넣고 길고 짧음을 겨루게 한다. 그리고 승리의 결과를 보고 갈채를 보내며 말한다. "이것이 우승열패다"라고. 이것은 너무나도 잔혹한 학대가 아닌가. 어찌 경쟁이라고 말할 수 있겠는가.

그렇다. 지금의 자유 경쟁은 결코 정말로 공평한 경쟁이 아니다. 지금의 화(禍)와 복(福)은 결코 태만과 근면의 응보가 아니다. 지금의 성공과 실패는 똑똑함과 어리석음의 결과가 아니다. 운명에 지나지 않는다. 우연일 뿐이다. 복권을 뽑는 것과 같은 것일 뿐이다.

아니, 자유 경쟁은 불공평할 뿐만 아니라, 불공평한 경쟁조차도 지금은 거의 시도할 여지가 없어지려고 한다. 보라. 세계 대부분의 산업은 우연의 요행을 만난 자본가가 독점하고 있지 않은가. 세계 대부분의 토지는 이미 운명의 은총을 입은 대지주의 겸병으로 귀결되어 있지 않은가. 자본을 소유하지 않은 자나 토지를 소유하지 않은 자는 오로지 그들의 노예가 되는 것밖에 남은 길이 없는 것은 아닌가. 그렇다. 자유 경쟁의 이름은 아름답다. 하지만 사실상 경제적 자유 경쟁은 결국 모습을 감출 수밖에 없다. 굳이 사회주의가 이것을 절멸시키는 것을 기다릴 것까지도 없다.

이렇게 되면, 생존경쟁의 성질이나 방법은 한층 더 진화할 수밖에 없다. 사회주의는 이와 같은 진화의 법칙을 믿고, 사회 전체를 인도하여 이 법칙에 따르게 하려고 한다. 그렇다. 현재의 비열한 경쟁을 고상한 경쟁으로 바꾸려고 한다. 불공평한 경쟁을 정의의 경쟁으로 바꾸려고 한다. 다시 말해 의식주의 경쟁을 없애고, 지덕의 경쟁을 출현시키고자 하는 것이다.

한번 생각해보라. 인생의 진보와 향상이 오로지 격렬한 의식주 경쟁의 결과라고 해보자. 예로부터 뛰어나게 훌륭한 인물은 반드시 사회 최하층인 빈민에서 나올 수밖에 없는 이치다. 하지만 사실은 이와 다르다. 인물이 대개 부귀한 집에서 태어나지 않는 것과 마찬가지로 극빈자의 집에서 태어나는 일도 매우 드물지 않은가. 그것은 왜일까. 부귀한 계급은 항상 아부하고 눈치만 보는 사람들에게 둘러싸여 기품만 높지 기력이 없고 생활의 목적을 잃고 쾌락의 노예가 되는 한편, 궁핍한 백성은 평생 의식주 때문에 악전고투하여 오로지 추위와 굶주림에서 벗어나는 데에만 정신이 팔려 있기 때문이다.

그렇다. 고상한 품성과 위대한 사업은, 결코 사회 빈부의 양극단에 존재하지 않고 항상 중간 계급에서 나오는 것이다. 확실히 그는 자산이 있지만, 아직 그를 부패시킬 정도는 아니다. 일을 할 필요가 있지만, 아직 그를 기진맥진하게 만들 정도는 아니다. 지능을 연마할 여유가 있고 심기를 진작시킬 기회가 많기 때문이다. 보라. 봉건 시대에 무사 계급이 품성이 가장 고상하고 기력이 가장 왕성하며 도의가 잘 유지되었던 근본 이유는 그들이 의식주 때문에 고생하는 일 없이, 오로지 명예와 도덕, 진리와 기능을 위하여 근면하게 경쟁할 여유나 기회를 가지고 있었기 때문 아닌가. 만약 그들이 애초에 의식주 때문에 경쟁해야만 했다면, 곧바로 당시의 '장사치 근성'으로 타락했음에 틀림없다. 어찌 '일본 무사도'의 영광을 짊어질 수 있겠는가.

예수는 부자를 혹독하게 꾸짖어 천국에 들어가기 어렵다고 주장하며 "가난한 자는 행복하다"고 말했다. 하지만 간과하면 안 되는 것은 당시의 유대 빈민은 농어업에 종사하며 공예에 몰두하여 그것으로 독립 생활을 영위하는 중등 민족이었지, 결코 오늘날의 많은 임금 노예와 동일시해서는 안 된다는 것이다. 사회 전체를 중등 민족으로 만들고자 하는 것이 곧 사회주의가 목적으로 삼고 있는 것이 아닌가.

여기에 한 사람이 있다고 하자. 고용주의 질타를 두려워하기 때문도 아니고 재화의 보수를 바라기 때문도 아니다. 오로지 공작(工作)을 사랑하기 때문에 건축에 종사한다고 가정하자. 또는 오로지 영감에 차서 큰 붓으로 기세 좋게 쓴다고 가정하자. 그들의 예술은 진정으로 진을 얻고 선을 얻고 미를 얻을 수 있지 않겠는가. 그외에 심오한 철학 탐구나 정밀한 과학 연구는 이리하여 비로소 크게 광채를 발할 수 있는 것이 아닐까.

더욱이 한편에서 보면, 지금 사회의 타락과 죄악은 태반이 의식주의 결핍에 원인이 있다. 이 때문에 가정의 평화가 깨지고 부인의 정조가 더럽혀지며 신사의 명예가 상처 받고, 그리하여 한 국가, 한 사회의 풍속과 도덕도 파괴되고 부패한다. 보라. 현재 우리나라 감옥의 수감자 7만 명 가운데 70퍼센트는 재화 관련 죄라고 하지 않는가. 옛날 사람이 참으로 맞는 말을 했다. "돈이 원수인 세상"이라고. 만약 세상에 금전

경쟁이 없었다면, 사회 인심은 참으로 순박했을지 모른다. 적어도 지금 죄악은 그 태반을 정리할 수 있지 않을까. 그리하여 우리들을 위하여 금전이라는 원수를 절멸하고 의식주 경쟁의 야만적 세계에서 탈출시키는 것이 사회주의 아닌가. 윌리엄 모리스[19]는, "인간이 재화 때문에 번민하는 일이 없어져도, 기예나 만물, 연애 등이 인생에 취미와 활동을 부여해줄 것"이라고 말했다. 취미와 활동은 우리를 위하여 더욱더 정의롭고 고상한 자유 경쟁을 개시하여 사회의 진화를 촉진할 수 있을 것이다.

'의식주 때문에 걱정할 필요가 없어지면 인간은 근면하게 노력하지 않을 것'이라는 따위의 말을 해서는 안 된다. 인간의 근면을 재촉하는 것은 재화만이 아니다. 인간의 성정은 아직 거기까지 타락하지는 않았다. 보라. 심산 대해의 탐험이나 학술상 발명이나 문학과 미술의 대작 등, 각각의 취미에 따라 적합한 곳을 향해 능력을 펼칠 때 마음이 저절로 유쾌하고 기뻐서 어쩔 줄 모르는 경우가 있다. 하물며 여기에 더해 커다란 명예와 영광이라는 보수가 있다면, 기꺼이 노동하지 않는 자가 있겠는가. 젊은 학생이 한눈도 안 팔고 공부하는 것은 결코 의식주 때문이 아니다. 병사가 떨쳐 일어나 용감하게 죽음으로 향하는 것은 결코 의식주 때문이 아니다.

현재 노동자들이 대체로 일하는 것을 혐오하여 자칫 안일을 탐닉하는 현상이 있는 것은 나도 인정한다. 하지만 이것이 어찌 그들의 죄겠

---

19) **모리스**(William Morris, 1834~1896) 19세기 영국의 시인, 디자이너, 사회주의자. 여러 방면에서 정력적으로 활동했으며, 각 분야에서 커다란 업적을 남겼다. '모던 디자인의 아버지'로 불린다. 모리스는 장인들이 프롤레타리아로 전락하여 노동의 즐거움이나 작업의 아름다움을 잃은 데 저항하여 프롤레타리아를 해방하고 생활을 예술화하려면 근본적으로 사회 변혁이 불가결하다고 생각했고, 마르크스주의의 열렬한 신봉자가 되어 사회주의 운동을 전개했다. 그의 디자인 사상과 실천은 각국에 커다란 영향을 끼쳤다.

는가. 연극을 보고 스모를 즐기는 사람이라도 시간이 너무 길면 오히려 권태로움을 느끼게 된다. 하물며 싸구려 옷과 음식으로 하루 10여 시간 일하다 보면 어느새 저도 모르게 늙어버린다. 아무런 희망도 없고 변화도 없고 즐거움도 없다. 그리고 결코 그가 좋아하는 일도 아니다. 오로지 의식주를 위하여 내몰리고 있을 뿐이다. 그들이 일한 효과는 대부분이 타인에게 약탈당하고 그들은 겨우 생명을 유지하고 있을 뿐이다. 이런 상태에 놓여 어찌 피로하고 혐오하고 질리지 않을 수 있겠는가. 그렇다. 지금 노동자가 의식주 때문에 내몰리는 모습은 바로 소나 말과 같다. 그들의 심신은 이미 채찍에 견딜 수 없는 지경까지 이르렀다. 그들이 게으름을 낙원으로 삼게 된 것은 오로지 현재 사회 조직의 폐해가 그렇게 만들었을 뿐이다.

대개 인간은 노동이 너무 길면 견딜 수 없는 것과 마찬가지로, 쾌락이 너무 길어도 견디지 못한다. 가령 오늘날의 노동자에게 "너의 의식주는 지급될 것이다. 너는 이제부터 일할 필요가 없다"고 한다면 그들은 처음에는 기뻐서 태만에 빠질 것이다. 하지만 이러한 것을 며칠간 계속해보면 안다. 십여 일간 계속해보면 안다. 수 개월간 계속해보면 안다. 그들은 점차 무위도식하는 생활에 질려서 반드시 어느 정도 일을 요구할 것이 확실하다.

그러므로 사회주의 제도에서 의식주가 보장되고 휴식이 있고 오락이 있고, 그런 뒤에 기호와 적성에 따라 하루 3, 4시간 내지 4, 5시간 정도 강건한 심신을 몰두하여 사회에 봉사하는 방법이 있으면 오히려 만족스러울 것이다. 적어도 인간의 마음을 가진 자라면 누가 이것을 피하겠는가. '노동의 신성함'이라는 말은 이리하여 비로소 진정한 의미를 지닐 수 있는 것이다.

문제를 조금 더 심화시키면, 사회주의가 "개인의 자유를 저버리는 것"이라는 말에 이르면, 이보다 심한 미몽은 없다. 나는 우선 이런 말을 하는 사람에게 "지금 과연 개인의 자유라는 것이 실제로 있는가"라고 반문하고 싶다.

종교의 자유는 존재할 것이다. 정치의 자유는 존재할 것이다. 하지만 종교의 자유나 정치의 자유는 추위와 굶주림에 허덕이는 사람에게는 공염불에 지나지 않는 것은 아닐까. 어차피 경제의 자유는 모든 자유의 요건이다. 의식주의 자유는 모든 자유의 주축이다. 현재 과연 이것이 있을까.

미국노동자동맹(American Federation of Labor) 제13차 대회에서 헨리 로이드[20])가 한 연설의 한 구절은 이 문제에 통절한 답을 제공한다.

> 미국의 독립선언은 어제까지는 자치(self-government)를 의미했지만, 오늘은 곧 자영업(self-employment)을 의미한다. 진정한 자치는 자영업이어야 한다. …… 게다가 지금 도처에서 노동자는 해야 할 일을 할 수 없고, 필요한 것을 제공받지 못한다. 노동자는 8시간 노동을 바라고 있다. 그런데도 노동자들은 10시간, 14시간, 18시간 노동을 하지 않으면 안 된다. 그들은 자녀를 학교에 보내고자 한다. 하지만 반대로 자녀들을 공장에 보내지 않으면 안 된다. 그들은 아내가 가정을 돌보기를 바란다. 하지만 반대로 아내들을 기계나 바퀴가 돌아가는 공장에 처넣을 수밖에 없다. 그들은 병에 걸려 요양을 하고 싶을 때에도 노동을 하지 않으면 안 된다. 노동하고 싶을 때 반대로 해고되어 실업자가 될 수밖에 없다. 그들은 직업을 찾아 헤매도 찾을 수가 없다. 그들은 공평한 분배를 받을 수 없다. 그들은 타인의 사욕이나 야심 때문에 그들 자신과 아내와 자녀의 신체나 건강이나 생명조차도 희생하는 것을 거부할 수 없다.

....

20) **로이드**(Henry Demarest Lloyd, 1847~1903) 미국의 진보적인 저널리스트. 독점 자본의 폐해를 폭로하는 기사를 썼으며, 말년에 미국사회당을 지지했다.

어찌 공장 노동자뿐이겠는가. 지금 세상에서 생산수단을 소유하지 않은 사람은 모두 생활이 불안하고 고통스러운 상태에 놓여 있다. 그런데도 어떤 자는 멋대로 그것을 "자유 경쟁이다. 자유계약이다"라고 한다. 이것은 강요의 경쟁일 뿐이다. 억압의 계약일 뿐이다. 무슨 자유가 거기에 있겠는가.

사회주의의 주장은 정말로 노동자를 이와 같은 강제에서 벗어나게 하는 데 있다. 1891년 에르푸르트 대회[21]에서 독일사회민주당은 선언서에서 "이와 같은 사회적 혁명은 특히 노동자의 해방(emancipation)뿐만 아니라 현재의 사회 제도 아래 고뇌하고 있는 인류 전체의 해방을 의미한다"고 밝혔다. 생각해보라. 사회주의가 실행되어, 천하에 고용주 때문에 혹사당하는 피고용자가 없고, 권위에 억압당하는 학자가 없고, 금전에 속박당하는 천재가 없고, 재화 때문에 결혼하는 여성이 없고, 빈곤 때문에 취학하지 못하는 아동이 없어지면, 개인적 품성이 향상되고 기능이 수련되며 자유가 신장되는 것이 과연 어느 정도일까.

밀은 "공산주의에서 구속은 다수 인류에게 현재 상태에 비해 명확히 자유로운 점이 있을 것"이라고 말했다. 그가 말한 공산주의는 바로 지금의 사회주의를 의미한다.

그렇다. 종교혁명은 우리들을 신앙의 질곡에서 벗어나게 했다. 프랑스혁명은 우리들을 정치의 속박에서 해방했다. 그 위에 우리들을 의식주의 질곡, 경제의 속박에서 해방시키는 것은 과연 무슨 혁명일까. 여기에서 엥겔스는 사회주의를 제창하며, "이것은 인간이 필요의 왕국

---

21) **에르푸르트 대회** 1891년 10월 독일사회민주당의 유명한 에르푸르트 강령이 채택된 대회. 에르푸르트 강령은 엥겔스의 비판을 수용하여 카를 카우츠키가 기초했으며, 전체적으로 거의 마르크스주의로 일관되어 있다. 원칙적인 부분에서는 부르주아 사회의 경제적 발전이 필연적으로 낳은 여러 모순과 노동자 계급에 의한 정치 권력 획득의 필요성을 설파했으며, 실천적 부문에서는 보통·평등·직접 선거권 등 10항목과 8시간 노동 등 5항목의 노동자 보호 정책을 요구했다.

(necessity kingdom)에서 자유의 왕국으로 비약하는 것"이라고 말했다.

그것은 단지 '자유의 왕국'이다. 사회주의는 국가의 보호나 간섭에 의지하는 것이 아니다. 소수 계급의 자선이나 은혜를 기대하는 것이 아니다. 그 국가는 인류 전체의 국가다. 그 정치는 인류 전체의 정치다. 사회주의는 한편으로 의심할 여지 없이 민주주의(democracy)다. 자치 제도다.

오늘날의 국가는 단지 자본을 대표하고 있다. 단지 토지를 대표하고 있다. 단지 무기를 대표하고 있다. 오늘날의 국가는 단지 이러한 것을 소유하고 있는 지주나 자본가나 귀족이나 군인의 이익을 위하여 존재할 뿐이다. 인류 전체의 평화와 진보, 행복을 위하여 존재하는 것이 아니다. 만약 국가의 직분이 여기에 머문다면, 사회주의는 정말로 지금의 '국가' 권력을 줄이는 것을 첫 번째 사업으로 삼지 않으면 안 된다. 그렇다. 봉건 시대에는 인류가 인류를 지배했다. 지금의 경제 제도에서는 재화가 인류를 지배하고 있다. 사회주의 사회에서는 정말로 인류가 재화를 지배할 것이라고 약속한다. 인류 전체를 만물의 주인공으로 삼을 것을 약속한다. 이것이 어찌 노예의 제도일까. 어찌 개인을 돌아보지 않는 것일까. 아니, 인생은 이리하여 비로소 가치를 발휘할 수 있지 않을까.

사회주의는 지금의 국가 권력을 승인하지 않을 뿐만 아니라, 있는 힘을 다하여 군비와 전쟁을 배척하고 있다. 왜냐하면 군비와 전쟁이란, 지금의 '국가'가 자본주의를 지지하기 위한 견성(堅城)과 철벽으로 삼고 있는 것이기에, 다수 인류는 이 때문에 엄청난 희생을 강요당하는 것이다. 지금 세계 강국들은 군비 때문에 270억 달러나 되는 국채를 발행하고 있으며, 단지 이자만 해도 항상 3백만 명 이상의 노동이 필요하다고 하지 않는가. 게다가 수십만의 장정이 항상 병역에 복무하여 살인 기술을 배우며 쓸데없는 고생을 하지 않으면 안 된다. 독일과 같은 경우는 장정 대다수가 모두 병사로 징집되어 논밭을 경작하는 자는 반백의 노인 아니면 부녀자뿐이라는 이야기다. 아아, 이것이 무슨 비참한 일인가. 하물며 한번 전쟁이 터지면 몇억의 비용을 들이고 몇천의 인명을 축내서, 국가와 사회가 받은 고통을 좀체 회복할 수가 없다. 전쟁의 결과는 단지 소수 군인의 공명과 투기꾼의 이익뿐이다. 인류의 재앙과 죄과로 이보다 더한 것이 있겠는가.

만약 세계 만국에 지주와 자본가 계급이 존재하지 않고 무역 시장의 경쟁이 없고 재부의 생산이 풍부하고 분배를 공평하게 할 수 있고 사람들이 각자 생활을 즐기게 되면, 누구를 위하여 군비를 확장하고 전쟁을 할 필요가 있겠는가. 이 비참한 재앙과 죄과들은 그로 인해 일소되고, 사해동포의 이상이 여기에 이르러 비로소 실현될 수 있는 것이다. 사회주의는 한편으로 민주주의임과 동시에 다른 한편으로 위대한 세계 평화주의를 의미한다.

그러므로 나는 여기에서 다시 말하고자 한다. 사회주의를 경쟁을 폐지하는 것이라고 속단해서는 안 된다. 사회주의는 의식주의 경쟁을 폐지하지만, 이것은 더욱 고상한 지덕의 경쟁을 시작하게 하기 위함일 뿐이다. 근면과 활동을 저해한다는 말은 옳지 않다. 사회주의가 없애고자 하는 것은 근면과 활동이 아니라 인생의 고뇌와 비참함일 뿐이다. 개인을 돌아보지 않는다고 할 수도 없다. 사회주의는 오히려 만인을 위하여 경제의 질곡을 제거하여 충분히 개성을 발전시키려고 생각하고 있는 것이 아닌가. 노예 제도라고 할 수 없다. 사회주의 국가는 계급 국가가 아니라 평등 사회다. 전제 국가가 아니라 박애 사회다. 인민 전체의 협동 조직을 만들어 지방에서 국가에 이르고 또한 국가에서 세계로 퍼져, 세계 평화의 은혜와 행복을 누리고자 하는 것이 아닌가.

정말로 이대로라고 한다면, 사회주의 제도 아래 인간의 품성 향상, 도덕 진흥, 학예 발달, 사회 진보가 오늘에 비해 몇 배나 될 것을 누가 또한 의심하겠는가.

議事者	일을 논하는 자는
身在事外	몸을 일 밖에 두고
宜悉利害之情	능히 이해득실의 마음을 다해야 한다.
任事者	일에 임하는 자는
身居事中	몸을 일 속에 두고
當忘利害之慮	마땅히 이해득실의 생각을 잊어야 한다.

제6장 사회당 운동

생산수단의 공유. 재부의 공평한 분배. 계급 제도 폐지. 협동적 사회 조직. 이것의 실행은 참으로 일대 사회적 혁명이다. 그렇다면 곧 사회당은 혁명당인가. 사회당의 운동은 혁명적 운동인가. 그렇다.

하지만 겁 많은 귀족이여. 소심한 부호여. 경망스러운 관리여. 두려워하지 말라. 지금의 사회당은 무턱대고 그대들의 마차에 폭탄을 던지려고 하는 것이 아니다. 무리하게 그대들의 저택에서 피를 흘리려고 하는 것이 아니다. 다만 그대들과 함께 대혁명의 영향을 누리고자 할 뿐이다. 은혜의 빛에 둘러싸이고자 할 뿐이다.

생각해보라. 역사를 보아도 어느 시대에 혁명이 없었는가. 세계 어느 나라에 혁명이 없었는가. 사회의 역사는 혁명의 기록이다. 인류의 진보는 혁명의 효과다. 한번 생각해보라. 그해의 영국이 크롬웰의 궐기를 만나지 못하고, 그해의 미국이 독립을 선언하지 못하고, 프랑스의 인민이 공화제를 세우지 못하고, 게르만 제국의 연합 사업이 성공하지 못하고, 이탈리아가 통일되지 못하고, 일본의 메이지 유신이 없었다고 가정하면, 세계 인류는 지금쯤 과연 어떠한 상태에 놓여 있을까. 지금의 문명은 과연 어디에서 볼 수 있을까. 혁명을 두려워하는 자여. 현재 그대들이 구가하고 있는 문명과 진보는 정말로 과거 수많은 혁명이 그대들에게 일부러 보내준 것이 아닌가.

사회의 신진대사가 끊임없이 활발한 것은, 마치 생물의 조직이 끊임없이 진화하는 것과 마찬가지다. 만약 진화나 대사가 일단 정지할 때는 생물이나 사회에는 곧 파멸밖에 없다. 영원한 생명은 반드시 아무도 모르는 사이에 진화하고 있다. 결코 일정한 상주를 허락하지 않는 것이다. 사회는 반드시 심오한 곳에서 신진대사가 일어나고 있다. 결코 불변을 허락하지 않는 것이다. 아무도 모르는 어둡고 심오한 진화와 대사의 과정(process)에서 명백히 대단락을 나누고 신기원을 선언하는 것이 곧 혁명이 아닌가. 역사는 한 줄의 염주와 닮았다. 평소의 진화와 대사는 작은 옥이다. 혁명은 숫자를 세는 큰 옥이다. 역사는 진화와 대사의 연속이면서 동시에 혁명의 연속인 것이다.

라살은 "혁명은 새 시대의 산파"라고 말했다. 이 말은 아직 완전하지 않다. 나는 이것을 이렇게 고치고자 한다. "혁명은 산파가 아니라 분만 그 자체"라고. 왜냐하면 혁명은 우연한 사건이 아니라, 정말로 진화적 과정의 필연적 결과이기 때문이다. 그리고 구시대가 늙어 신시대를 낳고, 신시대가 성장하면 다시 또 다른 신시대를 낳으며, 모두 혁명에 의하지 않는 것이 없다. 자자손손이 대대로 분만하여 인간의 생명력이 영구히 단절되지 않는 것과 어디가 다르겠는가.

다만, 분만에 쉽고 어려움이 있는 것같이, 혁명에도 마찬가지로 쉽고 어려움이 있는 것은 피할 수 없다. 경우에 따라서는 분만할 때 수술을 할 필요가 있는 것과 마찬가지로, 혁명도 때로 어쩔 수 없이 폭동을 동반하는 경우가 있다. 하지만 이것이 바람직하지 않다는 것은 두말할 필요도 없다.

어머니 몸의 조직의 발달 상태를 진단하여 건강을 유지하고, 그리하여 분만을 쉽게 하려고 노력하는 것은 산부인과 의사와 산파의 직무다. 사회의 조직 상태가 어떻게 되어 있는지를 진찰하고 진화의 대세를 능숙히 유도하고 그것으로 평화의 혁명을 성공시키고자 하는 것이 혁명가가 지녀야 할 식견이자 혁명가의 고심이다. 지금의 사회당은 실로 이와 같은 사회적 산파나 산부인과 의사를 임무로 삼고 있는 자가 아닌가.

혁명은 하늘이다. 인력(人力)이 아니다. 능숙히 유도하지 않으면 안 되는 것이다. 제조할 수 없는 것이다. 혁명이 다가올 때 인간은 이것을 어떻게 할 수도 없고, 혁명이 사라질 때 인간은 이것을 어떻게 할 수도 없다. 그리하여 우리들 인류가 진보와 발달이 멈추지 않기를 바라는 동안은, 혁명이 두렵고 싫더라도 결코 이것을 피할 수 없다. 다만 능숙히 유도하고 조성하여 좀 더 쉽고 평화롭게 성공을 이끄는 것만을 노력하면 된다. 사회당의 사업은 오로지 이와 같은 태도를 필요로 한다. 닥치는 대로 살인이나 반란을 일삼아 평지에 쓸모없는 파란을 일으키고 어찌 유쾌할 수 있겠는가. 생각건대 앞 세기 초반에 사회당 선구자로 일어선 사람들을 꼽아보면, 영국에서는 오언, 프랑스에서는 카베[22], 생시몽, 푸리에, 루이 블랑, 독일에서는 바이틀링[23] 무리가 현 제도의 해악을 대단히 절실히 지적했고, 대단히 열성적으로 이상의 실행에 착수했다. 하지만 당시는 사회주의 발달이 아직 초보 단계였고 연구가 아직 정밀하지 않았기 때문에 그들의 기획은 결국 일종의 공상, 곧 '유토피아'를 벗어날 수 없었다. 그들이 공동 생산 공장을 짓고, 또는 공동 생활의 식민지를 개척했을 때는 오로지 자신의 모형에 따라서 당장 사회를 개조하려고 하는 자들이었다. 하루아침에 우에서 좌로 이상의 세계를 실현하려고 하는 자들이었다. 그들은 인도(人道) 위에 서 있었다. 하지만 아직 과학의 기초를 굳힐 수가 없었다. 그들은 건설을 시도했다. 하지만 아직 자연의 진화를 따를 수가 없었다. 그것이 연이어 실패로

....

22) **카베(Étienne Cabet, 1788~1856)** 프랑스의 공상적 사회주의자. 정치 활동으로 1834년에 사형 선고를 받고 영국으로 망명한 후, 《이카리아 여행》(1840)이라는 소설을 출간하여 이상 사회에 대한 견해를 피력하고, 추종자들과 함께 뉴올리언스에 정착하여 공동체 생활을 했다. 기독교 원리의 후계로서 공산주의를 도입했다.

23) **바이틀링(Wilhelm Weitling, 1808~1871)** 독일의 초기 사회주의자. 저서 《조화와 자유의 보증》으로 공산주의 이론가로서 이름을 떨쳤다. 예수를 공산주의의 선구자라 주장한 글을 발표해 탄압을 받았으며, 스위스, 영국, 독일 등에서 사회주의 운동을 벌였으나 마르크스 노선과 맞지 않아 1849년 미국으로 망명했다. 1851년에 아이오와에서 공산주의 코뮌인 '코무니아' 운영에 참가했고, 1852년에 노동자동맹을 결성했지만, 미국 사회의 급격한 자본주의 전환으로 구상이 실패하고 만다.

끝난 것은 본래 당연한 것이다.

그러므로 당시 역사를 조금 조사한 자들이 걸핏하면 "사회당 운동은 한때의 열광에 지나지 않는다. 그 기획은 유토피아에 지나지 않는다. 너무 불가능한 일이다. 그것이 저절로 소멸하는 것은 절대로 틀림이 없다"고 하는 것이다. 이것은 하나만 알고 둘은 모르는 자의 논리일 뿐이다. 확실히 열광은 차갑게 식을 것이고 공상은 소멸될 것이다. 하지만 진리가 어찌 영구히 죽겠는가. 근대 사회주의는 의심할 여지 없이 이들 유토피아의 잿더미 속에서 재연되지 않았는가.

1848년에 마르크스가 친구 엥겔스와 함께 유명한 《공산당 선언 (Manifesto of the Communist Party)》을 발표하여 계급투쟁의 기원과 결과를 자세히 논하고 그것으로 만국 노동자의 동맹을 호소한 이래로, 사회주의는 움직일 수 없는 과학적 교의(doctrine)가 되었다. 이전의 공상이나 열광이 아니다. 사회당은 이미 사회가 하나의 유기체임을 이해하고 있다. 또한 자기 머릿속의 모형에 따라 멋대로 사회 개조를 기획하는 자는 없다. 그들은 역사의 진화를 믿고 있다. 결코 하루아침에 혁명이 성공할 것을 꿈꾸지 않는다.

그들은 단순한 소조합의 공동 생활이 사회 전체의 경쟁으로 짓밟힐 수밖에 없음을 목격했다. 그들은 세계의 형세와 격리되어 완전한 이상향을 단순히 한 지방에 건설하는 것은 도저히 불가능함을 경험했다. 그러므로 그들은 결코 사회 전체의 조화를 파괴하지 않고 주의와 세력을 착착 확장하고 자연스러운 역사적 진화에 따라 서서히 포부와 정책을 실행하여, 한 치를 확보하면 그 한 치를 지키고 한 자를 획득하면 그 한 자를 지켜 마지막에는 이상을 완성할 것이라고 생각하게 되었다. 그렇다면 그들이 이 계획을 실행해 가는 전술은 어떤 것일까.

다름 아니다. 그들은 무정부당이 아니다. 개인의 흉악한 행위로는 아무것도 얻을 수 없음을 알고 있다. 그 운동은 반드시 집단적이지 않으면 안 된다. 그들은 허무당이 아니다. 한때의 반란으로는 아무것도 성공할 수 없음을 알고 있다. 그 방법은 반드시 평화적이지 않으면 안 된다. 그렇다. 그들은 단지 언론의 자유라는 무기가 있을 뿐이다. 단결의 세력이 있을 뿐이다. 참정의 권리가 있을 뿐이다. 그러므로 만국의 사회당은 모두 정치적 방면으로 나아가 그 운동을 개시했다.

생각해보라. 사회주의가 실제로 세계의 여론이 될 수 있다고 가정해보라. 사회 인민의 다수가 사회당원이 되었다고 가정해보라. 그들이 보통선거 제도로 철저히 참정권을 얻었다고 가정해보자. 그리하여 사회당 국회의원이 각국 의회의 다수를 차지할 수 있었다고 가정해보자. 그밖에 시부(市府)의 행정기관, 정촌(町村)의 자치단체를 모두 사회당이 운전하고 지도하기 시작했다고 가정해보라. 그들은 바라는 대로 사회 조직의 개선에 착수할 수 있지 않을까.

다만, 각국의 문화 정도, 역사의 결과, 사회 상태가 각각 다르기 때문에 개조 순서나 방법도 마찬가지로 자연히 다르지 않을 수 없다. 일의 완급, 사물의 경중, 시간과 사람의 적당한 선택에 따르지 않으면 안 되므로 세목은 미리 결정해야 하지만, 대개 참정권을 다수의 인민에게 분배하고, 여성과 아동을 보호하고 무료로 교육하며, 노동 시간을 제한하고, 노동조합을 공공연히 허락하고, 공장 설비를 완전하게 갖추도록 하는 등의 대책은 첫 번째로 착수해야 할 사업이다. 그리고 일부에서 또는 한 지방에서, 또는 자본에서 또는 토지에 관해서 점차 소수 계급의 특별한 권리와 독점 이익을 줄이고 사회 인민 전체의 이용으로 옮겨 가는 정책을 실행하여, 걸음은 한 걸음부터 층은 일층부터 착실히 나아가 한시도 쉬지 않으면 마지막 날에 모든 생산수단을 갖추고 철저히 사회의 공유로 귀착시키는 것이 어찌 어렵겠는가.

그렇다. 사회당 방침은 이와 같다. 그리고 실제 효과의 성적에 이르면 참으로 괄목할 만한 것이 있다. 라살이 "아아, 어둡고 어리석은 노동자는 언제쯤 깊은 잠에서 깨어날까" 하고 탄식한 것이 불과 40년 전이었다. 40년이 지난 오늘날에 독일의 사회주의자는 이미 250만 명에 이르며, 70여 명의 의회의원을 두고 있다. 프랑스의 사회주의자도 마찬가지로 150만의 다수에 달하며, 130명의 의회의원을 두고 있다. 영국의 의회에서는 사회당을 자처하는 의원은 아직 적지만, 그래도 양대 정당이 최근에 경쟁적으로 사회주의적 정책을 채택하게 되었다. 하코트[24]가 예전에 의회에서 연설하며 "이제 우리들은 모두 사회당이다"라고 공언한 것도 결코 거짓말이 아니었음을 알 수 있다. 각 도시의 행정에 이르면 대개 사회주의자가 지도하지 않는 것이 없을 정도다. 그밖에 유럽 각국, 북아메리카 각국에서 조금이라도 근대 문명이 존재하는 곳에는 한 번이라도 사회당이 생기지 않은 곳이 없고, 또한 사회당이 생긴 곳에서는 세력의 발달이 하늘에서 폭포수가 낙하하는 듯한 기세이며, 이념 확장은 맹렬한 불이 들판을 태우듯 엄청나지 않은가.

그 결과 문명국, 입헌 치하에서 사회 여론이 일단 우리들(사회당)을 지지하고 정치기관도 우리 수중에 들어오게 되면, 군대의 힘이라 해도 이것을 어쩔 수 있겠는가. 경찰의 권력도 이것을 어쩔 수 있겠는가. 그리하여 부호 계급도 마찬가지로 결국에 이것을 어쩔 수 없을 것이다. 사회적 혁명이 정정당당하고 평화적으로 질서 있게 자본주의를 묻어버리고 마르크스가 일컫듯이 "신시대의 탄생"을 선언할 수 있는 것은 마치 "물이 모여 개울을 이룬다"는 중국의 속담대로다.

아아, 혁명이여. 이와 같이 다가와서 이와 같이 사라진다. 혁명은 우리들에게 평화와 진보와 행복이라는 선물을 가져다준다. 나는 사회의 영속적 발전을 위하여 혁명을 촉진하고 환영하지 않으면 안 되는 이유

----

24) **하코트**(William Vernon Harcourt, 1827~1904) 영국의 법률가, 언론인, 정치가. 19 세기 말 영국에서 식민지 확대를 피하고 본국의 재정 부담을 줄이려 했던 글래드스턴 등의 정책 기조를 이었다.

는 이해한다. 하지만 미리부터 싫어하고 두려워하지 않으면 안 되는 이유는 아직 이해할 수가 없다.

蒲柳之姿	강버들의 모습은
望秋而零	가을을 바라며 떨군다.
松柏之質	송백의 내실은
經霜彌茂	서리를 맞으며 더욱 무성하다.

제7장 결론

정말 병의 원인이 발견되었다. 스핑크스의 수수께끼를 어찌 해결할 수 없겠는가.

산업혁명은 사회 조직 진화의 거대한 단락을 선고했다. 산업 방법이 개인의 경영을 허락하기에는 너무나도 거대해졌다. 생산력이 개인 소유를 허락하기에는 너무나도 발달하고 방대해졌다. 그래서 그들은 산업 성격이 사회적인 것임을 승인해 달라고 요구한다. 소유를 공동으로 하자고 강하게 청하고 있다. 분배를 통일해 달라고 명령하고 있다. 그런데도 받아들여지지 않는 것이다. 그러므로 경쟁이 되고 무정부가 되고 약육강식이 되고 독점이 되어, 사회 다수가 독점적 사업들의 희생이 되고 만다.

엥겔스도 말하지 않았던가. "사회적 세력의 운동이 맹목적이고 난폭하고 파괴적인 것은 자연법의 운동과 다르지 않다. 그래도 우리가 일단 그 성질을 이해하면 자유롭게 구사하여 자기 것으로 할 수 있다. 마치 전광(電光)이 전신을 돕고, 화염이 취사에 이용되는 것과 같은 것이다"라고. 그렇다. 현대 사회가 생산수단 발달에 따라 이익을 얻지 못하고 반대로 그 횡포에 괴로워하는 근본 이유는 모두 사회 진화의 법칙을 배반하기 때문이다. 만약 이 성질이나 추세를 이해하고 유도한다면, 마치 인간을 공포에 떨게 하거나 불태우는 전광이나 화염이 우리들에게 없어서는 안 되는 이익으로 바뀌는 것과 같을 것이다.

현 단계에서 학술은 날로달로 진보하고 있으나 도덕은 날로달로 무너지고, 생산은 점점 증대하는데 만민은 점점 가난해지며, 교육은 훨씬 성행하는데도 죄악이 훨씬 느는 모순에 머리를 갸우뚱할 필요는 없다.

이것은 모두 현재의 생산수단의 사유 제도가 이러한 현상을 낳기 때문이다. 개인에게 지금의 생산수단을 사유하게 하는 것은 마치 광인에게 칼을 쥐어주는 것과 같다. 자기를 상처 내고 타인을 상처 내지 않을 수 없다.

그 결과는 곧 분배의 불평등이 되었다. 분배의 불평등은 곧 다수 인류의 빈곤과 소수 계급의 지나친 부로 나뉘었다. 터무니없는 부를 끌어안은 자는 곧 교만해지고 사치스럽고 부패하게 되고 빈곤한 자는 곧 타락하고 죄악으로 충만해져서, 온 세상에 탁류처럼 도도하게 하천을 흘러가는 모습은 참으로 필연적인 기세라고밖에 할 수 없다.

따라서 오늘날의 사회를 구제하고 고통과 타락과 죄악에서 탈출시키려면 빈부 격차를 방지하는 것보다 긴급한 대책은 없다. 빈부 격차를 방지하려면 부의 분배를 공평히 하는 것보다 긴급한 대책은 없다. 분배를 공평히 하려면 오로지 생산수단의 사유를 폐하고 사회 공공의 손으로 옮기는 것 이외에 다른 방법이 없다. 다시 말해 사회주의적 대혁명의 실행만이 유일한 길이다. 이것은 진정으로 과학이 명령하는 바, 역사가 요구하는 바, 진화적 법칙의 필연적 귀결이므로, 우리들이 피하려고 해도 피할 수 없는 것이 아닌가.

아아, 근대 물질 문명의 위대하고 장엄한 광경은 이리하여 비로소 진리·정의·인도와 합치할 수 있지 않은가. 진리·정의·인도가 행해지는 것은 곧 자유·평등·박애가 실현되는 것이 아닌가. 자유·평등·박애가 실현되는 것은 곧 진보·평화·행복이 탄생하는 것이 아닌가. 인생의 목적은 오로지 이것밖에 없다. 예부터 성현으로 일컫는 사람들의 이상도 이것 외에는 없다. 에밀 졸라는 "사회주의는 경탄할 만한 구세(救世)의 교의"라고 말했다. 어찌 우리들을 속이겠는가.

일어서라. 세계 인류의 평화를 사랑하고 행복을 중시하고 진보를 바라는 어질고 의로운 지사(志士仁人)[25]는 일어서라. 일어서서 사회주의의 보급과 실행에 매진하라. 나도 미약하나마 제군의 뒤를 따라가리라.

人生不得行胸懷	사람이 나서 품은 뜻을 행하지 못한다면
唯壽百歲猶夭也	백 살이 되어도 아직 어리다.

靑天白日處節義	청천백일에 절의가 있어
自暗室陋屋中培來	어둡고 좁은 방에서 자라난다.
旋乾轉坤的經綸	건을 돌고 곤을 도는 경륜은
自臨深履薄處操出	깊은 못에 다다르면 조심하고 얇은 얼음을 밟으면 조심하듯 끌어낸다.

25) 《논어》 권8 〈위령공(衛靈公)〉 15의 "어질고 의로운 지사는 자신의 삶을 구하고자 남을 해치는 일이 없으며, 자신의 몸을 죽여 인을 이룬다(志士仁人, 無求生以害仁, 有殺身以成仁)"를 염두에 둔 표현이다. 고토쿠 슈스이가 유교 전통에 입각한 자기 희생적인 도덕적 지식인을 사회주의 혁명의 실행 주체로 보았음을 알 수 있다.

사회주의와 국가

　최근에 사회주의를 반박하는 의견이 많다. 가장 유력하고 보편적인 반박으로 두 계통이 있다. 하나는 사회주의를 가리켜 국가의 권력을 무한히 증대시킨다고 해석하는 것이고, 다른 하나는 사회주의가 곧 국가의 절멸을 의미한다고 해석하는 것이다. 이 두 주장은 물과 불같이 달라 보이지만, 둘 다 틀렸다는 것이 공통점이다. 왜냐하면, 전자는 사회주의와 국가사회주의를 혼동하고 있고, 후자는 사회주의와 무정부주의를 혼동하고 있기 때문이다. 그러므로 나는 세상의 수많은 논객을 향해 그들이 사회주의를 반박하기 전에 지금의 국가라는 것에 대한 사회주의자의 태도와 사회주의자가 이상으로 삼는 국가의 내용에 대하여 꼭 한번 검토해보라고 주문하지 않을 수 없다.

　사회주의의 목적을 한마디로 말하면, 재부의 생산과 분배를 국가의 공공사업으로 삼는 데 있음은 논쟁의 여지가 없다. 하지만 이것을 실행하는 데 있어서는 현재의 국가 조직을 약간 바꾸려고 하는 자가 있고, 또는 완전히 근본 개조를 요구하는 자가 있다. 그러나 어느 것이든 진정한 사회주의자 중에서 오늘날의 국가에 만족하고 국가를 신뢰하는 자는 아무도 없다. 독일사회민주당 같은 경우는 확실히 국가(state)의 폐지를 희망한다고 언명하고 있다. 이 점에서는 그들을 무정부주의자로 혼동할 위험성이 있지만, 그들이 쓰는 국가라는 용어는, 그들이 자본 등의 용어를 사용하는 것과 마찬가지로 그들에게 특유한 학술적 의미(technical sense)로 쓰고 있는 것이라는 점, 바꾸어 말하면 그들이 폐지하려고 하는 국가는 곧 어떤 한 계급만을 대표하는 국가라는 점, 어떤 한 계급의 이익을 위하여 다른 계급을 억압하고 학대하여 이익을 멋대로 약탈하는 국가라는 점을 간과해서는 안 된다.

독일의 사회민주당은 그 이름이 나타내는 대로, 사회주의자일 뿐만 아니라 정말로 민주주의자(democrat)다. 그리고 현존하는 국가가 매우 비민주적이라는 점 자체가 그들에게 점점 국가에 대한 증오를 불태우게 했다. 그들은 현재의 국가를 대단히 증오하는 한편 현재의 국가의 손에 경제적 기획을 위임하려고 하는 국가사회주의에 심하게 저항하게 되었다. 1892년의 회의에서 그들은 스스로 혁명적 세력임을 선언하는 한편, 국가사회주의를 보수적이라고 보고 통렬히 비판했다. 그들은 지금의 국가 권력은 "재산과 계급이 지배하는 현재의 사회적 관계를 유지하기 위한 조직적 권력"에 지나지 않는다고 했다. 그러므로 그들은 이와 같은 국가를 근본적으로 절멸해 한 계급의 이익을 승인하지 않고, 완전히 평등한 이익을 증진하기 위한 조직을 건설할 것을 바라고 있다. 다만 그들이 이상으로 삼는, 완전히 평등한 이익을 증진시키는 조직을 국가(state)라는 이름으로 부르는 것이 과연 적당할지 어떨지는 전혀 별개의 문제다. 그에 비해 영국의 페이비언당이나 미국의 사회당에 이르면, 딱히 국가 절멸을 주장하지 않는다. 전혀 이상한 일이 아니다. 그들 나라의 헌법이 독일에 비해 크게 민주적이기 때문에 급진적인 수단에 기대지 않더라도 얼마든지 다수의 행복과 이익의 증진을 기대할 수 있기 때문일 뿐이다.

생각건대, 사회주의와 민주주의는 마치 새의 양쪽 날개나 차의 바퀴와 같다. 왜냐하면 하나는 경제적으로, 하나는 정치적으로 다수 공통의 평등한 행복을 향상시킬 것을 목적으로 삼고 있기 때문이다. 그러므로 진정한 사회주의자는 반드시 진정한 민주주의자이며, 다른 인간이 될 수는 없다. 전제적 국가의 사회주의자는 민주적 국가를 건설하려고 시도하고, 민주적 국가의 사회주의자는 그 국가가 더욱더 완전해지기를 바란다. 단지 수단의 완급 정도가 다를 뿐이지 정치적 개혁에 열성을 다하지 않는 자가 없다. 그들이 가장 이상에 가깝다고 찬탄하는 것은 다름 아닌 스위스의 정치 제도다. 일반 국민에게 법률의 가부를 직접 투표하게 하는 국민투표 제도(referendum), 다수의 국민에게 발의권을 부여하는 국민발의(initiative)나, 국민이 입법부에서 가지는 대표자 수의 비교상 가장 공평한 비례(proportional) 선거법은 모두 민주적 의의가 크게 발현된 것이므로, 사회주의자가 몹시 부러워하는 대상이다.

　사회주의가 현 국가의 중앙집권의 해독에 크게 질려서 지방분권을 주장하게 되는 것은 자연스러운 이치다. 그들은 인민의 사업을 인민이 일으키게 하며, 그렇지 않으면 인민에게 접근시키기 위하여 많은 공무를 중앙정부의 손에서 빼앗아 지방의 자치단체에게 부여할 필요를 느끼고 있다. 그들은 되도록 중앙정부의 직무와 권리를 소멸시켜 국가를 지방 시부정촌(市府町村)의 자치적 집합 단체의 연합으로 하고, 중앙정부는 단지 각 지방의 자치적 단체 연합을 통일하고 공통 이익을 공평히 조정하는 도구로 삼으려고 한다. 그들은 어떠한 정치든, 어떠한 조직이든, 재부의 사회 공동적 생산과 공평한 분배를 반드시 보장한다. 만인의 생활을 안정시키고 만인에게 모두 능력을 충분히 발휘할 지위와 기회를 반드시 보장한다. 이것이 그들이 경제와 교육 사업을 모두 공공의 손에 맡기려고 하는 근본 이유이며, 경제와 교육 두 사업을 제외한 다른 부문은 결코 정치적 간섭을 희망하지 않는다. 아니 극히 자유방임을 주장하는 것은 바로 지금의 개인주의자와 동일하다. 예를 들면 국가종교와 같은 문제는 사회주의와는 완전히 모순되는 것으로, 독일사회민주당이 강령에서 명확히 종교를 개인의 사적인 일이라고 선언한 것과 같은 사례가 이것이다. 그들의 희망은 인간이 인간을 지배하는 것이 아니다. 인간이 물건을 지배하는 것이다.

　카를 마르크스와 함께 독일 과학적 사회주의의 대스승인 프리드리히 엥겔스는 "압제당하는 계급이 없고, 어떤 계급에 의한 지배도 없고, 개인의 생존 경쟁도 없어지면, 국가라 명명할 압제 권력도 마찬가지로 필요가 없을 것이다. 그리고 이를 대신하여 일어나는 것은, 사회주의의 대표자로서 국가다. 하지만 이 국가는 오로지 사회를 의미하며 생산수단을 소유할 뿐이다. 오로지 이 하나만이 국가의 최초의 직무이자 최후의 직무다. 사회적 관계에서 국가의 간섭은 점차로 필요 없어져서 소멸될 것"이라고 말했다.

그렇다. 사회주의자가 이상으로 삼는 국가는 이와 같은 것에 다름 아니다. 그들은 결코 국가 만능주의에 의거하여 개인의 자유를 돌아보지 않으려고 하는 자가 아니다. 그렇다고 해서 완전히 사회 질서를 무시하고 단결 조직을 파괴하려고 하는 자도 아니다. 요컨대 다수의 행복만이, 평등의 이익만이 염원이다. 세상의 사회주의자를 비평하는 자는 꼭 이 점에 유의하기 바란다. 그리고 사회주의 제도가 군주 정치와 양립할지 여부는 완전히 별개 문제다.

《日本人》156, 1902년 2월 5일)

사회주의와 직접 입법

나는 사회주의의 견지에서 세계 만국의 사회주의자와 마찬가지로 우리 일본에서 하루라도 빨리 일종의 'referendum'과 'initiative'의 실시를 절실히 바란다. 아직 적당한 번역어가 생각나지 않아서 일단 전자를 직접투표, 후자를 직접발의권으로 번역하고자 한다.

대개 세상에 터무니없는 것, 무의미한 것이라고 해도, 일본 국민의 참정권만큼 무의미하고 터무니없는 물건은 없을 것이다.[26] 보통선거라도 한다면 그나마 괜찮지만, 오늘날의 일본은 납세 자격 등과 같은 시대에 뒤처진 어리석은 짓을 하고 있으므로, 선거 유권자는 4천5백만 국민 중 백만 내외에 불과하지 않은가. 그것도 공평선거법(proportional)이라도 채택되어 백만 명의 유권자가 모두 대표자를 낼 수 있다면 그나마 낫지만, 큰 정당 이외의 후보자는 대개 낙선하므로 정말로 대표자를 낼 수 있는 것은 백만 명 중 겨우 50만, 60만 명에 지나지 않는다. 그것도 그들 50만, 60만 명의 의지만이라도 확실히 의회가 대신하여 수행한다면 그나마 낫지만, 그 대표자는 의회에 들어가자마자 완전히 정부의 노예가 되고 만다. 다시 말해, 일본인으로서 참정권을 가지는 자는 국민의 극소수이며, 더욱이 소수가 참정권을 행사하는 것은 오로지 의원 투표

---

26) 1889년에 중의원 의원 선거법이 제정되었지만, 그때는 만 25세 이상의 남자로서 직접국세를 15엔 이상 납부하는 사람에게 선거권이 부여되었고, 피선거권은 만 30세 이상의 남자로 선거권과 동일한 납세 요건을 만족시킨 사람에 한정되었다. 처음으로 실시된 1890년 7월 1일의 중의원 의원 총선거에서 유권자는 45만여 명으로 당시 일본 인구의 약 1.1퍼센트에 지나지 않았다. 1900년에 피선거권에 대해서는 납세 요건이 폐지되었고, 선거권은 직접국세 15엔에서 10엔 이상으로 개정되었다. 유권자 수는 98만 명으로 인구의 2.2퍼센트였다.

를 투표함에 넣는 찰나, 그 한순간에 머물 뿐이며, 나머지는 흩어져 없어지는 것이 아닌가. 이런 상태이면서도 '국민의 참정권' 운운하고 있으니 어이가 없어서 할 말을 잃을 정도다. 참정권이라는 명사에 만약 영혼이 있다면 아마도 배를 움켜잡고 웃고, 훌쩍거리며 울 노릇이다.

애초에 정치의 본래 의의를 확대하여 극치에 이른다면, 국민이 직접 정치 권력을 행사하는 것이 당연하다. 다만 실제 사회 상태에서는 실행이 어려우므로 소수의 관리와 의원에게 대리를 부탁한다는 것은 새삼스레 언급할 필요도 없다. 그러므로 나는, 아니 많은 학자들은 서구 각국의 대의 제도조차 정치의 극치에서 멀리 떨어져 있어 대단히 불만족스럽게 생각한다. 그래서 그들은 국민 참정의 효과를 올리는 방법을 강구하기 시작한 지 얼마 되지 않았다. 하물며 우리 일본에서는 참정의 효과는커녕 불만족스러운 보통의 대의 제도에도 미치지 못하고, 실제로는 군주 전제나 과두 정치라는 야만의 영역에서 꿈틀거리고 있다. 이것은 우리 정치의 진보와 발달을 바라는 데 크게 고려해야 할 점이 아닌가.

그렇다면, 어떻게 진정한 국민 참정의 권리를 실효 있게 만들고, 어떻게 정치의 본의에 한 발이라도 다가갈 수 있을까. 이 점에서 보통선거는 물론 긴요하다. 공평선거법도 물론 긴요하다. 하지만 그것만으로는 부족한데, 왜냐하면 이때 행사하는 참정권의 실효는 역시 투표를 던지는 찰나에 지나지 않기 때문이다. 이에 백척간두 위에서 다시 한 발 나아가 국민의 직접투표, 직접발의권을 주장하지 않을 수 없다.

직접투표는 의회에서 결의한 중대한 법안의 가부를 놓고 국민의 의견을 묻고 국민이 찬성할 때 비로소 법률로 삼는 것이다. 직접발의권은 국민 다수의 서명으로 중대한 법률의 개폐나 제정을 발의하고, 역시 국민의 투표로 채결하는 것이다. 이 양자가 있을 때 비로소 국민이 정치에 참여하는 효과가 있으며, 국민의 의지를 대표하지 않는 관리와 의원의 횡포를 제지할 수 있다. 서구 각국 중에서 양자를 실행하고 있는 것은 스위스연방공화국이다. 나는 물론 스위스 제도를 그대로 채용하자고 하는 것은 아니지만, 방법은 크게 참고할 만하다.

어떤 나라든, 양원을 통과한 법률은 규정한 날짜부터 당장 효력을 발휘하지만, 스위스에서는 그렇게 간단하지 않다. 긴급한 성질인 것 등 특수한 것을 제외하면 법안을 90일간 모든 주(州)에 남김없이 게시하여, 만약 그 기한 내에 국민 3만 명의 청원이나 8개 주 관청에서 법안의 직접투표를 요구할 경우에는 직접 국민들에게 가부를 묻지 않으면 안 된다. 다만 지금까지 한 직접투표는 주의 관청에서 요구한 것이 아니라, 항상 국민이 청원한 것이었다. 3만 명이라면 전 국민의 약 100분의 1, 총 유권자 수의 20분의 1이다. 청원자의 서명이 정수에 차면 연합 각주에서 같은 날에 투표한다. 투표 기일은 명령을 발한 날로부터 4주일 뒤가 아니면 안 된다. 1874년부터 1893년까지 게시된 법률명령 164건 중 직접투표를 요구당한 것은 18건, 그중 12건이 부결되었다. 즉 직접투표를 하는 것이 10퍼센트 내외이며 대부분이 부결된 것이다.

직접투표는 연방의회 법안뿐만 아니라, 각 주에서도 각각 주의회 법안에 대해 실시한다. 다만 주에 따라 다소 제도를 달리하여 중대한 법안은 철저히 직접투표에 묻는 곳도 있는가 하면, 주민 다수의 요구를 기다려서 비로소 직접투표에 맡기는 곳도 있다. 후자의 경우에는 청원의 서명 제출 기한은 통상 30일 내외이며, 청원자 정원은 그 주 유권자의 5분의 1 내지 12분의 1이다.

여기에서 우리들이 가장 주의해야 할 것은 그들 국민과 주민(州民)이 직접투표를 요구하는 것은 결코 일시적인 감정에 좌우된 결과가 아니라, 엄격하고 열성적으로 자신의 권리를 행사하려는 것이다. 그리하여 정부도 의회도 겸손하게 그 명령에 복종하는데 일본처럼 민의를 도외시하고 적당히 다룰 수는 없다.

직접발의권도 마찬가지로 오래도록 연합 각 주에서 사용되고 있다. 주민이 어떤 법률의 개폐나 입법을 희망할 때에는 다수의 찬성을 얻어 이유를 갖춘 다음 주의회에 제출한다. 정원은 직접투표자의 비율과 거의 동일하다. 의회는 일정 기간(어떤 주는 2개월)안에 청원의 성안을 만들고 동시에 의회도 마찬가지로 따로 의회의 안과 의견을 첨부하여 주민의 직접투표를 명하고 채택 가부 결정에 따라 곧바로 법률이 된다. 거기에서 실제로 그들은 직접적으로 입법 권리를 굳게 지키고 있다. 그것도 매우 엄격하고 신중하게 한다. 이 제도는 예로부터 주에서만 활용되어 왔는데, 1891년에 연방의 헌법 수정에도 활용되었다.

그 제도에 따르면 만약 5만 명의 국민이 어떤 헌법 조항의 제정을 요구하면, 연방의회는 곧바로 그 희망을 검토하여 하나의 성안을 마련하고 이것을 직접투표에 묻지 않으면 안 된다. 또한 요구가 상찬할 만한 것이 아니라면, 선결 문제로서 헌법을 개정해야 할지 여부를 직접투표에 묻고 채택 가부 결정을 기다려 재차 세목의 성안을 국민에게 묻는다. 또한 인민으로부터 자세한 성안을 제출받은 경우에는 의회는 이것에 찬성할지 또는 따로 다른 안을 낼지, 아니면 완전히 반대안을 내서 함께 국민의 결정에 맡길 수 있다. 다만 의회의 안은 청원서를 수령한 뒤 1년 내에 만들지 않으면 안 된다. 그 시한을 지나면 청원한 안에 동의한 것이 되어 투표에 회부된다. 이 방법으로 연방 헌법은 종종 수정되어 크게 이 나라 정치의 진보와 발달을 도왔던 것이다.

우리 일본에서는 헌법 수정 발의권은 오로지 천황 폐하가 가지신다. 현행 헌법이 수정되지 않는 한, 우리 국민이 헌법 수정에 관한 발의는 물론이고 일반 법률에 대한 직접투표권이나 직접발의권도 얻지 못하는 것은 알고 있다. 나는 결코 헌법을 멋대로 변경하자고 할 생각은 조금도 없다.

하지만 지금의 국민 참정권이 난센스라는 것은 확실하다. 정치의 본의가 국민이 직접 참여하는 정치라는 것은 확실하다. 그리고 직접 투표와 직접발의권이 정치의 본의에 한 발 다가가는 것이라는 점도 확실하다.

한번 생각해보라. 만약 우리 국민이 일찍이 직접투표와 직접발의의 권리를 얻었다면, 번벌의 정치가가 오늘날의 운명을 유지했겠는가. 터무니없이 군비를 확장할 수 있었겠는가. 난폭한 증세(增稅)를 승낙받았겠는가. 다카노(高野) 문제가 지금까지 미해결로 남아 있겠는가. 아시오 광산 광독(鑛毒) 문제에 직소(直訴)[27]할 필요가 있었겠는가. 대개 이러한 예를 보면, 우리 국민의 권리가 얼마나 철저히 유린되고 여론이 완전히 도외시되어 한 나라의 정치권력이 일부 소수의 손에 도난당했으면, 이토록 많은 부정과 많은 불의, 많은 손해와 많은 추문을 입었겠는가를 알 수 있을 것이다. 우리 일본 국민은 과연 언제까지 이 상태를 견디지 않으면 안 되는가. 견딜 수 있겠는가.

만약 일본 정부가 과연 군주 전제나 과두 정치의 영역을 벗어나 장래에 점점 진보하고 발달한다면, 언젠가는 이와 같은 제도를 채용할 기운

---

27) 아시오 광산 광독 사건의 해결을 촉구하며 당시 중의원이었던 다나카 쇼조(田中正造)가 천황한테 직소한 것을 말한다. 도치기 현(栃木縣) 닛코 시(日光市)에 위치한 아시오 광산은 메이지 시대에 대광맥이 발견되어 일본 최대의 광산이 되었으나, 정련에 사용되는 연료에서 나오는 매연이나 정제할 때 발생하는 광독 가스, 배수에 포함되는 광독이 부근 환경에 커다란 피해를 입혔다. 도치기 출신 정치가로서 1890년 제1회 총선거에서 중의원 의원에 당선된 다나카 쇼조는 국회에서 정부의 광독 대책을 요구하는 활동을 전개하였으며, 이후 국회 내외에서 계속해서 아시오 광산 광독 문제에 몰두했다. 1897년에는 광독 피해지 농민들이 대거 도쿄로 올라와 진정을 하면서 여론이 일어났고 결국 정부에서 조사위원회를 설치하여 광독 예방령을 여러 차례 발했다. 하지만 예방령도 효과가 없자, 피해 주민들은 다시 반대 운동을 전개하여 수 차례 청원운동을 결행했는데, 1900년 제4차 행동에서 농민과 경찰의 충돌로 다수 주민들이 체포되어 사태가 심각해졌다. 이에 다나카는 1901년에 의원을 사직하고 메이지 천황한테 직소하려다 그 자리에서 체포되어 실패로 끝났다. 직소장은 고토쿠 슈스이가 기초한 것으로 전해지고 있다. 정부는 미치광이가 마차를 막아섰을 뿐이라고 하여 불문에 부쳤고 다나카는 그날로 석방되었다.

을 만날 수밖에 없다. 이러한 기운은 어떠한 경과를 거쳐 성숙하는가와 어떠한 절차를 거쳐 실제로 출현하는가는 전혀 다른 문제다. 다만 이 기운에 일단 조우하기로 정해진 이상은 나는 하루라도 빠르기를 희망해 마지않는다. 만약 두 직접입법 방법이 실시된다면 사회주의의 목적은 태반을 이룬 것이다.

(〈直接參政權〉,《萬朝報》1902년 1월 27일)

사회주의와 국체

일전에 어떤 모임에서 사회주의의 대요를 강의했을 때, 좌중에서 첫 번째로 나온 질문은 "사회주의는 우리 국체(國體)와 모순되지는 않는가"라는 것이었다. 생각건대 사회주의를 부정하는 사람들은 모두 이점에 의문을 품고 있을 것이다. 아니, 실제로 공공연히 사회주의는 국체에 해가 된다느니 하며 논하는 사람도 있다고 한다. "국체에 해가 된다"는 한마디는 실로 무서운 말이다. 사람이든 이념이든 논의든 만약 천하의 다수로부터 "그것은 국체에 해가 된다"고 단정지워지면 그 사람이나 이념 또는 그 논의는 완전히 숨이 끊어진 것과 다름없다. 적어도 어느 기간 동안은 머리를 들 수 없다. 그러므로 비열한 인간은 논의나 논리로 당해내기 어려울 경우에는 재빨리 "국체에 해가 된다"는 한마디로 적을 뭉개려고 덤벼든다. 적으로 간주한 것의 진상이나 실상을 전혀 모르는 사람들은 "국체에 해가 된다"는 설에 무턱대고 뇌동하는 자가 많기 때문에, 이 비열한 수단은 흔히 성공을 거두어 애석하게도 위인을 죽이고 고상한 이념을 멸망시키고 귀중한 명론(名論)을 묻어버리는 경우가 있다. 따라서 "국체에 해가 된다"는 외침이 나올 때에는 세인들은 이것에 귀를 기울이기보다 우선 눈을 씻고 사물의 진상을 명확히 보는 것이 매우 중요하다.

행인지 불행인지 나는 역사에 어둡고 헌법학에 정통하지 못하기 때문에 국체란 어떠한 것인가라는 정의에 대해 도무지 갈피를 잡을 수 없다. 또한 국체라는 것을 누가 만든 것인지 모른다. 그러나 일반적으로 해석하는 바에 따르면, 일본에서는 군주정체를 국체라고 칭하는 듯하다. 아니 군주정체라기보다 2500년을 하나로 이어져 내려온 황통을 가리키는 듯하다. 과연 이것은 동서고금에 유례없는 이야기로 무리는 아니다. 그런데 사회주의는 과연 그들이 일컫는 국체, 즉 2500년을 한 혈통으로 내려오는 황통이 존재한다는 것과 모순되고 충돌하는 것일까. 이 문제에 나는 단연코 아니라고 대답하지 않을 수 없다.

사회주의가 목적으로 삼는 것은 사회 인민의 평화와 진보와 행복에 있다. 이 목적을 달성하기 위해 사회의 유해한 계급 제도를 타파하고 인민 전체에게 평등한 지위를 얻게 하는 것이 사회주의의 실행이다. 이것이 왜 우리 국체와 모순되는 것일까. 유해한 계급 제도의 타파는 결코 사회주의의 발명이 아니라 이미 이전부터 행해진 것이다. 실제로 유신의 혁명에서 사민 평등이 선언된 것은 유해한 계급 타파가 아닌가. 계급 타파는 우리 국체와 모순되기는커녕 오히려 잘 맞고 부합하는 것이 아닐까.

봉건 시대에 가장 유해한 계급은 정권을 가진 무문(武門)이었다. 이 계급이 타파되어 사회 인민 전체는 정치상으로 완전히 평등한 지위와 권리를 가진 것이다. 사회주의는 유신의 혁명이 무사 계급을 타파한 것처럼, 부유한 계급을 타파해버리고 사회 인민 전체를 경제 면이나 생활 면에서 평등한 지위와 권리를 얻게 하려는 것이다. 만약 계급 타파를 국체에 모순된다고 한다면, 유신의 혁명도 마찬가지로 국체에 모순된다고 하지 않을 수 없다. 아니, 헌법도 의회도 선거도 모두 국체와 모순되는 것이라 하지 않을 수 없다.

사회주의는 본래 군주 한 사람을 위한 것이 아니라, 사회 인민 전체를 위한 것이다. 따라서 진보된 민주주의와 일치한다. 그러나 이것이 결코 국체와 모순된다고 할 수는 없다. 군주의 목적과 직무 또한 사회 인민 전체를 위하여 도모할 따름이기 때문이다. 그러므로 예로부터 명왕(名王)이나 현주(賢主)로 불리는 사람은 반드시 민주주의자였다. 민주주의를 취하는 군주는 반드시 일종의 사회주의를 행하여 그 덕이 기려졌던 것이다.

　서양의 사회주의자라도 결코 사회주의가 군주 정치와 모순되거나 당착한다고 단언하지 않는다. 군주제든 민주제든 사회주의를 취하면 반드시 번영한다. 거스르면 쇠퇴한다. 이것은 거의 정해진 도리다. 이 점에서 토머스 커컵이 그의 저서 《사회주의 연구》에서 주장하는 바는 우리 취지에 가장 적합하다. 커컵은 "사회주의는 진보한 민주주의와 자연히 합치한다. 하지만 실제로 그 운동의 지배가 반드시 민주적이지 않으면 안 된다는 도리는 전혀 없다. 독일 같은 데서는 로트베르투스[28]의 계획처럼, 제왕의 손으로 할 수 없는 것은 없다. 라살의 이상은 이것이다. 비스마르크도 어느 정도까지 이것을 했다. 실제로 부호 계급에 대한 타협(compromise)에 질려버린 제왕이 허물없는 태도로 도시나 농촌의 노동자와 직접 끌어안고 하나의 사회주의적 제국을 건설하는 것은 결코 어려운 일이 아니다. 이러한 제국은 재능 있는 관리를 임용하고 사회 개선에 열심인 인민이라는 군대에 보호받으면서 더욱 강성해질 것이다. 만약 시기가 무르익는다면 제왕 자신에게도 마지못해 자본가 계급의 비위를 맞추는 것보다 이런 정책이 훨씬 낫다고 하지 않을 수 없다"고 말한다.

　커컵은 나아가 열강의 경쟁을 논하면서, "각국의 경쟁은 적어도 가까운 장래까지는 훨씬 치열해질 것이 틀림없지만, 이 점에서도 인민이 우선 사회 조직과 조화를 이룬다는 것은 실로 막대한 이익이다. 우선 다수 노동자에게 정신적 능력을 발휘하게 하고 열성적이고 견고한 심정

---

28) **로트베르투스**(Johann Karl Rodbertus, 1805~1875) 프로이센의 경제학자. 국민 생산성 증가에 따라 임금도 비례해서 상승하도록 정부에서 임금을 조절해야 한다고 하는 국가사회주의 정책을 제시했다. 그의 주장은 사회주의자들의 생각과 비슷하지만, 정부가 임금 지불 조건을 정해야 한다고 하기도 했다. 또한 사유재산 폐지를 제안하기도 했지만, 그것은 단계적으로 일어나는 것이므로, 혁명으로 한 번에 일으켜서는 안 된다고 주장했다.

을 키워, 자유 교육을 받은 인민으로 이루어진 단결된 국민을 이끄는 나라는, 불평으로 가득차고 타락하고 무지한 빈민을 이끄는 자본주의 정부에 비해 오늘날의 과학적 전쟁에서는 반드시 대승을 얻을 것이다. 이것은 마치 제1혁명 때 프랑스 군대의 열성에 오늘날의 완전한 과학을 더한 것과 같은 결과일 것"이라고 말한다. 따라서 사회주의를 채용하는 제왕이나 국가는 일부의 부호를 신뢰하는 제왕이나 국가에 비해 훨씬 강력한 것이다. 사회주의는 결코 군주를 배척하지 않는다.

그러나 거듭 언급하지만, 사회주의는 사회 인민 전체의 평화와 진보와 행복을 목적으로 하는 것이지, 결코 군주 한 사람을 위해서 도모하는 것이 아니다. 그러므로 "짐은 곧 국가다"라는 망언을 한 루이 14세와 같은 극단적인 개인주의는 본래 사회주의자의 적이다. "민중과 함께 즐거워한다"고 한 주(周)나라 문왕과 같은 사회주의자는 기꺼이 받들고자 한다. 그리고 우리 일본의 조종(祖宗)과 열성(列聖) 등의 군주, 특히 "백성의 부는 짐의 부다"라고 말씀하신 닌토쿠(仁德) 천황의 마음과 같은 것은, 완전히 사회주의와 일치하고 결합하는 것이지 결코 모순되는 것이 아니다. 아니, 일본의 황통이 한 가닥으로 연결되어 있는 것은 실로 조종과 열성이 항상 사회 인민 전체의 평화와 진보와 행복을 목적으로 하셨기 때문에 번영한 것이다. 이것은 동양의 사회주의자가 자랑으로 삼는 것이 아니면 안 된다. 그리하여 나는 오히려 사회주의에 반대하는 자야말로 국체와 모순되는 것이 아닌가 생각한다.

(《いばらき》,《六合雜誌》263, 1902년 11월 15일)

사회주의와 상업 광고

유신 후 30년간 우리 일본 사회가 대부분 진보하고 발달했다고 해도 상업 광고만큼 진보하고 발달한 것은 없을 것이다.

유신 이전의 상업 광고라고 하면, 싸구려 광고판이라든지 네거리에 광고지를 붙인다든지, 잡화나 화장품 등은 이따금 닌조본[29] 작자에게 부탁하여 저술에서 선전하게 하는 것이 고작이었다. 그 후 교토(京都)나 오사카(大阪) 주변에서는 도자이야(東西屋)라고 해서 막대로 박자를 맞추면서 선전하고 돌아다니는 무리들이 있는 정도였는데, 도쿄에서도 가끔 눈에 띄었다. 그러던 것이 오늘날에 이르러 어떻게 되었는가. 이쪽을 보아도 광고, 저쪽을 보아도 광고, 광고가 머리를 맞대고 밀치락달치락 요란하다. 유신 이전의 꽃피는 오에도(大江戶)는 홀연히 광고의 도쿄로 변했다. 아카혼[30]에 실린 한두 줄의 기생충이었던 것이 지금은 신문이나 잡지, 서적의 앞뒤에 아주 으스대며 올라타 있는데, 심한 것은 중심이 되는 기사보다도 광고의 면수가 많아서, 잡지에 광고가 있다기보다 광고에 잡지가 있다고 하는 편이 적절한 것 같다. 이렇게 광고 분량이 많아졌을 뿐만 아니라, 기술이나 수단도 놀랄 정도로 발달했다. 아니, 실제로 점점 발달하고 있다.

이러한 진보와 발달은 과연 무엇에 기인하는 것일까. 또한 사회에 미

---

29) **닌조본(人情本)** 에도 시대 후기에서 메이지 초기까지 유행한, 에도 사람들의 연애 생활을 사실적으로 묘사한 풍속소설. 다메나가 슌스이(爲永春水, 1790~1844)가 대성시켰다. 하지만 풍속 개혁으로 단속의 대상이 되어 슌스이가 풍속 괴란으로 처벌받아 그 이듬해에 죽고 나서 점차 쇠퇴했다. 에도 서민의 풍속이나 인정의 극명한 묘사, 대화체의 능란한 사용 등이 부각되어 메이지 이후의 소설에 많은 영향을 끼쳤다.

30) **아카혼(赤本)** 에도 시대에 유행한 아동용 그림책. 표지가 빨간 데서 유래한 명칭이다.

치는 이해득실은 어떠한 것일까. 또한 그 이해득실의 결과를 어떻게 처리해야 할 것인가. 이것은 당연히 일어날 문제다. 아니, 일어날 수밖에 없는 문제다. 아니, 대단히 재미있는 문제다.

내 생각으로는 우선 광고의 목적과 원인은 상업이나 상품을 세상에 퍼뜨리고 알리는 데 머물지 않는다. 이것은 주의해야 할 점이다. 그들의 목적은 자기의 장사(business)를 유지하고 확장하는 동시에 타인의 장사나 판로를 빼앗는 데 있다. 이것은 완전히 오늘날의 경제 조직이 자유 경쟁 조직이므로, 동업자와 경쟁해서 이기지 않으면 헤쳐 나갈 수 없어서 생긴 것이다. 광고는 단지 통지하는 기술이라고 생각하면 큰 오산이다. 알린 다음 타인의 단골을 빼앗아 경쟁에서 이길 필요가 있는 것이다.

이론보다 실제를 보면, 경쟁이 치열한 상품일수록 광고를 하는 경우가 많다. 예를 들면 약, 담배, 맥주, 비누, 화장품, 잡화처럼 어느 가게에서나 대개 비슷해서 누구나 모방할 수 있는 경쟁 상품은 광고의 우열로 매상의 우열을 겨룬다. 그러므로 광고가 활발하다는 것은 자유 경쟁의 격렬함을 나타내는 바로미터다. 갑이라는 잡화상이 올해 1천 엔의 광고료를 들였다는 말을 들으면, 을이라는 잡화상은 내년에 1500엔을 투자하여 단골을 다툰다. 그러자 갑은 한 발 더 나아가 2천 엔을 투자하는 식으로, 날로달로 광고료가 많아진다. 또한 광고 수단에서도 갑이 수묵화 간판을 내면 을이 채색화 간판을 낸다. 또한 을이 10줄의 광고를 하면 갑은 20줄을 하는 식으로, 경쟁에 경쟁을 거듭하여 오늘날의 진보와 발달을 가져온 것이다. 대수로운 것도 아니다. 각국의 군비 확장과 마찬가지다. 목숨이 붙어 있는 한, 자본이 이어지는 만큼 서로 더해 가므로, 거의 멈출 줄 모른다. 실제로 유명한 피어스 비누와 같은 것은 자본의 3분의 1 이상을 광고에 투자한다. 여기에서 광고 경쟁이 사회에 끼치는 영향을 보면, 광고의 이익은 말할 것도 없이 누구나 느끼는 것인데, 우선 수요자 편리, 다음으로 판로 확장, 그 결과로 생산도 많아지고 상공업이 발달한다는 것이다. 하지만 반대로 폐해를 보면, 실로 오싹할 정도로 가공할 만한 것이 있다. 광고의 폐해는 대략 세 가지로 크게 구별된다.

첫 번째는 자연의 아름다움을 해치는 것이다. 미(美)를 사랑한다는 것은 인간의 매우 고상한 성품이며, 천연의 아름다운 경관은 고상한 품성을 기르는 데 가장 필요하다. 특히 근대 문명의 폐해로서 천하의 만인이 모조리 물질적 이익에 광분할 때에는 이를 교정하기 위해 예술을 사랑하는 마음을 함양하는 것이 점점 더 절박해진다. 하지만 최근 광고는 도처에 천박하기 그지없는 페인트 칠한 간판을 세워 천연의 경관을 무참히 파괴한다. 독자는 평소에 도쿄를 한걸음 내디디면 이 많은 사례들을 접할 것이다. 항상 고상한 미술을 보고 음악을 들으면 저절로 고상한 품성이 길러지지만, 항상 금수의 학살을 보거나 행하는 자는 저절로 잔인해진다. 작은 새의 노랫소리를 듣고 시를 짓고 싶어지는 사람이 있는가 하면 당장 엽총을 꺼내고 싶어지는 사람도 있다. 이것을 생각하면, 광고가 천연의 경관을 해치고, 수십만 명이 그런 광고를 볼 때마다 '아아, 보기 싫어' 하며 불쾌함을 느낄 때부터 나중에는 아무렇지 않게 될 때까지 얼마나 국민의 품성을 열등하게 만드는지 모른다. 예전에 무라이 상회(村井商會)가 풍광 좋은 히가시 산(東山)에 선라이즈 광고를 세운 적이 있다.[31] 이것은 황송하게도 가쓰라 이궁(桂離宮)에서도 눈에

....

31) '무라이 상회'는 메이지 시대에 '담배왕'으로 불렸던 무라이 기치베(村井吉兵衛, 1864~1926)가 운영한 회사다. 일본에서 처음으로 엽궐련을 제조하여 1891년에 '선라이즈'라는 이름으로 발매하는 등, 화려한 광고로 유명했던 동종의 경쟁 업체 이와야 상점(岩谷商店)을 압도했다. 무라이는 이와야의 대규모 광고에 대항하여 흰 깃발을 든 악대에게 상품의 테마송을 연주하며 행진하게 했다. 두 업체의 광고 전쟁은 점차 격화되어 소동으로 번지기도 했다. 이러한 담배의 민영 시대는 러일전쟁의 군비 조달을 위하여 1904년에 실행된 '담배전매법'으로 막을 내렸다.(본서 36쪽 각주 12 참조)

거슬리신다고 하여 제거됐지만, 히가시 산에 선라이즈라니, 아무리 이익밖에 모르는 상인이라고 해도 촌스러움을 넘어서서 실로 잔인(brutal)하지 않은가.

두 번째는 도덕을 해하고 풍속을 해하는 것이다. 앞에서도 언급한 바와 같이, 광고 목적이 동업자와 경쟁해서 이기는 데 있는 이상, 알리고 퍼뜨리는 것으로 끝나지 않는다. 되도록 단골을 자기 쪽으로 끌어들이도록 시도하지 않으면 안 된다. 그리고 경쟁이 격화됨에 따라 수단과 방법이 옳은지 그른지도 문제가 안 된다. 유혹이든 속임수든 상관없이 쳐부순다. 참으로 이루지 못할 것이 없다. 가령 약의 효능을 쓴 종이를 보라. '효능이 신 같다'는 둥 '감사 편지가 산처럼 쌓였다'는 둥, 이것만 있으면 의사도 병원도 전혀 필요 없는 듯한 인상을 받을 것이다. 또한 심한 외설적 문장이나 그림 등을 내걸어 청장년층의 마음을 녹이려는 것이 있다. 도덕을 해하고 풍속을 해하는 것이 여간하지 않아서, 수단과 방법이 교묘하면 할수록 폐해도 많다. 그러나 이상의 두 가지 폐해는 개인의 마음가짐으로 어느 정도 방어도 가능하지만, 제삼의 폐해에 이르면 사회에 대단한 손실을 초래한다.

다름 아니다. 사회의 부와 노동의 낭비. 사회의 부가 광고로 낭비되는 것이 실로 막대한 액수다. 어떤 이의 조사에 따르면, 미국에서 1년간 광고에 드는 비용은 5억 달러나 된다고 한다. 이는 일본 돈으로 10억 엔인데, 일본 정부의 세비의 네 배에 해당한다. 그중에 정당한 광고나 알림은 5백만 달러, 요컨대 천만 엔이 있으면 충분하므로, 나머지는 완전히 경쟁을 위하여 쓸데없는 수단과 방법을 동원하기 때문에 들어가는 비용이다.

일본은 본래 그렇게까지는 들지 않지만, 그래도 일본의 부에 비하면 가공할 만한 고액을 내던지고 있다. 나는 아직 정밀한 통계를 내지 못하지만, 약간 계산해보아도 매월 도쿄 부(東京府)의 신문만 해도 7만 엔

내외, 오사카만 해도 3만 엔 내외의 광고료가 지불되고 있다. 요컨대 한 달에 10만 엔이다. 각 지역의 신문에만 한 달에 10만 엔이라는 돈이다. 그리고 잡지 광고, 간판 광고, 선전지, 악대, 접대 광고 등을 전부 합치면, 일본 상업은 1년에 300만 엔의 광고료를 내고 있다는 것은 충분히 단언할 수 있다. 그리고 이 액수는 해가 갈수록 가공할 만한 비율로 증가하고 있다. 그렇다면 1년에 300만 엔이라는 대금은 과연 어떤 곳에서 뿜어 나오는 것인가.

이 대금이 상인의 주머니에서 나온다고 생각한다면, 그야말로 커다란 오류다. 두말할 나위 없이 그들은 상품 광고료를 상품의 대가 안에 포함시키고 있다. 우리들은 담배 한 개비에조차 다소의 광고료를 지불하고 있다. 상품의 대가는 정당한 정가보다도 확실히 그만큼 비싸다. 사회 인민은 그만큼 쓸데없는 부를 만들어 그들에게 지불하는 셈이 아닌가.

사회에는 실제로 많은 빈민이 있다. 만약 한 집에 다섯 명의 빈민을 1년에 300엔으로 먹여살릴 수 있다고 한다면, 우리들이 해마다 광고료 때문에 소비하는 300만 엔의 대금으로 5만 명의 빈민들에게 의식주를 제공할 수 있지 않은가. 한편에서 그날의 생활에 쫓기는 빈민이 해마다 증가하는데도, 한편에서 사회의 부를 무익하게 낭비하는 액수도 이렇게 해마다 증가하는 것은 사회의 손실일 뿐만 아니라 애초에 인도(人道)가 허락하는 것일까.

이와 같이 많은 부를 낭비할 뿐만 아니라, 광고 경쟁으로 소모하는 재능과 기술, 노력도 막대한 액수다. 이 능력들을 생산적으로 쓰거나 혹은 고상한 사업에 사용하면 얼마나 사회 전체에 이익이 될 것인가. 이것은 모든 경세가가 깊이 생각해야 할 점이다.

이상, 광고로 발생하는 폐해의 교정책에 대해서는 아직 일본에서는 연구한 사람이 없는 것 같지만, 유럽에서는 이전부터 상당히 논의가 시끄럽다. 실제로 어떤 나라에서는 광고에 과세를 해서 터무니없는 팽창을 제한하려고 하는 경우도 있다. 영국 등지에서도 광고가 천연의 경관을 해칠 것을 우려해서, 상공회의소의 허가를 얻지 않으면 간판을 세울 수 없게 하자는 의견이 있다. 이것도 하나의 대책임에는 틀림없다. 지금과 같이 완전히 방임하는 것보다 낫다는 것은 명확하다. 그러나 '여기는 절경이니까 허가하지 않는다. 저기는 경승지가 아니니까 허가한다'는 식의 미관 구별을 미술가도 아닌 상공회의소에 맡긴다는 것은 다소 사리에 맞지 않는 것은 아닐까. 더욱이 그러한 간섭은 곧잘 폐해가 따르기 쉬워 주의해야 할 뿐만 아니라, 오로지 천연의 경치 보존에 도움이 될 뿐이지, 전체의 폐해는 교정할 수 없다. 과세론의 경우도, 국고 수입을 늘린다고 한다면 몰라도, 결코 광고 감소의 목적은 이룰 수 없을 것이다. 만약 광고에 과세한다면 그만큼 상품 가격을 올릴 뿐이다. 경쟁자가 많아서 경쟁에서 이겨야만 할 필요가 있는 이상은, 또한 이길 수 있는 유일한 수단이 광고인 이상은 아무리 세금이 무거워도 그만둘 수는 없는 것이다. 광고를 그만둘 때는 바로 파산했을 때다. 그러므로 과세 결과는 상품 가격의 폭등일 뿐이다. 광고 문제의 진정한 해결은, 즉 광고 폐해들을 일소하는 데에는 과세나 상공국의 허가권은 임시방편이다. 오로지 상인들에게 광고의 필요성을 없애는 방법밖에 없다. 광고의 필요성을 없애는 것은 곧 자유 경쟁의 경제 조직을 폐지하는 데 있다. 앞에서 언급한 바와 같이, 광고는 우선 자유 경쟁의 발생물로서 경쟁이 심한 상품일수록 광고가 활발하다. 한번 생각해보라. 우편이나 전신 같은 것은 경쟁이 없으므로 광고에 돈을 들일 필요가 없다. 따라서 수수료도 싸다. 그런데 만약 우편이나 전신이 사설 회사의 사업으로 경쟁한다면, 그들은 반드시 우리 회사의 우편은 편리하다는 등 광고를 해서 끊임없이 자기 회사의 우표를 많이 팔려고 할 것이 틀림없다. 그 결과 지금의 3센짜리 우표도 어쩌면 4센, 5센 정도로 올려서 광고료를 포함시켜 계산할 것이다. 단지 지금 우편이나 전신은 사회의 공유이며 경쟁이 없기 때문에 정당한 알림 이외에는 광고하지 않는 것이다. 철도든 기선이든 경쟁이 없는 분야는 막대한 광고를 하지 않는다. 담배든 비누든 약이든 모두 같은 원리가 아니면 안 된다.

이와 같이 광고의 원인은 경쟁인데, 경쟁의 원인은 곧 자본과 토지의 사유다. 개인이 각각 사유한 자본과 토지로 돈을 벌려고 하기 때문에 일어난다. 따라서 사회 전체가 토지와 자본을 공유물로 하고 일체의 생산 사업도 모두 공동으로 한다면, 요컨대 사회주의를 실행한다면 자유 경쟁으로 발생하는 폐해는 완전히 사라질 것이다. 상품이 싸고 많아서 인간의 생활이 풍요로워지고 노동 시간도 줄어서 만인의 평등뿐만 아니라, 요즘 광고 경쟁으로 고심하는 상인이나 자본가 등도 긴장을 풀고 대단히 편안해질 것이다. 이것이 이 문제의 근본적인 해결법이다.

(〈商業廣告と社會主義〉,《勞働世界》6-21, 1902년 11월 13일)

사회주의와 부인[32)]

부인의 성질은 모두 뒤틀려 있다고 단정하고 "여자는 양육하기가 힘들다"고 탄식하거나, 부인은 "성공하지 못한다"고 매도하고 "부인을 눈 안에 넣는 것은 진정한 남자가 아니"라고 뻐졌던 시대에 비하면, 최근에 부인에 관한 연구나 논의가 나날이 성행하여 극단적으로는 '전공 부인 연구자'라는 명함을 가진 문사까지 등장하는 등의 변화는 얼핏 보기에는 반길 만한 현상처럼 보인다. 그래도 연구의 목적이나 방법을 자세히 검토해보면, 아직 우리들의 희망에 못 미치는 점이 많음을 통감한다.

우리들은 부인의 생리적, 심리적 특성을 해부해서 미세하게 파헤친 많은 문사와 저작을 보았다. 우리들은 부인의 평소 비밀이나 숨기고 싶은 일을 후벼파서 눈앞에서 접하는 듯한 느낌을 주는 많은 문사와 저서를 보았다. 우리들은 부인의 단점이나 결점, 죄악을 비난하고 상처투성이로 만든 많은 문사와 저작을 보았다. 우리들은 부인의 불행한 운명과 비참한 처지를 설파하여 눈물 없이는 읽을 수 없는 많은 문사의 저술을 보았다. 그렇다면 그들은 과연 현재의 이른바 부인 문제를 해결했다고 평가할 수 있을까.

보라. 우리들이 그들에게서 배울 수 있는 것은 남자는 어떻게 해야 부인에게 사랑받을 수 있을까 하는 것뿐이 아닌가. 남자는 어떻게 하면

---

32) '부인'이라는 말은 여성의 새로운 역할과 지위를 모색한 메이지 계몽 사상 속에서 사용되어 언론과 여성 운동을 통해 퍼진 신조어였다. 하지만 이 말은 겨우 획득한 사회적 지위와 반대로 여성을 가정이나 결혼으로 속박하여 현모양처를 강요하는 기능을 띤 것이기도 했다. 이에 따라 1930년대에는 '여성'이라는 말이 창출되어 여성의 대표적 호칭이 '부인'에서 '여성'으로 옮겨 갔다. 이 책에서는 이 말의 역사적 함의를 살리기 위해 그대로 쓰기로 한다.

부인을 가지고 놀 수 있을까 하는 것뿐이 아닌가. 얼마나 현재의 부인이 존경하기에 부족한가 하는 것뿐이 아닌가. 얼마나 현재의 여학생이 증오할 만한가 하는 것뿐이 아닌가. 얼마나 여공을 고용한 공장주 중에 잔인하고 포학한 행위를 마음껏 해댄 자가 있는가 하는 것뿐이 아닌가. 다시 말해 그들이 우리에게 제시할 수 있었던 것은, 부인은 가지고 노는 존재이고 여학생은 화가 치미는 존재이며 여공은 불쌍한 존재라는 것뿐이다. 이것을 보면 '여자는 양육하기가 힘들다'고 탄식한 시대에 비해 과연 몇십 보 진전했다고 할 수 있는가. 20세기의 부인 문제는 과연 얼마나 해결되었다고 할 수 있는가.

지금 많은 부인은 확실히 남자의 노리개다. 확실히 남자의 기생충이다. 하지만 부인이 언제나 이와 같은 상태로 있겠는가. 있지 않으면 안 되는가. 아니, 예로부터 사회 문명이 진전됨에 따라 부인의 지위가 점차 향상된 것은 전혀 논쟁의 여지가 없는 사실이다. 그리고 부인이 사회 조직과 관련을 맺고 좀 더 중대한 분야에서 활동하는 사회가 좀 더 문명화된 사회라는 것도 마찬가지로 논쟁의 여지가 없는 사실이다. 사회 문명의 개선과 진보는 항상 한층 더, 한 계단 더 부인의 지위 향상을 요청하고 요구하고 있다. 그런데 지금의 부인 연구자의 목적과 방법은 과연 이것에 부합하는 것이 있을까.

생각해보라. 부인이 남자의 노리개로 만족하는 것은 독립을 할 수 없기 때문이다. 남자의 기생충이거나 각종 불결한 유혹에 이끌리고 또는 비참한 처지로 가라앉는 부인도 마찬가지로 독립을 할 수 없기 때문이다. 부인들은 지식에서, 재산에서 독립을 허락받지 못하기 때문이다. 그런데 누가 부인을 그렇게 만드는 것인가. 선천적인 것일까, 후천적인 것일까. 아니, 사회 조직 자체가 부인들에게 난폭하게 굴고 능멸하며 인간을 바꾸어 기계로 만든 것이다. 만물의 영장을 바꾸어 열등한 동물로 만든 것이다.

종래의 사회 조직은 부인에게 교육받을 기회를 주지 않았다. 부인에게 재산을 주지 않았다. 부인의 독립을 허락하지 않았다. 부인은 남자의 노리개에 노예에 기생충이 되지 않으면 살아갈 수 없는 것이라고 선고했던 것이다. 이때에 어찌 부인의 성질이 비뚤어져 있음을 이상히 여길 필요가 있을까. 어찌 취약함을 이상히 여길 필요가 있을까. 각종 유혹을 물리치지 못하고 많은 부도덕한 행위를 저지르고 많은 비참한 처지에 빠지는 것을 이상히 여길 필요가 있겠는가. 그런데 더 자세히 살펴보라. 현대 사회는 무엇 때문에 부인에게 난폭하게 굴고 능멸하는 것이 이다지도 심할까. 이것은 알기 쉬운 도리다. 왜냐하면 지금의 사회는 협동의 사회가 아니라 자유 경쟁의 사회이기 때문이다. 자타상애(自他相愛)의 사회가 아니라 약육강식의 사회다. 따라서 사람들은 '네가 나를 죽이지 않으면 내가 너를 죽이마'라고 말한다. 그렇다. 인간은 살아가지 않으면 안 된다. 살기 위해서 경쟁하지 않으면 안 된다. 경쟁의 극한은 남을 쓰러뜨리지 않으면 안 된다. 남의 것을 빼앗지 않으면 안 된다. 나라와 나라 사이가 그렇다. 사람과 사람 사이가 그렇다. 남자와 남자, 여자와 여자 사이도 그렇다. 어찌 남자가 여자를 기계로 삼고 노예로 삼는 것을 이상히 여길 필요가 있겠는가. 병사가 국가의 희생이 되는 것처럼, 노동자가 자본가의 희생이 되는 것처럼, 여학생도 여공도 예기(藝妓)도, 심하게는 부인도 모두 남자가 개개의 경쟁의 이익을 위하여 희생시켜야만 만족하는 것은 오늘날의 사회에서 필연적인 기세라고 하지 않을 수 없다.

　　그러므로 20세기의 부인 문제는 정말 중대한 문제다. 이것을 해결하는 데에는 우선 부인을 노예의 처지에서 빼내어 평등한 인간으로 만들지 않으면 안 된다. 지식과 재산에서 독립을 얻게 하지 않으면 안 된다. 이것을 실현하는 데에는 오로지 현대 사회의 자유 경쟁 조직을 변혁하여 사회협동의 조직으로 만드는 길밖에 없다. 타인을 희생시키지 않고 독립할 수 있는 조직으로 만드는 길밖에 없다. 이것이 곧 사회주의의 실행이다.

우리들이 사회주의를 앞장서서 주장하면 어떤 사람은 '너희들은 토지나 재산의 공유를 바라고 있다. 남의 아내도 공유로 하려고 하는가'라고 말한다. 아아, 도대체 이것은 무슨 의미인가. 이것 또한 부인을 물질과 동일시하는 낡은 사상이다. 사회주의의 이상은 아내를 공유로 하지 않을 뿐만 아니라, 남편이 전유하는 것도 허락하지 않는다. 인간은 평등하다. 부인도 마찬가지로 평등한 인간이다. 타인의 소유물이어서는 안 된다. 부인을 소유하는 것은 곧 그녀 자신 이외에는 없다. 부인도 마찬가지로 사회 전체의 지식과 재산을 평등하게 분배받으며 그것으로 개인적 독립을 완성할 것이다. 그리하여 부인 문제는 비로소 해결될 것이며 결코 소설이 팔리기를 바라고 신문이나 잡지가 팔리기를 바람으로써 해결될 수 있는 것이 아니다.

(〈婦人問題の解釋〉,《萬朝報》1902년 10월 10일)

立言者	의견을 말하는 자
未必卽成千古之業	아직 결코 천고의 사업을 이루지 못해도
吾取其有千古之心	나는 천고의 마음이 있음을 취한다.

好客者	객을 반기는 자
未必卽盡四海之交	아직 결코 사해의 사귐을 다하지 못해도
吾取其有四海之願	나는 사해의 희망이 있음을 취한다.

기타 논설 편

개요) 여기에서는 각종 신문이나 잡지에 발표한 고토쿠 슈스이의 중요한 논설들을 편의상 '비전론', '부인론', '직접행동론', '조선 관련' '기타' 등의 테마별로 분류하여 실었다. 당시 식민지 획득을 위한 제국주의 정책과 그것으로 야기된 전쟁에 대해 일본 사회의 거의 유일한 저항 세력이 되었던 것이 《평민신문》을 중심으로 모인 사회주의자들이었고, 고토쿠는 그 대표적인 인물이었다. 고토쿠는 러일전쟁에 반대하여 사회주의에 기초한 '비전론'을 주장했으며, 사회주의자로서 자각을 확립한 후에는 조선에 대한 일본의 제국주의적 침략을 일관되게 비판했다. 그리고 식민지화의 위기에 놓인 조선에 대해 민족 독립 운동보다도 민중들의 국제 연대를 통한 계급 해방을 우선하는 국제주의적 계급 혁명 운동을 주장했다('조선 관련').

한편, 러일전쟁이 끝나고 공황이 시작되고 노동자들의 파업과 폭동이 속출하자 고토쿠는 이에 대응하여 자본주의 체제의 모순을 타파하는 사회주의 운동의 방법론으로 기존의 의회제 민주주의에 입각한 합법적인 간접혁명론의 한계를 직시하고 새로이 무정부주의적인 '직접행동론'을 주장한다.

이밖에도 빼놓을 수 없는 것이, 부인 문제의 근본적인 해결은 계급 해방에 있다고 보는 고토쿠의 '부인론'이다. 그의 사회주의 일원론은 패전 후까지 일본의 페미니즘 운동의 중심 사상이 되었다. 이상의 논설 외에도 사회주의 운동과 관련한 고토쿠의 사상을 전하는 중요한 주장들을 '기타' 항목으로 분류하여 실었다.

비전론

전쟁과 평화를 결정하는 자 | 러시아사회당에 보내는 글
러시아사회당으로부터 | 전쟁과 소학 아동 | 아아, 증세!
톨스토이 옹의 비전론을 평하다 | 사회당의 전쟁관

전쟁과 평화를 결정하는 자

일본 헌법은 선전(宣戰)이나 강화(講和) 같은 대사(大事)가 천황의 대권에 의해서 결정되어야 한다고 규정한다. 하지만 대권이 아직 발동되기도 전에 먼저 이것을 결정하는 자가 있는 것 같다. 누가 이것을 결정하는가. 국민의 여론인가. 아니다. 입법부의 의원인가. 아니다. 행정부의 관리나 국무대신인가. 아니다. 만약 이들이 결정한다면 굳이 수상히 여길 필요도 없다. 하지만 실제로 선전이나 강화의 관건을 쥔 자는 일종의 대부업자가 아닌가. 은행이라는 이름을 가진 대부업자가 아닌가.

이른바 정치가나 학자나 신문업자가 모두 혈안이 되어 외치며 말하기를 개전하라, 개전해야만 한다, 개전하도록 해야만 한다, 개전하기로 결정했다고 한다. 하지만 개전을 대가 없이 할 수는 없다. 돈 없이 할 수 있는 것이 아니다. 그리고 그들 애국지사들도 우리 평민과 마찬가지로 돈 없는 자들이다. 개전을 외치면서 한 푼의 군자금도 헌납할 수 없는 자들이다. 정부가 어리석다고 해도 아직 그들의 지휘에 따라서 자본이 없는 전쟁을 일으킬 정도로 막무가내일 리가 없다. 그래서 그런지 장관은 은행업자라는 이름의 대부업자에게 향응을 베풀지 않을 수 없다.

독자는 여러 신문이 보도하는 바를 알 것이다. 최근에 총리 가쓰라(桂) 씨, 재무장관 소네(曾禰) 씨가 연일 전국의 은행가와 자본가를 관저로 초대하여 향응을 베풀며 군채(軍債)의 응모를 간청하고 있다. 그러나 은행업자들은 다양한 구실을 들어 출자를 꺼리고 있다. 그래서 장관은 자신의 간청이 받아들여지지 않을까 걱정하며, 부호 사회에 세력을 뻗은 이노우에 가오루(井上馨, 1836~1915), 마쓰카타 마사요시 씨에게 알선을 부탁하고 있다.

무릇 장관들이 식사할 때 방장산(方丈山)의 미녀 수십 명이 몇 번씩 머리를 조아리든, 이노우에, 마쓰카타 씨의 머리가 더욱더 세고 얼굴에 주름이 더 늘어나든 내가 관여할 바는 아니다. 그리고 은행업자들이 수억만 금을 내든 또는 일 원 한 푼도 내지 않든 내가 관여할 바는 아니다. 하지만 일본의 선전이나 강화가 오로지 은행업자의 수락 여부에 따라 결정되지 않으면 안 된다는 것은 참으로 심각한 문제가 아닌가.

그들 대부분의 부호들은 모두 재화 증식에 뛰어나다. 재화 증식에 뛰어나다고 해도, 국가나 사회에 관한 일에는 아무런 지식도 없고 아무런 학식도 없고 아무런 덕도 없는 자들이다. 그들의 진퇴는 오로지 재화 증식 여부를 돌아볼 뿐이고 자기 한 몸의 이해득실 여부를 돌아볼 뿐이다. 모 내각은 내게 이익이 되니까 도와야 한다고 한다. 현 재무장관은 내게 불리하니까 그만두어야 한다고 한다. 공채는 단기로 하라고 한다. 액면은 낮아야 한다고 한다. 이자는 고율이어야 한다고 한다. 만약 그들의 승낙을 거치지 않는다면 정부도 의회도 인민의 여론도 이것을 어쩌지 못한다. 이리하여 일본 장관의 출처는 오로지 그들에게 좌우될 수밖에 없다. 일본의 정치는 오로지 그들로 인해 흥하고 망할 수밖에 없다. 일본 전체 평민의 부담은 오로지 그들로 인해 증감될 수밖에 없다. 오로지 그들 소수 계급의 이익을 위해서, 돈 계산을 위해서, 기분을 위해서 ……. 아아, 이것이 일본 국민의 일본인가. 헌법의 일본인가. 소수 대부업자들의 일본이 아닌가. 생각이 여기에 이르러 나는 소름이 돋는다.

일본뿐만 아니라, 이제 세계의 정치는 모조리 자본가에게 지배되지 않는 곳이 없다. 미국이 쿠바, 필리핀에서 벌인 전쟁도 자본가를 위해서 시장을 개척하는 데 목적이 있었다. 영국의 남아프리카 공격도 자본가의 이익을 위해서 선동되었다. 러시아가 프랑스에 아부하는 것도 자본을 빌리기 위함이 아닌가. 영국과 프랑스가 친교로 기운 것도, 독일과 프랑스가 싸우지 못하는 것도 모두 은행업자, 자본가가 전쟁을 희망하고 또는 전쟁을 제지하기 때문이 아닌가. 평화도 전쟁도 동맹도 분리도, 소국론도 대국주의도, 자유무역도 보호무역도 모두 경제 시장의 이해득실을 기준으로 삼지 않을 수 없다. 그런데 경제 시장의 이해득실은 결코 다수 평민의 이해득실이 아니라 소수 부호의 이해득실일 수밖에 없다. 그리하여 영명한 빌헬름 황제나 민완한 루스벨트 대통령이라고 해도 이들을 억제하지 못한다. 전자가 자오저우(膠洲)를 차지하고 후자가 파나마를 할양한 것은 결국 자본가를 위한 꼭두각시놀음에 불과하지 않았는가. 그리하여 그 결과는 어떠한가. 강국들이 각각 외교의 성공을 발표하고 영토의 팽창을 축하하고 국기의 영광을 자랑하는 동안에 영국은 50만의 실업자를 냈다. 미국은 날마다 크고 작은 동맹파업으로 시름에 젖어 있다. 독일에는 해마다 수천 명의 정치범이 생기고 있다. 러시아는 평민적 혁명 운동 때문에 걷잡을 수 없이 무너지고 있다. 아아, 이것이 바라던 일인가.

하지만 앞 차가 뒤집혔는데도 뒤 차가 그 자국을 밟아, 일본도 점차 자본가, 은행업자와 같은 소수 계급의 지배 아래 놓이려고 한다. 지금 이 계획을 이루지 않으면 비루한 배금주의가 모든 학식과 기능, 도덕을 유린하여 인민의 참화가 헤아릴 수 없을 것이다. 그렇다면 요컨대 이것을 어떻게 이루어야 할 것인가. 오로지 자본가 계급의 폐지뿐이다. 이것이 서구 사회당의 대운동이 있는 까닭이며, 또한 내가 이 이념을 절규하는 까닭임을 모르는가.

(〈和戰を決する者〉,《週刊平民新聞》13, 1904년 2월 7일)

러시아사회당에 보내는 글

아아, 러시아의 우리 동지여. 형제자매여. 우리는 그대들과 아득히 멀리 떨어져 아직 함께 모여 손을 잡고 흔쾌히 담소할 기회를 얻지 못했지만, 그래도 우리들이 그대들을 알고 그대들을 생각한 것이 오래되었다.

1884년에 그대들이 허무당도 테러리스트도 아닌 사회민주당의 기치를 내걸고 직공과 농민들 사이에 정의와 인도의 대이념을 선전한 이래로, 이후 20년 동안 폭압적인 정부의 박해와 가혹한 비밀경찰이 뒤집어씌운 누명이 고금에 실로 유례를 찾아볼 수 없었다. 그대들의 선배인 의로운 열사는 그를 위해 일대의 명예를 버리고 천금의 영화를 내던지고 뜻을 이루지 못한 채 떠돌아다니는 참상이 극에 달하여, 페테르부르크 감옥에서 누설의 치욕을 당하거나 시베리아의 광산에서 무간고(無間苦)를 겪거나 교수대의 혼이 되거나 길가의 흙이 된 사람이 몇천 몇만인지 모른다. 그럼에도 그대들의 운동은 그로 인해 추호도 꺾이지 않았고, 그대들의 용기는 역경을 한 번 경험할 때마다 백배하여 마침내 작년 12월에 러시아 전역의 각 단체가 하나가 되어 세력이 하늘에 닿기에 이르렀다. 우리들은 평소에 그대들이 처참할 정도로 고생스러운 상황을 겪는 것을 생각하며 몰래 동정을 금치 못하는 한편으로, 더욱이 그대들의 꺾이지 않는 절조를 깨닫게 되어 감개를 금치 못한다. 생각건대 우리들이 이 믿음직한 동지, 형제, 자매를 가진 것은 우리들의 대이념을 위하여, 사회 인민을 위하여 얼마만 한 행복인가.

동지들이여! 지금 러일 양국 정부는 각자 제국적 욕망을 채우기 위하여 함부로 전쟁을 시작했다. 하지만 사회주의자의 눈에는 인종의 구별도 없고, 지역의 구별도 없고, 국적의 구별도 없다. 그대들과 우리는 동지다. 형제다. 자매다. 결코 싸울 만한 이유가 존재하지 않는다. 그대들의 적은 일본인이 아니다. 지금의 이른바 애국주의다. 군국주의다. 우리들의 적은 러시아인이 아니다. 지금의 이른바 애국주의다. 군국주의다. 그렇다. 애국주의와 군국주의는 그대들과 우리들의 공통의 적이다. 세계 만국 사회주의자의 공통의 적이다. 그대들과 우리들과 전 세계의 사회주의자는 공통의 적을 향해 용감하게 전투를 벌이지 않으면 안 된다. 그리하여 오늘날은 가장 중요한 시기이며 또한 가장 좋은 시기가 아닌가. 그대들이 결코 최적기를 놓치지 않는다는 것을 우리들은 안다. 우리들도 마찬가지로 최선을 다해야 한다.

하지만 우리들은 한마디 하지 않으면 안 된다. 그대들과 우리들은 허무당이 아니다. 테러리스트가 아니다. 사회민주당이다. 사회주의자는 만국의 평화 사상을 받든다. 사회주의자의 전투 수단은 어디까지나 무력을 배제하지 않으면 안 된다. 평화의 수단이 아니면 안 된다. 도리의 싸움이 아니면 안 된다. 언론의 다툼이 아니면 안 된다. 우리들은 헌법이 없고 의회가 없는 러시아에서 언론의 전투, 평화의 혁명이 매우 곤란하다는 것을 안다. 그런데 평화를 이념으로 삼는 그대들 중에 그 일을 이루는 데 급급한 탓에 때로 무기를 들고 일어서서 일거에 정부를 전복할 책략을 세우려는 자가 있는가. 우리들은 그 뜻을 절실히 이해한다. 하지만 이것은 평화를 구하다 도리어 평화를 교란시키는 것이 아닌가. 목적을 위하여 수단을 가리지 않는 것은 마키아벨리류의 전제주의자가 잘 하는 것이지, 인도(人道)를 중시하는 자가 취할 만한 것이 아니다.

우리들은 양국 정부의 승패 여부를 예지할 수 없다. 하지만 어느 쪽으로 귀결되든, 전쟁 결과는 반드시 인민의 곤궁이다. 과중한 세금 부담이다. 도덕의 퇴폐다. 그리고 제국주의와 애국주의의 발호다. 그러므로 그대들과 우리들은 결코 어느 쪽이 이기든 지든 상관이 없다. 요점

1904년 8월에 열린 제2인터내셔널 암스테르담 대회 기념 사진. 앞줄 중앙에 흰색 나비넥타이를 맨 사람이 가타야마 센(15번)이고, 그 오른쪽 옆이 게오르기 플레하노프(13번), 두 사람의 바로 뒤쪽에 로자 룩셈부르크(14번)가 서 있다. 이 대회에서 일본 대표로 출석한 가타야마 센이 당시 러일전쟁으로 교전 중이던 러시아 대표 플레하노프와 반전(反戰)에 동의하는 악수를 나누기도 했다. 고토쿠 슈스이는 〈러시아사회당에 보내는 글〉에서 러시아 사회주의 동지들에게 전쟁 반대를 호소하였다.

은 전쟁의 신속한 정지에 있다. 평화의 빠른 회복에 있다. 그대들과 우리들은 어디까지나 전쟁에 항의하지 않으면 안 된다. 반대하지 않으면 안 된다. 1870년 프로이센-프랑스전쟁 당시의 만국노동동맹(제1인터내셔널)의 결의와 운동은 실로 그대들과 우리가 배워야 할 것이 아닐 수 없다. 우리들은 그대들이 반드시 이에 공감할 것임을 믿는다.

아아, 그대들과 우리는 동지다. 형제다. 자매다. 결코 싸울 이유가 없다. 그대들과 우리의 공통의 적인 악마는 지금 쉬지 않고 흉측한 연기를 내뿜고 독수를 뻗어 백만 인민을 학대한다. 이제 우리들과 그대들과 세계 만국의 사회주의자들이 함께 일어서서 일치동맹 단결해야 하는 시기다. 마르크스의 "만국의 노동자여 동맹하라"는 한마디는 참으로 지금 실현하지 않으면 안 된다. 부디 우리와 그대들이 힘을 다해 여기에 따르기를 바라 마지않는다.

아아, 동지여! 그대들이 폭압적인 정부에 고통받고 가혹한 비밀경찰한테 쫓기면서 우리의 대이념을 위하여 크게 애쓸 때에 삼천리 밖 멀리서 마음속에 가득 동정을 담아 그대들의 건재와 성공을 빈다. 수천의 동지, 형제, 자매가 있음을 기억하라.

〈與露國社會黨書〉,《週刊平民新聞》18, 1904년 3월 13일)

러시아사회당으로부터

우리들은 이전에 〈러시아사회당에 보내는 글〉을 만들어 본지 18호에 실었고 나아가 그것을 영문으로 번역하여 제19호에 실었는데, 서구의 사회당 각 신문은 앞다투어 이것을 전재(또는 번역 게재)했고, 뉴욕의 독일어 신문《폴크스 차이퉁》은 본지 제18호의 1면 반(즉, 위의 글이 있는 부분)을 사진판으로 하여 지상에 인쇄하기에 이르렀다.

러시아사회당은 그 글을 보고 크게 느끼는 점이 있었던지, 기관지 《이스크라》 지상에서 이에 답하는 글을 발표했다. 우리들은 아직 직접 위의 《이스크라》를 접하지 않았지만, 미국 신문에 실린 영역으로 전문을 볼 수 있었다. 아래에 이것을 번역 게재한다(기자).

우리 러시아사회민주당이 전시에 처하여 스스로 얼마나 곤란한 처지에 놓여 있는지를 안다면, 일본 동지가 한층 더 곤란한 상황에 놓여 있음을 살피지 않을 수 없다. 지금 우리나라에서는 정부 각 기관이 전력을 다하여 애국심을 고무하고 있다. 빈사 상태의 전제 정치가 연출한 무모한 행동은 완전히 소망을 등진 것이지만, 우리들의 운동은 여전히 발자국마다 곤란함을 느끼고 있었다. 그런데 일본의 동지가 국가적 감정이 최고조에 달했을 때 공공연히 손을 내밀어 우리들과 악수하려고 하는 것의 곤란함은 가히 짐작하고도 남음이 있다.

프로이센-프랑스전쟁 때 독일의 리프크네히트와 베벨은 알자스, 로렌의 병탄에 반대하여 사회주의만국연합(제1인터내셔널)을 위해 불후의 공적을 세웠으며, 그 때문에 투옥의 고초를 겪었는데, 지금 일본 노동 계급에 진보한 대표자가 이룬 것은 바로 이것에 뒤지지 않는 공적으로 우러를 만하다.

러일 양국의 호전적 절규 사이에서 그들의 목소리를 듣는 것은, 참으로 진선미의 세계에서 온 사자(使者)의 아름다운 음악을 접하는 느낌이 있다. 그리고 진선미의 세계란 지금은 오로지 계급적 자각을 한 하층민의 마음에만 존재하지만, 내일 반드시 실현되어야 할 것이다. 우리들은 언제 내일이 올지는 모르지만, 전 세계의 우리 사회민주당은 모두 하루 빨리 이것이 도래하도록 힘쓰고 있다. 우리들은 비참한 '오늘', 즉 현재의 사회 조직을 위하여 무덤을 파고 있다. 그리하여 결국에 이것을 묻을 수 있는 힘을 조직하고 있다.

힘에 대항하기 위해서는 힘으로 하고 폭력에 항거하기 위해서는 폭력으로 하지 않으면 안 된다. 하지만 우리들이 이 말을 하는 것은 결코 허무당이나 위협당(terrorist)으로서가 아니다. 허무당이란 단지 소설가 투르게네프의 상상 속에서 활약하고 서구 상류 사회의 공포 속에서 생긴 산물일 뿐이다. 우리들은 일찍이 러시아사회민주당을 건설한 이래로 위협주의를 적절하지 않은 운동 방법으로 여겨 이것과 싸우기를 멈춘 적이 없다. 하지만 슬프게도 이 나라의 상류 계급은 일찍이 도리의 힘에 복종한 적이 없고 또한 장차 그러리라고 믿을 만한 최소한의 이유조차 발견할 수 없다.

하지만 그 문제는 지금 이 경우에 그다지 중요한 것은 아니다. 지금 우리들이 가장 중대하게 느끼는 것은 일본의 동지가 우리들에게 보낸 글 속에 드러난 일치연합의 정신에 있다. 우리들은 진심 어린 동감을 표한다. 군국주의 박멸! 만국사회당 만세!

우리들은 러시아사회당의 뜻을 깊이 경애한다. 하지만 우리들이 일찍이 폭력을 사용하는 것을 두고 그들에게 충고한 것에 대하여 그들이 여전히 결국 폭력을 막을 수 없는 경우가 있음을 언급하는 것을 보고, 러시아의 국정을 깊이 증오하며 그들의 처지가 좋지 않음을 깊이 슬퍼하지 않을 수 없다. 다음 호에는 위의 영역 전문을 게재하고자 한다(기자).

〈露國社會黨より〉,《週刊平民新聞》37, 1904년 7월 24일)

전쟁과 소학 아동

가공할 만하다. 각지의 소학교는 소년 소녀의 지덕 연마, 성정 도야의 장이 아니라 거의 일종의 열광과 선양의 도구가 되려고 한다.

보라. 지금 소학 아동이 밤낮으로 입에 담는 것은 러시아 정벌의 군가다. 보는 것은 육해군의 그림이다. 행하는 것은 모의 전쟁이다. 그리하여 오로지 전쟁을 구가하고 전쟁을 존중하며 전쟁에 들떠서 기뻐하고 미치는 것 같다. 심한 경우에는 혼자 놀면서 이것을 행할 뿐만 아니라, 실제로 금전을 정부에 바쳐서 보국의 뜻을 다하는 아동이 빈번히 나타나게 되었다. 교사는 이것을 칭찬하고 부모는 이것을 기뻐하며, 사회와 '사회의 목탁'이라는 신문은 입에 침이 마르도록 찬동하여, 이른바 '거국일치'의 예증으로 삼는 것 같다. 아아, 이것이 진정으로 칭찬해야 하고 기뻐해야 하고 찬동해야 하는 것인가.

무릇 그들 다박머리를 늘어뜨린 소년 소녀가 어찌 정부와 국가가 무엇인지 알겠는가. 국제 외교가 무엇인지 알겠는가. 전쟁이 무엇인지, 그 원인과 영향, 결과가 무엇인지 알겠는가. 알 수가 있겠는가. 아직 그것이 무엇인지도 모르고 어찌 구가하고 들떠서 기뻐하며 귀중히 여기는 이치를 이해할 수 있겠는가. 아직 그러한 이치를 이해하지 못하면서도 그로 인해 열광한다. 이것이 어찌 그들이 평소에 닭싸움을 붙이고 개를 쫓고 물고기를 괴롭히고 벌레를 죽이는 것을 스스로 기뻐하는 정과 무슨 다를 바가 있겠는가. 그렇다. 이것은 바로 그들의 야성의 발현이다. 살벌한 마음이다. 경쟁 심리다. 허영의 정이다. 그리하여 만약 어떤 사람이, 아동이 금수나 벌레, 물고기를 학대하면서 야성, 살벌, 경쟁, 허영의 정념을 만족시키려 하는 것을 본다면, 그는 반드시 달려가 이것을 말릴 것이다. 그런데 목적물이 금수나 벌레, 물고기가 아니라 일단 러시아라는 글자를 씌우면, 이것을 칭찬하고 상을 내리고 장려하며 선양해 마지않는 것은 기괴함의 극치라고 해야 할 것이다. 그런데도 지금의 교사와 부모, 사회는 날마다 이 기괴한 행위를 굳이 하면서 득의에 차서 말하기를 "소학 아동도 능히 국가를 사랑하는 것을 안다"고 한다.

이리하여 현재 전국의 소년 소녀는 충신효제(忠信孝悌)를 익히지 않고 살벌한 전투에 뛰어나고자 한다. 교실에서 학과를 강의하는 것을 중히 여기지 않고 철도로 병사를 보내는 데 급급하다. 재부가 어떻게 만들어져야 하는지를 모르면서 금전 헌납의 허영에 뿌듯해하고 있다. 평화의 고귀함을 배우지 못하고 전쟁의 즐거움을 익힌다. 가래와 호미를 쥐는 요령을 알지 못하면서 총검을 짊어지는 유쾌함에 빠지려 한다. 사람을 구하고 사람을 살리는 숭고함을 생각하지 않고 사람을 괴롭히고 사람을 죽이는 것을 장하다고 믿으려 한다. 이리하여 생기는 국민은 과연 어떠한 국민일까. 문명의 국민인가. 정의의 국민인가. 도덕의 국민인가. 너도나도 떠드는 대국민인가. 아니다. 오로지 전쟁의 구경꾼일 뿐이다. 그렇다. 구경꾼일 뿐이다. 옛날에는 스파르타인이 아동을 교육하는 데 우선 전투를 익히는 것을 제일 목적으로 삼았다. 스스로 약탈하거나 훔치지 않으면 음식조차 주지 않았다. 어느 정도 성장하여 군에 들어가면 어머니가 타이르며 말하기를 "방패를 짚고 돌아오라. 그러지 않으면 방패에 실려서 돌아오라"고 했다. 그리하여 그들은 그리스 제국 중에 가장 무용과 지략이 뛰어날 수 있었다. 하지만 그 결과는 어떠한가. 남긴 것이라곤 호전 국민이라는 불명예뿐이다. 자유를 존중하고 평화를 중시하여 천 년 동안 문명 세계에 빛났던 아테네인과 비교하여 고하와 우열이 천양지차다.

우리는 우리나라 소학의 실상을 본다. 그 교육이 스파르타인보다 더하다고 생각하면 근심스럽다. 전쟁에 취한 사회에서 태어난 소년 소녀여. 공자가 "남의 자식을 망치게 하는구나" 하고 말했다.[1] 아아, 남의 자식은 정말로 망쳐지는구나.

---

1) 《논어》〈선진(先進)〉에 나오는 이야기다. "자로가 자고를 계씨의 영지인 비 땅의 수령이 되게 하자, 공자가 말하기를 '남의 자식을 해치는 것이다'라고 했다. 자로가 말하기를 '그곳에도 백성이 있고 사직이 있으니, 어찌 반드시 글을 읽은 연후에 배운다고 하겠습니까'라고 했다. 그러자 공자는 '그런고로 말만 잘하는 자를 미워하는 것이다'라고 했다."(子路使子羔爲費宰 子曰賊夫人之子 子路曰有民人焉 有社稷焉 何必讀書然後 爲學 子曰是故 惡夫佞者)

아아, 증세!

아아, '전쟁을 위해서'라는 한마디는 강력한 마취제인가. 단지 이 한 마디를 들이대면 총명한 자도 총명함이 가려지고 명석한 자도 명석함이 어두워지고 지혜로운 자도 지혜를 잃고 용감한 자도 용감함을 묻어 버리기에 족하다. 하물며 총명도 지용(智勇)도 없는 오늘날의 의회정당 같은 것은 어떻겠는가.

그들 의회정당은 이제 모조리 '전쟁을 위해서'라는 한마디에 마취되어 상식을 버리고 이성을 내던지고 완전히 의회정당의 정신과 능력을 유기하고 오로지 한낱 기계가 되어버린 것을 본다. 무슨 기계인가. 바로 증세(增稅)의 기계가 그것이다. 그리하여 정부는 교묘히 이 편리한 자동기계를 사용했다. 그리하여 6천여 만 엔의 가혹한 세금이 갑자기 우리들의 머리 위에 떨어졌다.

아아, 6천여 만 엔의 증세, 가중한 증세여. 이것은 실로 '전쟁을 위해서'일 것이다. 하지만 아무리 전쟁을 위한다고 해도 재산이 저절로 하늘에서 떨어지는 것이 아니며 땅에서 솟아나는 것도 아니다. 이것을 부담하는 국민의 고통은 여전히 고통이 아닐 수 없다. 그렇다. 누구도 이것을 유쾌하고 행복하다고 할 자는 없을 것이다. 하지만 국민은 왜 이와 같은 가혹한 세금을 견디지 않으면 안 되는가. 왜 이와 같은 고통과 불행을 예방할 수 없었을까. 이것을 제거할 수 없는가. 이것에 맹종할 수밖에 없는가. 그들은 '전쟁을 위해서' 어쩔 수 없다고 답한다. 그렇다면 국민은 왜 전쟁이라는 것을 하지 않으면 안 되는가. 이것을 폐기할 수 없는가. 이것에 맹종할 수밖에 없는가.

우리들은 이번 일을 마주하여 절실히 일반 국민에게 바란다. 그들이 잠시 모든 감정의 외부에 서고 모든 미신의 밖으로 나아가, 진정으로 적나라한 도리를 향하여 이 문제를 한번 생각하기를.

무릇 우리들이 국가를 조직하는 것은 어째서인가. 정부를 설치하는 것은 어째서인가. 그리고 국가와 정부를 유지하기 위하여, 생산한 재부의 일부를 내서 국가와 정부를 지지하는 자본으로 삼는 것은 어째서인가. 다름 아니다. 첫째로 이것으로 우리들의 평화와 행복과 진보를 보호하고 지속하기 위해서일 뿐이 아닌가. 다시 말해 국가와 정부는 단지 우리들의 평화와 행복과 진보를 가져오게 만드는 방법과 도구가 아닌가. 조세는 우리들의 평화와 행복과 진보를 가져오게 만드는 대가가 아닌가. 그렇다. 이것은 아주 간단명료한 사실이다. 동서고금의 몇만 권의 정치나 재정에 관한 서적들이 주장하더라도, 그 목적은 어차피 이 이상으로 나가는 것을 허락하지 않으며, 결코 이것 외에 존재해야 할 이유가 없다.

과연 그렇다고 한다면, 여기에 하나의 국가와 정부라고 하는 것이 있다고 하자. 우리들을 위하여 결코 아무런 평화, 행복, 진보를 제공하지 않고 오히려 우리들을 압제하고 속박하고 약탈할 뿐이라고 한다면, 우리들은 어디에서 그 존재의 필요성을 인정할 수 있겠는가. 여기에 가중한 조세가 있다. 우리를 위하여 결코 평화와 진보와 행복을 가져다주지 못하고 오히려 살육, 궁핍, 부패로 보답할 뿐이라고 한다면, 우리들은 어떻게 지출의 필요성을 인정하려고 하겠는가. 만약 이와 같다면 우리들 인민에게는 애초부터 국가와 정부가 없는 것만 못하다. 애초에 조세가 없는 것만 못하다. 오로지 증세의 도구에 지나지 않는 의회정당이 없는 것만 못하다. 또한 이것은 아주 간단명료한 도리가 아닌가.

우리들은 오늘날의 일본 국가와 정부를 곧바로 이와 같다고 말하는 것은 아니다. 오늘날 일본의 국가와 정부를 완전히 쓸모없는 것이라고 여기는 것은 아니다. 하지만 이번 전쟁과 '전쟁을 위해서' 가중한 조세를 징수당하게 되니, 우리들이 국가와 정부를 조직하고 이것을 지지하는 근본 목적과 전혀 부합하지 않음을 단언하지 않을 수 없다.

지금의 국제적 전쟁이 단지 소수 계급을 이롭게 할 뿐, 대단히 비참하게 일반 국민의 평화를 교란하고 행복을 손상시키고 진보를 저해한다는 사실은 우리들이 여러 차례 고언했다. 하지만 결국 여기에 이르고만 것은, 우선 야심에 찬 정치가가 이것을 외치고, 공명에 급급한 군인이 이것을 기뻐하며, 간교한 투기꾼이 이것에 찬동하고, 많은 신문기자가 이에 부화뇌동하여 붓을 함부로 놀려 사실을 왜곡하여 앞다투어 순진한 일반 국민을 선동하고 교사했기 때문이 아닌가. 또한 보라. 장군이 빈번히 승전을 아뢰어도 국민은 그것으로 한 톨의 쌀도 늘리지 못했다. 무위가 사방에 빛나도 국민은 그것으로 한 벌의 옷도 얻지 못했다. 많은 동포가 창검에 노출되어 그 유족은 기아에 울부짖고 상공업은 위축되고 물가는 급등하고 노동자는 직업을 잃고 하급 관리는 봉급을 삭감당하고, 또한 군채의 응모를 강요당하고 저축의 헌납도 재촉당하여, 그 극은 많은 가혹한 세금이 되어 일반 서민의 피를 말리고 뼈를 도려내지 않으면 끝나지 않으려 한다. 만약 이런 식으로 3개월을 지나고 5개월을 지나고 여름에서 가을에 이르면, 일반 국민의 비통함은 과연 어떠하겠는가. 생각이 여기에 이르면 우리들은 정말이지 소름이 끼쳐 견딜 수가 없다. 적어도 이 한 가지에서는 우리들은 결국 국가라는 것, 정부라는 것, 조세라는 것의 필요성을 의심하지 않을 수 없다.

다만 우리들은 지금 결코 톨스토이처럼 병역을 피하라, 조세를 내지 말라고 하는 것이 아니다. 우리들이 병역의 해악을 인정하고 조세의 고통을 느끼지만, 그래도 이것은 우리 국민이 조직한 제도가 불량하기 때문에 오는 것이다. 어쨌든 국민은 이미 이 국가를 조직했고, 이 정부를 두었고 이 군비를 설치했고, 이 의회정당을 인정하여 조세를 지불할 것을 약속한다. 그 무용함과 유해함을 막론하고 결국 여기에 따르지 않을 수 없다. 국민이 이와 같은 제도와 조직을 승인하는 동안 그들은 결국 아무리 불행을 맞닥뜨리고 아무리 고통을 받아도 이 또한 어쩔 수 없는 것이다. 그것에 항의하고 거부한다면 다만 법률의 죄인에 머물 뿐이다. 우리들은 실로 이것을 유감스러워한다.

그렇다면 곧 우리 국민은 영원히 이와 같은 고통과 불행을 없앨 수 없는가. 맹종해야만 하는가. 압제와 속박, 약탈의 처지를 벗어나서 진정으로 평화와 행복과 진보의 사회로 들어갈 수 없는 것일까.

어찌 그렇겠는가. 국민이 진정으로 불행과 고통을 없애고자 한다면, 당장 일어나 불행과 고통의 유래를 제거할 일이다. 유래란 무엇인가. 현재 국가의 불량한 제도와 조직이 그것이다. 정치가, 투기꾼, 군인, 귀족의 정치를 바꾸어 국민의 정치로 하고, '전쟁을 위한' 정치를 바꾸어 평화를 위한 정치로 하며, 압제와 속박, 약탈의 정치를 바꾸어 평화와 행복, 진보의 정치로 하는 데 있을 뿐이다. 이것을 이루려면 어떻게 해야 하는가. 정권을 국민 전체에 분배하는 것이 시작이다. 토지와 자본의 사유를 금하고 생산의 결과를 생산자의 수중에 넣는 것이 마지막이다. 다시 말해 지금의 군국 제도, 자본 제도, 계급 제도를 개편하여 사회주의적 제도를 실행하는 데 있다. 만약 능히 이렇게 되면, "우물을 파서 마시고 밭을 갈아 먹고살고, 해 뜨면 일어나서 일하고 하루해가 지면 들어와 쉬니 임금의 힘이 나에게 무슨 소용인가."[2] 온화하고 진정으로 기쁘지 않겠는가. 또한 이것은 아주 간단명료한 도리가 아닌가.

우리들은 우리 국민이 이토록 간단명료한 사실과 도리를 헤아리지 못하고 눈물을 머금으며 '전쟁을 위해서' 고통과 불행을 인내하는 것을 보고 사회주의자의 임무가 더욱더 중대함을 느낀다.

(〈嗚呼增稅!〉, 《週刊平民新聞》 20, 1904년 3월 27일)

---

2) 《악부시집》에 실린 격양가. "日出而作 日入而息 鑿井而飲 耕田而食 帝力于我何有哉"

톨스토이 옹의 비전론을 평하다

1

독자는 본지 전 호에 번역 게재된 톨스토이 옹의 러일전쟁론을 읽고 어떠한 느낌이 들었을까. 무릇 이와 같은 장편을 올해 일흔일곱의 노인이 썼다는 것만으로도 비할 바 없는 정력은 이미 우리의 감탄을 자아내기에 충분하지 않은가. 하물며 날카롭고도 유려한 문장(나의 졸렬한 번역문이 그 필치를 전할 수 없는 게 매우 유감스럽다)으로 숭고하고 웅대한 생각을 펼치는 것이 마디마디 내장에서 나오고 구구절절 모두 심혈이니, 만장(萬丈)의 눈부신 광채가 마치 불꽃과 같아 사람을 일으켜세우게 하는 힘이 있다. 나는 이것을 읽고 거의 고대의 성현이나 예언자의 목소리를 듣는 듯했다.

2

그런데 내가 특히 본론에서 감탄하고 숭경해 마지않는 것은 그가 전시의 일반 사회의 심적·물적 실상을 관찰하고 평가하여, 러시아 1억 3천만 명, 일본 4천만 명이 일찍이 말로 표현할 수 없었던 것을 직언하고, 결코 묘사할 수 없었던 것을 직사(直寫)함에 있어 추호의 기탄도 없는 점에 있다.

보라. 저 혼미한 소년 황제, 곡학하는 학자, 기만하는 외교가, 타락한 종교가, 선동하는 신문기자, 영리 추구에 목숨을 건 투기꾼, 불행한 다수 노동자의 참담한 고통, 그리고 대개 이들 전쟁의 해독과 죄악에서 생긴 사회 전체의 위험을 서술하는 데 옹과 같이 정치한 안광을 가진 사람이 누가 있었는가. 누가 글로써 그토록 유력한 사람이 있는가. 그 토록 명확한 사람이 있는가. 그토록 대담한 사람이 있는가. 누가 그토 록 진실을 추구하여 신의 경지에 다다를 수 있는 사람이 있겠는가. 그렇다. 이것이 어찌 우리 앞에 한 폭의 전시(戰時) 사회의 활화도(活畵圖)를 전개한 것이 아니겠는가.

그리고 이 활화도는 지금의 러일 양국 사회에서 벌어지는 사실이다. 그렇다. 크나큰 사실이다. 현저한 사실이다. 아무리 전쟁을 찬미하고 감탄하며 주장하고 돕는 자라 해도, 한편에서는 여기에 죄악과 해독, 위험이 존재함을 결코 부정할 수 없다. 왜냐하면 이것은 그들이 밤낮으로 실제로 목도하는 바이기 때문이다. 다만 그들은 종래의 호전적인 열광 탓에 굳이 스스로 양심을 마비시켜 이 사실들을 간과하고 묵시하다 못해 심한 경우에는 이것을 은폐하고 지우려고 애를 써도, 이제 톨스토이 옹의 이토록 명백하고 힘차고 대담한 묘사와 지적을 접하고서도 그들은 여전히 명확히 자각하지 않을 수 있을까. 찬연히 회개하지 않을 수 있을까.

나는 옹의 대논문이 이 점에서 세상 다수의 마비된 양심에 절호의 주사제가 되어야 함을 믿는다. 아니 주사제로 만들기를 바란다. 내가 본편을 번역하여 강호에 추천한 이유의 작은 의의는 여기에 있을 따름이다.

3

하지만 나를 완전히 톨스토이 옹의 주장에 뇌동하고 맹종하는 자로 본다면 이것은 커다란 오해다. 나는 본래 옹이 전쟁의 죄악과 해독, 그로부터 발생하는 일반 사회의 위험을 통절히 외치는 것을 보고 감탄하여 숭경을 금치 못하지만, 앞으로 어떻게 해서 이 죄악, 해독, 위험을 막아야 할지라는 문제에 이르면, 나는 불행히도 옹과 의견을 달리한다.

옹이 전쟁의 원인과 치유 방법을 언급하면서 도도한 수천 마디가 기교로운 논의와 절묘한 수사로 가득 찼지만, 요점은 전쟁의 원인은 사람들이 진정한 종교를 상실했기 때문이다. 그러므로 전쟁을 막기 위해서는 사람들로 하여금 스스로 회개하여 신의 뜻에 따르게 해야 한다, 즉 이웃을 사랑하고 자신이 바라는 바를 남에게 베풀어야 한다는 말인 것 같다. 단지 이런 것에 지나지 않는다면 내가 어찌 실망하지 않을 수 있겠는가. 왜냐하면 이것은 마치 "어떻게 하면 부유해질까" 하는 문제에 "돈을 얻는 데 있다"고 대답하는 것과 같기 때문이다. 이것은 지금의 문제를 해결할 수 있는 답변이 아니라 문제를 가지고 문제에 답하는 것이 아닌가. 나는 이 점에서 옹의 관심이 아직 꿰뚫지 못하는 바가 있음을 안타까워한다.

나는 결코 종교를 무용지물에다 유해하다고 생각하지 않는다. 하지만 사람이 빵만으로 살 수 없듯이, 또한 성서만으로 살 수도 없다. 영혼이 없는 사람이 죽듯이, 육체가 없는 사람도 마찬가지로 죽는다. 무릇 한 끼도 제대로 먹지 못하는 자가 어찌 도를 들을 틈이 있겠는가.

인간은 누구나 다 백이와 숙제가 아니다. 단지 회개하라고 외치는 것은 몇천만 년이나 되지만, 만약 생활 상태를 바꾸어 의식주를 충족시키지 않는다면, 서로 먹히고 때리는 것이 여전히 오늘과 같을 뿐이다.

내가 사회주의자의 비전론을 외치는 것은 구제 방법과 목적이 이와 같이 막막한 것이 아니다. 나는 이 점에서 일관된 논리를 가지고 실제의 기획을 세우고 있다. 내 소견에 따르면 지금의 국제 전쟁은 톨스토이 옹이 말한 바와 같이 단지 사람들이 예수의 교리를 망각했기 때문이 아니라, 열강의 경제적 경쟁이 격심해진 탓이다. 그리고 열강의 경제적 경쟁이 격심해진 것은 지금의 사회 조직이 자본주의 제도를 기초로 삼는 데 있다. 그러므로 장래에 국제 간 전쟁을 절멸시켜 참상을 피하고

자 한다면, 지금의 자본주의 제도를 뒤엎어 사회주의적 제도로 대신하지 않으면 안 된다. 사회주의적 제도가 한번 확립되어 만민이 평등하게 삶을 다하게 된다면 그들이 무엇이 괴로워 비참한 전쟁을 재촉할 필요가 있겠는가.

그런데도 요컨대 톨스토이 옹은 전쟁의 원인을 개인의 타락에 돌린다. 그리고 회개하라고 가르쳐서 그것을 구하고자 한다. 나의 사회주의는 전쟁의 원인을 경제적 경쟁으로 돌린다. 그러므로 경제적 경쟁을 폐기하여 그것을 막으려고 한다. 이것이 내가 전혀 옹을 따를 수 없는 이유다.

4

내가 옹과 소견을 달리하는 것은 이와 같다. 하지만 옹의 한마디 한마디가 정말로 내장에서 나와 구구절절 심혈의 직언을 꺼리지 않고, 당의(黨議)에 관계없이 러시아 황제도 손가락 하나 못 대고 주장하는 내용이 곧바로 전보로 만국에 보도되었다. 옹도 또한 일대의 위대하고 고매한 열사다.

(〈トルストイ翁の非戰論を評す〉,《週刊平民新聞》40, 1904년 8월 14일)

사회당의 전쟁관

이른바 '애국자' 패거리들은 "사회에 빈민이 많은 것은 무엇보다 인구가 넘쳐나기 때문이다. 그러므로 안으로는 인구 증가를 막고 밖으로는 식민지와 새 시장을 확보하는 것이 지금 당장의 급무에 속한다. 이 점에서 보아도 전쟁은 유익하고 또한 필요하다"고 말한다.

이 주장은 일반인들에게 그럴듯하게 들린다. 하지만 이 설은 이미 근본부터 커다란 오류에 빠진 것이다.

무릇 금수나 벌레, 물고기는 오로지 천연물을 낚아서 생명을 이어간다. 그러므로 동종이 증가함에 따라 먹이 부족으로 고생하는 것은 필연적인 결과다. 하지만 인간은 금수나 벌레, 물고기와 다르다. 그들은 스스로 의식주를 생산할 신령한 슬기와 기능, 수완이 있다. 그리하여 인구가 점차 많아지면 생산력이 점점 더 늘고, 생산력이 점점 늘면 생활이 점점 부유해질 것이다. 하물며 최근 과학의 진보, 기계의 발명은 세계 인류에게 절대적 생산력을 제공하지 않았는가. 영국만 보더라도 기계 작업의 힘은 족히 7억 명의 노동력에 상당한다고 하지 않는가. 과연 그렇다면 우리는 결코 인구 증가 때문에 부의 결핍을 걱정할 이유가 없지 않은가.

그렇다. 현대 사회에 빈민이 많은 것은 세계의 재산액에 비해 인구가 너무 많아서 그런 것이 아니라, 재산 분배 방법이 공평함을 잃었기 때문일 뿐이다. 즉 재산의 대부분이 다수 인민의 손에 돌아가지 않고 귀족, 지주, 자본가라는 소수 계급이 독점하기 때문일 뿐이다.

전쟁의 목적은 식민지와 시장의 확장에 있을 것이다. 식민지와 시장 확장의 목적은 과연 어디에 있을까. 국민 다수의 빈곤이 이것으로 제거

될 수 있을까.

영국이 남아프리카를 빼앗은 후에 영국 노동자는 어떠한 이익을 얻었는가. 남아프리카의 광산을 소유하는 부호 자본가는 결코 동포인 영국인을 고용하지 않고 멀리 중국의 노동자를 수입하지 않았는가. 미국이 필리핀을 빼앗은 후에 미국 노동자는 과연 어떠한 이익을 얻었는가. 빈민과 실업자 수가 오히려 현저한 비율로 증가하고 있지 않은가. 일본이 조선, 만주, 시베리아를 빼앗았다고 가정하라. 이것의 이득을 얻는 자는 오로지 정치가, 자본가 계급뿐이지, 아무 지위도 없고 자본도 전혀 없는 다수 노동자는 능히 무슨 일을 할 수 있겠는가.

아니, 전쟁은 항상 정치가와 자본가를 위해서 일어날 뿐이다. 영토나 시장은 항상 정치가와 자본가를 위해서 열릴 뿐이다. 다수 국민, 다수 노동자, 다수 빈민이 관여하고 알 바가 아니다.

다수의 동포는 의식주 부족으로 고통 받고 일이 없어 운다. 그들 정치가와 자본가는 왜 외국인에게 팔려고 하는 화물을 동포에게 제공하지 않는가. 왜 해외 영토를 경영하는 자질을 국내 경영에 쓰지 않는가. 다름이 아니다. 그들이 재산과 화물을 생산하는 표준은 사회 만민의 수요에 응하기 위해서가 아니라 오로지 자기의 이익을 위함이기 때문이다.

그들은 일찍이 이미 동포 국민이 생산한 대부분을 수중에 약탈해버렸다. 다수 노동자는 항상 그들 때문에 많은 구매력을 박탈당한다. 그러므로 자본가가 스스로 이익을 얻기 위한 화물은 반드시 해외에서 시장을 찾지 않을 수 없으며, 정치가가 스스로 이익을 얻기 위한 영토는 반드시 해외에서 구하지 않을 수 없다. 대개 영국, 미국, 독일, 프랑스, 러시아, 이탈리아를 비롯하여 세계 만국의 정치가와 자본가가 하는 일이 모두 그렇지 않은 것이 없다. 그들은 수백만 동포들이 떠돌고 굶는 것을 보지 않고, 오로지 해외를 향해 영토와 시장의 확장에 힘쓴다. 이에 열강의 경제적 충돌이 일어난다. 애국자 패거리가 일컫는 '제국주의' 정책이 의미하는 것은 이와 같다. '전쟁의 유익함과 필요'라는 말이 의미하는 것은 이와 같다.

정치가와 자본가에게는 어쩌면 유익하고 필요할 것이다. 하지만 다수 인류에게 과연 수억의 재산과 수천의 생명을 걸 가치가 있는가.

그러므로 우리는 요구한다. 천하의 재산을 정치가와 자본가의 계급적 이익을 위해서 생산하지 말고, 사회 인민 전체의 수요를 만족시키기 위해 생산하게 하라. 이것을 이루기를 바란다면, 곧 생산 분배의 수단과 권력을 소수 계급의 손에서 빼앗아 사회 공동의 손에 돌려주어야 한다. 능히 이와 같이 되면, 사회의 빈곤은 구제될 것이다. 열강의 경제적 충돌도 따라서 절멸할 것이다. 그리하여 지금의 비참한 전쟁은 완전히 무용으로 돌리고, 세계에서 그 흔적을 지울 수 있을 것이다.

다시 말해, 지금의 빈곤의 고통이나 전쟁의 비참함은 그 죄가 현대 사회의 조직이 소수 계급의 이익을 기초로 하는 데 있다. 우리 사회주의자는 이들 사회 조직을 고쳐서 사회 전체의 이익을 기초로 삼는 자, 이른바 사회주의적 제도의 확립을 주장하는 자다. 인간의 전쟁 절멸 방법을 묻는 사람이 많은데, 바로 이것으로 답하고자 한다.

〈〈社會黨の戰爭觀〉,《週刊平民新聞》41, 1904년 8월 21일)

부인론

부인과 전쟁 | 부인과 정치
나의 부인관 | 부인 해방과 사회주의

부인과 전쟁

러일의 평화는 결국 깨지고 이제 두 나라가 창과 방패를 섞는 불행을 자초하게 되었다. 이러한 때에 우리 부인 사회에 대해 꼭 돌아보지 않으면 안 되는 것은 부인과 전쟁의 관계라는 문제다.

군인의 아내가 주장하기를 "남편이 부재할 때는 되도록 면밀히 가사를 돌봐서 전혀 집안 걱정이 없도록 하지 않으면 안 된다"고 말한다.

그리고 보통사람(군인 이외)의 아내도 "의연금으로라도 얼마간 나라를 위하여 애쓰고 싶다. 그러지 못하면 하다못해 간호부가 되어서라도 불쌍한 부상병을 돌보고 싶다"고 말한다.

전쟁에 대한 부인 사회의 동정과 각오는 이와 같아서, 지금은 오로지 이 한 점에 모여 있다. 신문은 모두 이것을 칭찬하거나 종용하느라 바쁘다.

내 의견으로는 이것은 오히려 보통의 평범한 것에 지나지 않는다. 인생의 꽃이고 아름다워야 할 여성 사회는 지금 마땅히 한 발 나아가 신중히 사고하지 않으면 안 된다. 고려해야 할 문제란 무엇인가. 즉 부인과 전쟁의 관계, 자세히 말하면 이번 전쟁이 부인의 지위나 권리나 이익에 어떠한 결과를 가져올 것인가. 이것이다.

어느 부인은 이에 답하여 "그런 것은 몰라도 됩니다. 다만 유감스러운 것은 제가 남자로 태어나지 않은 것입니다. 남자라면 저는 제일 먼저 전쟁에 나갈 텐데"하고 말한다.

과연 용감한 생각이다. 만약 전쟁이 세상의 부인에게 이익을 주는 것이라면, 여하튼 모든 수단을 강구해서 전쟁을 장려할 필요가 있을 것이다. 하지만 불행히도 전쟁이 부인에게 해악을 가져다준다면, 한시라도 빨리 멀리 인생 밖으로 내쫓아버리지 않으면 안 된다.

그렇다면, 가령 이것을 조사하기 위해 우선 예로부터 역사를 생각해 보라. 전쟁은 부인에게 아무런 이익도 주지 않았다. 날마다 날아드는 호외에 마음을 빼앗길 정도로 바람직한 것이 아니었다. 대개 인생이 원만하게 발현되는 시기라는 것은, 남성이 강한 힘을 발휘하는 한편에서 여성이 우미(優美)한 성정을 발휘하여 함께 잘 결합한 시절이다.

나는 오늘날 우리나라 부인이 지위가 낮은 것을, 먼저 전쟁에서 기인한 것으로 단정하고자 한다. 만약 옛날에 전쟁이 없었다면, 부인의 지위는 이렇게까지 낮지 않았을 터이다. 당장 알 것이다. 전쟁은 부인에게 행복을 하나도 가져다주지 않았다. 전쟁은 부인에게 혐오할 만한 불이익을 안겼다.

여기에서 나는 다시 문제를 제기한다. 전쟁 자체가 출현하는 이유에 대해서는 잠시 제쳐 두고, 다만 왜 전쟁의 결과가 평범한 부인을 압박하여 오늘날과 같은 낮은 지위에 굴종하게 만들었는가를 묻는다.

답변은 대단히 간단하다. 세계는 전쟁의 역사다. 그리하여 남자는 전쟁터 안의 사람이 될 정도의 힘과 체격을 자연히 갖추고 있었다. 그러나 여자에게는 그 두 가지가 결핍되어 있었다. 전쟁과 힘의 시대에 여자가 항상 남자의 활동 범위 밖에 놓여 있었던 것은 자연스런 운명이라고 하지 않을 수 없다.

옛날 야만 시대에는 밤낮 싸움만을 일삼았기 때문에 당연히 여자의 필요를 인정하지 않고 우연히 여자가 태어나면 참혹하게도 죽여버렸다. 그리하여 자손을 번식하는 수단으로는 항상 적으로부터 성장한 여자를 생포해 와서 수요를 채웠다. 이리하여 전장에 나갈 수 없는 여자들은 남자들한테 소외당했고, 결국 그것이 심해져서 굴욕의 땅으로 떨어지는 결과가 되었다. 특히 남자는 선천적으로 무예에 능하고 전략에도 뛰어나기 때문에 호전심이 훨씬 강하고 인심이 살벌하여, 약한 여자를 압제하는 따위는 전혀 아무렇지도 않게 생각한다. 오늘날까지 역사는 이것을 명백히 증명하고도 남음이 있다.

부인이 남자에게 뒤지지 않는 이름을 떨친 시대는, 천하가 태평하여 조정이든 재야든 문예를 즐길 수 있던 때였다. 난세에는 결코 재원(才媛)이 나온 예가 없다. 다만 큰 힘을 가진 여호걸이 나왔을지 모른다. 도모에 고젠[3]이나 한가쿠 고젠[4] 무리가 곧 그들이다. 그러나 우리들이 항상 요구하는 것은 굳이 도모에 고젠이나 한가쿠 같은 살풍경한 여자가 아니라, 우미한 무라사키 시키부[5] 같은 여자다.

평소에 우리들이 조루리 대본 등을 펼쳐보면, 눈에 띄는 글자 중에 '여자의 몸으로' 운운하는 대목이 있다. 또한 《다이코키》[6] 중에도 아케치 미쓰히데(明智光秀, 1528~1582)가 아내에게 "여동(女童)이 알 바가 아니다"라고 질타하는 부분이 있다. 전국(戰國) 시대에는 어쨌든 이런 식이어서 사회는 모두 남자의 독무대가 되어, 부인이 우미한 감정을 드러내려고 하는 것은 도저히 불가능한 일이었다. 즉 옛날에 여자는 거의 극도로 무시당했다. 여자가 입은 비참하고 무자비한 불이익과 굴욕은 말로 다 표현하기 힘들 정도였다.

반대로 오늘날 일본 부인의 전쟁에 대한 당찬 각오는 참으로 용감하다. 또한 늠름함에 틀림없다. 하지만 그 용감하고 늠름한 행동 이면에

---

3) **도모에 고젠(巴御前)** 헤이안 시대 말기의 지혜와 용맹을 겸비한 여성 무장으로 유명하다. 가마쿠라 막부를 연 미나모토노 요리토모(源賴朝) 군대에게 패배한 후 비구니가 되었다는 이야기가 전한다.

4) **한가쿠 고젠(坂額御前)** '도모에 고젠'과 동시대인으로 여성 무장으로 유명하다.

5) **무라사키 시키부(紫式部)** 헤이안 시대 중기의 일본 궁녀. 남편과 사별한 뒤에 궁중에 나가 이치조(一條) 천황의 중궁(中宮)이었던 쇼시(彰子)의 궁녀가 되었고, 당시의 권력자인 후지와라노 미치나가(藤原道長) 등에게 중용되었다. 일본의 가장 위대한 문학 작품으로 꼽히는 《겐지 이야기(源氏物語)》 외에 《무라사키 시키부 일기(紫式部日記)》 등을 썼다.

6) **다이코키(太閤記)** 여러 형태로 존재하는 도요토미 히데요시(豊臣秀吉) 일대기의 총칭.

가공할 만한 암흑의 그림자가 있음을 인정하지 않을 수 없으니 실로 통탄을 금할 수 없다. 우선은 가정 파멸이다. 어떤 신문이 보도한 바에 따르면, 한 군인이 소집령을 접하고 그 자리에서 아내에게 이혼장을 썼다고 한다. 생각건대 구시대 사회에서는 애초에 여자를 인정하지 않았기 때문에 이것은 미련을 깨끗이 버리는 무사의 행위로서는 용감한 방법이었을지 모르지만, 문명적으로 말하면 그다지 칭찬할 만한 이유를 찾을 수 없다.

국가를 위해서라는 희생 관념은 좋지만, 그것을 위해 아름다운 가정의 안락함을 희생하지 않으면 안 되는 사회는 결코 완전한 사회라고 할 수 없다. 우리들의 희망은 가정의 안락함을 희생하지 않는 새 사회를 실현하고자 하는 것이다. 즉 전쟁이 없는 세상을 바란다. 남편이 출정한 후의 쓸쓸한 가정이란, 신문 지상에서는 여러 가지로 칭찬하거나 격려하거나 하지만, 나중에 생각해보면 정말 슬프다. 기쁘다고 생각하는 것은 오히려 미혹이다. 오늘부터 고독하게 재정을 처리하고 아이를 기르고 무사히 개선하는 남편을 기다린다는 미덥지 못한 각오로 돌아갔을 때, 그녀는 얼마나 깊은 비통에 작은 가슴을 찢길까.

더욱이 그 병사는 어떨까. 그들 중에는 신혼의 단꿈에서 아직 깨지도 않은 새신랑도 있을 것이다. 또는 병으로 앓아누운 부모와 생이별의 잔을 드는 아들, 또는 어린 여동생과 헤어지는 오빠, 또는 가족이 많은 초췌하고 가난한 가정을 뒤로하는 사람들. 사회는 이러한 비참한 배경을 바라보면서 오로지 이구동성으로 용기와 충성의 정신을 칭찬하며 추호도 더는 고려하는 자가 없다.

아내는 남편이 출정을 떠날 때 우선 주문하여 "적의 목을 많이 베어 오세요"라고 말한다. 과연 전쟁이라는 살벌한 공기는 결국 세상의 여성까지도 동화시켜버린 것이다. 그러나 이 살벌한 기운을 사회에서는 마구 떠들어댄다. 전쟁은 어디까지나 부인의 정신을 미천하게 만든다.

실제로 이번 뤼순(旅順) 해전에서도 처자가 있는 사람이 즉사한 경우가 약간 있었다. 비보가 도착했을 때 그 아내는 얼마나 비탄에 빠져 몸도 세상도 사라진 것처럼 느꼈겠는가. 하지만 느낀 것을 그대로 드러내면, 당장에 그것이 남의 눈에 띄어 비겁하다든가 미련하다든가 하며 돌보다도 더 냉혹한 비판을 받지 않으면 안 된다. 아내는 그 두려움으로 외견과 본성을 죽이고 침착하게 미소 짓는다. 즉 전쟁은 순전히 아름다워야 할 여성의 마음을 살벌하게 바꾸고 허영심을 키우고 위선의 가면을 씌운다. 그와 동시에 전쟁은 또한 군인 자신의 마음을 교만하거나 자포자기에 빠지게 하여, 자기와 국적이 같은 부녀자에게조차 숱하게 난폭하고 잔학한 행위를 굳이 하는 자가 있다.

또한 전쟁은 결코 이길 것으로 정해져 있지는 않다. 만약 불행히 패배를 짊어질 수밖에 없는 시점이 왔다고 한다면 어떨까. 우선 외국인들에게서 모욕을 받는 것은 부인이다. 그리고 그것이 부인의 운명이다.

이렇게 생각하면, 전쟁을 하는 것을 대단한 영광처럼 생각하는 것은 너무나도 무분별하다. 결코 들떠서는 안 된다. 그러므로 나는 외친다. 부인은 우선 전쟁이 자기 일신에 얼마나 영향을 끼쳐 왔는지를 곰곰이 생각하라. 그리고 전쟁을 위해 힘을 다하기보다는 오히려 세계의 평화를 위하여 온몸을 바칠 필요가 있다. 오늘날의 부인 교육은 모조리 호전적이다. 이런 식이라면 부인의 지위가 언제 높아지겠는가. 부인의 행복은 언제 회복되겠는가. 세상의 부인이 남자와 동등한 행복을 기대한다면 우선 전쟁이 없는 세상을 바라지 않으면 안 된다. 전쟁이 없는 세상에는 남자의 힘이 그다지 요구될 것으로 보이지 않는다. 부인의 천부적인 성정은 이때에 이르러 비로소 존중되고 우러름을 받아 백화난만(百花爛漫)할 것이다.

〈婦人と戰爭〉,《家庭雜誌》2-3, 1904년 3월 2일)

부인과 정치

일본에서 부인과 정치의 관계는 매우 기이하다.

전쟁이 일어나자 모두 일컬어 "부인이라도 일본의 신민이다. 부디 국가를 위하여 희생하지 않으면 안 된다"고 한다. 말은 좋다. 하지만 일본 사회에서 진정으로 부인이 국가를 위하여 희생하기를 바란다면 왜 애초에 부인으로 하여금 국사에 관여하여 듣게 하지 않는가. 더욱이 일본 사회는 항상 부인을 정치와 무관하고 몰교섭적인 인간으로 여기지 않는가. 무관하고 몰교섭적으로 만들려고 애쓰지 않는가. 법률은 부인이 정담(政談)이나 연설을 듣는 것조차 금하지 않는가.[7]

하지만 이상히 여길 것은 없다. 지금의 사회는 남자의 사회다. 지금의 법률은 남자가 만든 법률이다. 부인을 국사에 간여시키지 않는 것은 오로지 남자의 편의를 위함일 뿐이다. 부인에게 국가를 위하여 희생하라고 하는 것 또한 오로지 남자의 편의를 위함일 뿐이다. 단지 남자의

....

7) 일본에서는 1880년대에 자유민권운동의 일환으로 여권(女權) 운동이 개시되었는데, 여성의 정치 활동을 명문으로 금한 최초의 법률은 1890년에 제정된 '집회 및 정사법(集會及政社法)'이다. 이 법은 정치 집회를 주최할 수 있는 것은 선거권 등을 가진 성인 남성으로 제한했고(제3조), 정치 집회에 참가할 수 없는 자로 '여자'를 명기했으며(제4조), 여성은 정치결사에도 가입할 수 없는 것으로 정하고 있다(제25조). 이 내용은 사회주의자나 노동조합 운동을 탄압한 '치안경찰법'(1900년) 제5조로 이어졌다. 정치 결사 참여가 금지된 자 중에 '여자'를 들고 있으며, "여자와 미성년자는 정담 집회에 회동하거나 발기인이 될 수 없다"고 하여, 집회의 주최나 참가도 금지했다. 이에 맞서 고토쿠 등이 결성한 평민사에서 '치안경찰법' 개정 운동을 했다. 1920년대에는 히라쓰카 라이초(平塚雷鳥), 이치카와 후사에(市川房江) 등이 설립한 신부인협회가 운동을 전개하여, 1922년에 여성의 정치 집회 참가를 인정하는 부분 개정이 실현되었으나, 일본에서 여성의 정치 활동 금지가 완전히 없어지는 것은 패전 뒤의 일이다.

사정에 맞으면 충분하다. 주장이 모순되고 무리해도 본래 문제 삼지 않는다.

다만 이상한 것이 있다. 20세기의 문명국, 일등국, '대'일본제국 신민의 일부인 일본의 부인들 자신조차 아무도 자기와 정치의 관계 문제에 대해 조금이라도 돌아보려는 사람이 없다. 남자들이 "너는 정치에 관여하지 말라"고 하면 부인들은 "예" 하고 답한다. 남자들이 "너는 국가에 힘써야 한다"고 하면 부인들은 "예" 하고 답한다. 아득하여 명령에 따를 뿐이다.

나는 지금 교육계에 많은 규수와 재원(才媛)이 있음을 안다. 그들이 글재주가 많음을 안다. 그들의 강연이나 논설의 교묘함이 극에 달했음을 안다. 하지만 부인 교육자들이 학생들을 교육하는 것을 들으면 결국 '현모양처'라는 네 글자의 범위를 벗어나지 못한 것이 아닌가. 오로지 남편을 위하고 자식을 위하는 것 밖으로는 못 나가는 것이 아닌가. 일찍이 부인을 독립된 일본 신민으로 대우하고 교육하지 않고 오로지 아내로서 살고 어머니로서 살기를 허락할 뿐이 아닌가. 이런 식이라면 지금의 부인 교육은 과거의 삼종칠거(三從七去)의 가르침에서 과연 얼마나 멀어졌는가. 어찌 부인 스스로 남자의 노예에 만족한다고 하지 않을 수 있는가. 국가 정치와 무관하고 몰교섭적 상태로 오로지 잘 드는 부엌칼이나 멋진 의상에 만족한다고 하지 않을 수 있는가. 나는 20세기 신일본의 부인 여러분을 위하여 깊이 부끄러워한다.

하지만 나는 결코 '현모양처' 교육을 배제하자는 것이 아니다. 아니, 많은 현모양처가 나오기를 바라는 마음은 굳이 남보다 못하지 않다. 하지만 생각해보라. 한 나라의 정치에 대하여 아무런 지식도 없고, 아무런 취미도 없고, 아무런 동정도 못 하는 사람이 과연 진정한 현모일 수 있는가. 진정한 양처일 수 있는가.

한 나라의 정치는 위계도 아니고 훈장도 아니며 관리나 정당의 어지럽고 떠들썩함도 아니고, 진실로 만인의 안락한 생활이 있을 뿐이다. 만인의 안락한 생활을 위한 제일 요건은 바로 만인의 부엌칼의 안락함이 아닌가. 옛날 닌토쿠 천황은 밥 짓는 연기가 무성한 것을 보고 나는 부유하다고 말씀하셨다. 그렇다. 한 나라의 정치의 극치는 오로지 이것뿐이다. 결코 그 이상도 아니고 그 이하도 아니다. 그리고 한 나라의 정치가 좋으면 집집마다 밥 짓는 연기가 모락모락 피어날 수 있다. 한 나라의 정치가 나쁘면 만인의 집의 쌀통이 돌연히 비지 않을 수 없다. 아아, 이것은 천하의 현모양처가 밤낮을 고생하는 것이 아닌가. 누가 부인과 정치를 무관하고 몰교섭적인 것이라 하는가.

하지만 많은 부인들은 완전히 한 나라의 정치에 관여하는 것을 허락받지 못하고 일장의 정치 연설을 듣는 것을 허락받지 못하며, 단무지 값이 급등하는 것이 과연 무엇 때문인지도 모르고, 싸라기 가격이 하락하는 것이 과연 무슨 원인인지 모르며, 아들이 정당을 위하여 나가서 돌아오지 않는 것이 무슨 탓인지 모르고, 남편이 바깥일 때문에 이혼을 선언해도 무슨 이유인지 모른다. 전쟁을 위하여 검약을 강요당하고 국가를 위하여 부업을 명령받고 그럼에도 전쟁이나 국가에 대해서 추호도 예지하지 못한다. 그들은 오로지 기구처럼 이용될 뿐, 우마처럼 채찍질당할 뿐, 쓸모가 없으면 곧 버림받는다. 한 치 앞이 암흑이고 하루 또 하루 그저 운명의 파도에 놀림을 당하며 움직인다. 무슨 의견이 있고 무슨 각오가 있을 수 있겠는가.

그리하여 부인들은 천하, 국가, 정치에 어둡고 아득하여 눈곱만큼의 지식, 취미, 동정도 있을 수 없기 때문에 완전히 자신의 이익과 권리를 찬탈당하고 유린당하고 만다. 자기 신상의 정당한 이익과 권리조차 주장하고 유지할 수 없는 부인이 어찌 남편과 자녀의 이익과 권리를 신장시킬 수 있겠는가. 어찌 현모양처일 수 있는가. 나는 이것을 믿을 수 없다.

만천하의 부인 여러분이여! 전시에도 평시에도 진정으로 국가를 위해 희생하기를 바란다면 우선 국가가 무엇인지를 알라. 진정으로 현모양처이기를 바란다면 우선 정치가 무엇인지를 알라. 아니, 그것을 알 뿐만 아니라 나서서 그것에 관여하라. 그것을 행할 권리를 취하라. 여러분들은 항상 내가 남자라면 벌써 크게 이루었을 것이라고 말한다. 나는 여러분들에게 고한다. 여러분들이 자유가 있고 행복한 남자라면 크게 이룰 필요가 없다. 단지 여러분들이 부인이기 때문에 이익과 권리를 위하여 오히려 크게 이루지 않으면 안 되지 않는가.

부인이 정치를 운운하는 것을 사람들은 건방지다고 한다. 하지만 서구에서 지금의 문명 진보가 가능했던 것은 '건방진' 많은 부인이 관여하여 크게 힘을 발휘했기 때문이 아닌가. 이제 서구의 부인은 이미 사회적 지위가 눈부시게 약진한 데 만족하지 않고, 더욱더 정치의 권리를 쥐려 하고 있다. 그리하여 부인 참정 문제가 도처에서 논의되고 있다. 실제로 오스트레일리아연방에서는 750만이나 되는 부인들이 작년 의원 선거에서 당당히 선거권을 행사하지 않았는가. 오로지 장병들에게 위문품을 헌납하고 간호부가 되고 비단옷을 입지 않는 것을 최고의 명예로운 사업이자 국가에 보답하는 유일한 방법이라 믿는 일본의 많은 부인 여러분이 오히려 가엾을 정도다.

그렇다. 나는 여러분들이 다시 크게 활발하고 진취적인 기상을 펼치기 바란다. 크게 '건방지기'를 바란다. 그리하여 당장 정치의 전장에 나와 찬탈당한 권리, 유린당한 이익을 회복하여 일본 사회의 문명을 지지하는 일대 세력이 되기를 바란다.

〈婦人と政治〉,《週刊平民新聞》28, 1904년 5월 22일)

나의 부인관

후쿠다 여사께[8]

나는 말괄량이를 존경한다. 왈가닥을 존경한다. 톡톡 튀고 펄쩍 뛰어 오르고 덤벙대는 부인을 존경한다. 오늘날 러시아혁명의 대운동은 30년 전에 커트머리에 안경을 쓰고 무늬 없는 거친 옷을 입고 책을 손에 들고 활보했던 허무당 소녀들이 개시한 것이다.

나는 거짓말을 하지 않는 부인을 존경한다. 내가 아는 한 천하에 거짓말하지 않는 부인은 매우 드물다. "나는 당신에게 빠졌어요"라고 분명하게 말할 수 있는 부인이 얼마나 될까. "나는 당신을 싫어합니다"라고 분명하게 말할 수 있는 부인은 얼마나 될까. 다만 천하에 거짓말을 하지 않는 남자도 역시 극히 적은 것은 여성 여러분들의 반박을 기다리지 않더라도 나는 안다.

후쿠다 여사여, 나는 지금의 사찰 참배하는 할머니를 좋아하지 않는다. 사찰 참배하는 소녀는 더욱더 좋아하지 않는다. 종교에 의지하여

8) **후쿠다 히데코**(福田英子, 1865~1927) 메이지 시대의 여성운동가. 어려서 한학을 배웠고, 소학교 졸업 후에 모교의 조수가 되었다. 1882년에 기시다 도시코(岸田俊子)의 유세를 듣고 자유민권운동에 참가했다. 자유당 해산 후에 오이 겐타로(大井憲太郎) 등과 함께 조선 개화파를 지원하여 청일 사이에 전쟁 상태를 초래하고 그 위기 상황에서 메이지 정부를 타도하려는 조선 개혁 운동에 참가하지만, 계획이 발각되어 체포, 투옥되었다가 1889년에 출옥했다. 이후 기독교에 입신했고, 사카이 도시히코와 고토쿠 등을 알게 되어 평민사 활동에도 참가했다. 《평민신문》 폐간 이후 이시카와 산시로(石川三四郎) 등의 기독교 사회주의자들이 발행한 《신기원》에 협력하여 민법 개정, 부인 해방론을 주장했다. 1907년에는 이시카와 산시로, 아베 이소오 등과 일본 최초의 사회주의 여성 잡지 《세계부인(世界婦人)》(월간)을 창간했다. 탄압과 생활고에 항거하면서도 2년 반을 유지하면서 주필로서 부인 선거권 운동, 아시오 광독 사건 지원 등의 활동을 계속했다.

신용을 얻으려는 것은 위선이다. 종교에 의지하여 구원받으려는 것은 이기적이다. 스스로 종교를 위하여 기꺼이 희생하는 것, 초기 기독교 부인의 순교와 같은 것에 이를 때 비로소 존경할 만하다.

나는 부모형제를 버리고 남자한테 가는 부인을 존경한다. 동시에 또한 능히 남편의 압제와 속박, 불법에 반항할 수 있는 부인을 존경한다.

나는 연애를 좋아하고 결혼을 좋아하지 않는다. 프랑스 속담에 "오래 연애하라. 절대로 결혼하지 말라"고 한 것은 능히 세상을 통달한 말이다. 지금의 결혼은 부인의 자유를 속박한다. 부인의 족쇄다. 지금의 가족 제도는 곧 부인 노예 제도다. 천하에 자유를 존중하는 부인은 설령 일곱 명의 정부가 있더라도 한 명의 남편을 섬기지 않을 필요가 있다.

후쿠다 여사여. 나에게 노래가 있다.

선혈이 붉은 단두대는 치욕이 아니라고 써놓고 죽은 그 옛날 소녀여
부모가 무엇이고 동포가 무엇인가 부도 명예도 버리고 미쳐버린 사람의 연애는 애잔하네.
봄바람이여, 수건을 뒤집어쓰고 오른손에 낫을 든 누님이 짊어진 광주리에 머무는 나비

부디 질정해주시기 바란다.

〈婦人小觀〉,《世界婦人》2, 1907년 1월 15일)

부인 해방과 사회주의

1

부인 해방을 위해 가장 첫 번째로 해야 할 것은 무엇인가 하고 묻는 사람이 있다면 나는 서슴없이 "우선 사회주의를 알게 하라"고 답할 것이다.

2

선거권을 얻게 하고 참정권을 얻게 한다면, 부인이 해방될 것이라고 주장하는 자가 있다.

선거권! 참정권! 이것도 없는 것보다는 나을 것이다. 어떻든 간에 편리할 것이다. 하지만 선거권을 가진 서구의 노동자가 여전히 지주 자본가의 노예나 마소나 자동기계의 지위를 벗어나지 못하는 것을 보면, 부인이 선거권과 참정권으로 얻을 수 있는 것은 대체로 뻔하지 않겠는가. 미국의 여러 주 중에는 이미 부인이 투표권을 얻은 지방도 없지 않다. 이것은 참으로 경축할 일이지만, 추호도 그것으로 '부인으로서' 받는 속박과 질곡에서 벗어나지 못했다.

정치 운동이란 부패의 다른 이름이다. 명예와 이익의 투기다. 남을 밀어내고 스스로 쟁취하는 것이다. 싸게 사서 비싸게 파는 것이다. 일부 소수의 정치가가 이것을 이용해서 권세를 쥐는 것처럼, 일부 소수의 부인도 이것을 이용해서 권세를 쥘 기회를 얻을 수 있을 것이다. 하지만 정치가 결코 노동자 전체를 해방할 수 없듯이, 마찬가지로 부인 전체를 해방할 수 있는 것이 아니다.

3

의사가 되게 하고, 산파가 되게 하고, 교사가 되게 하고, 미술가가 되게 하고, 관리가 되게 하면, 바꿔 말해 직업의 독립을 얻게 하면 부인이 해방될 것이라고 주장하는 자가 있다.

일단 지당하게 들리지만, 사실은 약한 부인을 재촉해서 강한 남자와 생존경쟁을 하게 하는 것이다. 이때 여성의 유일한 무기는 오로지 임금이 싸다는 점뿐이다. 집안에서 남자에게 압제와 속박을 당하는 것도 고통이지만, 사회에 나아가 한편으로 동업 남자와 경쟁하고 한편으로 고용주의 약탈에 항거하는 것도 오늘날의 약한 부인에게 몹시 어려운 일이라고 하지 않을 수 없다. 오늘날과 같은 자유 경쟁이 격렬한 경제 조직에서는 직업의 독립이 잔혹한 비극을 의미하는 것이므로 많은 부인이 견딜 수 없는 것이다. 아니, 소수의 성공한 부인이라도 영구히 지위를 유지할 수 있을지는 대단히 의심스럽다.

미국 무정부당 지도자 엠마 골드만[9] 여사는 최근에 〈부인 해방의 비극(The Tragedy of Woman's Emancipation)〉(《Mother Earth》 1, 1906)이라는 장편 논문에서 지금의 '해방된 부인', 즉 독립한 부인이 가엾은 이유를 설명한다. 그들이 노동 시장에서 상당한 시가로 거래되기 위해서 육체적, 정신적 안락을 완전히 포기하고 원기와 정력을 소진하는 상황을 언급하며, 수백 명의 부인이 '독립'에 질리고 지쳐서 결국에는 혼담이 오가기가 무섭게 기꺼이 승낙하는 것을 이상하게 생각해서는 안 된다고 논했다.

골드만 여사는 또한, 오늘날 격찬받는 '독립'은 어차피 부인의 천성인 연애적 본능, 자모(慈母)적 본능을 점차 마비시키고 위축시켜 제거하는 것이라고 했다. 그렇다. 부인의 천성은 전투 경쟁이 아니라 연애다. 자애다. 부인은 사랑하지 않으면 살 수 없는 존재들이다. 자식이 없이는 살 수 없는 존재들이다. 사랑 없고 자식 없는 부인은 육체적으로 살아 있어도 이미 정신적으로 죽은 것이다. 아무리 직업의 독립을 얻어도 사랑 없고 자식 없이 정신적으로 완전히 부인의 천성을 상실해버린다면, 해방을 얻었다고 할 수 있겠는가.

4

인간은 자기 혼자만 자유를 얻을 수 있는 동물이 아니다. 만인이 모두 함께 자유로울 수 있는 그날에 비로소 완전한 자유를 향유할 수 있다. 설령 두세 명의 성공한 부인이 독립적으로 생활하며 권세와 이익을 쥘 수 있더라도 일반 부인의 지위가 진보하지 않는 한은 결코 사회적으로 해방될 수가 없다. 존슨 박사[10]가 한 말이 있다. 부인이 연설하는 것은 강아지가 뒷발로 서는 것과 같다. 사람들은 단지 부인이라는 이유로 칭찬할 뿐이라고 했다. 성공한 부인도 마찬가지로 두 발로 선 개처럼 단지 예외로서 칭찬받을 뿐이다. 만일 남자처럼 거리낌 없이 행동한다면 당장 지금의 도덕 관습을 들이대면서 주제넘고 부도덕하다고 배척당할 것

----

9) **골드만**(Emma Goldman, 1869~1940) 20세기 초 미국에서 활약한 무정부주의자. 리투아니아의 유대인 가정에서 태어났다. 여자에게 학문은 필요 없다며 조혼을 강요하는 아버지와 대립하여 1886년 15세 때 미국으로 건너갔다. 봉제공장에서 일하면서 사회의 부정을 접하고 무정부주의자 모임에 참가했다. 20세에 이미 무정부주의 혁명가로서 자각을 가지고 활동하기 시작했다. 1910년에 뉴욕에서 고토쿠 슈스이 대역 사건에 대한 항의 집회를 열어 일본 정부나 외교 관계자를 곤란에 빠뜨렸으며, 사형 집행 이후에도 관련 기사나 자료를 소개했다. 골드만이 자신이 창간한 《Mother Earth》에 게재한 논문 〈부인 해방의 비극〉은 나중에 이토 노에(伊藤野枝)가 1914년에 일본에서 번역해 출판했다.

이다.

그러므로 한 사람의 부인의 해방은 반드시 모든 부인의 해방을 수반하지 않으면 안 되고 육체의 해방은 반드시 정신의 해방을 수반하지 않으면 안 된다. 부인 계급 전체로 하여금 자유로이 천성을 발전시키고 이끌게 하여, 자유로이 먹고 자유로이 입고 자유로이 연애하고 자유로이 자식을 낳고 어루만지고 양육할 수 있게끔 하지 않으면 안 된다. 이것을 이루는 길은 지금 사회의 격렬한 경제적 경쟁을 버리고 약육강식의 계급 제도를 버리고 남녀노소나 현우강약(賢愚强弱)에 관계없이 한데 어울려 상호부조의 공동 생활을 개시하는 데 있다. 능히 이렇게 되면 육체적으로 부인의 자유를 얻을 수 있을 뿐만 아니라, 정신적으로 도덕적으로 해방될 수 있다. 왜냐하면 지금의 부인을 속박하는 위선적이고 압제적인 도덕과 종교는 모두 오늘날의 경쟁 제도, 계급 제도의 사회가 일으키는 것으로, 사회 조직이 변함과 동시에 권위를 실추시킬 것이기 때문이다.

5

그러므로 외친다. 부인 해방을 위하여 가장 첫 번째로 해야 할 것은 부인들에게 사회주의를 알게 하는 데 있다. 우선 그것을 알게 하라. 알면 반드시 사회주의 실행에 매진할 것이다.

....

10) **존슨(Albert Johnson)** 미국인 무정부주의자. 고토쿠 슈스이와 관련된 사항 이외에 알려진 다른 행적은 없다. 고토쿠와는 1904년부터 서신 교환을 시작한 것으로 보인다. 1905년 고토쿠가 투옥되었을 때 무정부주의에 관한 서적을 소개해주었고, 출옥 후 고토쿠의 미국행과 미국 체류를 물심양면으로 도왔다. 고토쿠를 비롯해 재미 일본인 급진주의자들의 사회혁명당 창당에 관여하기도 했으며, 대역 사건 전후에도 일본 정부에 항의하며 고토쿠와 관련된 자료들을 엠마 골드만의 잡지 《Mother Earth》 등에 소개하기도 했다.

그렇다. 사회주의는 부인 해방의 유일한 수단이다. 진심으로 진지하게 부인 해방을 바라는 부인이 일단 사회주의가 무엇인지를 안다면, 당장 사회주의 운동을 실천하지 않고는 못 견딜 것이다. 사회주의를 알고 사회주의를 위해서 운동할 뜻이 없는 부인은 바로 정신적 불구자요, 나태한 자요, 선천적 노예다.

〈婦人解放と社會主義〉,《世界婦人》16, 1907년 9월 1일)

직접행동론

러시아혁명이 주는 교훈 | 앨버트 존슨에게 보내는 편지

일파만파 | 무정부 공산제의 실현 | 사회혁명당 선언

세계 혁명 운동의 조류 | 내 사상의 변화(보통선거에 대하여)

일본사회당대회 연설문 | 사회주의강습회 제1차 개회 연설

병환 중의 망언 | 혁명 사상

러시아혁명이 주는 교훈

1

러시아혁명 운동의 유래는 대단히 오래되었다.

앞 세기 초에 프랑스대혁명 이후 서구에서 돌아온 군대는 전승의 영광보다도 프랑스인과 접촉하며 혁명적 사상에 물들었다. 그리하여 1825년 11월에 일찍이 12월당(데카브리스트)의 모반이 니콜라이 황제를 위험에 빠뜨린 적이 있다. 이어 1840년대부터 1850년대에 걸쳐 게르첸(Aleksandr Ivanovich Gertsen, 1812~1870), 바쿠닌(Mikhail Alexandrovich Bakunin, 1814~1876) 등의 선구자들이 이끈 격렬한 운동이 러시아 사상계에 두드러지게 혁명의 씨앗을 뿌렸다.

이 씨앗을 홀연히 푸르게 싹 틔운 비료는 1861년 알렉산드르 2세가 단행한 농노 해방이라는 사건이다.

농노 해방의 결과 농민은 종래의 생활 보장을 잃음과 동시에 부담이 가중되었고, 분배된 약간의 토지는 결코 그들의 의식주를 뒷받침하기에 충분치 않았다. 농민의 3분의 1에 해당하는 2천만 명이 갑자기 토지를 잃고 표류민이 되었다. 러시아 황제가 부여한 자유는 사실 '기아의 자유'였다.

불평과 고통과 궁핍은 순식간에 러시아 전역을 뒤덮었고 2년 동안에 1천여 차례의 농민 봉기가 일어났다. 혁명당이 사회 개혁을 외치기 시작한 것은 이러한 경제 상태로부터 다수의 농민을 구제하기 위해서였다.

2

지방 생활이 고통인 한편으로 도시 생활도 격렬한 자유 경쟁이었다.

지방 청년은 모두 월급쟁이가 되기 위해 도시 학교로 몰려들었다. 그때까지 직업 선택을 제한받았던 사제의 자제도 선택의 자유를 얻어 경쟁에 뛰어들었다. 20년 전까지는 학생은 귀족이 60퍼센트를 차지했는데, 1878년에는 23퍼센트가 되었다. 그밖에는 대개 평민 청년이다.

이러한 교육의 보급과 지식의 진보가 하층의 불만을 격렬하게 만드는 것은 필연적인 결과다. 특히 주의해야 할 것은 당시 여자 교육의 영향이다.

생활이 어려워지면서 여자들도 직업 전선으로 내몰렸다. 1872년에는 러시아 수도의 의과대학에 5백 명의 여학생이 있었다. 1873년에는 스위스 취리히로 유학하여 의학을 배우는 여학생이 73명이나 있었다. 하층 여자가 교육을 추구하는 한편으로, 귀족 여자도 교육을 추구하느라 분주해졌다. 그들은 부모형제의 허락을 기다리지 않고 집을 뛰쳐나와 외국으로 유학을 떠나기도 했다.

청년 남녀가 서구 문명의 학술 지식을 배우고 야만적인 자국의 실제 사회 상황을 접했을 때 혁명당이 되지 않을 수 없었다. 특히 감정이 섬세한 여성들 다수가 종래의 압제 속박과 무지몽매한 처지를 벗어나는 동시에, 일약 혁명당에 투신한 것은 무리가 아니었다. 이들 수천 명의 청년 남녀가 "인민 속으로 들어가라"고 외친 대운동, 대전도의 결과는 바로 1873~1874년에 걸친 대대적인 체포로 이어졌고, 대대적인 체포에 대한 반동은 '인민의 의지당'의 암살 수단이 되었다.

베라 자술리치[11]라는 소녀가 당시의 경무총감 트레포프 장군을 저격한 것을 시작으로 베라 피그네르[12] 여사는 스트리니코프 장군을 저격했으며, 미스 이와노프 같은 경우는 비밀 인쇄가 발견되었을 때 단총으로 경관과 싸웠다. 그리하여 마침내 1881년의 알렉산드르 2세 시해의 참극을 연출하기에 이르렀다. 이 예들은 일일이 헤아릴 수 없을 정도인데, 대부분은 어리고 젊은 여성이 관여하고 있다.

특히 지금도 여전히 인심을 흥분시키는 것은 소피아 페로프스카야[13] 여사의 활약상이다.

페로프스카야 여사는 러시아 명문 귀족 가문에서 태어나 15세부터 혁명 운동에 투신했다. 1873년의 대대적인 체포로 1년간 투옥된 후 북부 러시아로 추방되었으나, 유배지에서 도주하여 여러 차례의 암살에 관여한 후, 황제 시해 때 신호를 보내는 역할을 맡아 사형에 처해진 향년 26세의 미인이었다.

이와 같은 정부와 혁명당 사이의 격렬한 전투(정부는 경찰력을 동원했고 혁명당은 암살로 맞섰다) 결과, 1862년부터 1880년에 이르는 동안 정

---

11) **자술리치**(Vera Zasulich, 1849~1919) 러시아의 여성 혁명가. 귀족 출신으로 나로드니키 운동에 참여했다. 1878년에 감옥 시찰 중에 자기 앞에서 모자를 벗지 않은 정치범에게 보복한 트레포프 장군을 저격하여 부상을 입혔다. 무죄판결을 받고 스위스로 망명한 후에 마르크스주의자로 전향했고, 암살 등의 테러리즘에 반대했다. 1900년에 《이스크라》 편집국원으로 참여했다. 1903년에 사회민주노동당이 볼셰비키와 멘셰비키로 분열했을 때 멘셰비키를 지지했다. 이후 혁명에 대한 열정이 차츰 식어 갔으며, 1914년 제1차 세계대전이 일어나자 플레하노프와 함께 러시아의 참전을 지지했다.

12) **피그네르**(Vera Figner, 1852~1942) 러시아의 여성 혁명가. 1872년에 당시 여자에게 금지된 의학을 배우기 위해 스위스 취리히 대학에 유학했다. 도중에 귀국하여 나로드니키 운동에 참여했으며 1881년에 알렉산드르 2세 암살 계획에 가담했다. 러시아에 남아 있는 유일한 나로드니키 집행부가 되어 운동의 부활을 도모하다가, 1883년에 사형선고를 받고 20년을 감옥에서 보낸다. 1906년에 해외로 가서 러시아 정치범 석방 운동을 벌였다. 1915년에 러시아로 귀국한 이후 나로드니키 운동에 대한 많은 저서를 남겼다.

13) **페로프스카야**(Sophia Perovskaya, 1853~1881) 러시아 황제 알렉산드르 2세 폭탄 암살시에 신호를 보내는 역할을 했던 혁명가. 자유민권파 저널리스트 미야자키 무류(宮崎夢柳, 1855~1889)의 정치 소설 《허무당 실전기 귀추추(虛無黨實傳記鬼啾啾)》(1885)에 중심인물로 등장한다.

치 범죄로 시베리아에 유배된 남녀는 1만 7천 명에 달했다. 하지만 혁명 사상은 도저히 근절되지 않았다.

3

물론 단순한 파괴 운동과 개인적 암살 수단은 그후 잠시 불이 꺼진 듯했다. 그러나 그것은 혁명 운동이 소멸한 것이 아니라 오히려 교묘해진 것이었다.

1883년 스위스 제네바에서 사회민주노동당이 창립되었다.[14] 창립자는 플레하노프(Georgii Plekhanov, 가타야마 센 씨와 악수한 사람), 자술리치(트레포프 장군을 사살한 여성), 데이치(《평민신문》에 소개된 《신수귀곡》의 저자)[15]와 악셀로트(Pavel Akselrod)의 네 명이다. 목적 강령은 단순한 마르크스파 사회주의로, 창립 이래로 대단한 세력을 얻어 왔다. 그들은 4년 전부터 《이스크라(불꽃)》라는 잡지를 중앙 기관지로 발행하고 있으며, 해마다 수만 부의 도서, 책자, 포스터 등을 러시아로 밀수입하고 있다.

무력 수단에 관해서는 1898년 제1차 대회에서 다음과 같이 결의했다.

---

14) 1883년 9월 스위스 제네바에서 창립된 단체는 사회민주노동당이 아니라 노동해방단(Gruppa Osvobozhdenie truda)이었다. 러시아 최초의 마르크스주의 단체였던 노동해방단은 게오르기 플레하노프, 파벨 악셀로트, 바실리 이그나토프(Vasily Ignatov), 베라 자술리치, 레프 데이치(Lev Grigoriyevich Deich) 등이 주도하여 창설되었다. 이후 레닌과 함께 《이스크라(Iskra)》를 발간하였고, 러시아사회민주노동당(1898년 창설)을 결성하는 데 진력하였다. 노동해방단은 1903년 브뤼셀 런던대회 후 러시아사회민주노동당에 합류하면서 해체되었다.

15) 〈러시아 혁명기담 신수귀곡(露國革命奇談・神愁鬼哭)〉이라는 제목으로 《평민신문》에 1904년 4월부터 연재했다. 영역본 제목은 "Thirteen years in Siberia". 저자인 레프 데이치는 러시아 혁명가로서 사회민주노동당을 거쳐 멘셰비키 지도자가 되었다. 여성 혁명가인 자술리치의 평생의 친구로도 알려져 있다.

대회는 조직적인 무력 공격은 아직 시기가 적절하지 않음을 선언한다. 하지만 개인적 무력 사건이 일어났을 경우에는 노동자의 정치적 자각을 촉진하는 수단으로 이용해야 한다.

이 당파는 지금 러시아 각지에서 39개 지부와 11개 파의 단체를 두고 있다. 위의 사회민주당 외에 최근에 사회혁명당이라는 일파가 생겼다. 이상은 그다지 사회민주당과 다를 바가 없는데, 다만 약간 실행 수단을 달리한다.

사회혁명당은 1898년경에 창립된 것으로 보인다. 지난 1902년 제1차 대회 선언에서는 사회주의의 기초 위에 사회를 개조하고자 하는 것을 목적으로 삼았다. 그러나 그들은 전제 정치 아래 있으면서 현 제도에 대해 한마디 비평도 할 수 없으므로 우선 정치적인 자유를 얻지 않으면 안 된다고 주장한다. 수단으로는 한편으로는 힘을 사용하고, 다른 한편으로는 다수를 단결시킬 필요를 주장하는데, 특히 암살 수단은 적의 힘을 분열시키고 평민의 전투적 정신을 고취하며, 정탐이나 배반을 막기 위해서는 어쩔 수 없다고 외치고 있다.

그 결과 사회혁명당 일부는 새로이 '전투단'을 조직하여 간부의 결의에 따라 착착 암살 실행에 착수했다.

시작은 1902년 4월에 학생 바르마세프가 내무장관 시퍄긴을 암살했고, 같은 해 7월에는 하르코프 총독 오보렌스키(현 핀란드 총독) 암살 음모로 이어졌으며, 재작년 5월에는 우파(Ufa) 지사 보그다노비치(《신수귀곡》 참조)를 저격했다. 그밖에 유명한 포베도노스체프에 대해서도 두 차례나 암살 준비가 완료되었지만 이루어지지 못했다.

그리고 작년에 세계를 놀라게 했던 내무장관 플레베 암살 같은 것도 사회혁명당이 계획한 것이었다.

사회혁명당은 작년 7월 29일자로 〈문명 세계의 시민에게 호소한다〉

라는 제목의 글을 발표했다. 플레베의 죄악 5개조를 내걸어 암살 이유를 서술하고, 문명 세계에서 암살은 배척해야 하지만 러시아에서는 어쩔 수 없다는 취지를 밝혔다. 이 글은 러시아 사회혁명당 중앙위원의 서명으로, 실제로 나에게도 영어와 프랑스어로 번역한 것이 왔다. 5개조 중에는 정략적으로 민심을 돌리기 위하여 황제를 부추겨 일본과 개전케 하여 국가 전체를 유사 이래 미증유의 처지로 빠뜨렸으며, 수천만 청년의 생명을 희생시켰고, 전 인민의 노동의 결과인 수십억의 재부를 짓밟은 죄 등의 조항도 있다.

현재 사회혁명당은 26개 단체와 16개 지부를 러시아 각 요지에 두고, 재작년 봄에는 뉴욕에도 지부를 두었다. 기관지로는《혁명의 러시아》등 두세 종의 잡지를 발행하며 해마다 수만 부의 소책자나 포스터, 광고 같은 것을 배포하고 있다.

지금까지 어느 나라 역사든 정치적 혁명이 먼저 완성된 다음에 경제상의 혁명 운동이 시작되었다. 전자에서는 대개 힘이나 무력을 사용했지만, 후자는 투표권과 동맹파업을 무기로 하는 순서로 되어 있다. 유독 러시아에서는 자유민권 혁명과 사회주의 혁명이 동시에 도래했기 때문에, 개인적 힘의 수단과 사회적 동맹파업이 동시에 사용되고 있다. 그리하여 이번 혁명 운동에서도 암살 수단보다도 동맹파업 쪽이 훨씬 공과가 많은 것은 누구나 인정할 것이다.

이번 혁명 운동에는 여러 종류의 분자가 가담해 있음은 틀림없지만, 이 기운을 양성하고 계속적인 역할을 담당하는 것은 실로 위의 '사회민주노동당'과 '사회혁명당'의 두 파이다.

4

이상과 같이 언급한 혁명 운동의 역사는 우리들에게 어떠한 교훈을 줄 것인가.

첫 번째로 혁명은 결코 하루아침에 오는 것이 아니다. 마찬가지로 하루아침에 이루어지는 것도 아니다. 혁명에는 항상 많은 시간과 많은 희생이 따른다. 그렇지만 긴 세월과 많은 희생 때문에 한 번 싹튼 혁명 사상은 결코 소멸되지 않는다. 어찌되었든 대충돌, 대파열의 새벽이 오지 않는 한 멈추지 않는다.

교육의 보급, 지식의 진보가 얼마나 러시아 국민을 자각시켰는가를 보라. 특히 여성 교육이 얼마나 혁명 운동에 영향을 끼쳤는가를 보라. 혁명을 억압하기 위해서는 크게 언론·출판의 자유를 속박해야 한다는 논의가 있는 것은 무리가 아니다. 하지만 러시아에서는 언론·출판의 자유를 속박한 공과는 전혀 없었다.

특히 놀랄 만한 것은 경찰력이 무능하다는 것인데, 러시아 경찰이 준엄하고 가혹하며 정탐이 슬기롭고 민활함은 고금으로 유례가 없다. 20년간 수만 명의 남녀가 정치범으로 체포되었다. 한 사람의 범죄자를 붙잡는 데 수만 엔의 돈을 들인 것은 드문 일이 아니다. 그럼에도 혁명 사상은 조금도 약해지지 않았다. 얼마나 러시아 경찰력이 무능한가.

만약 러시아 정부가 다소나마 인권을 중시하고 자유를 중시하는 마음이 있어서 일찍이 10년, 20년 전에 헌법을 부여하고 의회를 일으켜 민중에게 불평을 내뱉을 권리를 주었다면 이토록 꺼림칙하고 가공할 만한 피비린내 나는 역사가 만들어지지는 않았을 것이다. 나는 러시아 혁명사를 읽을 때마다 깊이 스스로 삼가며 크게 격분하곤 한다.

〈露國革命が與ふる敎訓〉,《直言》2-3, 1905년 2월〉

앨버트 존슨에게 보내는 편지

친애하는 동지여. 지금 7월 16일자로 보내주신 편지를 번역하여 아내에게 들려주었더니, 열심히 귀를 기울이며 당신의 우정과 후의에 깊이 감격하고 있습니다.

그리고 막내따님이 최근에 부군을 잃으셨다는 소식을 접하고 참으로 동정의 눈물을 금할 길이 없었습니다. 또한 나의 출옥을 기념하여 저녁 식사를 하신 것을 감사드립니다.

지난 8월 6일에 나는 요양을 위해 도쿄에서 오다와라로 왔습니다. 이곳은 도쿄에서 서남쪽으로 80킬로미터 정도 떨어진 곳으로 내가 묵고 있는 곳은 가토 박사 소유의 가옥입니다. 이분은 열렬한 사회주의자로서 내 병을 대단히 정성스럽게 진료해주십니다.

5개월간의 투옥 생활로 건강을 심하게 해쳤지만, 나는 사회 문제에 관한 많은 지식을 얻었습니다. 나는 이른바 '죄악'이라는 것에 대해 느끼는 바가 많았는데, 결국 현재의 정부 조직, 법률, 감옥이 실제로 빈곤과 죄악을 유발한다는 것을 확실히 믿게 되었습니다.

내가 감옥에서 읽은 많은 저서 중에는 드레이퍼(John William Draper)의 《종교와 과학의 충돌》, 헤켈(Ernest Heinrich Haeckel)의 《우주의 비밀》, 르낭(Joseph Ernest Renan)의 《예수전》 등이 있는데, 특히 당신이 보내주신 래드(Parish B. Ladd) 씨의 《유대인과 크리스천의 신화》와 크로포트킨의 《전원, 공장, 작업장》은 몇 번이나 반복해서 읽었습니다. 그런데 래드 씨는 부처를 중국 철학자라고 몇 차례 언급하는데, 이것은 오류입니다. 다만 중국 인구의 태반은 지금 불교도지만, 부처나 고타마는 중국인이 아닙니다. 부처는 인도에서 태어난 인도인이고, 죽고 나서 몇 세기가 지난 뒤에 그의 가르침이 처음으로 중국으로 들어온 것입니다.

사실 나는 처음에 마르크스파 사회주의자로서 감옥에 들어갔지만, 출옥할 때에는 급진적 무정부주의자가 되어 돌아왔습니다. 하지만 이 나라에서 무정부주의를 선전하는 것은 사형이나 무기징역 또는 몇 년 간의 유기형을 의미합니다. 그러므로 그 운동은 완전히 비밀리에 이루어질 수밖에 없습니다. 그리고 그 진보와 성공을 접하는 데는 오랜 세월과 인내가 필요할 것으로 보입니다.

나는 다음과 같은 목적으로 몇 년 동안 서구에서 살고자 합니다.

(1) 공산주의나 무정부주의의 만국적 연합 운동에 가장 필요한 외국어 회화와 작문을 익히기 위해(나는 영문 독해는 할 수 있지만, 쓰거나 말하는 것은 곤란합니다).

(2) 많은 외국 혁명당 지도자들을 만나 그들의 운동에서 무언가를 배우기 위해.

(3) 천황의 독수(the pernicious hand of "His Majesty")가 미치지 않는 외국에서 천황을 비롯하여 정치 조직과 경제 조직을 자유자재로 논평하기 위해.

만약 내 건강이 허락하고 비용 등도 친척이나 친구들에게서 빌려 조달할 수 있다면, 나는 올 겨울이나 내년 봄 사이에는 출발하고자 합니다.

아울러 나는 지금 오다와라에 있지만, 다음달에는 도쿄로 돌아갈 예정입니다.

1905년 8월 10일 오다와라에서

고토쿠 덴지로

추신, 아내는 당신이 편지와 함께 보내주신 많은 그림에 깊이 감사하고 있습니다.

(《Mother Earth》 1911년 8월호)

일파만파

혁명이 도래했다

혁명이 도래했다. 혁명은 시작되었다. 혁명은 러시아에서 유럽으로, 유럽에서 세계로 맹렬한 불이 들을 태우듯 만연해 있다. 고인 물이 둑을 허물 듯 범람해 있다. 지금의 세계는 혁명의 세계다. 지금의 시대는 혁명의 시대다. 우리는 시대의 자식이다. 혁명당이 될 수밖에 없다.

일본은 신의 나라라고 하는가. 온 세상에서 탁월하다고 하는가. 능히 세계의 대세, 시대의 조류 밖에서 의젓하게 초연할 수 있다고 하는가. 혁명의 대해일을 피할 수 있다고 하는가. 일본의 사회 조직은 그토록 견고한가. 뉴욕《노동자(The Worker)》기자는 일본의 실업자 증가와 기근에 대해 쓰고는 웃으며 이렇게 말했다.

극동에서 일어난 범죄적 전쟁이 러시아 군대에게는 패배를 가져오지만 러시아인들에게는 이익을 가져올 것이라는 사실은, 전 세계의 사회주의자들이 처음부터 예측했던 바다. 만일 일본의 승리가 일본 내에서 다수 노동자들을 각성시켜 계급투쟁을 첨예화하고 군주제와 자본주의의 실추를 앞당기게 된다면 대단히 흥미로운 일이 될 것이다.

아아, 고국의 애국자라는 사람들이 이것을 들으면 어떤 느낌이 들지.

러시아가 부럽다

러시아는 부러움을 살 만하다. 정치적 혁명에서 서구에 뒤처지기를 백 년, 일본보다도 십여 년 뒤처진 러시아는 이제 잠자던 사자가 깨어난 듯 정치적 혁명을 향해 일대 비약을 했을 뿐만 아니라, 동시에 세계 만국이 아직 결행할 수 없었던 경제적 혁명, 사회적 혁명의 일대 선풍을 불러일으켰다.

18세기 말에서 19세기 초에 걸쳐 프랑스대혁명이 유럽 각국을 전율시킨 것처럼, 러시아의 혁명은 20세기 세계 만국의 사회 조직, 경제 조직을 개조하지 않고는 끝나지 않을 것 같다. 그렇다. 러시아의 혁명을 러시아 한 나라에 그치는 것으로 보아서는 안 된다. 여기저기 세상에 만연한 노동 혁명의 뜨거운 불이 다만 분화구를 러시아 땅에서 찾을 수 있었을 뿐이다.

러시아혁명은 세계 혁명의 단초다. 그들 혁명당의 승리는 곧바로 우리 만국의 혁명적 사회당의 승리다.

한때의 휴식

러시아 혁명은 거의 진압된 감이 있다. 하지만 이것은 다만 한때의 휴식에 지나지 않을 뿐이다. 지치면 쉬고, 쉬고 나서는 또다시 가는 가련한 노동자의 위대한 혁명은 많은 세월을 보내지 않으면 안 된다. 많은 준비를 하지 않으면 안 된다. 하나의 물방울이 하나의 길로 흘러 결국 넓디넓은 큰 강을 이루는 동안은 많은 인내가 없으면 안 된다. 우리들은 러시아의 혁명 운동이 누차 희생의 주검을 많이 남기고 표면에서 사라지는 것을 이상하게 여기지 않는다.

그들이 표면에서 사라졌을 때는 이면에서는 몇 배나 더 고심하는 때임을 모르는가.

러시아 망명자

이제 서구 각국에 머물던 러시아 망명자 지도자들은 모두 은밀히 본국으로 돌아가 혁명 운동을 지휘하고 있다.

이전에 내가 《평민신문》 지상에 번역 게재한 《신수귀곡(神愁鬼哭)》
(Thirteen years in Siberia)의 저자이자 사회민주당 창립자인 데이치 씨
도 본국으로 돌아갔는데, 불행히도 정부에 발각되어 또다시 붙잡혔다.
샌프란시스코에 있는 러시아 동지가 전하는 바에 따르면, 영국에 있었
던 크로포트킨 옹[16]조차도 늙고 병든 몸을 일으켜 아내를 데리고 러시
아로 들어갔다고 한다. 우리들은 세계의 문명과 인도의 진보를 위하여
이 위대한 혁명가가 호랑이굴로 들어가는 것을 깊이 걱정하며 절실히
안전을 기원하지 않을 수 없다. 다른 한 동지는 지금부터 3개월이 지나
면 혁명당은 더욱더 대대적인 운동을 개시할 계획이라고 말한다. 아아,
러시아는 진정으로 부러움을 살 만하다.

영국의 혁명

러시아의 노동자가 피와 철과 불의 혁명을 일으켜 격렬히 싸움을 하
는 동안에 착실한 영국의 노동자는 조용히 평화의 혁명을 수행하고 있
다. 보라. 영국의 노동자는 이번 총선거에서 한 번에 50의석을 차지하

---

16) **크로포트킨**(Pyotr Alekseevich Kropotkin, 1842~1921) 러시아의 혁명가. 무정부주
의 이론가, 사회학자, 지리학자, 생물학자. 사관으로 아무르 코사크군에 근무했으며,
1864년부터 1866년에 걸쳐 러시아지리학협회의 동북아탐험대에 참가했다. 1867년
에 퇴역한 후 페테르부르크 대학의 물리·수학과에서 배웠다. 1872년에 벨기에, 스
위스를 방문했을 때 무정부주의 지도자 바쿠닌을 만나 국제 바쿠닌파에 가담했다. 같
은 해 5월에 러시아로 돌아가 니콜라이 차이코프스키의 서클에 가맹하여 페테르부르
크의 노동자들을 상대로 선전 활동을 했다. 1874년에 체포되어 투옥되었지만, 감옥
병원에서 탈출하여 국외로 도피했고, 이후 40년 넘게 망명 생활을 했다. 1879년에 제
노바에서 신문 《레포르테》를 발행했다. 1881년에 스위스에서 추방당했으며, 1883년
에 리옹에서 금고 5년의 판결을 받았으나 프랑스 여론의 지지로 석방되었다. 그 후
영국으로 건너가 런던 교외에 살면서 아나키즘적 공산주의 운동을 추진하여 《빵의 쟁
취》(1892), 《무정부 : 그 철학과 이상》(1896), 《상호부조론, 진화의 한 요인》(1902)
등 많은 저서를 남겼다. 거기에서 그는 다윈이 주장한 종 내부의 생존경쟁에 반대하
여 상호부조와 생산자의 자발적 연합에 기초한 사회의 비전을 그렸다.

지 않았는가.

그동안 단순히 '노동조합'이라는 경제적 범위에 매몰되었던 영국 노동자도 세계적 혁명의 기운에 눈을 떴다. 그들은 자신들의 권리와 이익을 보호하기 위해서는 그들 자신의 국가를 건설하지 않으면 안 됨을 깨달았다. 그들은 곧바로 정치의 의장(議場)에 뛰어들었다. 그리고 한 번에 50의석을 얻은 일은 서구 각국을 놀라게 했다.

각 신문은 영국에도 또한 노동자 혁명이 개시되었다고 보도했다.

노동자의 세계

영국 의회에 선출된 노동자 의원 중에는 철도 직원이 두 명 있다. 문선공이 두 명 있다. 인쇄공이 한 명 있다. 기계공이 있다. 공장 직원이 있다. 광부가 있다. 신문 배달부에서 입신한 자가 있다. 젖 짜는 노동자가 있다. 주물 기술자가 있다. 조선 기술자가 있다. 왕성하구나, 영국 노동자의 진취적 기상이여. 노동자의 권리와 이익은 노동자 스스로 회복하고 보호하고 확장하지 않으면 안 된다. 일본의 노동자여. 일어서라. 나아가라. 그리고 스스로 이루어라. 앞으로의 세계는 그대들의 세계가 아니겠는가.

원숭이 같은 독일 황제

독일연방의 왕공(王公)과 부르주아지(紳士閥)는 사회당의 세력이 나날이 증대하는 것을 두려워하여 결국 선거권을 제한하여 사회당을 정계에서 쫓아내려 했다. 사회당은 결국 혁명의 불가피함을 각오했다. 살기가 독일연방 전체를 뒤덮기에 이르렀다.

기민하기가 원숭이 같은 독일 황제는 곧바로 인심을 밖으로 향하게 하려고 모로코 문제를 일으켜 자꾸 프랑스에 대한 적개심을 불러일으키려 했다. 독일과 프랑스 노동자는 이들의 간계에 놀아나지 않았다.

그들은 굳게 악수했다. 프랑스 사회당 조레스(Jean Léon Jaurès, 1859~ 1914)가 기관지 《인도(人道)》에 보고하여 말하기를 프랑스 노동자여, 모로코 문제에 관하여 격앙하지 말라. 독일 황제는 사안을 외국으로 겨냥하여 국내의 불평을 밖으로 향하게 함으로써 사회혁명당이 일어나는 것을 막으려 한다. 그대들이 격앙하면 이것은 독일 황제를 이롭게 하는 것이라고 했다.

알아야 한다. 노동자 혁명의 기운이 러시아와 영국 두 나라뿐만 아니라, 독일 또한 파열로 치닫고 있다.

폭열탄 위에 앉았다

20만 노동자의 시위 운동 결과 보통선거를 허락한 오스트리아가 나아가 헝가리 독립 운동을 위하여 죽도록 애쓰는 것이 보이지 않는가. 프랑스, 에스파냐, 이탈리아, 벨기에 각국 군대가 외적을 막는 준비를 하기보다도 오로지 자국 노동자의 봉기를 방지할 계획에 열심인 것이 보이지 않는가. 유럽 각국의 부와 문명은 노동자가 만들었다. 하지만 노동자는 부와 문명을 가질 수 없음에 분노하여 이제 오히려 만든 것을 파괴하려 하기에 이르렀다. 유럽의 부르주아지는 노동자라는 폭열탄 위에 앉아 있는 것이다. 아아, 누가 이 시대를 혁명의 시대가 아니라고 하는가.

내각, 선거, 정당, 대학, 문예, 종교 따위가 다 무엇인가. 노동자의 혁명, 세계적 혁명의 노도와 광란(狂瀾)이 전 우주를 덮칠 때 그것들은 과연 무엇인가. 혁명 앞에 그것들은 과연 한 푼의 가치라도 있는가. 창백한 학자와 문사는 신에게 아첨하라. 돈에 무릎 꿇어라. 우리는 우리 노동자와 함께 끌어안고 도래할 혁명의 맹렬한 불길 속으로 뛰어들리라.

(〈一波萬波〉, 《光》 1-9, 1906년 3월 20일, 샌프란시스코에서)

무정부 공산제의 실현

나는 이번에 샌프란시스코에서 발생한 대지진의 재해를 통해 유익한 실험을 목격했다. 그것은 다름이 아니다. 지난 18일 이후로 샌프란시스코 시 전체는 완전히 무정부적 공산제(Anarchist Communism) 상태에 있다.

상업은 모두 폐지되었다. (근처로 가는) 우편, 철도, 기선은 모두 무임이다. 식량은 매일 구조위원들이 분배한다. 식량 운반이나 병자와 부상자의 수용과 간호, 잿더미 처리, 피난소 설치를 위해 모든 장정은 의무적으로 일한다. 사려고 해도 상품이 없기 때문에 금전은 완전히 무용지물이 되었다. 재산 사유는 완전히 소멸되었다. 재미있지 않은가. 그러나 이 이상적인 천지도 앞으로 몇 주일만 존속되다가 또다시 본래의 자본 사유 제도로 돌아가는 것이다. 참으로 아쉽다.

〈無政府共産制の實現(桑港四月二十四日)〉, 《光》 1-13, 1906년 5월 20일)

사회혁명당 선언

우리는 여기에 만천하를 향해서 사회혁명당 결당을 선언한다.

한 사람이 무위도식하기 위하여 백만의 민중이 항상 빈곤과 기아로 울부짖을 때 노동은 과연 무엇이 신성한가. 한 사람이 사사로운 욕심과 복을 마음껏 누리기 위하여 백만의 민중이 완전히 자유와 권리를 박탈당할 때 인생은 과연 무슨 가치가 있는가. 한 사람이 야심과 허영심을 채우기 위하여 백만의 민중이 항상 전쟁 침략의 희생이 될 때 국가는 과연 무엇이 존엄한가.

그렇다. 이는 참으로 고통스러운 노동이 아닌가. 비참한 인생이 아닌가. 참혹한 국가가 아닌가. 그리고 참으로 의롭지 못하고 부정한 사회가 아닌가. 이제 세계 다수 인류가 고통스럽고 비참하고 잔혹한 처지에 번민하는 절규는 날이 갈수록 높아지고, 자유와 행복과 평화를 희구하며 고투하는 열성은 달이 갈수록 뜨거워진다. 그리하여 번민과 고통을 간과하고 그저 흘러가는 대로 맡긴다면 어찌 인정과 도리가 있는 사람이 견딜 수 있겠는가.

아니다. 현재의 불공평하고 부정한 사회를 개혁하여 선미한 자유, 행복, 평화의 사회를 건설하는 것은 우리들의 조상과 동포와 자손에 대한 책임이자 의무다. 그리고 또한 우리들의 권리다.

우리들이 사회혁명당을 조직하는 것은 오로지 이 책임과 의무를 다하고 이 권리를 행하기 위함일 뿐이다.

우리들은 여기에 만천하를 향해 사회혁명당 결당을 선언하여 별도의 강령을 정해 사회적 대혁명의 실행에 종사하고자 한다. 동지들이여, 주저하지 말고 자연스럽게 오라.

미국 샌프란시스코에서 결성된 (일본) 사회혁명당(1906년 6월). 오른쪽에서 네 번째가 고토쿠 슈스이, 그 옆에 서 있는 서양인이 앨버트 존슨이다. 1905년 미국으로 건너간 고토쿠는 러시아혁명 상황을 자세히 알게 되면서 직접행동에 의한 혁명의 중요성을 확신하게 되었고, 러시아 혁명가들이 스위스에서 운동을 벌이는 것을 본받아 미국을 일본 사회주의 운동의 근거지로 삼고자 했다. 그리하여 1906년 6월 1일 재미 일본인 50명과 함께 '사회혁명당'을 결성했다.

강령

하나, 우리 당은 지금의 경제적, 산업적 경쟁 제도를 없애고 일체의 토지 자본을 모조리 만민이 공유하도록 하고 빈곤자를 근절한다.

하나, 우리 당은 지금의 미신적, 습속적 계급 제도를 개혁하여 만민이 평등한 자유와 권리를 보유할 수 있도록 한다.

하나, 우리 당은 지금의 국가적, 인종적 편견을 배제하여 사해형제, 세계 평화의 참뜻을 실현하도록 한다.

하나, 우리 당은 이상의 목적을 달성하기 위하여 세계 만국의 동지와 연합 협력하여 사회적 대혁명을 행할 필요를 인정한다.

당칙

제1조 우리 당은 사회혁명당이라 칭한다.

제2조 우리 당은 본부를 합중국 캘리포니아 주 버클리 시에, 지부를 세계 각지에 둔다.

제3조 우리 당은 당원의 취지 목적을 찬동하는 자는 남녀, 국적, 인종의 구별에 상관없이 가입할 수 있다.

제4조 우리 당의 비용은 당원과 지지자의 기부금으로 충당한다.

제5조 우리 당은 간사 수 명을 두어 당무를 처리한다.

제6조 우리 당 당칙은 당원 다수의 결의로 개정할 수 있다.

1906년

사회혁명당

〈社會革命黨宣言〉, 《革命》 1, 1906년 12월 20일; 《光》 1-17, 1906년 7월 20일)

세계 혁명 운동의 조류

1

여러분, 과거 1년 남짓의 투옥과 여행은 나의 이념과 이상에 아무런 변화도 주지 않았다. 나는 여전히 오하(吳下)의 아몽(阿蒙)[17]이다. 여전히 사회주의자다.

다만, 그 이념과 이상에는 변화가 없었다고 해도, 그것을 실현하는 수단 방책은 사회 기운이 변함에 따라 저절로 변화하지 않는다고 할 수 없다.

내가 듣고 본 바에 따르면, 지금 서구 동지들의 운동 방침은 정말로 일대 변화의 시기를 맞이했다. 우리 일본의 사회당원들도 마찬가지로 새 조류를 파악할 필요가 있다.

2

사회당은 혁명당이다. 그 운동은 혁명 운동이다. 1848년에 마르크스와 엥겔스 두 사람이 초안한 《공산당 선언》에 이르기를, 공산당은 만국 도처의 정치적, 시회적 현실에 반항하는 혁명 운동을 지원한다고 했다. 또한 이르기를, 권력 계급으로 하여금 공산적 혁명 앞에 전율케 하라고

---

17) 중국의 삼국 시대에 오나라 여몽(呂蒙)은 완전히 무학의 장수였는데, 주군인 손권(孫權)의 권유로 학문을 시작했다. 나중에 노숙(魯肅)이 여몽의 학문에 감탄하자, "이미 오나라 시절의 여몽이 아니다"라고 대답한 고사에서 나온 말로, '오하아몽(吳下阿蒙)'은 학문의 소양이 없는 보잘것없는 인물을 뜻한다.

했다. 그리하여 그들은 그것을 실행하기 위해서는 완력과 무력을 사용하는 것도 본래 감히 불사했다.

이후, 사회당 운동은 각국이 모두 시간과 장소를 달리함에 따라 다소의 소장성쇠(消長盛衰)를 면할 수 없었다 해도, 1871년 프로이센-프랑스전쟁이 끝날 때까지 20년간 그들은 항상 혁명당으로 존재했고 혁명당으로 진전했으며 혁명당으로 투쟁했다.

그런데 이상적이고 급진적이며 민정(民政)적인 프랑스의 패배와 보수적이고 전제적이며 무단적인 프로이센의 대승은 혁명 운동에 일대 타격이었다. 한편으로 파리코뮌이 분쇄되어 프랑스파의 혁명 운동이 한때 완전히 숨을 죽여 무력 혁명이 도저히 불가능하다는 것을 느끼게 하는 동시에, 다른 한편으로 전승의 여파로 비스마르크가 집중적으로 혁명 운동을 진압하고 나서 보통선거제를 도입하여 민간의 불평을 잠재우는 안전판으로 삼자, 독일파 사회당이 총기와 폭탄을 버리고 일제히 의원선거에 전력을 다하기에 이른 것은 본래 자연스러운 흐름이었다. 그들은 곧 큰소리치며 말하기를, 우리들 사회민주당은 무정부당과 달리 기꺼이 폭력을 사용하는 것이 아니라, 이미 헌법이 있고 참정권이 있다. 우리들은 그에 따라 의회에서 다수를 얻어 그 뜻을 펼칠 뿐이다. 사회당 운동은 평화적이고 입헌적이며 합법적이라고 했다. 이것은 당시 상황에서 그들이 운동을 계속하기 위해서는 아마도 유일한 활로였을 것이다. 그리하여 각국이 모두 독일의 전승의 위세를 우러러 보고 무단 전제의 바람이 한때 유럽 전역을 휩쓴 결과, 만국사회당(인터내셔널)은 Parliamentarism, 즉 의회 정책을 운동 방침으로 도입하여 만국 대회 때마다 혁명적 결의안이 항상 소수로 패하자 급진파들은 연이어 무정부당을 향해 달려가기에 이르렀다.

우리 일본의 사회당도 종래에 의회 정책을 주요한 운동 방침으로 삼아 보통선거 실행을 최우선 사업으로 여겼다. 이것은 독일과 국정이 가장 닮은 우리나라에서 본래 이상한 것은 아니다. 하지만 나는 작년에 옥중에 있으면서 잠시 독서와 숙고를 거듭한 결과, 은근히 의회 정책의 효과를 의심했는데, 그 후 재미의 각국 동지와 만나게 되어 과연 그들의 운동 방침이 일대 변화의 시기를 맞이했음을 느꼈다.

3

350만 표를 얻은 독일사회당, 90명의 의원을 둔 독일사회당은 과연 무엇을 이루었는가. 여전히 무단전제의 국가가 아닌가. 여전히 타락한 죄악의 사회가 아닌가. 유권자가 신뢰하기에는 대단히 부족하지 않은가. 국회의원의 효과가 어찌 이리도 적은가. 노동자의 이익은 노동자 스스로 쟁취하지 않으면 안 된다. 노동자의 혁명은 노동자 스스로 수행하지 않으면 안 된다. 이것이 최근 서구 동지의 부르짖음이다.

사회당이 우선 의회 정책에만 중점을 둔다면, 세력을 얻어 헌신하는 자는 반드시 항상 의원 후보가 되고자 하거나 선거에서 이익을 차지하고자 하는 자뿐이다. 지위, 명예, 세력, 이익을 좇아서 오는 자는 한번 그것을 얻으면 곧바로 부패하고 타락하며, 적어도 양보하고 기운이 꺾이지 않는 자가 드물다. 그래서 하는 일이 겨우 무슨 법률의 제정, 무슨 조항의 개폐에 머물러, 이른바 사회개량론자, 국가사회당이 하는 것과 아무런 차이가 없게 된다. 그렇다. 사회당의 이상과 목적인 지금의 사회 조직의 근본적 혁명에 이르면, 도저히 의회 내에서 찬반을 구해서는 안 된다고 최근에 서구 동지들이 열성적으로 주장하고 있다.

민정의 나라에서는 의회의 다수가 곧바로 그 의견을 실행할 수 있을 것이다. 하지만 독일과 같은 무단 전제 국가에서는 아무리 다수의 의결이라고 해도 황제와 재상의 뜻에 차지 않는 한은 도저히 법률로 삼을 수 없지 않은가. 독일의 황제와 재상은 경찰력을 가진다. 육해군을 가진다. 이로써 의회를 해산할 수 있다. 이로써 헌법을 중지할 수 있다. 설령 의원이 다수에다 진정으로 이념과 이상에 충실하다고 해도, 이렇게 되면 결국에 무슨 소용이 있겠는가. 실제로 독일연방에서 사회 운동이 가장 활발하다고 하는 작센, 뤼베크, 함부르크 같은 곳에서 선거권을 제한당해도 인민은 이에 아무런 저항을 할 힘이 없지 않았는가.

선거권은 민정의 지붕이다. 다수의 노동자가 자진해서 민정의 기초를 건설하여 그 결과로 얻은 것이었을 때 비로소 효과가 있을 수 있다. 독일과 같은 곳은 그렇지 않고 그냥 황제와 재상의 은사와 시혜로 얻었을 뿐이다. 민정의 기초 위에 놓이지 않고 왕관 아래에 매달려 있을 뿐이다. 전제의 광풍이 한번 불면 당장에 날아가버릴 뿐이다.

이른바 입헌적이고 평화적이며 합법적인 운동, 투표의 다수, 의석의 다수라는 것은 지금의 왕후나 부르주아지가 마음대로 부리는 금력, 병력, 경찰력 앞에서는 아무런 가치가 없다. 이것이 최근 서구 동지가 통절히 느끼는 것이다.

4

이에 서구의 동지는 의회 정책 이외에 사회적 혁명의 수단 방책을 구하지 않으면 안 되었으며, 또한 이 방책은 왕후와 부르주아지의 금력, 병력, 경찰력에 저항할 수 있는 것이 아니면 안 되었고, 적어도 진압을 막을 수 있는 것이 아니면 안 되었다. 그리하여 그들은 능히 그것을 발견했다. 무엇인가. 폭탄인가. 비수인가. 죽창인가. 거적 깃발인가.

아니다. 이것들은 모두 19세기 전반의 유물일 뿐이다. 장래에 혁명 수단으로 서구 동지가 하려는 것은 이토록 난폭한 것이 아니다. 오로지 노동자 전체가 팔짱을 끼고 아무것도 하지 않는 것. 며칠 또는 몇 주, 또는 몇 달이면 충분하다. 이리하여 사회 전체의 생산 · 교통 기관의 운전을 정지하면 그것으로 충분하다. 다시 말해 이른바 총동맹파업(總同盟罷工, general strike)을 하는 것뿐이다.

모든 생산·교통 기관이 한번 운전을 정지하여 부르주아지의 의식주 공급의 길을 끊으면, 오만한 그들도 비로소 노동 계급의 실력을 인정하게 되지 않겠는가. 그들 자신은 오로지 노동자 계급의 기생충에 지나지 않음을 깨달을 것이다. 금전도 상품이 없으면 사용할 수 없다. 병력이나 경찰력도 의식주를 제공하지 않으면 부릴 수 없다. 하물며 지금의 병사와 경관도 모두 노동자의 자제가 아닌가. 그들이 일단 현재 사회 조직의 실상을 이해한다면 어찌 부모 형제 자매를 향해 발포할 수 있겠는가.

총동맹파업은 세상 사람들이 상상하는 것처럼 어려운 일이 아니다. 1874년 에스파냐 아르코니, 1886년 미국, 1893년 벨기에·제네바·스웨덴, 1893년 네덜란드, 1894년 헝가리·이탈리아 등에서 전개된 대동맹파업의 사례는 명백히 총동맹파업이 장래의 혁명에서 권력 계급을 전율시키기에 충분한 최상의 무기임을 드러냈다. 최근에 가장 현저한 예는 지금 러시아에서 실행되어 진보하고 있는 대혁명이라고 한다. 러시아 인민은 서구에 비해 훨씬 무지하다. 훨씬 빈곤하다. 훨씬 훈련을 받지 못했다. 훨씬 단결력이 없다. 그런데도 지금의 대혁명을 일으켜서 강력한 전제정부가 나아갈 바를 모르게 한 것은 총동맹파업이라는 노동 계급 특유의 수단을 이용할 수 있었기 때문이 아닌가.

이제 러시아의 혁명적 동맹파업은 18세기 말, 프랑스혁명 때처럼 서구 각국의 게으른 잠을 흔들어 깨웠다. 만국의 동지, 특히 프랑스, 에스파냐, 이탈리아의 동지들은 열정적으로 노동 계급과 군대를 향해 혁명을 고취했으며, 의회 정책의 본고장으로서 항상 총동맹파업을 배척했던 독일사회당조차도 지도자인 베벨은 총동맹파업이 계급 전쟁의 최후 수단임을 선언하기에 이르렀다. 그리하여 사회주의가 아직 충분히 발달하지 않은 미국과 같은 나라도 마찬가지로 선거와 의회는 혁명으로서 효과가 그다지 크지 않음을 알고 혁명을 찬미하는 소리가 도처의 노동자 사이에서 울려 퍼진다.

그들 서구 동지는 신념에 차서, 부르주아지는 노동 계급을 위하여 우연히 약간의 은혜를 베푸는 경우가 있다. 약간의 자선을 베푸는 경우가 있다. 하지만 이것들은 결국 노동 계급을 기만하고 눈을 가리기 위해 사용하는 일종의 향기로운 미끼일 뿐, 양자의 이해는 도저히 일치되어 조화를 이룰 수 없다. 그들의 감언에 속지 말라. 그들의 호의에 기대지 말라. 정부, 의회, 의원, 투표를 믿지 말라. 노동자 혁명은 노동자 스스로 수행하지 않으면 안 된다고 외친다.

5

여러분, 전후 일본의 사회당 동지 여러분은 이제부터 과연 어떠한 수단 방책으로 나아가야 하는가. 혁명 운동인가. 의회 정책인가. 다수 노동자의 단결을 우선해야 할 것인가. 선거 안에서 승리를 목적으로 해야 할 것인가. 나는 지금 일본의 국정에 어둡다. 감히 가볍게 단정할 수 없다. 다만 내가 보고 들은 서구 동지들의 운동 조류가 어떠한가를 보고하는 데 머물 뿐이다. 여러분들의 지도와 가르침을 바라 마지않는다.

〈世界革命運動の潮流―錦輝館に於ける演說の大要〉,

《光》1-16, 1906년 7월 5일)

내 사상의 변화(보통선거에 대하여)

1

솔직히 고백한다. 사회주의 운동의 수단 방침에 관한 나의 의견은 재 작년 투옥 당시부터 약간 변했고, 더욱이 작년 여행에서 크게 변하여 지금 몇 년 전을 돌아보면 나 자신도 완전히 딴사람이 된 느낌이 든다.

이 때문에 사카이 도시히코 군[18]하고는 수십 차례 격론을 벌였고 다른 두세 명의 친구와도 자주 토론을 시도했다. 그리고 《히카리(光)》[19] 지상에도 그때그때 그 일단을 썼기 때문에 이미 대체적인 것을 알고 있는 사람도 있을 것이다. 그러나 나는 지금까지 적당한 기관이 없었던 것과 병으로 집필이 어려웠기 때문에 모든 동지 여러분을 향해 대체적인 취지를 분명히 밝힐 수 없었다. 이제 기회가 왔다. 오래 침묵하는 것

---

18) **사카이 도시히코(堺利彦, 1870~1933)** 사회주의 운동가. 고토쿠의 평생의 동지. 호는 고센(枯川). 후쿠오카의 무사 집안 출신이며 자유민권운동에 감화를 받으며 자랐다. 제일고등중학교 중퇴 후에 소학교 교원과 신문기자를 전전하다가 1899년에 《만조보》에 입사하여, 가정이나 생활의 개량을 설파했다. 1901년에는 사주인 구로이와 루이코, 우치무라 간조, 고토쿠 등과 사회 정의를 추구하는 '이상단'을 결성했다. 1903년에는 유분사(由分社)를 설립하여 《가정잡지(家庭雜誌)》를 발행했다. 한편 러일전쟁이 확실시되는 상황에서 사회주의 입장에서 비전론을 주장했으며, 《만조보》가 주전론으로 전환하자, 고토쿠와 함께 퇴직했다. 1903년 11월에 평민사를 세우고, 《평민신문》 (주간)을 발간하여 반전 운동을 전개했다. 창간 1주년 기념호에 고토쿠와 공역으로 《공산당 선언》을 발표했다. 그 후 《직언》, 《히카리》 등의 급진파 매체에 왕성한 논진을 펼쳤으며, 1906년 2월에 일본사회당을 결성하여 평의원이 되었다. 이듬해 사회당이 결사 금지 처분을 당한 후에는 고토쿠와 함께 가타야마 센 등의 의회정책파와 대립했다. 1908년 6월의 이른바 '적기 사건'으로 투옥되어, 결과적으로 대역 사건의 난을 피할 수 있었다.

은 이념을 위하여 결코 충실한 것이 아니다.

그런 탓에 나는 솔직히 고백한다. **"보통선거나 의회 정책으로는 도저히 진정한 사회적 혁명을 성취할 수 없다. 사회주의의 목적을 달성하기 위해서는 우선 단결된 노동자가 직접행동(direct action)에 나서는 길밖에 없다."** 나의 현재 사상은 이와 같다.

2

나는 예전에 독일 사회주의자나 그 흐름을 이은 여러 선배의 설만을 듣고 투표와 의회의 효력에 너무나 무게를 두었다. "보통선거로 하면 반드시 다수의 동지가 선출된다. 동지가 의회의 다수를 차지하면 의회의 결의로 사회주의를 실행할 수 있다"고 생각하고 있었다. 물론 그와 동시에 노동자 단결이 급무임도 인정하고 있었음에 틀림없지만, 적어도 일본 사회 운동의 최우선 과제는 보통선거밖에 없다고 믿고, 입으로도 논했거니와 글로도 썼다. 하지만 이것은 대단히 유치하고 단순한 생

----

19) **히카리(光)** 당국의 탄압과 박해로 《평민신문》(주간)이 1905년 1월 29일에 64호를 종간호로 폐간된 이후에 후속지로 《직언(直言)》이 창간되었다. 하지만 기독교사회주의자들과 유물론자들의 대립이 심화되어 전자에 속한 기노시타 나오에, 아베 이소오, 이시카와 산시로 등은 1905년 11월 10일에 《신기원(新紀元)》을 창간하고, 니시카와, 야마구치, 모리치카 등의 후자는 《직언》의 후속지로 《히카리(光)》를 창간했다(1905년 11월 20일). 도미 중이었던 고토쿠와 출판 활동 중이었던 사카이는 외부에서 《히카리》를 성원했다. 이 잡지는 1906년 12월 25일에 폐간하고 1907년 1월 15일에 《평민신문》(일간)이 탄생하여 《히카리》 대신에 일본사회당의 기관지 역할을 담당했다. 하지만 제2차 당대회의 결의와 직접행동론을 주장한 고토쿠의 연설문 〈일본사회당대회 연설문〉이 실린 2월 19일자(제28호)가 고발당하고 22일에 일본사회당도 결사 금지 명령을 받게 된 후, 4월 14일로 폐간을 선언한다. 이후 직접행동파 등은 《오사카 평민신문(大阪平民新聞)》이나 《구마모토 평론(熊本評論)》을 간행했고, 의회정책파는 《사회신문(社會新聞)》 등을 간행했다. 하지만 1908년 7월에 반동 군벌 가쓰라(桂) 내각이 들어서고 나서는 사회주의 관련 언론은 완전히 압살되었다.

각이었다.

자세히 관찰하면 지금의 대의제라는 것으로 다수의 행복이 얻어질 리가 없다. 우선 시작부터 후보자, 운동가, 활동가, 신문, 속임수, 협박, 매수 등 혼란을 거듭하여 선출된 국회의원 중에 과연 몇 명이나 국가라거나 인민이라거나 하는 진지한 생각을 할 수 있겠는가. 설령 적당한 인물이 선출되었다고 하더라도 자신이 처한 위치에 따라 기상이 달라진다. 의원으로서 그들은 이미 후보자일 때의 그들이 아니다. 수도의 정치가로서 그들은 이미 시골 유지일 때의 그들이 아니다. 몇 명이나 과연 선거 이전의 마음가짐을 지속할 수 있겠는가. 의원 전부, 적어도 그 대다수가 생명처럼 여기는 것은 언제나 가장 위가 명예요, 가운데가 권세, 기타는 이익뿐이 아닌가. 그들의 안중에는 일신이 있을 뿐이고 일가가 있을 뿐, 가장 높은 인물이라도 일개 당파가 있을 뿐이 아닌가.

이것은 오늘날의 일본에만 해당하는 것은 아니다. 일본의 제한선거 아래에서만 해당하는 것은 아니다. 스위스든 독일이든 프랑스든 미국이든 기타 어떠한 보통선거 아래서도 선거에 승리하는 자는 대부분은 가장 돈이 많은 자, 또는 가장 철면피, 또는 가장 인기에 영합하는 자다. 온 나라에서 또는 당내에서 가장 훌륭한 인물이 선출되는 것은 매우 드문 일이다. 그러므로 지금까지 엄정한 의미에서 민의를 대표하는 의회는 전 세계를 통틀어 전혀 없다고 해도 과언이 아닐 정도다. 그렇다. 설령 보통선거 아래서도 의회는 결코 완전히 민의를 대표할 수 없다는 것은 현재 만국의 학자 다수가 인정한다. 그래서인지 공평선거법(proportional)이라든지, 직접투표(referendum)라든지, 인민발의권(initiative) 같은 다양한 보안책을 강구하는 것이다.

이들 보안책의 득실을 자세하게 논하는 것은 잠시 미뤄 둔다. 어차피 의회는 인민 다수, 즉 노동 계급으로 조직되는 것이 아니라, 노동 계급을 적대시하거나 발판으로 삼는 부르주아지로 조직되는 것이 지금의 현실이다. 크로포트킨 옹이 《임금제도론(wage system)》에서 대의정체는 중간 계급이 왕가에 반항하여 머리를 드는 한편으로 그들이 노동 계급을 지배하고 억제하기 위하여 만든 조직, 즉 중간 계급의 통치를 동반하는 특유의 형식이라고 논한 것은 수긍이 가는 말이다. 본래 보통선거가 되면 부르주아지 출신만이 아니라 많은 노동자 의원도 나올 것이다. 영국은 작년에 이미 50명의 노동자 출신 의원을 배출했다. 하지만 이 의원들은 당선되자마자 대부분은 당장 노동자 기질을 없애버리고 좋은 옷에 좋은 음식을 먹으면서 부르주아지 흉내를 내며 득의에 차 있어서 몹시 공격을 받고 있지 않은가.

지배인이 가게 주인을 위해 힘쓰는 예는 많다. 변호사가 의뢰인을 위해 힘쓰는 예도 많다. 의원만은 결코 노동 계급 전체를 위해 힘쓰는 자가 아니다. 설령 그들이 인민을 위해 유해한 법률을 개폐하거나 편리한 법률을 만들었더라도 이것은 항상 자신의 일시의 명예나 이익과 일치하거나 또는 재선 준비와 일치하는 경우에 한한다.

3

지금의 의원은 이처럼 비열하더라도 사회당 의원 정도 되면 모두 진지하니까 민의를 등질 우려는 없다는 설이 있다. 과연 오늘날 일본의 사회주의자는 모두 진지하다. 어느 당이든 역경에 처해 있을 때에는 진지하지 않은 자가 적은 법이다. 역경을 겪는 당파에서는 이익이 없기 때문에 그런 자들이 합류하지 않은 탓이다. 하지만 어느 날 사회주의가 세력을 얻어 선거에서 다수를 얻는 날이 있다고 해도, 그때 사회주의를 표방하며 선거를 겨루는 많은 후보자는 반드시 오늘날의 진지한 사람들이 아니라 자신의 명예를 위하여, 권세를 위하여, 이익을 위하여 또는 단순히 의석 하나를 얻기 위하여 사회당에 들어온 자에 지나지 않는

미국에 체류하던 고토쿠 슈스이의 귀국을 기념하여 모인 일본사회당 당원들(1906년 6월). 중간에 양복 차림이 고토쿠 슈스이, 앞줄 오른쪽 끝이 사카이 도시히코, 뒷줄 왼쪽에서 두 번째가 니시카와 고지로, 그 오른쪽 옆이 오스기 사카에. 일본사회당은 사카이 도시히코가 주축이 되어 1906년 2월에 조직했으며, 일본 정부의 인가를 받은 최초의 합법적 사회주의 정당이었다.

다. 그리하여 당선자 대부분은 역시 가장 돈이 있는 자, 철면피, 인기에 영합하는 자임에 틀림없다.

구 자유당이 역경에 처하자 당원은 모두 비분강개의 지사(志士)가 되었고, 그 의기와 정신은 오늘날의 사회주의자가 도저히 따라잡을 수 없는 것이었다. 그런데 그들이 의회의 한 세력이 되자마자 그들은 이미 인민의 이해를 생각하기보다 우선 세력 유지에 급급하기에 이르렀다. 의석을 확보하고 이익을 증진시키는 데 급급하기에 이르렀다. 그리하여 얼마 되지 않아 제휴, 타협, 양보 등의 미명 아래 어제의 혁명당은 완전히 원수인 번벌의 노예가 되어버리지 않았는가. 이것은 조금도 이상하게 여길 일이 아니다. 단순히 의회 개설을 목적으로 하고 의회의 다수를 차지하는 것을 목적으로 하여 나아간 정당이 목적을 달성하자 곧바로 부패해버리는 것은 당연하다. 만약 사회당이 이와 같이 다수 투표, 다수 의석이라는 세속적 세력에 현혹되어 군침을 흘리고 그것을 최우선 사업으로 삼는다면 머지않아 자유당과 같은 말로를 맞을 것이다. 앞날이 매우 위험하다고 하지 않을 수 없다.

아니 자유당뿐만이 아니다. 실제로 사회당이라 해도 프랑스의 밀랑은 이미 부르주아지와 타협하여 내각에 들어가지 않았는가. 영국의 조지 반스[20]도 이번에 개인주의자와 제휴하여 내각에 들어가지 않았는가. 나는 아직 개인으로서 밀랑이나 반스를 존경한다. 하지만 혁명당으로서 그들은 확실히 한 발을 타락시킨 자다. 투표와 의석에서 다수를 바라는 마음은 결국 정권에 다가가기를 바라는 마음이다. 정권에 다가가기를 바라는 마음은 요컨대 제휴 타협의 기초가 아닐까.

영국과 프랑스의 사회당은 다행히 그들과 함께 타락하지 않고 그들과 손을 끊고 스스로 고결했지만, 그래도 유래를 거슬러 올라가면 밀랑도 반스도 사회당 전체의 투표 정책, 의회 정책의 산물임을 깨닫지 않으면 안 된다.

4

만약 백보를 양보해서 선거라는 것이 정말로 공평하게 이루어지고 적당한 의원이 선출되고 그 의원이 항상 오로지 민의를 대표하는 것이 확실하다고 가정해도, 그것으로 우리들은 과연 사회주의를 실행할 수 있을까. 마르크스의 나라이자 라살의 나라인 독일에서 보통선거 하에 처음으로 선출된 동지는 불과 둘이었다. 이후 81명까지 늘리는 데 30

....

20) **반스**(George Nicoll Barnes, 1859~1940) 영국의 노동조합 지도자, 사회주의자, 정치가. 1910~1911년까지 노동당 지도자였다. 노동자 출신으로서 1893년에 독립노동당에 가입한 온건 사회주의자였다. 1906년에 노동당 소속으로 하원의원에 당선되었다.

여 년이라는 세월을 허비했다. 그리하여 30여 년 고군분투의 결과가 겨우 한마디의 해산 조칙으로 날아가버리고 아무런 저항도 할 수 없는 지경에 이르면 다수 투표라는 것은 얼마나 덧없는 것인가.

헌법은 중지되는 때가 있다. 보통선거권은 침탈당하는 때가 있다. 의회는 해산되는 때가 있다. 의회에서 사회당 세력이 왕성해서 억제하기 힘들어 보이면 횡포한 권력계급은 반드시 그것을 단행한다. 실제로 독일에서는 여러 차례 단행되었다. 사정이 여기에 이르면 이제 노동자의 단결력을 기다리는 수밖에 없다. 단결된 노동자의 직접행동을 기다리는 수밖에 없다. 그런데 평소에 노동계급 스스로 단결 훈련에 힘을 쏟지 않고 당장 직접행동에 나설 수 있겠는가.

영국의 사회민주연맹 지도자 하인드먼[21] 씨는 작년에 미국 윌셔(Gaylord Wilshire, 1861~1927)의 잡지에서 탄식하며 말하기를, 일본인은 불과 40년 사이에 중세기의 봉건 제도에서 근대 자본주의 제도까지 돌진했다. 그들은 다른 여러 제국이 수 세기를 거치면서 이룩한 사업을 40년 동안에 완성했다. 그런데 똑같은 40년간 우리 사회당은 무엇을 이루었는가. 독일사회민주당은 3백만 당원이 있다. 독일 군대의 5분의 2 이상인 그들은 목적을 알고 시기가 도래한 것을 알면서도 아직 일어서지 않는 것은 너무나 인내심이 강하고 겸손하며 온화하고 무던한 것이 아닌가. 40년간 혁명당이었던 그들은 무엇을 하고자 하는가. 나는 그들과 그밖의 각 국민에게 묻는다. 서구에서의 죽음은 만주에서의 죽음보다 더욱 크게 두려운 것인가 운운. 하인드먼 씨의 격한 어조는 무

---

21) **하인드먼(Henry Mayers Hyndman, 1842~1921)** 영국 최초의 마르크스주의자. 영국 최초의 사회주의 정치 단체인 사회민주연맹(Social Democratic Federation)의 창설자. 1881년에 사회민주연맹을 창설하여 윌리엄 모리스, 엘리너 마르크스(Eleanor Marx) 등과 활동했다. 1900년에 노동대표위원회(Labor Representative Committee)에 합류하지만, 노동당에는 입당하지 않았다.

리가 아니다. 만약 3백만 당원이 진실로 자각한 당원이라면 혁명은 예전에 이루어졌을 것이다.

그러나 투표한 당원과 자각한 당원은 다르다. 선거 목적을 향해서 훈련한 3백만도 혁명의 목적을 향해서는 아무런 도움도 되지 않는다. 그들 보통선거론자, 의회정책론자는 항상 노동 계급을 향해 설파하기를 "투표하라. 투표하라. 우리 동지 의원만 선출되면, 동지가 의회의 다수를 차지하기만 하면 사회적 혁명은 이루어진다. 노동자는 오로지 투표하기만 하면 된다"고 말한다. 그리고 정직한 노동자는 이것을 믿고 오로지 의회만 바라본다. 그리고 투표한다. 그래서 투표 3백만이라는 다수에 이른다. 이것은 단지 투표한 3백만이지 자각하고 단결한 3백만이 아니다. 그러므로 막상 "혁명이다. 일어서라"라고 해도 "그럴 생각은 아니었다. 투표로 안 되면 다시 생각하지 않으면 안 된다"고 말한다. 의회 정책이 세력을 얻으면 얻을수록 혁명 운동이 저해되는 것은 이와 같은 상황이다.

독일연방 중 작센이나 뤼베크나 함부르크 등 사회주의가 가장 성행한 지방에서는 재작년 무렵에 선거의 권리가 대단히 제한되었다. 그럼에도 인민은 그것에 반항하여 일어서지 않고 베개만 적셨다. 베벨 씨는 총동맹파업 등의 직접행동은 최후 수단이고 선거권이 있는 동안은 의회에서 싸우는 것이 당연하다고 주장하고 있다. 나는 언제까지 똑같은 것을 반복할지 의심하지 않을 수 없다.

5

독일사회당이 과거 40년간 선거 운동에 허비한 시간과 노력과 고생과 금전을 진실로 노동자의 자각과 단결에 쏟았다면, 황제나 재상이 오늘날과 같은 만세를 부르는 일은 없었을 것이다. 나는 독일의 사회당이 전혀 노동자를 교육하지 않았다고 말하는 것은 아니다. 그러나 그들이 펼친 사업이 대부분 선거라는 한 가지 목적으로 기운 것은 논쟁의 여지가 없다.

보통선거론자, 의회정책론자도 물론 노동자의 자각과 단결을 필요로 한다. 설령 보통선거를 해도 노동자들의 자각과 단결이 없으면 의회에서 아무 일도 할 수 없음을 인정한다. 그러나 노동자가 진정으로 자각하고 단결할 수 있다면, 그들의 직접행동으로 무엇이든 못하겠는가. 굳이 국회의원을 뽑아 의회만 바라볼 필요는 없다.

의원은 타락하면 그것으로 끝이다. 의회는 해산되면 그것으로 끝이다. 사회적 혁명, 즉 노동자 혁명은 결국 노동자 자신의 힘에 의지하지 않으면 안 된다. 노동자는 부르주아지 야심가인 의원 후보자의 발판이 되기보다 곧바로 자진해서 생활의 안위를 도모해야 한다. 의식주의 만족을 얻어야 한다.

보통선거 운동, 의원 선거도 일종의 계몽이 될지 모른다. 그러나 계몽을 위해서 한다면 왜 직접 계몽을 하지 않고 그러한 간접 수단을 취하는 것인가. 유력한 단결 훈련을 중점에 두지 않고 덧없는 투표를 신뢰하는 것인가. 한 사람이 선거 경쟁에 소비하는 것은 지금의 일본에서 적어도 2천 금을 밑돌지 않는다. 그러한 비용을 순전히 노동자의 계몽과 단결에 쓴다면 얼마나 큰 성과를 얻겠는가.

이제 유럽 사회당의 다수는 의회 세력의 효과가 적은 데 질려 있다. 대륙 각국의 사회당 의원과 노동 계급은 항상 서로 어울리지 않는 경향을 낳고 있다. 영국의 노동조합도 의원 선출에 광분하는 곳은 조합원과 적립금이 점차로 감소하고 있다. 이런 것들은 일본의 사회당이 가장 주의해야 할 점이 아닌가.

노동 계급이 바라는 것은 정권 쟁취가 아니다. '빵의 쟁취'다. 법률이 아니라 의식주다. 그러므로 의회에 대하여 거의 볼일이 없는 것이다.

만약 우리가 의회의 무슨 조례 일 항이나 무슨 법안의 몇 조를 만들거나 고치는 것만 의뢰하고 안심하는 정도라면, 우리들의 사업은 사회개량론자, 국가사회당에 일임해 두는 것으로 충분하다. 이에 반해 진정으로 사회적 혁명을 단행하여 노동 계급의 실제 생활을 향상하고 보전하기를 바란다면 의회의 세력보다 오히려 노동자의 단결 훈련에 전력을 쏟지 않으면 안 된다. 그리하여 노동자 여러분 자신도 부르주아지 의원 정치가 따위에 의지하지 말고 자신의 힘으로 자신의 직접행동으로 목적을 관철시킬 각오가 없으면 안 된다. 반복해서 말한다. 투표나 의원은 결코 의지할 것이 못 된다.

6

이렇게 말한다고 해서 내가 선거권 획득을 나쁘게 보는 것은 결코 아니다. 선거법 개정 운동에 굳이 반대하는 것은 아니다. 보통선거가 이루어진다면 의회가 법률을 제정하고 개폐할 때 노동자의 의향을 다소 참작한다. 이 이익만은 확실하다. 하지만 이 이익은 그밖의 노동 보호와 빈민 구조에 관한 법률, 사회 개량 사업 등과 동일한 이익에 지나지 않는다. 그러므로 이 운동들을 하는 것은 나쁘지 않다. 아니, 좋은 일임에는 틀림없지만, 굳이 사회주의자가 꼭 해야만 하는 것은 아니라고 생각한다.

또한 동지 여러분이 의원 후보로 나서서 선거를 치르는 것도 결코 나쁜 것이 아니다. 여러분이 의회 내에서 하는 운동에 결코 반대하는 것은 아니다. 나는 정부 안에도 실업 사회에도 육해군에도 교육계에도 직공 중에도 농부 중에도 기타 모든 사회, 모든 계급에서 우리 동지가 증가하는 것을 기뻐하는 것과 같은 이유로 의원 중에도 동지가 늘어나는 것을 기뻐한다. 그러므로 선거 경쟁을 되도록 하는 것도 좋지만, 굳이 사회당이 하지 않으면 안 될 시급한 사업이라고 인정할 수는 없다.

적어도 사회주의자로서 사회당원으로서 나는 우리들이 목적하는 경제 조직의 근본적 혁명, 즉 임금 제도를 폐지하기 위해서는 1천 명의 보통선거 청원의 서명보다 열 명의 노동자의 자각이 더 긴요하다고 믿는다. 2천 엔의 돈을 선거 운동에 낭비하기보다 10엔의 돈을 노동자의 단결을 위해 쓰는 것이 한층 급무라고 믿는다. 의회에서 열 번 연설하는 것보다 노동자들과 좌담을 한 번 시도하는 것이 훨씬 유효하다고 믿는다.

동지 여러분! 나는 이상의 이유로 **우리 일본의 사회주의 운동은 앞으로 의회 정책을 취하지 말고 오로지 단결된 노동자의 직접행동을 수단 방침으로 삼을 것을 희망한다.**

동지 여러분이 열심히 보통선거 운동에 종사할 때 내가 이런 말을 하는 것은 정말이지 견디기 힘든 마음이 들었다. 몇 번이나 붓을 잡으려다 주저했다. 하지만 내 양심은 내가 오래 침묵하는 것을 허락하지 않았다. 오래 침묵하는 것은 이념을 위하여 대단히 충실하지 않은 것임을 느꼈다. 그리고 해당 운동에 종사하시는 여러분들도 흔쾌히 내 고백을 종용하셨기 때문에 굳이 여러분의 비평과 교유(敎諭)를 바라기로 했다. 여러분께 바란다, 나의 거짓 없는 마음임을 믿어주시기를.

(〈余が思想の變化(普通選擧に就て)〉, 《日刊平民新聞》16, 1907년 2월 5일)

일본사회당대회 연설문

1

저는 우선 이 대회를 열기에 이른 평의원 여러분들의 노고에 감사합니다. 평의원에서 제출한 결의안[22]은 매우 적당하다고 믿습니다. 하지만 저는 이 결의안에 포함된 의의를 지금 다소 명확히 할 필요가 있다고 믿고 이 수정안을 제출한 것입니다. 원안은 의회 정책을 임의 문제로 삼고 있습니다. 요컨대 평의원회도 실제로 이것을 사회주의 운동의 필수 수단으로 인정하고 있지 않다는 것은 명확합니다. 그러나 한편으로 여전히 사회당은 의회 정책을 취하지 않으면 안 되는 것처럼 믿는 사람이 있으니까, 이 점을 한층 명확히 할 필요가 있다고 믿습니다.

종래에 세계의 사회당이 의회 정책으로 일어선 것은 사실입니다. 일본의 사회당도 마찬가지로 보통선거를 유일한 기치로 삼았던 것입니다. 하지만 오늘날 의회 정책의 무능함은 역사가 가르쳐주고 시대의 경과가 증명한 이상, 이 수단을 변경하는 것은 공명정대한 것이라고 믿습니다.

---

22) 1907년 2월 17일 일본사회당 제2차 대회에서 보통선거 항목을 삭제하자는 고토쿠 등의 직접행동파와 보통선거를 주장하는 의회정책파 사이에 대논쟁이 벌어졌는데, 표결 결과 사카이 도시히코 등이 작성한 결의안이 채택되었다. 하지만 이 결의안도 보통선거 운동을 자유 행동으로 하고 "법률의 범위 내에서 사회주의를 주장한다"는 항목을 삭제하여 고토쿠의 주장에 사실상 찬성했다.

의회 정책으로 사회주의를 실행하려는 것은 도저히 불가능한 일입니다. 본래 의회라는 것은 지금의 사회 조직의 산물입니다. 자본주의적 사회 제도의 산물입니다. 오늘날의 의회는 지금의 부르주아지, 즉 중간 계급이 귀족의 전제 정치를 쓰러뜨리기 위하여 만든 기계입니다. 그리하여 한편으로는 전제 정치를 쓰러뜨리는 동시에 우리 노동 계급의 피와 땀을 짜내기 위하여 고안된 기계입니다. 의식적인지 무의식적인지는 모르지만, 어쨌든 사실이 이와 같습니다. **하지만 노동 계급이 지금 부르주아지를 쓰러뜨리기 위하여 역시 이 기계에 의지하지 않으면 안될 필요가 어디에 있습니까.** 또는 보통선거로 노동자 대표를 의원으로 내보내면 의회는 이미 지금 같지는 않을 것이라고 하지만, 틀림없이 이것은 하나의 꿈입니다. 지금 유럽에서는 많은 나라가 보통선거를 실시하고 있습니다. 미국에서도 실시하고 있습니다. 그럼에도 유럽이나 미국에서 의회의 힘으로 과연 어느 정도 노동 계급의 권력이 진전되었을까요. **의회의 힘으로 노동자의 권리와 이익이 증진된 것은 거의 없습니다. 오히려 노동자들은 파업으로 권리와 이익을 증진시키고 있는 것입니다.** (박수) **과연 영국에서는 의회가 몇 번이나 노동자를 보호하는 법률을 만들었습니다. 그것은 자각한 노동자가 단결하여 의회에 촉구한 결과입니다.** 다른 나라에서도 보통선거를 실시하고 있어도 진정한 노동자 의원은 매우 드뭅니다. 독일에는 의회에 사회당 의원이 많습니다. 그런데도 사실상 노동자의 의견을 행할 수는 없습니다. 이 점에서는 영국의 노동자보다도 나쁜 지위에 있습니다.

어느 나라든 의회는 부르주아지, 권력 계급의 기관이 되어 있습니다. 오늘날의 형편으로는 의회에 의지하여 혁명을 할 수 있다는 것은 꿈도 못 꿉니다. 앞으로 보통선거로 노동자가 자각하여 의원을 내면 된다고 말하는 사람도 있습니다. 노동계급이 모조리 자각하여 한 사람도 투표는 팔지 않는다, 적수 의원에게는 투표하지 않는다는 점까지 자각하면 될 것 같습니다만, **그런데 노동자에게 그만큼의 자각이 생기고 그만큼의 자각으로 의회에 육박할 힘이 생긴 이상은, 굳이 의회라는 문을 통하지 않으면 안 될 것은 없습니다. 당장 권력 계급에게 육박하면 되는 것입니다.** (박수)

3.

의회 정책을 취하는 사람은 의원의 부패를 걱정하는 동시에 트레이드 유니언(trade union) 등의 노동단체 대표의 부패도 걱정하지 않으면 안 된다고 하지만, **의회 대표자와 노동단체 대표는 성질이 완전히 다른 점이 있습니다.** 미국에서는 노동조합 대표가 매수된 사실도 있지만, 그래도 미국에서 세력이 있는 노동조합 같은 것은 사회주의의 자각을 갖고 있지 않습니다. 자본과 노동의 조화론자입니다. 존 미첼(John Mitchell)과 같은 자는 자본가와 노동자의 중간에 서서 양자의 조화를 책임지고 있습니다. 그래서 걸핏하면 자본가를 위해서 이용당하는 것입니다. 실제로 노동계급의 자각과 훈련으로 완전히 자본을 공유로 하는 경우에는 결코 노동자 대표가 필요하지 않습니다. 폭동은 바람직하지 않지만 전철 사건과 같은 것, 강화 문제를 둘러싼 소요 같은 것, 이번에 아시오 소동(아시오 광산 광독 사건) 같은 것은 **어떤 지도자가 대표한 운동이 결코 아닙니다. 그들 사이에 지도자는 없습니다. 그들은 실로 직접행동을 취한 것입니다.**

알기 쉬운 예가 전철 소동 때 니시카와 군[23]이 북을 치며 앞에 섰지만, 결코 노동자는 니시카와 군에게 이끌린 것이 아닙니다. 북을 치는 사람이 언제나 필요한 것은 아닙니다. 설령 니시카와 군이 도중에 도망

갔다고 해도 노동자는 상관없이 행진할 수 있습니다. 노동단체 지도자는 항상 노동자가 감시할 수 있지만, 의원을 내는 것은 단지 한 표를 던질 뿐이고 그 다음은 의원의 자유 행동에 맡기지 않으면 안 됩니다. 실제로 의원은 한번 표를 얻어 국회에 들어가면, 그 다음부터는 자기의 자유 행동으로 원외(院外)의 사람들을 대하는 것입니다. 그러므로 독일 등에서도 의원에 대하여 사람들의 불평이 대단히 많습니다. **노동자의 직접행동에서 앞에 선 자는 노동자를 이끌고 가는 것이 아니라, 뒤에서부터 떠밀려 가는 것입니다.** 또한 노동자 조합이 적절히 이익을 느끼고 결의한 결과를 자본가에게 들이대는 경우에 그 위원에는 충분히 노동자의 이해관계를 스스로 느끼는 지도자가 나옵니다. 노동자가 투표한 의원이라고 해도 실제로 노동자의 이해관계를 적절히 느끼는 자는 없습니다. 일단 표를 얻어 의회에 들어가면 어떠한 행동을 취하든 자기 마음입니다. 단지 재선 때 관계가 있을 뿐입니다.

지금 미국에 있는 자본가와 노동자의 조화를 목적으로 하는 조합과 같은 것은 잠시 제쳐 두고, 혁명을 이념으로 하는 단체에서는 **이미 만국노동자연맹(제1인터내셔널)과 같은 것도 지도자 같은 자는 없었습니다. 카를 마르크스도 지도자가 아니라 단지 상담역이었습니다. 고취자였습니다.** 당시 누구도 지도자라 불리는 자는 없었습니다. 실제로 노동자의 지방 조합에서 연구한 결과를 대회에 가지고 나오는 식이며, 대회

-----

23) **니시카와 고지로**(西川光二郎, 1876~1940) 메이지 시대의 사회주의자. 삿포로 농학교(札幌農學校)에서 니토베 이나조(新渡戶稻造)와 우치무라 간조의 영향을 받아 사회주의로 기울었다. 가타야마 센에게 협력하여 잡지 《노동세계(勞働世界)》를 발행했다. 1901년 사회민주당 결성 때 창립 발기인이 되었다. 그 후 사회주의협회를 거쳐 고토쿠 슈스이의 평민사에 참여하여 사회주의와 비전론을 주장하며 러일전쟁에 반대했다. 평민사 해산 후 1906년에 《히카리(光)》를 발행하여 같은 해에 창립된 일본사회당 기관지로 만들었다. 사회주의자들이 직접행동론과 의회정책론으로 대립할 때는 후자에 섰다. 그 사이 《평민신문》 필화 사건, 도쿄 시영전철 운임 인상 반대 운동 등으로 수 차례 투옥되었다. 대역 사건 후 전향하여 정신 수양가로서 저술 활동 등에 종사했다.

의 결의를 실행하기 위해서 뽑힌 의원도 노동자의 실상을 알고 있는 사람이니까 의회의 의원과는 완전히 다른 사람입니다.

4

노동자가 자각하여 단결하면 이 단결에 대적할 힘은 세상에 없습니다. 의회는 해산하고 매수할 수 있습니다. 그러나 노동자의 직접행동은 그렇지 않습니다. 일전에 의회에서 하라 다카시(原敬, 1856~1921)는 300명의 노동자가 폭동을 일으키면 200명의 순사로는 어느 누구라도 진압할 수 없다고 연설했습니다. 이것을 진압하는 힘은 병력 외에는 없습니다. 스위스와 같은 민주적인 나라에서도 의회는 민의를 대표하지 않습니다. 그래서 레퍼렌덤, 즉 전 국민이 한 표씩 직접투표를 하는 것이 생겼습니다. **의회 정책을 취하는 사람도 그 배후에는 노동자의 실력이 없으면 안 된다고 합니다.** 수정안을 제출한 다조에 데쓰지 군[24]도 실제로 이것을 인정하고 계십니다. 다만 의회에서 그 힘을 드러낼 뿐이라고 말합니다. 하지만 노동자가 자각하고 그만큼 실력이 있으면 무엇을 고생하며 부르주아지의 기관인 의회에 의존할 필요가 있습니까. (박

---

24) **다조에 데쓰지**(田添鐵二, 1875~1908) 메이지 시대의 사회주의자. 구마모토 영학교 (熊本英學校), 나가사키(長崎)의 친제이 학원(鎭西學院)을 거쳐 시카고 대학에서 종교학과 사회학을 공부하고 1900년에 귀국했다. 이후 《나가사키 삽도신문(長崎繪入新聞)》, 《친제이 일보(鎭西日報)》의 주필을 역임했다. 러일전쟁 발발 후인 1904년 3월에 상경했다. 같은 해 10월에 사카이 도시히코의 알선으로 평민문고에서 처녀작《경제진화론(經濟進化論)》을 출판하여 사회주의 운동에 참여했고, 《신기원(新紀元)》, 《히카리(光)》, 《평민신문(平民新聞)》(일간), 《사회신문(社會新聞)》 등의 사회주의 언론에 다면적인 논설을 실었다. 대표작은 〈세계 평화의 진화(世界平和の進化)〉다. 1907년 2월 일본사회당 제2차 대회에서 고토쿠 슈스이의 직접행동론에 대항하여 전개한 의회 정책론은 메이지 사회주의 논쟁의 또 하나의 거봉으로 주목받는다. 하지만 청빈한 생활로 이듬해인 1908년에 결핵에 걸려 요절하고 말았다.

수) 어떤 사람은 "종래에 많은 혁명은 의회에서 이루어졌다. 크롬웰의 혁명도 의회에서 이루어졌다. 그렇지 않은가" 하고 말하는 사람이 있습니다. 그렇습니다. 지금까지는 의원이 혁명을 대표했지만, 앞으로도 계속 그럴 리는 없습니다. 프랑스혁명도 의회에서 이루어졌지만, **저는 프랑스혁명이 의회에서 이루어지지 않고 노동자의 직접행동이었다면 한층 좋은 결과를 얻었을 것으로 생각합니다.**

프랑스혁명에서 마라(Jean-Paul Marat, 1743~1793)나 당통이나 로베스피에르는 무엇을 했습니까. 그들은 하루아침에 정부를 탈취하자마자 노동자가 기근에 시달리는 것도 돌아보지 않고 정권 쟁탈을 일삼았습니다. "누가 권력을 얻었는가. 자, 단두대에 걸자" 하는 식이어서 그들의 안광은 의회와 정권 밖으로 나올 수 없었습니다. 그 결과 인민은 혁명에 실망하여 무단 전제의 나폴레옹 아래 무릎을 꿇었던 것이 아닙니까. **프랑스혁명이 그처럼 보잘것없는 종말을 맞은 것은 의회의원에 의존하고 직접행동을 하지 않았기 때문입니다.** (박수)

5

또한 예전의 혁명은 중간 계급, 즉 제3계급이 귀족에 대항하는 혁명이었으므로 의회에 의해서 가능했던 것입니다. 오늘날의 혁명은 노동자의 혁명입니다. **노동자가 의회에 오를 필요는 없습니다.** 의회는 차지하지 못해도 괜찮습니다. 땅을 차지하면 됩니다. 돈을 차지하면 됩니다. 차지해야 할 권리가 있다고 믿는 것만 차지하면 됩니다. **몇 월 며칠부터 노동자에게 건넨다는 등의 법률을 정하고 나서 취할 필요는 없습니다.** 원래 세상 사람들은 정부에게 미신을 품고 있습니다. 자신은 정부의 보호로 생활하고 있다, 정부가 없으면 질서도 아무것도 없어져서 생활할 수 없다는 미신을 품고 있습니다. 말라테스타(Errico Malatesta,

1853~1932)는, 여기에 한 사람의 노예가 있는데 너는 이 쇠사슬이 있기 때문에 걸 수 있으니까 이 쇠사슬을 떼면 반드시 쓰러진다고 교육받고 성장했다면 그는 반드시 쇠사슬을 푸는 데 저항할 것이라고 말한 적이 있습니다. 오늘날 노동자가 정부와 의회에 품은 미신은 흡사 이와 같은 것입니다.

6

저는 직접행동 이외의 모든 운동을 나쁘다고 생각하지는 않습니다. 개량사업도 좋고, 자선사업도 좋습니다. 사회 진화의 동기는 많이 있지 결코 외길이 아니라고 합니다. **하지만 나쁜 것이 아니라는 것이 모조리 우리들이 하지 않으면 안 된다는 의미는 아닙니다.** 세상에는 나쁜 짓을 해서 성불하는 사람도 있습니다. 사회의 사물은 모두 혁명을 돕는 것입니다. 하지만 그렇다고 사회당이 모든 일을 하지 않으면 안 되는 것은 아닙니다. 우리들이 하지 않으면 안 되는 것은 단지 한 가지뿐입니다. 우리들은 그것을 향하여 직진하지 않으면 안 됩니다. 사회주의는 노동자의 해방을 의미하는 것입니다. 우리들은 당장 이것을 향해 나아가지 않으면 안 됩니다. 보통선거나 정사법(政社法) 개정과 같은 것은 **우리들이 하지 않아도 부르주아지가 하고 있습니다.** 굳이 사회당이 그것을 할 필요는 없습니다. 하물며 보통선거가 오히려 방해가 되는 경우가 있습니다. 즉 충분히 노동자의 자각이 생긴 경우에 국회의원의 존재는 오히려 혁명의 기염을 약화시킵니다. **직접행동이라 해도 하룻밤에 혁명을 이룬다는 것은 아닙니다. 요컨대 자각을 환기시키고 단결을 공고히 하기 위하여 긴 세월을 소비하는 것입니다. 그러므로 쓸데없는 일에 힘을 낭비해서는 안 됩니다.** 힘의 집중이 필요합니다.

또 하나는 직접행동에는 희생이 많이 따른다는 비난입니다. 파업을 군대로 진압하는 경우에는 희생을 낳을 것입니다. 하지만 총동맹파업을 일으킨 경우의 희생은 유럽에서도 의외로 적습니다. 오늘날의 자본주의 제도는 해마다 엄청난 희생을 내고 있습니다. 오늘날의 자본주의 제도에서 기계로 팔이 부러지거나 다리가 잘리거나 하는 수는 전쟁으로 생기는 희생보다도 많습니다. 프랑스에서도 자본주의 제도의 희생은 해마다 10만여 명에 달합니다. 일본에서도 상당히 있습니다. 그런데도 우리들은 이것을 견디고 있지 않습니까. 이에 비하면 몇 주 몇 달의 파업의 희생은 얼마 되지도 않습니다. **실제로 러일전쟁은 40만의 희생을 냈습니다. 오로지 자본가에게 이익을 주기 위하여 낳은 이 거대한 희생조차도 견디고 있는데, 직접행동으로 인한 소수의 희생은 아무것도 아닙니다.** (박수) 희생 없이 진보는 없습니다. 예로부터 미신을 타파하기 위해서 많은 과학자가 희생되었습니다. 많은 어질고 의로운 지사들도 진보를 위해서 희생되었습니다. 희생을 두려워한 나머지 의회정책을 취하는 자는 부디 사회당을 해산하여 개량주의나 국가사회당에 들어가야 합니다.

다나카 쇼조(田中正造, 1841~1913)는 가장 존경할 만한 인격입니다. 앞으로 10여 년 후라도 그와 같은 사람을 의회에서 얻는 것은 어려울 것입니다. 그런데도 다나카 쇼조 옹이 20년간 의회에서 외친 결과는 얼마만큼 반향이 있었습니까. **여러분! 후루카와(古河)의 아시오 동광산 (足尾銅山)에 손가락 하나 가리키지도 못하지 않았습니까. 그런데 아시오의 노동자는 3일 동안에 그만큼의 일을 해냈습니다. 그뿐 아니라 일반 권력 계급을 전율시키지 않았습니까.** (박수) 폭동은 나쁩니다. 하지만 의회 20년의 목소리보다도 3일간의 운동에 효력이 있었던 것만큼은 인정하지 않으면 안 됩니다.

　저는 오늘 당장 파업을 하라고 하는 것이 아닙니다. 하지만 노동자는 단결과 훈련으로 충분히 힘을 기르지 않으면 안 됩니다. **오늘날 사회당이 의회 정책이나 의원의 힘을 믿느냐, 또는 노동자 스스로의 힘을 믿느냐와 같은 분기점은, 장래에 사회당이 부르주아지의 발판이 될지 그렇지 않을지 운명을 결정짓는 분기점이 됨을 믿습니다.** 저는 이 점에서 이 수정안을 제출한 것입니다. (박수)

〈幸德秋水氏の演說(一昨日社會黨大會に於ける)〉,

《日刊平民新聞》28, 1907년 2월 19일)

사회주의강습회 제1차 개회 연설

올해 6월에 류스페이 군[25]과 장지 군[26]은 중국 인민이 **겨우 민족주의를 알 뿐, 민생의 고통을 가늠하지 않고 근본적인 혁명을 추구하지 않기 때문에,** 사회주의강습회를 창설하여 이 취지를 토론하고자 했다. 8월 31일에 제1차 대회를 우시고메 구(牛込區) 아카기모토 정(赤城元町)의 청풍정(淸風亭)에서 개최했더니, 90여 명의 회원이 참가했다. 오후 1시에 개회하여 우선 류스페이 군이 개회 취지를 언급하고(《천의(天義)》[27] 제6기에 등재), 이어 장지 군이 당일 모임은 무정부주의를 자세히 논하기 위해 열린 것이므로, 일본의 고토쿠 슈스이 군에게 연설을 부탁하여 고토쿠 군의 경력과 주의를 말해 달라고 했다. 고토쿠 군은 이에 아래와 같이 연설했다.

....

25) **류스페이(劉師培, 1884~1919)** 중국 근대의 혁명가이자 학자로 꽝한(光漢)이라는 이름도 있다. 장쑤성(江蘇省) 사람으로 젊어서 고증학에 천재적 재능을 나타냈으나, 장빙린(章炳麟), 차이위안페이(蔡元培) 등과 접촉하면서 혁명 운동에 참여했다. 1907년 일본으로 망명하여 고토쿠 슈스이 등과 어울리면서 무정부주의를 주장하게 되었다. 이후에 청조에 붙어서 위안스카이(袁世凱) 시대에는 제정(帝政) 운동에 가담했다. 1917년에 베이징대학 교수로 취임했으나, 2년 후에 죽었다. 중국 사회주의 여성해방론의 선구자로 일컫는 허전(何震)이 그의 아내다.

26) **장지(張繼, 1882~1947)** 중화민국의 정치가. 허베이성(河北省) 출신이며, 1899년부터 두 차례 도일했으며, 1904년에 일본으로 망명했다. 1905년에 중국동맹회에 참가하여 기관지《민보(民報)》의 편집인 겸 발행인이 되었다. 1907년에 도쿄에서 류스페이와 사회주의강습회를 주최했고, 아주화친회를 창립했다(이에 대해서는 '옮긴이 해설' 참조). 1908년에 프랑스로 건너가 리스쩡(李石曾) 등과 잡지《신세기(新世紀)》를 창간했다. 이 무렵의 장지는 무정부주의에 경도되어 있었다. 신해혁명 이후 귀국하여 중국국민당에서 활약, 반공우파로도 알려져, 국공내전의 주요한 원인을 제공하기도 했다.

27) **천의** 류스페이, 장지, 허전 등 도쿄 유학생 그룹이 무정부주의를 주장하며 1907년 6월부터 발행한 반월간지.

저는 사회당원입니다. 오늘 여러분의 요청에 진심으로 감사드립니다. 또한 저는 일본인이지만, 같은 나라 사람이라도 종지(宗旨)가 다른 자는 적으로 간주하고 외국인이라도 종지만 같다면 아주 친한 친구로 간주하고 있으며, 이른바 국경 의식은 절대로 품고 있지 않습니다. 하물며 회장에 계시는 여러분들은 모두 인류의 자유와 공평의 도덕에 열심인 분이니, 최고로 행복할 뿐입니다. 다만 소생이 유감스러워하는 바는 말이 통하지 않는 것입니다. 그러나 멀지 않은 장래에 세계어가 통용되기 시작하면, 본래 이 연설처럼 통역할 필요도 없어지겠지요. 오늘 연설할 테마는 **사회주의의 일부인 무정부주의에 관해서**입니다. 또는 이야기가 류스페이 군과 중복될지도 모르겠습니다만, 지금은 다만 간단히 설명드리고자 합니다.

일반적으로 사회주의나 무정부주의의 기원은 대단히 오래되어, 중국, 인도나 유럽에는 고대에 모두 이 사상이 있었습니다. 다만 그것이 세계에 영향력을 가지는 것은 1860년대에 비롯되었습니다. 1864년에 유럽에 만국노동동맹회가 생기는데, 이 모임은 노동자의 행복을 도모하고 노동자의 지위를 향상시키는 것을 취지로 하여 마르크스가 창설한 것으로서, 토지와 재산을 모두 사유에서 공유로 바꾸자는 주장을 했습니다. 모임 내부에서는 이념은 거의 일치했지만, 실행 수단에는 차이가 있었습니다. 어떠한 나라에서도 인민의 개혁에 뜻을 둔 자들 사이에는 격렬파와 평화파가 있는데, 그 모임도 역시 그랬던 것입니다. **이 모임에서 평화파는 마르크스에게 속하고 격렬파는 바쿠닌에게 속했습니다.** 그 무렵 만국의 노동자 세력은 대단히 발전하는데, 그 후 20여 년 간 두 파가 다투었고, 그 결과 만국노동동맹회는 해산되고 말았습니다. 마르크스 씨에게 속하는 자는 **독일파**, 바쿠닌 씨에게 속하는 자는 **프랑스파**입니다. 전자는 국가의 힘을 이용하여 토지와 재산의 사유를 공유로 바꾸려고 했고, 후자는 국가와 정치의 힘을 이용하지 않고 다만 노동자 고유의 힘만으로 투쟁하고자 했는데, 여기에 양자의 차이가 있습니다. 그 후 독일파가 날로 번창하여 독일, 오스트리아에 세력을 미쳤고, 프랑스파의 세력도 라틴계 국가들(프랑스, 이탈리아, 에스파냐 등)에 퍼졌습니다. 더불어 프로이센-프랑스전쟁 후에 독일 총리 비스마르크가 위에서 언급한 두 파를 격렬히 탄압했는데, 바쿠닌 씨 일파에게는 특히 혹독했고, 또한 각국 정부에게 강력한 박해를 당했기 때문에 비밀 운동을 하지 않을 수 없었습니다. 하지만 비밀리에 운동하기 시작하면서 당원도 점차 늘어나 **마침내 오늘의 무정부당이 된 것입니다.**

본래 무정부주의가 사회주의와 다른 까닭은, 무정부주의가 노동자를 위하여 행복을 도모하는 데는 자본가를 일소하는 한편으로 모든 정부를 타도하지 않으면 안 된다고 보는 데 비해, 사회당의 생각은 정부의 힘을 빌려 토지와 재산을 공유로 한다는 점에 있습니다. 그러나 (후자는) 잘못하면 모든 토지와 재산이 정부에 집중되는 결과가 됩니다. 정부에 집중되는 한에서는, **예전에 소수 자본가에게 속했던 토지와 재산이 일변하여 통일적 정부에 속하게 됩니다. 이것은 단지 정부를 일대 자본가로 삼을 뿐만 아니라, 예전에 소수 자본가의 압제를 받았던 다수 노동자 모두를 이제 최대 자본가의 압제를 받게 하는 것이 됩니다.** 엄청난 불평등이 아닙니까. 이것이 무정부당이 이에 반대하는 이유입니다.

본래 무정부당의 목적은 **실수로 정부의 필요성을 믿는 일이 없도록 하는 데 있습니다.** 정부라는 것은 역사적으로 살펴보면 인민에게는 이점이 매우 적고, **다만 인민에게 폭력을 행사해 온 것에 지나지 않습니다.**

정부가 기대는 것은 우선 무엇보다도 법률의 준수에 있습니다. 그러나 법률이 유익한지 무익한지는 크로포트킨이 가장 설득력 있게 설명하고 있습니다. 법률은, 인민 고유의 도덕과 감정에 의거하여 그것을 법률의 틀 안으로 처넣은 것일 뿐이다, 법률이 있어도 인민 고유의 도덕과 감정은 절대로 이로써 발전하지는 않으며, 겉보기에는 인민에게 유익한 것 같아도 실은 인민을 속이고 있을 뿐이라고 했습니다. 따라서 **법률은 인민을 이롭게 하는 것이 적고, 정부를 이롭게 하는 것이 많습니다.** 한 가지 예로 일본제국의회를 보면, 해마다 제정되는 법률은 40, 50종에 달하지만, 이익을 얻는 자는 정부와 귀족과 자본가뿐입니다. 평민의 빈곤은 나날이 심해지고 부자의 이익은 나날이 늘어나는 것입니다. 법률이 인민에게 무익하다는 확증이 아닐까요. 더욱이 법률은 그 본성이 평민에게 적용할 경우에는 무겁고, 귀족과 자본가에게 적용할 경우에는 가볍습니다. **오로지 귀족과 자본가는 법률의 보호 안에 있고, 인민은 보호 밖에 있는 것과 같습니다.** 슬픈 일이 아닙니까. 또한 법률은 인민에게 이익이 없을 뿐만 아니라, **본래 진보를 방해하는 것입니다.** 법률은 본성이 적극적인 면은 적고 소극적인 면이 많아서, **오로지 눈앞의 이익을 도모할 뿐이지 장래의 결과까지는 도모하지 않으며, 진화의 일반 사례에 역행하여** 겨우 인민을 억눌러서 반항하지 못하게 하는 것일 뿐입니다. 인민이 반항을 못하는 이유는 경찰과 육군이 견제하기 때문으로, 무슨 일이든 끼어들어서는, **하면 안 된다거나, 절대로 하지 말라고 하는 식이라, 이것들은 모두 진보를 저해하는 것입니다.** 그러므로 지금은 인민이 법률에 반항하는 것이야말로 장래의 진화를 위한 근본인 것입니다. 이것이 정부의 해악 중 가장 큰 것입니다.

그 다음은 징세입니다. 징세의 본뜻은 인민의 재력을 정부로 거두어들여서 민간 자본을 빨아들이는 것일 따름입니다. 그러나 세금이 무거우면 백성은 죽게 되고 세금이 가벼우면 백성은 생활할 수 있습니다. **그래서 정부는 징세할 때에 인민을 반사반생(半死半生)의 상태에 두고자 합니다.** "연공(年貢)을 징수할 때에는 백성을 살리지도 죽이지도 않을 지경에 두어야 한다"고 한 일본의 도쿠가와 이에야스(德川家康)의 말은 참으로 절묘한 표현입니다. 그러므로 징세해 두고 표면적으로 실업을 장려하고 농상(農商)을 진흥한다고 해봤자, 실은 생산된 재화는 모두 윗사람의 몫이 되어 백성을 기만하는 수단밖에 되지 않습니다. 더불어 관리의 수입은 모두 백성에게서 징수합니다. 관리가 부유한 이상, **사람들이 모두 관리가 되고자 하는 것도 부유해지고 싶기 때문입니다.** 그러나 인민이 위에 있는 자에게 고혈을 빨리는 이상, 가난해지고 싶지 않아도 어떻게 피할 수 있겠습니까. 이것이 정부의 두 번째 해악입니다.

하물며 지금의 정부는 다수의 인민을 압제하기 위해서 무엇보다도 우선 소수의 자본가와 결탁해 있습니다. 소작인이나 노동자 같은 모든 노동 인민은 다 자본가의 슬하에 눌려 있고, 자본가는 그들을 단속할 압제권을 가지고 있습니다. **정부도 그 힘을 이용하여 간접적으로 모든 노동자를 압제하려고 하며,** 또한 자본가를 이용하지 못하게 될 것을 고려하여 법률을 제정하여 자본가를 보호하는 것입니다. 치안경찰법 조문에는 "만약 노동자가 자본가에게 반대하면 노동자는 반드시 처벌되지만, 자본가가 노동자를 해고하는 것은 죄가 아니다"라고 되어 있습니다. 최근의 아시오 광산 폭동을 예로 들면, 이 광산은 본래 자본가의 사유재산인데도 정부는 병력을 출동시켜서 원조하고 체포까지 했습니다. 또한 옛날 러일전쟁 전에 개전을 결정한 것은 모두 소수의 자본가이고 노동자는 참여할 수 없었는데도, 정부는 재화를 제공하는 대가로 자본가에게 특권이나 상업 면의 이익을 부여했고, 자본가들이 재화를 원조하자 노동 인민을 강제로 전장에 내보냈던 것입니다. 이것은 모두 자본가에게 유리하고 평민에게는 불리한 것입니다. 만약 인민이 노동 쟁의를 벌이면 법률에 따라 간섭하고 때로는 감옥에 처넣기도 합니다. **어찌 정부가 소수의 자본가를 이용해서 다수의 빈민을 압제하지 않는**

일이 있겠습니까. 이런 일은 이전의 중국에서는 볼 수 없었을지 모르지만, 최근에는 정부도 남양(南洋)의 상인을 장려해서 이용하려고 하고 있어서, 앞으로 반드시 자본가를 이용해서 평민을 압제하는 날이 틀림없이 올 것입니다. 이것이 정부의 세 번째 해악입니다.

이상의 내용으로 보자면 정부가 만악(萬惡)의 근원임은 명백합니다. 그런데 정부가 악하다면 어째서 역사상에 선량한 정부가 있는가 하고 묻는 자가 있습니다. 그러나 이것은 결코 정부가 선량한 것이 아니고, 정부를 조직하는 인물이 선한 것일 뿐입니다. 하물며 진실로 인민의 행복을 도모하는 명군(名君)과 훌륭한 재상(良相)은 백년, 천년에 한 사람도 나오지 않습니다. 우리들은 그와 같은 인물을 바라며 정부를 남겨두어야 할 필요가 없습니다. **그러므로 정부에 인물을 얻기를 바라는 것은 모두 우매한 견해인 것입니다.** 또한 전제 정부는 나쁘지만, 입헌이나 공화라면 그렇게 나쁠 것도 없다고 하는 자가 있습니다. **하지만 전제는 본래 나쁜 것이지만, 입헌이나 공화도 역시 최선은 아닙니다.** 일본, 영국, 독일, 오스트리아 등은 이름은 입헌이지만, 실은 역시 군주와 자본가의 이익을 도모하는 것일 뿐입니다. 프랑스, 미국 등은 공화국이기는 하지만, 지금의 프랑스 총리 클레망소(Georges Clemenceau, 1841~1929)는 예전에 민당 시절에는 자유주의의 입장을 취했는데 내각을 조직하고 나서는 노동자를 탄압하고 있고, 미국 대통령 루스벨트는 본래 의협심이 강하기로 유명했는데 지금은 정부를 통해 부자와 결탁해 있습니다. 이렇게 된 것은 오로지 선거에서 부자들의 표를 다수 획득하고자 하기 때문입니다. 그 결과로 평민에 대한 압력은 나날이 강화되어 갔습니다. **선인이든 악인이든 상관없이 한번 정부에 들어가면, 모두 악인으로 바뀌어버리는 것입니다.** 하물며 정부의 기원을 따져보면, 소수의 야심가나 한두 명의 영웅호걸이 창시한 것에 지나지 않으며, 상호 경쟁에 의해 불평등한 정부를 수립하고 인민의 머리 위에 군

립하다가 점차 세월이 흘러 습관이 된 것입니다. 한번 생각해보세요. 예수는 네 이웃을 네 몸과 같이 사랑하라고 했고, 공자는 자기가 원하지 않는 바를 남에게 행하지 말라고 했습니다. 그 도리는 아주 간명한데, **어찌 한 사람이 다수의 인민을 통괄해도 되는 도리가 있겠습니까. 또한 어찌 다수의 인민이 한 사람에게 복종하는 도리가 있겠습니까.** 인민에게는 모두 자치 능력이 있는데도, 다수의 인민을 모두 정부에게 다스리게 하거나 한다면 그들을 어린아이로 여기는 것이 아니겠습니까. 그러므로 인민은 반드시 정부의 지배에서 벗어나서 개인의 자치를 확립해야 하며, 개인의 자치를 확립해야만 무정부가 실현될 수 있는 것입니다.

　지금의 이 주장에 반대하는 자는 무정부가 되면 법률과 질서가 없이 서로 쟁탈하고 살육하는 참화가 틀림없이 점차 증가할 것이라고 합니다. 그러나 실제로는 그렇지 않습니다. 대개 인류는 안락하고 단란한 생활을 바라지 않는 자가 없으며, 더욱이 서로 친목하는 천성을 가지고 있지, 잔인한 살상을 본성으로 하지는 않습니다. 그런데도 지금의 정부는 오히려 인류의 본성 발달을 저해하고 있습니다. 지금 이것을 제거하기만 하면 **인류는 함께 안락한 생활을 향수할 수 있겠지요.** 어찌 서로 살육할 도리가 있겠습니까. 또한 생물계를 생각해보면, 대개 동식물 중에 서로 싸우고 서로 죽이는 것을 본성으로 하는 종족은 반드시 수가 늘지 않습니다. 호랑이나 늑대 같은 것이 그렇습니다. 상호부조의 감정이 있는 종족은 수가 반드시 증가하여 생존에도 적합합니다. 벌레나 개미와 같은 것이 그렇습니다. 지금 인류와 호랑이나 늑대를 비교해보면, 인류는 잔인한 천성이 그다지 심하지는 않으며, **상호부조의 감정을 지니고 있습니다.** 예를 들면, 오늘 참석한 여러분들은 완전히 무정부의 제도 아래에 있는 것과 마찬가지라서, 나오든 물러가든 앉든 서든 모든 것이 자유롭고 서로 속박하는 규칙이 없는데도 어째서 살해나 투쟁의 사태가 발생하지 않을까요.

또는 공산제는 고대에 행해졌는데, 어째서 시행되자마자 무너지고 정부를 세우게 되었는가 하고 묻는 자가 있습니다. 그런데 고대 사회에는 농공상의 모든 생업은 아직 발달하지 않았고, 그래서 생산물은 대단히 적어서 실업자가 많고, 또한 생산된 것은 인류의 수요를 충족시키기에는 역부족이었습니다. 그래서 밖으로 나가서 서로 싸워서 다른 부족의 재산을 겁탈하거나 다른 종족을 노예로 삼거나 하면서 오랜 세월이 지났습니다. 거기에 수령 정치가 흥하여 **수령끼리 서로 싸우게 되자, 국경을 구획하고 정부를 설립하여** 국가와 정부는 없으면 안 된다는 거짓말을 만들어냈습니다. 그 거짓말이 널리 퍼진 결과로 정부의 세력이 확립된 것입니다. 즉 공산 제도가 정부 제도로 바뀐 것은 **실은 오로지 생산력 부족이 원인이었습니다.** 이제 인민은 진화했고 농공상의 모든 생업도 나날이 발전하여 생산력은 고대에 비하여 당장 백 배 정도가 아니라 사회의 생산물을 모든 인민에게 분배해도 부족할 위험은 결코 없습니다. **그러므로 지금 행하고자 하는 공산제를 고대 공산제에 비교하면, 반드시 더욱더 완전한 것입니다.** 어찌 여기에 의심의 여지가 있겠습니까.

혹은 또 동물은 원래 법률을 가지지 않지만, 인류는 계급 사회가 개시됨과 동시에 법률을 가지게 되었기 때문에 오랜 습관이 되었는데, 별안간에 이것을 폐지하면 결국 분쟁의 단초가 될 것이라고 우려하는 자가 있습니다. 그런데 실은 근대의 계급 제도란 자본가와 노동자의 두 종류뿐이고, 따라서 근대의 분쟁의 역사는 **모두 자본가와 노동자의 충돌입니다.** 만약 이 계급을 없애기만 하면 **투쟁은 저절로 멈추게 되는 것입니다.** 정부에 이르면, 군주나 대통령, 장관, 관리가 평민 위에 서서 계급을 달리하여 평민에게 복종의 지위를 강요하므로, **평민은 끊임없이 싸움을 거는 것입니다.** 만약 이 계급을 없애고 인류가 평등해지면,

분쟁도 일어나지 않겠지요. 만약 법률을 폐함으로써 싸움이 늘 것을 우려한다면, 법률이 복잡한 곳일수록 그만큼 분쟁이 많고, 법률이 엉성한 곳일수록 그만큼 분쟁이 적다는 사실을 들 수 있습니다. 중국과 일본의 상인 중에 남양으로 향하는 자는 법률의 보호를 받지 않고 오로지 고유의 도덕으로 서로 돕고 서로 신의를 지키고 교제하면서 더욱이 상업도 날로 번성하고 있습니다. 또한 일본의 법률은 점차 복잡해져서 도쿄 부근에서는 간섭이 대단히 엄한데도 도적이나 살인 사건은 끊이지 않는데, 오히려 시골을 보면 어리석은 민중들은 법률이 무엇인지도 모르면서도 친목의 기풍이 지금도 여전히 존재하여 쟁탈의 단초는 발생하지 않습니다. 설령 이것을 프랑스, 미국, 독일에 적용해보더라도, **대개 법률의 간섭이 미치지 않는 지방에서는 인민의 도덕이 도시 인민보다 훨씬 위입니다. 어찌 인민이 본래 정치에 의지하지 않기 때문이 아니겠습니까.** 더욱이 여기 모이신 여러분들 중 대부분은 자유 사상을 가지고 계십니다. 그런데 만약 개회 때 경관이 갑자기 와서 멋대로 간섭하거나 또한 청나라 공사가 회장에 와서 탄압하려고 한다면, 여러분은 그것을 감수하지는 않을 것입니다. **이것은 법률을 반기지 않는 마음이 인류에게 공통으로 구비되어 있다는 사실을 증명하는 것입니다.** 법률을 폐지한다고 해서 어찌 서로 상해를 하고 참살하게 될 리가 있겠습니까. 이상이 모두 정부를 설치할 필요가 없는 이유입니다.

그러나 이 문제에 의심을 품는 자는 반드시 또 다음 두 가지를 힐난해 올 것입니다. 첫 번째는 무정부인 이상은 만약 그 틈을 노리고 일어서는 야심가가 있으면 반드시 따로 정부를 세울 것이라는 주장이고, 또 하나는 중국이 무정부를 실행하면 정부가 있는 이웃이 반드시 분할하려고 일어설 것이라는 점입니다. 이것은 모두 간단히 해결할 수 있는 문제입니다.

본래 세계의 대야심가는 백년에 한 사람이나 천년에 한 사람밖에 나오지 않는 법입니다. 만에 하나 그런 대야심가가 출현하고 말았다고 해도 **수천 년 고유의 정부를 전복할 수 있었던 인민의 실력으로 어찌 신생 정부를 전복할 수 없겠습니까.** 이것이 야심가를 우려할 필요가 없는 이유입니다.

분할 같은 주장은 훨씬 우려할 필요가 없습니다. **대개 인민이 타국에 맞서 방어하려고 한다면, 결코 정부의 힘에 의지하지 않는 법입니다.** 프랑스혁명 때에 루이 16세는 프로이센, 오스트리아에서 군대를 빌렸지만, 결코 인민의 힘에 대항할 수 없었습니다. 또한 나폴레옹 3세 같은 자는 정부가 정비한 정예 병사로 프로이센과 싸웠다가 결국 패배했지만, 프로이센군이 파리를 포위하자 프랑스 인민은 남녀노소를 불문하고 위기에 빠진 성을 지켜내고 결국 견뎌냈던 것입니다. 어찌 인민의 손에 의한 방어가 정부보다 훨씬 뛰어나지 않겠습니까. 하물며 프랑스혁명은 여전히 소수자의 혁명이었지만, 만약 무정부를 실행한다면 그것은 다수자에 의한 혁명입니다. 나아가 각국의 민당에는 이 뜻을 품은 자가 대단히 많기 때문에, 만약 중국이 정부를 없애고 일본이 그것을 잇는다면 서구의 여러 민당은 이에 따라 행동하여 자신들도 그 정부를 틀림없이 전복시킬 텐데 **어찌 중국을 분할하거나 하겠습니까.**

더욱이 역사적인 사실에 비추어보면, 프랑스대혁명이 영국, 프로이센, 오스트리아, 이탈리아 각국에 심대한 영향을 끼쳐 **혁명이 전염병 이상으로 빠르게 만연한다는 것을 증명했습니다.** 본래 정치혁명조차도 널리 타국에까지 파급되니까 **무정부의 영향에 대해서는 말할 필요도 없을 것입니다.** 생각건대 무정부주의에 저항하는 것은 각국의 인민이 아니라 각국의 정부뿐입니다. 러일전쟁 때 러시아 인민이 총동맹파업을 일으키자, 러시아 황제는 독일 황제와 결탁하여 양국 정부가 힘을 합쳐 그것을 진압하려고 기도했습니다. 그러나 독일의 민당도 역시 러시아 인민과 통해서 독일이 만약 러시아를 돕는다면 민당이 국내에서 소요를 일으키겠다고 했고, 프랑스, 에스파냐의 무정부당도 마찬가지로 호응의 목소리를 냈기 때문에, 독일 황제의 계획은 결국 좌절되었습니다. 한 나라가 무정부가 되면, 각국의 무정부당도 마찬가지로 반드시 결연히 일어나 그 정부와 적대하는 것입니다. 그 정부가 강하더라도 어찌 타국에 간섭할 여력이 있겠습니까. 이것이 이웃나라로부터의 분할을 우려하지 않아도 되는 이유입니다.

이제 세계 각국에는 모두 무정부당이 존재합니다. 그러나 현실에 입각해보면, 무정부를 실행하는 것은 **프랑스가 최초임에 틀림없습니다.** 프랑스 인민은 우리 몸의 안락을 돌아보지 않고 무정부주의의 선전을 천직으로 삼고 있으며, 또한 군대를 민당 탄압의 도구라고 하여 **비군비주의**(anti-militarism)**를 창시했고,** 나아가 군인들을 향해 비밀리에 운동을 해서 그 취지를 선전하고 있기 때문입니다. 그밖의 각국에서도 최근에는 프랑스 인민의 방식을 본받고 있습니다. 대개 정부에 육군이 있는 것이 민당 방해의 첫 번째 억지력이기 때문입니다. 이제 이것도 포함해서 폐지하면, 무정부의 실행은 대단히 쉽습니다. 만약 한 나라가 무정부가 되면, 각국의 무정부당은 모두 성공할 수 있을 것입니다. 아마도 이것이야말로 세계 변천의 자연스러운 추세일 것입니다.

더욱이 다른 종류의 혁명에는 모두 민족과 국가의 경계가 남는 법입니다. 미국은 민주국이라고 하지만, 중국인을 배척하고 최근에는 나아가 일본인도 배척하고 있습니다. 그러나 무정부당에서 보면, **내셔널리즘과 적대하는 것입니다.** 무정부주의는 세계 만국을 하나로 간주하여, **이른바 국경도 없거니와 민족도 없기 때문입니다.** 이념이 같으면 형제처럼 서로 사랑하고 이념이 다르면 원수처럼 서로 다툽니다. 그러므로 세력이 나날이 확대되고 있는 것입니다. 최근에 독일 황제 빌헬름 2세는 스스로 영웅을 자임하고 있지만, 무정부당에 대해서는 종종 감탄하는 마음을 품어 "무정부당은 잘도 만국의 인민을 규합하여 일개 단체로 삼고 있는데, 정부 쪽에서는 만국의 대동맹을 만들지 못하고 있다"고 주장하고 있습니다. 이 말로 판단하면, **각국 정부의 단결력은 무정부당에 훨씬 못 미치고, 그런 까닭에 장래에 무정부주의가 반드시 만국에 널리 시행될 것을 예측할 수 있는 것입니다.**

덧붙여 중국과 일본은 지리적으로도 가깝기 때문에 여러분이 만약 이 이념을 신봉한다면, 앞으로 두 나라 국민은 함께 상호부조하며 상호 운동할 수 있습니다. 강고한 연합이 생긴 후에 무정부주의의 실행을 촉진하는 것, 이것이 전부터 제가 강하게 희망한 것입니다.

그런데 이야기를 조금 더 자세히 하면, **무정부당의 인격과 사회당의 인격은 결코 같지 않습니다.** 사회당원은 노동 사회에 국회의원 선거의 권리를 갖게 하고자 합니다만, 실은 권리 획득으로 노동 사회를 기만하고 있는 것으로, 곧 **사리사욕의 마음에서 하고 있을 따름입니다.** 그 인격의 비열함을 어찌 할 수 있겠습니까. 한편, 무정부당원은 오로지 공공의 자유를 추구할 뿐이므로, 빈곤한 처지에 있고 일신의 명예와 행복을 희생하여 공중의 행복을 도모합니다. 이것이 사회당과 다른 섬입니다. 따라서 인격에 천양지차가 있는 것입니다. 더욱이 동방 인종 중에는 **입으로는 혁명을 외치지만, 실은 제왕, 대통령, 장관이나 관리가 되려는 야심을 품는 자가 많습니다. 이것은 자기 한 사람을 위해서 하는 것이지, 인민을 위해서 하는 것이 아닙니다.** 이것이 동방 인종의 인격 중 가장 불순한 점입니다. 이제 인격을 개선하고자 한다면, 첫 번째로 중요한 것은 우선 이욕이나 명예욕, 권위 의식을 버리는 것입니다. 아울러 안락에 집착하는 마음을 끊고 자기 한 사람을 위해서 행복을 도모하지 않고 고상한 인격을 길러야 합니다. 그렇게 하면 거의 무정부 당원이 될 수 있겠지요.

저는 본래 사회주의를 신봉했습니다만, 미국 대륙을 돌아다니면서 각국 민당과 교류하며 무정부당의 인격이 사회당보다 훨씬 위에 있음을 깨닫고, 그저 사회주의를 견지하는 데 급급한 자들에게 커다란 불만을 품게 되었습니다. 하지만 우리나라에서는 제 뜻을 충분히 전할 수 없었습니다. 지금 여러분들의 초대를 받았기 때문에 거리낌 없이 평소부터 말하고 싶었던 것들을 낱낱이 여러분들 앞에서 말씀드렸습니다. 여러분들 중 만약 이 주장을 믿는 분이나 의심하는 분이 계시다면, 모두 그때그때 질문해주시기 바랍니다.

(〈社會主義講習會第一次開會 幸德秋水君 演說稿〉,《天義》6, 1907년 9월)

병환 중의 망언

1

그리운 고향 산천의 청년 여러분들이여. 나는 도사(土佐)에서 태어난 일개 사회주의자다. 멋대로 굳은 뜻을 품어 타향에서 떠돈 지 이제 20년. 최근에 숙환을 고치고자 하타 군(幡郡) 나카무라(中村)로 돌아와 누워 있다. 생각건대 여러분들 중에 나와 성정, 취미, 사상을 같이하는 자는 그다지 많지 않겠지만, 그래도 나는 이번 기회에 여러분들과 이 지면에서 깊이 대면할 수 있음을 영광으로 생각한다. 여러분들이 병들어 누운 나의 지껄임을 들어줄 아정(雅正)한 마음이 있는지 없는지를 나는 아직 모른다.

고향 산천의 청년 여러분들이여. 40년 전 봉건 타파의 혁명가, 20년 전 헌정 창시의 혁명가의 피는 여러분의 혈관에 끓고 있는 피가 아닌가. 하지만 너무나도 의심스럽다. 요즘 여러분들은 혁명이라는 말을 전혀 입에 담지 않는다. 우리 도사의 청년 여러분은 과연 혁명을 애호하지 않는가.

여러분들은 혁명을 애호하지 않는가. 나는 혁명을 몹시 애호한다. 대개 지금의 세계 인류가 누리는 자유와 권리, 문명과 행복은 무엇보다 과거의 여러 혁명이 우리들에게 하사한 것이 아닌가. 만약 과거에 그 혁명들이 터져 나오지 않았다고 해보자. 세계는 20세기의 오늘날에도 여전히 악독한 군주와 어리석은 노예의 집합에 지나지 않을 것이다. 그렇지 않다면 곧 누런 띠와 허연 갈대만이 끝없이 펼쳐진 폐허였을 것이다. 그렇다. 혁명은 진보다. 나는 인류의 진보를 희구한다. 그러므로 혁명을 몹시 애호한다.

여러분들도 마찬가지로 혁명을 애호한다고 말하는가. 크롬웰의 전기, 미국 독립전쟁사, 프랑스 대혁명사, 48년 혁명사, 코뮌 봉기사, 메이지 유신사, 자유당사를 읽고 눈이 부릅떠지고 머리카락이 곤두섰다고 말하는가. 이것은 본래 좋은 일이다. 하지만 이것은 과거의 혁명이다. 역사의 혁명이다. 여러분들은 단지 과거의 혁명, 역사의 혁명을 애호하고 장래의 혁명, 살아 있는 혁명을 애호하지 않는가.

유럽 무정부당의 원조 바쿠닌 선생이 명저인 《신과 국가》의 서두에서 갈파하여 말하기를, 진보의 요소 세 가지는 노동과 사상과 반항(revolt)이라고 했다. 노동은 곧 생산을 의미하고 사상은 학술을 의미하며 반항은 혁명을 의미한다. 지금 생산은 넘쳐흐른다. 학술은 발달했다. 부족한 것은 반항의 정신뿐이다. 보라. 생산이 허다해도 항상 부귀한 자에게 농단당하고, 학술이 발달해도 오로지 부르주아지에 독점당하여 그 혜택이 일반 인민에게 미치지 않는 것은 오로지 그것들이 반항 정신을 누락시켰기 때문이 아닌가.

과연 오늘날의 사회는 여전히 반항 정신의 진작이 필요하다. 혁명 기풍의 발흥이 필요하다. 세상이 진보를 요구하는 동안은 혁명은 죽지 않는다. 장래에 이것이 없지 않을 것이며, 지금도 이것이 없지 않을 것이다. 바라건대 여러분들과 혁명을 이야기하고자 하는데 괜찮겠는가.

2

청년 여러분들이여. 고치 현(高知縣)은 실로 태평하다. 하지만 일본 전국은 이렇게 태평하지만은 않다. 일본 전국은 어쩌면 태평할 것이다. 동양의 각국, 서구의 여러 나라는 결코 이렇게 태평하지만은 않다.

여러분들은 의원이나 선거나 정당 이외의 정치를 조금도 모르지는 않을 것이다. 주식이나 투기나 보조금, 불하 이외에 진정한 민생의 경제를 깨닫지 못하는 것도 아니다. 귀족, 부호, 학자, 신사 이외에 다수 인류의 진정한 생활을 생각하지 않는 것도 아니다. 과연 이와 같다면 여러분들은 반드시 막부 말기 당시, 민권 운동 당시에 여러분의 조상이 조우한 것보다 훨씬 무섭고도 용감한 혁명의 노도 광란 속에 서 있다는 것을 발견할 것이다.

사회주의는 혁명주의다. 사회주의자는 혁명가다. 경시청의 작년 조사에 따르면, 전국의 사회주의자가 2만 5천 명이라고 한다. 원래 경시청은 항상 아무것도 아닌 일에 놀라는 법이다. 추측건대, 그들이 사회주의자로 간주한 자들 중에는 사회 정책가나 국가사회주의자가 다수 포함되어 있으므로, 진정한 사회주의자는 대단히 소수일 것이다. 하지만 가령 진정한 사회주의자를 경시청 조사의 3분의 1이라고 보아도 8천을 내려가지 않으며, 내가 어림잡아 보아도 5천은 훨씬 넘을 것이다. 그리하여 그들은 전국 각 부현, 각 계급 중 거의 없는 곳이 없으며, 또한 해마다 급속하게 증가하고 있는 것이 사실이다.

그러므로 나는 명백히 단언한다. 지금 일본에 혁명가가 없고, 혁명의 징후가 없고, 혁명 운동이 없다. 혁명은 과거의 것이고 역사의 것이라고 생각하면 대단한 오류다. 문명의 일본, 전승의 일본, 가라후토(사할린)를 영유하고 조선을 보호하는 일본, 미쓰이와 이와사키의 일본에도 혁명은 확실히 생생한 문제다.

눈을 돌려 중국을 보라. 한인(漢人)은 결코 '빈사의 병자'가 아니다. '잠자는 사자'는 이제 막 깨어나려고 한다. 문명의 도입은 국민적 자각을 촉구함과 동시에 한편으로는 민주 사상, 권리 사상, 혁명 사상을 양성하여 중류 자제가 서로 이끌어 혁명 운동에 투신하는 상황이 마치 1860년대 러시아 혁명 운동의 초기를 방불케 하는 감이 있다. 그리고 프랑스와 일본 등에 유학하거나 망명한 혁명당 청년 다수에 이르면, 이미 구시대의 만주인 배척, 중국 회복, 헌정 창시나 공화 정치에 만족하지 않고 나아가 이른바 민생주의, 즉 사회주의를 주장하지 않는 자가 없고, 가장 진보한 자들에 이르면 공산적 무정부주의나 개인적 무정부주의조차 열심히 앞장서서 외치며, 수만 권의 잡지나 소책자를 끊임없이 그 본국으로 밀수입하고 있다. 이리하여 중국이 머지않아 세계 혁명 사상의 제2의 러시아가 되리라는 것은 조금이라도 식견이 있는 자라면 결코 의심하지 않는 바다.

인도의 독립 운동이 지난 3, 4년 동안 갑자기 작렬하여 영국 정치가를 곤혹스럽게 만들고 있는 것은 신문에 여러 차례 보도되었다. 나는 도쿄에 있으면서 많은 인도 청년을 보았다. 그들은 모두 품격이 있고 기개가 있고 학식이 있는 유망한 혁명가로서, 어쩌다 이야기가 도탄에 빠진 고국 민생에 이르면, 깊은 탄식과 괴로움에 눈물을 흘리고 만다. 그리하여 그들도 마찬가지로 영국인 배척, 국가 독립이라는 것에 만족하지 않고 나아가 사회주의, 무정부주의를 향해 달리지 않는 자가 없다. 그들은 영어를 잘하고 영문을 읽는다. 혁명 사상의 양성과 보급, 신문 잡지의 발행 등, 중국인에 비해 몇 배나 더한 이점이 있다. 혁명적 안광에서 보면, 인도인의 앞날에는 찬연한 광휘가 있다.

필리핀인, 베트남인, 조선인 중에 또한 기개가 있고 학식이 있는 혁명가가 결코 적지 않다. 그들의 운동이 단지 한 나라의 독립, 한 민족의 단결 이상으로 나오지 않는 동안은 그 세력이 아직 보잘것없을지라도, 만약 동양 각 민족의 혁명당이 안중에 국가의 구별이 없고 인종의 구별도 없이 곧바로 세계주의, 사회주의의 기치 아래 대연합을 형성하기에 이른다면 20세기의 동양은 실로 혁명의 천지가 될 것이다.

이제 동양 각 민족의 혁명가들은 지금의 국회, 선거, 상업, 경제에 결코 의지할 수 없음을 천명했다. 그들은 지금의 정치 조직, 사회 조직에 절망했다. 그들은 지금의 정치 조직, 사회 조직 바깥에서 민생 행복의 길을 찾고자 한다. 실제로 현회(縣會) 의원 선거에서조차 수천 금을 던지지 않으면 안 되는 날임을 목도하면 그들의 절망도 이유가 없지 않다.

3

도사의 청년 여러분들이여. 일본이나 동양뿐만 아니라, 서구 각국에 이르면, 혁명의 기운이 한층 더 농후해지고 있지 않은가.

알렉산드르 2세가 청년 혁명가의 폭탄에 부서져서 네바 강가의 눈처럼 사라진 지 이제 20여 년. 그동안 시해 음모, 반란의 선동이 하루도 멈추지 않으니, 러시아 인민의 역사가 바로 혁명의 역사라는 것은 여러분들이 잘 알고 있는 그대로다.

독일 빌헬름 1세가 전승의 여광과 연방 통일의 공적이 혁혁한데도 혁명가들에게 저격당한 것이 두 차례. 민첩하고 총명함이 원숭이와 같은 현 황제(빌헬름 2세)에 이르면 독일 황제는 거의 전 유럽 평민들에게 증오의 표적이다. 사회당 의원은 옥좌에 예를 다할 것을 수긍하지 않으며, 전국의 '신민' 가운데 불경죄로 구속된 자가 해마다 2천, 3천을 헤아리지 않는가.

오스트리아는 황후가 암살당하지 않았는가. 이탈리아도 황제가 암살당하지 않았는가. 프랑스도 대통령이 암살당하지 않았는가. 에스파냐도 황제를 향해 폭탄이 투척되었고, 미국도 대통령이 저격당하지 않았는가. 이와 같이 서구의 제왕 통치자들은 하루도 근심 없이 편안하게 누울 수가 없다. 도사의 청년 여러분들이여. 이것이 어찌 진정한 문명, 진정한 태평의 징후라고 할 수 있겠는가.

평민의 계급적 자각은 더욱더 뚜렷해졌다. 반항심은 더욱더 왕성해졌다. 단결은 단결을 잇고 파업은 파업을 잇고 봉기 폭동은 봉기 폭동을 잇고 있다. 서구 각국은 대개 헛된 날이 없다. 작년(1907년)에 파리 전기 노동자들이 하룻밤 파업을 벌여 파리 전역을 암흑으로 만들어 모든 인간의 활동을 정지시킨 것을 보지 못했는가. 유럽 각 항구에 퍼진 선원들의 연합파업을 보지 못했는가. 루마니아와 이탈리아 각지의 농업 노동자들이 감행한 대파업을 보지 못했는가. 영국의 철도 노동자 활동, 아일랜드의 노동자 소요를 보지 못했는가. 이것이 어찌 진정한 문명, 진정한 태평의 징후라고 할 수 있겠는가.

독일이 러시아 내란에 간섭할 수 없었던 것은 왜인가. 사회당의 항의와 반란을 꺼렸기 때문이다. 모로코 문제가 전쟁 파열로 이어지지 않은 것은 왜인가. 관계 각국의 사회당이 이 기회를 타는 것을 꺼렸기 때문이다. 평화회의 개설은 왜인가. 각국 모두 국내 노동자 운동을 진압하는 데만도 하루가 부족해서 밖으로 태세를 갖출 여력이 없기 때문이다. 영국 자유당이 조지 반스를 입각시킨 것은 왜인가. 노동자의 환심을 사기 위함이다. 프랑스 클레망소가 브리앙(Aristide Briand, 1862~1932)과 비비앙을 입각시킨 것은 왜인가. 사회당의 반항을 완화하기 위함이다. 지금 어느 나라 정부, 어느 정치가를 불문하고 일일천하의 치평(治平)을 희구하고자 한다면 일단 사회 문제의 안배, 노동자 회유를 타산에 넣지 않으면 안 된다.

노동자는 부의 생산자다. 사회의 지지자다. 그들이 한번 기구나 농구를 내던지고 팔짱을 끼고 있으면 부르주아는 굶을 수밖에 없다. 사회는 해체될 수밖에 없다. 평민은 사회와 국가 전체를 살리고 죽이는 힘을 가지고 있다. 그들이 이러한 힘이 있음을 자각하는 날에는 그들은 정치가들의 거듭되는 구구한 보호, 자선, 회유, 농락, 조화에 속아서 만족하지는 않을 것이다. 노동자들은 실로 지금 자신들이 부양하고 지탱하는 국가 사회를 자신들 소유로 삼지 않을 수 없을 것이다. 이것이 어찌 일대 혁명의 기세가 아니겠는가.

그렇다. 서구의 빈부격차와 평민의 고통과 교육의 보급과 자유 사상의 발달은 평민들에게 점차 세력을 자각시켰다. 오늘날 서구의 평민 계급은 위대한 잠재력이 프랑스대혁명 이전의 중등시민(bourgeoisie)과 같고 우리 막부 말기 당시의 낭인(浪人)과 닮았다. 20세기의 천하는 장차 부르주아의 천하에서 평민 노동자의 천하로 변하려고 하는 것은 혜안이 있는 자가 이미 알아차린 바가 아닐 수 없다.

도사 청년 여러분들이여. 나는 더욱더 전율할 만한 일대 현상을 제시하여 서구 혁명 운동의 진행을 증명하지 않을 수 없다. 무엇인가. 비군비주의 운동이 그것이다.

4

도사 청년 여러분들이여. 여러분은 최근의 각 신문 외국 전보란에서 유럽 대륙의 정부들이 군비 반대주의나 군인 배척 운동을 진압하는 데 급급한 것을 읽었을 것이다. 각 신문의 군비 반대나 군인 배척이란 영어 anti-militarism을 번역한 것인데, 우리 일본 사회주의자들은 '비군비주의'라고 번역한다. 최근 유럽의 사회당, 무정부당이 열심히 앞장서서 외치는 일종의 이론을 말한다.

분명 군비의 비경제성, 전쟁의 비참함 때문에 군비의 제한과 폐지를 희구하고 만국 평화를 외치는 것은 어느 누구도 이론이 없으며, 만국평화회의 개최와 같은 것도 이러한 의미임에 틀림없다. 하지만 지금의 사회당, 무정부당의 비군비주의는 헤이그 평화회의에 참석한 외교가들의 평화론과는 다소 의의가 다르며, 군비 폐기 수단도 대단히 다르다. 이것은 여러분들이 주의해야 할 점이다.

그들은 군비의 막대한 경비에 반대할 뿐만 아니라, 경비 부담이 항상 다수 평민의 어깨 위로 떨어지는 데 반대한다. 그들은 전쟁의 비참함을 반대할 뿐만 아니라, 비참함이 항상 다수 노동자를 희생시키는 데 반대한다. 그들은 말하기를, 지금의 전쟁은 영토 확장을 위한 것이다, 영토 확장은 신시장을 개척하기 위한 것일 뿐이다, 신시장을 얻는 것은 오로지 자본가 부호를 위함일 뿐이다, 그러므로 전쟁으로 이익을 얻는 것은 귀족 부호뿐이며, 다수의 평민은 다만 노동과 혈육 같은 세금을 징수당할 뿐이라고 한다.

그들은 말하기를, 지금의 국가는 귀족 국가다, 지금의 정부는 자본가의 정부다, 지금의 정치는 지주의 정치다. 그러므로 애국심은 일종의 미신에 지나지 않으며, 평생 끊임없이 고생하며 입에 풀칠도 제대로 못하는 다수 평민에게 국가를 사랑할 이유가 어디에 있겠는가, 그리고 지금의 군비는 지금의 국가와 정부를 뒷받침하여 다수 평민을 압제하고 억압하기 위한 조직이다. 그러므로 노동자로서 진정한 자유 해방을 얻고자 한다면, 우선 국가, 정부, 귀족 부호의 무기이자 조아(爪牙)인 군비를 절멸시키지 않으면 안 된다, 적어도 군대의 전투력을 소멸시키지 않으면 안 된다고 말한다.

그들은 또한 말하기를, 만국 다수의 평민은 이해를 같이하는 형제자매다, 독일의 평민은 프랑스의 평민과 아무런 원한이 없다, 러시아의 평민은 영국의 평민과 아무런 원한이 없다, 서로 싸우고 서로 죽일 이유가 없다, 만약 이들 각국에 전쟁의 파열이 있다면, 이것은 귀족 부호의 공명, 사리, 야심을 위한 것일 뿐, 우리 다수의 평민은 그들의 야심을 위하여 재산을 버리고 목숨을 바칠 것을 수긍하지 않는다. 만약 전쟁 발발의 위기에 놓인다면, 현역 병사는 곧바로 탈주하여 종군하지 말라, 예비병은 결코 소집에 응하지 말라, 일반 노동자는 동맹파업을 단행하여 무기 제조, 군수 공급을 끊으려 하라고 말한다.

그들은 더욱이 말하기를, 외적 방어, 조국 수호를 위하여 설치되었다는 군대는 귀족 부호가 노동자의 반항을 제어하는 도구가 되었다. 지금 서구 도처의 동맹파업은 항상 군대를 파견하여 그것을 진압하지 않는

가. 병사들이여, 그대들 다수는 노동자 출신이 아닌가. 그대들이 일단 군복을 벗으면 우리들의 동포인 노동자가 아닌가. 그대들이 동맹파업 진압에 이바지하는 것은 그대들의 조국을 지키는 것이 아니라 자본가의 기계가 되는 것이 아닌가. 그대들의 적의 기계가 되어 굶주리고 헐벗은 그대들의 부모 형제 자매를 공격하는 것이 아닌가. 멈추어라, 그대들의 동포를 공격하는 것을. 멈추고, 오히려 그대들의 동포의 적을 공격하라. 만약 파업 노동자를 사격하라고 명령하는 사관이 있으면, 그대들은 기꺼이 총을 거꾸로 들고 이 명령을 내린 자에게 사격하라고 말한다.

유럽의 사회당, 무정부당은 이와 같은 사상과 논의를 견지하여 그것을 인민, 특히 병사들에게 고취하기 위하여 연설에, 격문에, 신문에, 책자에, 또는 공공연히, 또는 비밀리에 격렬한 운동을 시도하고 있다.

도사의 청년 여러분들이여. 이와 같은 사상과 논의가 민간에서 세력을 얻는다면, 국가, 정부, 자본가, 귀족, 다시 말해 지금의 권력 계급의 안녕을 위해서는 매우 두렵고 우려할 만한 것이 아니겠는가. 유럽 각국의 정부가 있는 힘을 다해 이 진압을 시도하는 것은 이상한 일이 아닌 것이다.

(〈病間放語〉,《高知新聞》1908년 1월 1일)

혁명 사상

동지 여러분, 오랫동안 소식을 전하지 못해 많은 죄를 지었다. 나는 지금도 여전히 숙환으로 도쿄 외곽의 누추한 집에 누워 있다. 정부는 네 명의 경찰을 상주시켜 집 앞뒤를 감시하게 한다.

하지만 동지 여러분, 정부의 경계가 엄중하고 우리들이 제대로 하는 일이 없는데도 혁명의 기운은 행인지 불행인지 날로달로 발걸음을 내딛고 있는 것 같다.

자유민권이 세계의 혁명 사상이던 시대는 지나가버렸다. 국민 통일이 세계의 혁명 사상이었던 시대 또한 지나가버렸다. 사회주의도 마찬가지로 국가적, 의회적 운동으로 변하여 거의 혁명적 성질을 상실하려고 한다. 그리고 이제 무정부 공산주의는 세계의 혁명 사상을 지배하기에 이르렀다.

일본의 국체는 만국에 탁월하다고 한다. 그렇다고 무정부주의적 혁명 사상의 발생을 우려할 이유가 없다고 할 수 있을까. 더욱이 세계 만국에 무정부주의를 발생케 하는 토양과 비료는 지금 우리나라에 모조리 갖추어져 있지 않은가.

이것을 물질계에서 보면, 정치 부패, 의회 타락, 조세 가중, 서민의 곤란 등 모든 것이 정부가 의지할 만한 것이 못 됨을 증명하는 유력한 재료가 아닌 것이 없다. 이것을 사상계에서 구하면, 과학 발달, 종교 쇠퇴, 청년의 번민, 자연주의 예술 등 모든 것이 지금 옛것의 파괴로 돌진하는 징후가 아닌 것이 없다.

무정부주의적 혁명 사상은 증오할 만하다, 가공할 만하다, 배척해야 한다, 공격해야 한다고 하지만, 이 이상이 이미 우리나라에서 발생했다는 것, 또는 들어왔다는 것은 의심할 여지가 없다. 만연하여 성장했다는 것은 무시할 수 없다. 진시황과 같은 영웅이 나온다고 하더라도 결국 이것을 어찌할 수 없을 것이다.

우리들은 지금 제대로 하는 일이 없다. 부끄러움의 극치다. 다행히 《평민평론》이 구마모토(熊本) 동지 여러분의 손으로 발행되었다. 바라건대 여러분의 그늘에 기대어 이 지상에서 이제 혁명 사상의 유래, 현황과 귀추를 연구하여 인류의 진보에 만분의 일이라도 공헌할 수 있기를 빈다.

(〈革命思想〉,《平民評論》1, 1909년 3월 10일)

조선 관련

포기인가 병탄인가 | 경애하는 조선
조선병탄론을 평하다 | 《만조보》기자에게 답하다
도덕론 | 도쿄평론(제3신)
안중근 초상 그림엽서에 시를 더하다

포기인가 병탄인가

하늘이 우리 국민들에게 어려운 문제를 내렸다. 무슨 문제인가. 곧 조선을 어떻게 해야 하는가가 그것이다.

독립을 뿌리내리게 한다는 독립 부식(扶植)이라는 말은 듣기에는 좋다. 존황양이라는 듣기 좋은 말과 같고, 자유민권이라는 듣기 좋은 말과 같다. 시간(time)은 듣기 좋은 말을 부패하게 만들었다. 10년의 세월은 독립 부식이라는 듣기 좋은 말이 아무런 의미도 없었음을 증명했다. 지금의 문제는 어떻게 조선의 독립을 뿌리내리게 해야 하는가가 아니라, 독립 부식 이외에 조선을 어떻게 해야 할지의 문제다.

그렇다면 곧 여기에 답하는 길은 오로지 두 가지가 있을 뿐이다. 하나는 포기고, 또 하나는 병탄이다. 그렇다. 양자택일이 있을 뿐이다.

그리하여 조선 문제를 해결하는 표준은 조선 귀족 관리의 이해관계에 있는 것이 아니라, 인류의 평화와 행복에 있어야 한다. 조선의 정치, 경제, 자원은 어떻게 하면 조선 인민을 위하여 복리가 되는지, 동양 인류, 세계 인류의 문명을 위하여 유익한지에 있어야 한다. 맹자가 말하기를 백성을 귀하게 여기고 사직은 그 다음이라고 했다.[28] 포기가 만약 인류에 이롭다면 포기하라. 병탄이 만약 인류에 이롭다면 병탄하라. 진정으로 인류를 위하여 이익이 있다면, 귀족 관리의 이해관계는 물을 필요가 없다.

지금 조선의 인류는 헌법 정치의 광명을 우러를 수 있는가. 아니면 오래도록 준동하는 야만의 노예여야 하는가. 조선의 천연자원은 크게

....
28) 《맹자》〈진심장구 하(盡心章句下)〉의 "民爲貴 社稷次之 君爲輕"

개발되어서 민생을 이롭게 해야 하는가. 아니면 오래도록 황량한 황무지에 맡겨야 하는가. 하늘은 이 어려운 문제를 내려서 일본 국민의 어깨 위에 놓았다. 일본 국민은 곧바로 이 문제에 해답을 주지 않으면 안 되는 때가 다가왔다.

하와이도 필리핀도 독립을 부식할 수 없었다. 류큐도 타이완도 독립을 부식할 수 없었다. 어찌 오로지 조선의 독립을 부식해야 할 이유가 있겠는가. 아니, 이것을 부식하려고 해도 도저히 부식할 수 없게 된다면 우리 국민은 이것을 어떻게 하려는 것인가. 고(故) 무쓰 무네미쓰[29]의 《건건록(蹇蹇錄)》을 읽은 자는 그가 얼마나 일본의 대한국 방침이 확립되지 않아서 한탄하고 번뇌하고 고심하고 개탄했는지를 알 것이다. 대한국 방침은 확립되지 않으면 안 된다. 포기 아니면 병탄뿐이다.

우리들은 무턱대고 국기의 영광을 기뻐하고 영토 확장을 기뻐하며 공명을 바라는 무리를 싫어한다. 외교 정책이 결코 이런 식으로 추잡해서는 안 된다는 것은 논할 필요도 없다. 하지만 우리들은 민생의 복리와 문명의 진보를 위하여 일대 결과를 요구할 때임을 인정한다. 더군다나 이것은 한 사람의 병사도 줄지 않고 능히 이룰 수 있는 일임을.

(〈抛棄乎併吞乎〉,《萬朝報》1903년 8월 28일)

....

29) **무쓰 무네미쓰(陸奧宗光, 1844~1897)** 외교관, 정치가, 와카야마(和歌山) 번의 무사. 탈번하여 사카모토 료마(坂本龍馬)가 조직한 무역 결사인 해원대(海援隊)에 들어간다. 메이지 유신 후에 이토 내각의 외상을 역임하면서 조약 개정이나 시모노세키 조약의 체결에 수완을 발휘했다. 동학 농민 운동에서 청일전쟁, 삼국간섭, 시모노세키 조약까지를 외상의 입장에서 쓴 《건건록》(1895) 등을 남겼다.

경애하는 조선[30)]

어떻게 조선을 구할 것인가.

정치가는 말하기를 우리들은 조선 독립을 위하여 예전에 청일전쟁을 감행했고, 또 러일전쟁을 개시하기에 이르렀다고 한다. 이리하여 그들은 정치상으로 조선 구제를 실행한다고 거만하게 외치고 있다. 하지만 그들이 말하는 정치적 구제라는 것이 과연 진정으로 조선의 독립을 옹호하는 이유인가 하는 문제는 우리들이 쉽게 납득할 수 없다. 청일전쟁으로 중국 정부의 권력을 조선에서 쫓아낼 수 있었다. 러일전쟁은 러시아 정부의 권력을 재차 조선에서 배제하고자 하는 것이다. 일본의 정치가는 이를 가리켜 정의의 전쟁이라고 한다. 하지만 청일전쟁과 러일전쟁에서 일본의 태도가 과연 그들 스스로 말하는 것처럼 정의인지 아닌지 이것은 제삼자의 비판을 기다리지 않으면 안 된다.

이것을 한번 조선 국민의 입장에서 관찰해보라. 이것은 우선 일본, 중국, 러시아 각국의 권력적 야심이 조선 반도라는 공허를 찌른 경쟁에 지나지 않은 것이 아닌가. 미력한 조선은 항상 승자의 무릎 아래 엎드려 아첨한다. 어느 쪽이 옳고 어느 쪽이 그릇된 것인지 본래 그들은 이해할 수 없다. 오늘날의 조선은 틀림없이 '승리는 곧 정의'라는 야만적 국제 도덕의 희생에 다름없다.

....

30) 이 글은 《평민신문》 32호 1면에 무서명으로 게재된 논설이다. 종래에 필자를 특정하지 않는 견해와 고토쿠의 것으로 보는 주장이 있었다. 이에 대해 다니구치 도모히코(谷口智彦)는 문체 특징을 분석하는 방법으로 이 글의 저자를 기노시타 나오에(木下尙江)로 단정했다(〈幸德秋水は『敬愛なる朝鮮』を書かなかった〉, 《朝鮮研究》 168, 1977). 하지만 당시 《평민신문》의 조선 관련 논조를 대표하는 글이라는 점, 고토쿠의 조선관과 그다지 모순되지 않는다는 점에서 고토쿠 선집에 싣기로 했다.

우리나라 사람들이 항상 조선 국민을 조롱하고 욕하며 말하기를, 그들은 추호도 국가적 관념이 없고 충애적 정조가 없다고 한다. 그런데 우리들이 보기에는 조선인에게 국가적 애정이 없는 것은 당연하다. 그들의 행복과 안녕이 국가와 주권자 때문에 훼손되어 왔던 것이 그들의 역사이기 때문이다. 조선은 일찍이 중국과 인도의 학예와 기술, 도덕, 종교를 일본에 전해준 가장 오랜 대은인이다. 그런데도 일본이 이에 대해 갚은 것은 예로부터 오로지 '침략' 하나밖에 없다. 조선인의 눈으로 보면, 중국과 러시아와 일본은 침략자라는 점에서 아무런 차이가 없다.

조선에 대한 정치적 구제책은 반드시 정부를 중심으로 하여 획책된다. 하지만 조선 국민에게 가장 무거운 멍에는 바로 조선 정부가 아닌가. 황제라 하든 정부라 하든, 이들은 조선 국민에게는 하나의 흡혈 독충일 뿐이다. 왕궁과 정묘(政廟)는 이리도 굉장하고 위대한데, 민가와 인사(人舍)는 어찌 이리도 비루하고 더러운가. 왕실은 부유하고 귀족은 부유하다. 하지만 인민은 가난하다. 아니, 가난할 수밖에 없다. 그들이 생산하는 부유한 재물은 모조리 왕실과 귀족이 흡수하기 때문이다.

세상에 조선인을 놀기 좋아하고 게으르고 교활하다고 심하게 매도하면서 도저히 노예 이외에 다른 능력이 없다고 말하는 사람들이 왕왕 있는데, 그런 말을 들으면 우리들은 참으로 조선인을 위하여 분개하지 않을 수 없다. 그들은 선천적으로 놀기 좋아하고 게으른 백성이 아니며 또한 교활한 백성도 아니다. 아니, 그들은 근면하며 인내하는 좋은 성품과 특징이 있다.

어쨌든 적국의 침략의 역사는 결국 이 백성을 퇴화시켜서 오늘날에 이르게 했다. 사람들이 그들을 향해 부유함을 칭찬하려고 하면 그들은 갑자기 아연실색하며 자산이 없음을 강변한다. 그들은 부유함을 자랑하지 않고 오히려 두려워한다. 부유하다는 것을 관리가 알게 되면 금방 가혹한 세금이 엄습하기 때문이다.

우리들은 조선의 역사를 애도하며 비참한 현실을 위로한다. 하지만 그들을 가르치고 이끄는 데 지금 이른바 국가적 모형으로 하는 것이 과연 그들을 능히 구할 수 있을지에 이르면 우리들은 쉽게 그렇다고 대답할 수 없다. 일본의 정치가는 입으로 '조선의 독립'을 말한다. 하지만 오늘날의 열강은 과연 조선의 독립을 허용할 수 있을까. 조선 독립을 주장하는 일본의 정치가조차 과연 충심으로 이것을 기원하는지 알 수 없는 일이다. 우리들은 세계의 각 방면에서 '독립'이라는 미명으로 강국의 검 아래에 엎드린 가련한 국민이 심히 적지 않음을 보았다. 오로지 조선에서 예외를 찾는 것은 우리들이 촉망하기에 곤란한 바다.

조선 팔도에 어찌 사람이 없겠는가. 세계의 역사에 비추어 자국의 장래를 우려할 때, 조선을 영원한 굴욕에서 벗어나게 하는 유일한 길이 있음을 자각할 것이다. '국가 관념의 부정'이 바로 그것이다.

국가의 부정이라는 복음에 놀라지 말라. 이것은 국가적 과장과 야심이 왕성한 국민에게는 참으로 악마의 잠꼬대처럼 들릴지 모르겠지만, 조선 국민의 고막에는 결코 그렇지 않다. 보라. 가장 가까운 러일전쟁 같은 것도 일본은 표면적으로 조선 독립을 지원한다고 외치면서도 이면에서는 곧 일본 스스로의 권리와 명예를 위한 것임을 주장하지 않는가. 그리하여 항상 재앙을 입는 것은 곧 조선이다. 하지만 강자의 권력을 시인하는 국제 도덕은 결국 이것을 돌아보지 않는다. 그러므로 조선이 국제 도덕의 범주를 깨지 않으면 어느 천년에 열강 충돌의 무대라는 대재앙에서 벗어날 수 있겠는가.

가장 많이 검의 화를 입은 자는 가장 깊이 검의 화를 느낀 자다. 검의 화를 벗어나고자 한다면 곧 검을 버리는 것뿐이다.

조선의 식자들은, 오늘날 이웃 나라가 조선의 독립을 운운하는 것이 곧 조선 스스로 독립할 힘이 없기 때문임을 이미 알 것이다. 만약 한 국가로서 조선이라는 이름을 열강 사이에 이룰 수 있는 전조가 있다면,

열강의 질투는 곧 그 이름조차 지구상에 남길 것을 허락하지 않을 것이다. 그러므로 조선의 식자가 착안해야 하는 것은 국가의 허영을 획득하려는 것이 아니라, 열강으로 하여금 허영을 버리게 하고 평화의 복음을 선전하는 데 있다. 바라건대, 우리들이 평화의 복음을 선전하는 대임무를 조선인에게 촉망하는 어리석음을 비웃지 말라. 유대의 작은 땅이 그리스도에 의해서 평화의 복음을 전할 수 있었던 것은 어째서인가. 대대로 강국의 침략에 괴로워하며 결국 살상과 정벌이 무의미하고 반도덕적임을 깨달은 은사가 그 실현에 많은 공헌을 할 것임을 누가 부정할 수 있을까. 오늘날의 조선이 어찌 고대의 유대가 아니겠는가.

우리들은 조선인의 소질에 많은 기대를 보낸다. 그들은 어디까지나 현세적이다. 그들은 어떠한 압박 아래에서도 염세적이지 않다. 그들의 요구는 현세의 행복에 있고 둔세적이지 않다. 그들은 계급 사회의 폐해에 지쳤다. 침략 정치의 해악에 완전히 질렸다. 이 소질을 품고 이 처지에 방황한다. 만약 여기에 국가를 넘어선 대사상을 쏟고 이것을 인류 동포의 대열정으로 이끌어, 하늘이 망국적 조선에 바라는 직분은 결코 갑자기 이루지 않아야 함을 알게 하려는 것일까. 장래의 어느 날 이 반도의 일각에서 땅에 평화를 가져다줄 일대 예언자의 목소리를 듣지 못하는 일이 계속되겠는가. 지중해안의 유대가 예수교를 널리 퍼뜨리기 위하여 극히 땅의 이득을 본 것처럼, 우리 조선도 실로 좋은 지보를 태평양 연안에 차지했다고 할 수 있다. 망국의 굴욕을 맛본 자가 아니면 침략의 죄악을 벌할 수 없다.

조선의 왕실과 정부를 교도하여 과연 어떠한 선정을 펼 수 있을지는 우리들이 본래 알 바가 아니다. 정부를 중심으로 하여 개혁을 실행하려고 하는 정략가의 이상은 우리들이 헤아리기 어렵다. 정략가로 하여금 보잘것없는 수완을 발휘하게 하라. 하지만 우리들은 곧바로 조선인을 향해 희망하고 요구하고 장려하는 바가 없지 않다.

우리들이 기하는 바가 우리 정치가가 바라는 바와 대단히 거리가 있음은 당연하다. 정치가들은 스스로의 정략을 사랑하고 우리들은 조선을 사랑하기 때문이다.

〈敬愛なる朝鮮〉,《週刊平民新聞》32, 1904년 6월 19일)

조선병탄론을 평하다

나는 근간 신문 잡지에서 조선에 관한 유력한 두 논문을 보았다. 요컨대 다음과 같다.

〈한국 경영의 실행〉·〈한국 경영과 실력〉(《國民新聞》, 1904년 7월 8·12일, 사설)

〈조선 민족의 운명을 보고 한일합동설을 권장하다〉(《新人》7, 사설)

《국민(國民)》의 도쿠토미 소호[31] 씨가 얼마나 지금의 정부와 군인과 친한지를 알고, 《신인(新人)》의 에비나 단조[32] 씨가 얼마나 지금의 일부 청년들에게 인기가 있는지를 아는 자는 내가 이 두 논문을 비평하는 것을 보고, 결코 쓸데없는 일로 여기지 않아야 할 것이다.

《국민》의 논자는 우선 〈한국 경영의 실행〉에서 다음과 같이 말한다.

....
31) **도쿠토미 소호(德富蘇峰, 1863~1957)** 저널리스트. 규슈의 개명적 사상가 집안에서 출생했다. 한학숙에서 배운 후 구마모토 영학교(熊本洋學校), 도시샤 영학교(同志社英學校)에서 수학하고, 세례를 받았다. 고향에서 청년을 교육하는 한편으로, 빅토리아 자유주의 사상가들의 영향을 받아 평민주의 사상을 형성했다. 《장래의 일본(將來之日本)》(1886)을 간행하여 중앙 논단에 화려하게 데뷔한 소호는 1887년에 민우사를 설립하여 잡지 《국민의 벗(國民之友)》을 창간하고 1890년에는 《국민신문》을 창간한 이후에 메이지·다이쇼·쇼와의 삼대에 걸친 논객으로 활약했다. 청일전쟁 이후에 국가주의 입장을 선명히 하여 종래의 평민주의에서 변절한 것으로 비난받았다. 정치적으로는 군벌 정권과 결탁했으며, 러일 종전 후의 소요 사건에서 불만을 품은 시민들이 사옥을 불태우기도 했다. 1910년 한일합병 이후 조선의 언론을 좌지우지하기도 한 사람이다. 한편, 형과 일찍이 절연하고 소설가의 길을 걸었던 친동생 로카(蘆花)는 대역 사건 이후 제일고등학교에서 〈모반론(謀叛論)〉(1911)이라는 강연을 하여 피고들을 변호했다.

러일 개전 이래로 이미 4개월을 경과하고 한일의정서 조인 후에 이미 4개월을 경과했다. 그런데도 그 사이의 한국 경영은 …… 실질적으로 거의 하나도 볼 만한 것이 없고, 한일의정서의 정신과 같은 것은 아직 하나도 구체적으로 실현된 바가 없다.

황실 소유 황무지 개간 요구와 같은 것은 …… 한국 정부 내에서도 이론이 들끓어 쉽게 승낙할 기색이 없다. …… 그 이유는 결코 단순하지 않다고 해도 우리나라의 의사가 아직 충분히 철저하지 않은 것은 큰 원인 중 하나가 아닐 수 없다.

그러므로 오늘날의 급무는 우리 실력으로 한국 정부에 대해 우리 의지를 관철해 간명하고 직접적으로 우리가 이루고자 하는 것을 이루고 우리가 하고자 하는 것을 하는 데 있다.

한국에 대한 방도가 어찌 달리 있겠는가. 오로지 한국이 먼저 우리나라의 보호 아래에 있음을 알게 하고 실력으로 지도하고 도와주어 피보호자들로 하여금 우리에게 결실을 보이게 하는 것뿐이다.

아아, '한일의정서의 정신'이란 무엇인가, '우리나라의 의사'란 무엇인가, '우리의 실력'이란 무엇인가. 나는 아직 여기에 대해 명확한 해답을 얻지 못했다. 그런데도 《국민》의 논자는 마지막에 한국을 "우리나라의 보호 아래에" 두어야 한다고 설파했다. 또한 《국민》의 논자는 〈한국

---

32) 에비나 단조(海老名彈正, 1856~1937) 후쿠오카에서 무사 집안의 아들로 태어나 번교(藩校)와 구마모토 영학교에서 배우며 세례를 받았다. 도시샤 영학교를 졸업했다. 1897년에는 도쿄의 혼고 교회(本鄕敎會) 목사가 되었다. 1900년부터 잡지 《신인(新人)》을 발행했으며, 1920년에는 도시샤 총장에 취임했다. 강력한 내셔널리즘과 자유주의적인 신학사상의 소유자로서 러일전쟁, 한일합병을 기독교 정신의 발현으로 지지했으며, "기독교는 일본의 국체, 국가주의, 칙어, 그 덕목에 모순되지 않는다"는 식의 언급을 하여 신도적 기독교도라 불리기도 한다. 또한 이것을 에비나의 제자인 와타제 쓰네요시(渡瀨常吉)가 조선 식민지 전도에서 실천했다.

경영과 실력〉 서두에서 다음과 같이 말한다.

> 나는 한국의 영토 보전을 위하여 두 차례의 전쟁에 종사했다. 그리고 그
> 중 한 번은 지금도 아직 전쟁 중이다.

아아, '한국의 영토 보전'이란 말인가. 그보다 '독립 지원'이라는 경
구는 어느새 사라진 것에 웃음을 참을 수가 없다. 이미 보호국이라고
한 이상 독립이라는 두 글자를 큰 목소리로 떠들어댈 리가 없다. 기요
모리(淸盛)의 갑옷은 점점 더 많이 법의(法衣) 자락 밖으로 드러났다.[33]
더욱이 '영토 보전'을 설명하는 데에는 훨씬 더 심한 점이 있다.

> 나는 한국인의 호의에 기대어 그 나라의 영토를 보전할 수 없다.(조사措
> 辭의 교묘함이 극에 달한다.)
> 그렇다면 요컨대 한국의 영토를 보전하는 데에는 오로지 우리의 실력으
> 로 할 뿐이며, 실력이라는 두 글자를 지금 한층 강력히 말하면 병력뿐이다.
> 그러므로 나는 한국의 요지에 병영을 건설하여 우리 군대를 항구히 한국
> 에 주둔……시키기를 바란다.
> 그래도 한국의 영토는 비단 한국을 위해서만 보전하는 것이 아니라, 또한
> 우리나라를 위해서 보전하는 것이다. 요컨대 한국인이 바라든 바라지 않든,
> 한국의 영토는 꼭 타국의 침략으로부터 보전하지 않으면 안 된다.
> 그러므로 나는 한국 경영의 첫 착수로서 우선 군사적 경영을 권고한다.

---

33) 중세 초기에 성립한 다이라(平) 가문의 흥망을 그린 군담 《헤이케 이야기(平家物語)》
에 나오는 일화. 다이라노 기요모리(平淸盛)가 견제 세력이었던 고시라카와(後白河)
천황을 유폐하고자 군대를 지휘하고 있을 때 충신이었던 아들 시게모리(重盛)가 오자
황급히 갑옷 위에 법의를 입었지만 옷자락 사이로 갑옷이 보였다고 한다.

기요모리는 이미 스스로 법의를 벗어버렸다. 실력이란 바로 병력을 말한다. 영토 보전이란 명백히 영토 병탄을 말한다. 이에 이르면 독립도 보호도 존재하지 않는데, 세상에 의로운 전쟁을 주장하는 자, 세상에 '한국의 독립 지원'을 설파하는 자는 이것을 읽고 과연 무엇을 느낄까.

다음으로 나는 《신인》 논자의 말을 듣는다. 《신인》 논자는 "청일전쟁 당시에 일본군이 조선 독립을 위하여 출정한 것을 기뻐하여 일본제국을 동분서주하면서 이웃 사랑의 대의를 완수할 것을 논한" 사람이다. 그리하여 "최근에 온 세상의 대세와 동양의 형세에 깊이 감격한 바가 있어, 한국 민족에게 한마디 충언을 하"며 말하는 것이 다음과 같다.

한국은 대륙에 눌리지 않으면 대해에 눌려서 결국에 자주 독립의 권위를 발양할 수 없었다. 그 사이에서 중립을 유지하고자 하는 따위는 유명무실할 뿐, 알맹이 없는 이름은 군자가 부끄러워하는 바다.

사대주의는 외부에 두 제국을 가질 때는 당연히 국가를 양분할 수밖에 없다.

따라서 지금 세계의 대세를 돌아보며 이웃 나라의 성쇠를 떠올리고 민족 본래의 특질을 생각할 때 …… 러시아에 합동할지 일본에 합동할지 둘 중 하나를 선택하는 데 있다.

세상에 속국만큼 가엾은 존재는 없다. 속국일 바에는 오히려 멸망하는 것이 더 낫다. 또한 보호국이 되는 것도 결코 명예롭지 않다. 보호국이란 허우대만 멀쩡한 속국일 뿐이다.

한국은 러일 중 어느 쪽에 합동해야 하는가. …… 한국인이 합동해야 하는 민족이 일본임은 불을 보듯 뻔한 것이다.

아아, 늑대는 법의로 위장했다. 보호국은 불가하다, 속국은 불가하다, 그런데도 오로지 '합동'이라 칭하면 대단히 가능하다. 합동인가, 합병인가, 병탄인가. "알맹이 없는 이름은 군자가 부끄러워하는 것"이라고 한다면, 나는 한국인이 알맹이 없는 합동을 하는 것보다 "오히려 멸망하는 것이 낫다"고 하는 것이 무섭다. 이 점에서 나는 오히려 노골적인 《국민》의 논자가 더 좋다. 《신인》의 논자는 더욱더 주장한다.

　　슬라브 민족이 얼마나 이민족에게 악감정을 품고 있는지는 그들이 유대 민족을 대하는 것에서 명백하다. …… 한국인이 러시아인과 합동하려고 한다면 …… 합동이 아니라 병탄이다. 한국인은 결국 사역당할 뿐이다.

내가 보는 바에 따르면 일본 민족이 얼마나 이민족에게 악감정을 품고 있는지는 그가 일컫는 신평민[34]에 대한 것에서도 명백하다. 일본인이 얼마나 한국인을 경멸하고 학대했는지는 양심이 있는 자가 항상 개탄하는 바가 아닌가. 한국인이 일본인과 합동하고자 하는 일이 있다면, 그것은 합동이 아니라 병탄이다. 한국인은 결국 사역당할 뿐이다. 《신인》의 논자는 마지막에 말한다.

　　일본 민족 입장에서 보면 한민족과 합동하는 것은 어쩌면 영광스러운 것이 아닐 것이다. 그러므로 일본인이 아직 발하기 전에 동양 평화의 대의에 기초하여 이 합동을 일본인에게 촉구하면 일본인도 이것을 거부할 말이 없을 것이다.

아아, 이 얼마나 우아한 말인가. 나는 《신인》 논자를 당장에 법의를 입은 늑대로 여기는 것은 아니다. 그럼에도 이때 이 글을 《국민》 논자의 말과 비교하면, 실로 느끼는 것이 많다.

:::::::::::::::::::::::::::

34) **신평민** 1871년에 봉건적 천민 신분을 없애는 '해방령'이 공포되어 그때까지 피차별 부락을 가리키던 '에타(穢多)'라는 호칭이 없어지고 '신평민'이라는 말이 새로 등장했다. 이 호칭은 실제로 부락을 차별하는 말로 저널리즘에서 매우 자주 쓰였다.

보라, 영토 보전이라 칭하는 자를. 합동이라 칭하는 자를. 그 결과는 오로지 더 커다란 일본제국을 만드는 것일 뿐이다. 또한 보라, 지금의 합동을 설파하는 자도 영토 보전을 주장하는 자도 똑같이 예전에 한국의 독립 부식을 설파하는 자였음을. 그렇다면 장래에 관한 것도 모르겠는가. 요점은 오로지 그때의 사정 여하에 있다.

이리하여 나는 이 유력한 두 논문이 법의를 벗거나 걸치고 또는 표면이 되거나 이면이 되고 또는 위협하거나 달래서, 백방으로 고심하여 한국 멸망을 위하여 움직이고 있음을 알았다. 그리고 나는 또한 일본의 불량배가 그와 같은 논의를 배후에 업고 나가모리 안(長森案)[35]을 한국 정부에 제출하거나, 소금전매권, 담배전매권 또는 인천 매립공사나 수전매수계획 등에 분주한 것을 알았다. 일본이 문명을 위하여 싸워 동양 각국을 지도한다고 하지만, 그 공명정대함이 어찌 오로지 이에 이르는가.

(〈朝鮮倂呑論を評す〉, 《週刊平民新聞》 36, 1904년 7월 17일)

---

35) 1904년에 일본 공사관이 당시 대장성 관방장(官房長)이었던 나가모리 도키치로(長森藤吉郞)의 청원에 따라 관유지 이외의, 조선 전 국토의 4분의 1에 이르는 황무지 개간에 관한 특허 계약을 요구한 사건. 조선 내의 반발로 무산되었다.

《만조보》 기자에게 답하다

《평민신문》의 전호에서 최근의 조선병탄론을 평하자, 《만조보》 기자는 무슨 생각이 들었는지 옆에서 갑자기 나를 물고 늘어졌다. 그는

……《평민신문》이 〈조선병탄론을 평하다〉라고 하여 도쿠토미 소호, 에비나 단조 양씨의 병탄론을 비난한 것을 보고 나는 대단히 혼란스러웠다. 슈스이 형이여, 형은 작년 8월 하순에 "하와이도 필리핀도 독립을 지원할 수 없었는데 어찌 홀로 조선의 독립을 부식(扶植)해야 할 도리가 있겠는가"라고 하여 가장 노골적으로, 아니 명백하게 조선 병탄을 주장하지 않았던가. 당시에 그 논설을 싣고 우리 《만조보》에 있었다. …… 그런데 지금 요컨대 병탄을 비난한다. 모르는가, 형의 논설이 채 일 년도 되지 않아 폐기된 것을.

등등이라고 했다. 생각건대 《만조보》 기자가 이 말은 한 것은 작년 8월 28일자 《만조보》에 〈병탄인가 포기인가〉라는 제목의 글이 있었던 것에 유래할 것이다. 과연 그렇다면 이것은 대단한 착각이라고 하지 않을 수 없다.

기자여, 바라건대 〈병탄인가 포기인가〉를 다시 읽어라. 어느 곳에 "노골적이고 명백하게" 병탄을 주장한 문장이 있는가. 독립 부식을 부정했다고 곧바로 병탄을 주장하는 것으로 해석할 수 있는 도리가 있는가. 아니, 그 언론의 취지는 다만 일본의 대(對)한국 정책이 멋대로 "독립 부식"이라는 진부하고 무의미한 공명을 위하여 애쓰는 것이 너무 심함을 꾸짖어 방침 전환을 촉구한 것이 아닌가. 그리하여 설파하는 바를 들으라.

······ 지금의 문제는 ······ 독립 부식 이외에 조선을 어떻게 해야 할지의 문제다. 그렇다면 곧 여기에 답하는 길은 오로지 두 가지가 있을 뿐이다. 하나는 포기고, 또 하나는 병탄이다. 그렇다. 양자택일이 있을 뿐이다.

그리하여 조선 문제를 해결하는 표준은 조선 귀족 관리의 이해관계에 있는 것이 아니라, 인류의 평화와 행복에 있어야 한다. ······ 어떻게 하면 조선 인민을 위하여 복리가 되는지, 동양 인류, 세계 인류의 문명을 위하여 유익한지에 있어야 한다. 맹자가 말하기를 백성을 귀하게 여기고 사직은 그 다음이라고 했다. 포기가 만약 인류에 이롭다면 포기하라. 병탄이 만약 인류에 이롭다면 병탄하라. 진정으로 인류를 위하여 이익이 있다면, 귀족 관리의 이해관계는 물을 필요가 없다.

라고 했다. 그리고 나아가

하와이도 필리핀도 독립을 부식할 수 없었다. 류큐도 타이완도 독립을 부식할 수 없었다. 어찌 오로지 조선의 독립을 부식해야 할 이유가 있겠는가.

라고 논하여 지금의 정치가가 '독립 부식'을 입에 담는 것이 위선임을 지적하고 오늘날의 우려는 그러한 대방침을 확립하지 않은 데 있다고 하고 이렇게 말했다.

우리들은 무턱대고 국기의 영광을 기뻐하고 영토 확장을 기뻐하며 공명을 바라는 무리를 싫어한다. 외교 정책이 결코 이런 식으로 추잡해서는 안 된다는 것은 논할 필요도 없다.

그리하여 대(對)한국 정책은 첫째로 민생의 복리, 문명 진보의 발달을 표준으로 삼아 결단을 내려야 한다고 결론지었던 것이다. 아아, 이것이 제국주의적 병탄론, 공명이욕적 병탄론, 늑대의 옷을 입은 병탄론을 평한 《평민신문》 전호의 주장과 무슨 모순이 되는가.

그리고 더 보라. 〈병탄인가 포기인가〉는 '독립 부식'이 이룰 수 없는 빈말이 된 지금, 병탄과 포기 양자택일 외에 길이 없다고 했지만, 그래도 어느 쪽이 옳고 어느 쪽이 맞는가 하는 문제는 결코 단언을 하지 않았다. 그렇지 않은가.

왜냐하면 이 글은 실제로 내가 집필한 것으로 되어 있어도 특히 내가 서명한 일가견이 아니다. 《만조보》 통례의 사설로 게재한 것이므로 조보사 내의 의견과 벌어지지 않은 범위에서 하지 않을 수 없다. 그리하여 어느 쪽을 취할지는 당시 사내에 일정한 의견이 없었던 탓에 위와 같은 제안을 한 데 머문 것은 기자가 기억할 것이다.

하지만 나는 내 서명이 없다고 해서 결코 책임을 피하고자 하지 않는다. 다만 불투명한 두뇌로 자기 멋대로 곡해하여 굳이 시비를 걸어 온 데는 오히려 어이가 없을 뿐이다. 그런데 《만조보》 기자는 또다시 예의 필봉을 휘둘러 주장한다.

소호가 평민주의를 흉내 내어 제국주의를 주창하자 슈스이 형도 "소호(蘇峰)는 무슨 봉우리인가"라고 부른 사람이 아니었던가. 그런 형이 지금 병탄론을 버리고 오히려 병합론을 비난한다. 또는 두려워한다, 소호나 에비나 씨가 무슨 명목을 형에게 씌울까를.

나는 본래 소호 씨의 제국주의에 반대하는 사람이다. 하지만 "소호는 무슨 봉우리인가"라는 유명한 말장난을 내가 만들어냈다는 것은 너무나 의외다. 기자가 알듯이 나는 이러한 재치가 있는 사람이 아니다. 특히 인신공격을 두려워하는 사람이다. 한 번이라도 내가 무슨 봉우리라든가 모조(盲造) 등의 글자를 쓴 흔적이 있거든 보여 달라. 기자여,

부디 하늘을 향해 침을 뱉는 일이 없기를 바란다.

그렇다. 만약 내가 학문을 수양하고 장래에 다행히 진보가 있다면 내 의견 또한 앞으로 다소 변화가 생길지 모른다. 하지만 최근의 《만조보》 기자에게서 변화를 책망받을 정도로 변화했다고는 도저히 자각할 수 없다.

〈萬朝記者に答ふ〉, 《週刊平民新聞》 36, 1904년 7월 24일〉

도덕론

지금까지 종교가들이 해온 선악 구별은 따르기 힘들지만, 그렇다고 선악 구별이 없는가 하면 결코 그렇지는 않아서, 동물들조차, 또는 공자도 모르고 석가도 모르고 그리스도도 모르는 야만인조차 스스로 완전히 선악의 구별을 세우고 있음을 알 수 있다.

보렐 씨의 개미 연구에 따르면, 개미가 위장에 꿀을 저장해놓았을 때 굶주린 개미를 만나서 부탁을 받으면 위장에서 꿀을 꺼내 건네주는 것이 일상이라고 한다. 이것은 개미 사회의 도덕인데, 만약 이 도덕률을 거역할 경우에는 다른 개미로부터 비난을 받는다고 한다.

참새 중에도 단체가 있어서 한 마리 참새가 뜰에 음식물이 있는 것을 발견하고 동료들에게 널리 알리지 않고 혼자만 먹으면 동료로부터 비난 공격을 받는다고 한다. 또 한 마리 참새가 다른 참새 둥지에서 지푸라기를 훔치면 마찬가지로 비난 공격을 당한다고 한다.

시베리아 동북에 사는 퉁구스족 사이에서는 타인의 천막 안에 들어가서 음식을 훔치는 것을 커다란 죄악으로 본다고 한다. 하지만 굶주려서 훔쳤다면 굳이 죄를 묻지 않고, 다만 이 경우에는 약간의 표시를 해두고 떠나는 것을 덕으로 삼는다고 한다.

이와 같은 사례를 사교적 관계가 있는 동물들 사이에서 찾으면 그 예가 수천이 될 정도라고 한다.

다음으로 재미있는 것은, 동물과 야만인 사이에서 선악 구별을 살펴보면, 자연스럽게 선악을 구별하는 기준에 공통점이 있음을 알 수 있다. 그 사회, 그 종족을 보존하는 데 필요한 행위를 선이라 하고 그에 반하는 행위를 악이라 하는 점에서 모두 일치한다.

하지만 진보의 정도에 따라 선의 범위에 넓고 좁음이 있다. 예를 들면, 파리 뤽상부르 공원의 참새는 상호부조를 하지만, 다른 공원 참새가 들어오려고 하면 거절하고 들이지 않는다고 한다. 또한 퉁구스족은 장사를 나쁘다고 하면서도 다른 부족에게 장사하는 것은 나쁘다고 하지 않는다.

우리 일본인은 퉁구스족에 비하면 선을 행하는 범위가 넓어야 마땅할 것이다. 하지만 여전히 일본인에게는 하면 안 되는 일도 조선인에게는 해도 된다고 한다.

문명이 가장 발달한 사회에서 이러한 선을 행하는 범위가 매우 넓어야 함은 두말할 필요도 없다.

(사회주의 하기강습회 강의 중 일절을 필기한 것으로 책임은 기자에게 있다.)

(〈道德論〉,《社會新聞》11, 1907년 8월 11일)

도쿄평론(제3신)

조선 문제에 관한 우리 동지의 비제국주의 결의[36]가 서구 사회당
과 무정부당 기관지에 소개되어 대단한 찬성과 동정의 의견이 모였습
니다.

〈東京評論(第三信)〉,《大阪平民新聞》9, 1907년 10월 5일)

---

36) 1907년 7월 21일 《오사카 평민신문》과 《사회신문》에 "사회주의 유지자(有志者)"라는
이름으로 사카이 도시히코 등과 함께 "우리는 조선 인민의 자유, 독립, 자치의 권리를
존중하고, 이에 대한 제국주의 정책은 만국 평민 계급 공통의 이익에 어긋나는 것으
로 인정한다. 그러므로 일본 정부는 조선에 대한 독립 보장의 언책(言責)을 완수하는
데 충실하기를 바란다. 위와 같이 결의한다"는 성명을 발표했다. 직접행동파와 의회
정책파의 기관지 모두에 이 결의를 표명한 데 커다란 의의가 있다.

안중근 초상 그림엽서에 시를 더하다[37]

JUNG-KEUN AN

The Korean Martyr who killed Prince Ito at Harbin. As seen in this picture, the cut off Ring-Finger of the left hand represents the oath of a regicide, according to the old custom of the Koreans.

The characters of the upper corners of the picture is facsimile of the Poem written by D. KOTOKU, a prominent Japanese Anarchist, praising the brave conduct of the martyr.

안중근 초상 그림엽서. 1909년 10월에 일어난 안중근의 이토 히로부미 암살 의거를 기려 일본에서 만든 그림엽서가 발매 금지 처분을 받자 미국에서 다시 만든 것이다.

舍生取義　　생을 버리고 의를 취하고

殺身成仁　　몸을 죽이고 인을 이루었네.

安君一擧　　안중근이여, 그대의 일거에

天地皆振　　천지가 모두 전율했소.[38]

(〈安重根肖像繪葉書に題す〉,《證據物寫》四三押第一號一六〇)

....

37) 여기서 말하는 그림엽서는 일본에서 제작된 것이 발매 금지 처분을 받자 샌프란시스 코의 평민사에서 제작되었다(1910년 5월 26일 오이시 세이노스케 大石誠之助에게 보내는 서간). 현재 남아 있는 것(앞의 사진)은 미국에서 만든 것이다. 이것은 고토쿠가 '대역 사건'으로 1910년 6월 1일에 유가와라(湯河原)의 온천장에서 체포되었을 때 압수당한 물건 중 하나다. 오래도록 실물이 발견되지 않다가 1960년대 말에 메이지 (明治)학원대학 도서관 오키노 아와사부로(沖野岩三郎) 기념문고에 보존된 두루마리 안에서 발견되었고, 간자키 기요시(神崎淸)가 《혁명전설(革命傳說)》제3권(芳賀書店, 1969)에서 소개했다. 엽서 아랫부분에 적힌 영문 해설은 다음과 같다. "안중근은 하 얼빈에서 이토 공작을 암살한 조선의 순교자다. 이 사진에 보이는 것처럼 조선의 오 랜 관습에 따라 절단한 왼손 약지는 시해 선언을 나타낸다. 사진 윗부분에 적힌 글자 는 탁월한 일본의 무정부주의자 고토쿠 덴지로가 쓴 시를 복사한 것으로, 순교자의 용감한 행동을 칭찬하고 있다."

38) 《맹자》〈고자장구 상(告子章句上)〉에 나오는 맹자의 말 "생 또한 내가 바라는 것이고, 의 또한 내가 바라는 것이다. 둘을 모두 얻을 수 없다면 생을 버리고 의를 택할 것이 다"(生亦我所欲也 義亦我欲所也 二者不可得兼 舍生而取義者也)와 《논어》《위령공(衛靈 公)》에 나오는 공자의 말 "높은 뜻을 지닌 선비와 어진 사람은 생을 구하여 인을 저 버리지 않으며 스스로 몸을 죽여서 인을 이룬다"(志士仁人 無求生以害仁 有殺身以成 仁)를 인용한 표현이다.

기타

나는 사회주의자다 | 사회주의와 종교
사회와 희생 | 나는 왜 사회주의자가 되었나
인류와 생존경쟁 | 어느 정도까지는 찬성 | 적색기
채식주의 | 번역의 고심

나는 사회주의자다

노동 문제 해결에 힘쓰는 인사는 심사가 매우 진지하지 않으면 안 된다. 열성적이지 않으면 안 된다. 그 방법은 진정으로 도의에 맞고 학술에 맞고 문명 진보의 큰 법에 맞는 것이 아니면 안 된다. 그렇지 않다면 수천 번의 논설도 억만 번의 운동도 완전한 성과를 거두기 어려울 것이다.

그런데 진지하고 열성적인 심사는 오로지 공고하고 일정한 이념과 이상, 신앙을 견지하고 변하지 않는 사람일 때 비로소 가질 수 있다. 도의에 맞고 학술에 맞고 문명 진보의 큰 법에 맞는 방법은 오로지 근대 사회주의라야 비로소 가질 수 있다. 그러므로 나는 말하고자 한다. 사회주의가 아니라면 노동 문제의 최후의 해결은 성공할 수 없다고.

지금의 노동 문제 운동가 중 보수적인 사람은 노동자와 자본가의 조화를 도모하자고 말한다. 과격한 사람은 노동자를 도와 자본가를 쓰러뜨리자고 말한다. 하지만 그들 가운데 지금의 경제 조직을 뜯어고칠 것을 언급하는 사람은 없다. 웃지 않을 수 없다. 자유 경쟁 제도에서 어떻게 자본가와 노동자가 조화를 이룰 수 있는가, 어떻게 자본가를 압도할 수 있겠는가. 그들이 운동하면 할수록 자본가와 노동자의 투쟁은 더욱더 격심해진다. 자본가는 더욱더 횡포해진다. 이것은 노동자의 죄도 아니고 자본가의 죄도 아니다. 지금의 제도 조직은 자본가와 노동자를 부추겨서 점점 압박해 온 것이다.

근대 사회주의는 이와 같은 제도 조직을 근본적으로 개선하기 위해서 생겼다. 그 목적은 생존경쟁을 폐지하고 **천하의 사람들을 모두 노동자로 삼고 또한 자본가로 삼는 데 있다.** 자본가와 노동자의 고루한 조화가 아니고, 자본가를 과격하게 처벌하는 것도 아니고, **노동자를 살림과 동시에 자본가도 살리려는 것이다.** 이것은 도의에 맞고 학술에 맞고 문명 진보에 맞는 일대 교의가 아닌가. 하지만 지금의 노동 문제 운동가가 모두 이 이념을 증오하고 공격해 마지않는 것은 어째서인가.

다름 아니다. 그들 중 어떤 사람은 부호에 아부하기 위하여 사회주의가 기피해야 하고 두려운 것이라고 외친다. 그들 중 어떤 사람은 부호를 위협하기 위하여 사회주의가 싫고 미운 것이라고 외친다. 사회주의가 무엇인지 알지 못하는 사람이라면 그래도 용서할 수 있다. 이미 내심 그것이 훌륭한 문명의 새 이념임을 믿으면서도 여전히 매도하고 중상하고 공격하기에 이르면 천하고 더럽고 음험한 심사를 참으로 말로 표현할 수가 없다. 이와 같은 인물과 이와 같은 수단으로 어찌 중대한 노동 문제를 해결할 수 있겠는가. 그러므로 우리들은 다시 한 번 단언한다. 천하의 공중을 향해 공공연하고 당당하게 '**나는 사회주의자다, 사회당이다**'라고 선언하는 진지함과 열성과 용기가 있는 사람이 아니라면, 아직 노동 문제의 앞날을 맡기기에는 부족하다.**

〈我は社會主義者也〉, 《萬朝報》 1901년 4월 9일〉

사회주의와 종교

최근에 우리나라 청년의 연구 정신을 현저하게 진작시킨 두 가지 커다란 문제가 있다. 하나는 종교 문제고, 또 하나는 사회 문제다. 두 문제는 대개 각각 다른 인사(人士)들이 항상 각각 다른 방면에서 활발하게 논의하고 있지만, 나는 부족하나마 곧바로 이 둘의 관계를 생각해보고자 한다. 이 논문은 이상과 같은 생각에 기초하여 겨우 한 부분을 써본 것이므로, '한 사회주의자의 종교관'이라고 제목을 붙여도 될 것이다.

일본에서는 사회주의를 기독교의 특산물이나 부속물로 볼 뿐이거나, 심한 경우에는 사회주의자는 바로 기독교도인 것처럼 믿는다. 일본의 사회주의자 중에는 기독교도, 준기독교도 내지는 전(前) 기독교도라고 할 만한 사람들이 많은 것이 사실이다. 그러므로 사회주의자는 이것을 긍지로 삼아 "종교가이므로 불평불만이 가득한 정치 활동가나 폭도 따위와는 다르다"고 변호하고, 비(非)사회주의자는 이것을 공격 무기로 삼아 "저것들은 예수쟁이"라며 배척하려는 경향이 있다. 내가 보기에는, 둘 다 정곡을 크게 벗어나 있다.

이른바 '근대 사회주의', 일명 '과학적 사회주의' 학설의 계통은, 헤겔의 철학에서 출발하여 다윈의 진화설로 성장하고 카를 마르크스의 물질적 경제설에 이르러 비로소 대성한 것으로서, 특정 종교의 특산물이나 부속물이 아니다. 오늘날 서구 사회당 지도자나 학자는 유물론자가 많으므로, 사회당이 각국 종교가로부터 뱀이나 전갈처럼 증오의 대상이 되고 원수처럼 박해받는 것도 이것이 최대 원인이다. 다만 '기독교 사회주의'라는 소수 일파가 사회주의적 사상을 가지고 각종 조합이나 자선사업에 진력하여 서서히 과학적 사회주의로 다가가고 있는 것은 사실이지만, 지금으로서는 매우 애매하므로 기독교의 다수로부터도 사회주의의 다수로부터도 이단시되고 있다. 이탈리아의 교수 엔리코 페리[39]는 기독교 사회주의자도 사회주의를 믿으면 믿을수록 무신론으로 기울 것이 틀림없으므로 내버려 두는 편이 좋다고 했다.

종래에 종교가 골수로 삼는 것은 두말할 필요도 없이 '신'이다. 우주 만물을 신이라는 무상의 권력자에게 복종하게 만들어 신의 의지라든지 지배라든지 명령이라든지 재판이라든지 상벌 등, 모든 사회 현상을 신을 기준으로 해석하려고 노력한다. 하지만 근대 사회주의는 철학적, 역사적, 과학적 도리의 기초에 서서 자유와 평등을 실현하고 인간 스스로 지배하려고 한다. 무상의 권력자도 인정하지 않거니와 저열한 노예도 인정하지 않는다. 그러므로 한번 '신이란 무엇인가'라는 문제를 논한다면 과학적 사회주의자는 도저히 기존 종교가 설파하는 것에 만족할 수 없다.

기텐사이[40]의 마술처럼 신이 호령을 해서 우주와 인간을 창조했다는 설은 이미 생물진화설로 깨졌다. 일반적으로 통용되는 원인론으로도 박약하기 그지없어서 결국 신이라는 존재를 부정하게 되는 것이다. 만약 우주 만물의 원인, 물질과 힘의 원인이 신이라고 한다면, 신의 원인은 무엇인가. 만약 신만은 시작이 없이 항상 존재한다고 답한다면 마찬가지로 물질과 힘도 시작이 없이 항상 존재했다고 답할 수 있지

....

39) 페리(Enrico Ferri, 1856~1929) 이탈리아의 형법학자, 정치가. 1880년에 볼로냐대학 조교수로 취임했는데, 취임 강연이 이후에 실증학파 형법 이론의 주요 저서인 《범죄 사회학》으로 출간되었다. 1894년에 사회당 의원으로 활약했으며, 한때는 기관지인 《아반티(전진)》 편집장을 역임했다. 1920년에 형법개정위원회 위원장에 취임하여 1921년에 책임·형벌 개념을 부정한 매우 진보적인 이탈리아 형법 초안을 발표했다. 일반적으로 '페리 초안'으로 명명되어 1926년 소비에트 형법에 영향을 끼쳤다.

40) 기텐사이 쇼이치(歸天齋正一) 마술사. 메이지 초기에 유럽으로 건너가 서양 마술을 일본에 소개했다. 생몰년 미상.

않을까.

오늘날 이른바 '신'은 어디에 있는가. 어떠한 것인가. 아무도 이것을 증명할 수 있는 자가 없다. 다만 '있을 것이다'라고 생각할 뿐이다. '있을 것이다'라고 생각하는 마음이 곧 신이 있다는 증거라고 말한다. 이것이 과연 과학이 허용하는 증거인가. 이처럼 오늘날의 신은 천만 명의 '일 것이다'라는 상상이다. 상상인 탓에 각자가 정의와 해석을 달리한다. 천지에 충만해 있다고 하는 자도 있고, 천상에 있다고 하는 자도 있다. 옛사람의 신은 요즘 사람의 신과는 다르다. 요즘 사람의 신이라도 마쓰무라 가이세키[41] 군의 신과 우치무라 간조 군의 신은 다르다. 우치무라 간조 군의 신과 에비나 단조 군의 신은 또 다르다. 유신론자라는 껍데기 하나를 벗기면 천만 명이 모두 정의가 다르다. 그러므로 일신교인 기독교는 천만이라는 다수의 신을 수용하고 있는 것이다. 우습기 그지없지 않은가. 일전에 기독교가 대거 전도할 무렵에 사제들이 모여 예수 그리스도는 신의 아들인가 아닌가 하는 문제를 토론하여, 결국 다수의 투표로 결정했다는 말을 들었다. 이 다수야말로 지금의 의원 선거의 다수보다도 더욱 위험한 것이 아닌가.

재래 종교의 신은 존재하는 것이 아니라 만드는 것이다. 심하게는 다수의 투표로 만드는 것이다. 성서에 신은 자신을 닮게 인간을 만들었다고 되어 있는가. 포이어바흐는 인간이 자신을 닮게 신을 만들었다고 했다. 그렇다. 자신을 닮게 만드는 것의 억측이다. 프랑스의 라플라스 (Pierre-Simon, Marquis de Laplace, 1749~1827)는 신이라는 것은 정밀

----

41) **마쓰무라 가이세키**(松村介石, 1859~1939) 종교가. 요코하마에서 개혁파 교회 선교사의 영향으로 기독교에 입신했다. 1882년부터 일본조합교회 목사로 취임했다. 《복음신보》, 《기독교신문》 편집에 종사했다. 1907년에 기독교에 기초한 '일본교회'를 창립하여, 신도와 유교, 불교, 기독교에 공통되는 신신(信神), 수덕(修德), 애린(愛隣), 영생(永生)의 4대 강령을 신조로 했고, 교회를 '도회(道會)'로 개칭했다.

한 과학에 쓸모없는 가설이라고 했다. 게르첸의 설에 따르면, 신이라는 것은 스펜서나 뒤 부아레몽(Emil Heinrich Du Bois-Reymond, 1818~1896)이 만족할 만한 불가지(unknowable)가 아니다. 크게 양보하고 양보해서 X다. 미지수다. 과학 발달의 진보에 반비례해서 수량을 줄이는 미지수다.

실제로 사회의 진보에 따라 신에 대한 해석은 다르다. 해석이 달라짐에 따라 신의 영역은 줄어든다. 과학이 신에게 합류할 것을 요구하는 것이 아니라, 신이 과학에 따라붙으려고 열심히 앞뒤를 맞추는 것이다. 종교가 밥벌이를 위해서는 앞뒤를 맞출 필요가 있을지 모르지만, 과학적 사회주의는 굳이 신이라는 헛된 이름을 간직할 필요가 없다.

이와 같이 황당무계한 상상 위에 서서 무상의 권력자를 미신했던 종래의 종교는 과학의 진보에 따라 확실히 기운이 쇠하고 있다. 장래에 과연 종교가 필요하다고 해도, 또한 존재할 수 있다고 해도, 그 이름은 종교라도 실질은 전혀 다른 것일 수밖에 없다. 그 종교는 미신과 공상의 종교가 아니라 철학적, 역사적, 과학적 도리 위에 서는 것일 수밖에 없다. 이 점에서 나는 기존 종교를 대신하여 장래의 인생을 지배할 만한 종교(만약 종교라고 명명해야 한다면)는 곧 사회주의 자체라고 단언한다.

태고에 일종의 공산주의인 단체 생활의 시대에는, 종교는 정치나 사회와 별개의 것이 아니었다. 1년에 한 번 있는 제사는 제사가 아니라 향연이다. 부락 구성원들의 위로와 화락(和樂)을 위한 정치적, 사회적 요건이었다. 그리고 항상 예배하는 대상은 조상이다. 자연의 힘이다. 금수와 초목과 물과 불이다. 결코 그것이 도덕과 합치하지도 않는다. 아니, 거의 도덕과 부도덕의 구별이 없고, 그 목적은 오로지 현실 생활에 나쁜 일과 재앙이 없기를 바라는 데 있었다. 그들은 금수나 조상이나 물과 불이 자신에게 길흉화복을 내리는 것으로 미신하여 기우제도 지내고 벌레를 제거해 달라는 기도도 올린다. 단체 부락의 종교는 곧 거의 정치였다. 인도에서도 이집트에서도 중국에서도 시리아, 팔레스타인, 일본 등에서도, 대개 태고의 상태는 거의 이와 같았다. 이때에 어찌 오늘날의 도덕적 권위자인 신이 있었겠는가. 지옥과 천당이 있었겠는가.

그런데 인구가 증가한다. 영토가 늘어난다. 소부락, 소단체의 결합이 점차 느슨해짐에 따라 계급이 발생했다. 노예가 발생했다. 전제 정치가 되었다. 중앙집권이 되었다. 공산주의와 그에 동반한 집단적 도덕은 완전히 무너지고 개인주의가 세차게 싹을 틔웠다. 만인이 점차 정치적, 집단적 생각을 떠나 한 개인의 행복과 도덕에 주의를 기울이게 되었다. 그리하여 개인의 생활이 학자와 현인의 문제가 되었다. 스토아학파도 나왔다. 에피쿠로스학파도 나왔다. 견유학파도 나왔다. 그들의 교의는 한때를 풍미했음에 틀림없지만, 사회의 진화는 결국 그들에게 만족하지 않는다. 개인주의의 세력이 더욱더 왕성해짐에 따라 경쟁이 치열해진다. 도덕과 풍속은 더욱더 무너진다. 생활은 더욱더 곤란해진다. 많은 학자도 철학도 로마 말년의 인생을 구제할 수 없었다. 이때에 그들이 접촉한 것이 일종의 아시아 사상이었는데, 그로 인해 무대가 일변했다. 즉 타계(他界)의 관념을 낳았던 것이다.

현실은 고난의 땅이다. 인생은 고통이다. 진정한 행복은 사후에 존재할 것이다. 이상의 관념은 타락과 고통과 절망의 밑바닥에 있는 당시 인심에 한 가닥 광명을 비추어 거세게 오늘날 대종교의 기초를 만들었다. 그리하여 천당도 지옥도 여기에서 생겨났다. 신의 재판도 상벌도 여기에서 생겨났다. 정치와 사회의 동일물인 태고의 종교는 이로써 일변하여 완전히 실제 정치, 실제 사회와 별개의 것이 되었다.

이리하여 오늘날의 대종교는 모두 이원론(dualism)이다. 정치와 종교, 세간(世間)과 출세간(出世間), 영과 육, 현세와 미래, 보통 감정과 종교심, 이들을 굳이 둘로 나누어 한편을 위하여 한편을 희생하려 한다. 영을 위하여 육을 희생하고, 미래를 위하여 현재를 희생하고, 친절이나 우애, 의무 등의 가치에서 종교심을 분리하려 한다. 그리하여 그 결과는 곧 오로지 신과 미래를 몽상할 뿐으로, 현실 사회의 행복과 평화에 대해서는 아무런 이익을 베풀 수 없게 되었다. 그들은 결코 한 조각의 빵도 제공하지 않는다. 한 벌의 옷도 주지 않는다. 다만 운명에 복종하라고 명령한다. 다만 고통을 참고 노동하라고 명령한다. 다수 인류의 '신앙'이 날로 쇠퇴해 가는 것은 결코 이상한 일이 아니다.

　기존 종교가 과연 이상과 같다고 한다면, 사회주의는 완전히 이것을 반대하지 않을 수 없다. 신은 과학이 허락하지 않는 헛된 이름이다. 천당과 지옥의 관념은 개인주의 사회에서 부득이하게 나온 위로의 수단에 지나지 않는다. 만약 현실 생활의 고통과 궁핍이 제거된다면 자연히 소멸될 것이다. 에른스트 박스(Ernest Belfort Bax, 1854~1926)가 말하기를 사회주의는 인생의 통일을 회복하고 기존 대종교의 이원론을 금지하려는 것이라고 했다. 그렇다. 사회주의는 일원론(monism)이다. 사회주의는 신을 필요로 하지 않는다. 또한 사후 세계를 믿을 필요가 없다. 곧바로 실제 사회 생활에 자유와 평등과 평화를 가져오려고 하는 것이다. 하르트만(Karl Robert Eduard von Hartmann, 1842~1906)의 설에 따르면 모든 종교는 행복의 약속을 포함한다. 태고의 종교는 개인의 평생의 행복을 약속했고, 이를 이은 종교는 행복을 사후 세계에 두었고, 최후의 종교는 개인의 한평생이 아니라 인류 전체의 영구한 진화에 도움이 되는 것이라고 했다. 사회주의는 개인의 일대를 위한 것이 아니라 인류 사회 전체의 건전하고 행복한 진화를 바란다. 기존 종교의 본존(本尊)을 이상으로 대신하고 제단을 도리로 대신하여 천하의 낙원을 지상에 회복하려는 것이다. 만약 사회 인류 전체가 계급이 없고 압제가 없고 모두 자유롭고 평등한 생활을 다하여 의식주에 여유가 생긴다면 무슨 신이 있겠는가. 무슨 미래가 있겠는가. 영도 육도, 세간도 출세간도 혼연일체다. 도덕도 그 안에 있다. 행복도 그 안에 있다.

그러므로 나는 사회주의를 장래에 각종 종교를 대신해야 할 진정한 종교라고 생각한다. 라블레(Emile Louis Victor, baron de Laveleye, 1822~1892)나 월리스(Graham Wallas, 1858~1932) 같은 사회 문제의 권위자들도 모두 이것을 수긍한다.

〈社會主義と宗教〉, 《中央公論》 1903년 3월 10일)

사회와 희생

희생이라는 이름이 붙는 것 중에 사회 전체에 매우 필요한 것과 쓸모없는 것이 있다. 흰 깃털 달린 화살로 지목된 인신공양이나 나가에(長柄) 다리의 사람 기둥[42]이나, 중국의 제사에서 소나 양과 같은 것을 희생시키는 것은 당시의 종교심을 지배하는 데 다소 필요가 있었을지도 모르지만, 대체로 적어도 오늘날에는 절대로 유해하고 무익하다. 더욱 고상한 의미, 넓은 의미에서 희생, 예를 들면 공자의 살신성인(殺身成仁)이라든지 맹자의 사생취의(捨生取義) 같은 것은 사회에 불가결한 희생이다. 이러한 성격의 희생은 멀리 역사 이전부터, 아니 인간 이전부터 존재하여 온갖 생물의 진화 발달에 도움을 준다.

생존경쟁, 우승열패가 생물, 특히 인간 사회의 진화 발달의 유일한 원인이라고 생각한다면, 그것은 방패의 한쪽만을 본 오류다. 인간이 생활하고 진화하는 직분에는 항상 두 방향이 존재한다. 그들은 경쟁과 동시에 협동하지 않으면 안 된다. 자기의 생존을 도모함과 동시에 종족의 번영을 돕지 않으면 안 된다. 영양을 취함과 동시에 생식한다. 파괴함과 동시에 성육(成育)한다. 객관적으로 말하면 권리와 의무, 주관적으로 말하면 힘과 사랑이다. 미세한 단세포에서 복잡한 인간에 이르기까지 생(生)이 있으면 여기에 이 두 종류의 작용이 있다. 그리하여 이들 양자가 평형을 유지하고 조화를 이룰 때 비로소 생생화육(生生化育)의 번영을 낳는다.

---

42) 다리나 제방 등 대규모 건축물이 홍수로 파괴되지 않도록 신에게 기원하기 위하여 사람을 산 채로 건축물이나 근처에 묻는 인신공양.

경쟁과 협동, 영양과 생식, 힘과 사랑, 권리와 의무, 다시 말해 한편으로 자기를 위하여 희생을 요구함과 동시에 다른 한편으로 남을 위해 희생을 공급한다. 식물이 과실을 맺기 위해서는 아름다운 꽃잎이 희생되어 떨어진다. 병아리가 태어나려고 할 때에는 달걀 껍질이 희생되어 깨진다.

온갖 생물이 각각 종의 번식을 위해서는 의식적으로 또는 무의식적으로 모두 필요한 희생을 제공하지 않으면 안 된다. 용력(勇力)이 탁월한 사자나 곰이 이기지 않고 약한 인간이 고등한 지위로 나아간 것을 보면, '우승열패, 적자생존'의 사실은 힘의 경쟁을 의미하는 것이 아니라, 사랑의 협동을 의미한다는 것을 깨닫기에 충분할 것이다. 같은 종족의 협동과 희생뿐만 아니라, 다른 종족 간에도 일종의 희생의 교환이 있다. 날짐승이나 나비류가 꽃의 향이나 꿀을 빨아들임과 동시에 그 식물의 교배를 매개하는 것과 같은 경우다. 그러므로 생물과 사회의 진화는 생존경쟁에 의지한다기보다도 오히려 희생의 교환에 의지한다고 해도 과언이 아니다. 나는 희생의 교환이 클수록 그만큼 그 동물이 고등한 지위로 진화하는 것을 인정한다.

희생은 사랑의 극치다. 사랑의 극치가 사실로 발현된 것이다. 금수와 인간을 불문하고 의식적인지 무의식적인지를 불문하고, 지순지정의 마음에서 나오므로 어쩔 수 없는 것이 있다. 이것을 위해서는 어떠한 고통과 어려움에 빠지더라도 추호도 후회하지 않고 원망하지 않으며 고통과 어려움으로 느끼지도 않고, 오히려 위안을 얻는다. 그리하여 이 희생이 가장 영묘하게 공급되는 것이 곧 어머니의 사랑이다. 특히 인간의 어머니의 사랑이다. 임신 10개월, 수유 수년, 대개 인간의 어머니만큼 자식을 위하여 큰 희생을 감수하는 경우가 없고 인간의 자식만큼 많은 희생을 약탈하는 경우는 없을 것이다. 그리하여 큰 희생이 교환되는 것이, 곧 인간이 가장 고등한 도덕적 진화를 한 까닭이 아닐까.

금수의 자식이라면 며칠 내지 몇 달이면 곧바로 어머니의 보호를 떠나 독립한다. 그 점에서 인간은 매우 무기력한 것 같다. 하지만 이것은 마치 통나무배와 기선의 건조, 인력거와 철도의 건조의 차이와 같다. 전자는 불과 며칠 만에 완성되고, 후자는 몇 년이나 걸린다. 긴 시간이 걸린다는 사실은 곧 기계에는 정교함을 더하고, 생물에게는 커다란 희생, 다시 말해 도덕적 향상을 의미한다. 그렇다. 생물이 많은 희생과 공급을 필요로 하는 것처럼, 사회가 진화하는 데도 마찬가지로 많은 희생이 필요하다.

고상한 사회는 결코 경쟁과 전투로 만들어지는 것이 아니라, 항상 굳건한 협동, 깊은 사랑, 커다란 희생적 정신의 진작으로 생긴다. 그러므로 고대에 인의(仁義)를 아는 선비가 사회를 사랑하고 사회를 위해 희생한다는 생각은 완전히 어머니가 아들을 생각하는 마음이다. 죄인을 보고, "요순의 백성은 요순의 마음을 자신의 마음으로 삼았는데 나의 백성은 각자 그들의 마음을 마음으로 삼는다"며 울었던 것[43]도 이 사랑이다. 이것은 도덕의 극치며, 피할 수 없는 것이기에 그들은 결코 희생을 고통으로 여기지 않는다. 그들이 이토록 도덕의 극치에 달한 것도 한편으로 그들 자신이 조상과 사회로부터 커다란 희생을 공급받은 결과다.

하지만 만약 희생의 공급과 요구가 하루아침에 평형을 잃고 조화를 잃는다면, 그 사회는 심각한 불행에 빠질 수밖에 없다. 지금의 사회가 오로지 개인 사이의 무력 경쟁, 재산 경쟁, 속임수 경쟁, 요행 경쟁을 인생의 직분으로 삼고 능사로 삼아 단지 자기의 생존에만 급급하여 한편으로 완전히 협동과 사랑이나 종족의 번식과 진화를 돌아보지 않고, 다시 말해 희생을 요구하기만 할 뿐이고 희생을 공급하는 정신은 완전

---

43) 하(夏) 왕조를 창시한 우(禹)임금이 제위시에 죄인을 보고 한탄한 고사를 인용한 것이다.

히 없어진다면, 앞날에는 타락이 있을 뿐이다. 이것은 경세의 군자가 가장 고려해야 할 일이다.

그리하여 인간 사회를 진정으로 이 두 방면에서 평형을 유지하고 조화롭게 하고 희생을 많이 주고받게 하여 사회의 진화와 향상에 도움을 주는 방법은, 나는 사회주의의 실행에 있다고 믿는다. 사회주의는 사회를 위하여 개인의 희생을 요구하는 것이다. 그와 동시에 사회는 개인을 반드시 생존케 하는 것이다. 반드시 개인을 돌보는 것이다. 지금과 같이 소수 개인의 생존과 영양을 위하여 다수 개인을 희생하는 제도를 철폐하고 사회 전체가 굳건한 협동, 깊은 사랑, 커다란 희생을 교환하여, 마치 어머니가 자식을 대하는 것처럼 커다란 사회의 번영을 즐겨야 한다. 이러한 희생은 진실로 사회에 필요불가결한 것이다.

하지만 과실을 위해서 아름다운 꽃이 떨어지는 것처럼, 사회주의를 실현하려면 우선 수많은 어질고 의로운 지사의 희생이 필요한 것 또한 사실이다. 이 점에서 지금의 사회주의는 본래 목숨을 아끼지 않는 각오가 없으면 안 된다. 며칠 전 《일본인(日本人)》 지상에서도 우리들 사회주의자를 향해 이것을 책망하는 논자가 있었다. 그러나 그가 말하는 내용은 "왜 오시오 헤이하치로[44]처럼 목숨을 버리지 않는가. 왜 아오모리(青森)의 빈민을 구제하지 않는가. 결국 덕성이 모자라서 안 된다. 그런 사람은 사회주의를 설파할 자격이 없다"는 것이다. 다만 나는 이러한 논자에게 다시 생각해보기를 바란다. 오시오처럼 한때에 힘차게 나아가 목숨을 던지는 것도 희생이다. 또는 시간도 건강도 오락도 항상

....

44) **오시오 헤이하치로(大鹽平八郎, 1793~1837)** 에도 시대 후기의 양명학자. 호는 추사이(中齋). 사설학교인 센신도(洗心洞)에서 제자들을 교육했다. 1836년 기근 때 봉행소(奉行所, 막번의 관청)에 구제를 요청했지만 받아들여지지 않자, 장서를 팔아 빈민을 구제했다. 이듬해인 1837년에 막부를 비판하여 오사카에서 군사를 일으켰으나 패하여 자살했다. 저서에 《洗心洞箚記》가 있다.

이것을 위해 잘라내면서, 스스로를 괴롭혀서 서서히 죽이는 입장에 서서 10년 20년을 하루같이 하여 결국에 이것을 위하여 죽는 것도 희생이다. 결코 평지에 파도를 일으켜 하루아침에 끝내려는 생각으로 몸을 죽이는 것이 훌륭한 것이 아니다. 나는 예전에 생시몽이 사회주의 저술을 위해 엄청난 추위에 15일간 불도 없는 방에서 누룩과 물만으로 생활했으며, 초고를 출판할 방법이 없어 옛 친구에게 애걸까지 한 참상을 읽고, 또한 카를 마르크스가 몇 번이나 집세를 밀려 쫓겨나 뜻을 얻지 못하고 초라한 가운데 《자본론》이라는 대작을 완성한 것을 읽으면 늘 저절로 눈물이 난다. 사회주의란 아오모리의 빈민을 구제한다는 의미가 아니다. 임시변통식 자선사업의 의미가 아니다. 오시오가 오늘날의 세상을 본다면 과연 급행열차를 타고 아오모리로 달려갔을까.

우리들 사회주의자는 본래 덕성이 부족하다. 현인이라고 생각하지도 않는다. 군자연할 수도 없다. 그러나 도를 익히고 덕으로 나아가는 것은 언제나 열렬히 바란다. 하지만 우리들이 현인군자가 아닌 탓에 사회주의를 주창할 자격이 없다고 해서 침묵한다면, 남의 일을 흥미 본위로 방관하면서 비평하는 것만을 좋아하는 요즘 세상에 누가 대신 사회주의를 설파하겠는가. 나는 데키산진(狄山人)과 같은 군자가 우선 자진하여 그 임무에 임하기를 바란다.

〈社會と犧牲〉,《日本人》185, 1903년 4월 20일)

나는 왜 사회주의자가 되었나

처지와 독서 두 가지다. 처지는 도사(土佐)에서 태어나 어려서부터 자유평등설에 심취한 것, 유신 후 일가친척의 가세가 기우는 것을 보고 동정해 마지않았던 것, 자신의 학자금이 없음을 안타까워하고 운명의 불공평함을 느낀 것이다. 독서에서는 맹자, 유럽의 혁명사, 나카에 조민 선생님[45]의 《삼취인경륜문답》, 헨리 조지[46]의 《사회 문제》와 《진보와 빈곤》은 내가 열성적인 민주주의자가 되고 또한 사회 문제에 깊은

....

45) **나카에 조민**(中江兆民, 1847~1901) 메이지 시대의 자유민권 사상가로서 고토쿠 슈스이의 스승이다. 이름은 도쿠스케(篤介). 고토쿠와 동향인 도사 번에서 하급 무사의 아들로 태어났다. 번의 유학생으로 나가사키와 에도에서 불학(佛學)을 배웠다. 1871년에 사법성에서 파견되어 프랑스로 유학했고 1874년에 귀국하여 불학 가숙을 열었다. 1881년에 사이온지 긴모치 등과 《동양자유신문(東洋自由新聞)》을 창간하여 주필로서 자유민권론을 주창했고, 1882년에는 불학가숙에서 《정리총담(政理叢談)》을 간행했고, 《민약역해(民約譯解)》를 발표하여 루소의 사회계약 · 인민주권론을 소개하는 한편으로, 서구의 근대 민주주의 사상을 전하여 '동양의 루소'라 불리며 자유민권운동의 이론적 지도자가 되었다. 같은 해에 자유당 기관지 《자유신문(自由新聞)》에 참여하여 메이지 정부의 부국강병책을 혹독하게 비판했다. 1887년에 《삼취인경륜문답(三醉人經綸問答)》을 발표했다. 또한 3대 사건 건백운동의 중추에서 활약하여 보안조례로 도쿄에서 추방되어 오사카로 이주한다. 이때부터 고토쿠가 서생으로 조민의 집에서 기숙했다. 1888년 이후에 오사카의 《시노노메 신문(東雲新聞)》 주필로서 보통선거론, 부락해방론, 토착민병론, 메이지 헌법 비판 등 철저한 민주주의 사상을 전개했다. 1890년 제1회 총선거에 오사카에서 입후보하여 당선되었지만, 제1의회의 예산 삭감 문제에서 민당의 일부가 타협한 데 분개하여 중의원을 "무혈충의 진열장"이라 비난하고 의원직을 사직했다. 그 후 사업을 하기도 했지만 성공하지 못했다. 《국회론(國會論)》, 《일 년 반(一年有半)》 등의 저서가 있으며, 《이학구현(理學鉤玄)》, 《속 일년 반(續一年有半)》에서는 유물론 철학을 주장했다. 한자어를 구사한 독특한 문장으로 메이지 번벌정부를 공격하는 한편, 허례허식이나 기만을 싫어한 솔직 활달한 행동은 종종 기행으로 여겨지기도 했다.

흥미를 가지기에 이른 인연이다. 그렇지만 "나는 사회주의자다"라고 명확히 단언할 수 있었던 것은 지금으로부터 6, 7년 전 처음으로 셰플레의 《사회주의 신수》를 읽었을 때다.[47]

(〈予は如何にして社會主義者となりし乎〉, 《平民新聞》 10, 1904년 1월 17일)

---

46) **조지**(Henry George, 1839~1897) 미국의 사회사상가. 초등교육을 마치고 각지를 방랑하며 인쇄공, 신문통신원, 출판인 등으로 활동했다. 그 사이 철도 건설로 땅값이 폭등하여 소수의 부자와 다수의 빈곤층이 생겨나는 것을 보고, 빈곤의 원인이 토지 사유에 따른 지주 계급의 불로소득에 있다고 파악하였다. 그리고 사회 개량 수단으로 토지에 고율의 단일과세를 해야 한다는 내용을 담은 《진보와 빈곤》(1879)을 출판해 국내외에 커다란 반향을 불러일으켰다. 영국에 건너가 사회개량 운동에 기여하는 한편으로 페이비언협회 창립에도 영향을 끼쳤다. 그의 저서 《사회 문제》(1883)는 에구치 산세이(江口三省)의 번역으로 《社會問題(前編)》라는 제목으로 1892년에 자유사(自由社)에서 간행되었다.

47) 셰플레의 영어판 《Quintessence of Socialism》 초판이 나온 것은 1889년이다.

인류와 생존경쟁
(사회주의는 생물진화설과 모순되는가)

1

다윈 씨의 생물진화설이 나오자, 기존의 과학과 싸우고 철학과 싸우고 종교와 싸워서 모두 굴복시키고 모든 독단을 파괴하고 각종 미신을 타파하는 것이 마치 썩은 것을 부수고 마른 것을 깨는 듯하여, 세계의 사상과 학술이 면목을 일신했다.

지금 생물 진화의 원리와 법칙은 인간의 지능이 미치는 한, 의심할 수 없는 일대 진리로서, 대개 무슨 학설인지 무슨 연구인지 무슨 변증인지를 불문하고, 오로지 이것을 기초로 삼지 않을 수 없게 되었다.

그리하여 우리 사회주의자들도 기꺼이 다윈주의의 신도임을 분명히 말하지 않을 수 없다. 여기서 한 가지 의문이 계속 제기되고 있다는 소리가 들린다. 사회주의가 지금의 자유 경쟁을 금하려고 하는 것은 다윈주의의 생존경쟁의 원리와 법칙에 모순되는 것이 아닌가 하는 질문이다.

동물이든 식물이든 생물은 모두 생존을 위하여 경쟁하지 않는 것이 없다. 그 결과 다수의 열등한 쪽이 패배하여 사라지고 소수의 우월한 쪽이 대대로 생존하는데, 예부터 생물이 서서히 진화할 수 있는 까닭은 여기에 있다. 이것이 다윈 씨가 명시하는 바다. 하지만 사회주의자는 생존경쟁을 폐지하고 만민이 모두 생존을 확보해야 한다고 말한다. 이것은 사회의 진화를 저해하려는 것이 아닌가.

우리들은 이에 대해, 아니다, 사회주의는 결코 다윈주의와 모순되는 것이 아니라고 답하고자 한다. 왜인가.

2

우리들도 마찬가지로 생존경쟁이 생물 진화의 동기임을 인정한다. 그러나 모든 생물이 점차로 진화를 거치면서 생존경쟁의 사정도 마찬가지로 저절로 변할 수밖에 없다.

고등한 생물의 생존경쟁은 하등한 생물에 비하면 혹독한 정도가 크게 감소한다. 하등한 생물은 경쟁 결과 생존할 수 있는 것은 겨우 천만 개 중 하나에 지나지 않지만, 고등한 생물은 생사의 수가 대개 반반이고, 인류에 이르면 생존자가 사망자보다 많다. 동물은 식물보다도, 인류는 동물보다도, 문명인은 야만인보다도 생존경쟁의 희생이 되는 열패자가 점차로 줄어들었다.

이리하여 생물의 기관과 조직이 복잡하고 완전할수록 경쟁 방법이 크게 완화되어 자연히 열패자를 줄인다는 사실은, 순수 생물학 분야에서도 논쟁의 여지가 없다. 하물며 더 향상되고 진보한 인류 사회 조직은 말할 것도 없다. 그들이 단지 경쟁이 진화의 동기임을 알 뿐, 경쟁 그 자체도 진화한다는 것을 모르고, 원시 생물 중에 열패자가 많은 것을 보고 곧바로 인류 사회에도 다수의 열패자가 없으면 안 된다고 하는 따위는, 진화의 원리와 법칙을 심하게 무시하는 것이며, 오히려 다윈주의의 도둑이라고 해야 할 것이다.

3

아마도 태곳적 야만인의 생존경쟁은 동물과 크게 다르지 않았을 것이다. 오로지 음식과 여자를 얻기 위해서, 다시 말해 생명의 양대 기본인 영양과 생식의 계산을 맞추기 위해서였고, 방법도 오로지 폭력이 있을 뿐이었다. 그런데 생활이 조금씩 진화함에 따라 조금씩 정치적 권세의 경쟁이 여기에 추가되기 시작했다. 방법도 변하여 오로지 지력의 경쟁이 되었다.

이것을 유사 이래로 보면, 그리스 로마 사회는 오로지 사법상의 평등(노예 금지)을 위해서 경쟁했다. 그리하여 거기에서 승리했다. 하지만 경쟁은 끝나지 않았다. 중세 사회는 바로 종교적 평등을 위해 경쟁했다. 그리하여 그들은 승리했다. 18세기 말부터 정치적 평등을 위하여 경쟁했다. 그리하여 또 그것을 얻었다. 생존경쟁은 여전히 계속된다. 다음으로, 현대 사회는 경제적 평등을 얻기 위하여, 다시 말해 의식주의 평등을 얻기 위해서 경쟁하고 있다.

알아야 한다, 인류의 생존경쟁은 결코 끊이지 않지만, 그래도 목적과 이상은 항상 진화하며 방법은 항상 향상되고 있다는 것을. 그리하여 우리들은 지금 사회가 경쟁과 노력의 목표인 경제적 평등을 얻는 것도 그다지 멀지는 않을 것이라고 믿는다. 아니, 사회주의는 사회의 경쟁을 신속히 끝내고 한 걸음 더 나아가기를 바란다. 우리 자손들이 더 새로운 이상과 의제를 위하여 새로운 경쟁을 시작하기를 바란다.

4

그러므로 사회주의를 평론하려는 사람은 우선 다음과 같은 사실을 알아야 한다. 사회주의는 결코 모든 생존경쟁을 금지하려는 것이 아니라, 오히려 생물 진화의 원리와 법칙에 따라 경쟁의 의제와 이상을 진화시키고 방법을 고상하게 만들고자 하는 것이다.

태초에 야만의 시대에 폭력 투쟁은 사회 진화를 위한 유일한 동기였다. 하지만 오늘날에는 당장에 폭력은 죄악이 아닌가. 만약 경쟁이 진보에 필요하므로 폭력도 금지할 수 없다고 한다면, 누가 그 무법성을 비웃지 않겠는가. 오늘날 자유 경쟁이 필요하다고 하는 어리석은 사람들은 이와 비슷하지 않은가.

승냥이와 이리가 송곳니로 경쟁했다고 해서 우리들도 송곳니로 싸워야 하는 법은 없다. 소와 양이 뿔로 경쟁했다고 해서 우리들도 뿔로 싸워야 하는 법은 없다. 만약에 송곳니와 뿔의 싸움이 완력 싸움이 되고, 완력 싸움이 지식과 꾀의 싸움이 되고, 기술의 싸움이 된 변이를 다윈주의와 모순되는 것이 아니라고 한다면, 우리들은 지금의 의식주 경쟁이 명예의 경쟁이 되고 명예의 경쟁이 도덕의 경쟁이 되는 것도 결코 진화를 저해하는 것이 아니라고 믿는다. 아니, 이것이야말로 다윈주의가 필연적으로 귀착해야 할 곳이 아닌가.

5

한 가지 더 알아야 한다. 생물 진화는 단지 생존경쟁에 의할 뿐만 아니라, 생존 협동의 은혜를 입는 경우가 많다는 것을. 많은 생물은 외적과 싸우기 위하여, 자연을 개척하기 위하여, 때로 종의 번영을 위하여, 또는 각자의 이익 증진을 위하여 같은 종족과 협동하고 때로 다른 종족과도 상부상조하여, 놀라운 진화를 이룩한 것이 대단히 많다.

그리하여 점점 견고하고 폭넓게 협동할수록 분업이 점차 진전된다. 그러면 기관과 조직은 점점 복잡해진다. 대체로 유기체가 하등과 고등으로 나뉘는 것은 오로지 기관이 간단한지 복잡한지에 따라 구별된다는 것을 안다면, 사회의 진화와 향상도 마찬가지로 견고하고 폭넓게 협동하는 것이 가장 급한 일임을 깨닫기에 충분하다. 또한 대개 생물의 협동 정도는 항상 음식의 많고 적음에 따라서 증감한다. 음식이 풍부한 곳에서는 서로 친하지만, 그렇지 않으면 경쟁이 몹시 잔인하고 격렬하다. 인류 또한 마찬가지다.

야만인 중에는 자식이나 부모를 죽이는 것도 인정하는 예가 있다. 의식주가 부족하여 인구 증식을 우려하는 섬과 같은 땅에서는(예를 들면 폴리네시아) 이것을 종교적 의무나 선행으로 여기기도 한다. 하지만 땅과 음식이 풍부하고 문명이 진보한 곳에서는 커다란 죄악일 뿐이다.

그러므로 깨달을 것이다. 의식주 경쟁이 지금처럼 격렬한 것은 결코 사회를 진화시키는 원인이 아니다. 하루빨리 모두에게 경제적 평등을 얻게 하여 협동 범위를 확장하고 견고하게 만들지 않는다면, 인류는 오히려 야수의 영역으로 퇴보할 것이다. 사회주의가 의식주의 경쟁 폐지를 외치는 것은 어쩔 수 없는 일이다.

6

다윈 씨의 진화설은 천고의 진리다. 하지만 그는 단지 생물과 자연이 진화하는 원인을 설명하는 데 그쳤다.

그러므로 어떻게 그것을 인류 사회에 응용할 것인가에 이르면, 다윈주의자들은 구구한 견해를 늘어놓거나 심한 오류에 빠진 경우도 있다.

다윈이 생물과 자연에서 주장한 것과 똑같은 독창적 견해를 곧바로 인류 사회에 적용한 것은 근대 사회주의의 스승 마르크스다.

마르크스도 기존의 독단과 미신을 완전히 배격하고 인류 사회의 역사적 과정을 연구하여 사회 진화의 원리와 법칙이 반드시 사회주의로 귀착될 수밖에 없음을 명확히 했다. 마르크스의 《자본론》은 다윈의 《종의 기원》과 맞먹는 19세기의 대작이다.

그러므로 다윈의 진화설은 마르크스의 《자본론》을 통해 비로소 대성할 수 있었다. 만약 사회주의가 진화설과 모순된다고 한다면, 그는 아직 사회주의를 모를 뿐만 아니라 진화설을 모르는 사람이다.

(〈人類と生存競爭 — 社會主義は生物進化說と矛盾する乎〉,
《平民新聞》12, 1904년 1월 31일)

어느 정도까지는 찬성

세상에는 꽤나 아는 체하며 "나도 어느 정도까지는 사회주의자다"라고 말하는 사람이 있다. 그렇다. 이런 종류의 사람들이 대단히 많다. 지나치게 많을 정도다.

이 사람은 또한 '어느 정도까지는' 개인주의자이고, '어느 정도까지는' 제국주의자이고, '어는 정도까지는' 진보당과도 맞고, '어느 정도까지는' 정우회[48]에도 찬성하는 사람이다. 그는 어떤 사람에 대해서도, 어떤 당원, 어떤 주의자에 대해서도 '어느 정도까지' 동의한다고 선언하여, 이로써 상대의 기분을 나쁘게 하지 않으려고 주의하는 사람이다.

이 사람이 "나도 어느 정도까지는 사회주의자다"라고 할 때는, 요컨대 "그것으로 만족하기를 바란다" "그 이상을 따지지 말라"고 하는 것

---

48) **정우회(政友會)** 정식 명칭은 입헌정우회(立憲政友會). 의회 정당을 무시해 온 번벌 정권에 저항하고 비판했던 민당을 끌어안는 데 성공한 이토 히로부미가 1900년 9월에 조직한 정당. 이토가 초대 총재가 되었고, 이토 계열 관료, 헌정당(구 자유당), 제국당 등이 중심이 되어 창립되었다. 국가의 제국주의적 발전을 거국일치로 도모하려는 국가 정당의 기본 성격을 가졌으며 총재 전제가 당 운영의 특징이었다. 같은 해 10월에 정우회를 기반으로 하는 제4차 이토 내각이 발족했으나, 재정 방침을 둘러싼 내부 대립으로 이듬해에 무너졌다. 나아가 제1차 가쓰라 다로 내각 하에서는 증세 문제로 당내가 동요했다. 이 문제의 뿌리에는 국가의 이익을 우선하는 번벌 관료파와 부르주아지의 이익을 중시하는 정당인파의 대립이 있었다. 1903년에 이토가 총재를 사임했고, 당내 동요는 사이온지 긴모치 총재 시대에 수습되었다. 사이온지나 하라 다카시(原敬)는 번벌 세력과 교묘하게 타협하여 정권을 얻어, 철도 국유화나 신설, 항만 건설, 학교 건설 등의 적극 정책을 폈다. 이권 투입에 따라 당원이나 주변 부르주아들을 끌어들여 당세 확장, 당내 장악에 성공했고, 이후 번벌·군대 세력과의 대립과 타협을 반복했다.

을 의미한다. 시험 삼아 "어느 정도라는 건 무엇을 말하는가" 하고 물으면 그는 어떻게 대답해야 할지를 모른다. 그렇다. 실제로 그가 사회주의에 관해서 아는 것은 오로지 하나뿐이다. 사회주의는 진보와 발달이라는 것이다. 그는 이 이상도 이 이하도 모르며 또 알려고 하지도 않는다. 어차피 그는 다수에 부화뇌동하는 사람이다. 그리하여 장래에 사회주의가 다수를 차지하지 못한다고 볼 수도 없기 때문에 '어느 정도까지'는 찬성해 두는 것이다.

그는 신중함이 미덕이라는 것을 배웠다. 그는 남에게 거스르지 않는 것이 최상의 정략임을 알았다. 그는 사회주의에 그다지 흥미가 없으면서도 있는 듯이 행동함으로써 애교를 보전의 비결로 삼는다. 그는 평소 온화한 답변이 타인의 적의를 누그러뜨리는 기술임을 안다. 그리하여 그가 고안한 답변 중에 온화한 것이 "어느 정도까지는 자네와 같은 의견이네"라고 하는 한마디다.

이런 사람을 열성적인 사회주의자 입장에서 보면, 도저히 설득할 가능성이 없는 인물처럼 여겨지지만, 그래도 그 역시 약간 진화를 거쳐왔다. 앞으로도 약간 진화할 수 있는 사람임을 잊지 말아야 한다. 만약 지금부터 3년 전으로 돌아가게 한다면, 그는 아마도 사회주의에 대해서는 거의 입도 벙긋하지 않았을 것이다. 그런데 그가 사회주의를 모르는 것은 예나 지금이나 마찬가지라고 해도 3년이 지난 오늘 '어느 정도까지는' 찬성하기를 주저하지 않게 된 것은, 사회의 다수가 사회주의를 언급하고 있는 것을 알아챘기 때문이다. 사회주의자의 수가 점차로 늘어나는 것을 보고는 마냥 침만 뱉어서는 안 되겠다는 정도의 생각은 생겼기 때문이다.

그러므로 이 사람이 대단히 불성실하다 하더라도 일반 사회에서 사회주의가 어느 정도 진전되고 보급되었는지를 가늠하게 하는 이정표다. 그리하여 사회주의자의 세력이 증가함에 따라 이런 종류의 인물도 따라서 늘어날 것이다.

그러므로 이런 종류의 사람들에게 사회주의를 찬성하게 만들기 위해 시간을 쏟고 힘을 쓰는 것은 쓸데없는 일이다. 우리들이 열심히 공부하여 설득하고 전도해야 할 것은 이런 종류의 사람들이 아니라, 오히려 열렬히 사회주의에 반대하고 항의하려고 하는 사람들이나, 아니면 성실히 연구하고자 하는 사람들이다. 이들은 충분히 사회주의가 진리임을 알 수 있는 사람들이며, 한번 그것이 진리임을 안 이상 반드시 열성적으로 사회주의를 위하여 온 힘을 다할 것이다. 그렇다. 이들은 믿음직스러운 사람들이다. 아니, "사회주의가 세력을 얻으면 나도 거기에 들어갈 것이다"라고 분명하게 밝히는 사람조차도 "어느 정도까지는 사회주의자"임을 자처하는 번듯한 신사에 비하면 훨씬 낫다.

하지만 때는 가까이 왔다. 우리들 만인이 자본주의인가 사회주의인가, 낡고 썩은 조직인가 새로 일어나는 세력인가, 양자택일을 하지 않으면 안 되는 때가 확실히 가까이 왔다. 이때가 오면 우리의 신중한 친구, 즉 '어느 정도까지는 사회주의자'도 인원으로 셀 수 있을 것이다. 우리들이 이런 종류의 사람들에게 기대하는 것은 단지 이것뿐이다. 재앙도 3년을 지나면 이익이 될 수 있다고 했다. 그도 마찬가지로 우리 주의를 위하여 '어느 정도까지' 이익이 되는 점이 있을 것이다. '어느 정도까지'란 시절이 도래한 새벽에 인원이 추가되는 정도다.

(〈或点迄の贊成〉,《平民新聞》49, 1904년 10월 16일,《平民主義》수록)

적색기[49]

한(漢)나라 황제가 버럭 성을 내서 여섯 장수를 보내놓고

북방의 큰 사막에 말을 달리게 하자,

봉화가 해를 거듭하여 장정이 다 사라지고

노인은 죽어 나뒹굴고 아이들은 굶주림에 허덕였네.

민생은 파탄이 난 지 이미 오래되고

길거리에는 그저 도적이 늘어날 뿐이었다.

강물이 아래로 흐르면 그 기세가 도도한데

세상의 도리는 지금 누가 능히 지키고 있는가.

유생이 보국하는 길은 문장에 있으니

한 자루의 큰 붓을 손 가는 대로 휘두르네.

일찍이 가생(賈生, BC 200~BC 168)은 치안책을 바치며 울부짖었고

또한 굴원의 사(辭)를 지으며 비분강개했네.

강직하고 뜻을 굽히지 않는 말은 예로부터 화를 불렀으니

지사가 어찌 일신의 위험을 주장하리오.

붓끝이 갑자기 벼슬아치의 노여움을 사자

죄수를 나르는 수레가 성 북쪽을 향해 가네.

성북의 감옥에 팔한지옥이 나타나니

싸늘한 위세는 혹독하게 살을 에려 하네.

---

49) 1906년 4월 11일에 발행된 《사회주의 시(社會主義の詩)》(由分社)에도 실렸다. 일본
최초의 혁명가집인 이 시집에는 15편의 시와 약간의 단형 정형시가 실렸는데, 대부분
당시 《평민신문》과 《직언》에 발표된 고토쿠 슈스이, 사카이 도시히코, 기노시타 나오
에, 니시카와 고지로 등의 것이었다.

옷이 무쇠 같고 음식이 돌 같으니

연약한 강 버들은 무엇에 의지하리오.

위장은 썩어 문드러져 병은 점점 깊어 가는데

유난히 고통스러운 탕약이 목을 넘어가는 것도 더디기만 하네.

이때 의지할 것이라곤 한숨만이 있을 뿐이나

호연하고 왕성하니 아직 노쇠하지 않았네.

길이 다하면 통하고 기세가 다하면 변하니

세상길의 험난함을 탄식하지 말자.

옥중에 어찌 한 줄기 빛이 돌아오지 않으며

또한 기쁜 조화 은광(恩光)이 비치지 않겠는가.

하늘로 솟구친 돌벽이 열 길 높이인데도

여전히 봄바람은 자유롭게 부네.

떨어지는 꽃들과 나비가 춤추는 곳

천산에 신록이 피어오르고 두견새가 울 때

긴 비 내리는 한적한 낮에 그저 책을 펼치고

서늘한 달 비치는 깊은 밤에 즐겨 시를 읊네.

훌쩍 망각하는 물아의 경지

저도 몰래 감옥 안에 해와 달이 바뀌네.

손가락을 꼽아보니 백오십 일

형이 남은 몸은 병이 남은 모습이기도 하네.

살이 빠지고 뼈가 앙상한 모습은 마치 귀신 같은데

비틀비틀 문을 나서며 미소 짓는 것도 기이하네.

아아, 이 몸은 붙들어 매고 손은 묶을 수 있어도

천추의 정기는 옭아매지 못하리.

생동감 넘치는 조짐은 어둠 속을 떠도니

인심이 향하는 바가 또한 어찌 의심스러우랴.

풍운의 만남은 결코 멀지 않으며
산하의 혁명은 날짜를 기약하리라.
자네는 보이지 않는가, 러시아 수도 겨울궁전 풍운의 저녁이.
왕관이 산산이 부서지고 피는 뚝뚝 떨어졌네.
또한 보이지 않는가, 철혈 재상의 폭정의 날에
민중이 높이 올리는 붉은 깃발이.

漢皇赫怒發六帥　　朔邊大漠任驅馳
烽火連年丁壯盡　　老者轉壑幼者飢
民生倒懸日旣久　　市朝只見盜賊滋
江河之下勢滔滔　　世道今日誰能持
儒生報國文章在　　一管大筆任手揮
流涕曾獻賈生策　　慷慨又成屈子辭
侃諤買禍自古爾　　志士何說一身危
筆端忽觸有司怒　　檻車直向城北之
城北獄現八寒獄　　寒威凜烈欲劈肌
衣衾如鐵食如石　　浦柳弱質何得支
胃腸壞爛病漸重　　偏苦湯藥下咽遲
此時賴有存一氣　　浩然沛然未曾衰
途窮則通勢極變　　世路不須歎嶮巇
獄裡豈無一陽復　　且喜造化恩光施
聳空石壁高十丈　　猶是春風自在吹
數片落花蝶舞處　　千山新綠鵑啼時
連霖晝寂唯披卷　　涼月夜深好吟詩
飄然忘却物我境　　不覺囚中日月移
屈指一百五十日　　刑餘身兼病餘姿

肉落骨立形如鬼　蹣跚出門一笑奇

嗚呼此身可繫手可縛　千秋正氣不可羈

由來活氣暗中動　人心所嚮又奚疑

風雲之會決非遠　山河革命日可期

君不見露都冬宮風雲夕　王冠碎飛血淋漓

又不見鐵血宰相虐政日　布衣高揭赤色旗

〈赤色旗〉, 《直言》2-2, 1905년 8월 6일)

채식주의

《가정잡지》 기자 고센(枯川) 귀하, 고센이라 부르는 것이 마음에 들지 않으면 사카이(堺) 귀하. 그래도 나는 "고센!" 하고 허물없이 부르는 게 입버릇이 되었으니, 역시 그렇게 부르게 해주게.

채식론에 대해서는 내가 투옥 중일 때 자네가 대단히 많은 연구 조사를 했다고 하니까, 한번 크게 강연을 듣고자 생각하던 중에 이쪽에 와버려서 유감스러웠는데, 이쪽에서도 나는 열성적인 채식론자, 아니 채식 실행자를 만났다네.

그중 한 사람은 전부터 말했던 러시아 혁명당의 프리치 여사라네. 직업은 산파이고, 지금 의과대학을 다니고 있는데, 나이는 오십이 채 안 되었네. 흑빵과 과일 삶은 것만 먹고 틈만 나면 혁명주의와 채식주의의 효능을 소란스럽게 주장해댄다네.

나와 가토 도키야(加藤時也)는 이 부인의 집에 방 하나를 빌려 쓰고 있고, 세 차례 식사는 평민사로 먹으러 갔는데, 둘 다 약해서 자주 감기나 설사로 이틀이나 사흘을 누워서 못 나가기도 하네. 그러면 프리치 부인이 당장 와서 진찰을 하고 친절하게 간호해주네. 거기까지는 좋은데, 평민사 분들이 가지고 온 음식을 모두 치워버리고 먹지 않는다네. 예의 음미에 음미를 거듭한 빵이나 과일 삶은 것을 조금씩 나누어주지. 그녀는 우리들의 병은 반드시 고기를 끊지 않으면 안 낫는다고 주장하고 있네.

정말로 그녀 자신은 강하지. 아침에는 5시에, 때로는 3시에 일어나서 부엌일을 하네. 7시부터 학교에 갔다가 점심에 돌아와서, 또 3시경에 가지. 저녁에 돌아와서 그 사이에 모든 가사일을 처리하네. 밤에는

11시 전에 잠드는 적이 없어. 1시까지 자지 않는 일도 흔하네. 학교에 갈 때도 쇼핑을 갈 때도 일찍이 전철을 탄 적이 없어. 일본 여성들은 도저히 꿈도 못 꿀 노동을 하고도 끄떡없지.

또 한 사람은 시카고에서 온 여성인데, 미시즈 메릴이라고 하네. 나이는 마흔다섯이고 말세교회(Seventh-day Adventist Church)의 열성적인 신자라네. 젊었을 때는 너무나 약해서 위장병이나 신물이 올라오는 증상으로 힘들었는데, 채식을 한 결과 15년 동안 병원에 간 적이 없다고 하네. 이 사람은 자기 집에서 학교를 열어 아침 9시부터 밤 10시까지 수업을 계속 하지. 그 사이에 요리도 빨래도 바느질도 청소도 모두 스스로 한다네. 하녀 같은 건 쓰지 않아. 쇼핑 갈 때도 10여 정(町) 떨어진 도시까지 역시 걸어서 가네.

대체로 이 땅은 가사 설비가 잘 갖추어져 있는 탓이기도 하지만, 웬만한 부자가 아니고는 하인을 두지 않네. 아니, 둘 수가 없다네. 모든 일을 주부나 딸들이 처리하고 있지.

이 학교에 클레멘트 여사라는 노인이 동거하고 있네. 만으로 일흔여섯이라고 하니, 일본 나이로 하면 일흔일곱이나 일흔여덟이 되겠지. 이 고령의 노인이 아침 9시부터 밤 9시까지 학생을 가르치는 것 역시 놀랄 일이 아닌가. 이 부인도 역시 엄격한 채식주의자로서 에너지와 건강이 완전히 채식 덕분이라고 말하곤 하지.

러시아 부인은 꽤나 감정은 격하지만, 질박하고 친절한 사람이라네. 미국의 두 부인도 성품이 온화하고 무던해서 전혀 가식이 없는 일본의 시골 사람 같지. 외국인에게 흔히 보이는 인종적 편견 같은 것은 눈곱만큼도 없어. 내가 만난 것은 이렇게 세 사람뿐이지만, 채식은 상당히 유행하고 있어서 미국 각 도시에서 잡지도 나오고 채식 식료품만 파는 가게도 있고, 채식 식당도 있지. 채식이라고 하면 무조건 무, 우엉, 파 같은 것을 떠올리겠지만, 그들이 먹는 것은 주로 과실과 곡물이지 채소가 아니라네. 메릴 부인은 "베지터블은 수분이 많고 섬유질이 많아 소화에 좋지 않으니까, 별로 안 먹어요. 저는 베지테리언(vegetarian)이 아니라 프루테리언(fruitarian)입니다"라고 했네. 아니, 베지테리언이라는 말 대신에 프루테리언이라는 말을 자주 쓰고 있지.

그리하여 나는 병이 났을 때는 완전히 고기를 끊고 과실주의자가 되는데, 속은 대단히 편한 것 같네. 야마우치(山內) 부인도 지난달 출산 후에는 산파가 프리치 부인이라서 몇 주일 강력하게 육식을 금해서 매실이나 무화과나 살구 같은 건과류를 한 데 삶은 것과 밀가루 크래커만 먹었다고 하더군.

요컨대 고기의 영양분이 몇 퍼센트고, 채소의 영양분이 몇 퍼센트고 하는 계산은 그다지 필요하지 않은 것 같네. 또 그다지 큰 차이도 없고. 그보다도 가장 주의해야 할 것은 육류는 위장 속에 오래 있어서 빨리 부패하기 쉽다는 점이지. 따라서 유독한 곰팡이가 많이 생기기 십상이야. 이것이 인간이 병에 걸리는 원인의 대부분을 차지하고 있다는 사실이라네. 특히 경쟁적 경제 조직 아래서 상인의 부패가 심할 때는 세계 어디를 가든, 병든 소나 죽은 소의 고기가 팔리는 것은 거의 일상적인 일이지. 웬만큼 위장이 강하지 않고서는 육식은 매우 위험하다고 하지 않을 수 없네.

곡물이나 과실은, 밥이든 빵이든 찹쌀가루든 비스킷이든 사과든 귤이든 매실이든 살구든, 고기처럼 부패하기는 쉽지 않아. 혹 부패하더라도 금방 알아볼 수 있지. 그것들은 소화하기 쉬우니까 오래 위장 속에 있으면서 곰팡이의 비료가 될 염려는 없어. 예로부터 고기에 중독된 일은 많지만, 곡물이나 익은 과실에 중독되는 일은 적지 않은가.

그래서 나는 채식주의, 아니 과실주의를 실천만 하면 대개의 병은 피할 수 있을 것 같다고 믿기에 이르렀네. 고센 군은 어떻게 생각하는가.(샌프란시스코, 3월 28일)

(〈菜食主義〉,《家庭雜誌》4-6, 1906년 6월 1일)

번역의 고심

번역으로 문명(文名)을 파는 것만큼 교활한 것은 없다. 다른 사람의 사상으로 다른 사람의 문장으로 왼쪽에서부터 가로로 쓴 것을 오른쪽에서부터 세로로 기계적으로 치환하는 수고일 뿐이다. 전화나 필사생(筆寫生)과 크게 다를 게 없다고 말하는 사람이 있다. 번역을 전혀 한 적이 없는 사람, 특히 외국 글을 읽지 않는 사람 중에 이렇게 생각하는 사람이 많다.

이 생각은 커다란 오류다. 사상은 차치하고 단순히 문장을 쓰는 행위로 보면 번역은 저술보다 훨씬 곤란하다. 적어도 저술보다 못하지 않다. 다소 책임을 중시하는 문사라면 원저에 대해서도 독자에 대해서도 보통 고심하는 것이 아니다.

번역을 하려면 우선 원문의 의의를 명료하게 이해하지 않으면 안 된다. 하지만 이것이 곤란하다. 외국에서 자란 사람이 아니고는, 영미인이 영문을 이해하고 일본인이 일문을 이해하는 것처럼 온전히 외국 글을 이해할 수는 없다. 대단한 학자 선생이라도 어디든 고개를 갸우뚱하지 않으면 안 되는 부분을 만난다. 처음에 한 번 통독했을 때에는 멋지게 이해했다고 생각했던 것도 막상 붓을 쥐고 한 글자 한 구절을 따라가면 얼마든지 불안하고 미심쩍은 부분이 나타난다. 만약 두꺼운 책일 경우에는 한 글자 한 구절도 오류 없이 완전히 번역하는 것은 희망 사항일 뿐이다. 이것은 내가 서양 학문의 소양이 부족한 탓에 혼자 이렇게 느낄 뿐만 아니라, 어떠한 노대가도 마찬가지라는 말을 들었다. 하지만 그렇다고 해서 오류는 어쩔 수 없다고 눈을 감을 수만은 없다. 물론 되도록 오류가 하나도 없도록 노력해야 한다. 이것이 첫 번째 어려움이다.

하지만 어쨌든 번역을 결심했다면 원문을 충분히 이해해서 자국문을
읽듯이 소화할 수 있었다고 가정해도 되지만, 막상 써 나가면 이번에는
번역어 선정의 어려움이 다가온다. 원문의 의의를 충분히 알고 있어도
이 의의를 가장 잘 나타낼 수 있는 글자는 쉽게 찾기 어렵다. 어휘력이
상당히 풍부하더라도 소지품을 뒤져서 되는 일이 아니다. 그 고심은 옛
시인이 퇴고의 두 글자에 헤맸던 것과 전혀 다를 바가 없다. 억지를 부
리는 선생은 아무래도 일본어나 한자어는 적당한 숙어가 부족해서 곤란
하다고 투덜댄다. 사실은 숙어가 부족한 것이 아니라, 그 사람의 가슴속
책상자가 적은 것이라고 고(故) 조민(兆民) 선생은 말씀하셨다. 고(故)
시켄(思軒) 거사나 오가이(鷗外) 군 등의 자연스러운 번역은 그들이 어
휘가 풍부한 것이 유력한 무기임에 틀림없다.

일반적으로 사용하는 단어와 숙어로 번역어가 일정한 것은 지장이
없지만, 전문어나 학술어 중에 아직 번역어가 정해져 있지 않은 것을
만났을 때 고심은 이루 다 말할 수 없다. 나는 지금까지 2, 3종의 사회
주의 서적을 번역한 것만으로도 충분히 괴로워한 경험이 있다. 예를 들
면 사회당이 많이 사용하는 부르주아지(Bourgeoisie)라는 말 같은 것은
지금까지 중등 시민으로 번역하거나 자본가, 부호, 신상(紳商) 등등으
로 번역해보았지만, 아무리해도 사회주의자가 일컫는 부르주아지의 의
의를 완전히 나타낼 수 없었다. 나는 몇 년 전에 사카이 고센(堺枯川)과
《공산당 선언》을 번역했을 때, 둘이서 여러 가지로 논의한 끝에, 결국
'신사벌(紳士閥)'로 번역하기로 타협했다. 원래 여기에서 신사는
gentleman과 같은 훌륭한 의미가 아니라, 일본어의 신사, 즉 '주인네
들50)'의 의미에 지나지 않으므로, 충분히 노동자에 대한 중류 이상의
계급을 대표할 수 있었다고 생각한다.

기타 class consciousness(계급적 자각), proletarian(평민 또는 노동

자), exploitation(자본가의 노동자 약탈), expropriation(노동자의 토지 자본의 징발) 같은 것은 사회주의적으로 사용하면 특수한 의미를 낳는 것이 많다. 지금까지 한결같이 노동조합으로 번역된 글자에도 guild, trade union, industrial union, labor union, syndicate 등은 모두 각각 다른 뜻을 지니므로, 따로 번역어를 만들지 않으면 안 되었다. 이런 종류를 모으면 셀 수 없이 많다. 이런 것을 보더라도 메이지 초년부터 미쓰쿠리 린쇼[51], 후쿠자와 유키치, 나카무라 마사나오[52] 같은 여러 선생들이 권리라든가 의무 등과 같은 번역어나, 기타 철학, 이화학(理化學), 의학 등의 무수한 용어를 정하는 데 얼마나 고심을 거듭하셨을지 상상이 된다.

적당한 번역어가 생긴다. 그것을 충실히 원문의 자구를 따라 순서대로 한 절, 한 단락 기계적으로 열거한 것으로 번역이 완성되는가 하면, 이것만으로는 글자를 열거했을 뿐이지 결코 문장을 이룰 수는 없다. 완전한 번역은 의의를 명확히 할 뿐만 아니라, 글의 기세나 필치도 옮기지 않으면 안 된다. 원문이 경쾌하고 묘하면 경쾌하고 묘하게, 유려하

---

50) **주인네들(旦那連)** 가게 고용인들이 남자 주인을 높여 부르는 말. 일반적으로 부자나 신분이 있는 남자를 높여 부르는 말로 쓰이고 부인이 남편을 가리키는 말로도 쓰인다.

51) **미쓰쿠리 린쇼(箕作麟祥, 1846~1897)** 메이지 시대의 계몽적 관료학자. 막부 말기부터 번역 담당 관료로 일했으며, 1867년에 파리 만국박람회 파견 사절을 따라 파리로 유학하였고, 1868년에 귀국한 후 신정부에서도 번역관으로 활약했다. 서구의 법전을 번역 편찬하여 일본의 성문법 기초에 공헌했다. 메이지 초기의 계몽사상가의 결사인 명륙사(明六社) 회원으로 계몽 활동에도 힘썼으며, 〈자유론(リボルチーの設)〉이나 〈국정전변론(國政轉變ノ論)〉은 물의를 일으켰으나 민권파에게 힘이 되기도 했다.

52) **나카무라 마사나오(中村正直, 1832~1891)** 유학자, 계몽 사상가. 어려서 유학(儒學)과 영학(英學)을 배웠으며, 1866년에 막부의 명으로 영국으로 건너갔다. 런던에서 유교 도덕이 완벽하게 실현된 것을 보고 그 바탕에 있는 기독교에 관심을 갖게 되었다. 명륙사를 조직하여 계몽사상 보급에 힘썼다. 새뮤얼 스마일스의 《자조론(Self-help)》을 번역한 《서국입지편(西國立志編)》은 청년들에게 많은 감화를 주었다. 그밖에도 《서양품행론(西洋品行論)》 등의 역서가 있다.

면 유려하게, 품위가 있고 기운차면 품위가 있고 기운차게, 우스우면 우습게 전하지 않으면 안 된다. 그럼에도 너무나도 충실히 원문의 자구를 따르려고 하면 붓끝이 막혀 역문은 생명을 잃고 만다. 번역문도 원문과 같은 글의 기세나 필치를 유지하고자 하면 원문의 자구를 멋대로 늘리거나 줄이고 앞뒤를 도치시키는 등의 필요가 생긴다. 이것은 참으로 책임 있는 번역가가 진퇴양난에 빠지는 이유다. 옛날 삼장법사도 불경을 번역하면서 상당히 쩔쩔맸는지, 번역은 마치 음식물을 씹어서 아이에게 먹이는 것과 같은 것이라서, 단맛은 어머니의 혀에 남고 아이는 찌꺼기만 먹게 된다고 한탄한 적이 있다.

글의 기세나 필치에 주의하지 않는 사람의 번역은 문장이 난삽하여 거의 읽을 수가 없고 읽어도 재미가 없을 뿐만 아니라, 실제로 뜻을 이해하기조차 불가능할 위험이 있다. 문예가라든가 소설가 등의 번역에는 그러한 것이 없지만, 과학자는 박사나 학사의 이름이 달린 것에는 문장도 아무것도 아닌 예가 흔하다. 이것들은 단지 독자에게 폐를 끼칠 뿐만 아니라, 원저자에게도 불편함의 극치다. 그런데 그와는 반대로 문장은 대단히 유려하고 교묘한데 그러면서도 완전히 뜻을 잘못 알고 있거나 이해하지 못하는 곳을 마구 생략하거나 마음대로 개작하고 앞뒤를 이어붙여, 원서와 대조하지 않으면 생략이나 개작의 흔적을 알 수 없을 정도로 글재주로 속이는 예가 있다. 이런 경우는 문예가 중에도 적지 않다고 한다. '번역은 반역'이라는 서양 사람의 말이 있지만, 문장이 난삽한 것도 원뜻을 멋대로 개작하는 것도 완전히 원저자에 대한 반역이라 해도 좋겠다.

조민 선생은 예전에 위고(Victor M. Hugo) 등의 경구를 일본어로 번역했는데, 글의 기세나 필치를 그대로 나타내고자 한다면 위고 이상의 필력이 없으면 안 된다, 대개 완전한 번역은 원저자 이상으로 문장력이 없으면 불가능하다고 말씀하셨다. 조민 선생은 그렇게 믿었기 때문에 과학, 이론 서적은 많이 번역했지만, 문장에 무게를 두어야 하는 문학 서적에는 손을 대지 않았다.

그러나 문장을 주로 하지 않는 학술 이론 서적이라도 조민 선생은 매우 웅건하고 명쾌한 문장으로 번역하여 추호도 기교를 부린 흔적은 찾을 수 없었다. 그와 동시에 또한 원문의 자구에도 아주 충실했다. 만약 원어의 의미에 대해 다소 명료함이 부족한 곳이 있으면 항상 역자가 배움이 부족하여 이해할 수 없었다는 등 하나하나 명확히 단서를 남겼지, 적당히 호도하는 경우는 없었다. 이것은 번역가로서 본래 당연한 의무이기는 하지만, 오늘날의 학자연하는 사람들이 도저히 할 수 없는 일이다.

나는 문예나 학술 서적을 번역할 힘은 없으나, 신문 잡지에 관해서는 다소 번역한 경험이 있다. 내가 처음으로 조민 선생의 조수에서 일약 《자유신문》의 번역 담당이 된 것이 24세 때였다. 월급이 무려 6엔! 거기에서 매일 로이터 전보의 번역을 명령받았다. 그 당시에는 아직 도쿄 부내(府內)의 신문들은 하나도 직접 외국 전보를 취하지 않고 모두 요코하마의 메일이나 가제트 등에서 전재했다. 국민영학회에서 매콜리나 디킨스나 칼라일 등을 읽은 것과는 완전히 분위기가 달라서 처음에는 굉장히 쩔쩔맸다. 그래서 겨우 세 줄이나 네 줄씩의 전보를 매일매일 온갖 고생을 해서 번역해냈지만, 이튿날 다른 신문과 비교해보면 물론 오역 투성이였다. 면목이 없기도 하고 괴롭기도 해서 거의 울고 싶어진 적도 비일비재했다. 그러나 회사에서는 오역을 책망하지도 않았거니와 쫓아내지도 않았다. 월급 6엔으로 제대로 된 번역가를 고용할 수 있을 턱이 없다.

1년 반 정도 지나 청일전쟁 와중에 《중앙신문》으로 옮겼다. 여기에서도 전보의 오역으로 큰 창피를 당하는 것 이외에 영미의 신문 잡지를 요약해서 번역했는데, 이것은 대단히 고약한 일이다. 원래 문학물이나 논리와 달리 단지 사실의 요점만을 술술 짧게 쓰면 되지만, 수많은 신문 잡지를 대충 훑어보고 눈에 띄는 잡보를 발견해내서 이것을 완벽하게 독파하거나 독파하지 않더라도 요점을 취하는 것이 초보자에게는 불가능하다. 상당한 수련을 쌓아야 하는 작업이다. 겨우 10행이나 20행의 잡다한 사건 보도를 위하여 300행, 500행이나 읽지 않으면 안 되는 경우도 있을 뿐더러, 3쪽이나 5쪽을 읽어도 아무 도움이 안 되는 때도 있다. 청일전쟁, 삼국간섭 등과 같은 시절에 극동의 외교, 열강의 의향 등의 문제는 대소를 가리지 않고 보지 않으면 안 된다. 이런 일을 1, 2년 하는 사이에 스스로도 신문 잡지를 읽는 힘은 다소 진보한 것처럼 느껴졌다.

1898년부터 6년간 나는 《만조보》의 신세를 졌다. 이 회사에는 당시 구로이와(黑岩) 군을 비롯하여 우치야마(內山), 야마가타(山縣), 시바(斯波), 다오카(田岡), 마루야마(丸山), 구쓰미[53] 등과 같은 양학자가 모여 있었다. 나는 자신의 무력함을 점점 절실히 느끼고 분발하여 책읽기에 뜻을 세워, 오봉[54] 지나서 받는 상여금은 조금은 요시와라(芳原) 유곽에도 가지고 갔지만 대부분은 책을 사서 읽었다. 사회주의 서적은 대개 이때 읽었는데, 회사의 번역을 할 필요는 없었다. 신문 잡지를 재빨리 통독하고 중요한 진사기문(珍事奇聞)을 찾아내 나열하는 것은 조보사의 시바 데이키치(斯波貞吉, 1869~1939) 군이 가장 재능이 탁월했다. 이 또한 일종의 번역법이다.

....

53) **구쓰미 겟손**(久津見蕨村, 1860~1925) 메이지 시대의 저널리스트, 사상가. 유신의 혼란기에 정규 교육을 받지 못하고, 가정에서 교육을 받았다. 미국인 선교사에게 영어를 배웠고, 법률과 철학은 자습했다. 1882년에 《동양신보(東洋新報)》의 논설, 번역 기자가 되었다. 1897년에 《만조보》로 옮겼고, 그 후에도 《나가노 일일신문(長野日日新聞)》, 《도쿄 매일신문(東京每日新聞)》의 주필을 맡았다. 니체 등의 철학에도 밝아 자유사상가, 합리론자로 알려졌다. 1906년에 발행한 저서 《무정부주의》 등이 발매 금지되었다.

54) **오봉**(御盆) 우란분재 즉 음력 7월 보름에 하는 백중맞이를 말한다. 아귀도에 떨어진 망령을 위해 여는 불사(佛事).

1903년 말에 러일전쟁 전부터 《주간 평민신문》을 내게 되어 나는 또다시 번역을 많이 하지 않으면 안 되었다. 요컨대 외국에서 오는 10여 종의 사회주의, 무정부주의 신문 잡지에서 세계의 거듭되는 사회 운동 상황을 우리 잡지의 매호에 번역해서 실었는데, 읽고 쓰는 것으로 밤을 새우기 일쑤였다. 그런데 이듬해 여름에 《런던 타임스》(1904년 6월 27일자)에 톨스토이의 러일전쟁론이 나왔다는 로이터 전보가 세계를 놀라게 했다. 얼마 되지 않아 이 신문이 일본에 도착했다. 《도쿄아사히》의 스기무라 소진칸[55] 군이 본지와 스크랩이 두 개 있다면서 나눠준 것이 월요일이었다. 그날 밤부터 당장 사카이 고센과 함께 번역에 착수하여 목요일까지 끝내서 일요일 발행에 맞추기로 했다. 요컨대 전편을 몇 단이나 잘라 나누어 제1단을 내가 번역하는 동안에 고센이 제2단에 착수하고, 고센이 제2단을 끝내는 동안에 나는 제3단을 시작하는 식으로 차례로 완성되는 대로 인쇄소에 보냈다. 이렇게 나도 고센도 아직 전문을 통독하지 않은 채 중간을 건너뛰고 그 뒤를 번역하는 것은 굉장히 무모한 방법이었다. 더욱이 사흘 동안 거의 밤을 새웠기 때문에 엄청난 피로가 몰려왔다. 이 논문을 《아사히 신문》에서는 스기무라 군이 10여 일에 걸쳐 연재했고, 가토 나오시(加藤直士, 1873~1952) 군은 2개월 후에 책으로 발행했는데,[56] 우리들의 번역이 가장 서툴렀던 것 같다. 나는 이때 번역의 어려움과 퇴고의 절실함을 뼈저리게 깨달았다.

....

55) **스기무라 소진칸**(杉村楚人冠, 1872~1945) 신문기자, 수필가. 국민영학회에서 수학한 후 다양한 잡지를 편집했다. 신불교 운동에 참여하여 1900년에 잡지 《신불교(新佛敎)》를 창간했으며, 미 대사관에 근무하며 번역을 하기도 했다. 1903년에 도쿄아사히 신문사에 들어가, 처음에는 외국 전보 번역 담당이었으나, 점차 기자로 폭넓은 활동을 펼쳤다. 러일전쟁 전후에는 《평민신문》을 지원하는 등, 사회주의 운동에 접근했지만, 동조자의 범위를 벗어나지 않았다. 1907년에 영국으로 특파되어 신문 사업을 연구했으며, 귀국 후에는 서구의 기업화된 신문 사업을 아사히 신문사에 이식하는 데 힘썼다.

56) 加藤直士 역, 《トルストイの日露戰爭觀》, 日高有隣堂, 1904. 8.

나는 그 후, 또다시 사카이 군과 함께 《공산당 선언》을 번역했다. 이 것은 마르크스의 명저 걸작이다. 논리와 문장이 당당하여, 가당치도 않은 데가 있으나, 일단 번역해보니 스스로도 문장이 너무 어려워 몹시 수치스러웠다. 이 실패는, 해당 분야의 고전이니까 사회 문제, 경제 문제 연구자가 권위로 여기는 역사적 문서는 되도록 엄밀히 번역하지 않으면 안 된다는 생각에, 자구에 대단히 집착했고 장중한 취향을 유지하고자 해서 한문조를 섞은 탓이다. 작년에 '총동맹파업'에 관한 책을 번역했고, 지금 또 《빵의 쟁취》를 번역하고 있는데, 일전의 실패에 질려서 매우 자유로운 언문일치로 했다.

한 편의 문장 중에서도 언문일치로 번역하고 싶은 곳과, 한문조가 적당한 곳과, 고상함과 속됨을 절충한 문체가 번역하기 쉬운 곳 등 여러 가지가 있으므로, 만약 장래에 언문일치를 토대로 하여 이것을 적당히 직역 취미, 한문조, 국어조와 조화할 수 있는 문체가 완성된다면, 번역이 크게 쉬워질 것으로 보인다.

《빵의 쟁취》는 러시아 사회당수 크로포트킨 옹의 대저로, 졸라가 이 것이야말로 진정한 시라고 찬탄한 명문이다. 아주 평이해서 읽기 쉽고 이해하기 쉬워서 뜻의 오류는 그다지 생길 우려가 없지만, 막상 번역을 해보니, 문장의 절묘하고 예리하고 비꼬고 통쾌한 묘미는 거의 사라지고 만다. 한 절을 번역할 때마다 저자에 대한 책임이 막중함을 느끼며 한숨을 쉬고 있다.

나는 문학 예술을 하는 사람이 아니라, 번역은 신문 잡지의 논설과 사회주의 전도용 서적뿐이지만 이것만으로도 이토록 고심한다면, 미문체 소설 같은 것을 번역할 때의 곤란함은 상상을 초월하는 것이리라.

이토록 고심해야 하는 것 치고는, 번역 문장은 누구든 저술에 비하면 물론 서툴고 사람들은 의외로 시시한 듯 말하니, 수지에 맞는 작업은 결코 아니다. 그래도 잘 생각하면 한편으로 커다란 이익이 있다. 한 번 번역은 수십 번의 열독보다 나아, 원서를 잘 이해할 수 있다는 점, 따라서 독서력이 대단히 진보하는 점, 문장 수련에 크게 도움이 된다는 점 등이다. 이것은 단지 개인적 차원이지만, 사회공공 차원에서 보면, 문예·학술·정치·경제, 기타 어떠한 종류든 세계의 지식을 흡수하여 보급하고 소화하기 위해서는 번역서를 많이 내는 것이 오늘날의 급무다. 따라서 기량이 있는 번역가는 지금 세상에서 가장 필요로 하는 바이다.

〈翻譯の苦心〉, 《文章世界》3-4, 1908년 3월 15일)

옥중수기

개요) 첫 번째 실린 〈진술서〉는, 메이지 천황의 암살을 계획했다는 이
유로 1910년 6월 1일에 검거된 후, 같은 해 12월 10일부터 진행
된 비공개 공판 중에 고토쿠가 이마무라 리키사부로(今村力三郎) 등의 변호
인에게 보낸 서신이다. 제목은 전후에 붙인 것이다. 엄동설한의 옥중에서 죽
음과 직면한 상태에서도 무정부주의와 암살주의, 혁명과 폭동의 차이를 설파
하고 혁명의 당위성과 재판에 대한 비판을 설득력 넘치는 문체로 주장했다.

〈사생〉의 원제는 〈死刑の前〉이다. 대역 사건으로 검거되어, 12월 15일에 사
형이 구형된 후부터 이듬해인 1911년 1월 24일에 처형될 때까지 감옥에서
쓴 글이다. 원고에는 제1장 사생(死生), 제2장 운명, 제3장 도덕과 죄악, 제4
장 반생의 회고, 제5장 옥중의 회고로 장이 나뉘어 있지만, 제2장 이후는 집
필하지 못한 채 미완으로 끝났다. 사형 집행일 아침까지 쓴 것으로 보이며,
형장으로 끌려가기 전에 원고 정리를 원했으나 허락받지 못했다고 한다. 패
전 이후 도쿄 감옥의 압수물이 공개되면서 처음으로 알려졌다. 유물론적 생
명관에 입각해서 인생의 목적을 사회적 가치의 실현에 두고 죽음에 떳떳이
임하는 의지를 피력하고 있다.

진술서(陳述書)

이소베(磯部四郎) 선생님, 하나이(花井卓藏), 이마무라(今村力三郎) 군께
저희들의 사건 때문에 수고를 아끼시지 않고 귀중한 시간을 내셔서
연일 출정해주시는 데다가 세상 사람들에게서 필경 나라를 어지럽히는
불충한 무리(亂臣賊子)를 변호한다고 하여 여러 가지로 박해도 받고 계
시겠지요. 여러분들의 안팎에서 일어나는 모든 고생과 손해와 낭패를
생각하면 정말이지 딱해서 견딜 수가 없습니다. 그러면서도 더더욱 여
러분의 의협심에 감명을 받으며 깊은 감사의 마음을 전합니다.

그런데 요즘 공판 양상에 따르면 "고토쿠가 폭력혁명을 일으켰다"는
따위의 말이 이토록 많은 피고를 낸 범죄 사실 기록의 골자가 되어 있
는데, 검사 조서에서도 예심에서도 우리 무정부주의자들의 혁명에 대
한 견해도 운동의 성격조차도 전혀 밝혀지지 않은 채, 멋대로 억측하고
해석하고 견강부회해 왔기 때문에, 사건의 진상이 상당히 왜곡되지는
않을까 염려스럽습니다. 이에 대해서는 한번 그 점에 관한 제 생각과
사실을 참고로 말씀드릴 필요가 있다고 생각합니다.

무정부주의와 암살

무정부주의 혁명이라고 하면, 그저 권총이나 폭탄으로 주권자를 저
격하는 것으로 아는 사람들이 많지만, 그것은 대개 무정부주의가 무엇
인지를 모르기 때문입니다. 변호사 여러분은 이미 아시는 바와 같이 이
이념의 학설은 거의 동양의 노장(老莊)과 동일한 일종의 철학으로서,
오늘날과 같은 권력과 무력으로 강제적으로 통치하는 제도가 없어지

고, 도덕과 인애로 결합한 상호부조, 공동 생활의 사회를 만드는 것이
인류 사회의 필연적 대세이므로, 우리의 자유와 행복을 온전히 하기
위해서는 이 대세에 따라 진보하지 않으면 안 된다고 하는 점에 있습
니다.

따라서 무정부주의가 압제를 증오하고 속박을 혐오하는 한편으로 폭
력을 배척하는 것은 필연적인 도리이며, 세상에 그들만큼 자유와 평화
를 선호하는 자는 없습니다. 그들 가운데 가장 권위자로 꼽는 크로포트
킨 같은 이도, 재판관은 그저 무정부주의자인가 하고 물으시기만 하니
역시 난폭한 사람이라 생각하실지 모르겠습니다만, 그는 러시아의 백
작으로서 올해로 69세 되는 노인입니다. 처음에 군인이었고 이후에 과
학을 연구하여 세계적인 일류 지질학자가 되어 지금까지 유익한 발견
을 많이 했으며, 그 외에 철학, 문학 등 여러 학문에 정통하지 않은 것
이 없습니다. 20여 년 전에 프랑스 리옹의 노동자가 벌인 폭탄 소동에
연루된 혐의로 투옥되었을 때, 유럽 각국의 일류 학자와 문사들이 연명
으로 프랑스 대통령에게 진정하여 세계의 학술을 위해 그를 특사할 것
을 호소했고, 대통령은 당장에 이것을 허락했습니다. 연명자 중에는 대
영백과전서를 집필한 여러 학자도 모두 참여했는데, 일본에 잘 알려진
스펜서나 위고도 특히 몇 행을 가필하여 서명했습니다. 이로써 크로포
트킨이 학자로서 지위와 명성이 얼마나 높은지를 알 수 있습니다. 그리
고 크로포트킨은 인격이 매우 고상하고 성품은 매우 온화하고 친절하
여 결코 폭력을 기뻐하는 사람이 아닙니다.

또한 크로포트킨에 버금가는 프랑스의 고(故) 엘리제 르클뤼(Élisée
Reclus, 1830~1905) 같은 이도 지질학의 대가인데, 프랑스는 그와 같은
대학자를 둔 것을 명예로 여겨, 시의회는 그를 기념하기 위하여 파리의
한 도로에 그의 이름을 붙였을 정도입니다. 그는 살생을 극도로 싫어했
기 때문에 육식을 완전히 끊고 채식가가 되었습니다. 유럽의 많은 무정

부주의자들은 채식가들입니다. 금수를 죽이는 것조차 견디지 못하는 사람들이 왜 세상 사람들이 아는 것처럼 살인을 즐기겠습니까.

이들 지도자로 간주되는 학자뿐만 아니라, 이 이념을 신봉하는 노동자들도 제가 듣고 본 바로도 다른 일반 노동자에 비하면 독서도 하고 품행도 바르며 술도 담배도 하지 않는 사람이 많습니다. 그들은 결코 난폭한 사람들이 아닙니다.

물론 무정부주의자 중에서 암살자가 나온 것은 사실입니다. 그러나 그것이 곧 무정부주의자는 반드시 암살자라는 뜻은 아닙니다. 암살자가 나오는 것은 비단 무정부주의자뿐만 아니라, 국가사회당에서도 공화당에서도 자유민권론자에서도 애국자에서도 근왕주의자에서도 많이 나오고 있습니다. 지금까지 암살자라고 하면 대개 무정부주의자처럼 왜곡하고 그 수도 터무니없이 부풀려져 왔습니다. 실제로 러시아 알렉산드르 2세를 죽인 것도 무정부당처럼 알려져 있는데, 그 암살자는 지금의 정우회 사람들과 같은 자유민권론자였습니다. 실제 역사를 살펴보면, 다른 여러 당파에 비해 무정부주의자의 암살이 가장 적어서, 과거 50년 동안에 전 세계를 통틀어 열 손가락도 다 못 꼽을 것이라고 생각합니다. 반대로 근왕론자나 애국주의자를 보면, 같은 50년 동안에 세계가 아니라 우리 일본만을 놓고 보아도 거의 수십 명 또는 수백 명을 헤아리지 않겠습니까. 단지 암살자를 냈기 때문에 암살주의라고 한다면, 근왕론, 애국 사상만큼 격렬한 암살주의는 없을 터입니다.

그러므로 암살자가 나오는 것은 이념 여하에 관련된 것이 아니라, 그때의 특별한 사정과 그 사람의 특유한 기질이 상호작용하여 암살 행위에 이르는 것입니다. 예를 들면, 정부가 엄청난 압제를 하여 많은 동지가 언론, 집회, 출판의 권리와 자유를 잃은 것은 물론 생활의 방편조차 빼앗기거나, 또는 부호의 횡포가 극에 달한 결과 빈민들이 추위와 굶주림에 떠는 참상을 보고 견디지 못한다거나 할 때, 더욱이 도저히 합법적이고 평화적인 수단으로 대처할 방도가 없을 때, 또는 방도가 없는 것처럼 느낄 때, 감정이 열렬한 청년이 암살이나 폭거로 나아가는 것입니다. 이것은 그들에게는 거의 정당방위라고 해야 할 것입니다. 근왕론자, 애국지사가 당대의 관리가 국가를 그르치려고 하는 것을 보고, 또는 자기들의 운동을 심하게 박해하여 달리 완화할 방도가 없을 때 분개한 나머지 암살 수단으로 나아가는 것과 마찬가지입니다. 그들은 본래 애초부터 기꺼이 암살을 목적이나 수단으로 삼았던 것이 아니라, 모두 자기의 기질과 당대의 사정에 떠밀려 여기에 이른 것입니다. 그리고 그 역사를 보면, 애초에 대개 폭력을 사용하는 것은, 오히려 당대의 정부 관리나 부호 귀족들이지, 민간의 지사나 노동자는 항상 그들의 폭력에 도발당하고 가혹하게 학대당하고, 엄청나게 고통을 당한 나머지 어쩔 수 없이 또 폭력으로 이에 대항하기에 이르는 흔적이 있습니다. 미국 대통령 매킨리의 암살도, 이탈리아 국왕 움베르토(Umberto I, 1844~1900)에게 총을 쏜 것도, 에스파냐 국왕 알폰소(Alfonso XIII, 1886~1941)에게 폭탄을 던진 것도 모두 제각각 그때 특별한 사정이 있었기 때문인데, 너무 길어지니까 생략하겠습니다.

요컨대 암살자는 그때의 사정과 그 사람의 기질이 상호작용하는 상황 여하에 따라서 어떠한 당파에서나 나오는 것입니다. 무정부주의자라고 단정할 수 없습니다. 아니, 무정부주의자는 모두 평화와 자유를 좋아하기 때문에 암살자를 내는 것은 오히려 매우 적었습니다. 저는 이번에 사건을 심리하시는 여러분들께서 '무정부주의자는 암살자'라는 편견이 없기를 희망해 마지않습니다.

혁명의 성질

폭탄으로 주권자를 저격하는 것이 아니라면 무정부주의적 혁명은 어떻게 하는 것인가라는 문제가 생깁니다. 혁명이라는 단어는 중국의 문자인데, 중국은 갑 성의 천자가 천명(天命)을 받아 을 성의 천자를 대신하는 것을 혁명이라고 하므로 주로 주권자나 천자의 경질을 말하는 것이겠지만, 우리들이 말하는 혁명은 Revolution의 번역어로서, 주권자의 변경 여하에는 집착하지 않고 정치 조직, 사회 조직이 근본적으로 변혁되지 않는다면 혁명이라고 할 수 없습니다. 아시카가(足利)가 오다(織田)로 되든 도요토미(豊臣)가 도쿠가와(德川)로 되든, 똑같은 무단봉건의 세상이라면 혁명이라고 할 수 없습니다. 메이지 유신은 천자가 여전히 존재하지만 혁명입니다. 천자와 사쓰마(薩摩), 조슈(長州) 번의 성씨가 도쿠가와 씨를 대신했기 때문에 혁명이라고 하는 것이 아니라, 기존의 다양한 제도, 조직이 근본적으로 완전히 바뀌었기 때문에 혁명이라고 하는 것입니다. 천 년 전의 다이카 개신(大化改新)[1]과 같은 것도 역시 천황이 여전히 존재했을 뿐만 아니라 인민의 손이 아니라 천황의 손으로 이루어졌어도, 거의 혁명에 가까웠다고 생각합니다. 즉 우리들이 혁명이라고 부르는 것은 갑이라는 주권자가 을이라는 주권자를 대신한다거나, 병이라는 유력한 개인이나 당파가 정이라는 개인이나 당파를 대신하여 정권을 잡는 것이 아니라, 기존의 제도 조직의 부패와 쇠락이 극에 달하여 모조리 붕괴되어버리고 새로운 사회 조직이 생겨나는 작용을 말하므로, 사회 진화 과정의 대단락을 뜻하는 말입니다. 그러므로 엄정한 의미에서 혁명은 자연스럽게 일어나는 것이지 한 개인이나 한 당파에서 일으킬 수 있는 것이 아닙니다.

유신의 혁명만 해도, 기도 다카요시(木戶孝允, 1833~1877)나 사이고 다카모리(西鄕隆盛, 1828~1877)나 오쿠보 도시미치(大久保利通, 1830~1878)[2]가 일으킨 것이 아니라, 도쿠가와 씨가 초기에 정한 봉건

---

1) 본서 159쪽 각주 20) 참조.

조직, 계급 제도가 3백 년간의 인문의 진보, 사회의 발달을 이끌지 못한 채 각 방면에서 부패를 드러내고 파탄을 낳아 자연스럽게 전복되기에 이르렀던 것입니다. 이러한 구제도와 구조직의 전복 기운이 무르익지 않는다면, 백 명의 기도와 오쿠보와 사이고가 있더라도 아무것도 할 수 없습니다. 그들이 한 20년 일찍 태어났다면, 역시 요시다 쇼인[3] 같은 사람들과 마찬가지로 목이 베이든가 아무것도 못하고 묻혀버렸겠지요. 그들은 다행히 그때 태어나서 그 일에 관여하여 그 기세를 탔을 뿐이지 결코 그들이 일으킨 것이 아닙니다. 혁명이 일어나는 것은 언제나 때가 되면 저절로 이루어지는 법입니다.

그러므로 혁명을 어떻게 일으킬지, 어떻게 할지 등은 도저히 미리 계획할 수 있는 것이 아닙니다. 유신의 혁명도 형세는 시시각각으로 변해서 아무도 시작과 끝을 예측할 수가 없었습니다. 대정봉환[4]의 청원으로 평화롭게 정권이 인도되는가 싶더니, 후시미(伏見), 도바(鳥羽)의 전쟁이 시작됩니다. 이제 전쟁이 시작된다니 에도는 아수라장이 되겠구나 했더니, 가쓰 가이슈(勝海舟, 1823~1899)와 사이고가 이 위기를 살짝 비켜가버리지요.[5] 일단 무사히 끝났나 싶더니, 이번에는 창의대(彰

....

2) 메이지 유신에 진력한 지사 출신 3인으로서 기도는 조슈 번, 사이고와 오쿠보는 사쓰마 번 출신이다. 1866년에 사이고의 사쓰마 번과 기도의 조슈 번이 삿초(薩長) 동맹을 체결하여 막부 타도 운동의 기반을 만들었다. 이들이 1877년과 1878년에 잇달아 사망한 것도 있고 해서 1878년부터 '메이지 유신의 삼걸'이라 일컫기 시작했다.

3) **요시다 쇼인**(吉田松蔭, 1830~1859) 막부 말기의 지사, 메이지 유신의 정신적 지도자. 1853년에 미국 페리 함대가 내항했을 때 함대를 시찰하고 서양 선진 문명에 충격을 받았다. 이듬해 함대가 다시 내항했을 때 미국으로 밀항하려 하다가 송환되어 투옥되었다. 이후 사설 학교를 열어 이토 히로부미 등과 같은 메이지 유신의 주역들을 교육했다. 1858년에 천황의 허가 없이 미일수호통상조약이 조인되자 격분하여 막부 타도를 외치며 막부 요직들의 암살을 계획했으나 발각되어 처형당했다.

4) **대정봉환**(大政奉還) 1867년 10월 14일에 에도 막부 제15대 장군 도쿠가와 요시노부(德川慶喜)가 정권을 조정에 반환할 것을 제안했고 조정이 15일에 그것을 받아들였다. 이로써 가마쿠라 막부 이래 약 700년간 이어졌던 무가 정치가 끝났다.

義隊)의 반항, 오우(奧羽)의 전쟁이 일어나는[6] 그런 식이었습니다. 에도를 넘겨주는 것조차도 가쓰와 사이고 같은 인물이 동시에 나왔으니까 괜찮았지, 이 천재일우의 일치가 없었더라면 어떠한 대란이 일어났을지 알 수도 없습니다. 이것은 도저히 인간이 예견할 수 있는 바가 아니겠지요. 그러므로 식자나 선각자가 예견할 수 있는 것은, 도래할 혁명이 평화일지 전쟁일지, 어떻게 해서 이루어질지 하는 문제가 아니라, 다만 현재의 제도 조직이 사회와 인문의 진보와 발전을 이끌지 못한다는 점, 전복과 새로운 조직의 발생은 불가피한 기세라는 점, 봉건 제도가 폐기되면 그 다음은 그것과 반대인 군현제로 될 수밖에 없다는 점, 전제 다음에는 입헌자유제가 되는 것이 자연스럽다는 점 등입니다. 이러한 추리를 통해 우리들은 오늘날의 개인 경쟁, 재산 사유 제도가 썩어서 없어진 후에는 공산제가 이것을 대신하고, 근대적 국가의 압제는 무정부적 자유제로 소탕될 것이라고 믿으며 혁명을 기대하는 것입니다.

무정부주의자의 혁명이 이루어질 때, 황실을 어떻게 할 것인가라는 문제가 일전에도 나왔습니다만, 그것도 우리들이 지휘하고 명령할 수 있는 것이 아닙니다. 황실 스스로 대처해야 할 문제입니다. 앞에서도 언급한 바와 같이, 무정부주의자는 무력과 권력에 강제되지 않는 만인이 자유로운 사회의 실현을 바랍니다. 그런 사회가 이루어지면 누군가 황제를 어찌할 권력을 가지고 명령을 내릴 수 있는 자가 없겠지요. 타

---

5) 1868년 3월부터 4월에 걸쳐 메이지 신정부군 대표 사이고 다카모리와 막부군 대표 가쓰 가이슈 등의 교섭으로 에도 성의 무혈 개성(開城)이 이루어진 것을 말한다. 구막부군과의 전투에서 신정부군이 우위를 차지하는 계기를 만든 상징적 사건이었다.

6) 1868년 1월에 일어난 도바-후시미 전투를 시작으로, 5월에 신정부군의 에도 성 무혈 입성에 불만을 품고 우에노(上野)에서 일어선 막부 옹호 단체 '창의대'와 벌인 전투, 아이즈(會津) 번을 중심으로 한 동북 지방의 번들이 군사동맹을 맺어 신정부군에 저항한 전투 등 유신 정부군과 막부군 사이에 벌어진 일련의 내전을 가리켜 무진전쟁(戊辰戰爭)이라 한다.

인의 자유를 저해하지 않는 한, 황실은 자유롭게 마음대로 존영(尊榮)과 행복을 지키는 길로 나아갈 수 있으므로 아무런 속박을 받을 리가 없습니다.

이렇게 우리들은 혁명이 어떠한 사정 속에서 어떠한 식으로 이룩될지는 알 수 없지만, 어쨌든 만인의 자유와 평등을 위하여 혁명에 참가하는 사람은 되도록 폭력을 수반하지 않도록, 많은 희생을 내지 않도록 노력해야 한다고 생각합니다. 예로부터 대변혁 당시에 다소의 폭력을 동반하고 다소의 희생을 내지 않은 적은 없었던 것 같지만, 그래도 그러한 충돌은 항상 대세에 역행하는 보수적이고 완고한 무리들이 기도하는 것이 사실입니다. 오늘날에도 인민의 자유와 평화를 원한다고 일컫는 황실이 그때에 그러한 보수적이고 완고한 무리와 함께 대세에 항거하여 폭력을 사용할 수 있을까요. 지금 그것을 상상하는 것은, 간세이(寬政, 1789~1801) 시절에 막부 말기인 겐지(元治, 1864~1865), 게이오(慶應, 1865~1868) 시절의 사정을 상상하는 것처럼, 도저히 불가능한 일입니다. 다만 저는 무정부주의 혁명이란, 무조건 주권자의 저격과 암살을 목적으로 하는 것이라는 오해가 없기를 바랄 뿐입니다.

이른바 혁명 운동

혁명이 때가 되면 저절로 이루어지는 자연스러운 기세라면 혁명 운동은 필요가 없을 것이다, 하지만 실제로 혁명운동이 있다, 그 혁명 운동이 바로 혁명을 일으키고 폭탄을 던지려는 것이 아닌가, 하는 오해도 있을 것 같습니다.

무정부주의자가 일반적으로 혁명 운동이라 일컫는 것은 당장에 혁명을 일으키는 것도 아니고 암살과 폭동을 행하는 것도 아닙니다. 다만 다가올 혁명에 참여하여 응분의 힘을 가져올 사상과 지식을 양성하고 능력을 훈련하는 모든 운동을 가리키는 것입니다. 신문 잡지의 발행도 서적의 저술과 배포도 연설이나 집회도 모두 시세의 추이와 사회 진화의 유래와 귀추를 설명하고 그에 관한 지식을 양성하는 것입니다. 그리고 노동조합을 만들고 각종 협동사업을 벌이는 것도 마찬가지로 혁명이 일어났을 당시와 혁명 이후에 공동 단결의 새로운 생활을 이룰 수 있는 능력을 훈련해 두는 데 이익이 있는 것입니다. 그러나 일본에서 기존의 노동조합 운동이라는 것은 오로지 눈앞에 보이는 노동 계급의 이익 증진을 도모할 뿐이고, 먼 장래의 혁명에 대한 사상에서 운동을 전개하는 자는 없었습니다. 무정부주의자도 일본에서는 아직 노동조합에 손을 댄 적이 없습니다.

그러므로 지금 어떤 청년이 평소에 혁명을 주장했다거나 혁명 운동을 했다고 해도 당장에 천황 암살 또는 폭거의 목적으로 운동을 했다고 해석하고 그것을 탓하는 것은 잔혹한 난제입니다. 우리들의 동료 중에는 무정부주의 학설을 강의하는 것도, 이 이념의 신문이나 전단지를 돌리는 것도, 그것을 일컬어 혁명 운동을 하고 있다고 하는 경우가 보통입니다. 그러나 이것은 혁명을 일으킨다는 것과는 다릅니다.

혁명이 자연스럽게 도래하는 것이라면 운동은 쓸모없는 것 같지만, 결코 그렇지는 않습니다. 만약 구제도와 구조직이 극도로 쇠하여 사회가 자연스럽게 붕괴할 때, 어떠한 신제도와 신조직이 그것을 대신하는 것이 자연스러운 대세인가에 관해서 아무런 사상도 지식도 없고 그것에 참여할 능력을 훈련하지도 않는다면 그 사회는 혁명의 새로운 싹을 틔우지 못하고 구제도와 함께 고사해버리는 것입니다. 그에 반해 지식과 능력을 준비하면, 원목이 썩은 한편에서 새로운 싹이 나오는 것입니다. 로마제국 사회는 부패에 휩쓸리기만 하고 아무런 새 이념, 새 운동이 없었기 때문에 멸망했습니다. 프랑스는 부르봉 왕조 말기의 부패가 극심했지만 한편으로 루소, 볼테르, 몽테스키외 등의 사상이 새로운 생활의 준비를 했기 때문에 멸망하지 않고 혁명으로 이어져 더욱더 새로운 프랑스가 태어났습니다. 일본의 유신혁명에 대해서도 그 이전부터 준비가 있었습니다. 즉 근왕 사상의 전파입니다. 미토(水戸)의 《대일본사》[7]나 라이 산요[8]의 《일본외사(日本外史)》, 《일본정기(日本政記)》나 모토오리 노리나가(本居宣長, 1730~1801), 히라타 아쓰타네(平田篤胤, 1776~1843)의 국학[9]이나 다카야마 히코쿠로[10]의 유세 등이 그것입니다. 그들은 도쿠가와 씨의 정권 장악이 점차로 일본 국민의 생활에 적합하지 않게 되었음을 느꼈습니다. 오히려 직감했습니다. 그들은 자각하지 못거나 어렴풋이 자각하여 혁명의 준비를 한 것입니다. 도쿠가와 가문이 와해되었을 때는 왕정복고에 임하여 우왕좌왕하지 않을 만큼의 사상과 지식이 이미 양성되어 있었습니다. 그리하여 멸망하지 않

----

7) **대일본사** 미토 번의 번주 도쿠가와 미쓰쿠니(徳川光国)가 전국의 많은 역사가들을 불러들여 편찬한 방대한 한문체 일본사서. 1657년에 번내에 사국(史局)을 열어 《대일본사》 편찬 사업을 시작했다. 중국의 전례에 따라 기전체로 된 《대일본사》에는 진무(神武) 천황에서 남북조 시대에 이르는 역사가 기술되어 있다. 미쓰쿠니 생전에 본기와 열전이 완성되었으나, 완결을 본 것은 1906년이었다. 《대일본사》의 특색은 자료를 중시하여 전국 각지에 관원을 보내 사료를 수집했다는 점이며, 사상적으로는 기존 상식을 깨고 남조 정통론의 입장에 서서 역사를 서술했다. 이 편찬 사업을 중심으로 일어나서 후세에 대성한 학풍을 미토학(水戸學)이라고 한다. 국체론과 존황양이 사상으로 발전한 미토학은 막부 말기 정치 운동의 중핵이 되었다.

8) **라이 산요(賴山陽, 1780~1832)** 에도 후기의 유학자. 히로시마(廣島) 번의 유관으로 일찍이 번학을 주자학으로 통일했던 슌스이(春水)의 장남으로서 오사카에서 출생했다. 18세에 에도로 나가 경학, 역사를 배웠고, 허락 없이 번을 나가거나 하여 유폐되기도 했다. 그때부터 집필을 시작한 《일본외사(日本外史)》(1836~1837)는 무사 가문의 흥망을 기록한 역사서인데, 20여 년에 걸쳐 집필했고 사후에 출판되어 미증유의 베스트셀러가 되었다. 본서의 저류에는 일본 역사에서 황실의 존속을 중시하여 천황의 권위를 절대시하는 대의명분론적 관점과 역사상 정치적 실권이 계속 교체되어 왔다는 관점이 깔려 있다. 이러한 역사관이 정열적인 명문과 함께 막부 말기의 존황 운동에 커다란 영향을 끼쳤다. 산요의 마지막 저서인 일본 통사 《일본정기》(1832)도 《일본외사》와 함께 막부 말기에서 메이지에 걸쳐 내셔널리즘 형성에 많은 영향을 끼쳤다.

고 훌륭한 혁명이 성취되었습니다. 만약 이 혁명 운동들이 준비를 하지 않았더라면 당시 외국인의 도래라는 엄청난 처지에 놓여서 위험했겠지요. 일본은 어쩌면 오늘날의 조선의 운명을 맛보았을지도 모릅니다. 조선 사회가 결국에 독립을 잃은 것은 오래도록 부패할 대로 부패해서 스스로 진작하고 쇄신하여 새로운 사회와 생활로 들어갈 능력과 사상이 없었기 때문이라고 생각합니다.

인간이 살아 있는 것처럼 사회도 살아 있는 것이라, 항상 변화하고 진보를 멈추지 않는 이상, 만고불변의 제도와 조직은 존재할 리가 없습니다. 반드시 시대와 함께 진보하고 개신되지 않으면 안 됩니다. 진보와 개신의 소단락이 개량 또는 개혁이고 대단락이 혁명이라고 명명되기 때문에, 우리들은 이 사회가 고사하거나 쇠망하는 것을 막기 위해서는 항상 새로운 이념과 사상을 고취하는 것, 즉 혁명 운동이 필요하다고 믿는 것입니다.

....

9) 모토오리 노리나가는 에도 시대 중·후기의 국학의 정점을 이룬 국학자다. 그의 문학론은 인간 본연의 진실을 억압하는 유교·불교에 대한 반발과 인정의 순수함이 그대로 표현되었다고 보는 고대문학에 대한 찬미로 이루어져 있으며, 신화의 세계를 바탕으로 한 독특한 신도설로 이론적인 뒷받침을 했다. 그리고 유·불을 대신하여 본연의 모습을 존중하는 관념을 일본의 《고사기(古事記)》에 보이는 신들의 사적에서 찾는다. 나아가 그 신들을 모시는 일본은 가장 위대한 나라이며, 황조신(皇祖神)의 자손인 천황에게 절대 복종해야 한다고 설파한다. 이러한 고도(古道)설은 일본어의 탁월함을 주장하는 언어관과도 결부되어 있다. 노리나가가 발견한 일본의 이미지는, 노리나가 사후의 문하생으로 자칭한 히라타로 이어져 막부 말기에서 메이지에 이르는 국수주의의 근거를 제공했다.
10) **다카야마 히코쿠로(高山彦九郎, 1747~1793)** 에도 후기의 존황사상가. 18세부터 각 지방을 돌아다니며 존황 사상을 제창했다. 막부의 감시를 받다가 46세에 자결했다. 요시다 쇼인을 비롯해 막부 말기의 지사들에게 많은 영향을 끼쳤다. 또한 니노미야 손토쿠(二宮尊德)나 구스노키 마사시게(楠木正成)와 더불어 패전 이전의 수신(修身) 교육에서 다루어진 인물이다.

직접행동의 의의

저는 또한 이번의 검사국과 예심재판 조사에서 직접행동이 역시 폭력혁명이라든지 폭탄을 사용하는 폭거 같은 것과 거의 동의어로 해석되고 있는 느낌이 들어서 놀랐습니다.

직접 행동은 영어 direct action을 번역한 것으로, 서구에서 일반적으로 노동 운동에 사용하는 말입니다. 노동조합 직공 중에는 무정부당도 있고 사회당도 있고 충군애국론자도 있어서 특별히 무정부주의자가 독점한 말은 아닙니다. 그리고 이 말이 의미하는 바는, 노동조합 전체의 이익을 증진하기 위해서는 의회에 부탁해도 해결이 안 된다. 노동자의 일은 노동자 스스로 운동하지 않으면 안 된다, 의원을 사이에 두는 간접 운동이 아니라 노동자 자신이 직접 운동하자, 즉 대표를 내지 말고 자기들이 스스로 나서자는 것에 지나지 않습니다. 조금 더 구체적으로 말하면, 공장의 설비를 완전하게 하는 것도 노동 시간을 제한하는 것도 의회에 부탁하여 공장법을 만들어 달라는 운동보다도 직접 공장주와 담판을 하여, 받아들여지지 않으면 동맹파업을 하는 것이므로, 대개는 동맹파업의 의미로 사용되고 있는 듯합니다. 또는 극심한 불경기나 공황으로 굶주린 사람들이 길거리에 드러누울 지경이 됐을 때는 부호의 집에 쳐들어가 음식을 수용해도 괜찮다고 논하는 사람도 있습니다. 수용도 마찬가지로 직접행동의 하나라고 할 수 있습니다. 또한 혁명이 일어나면 의회의 결정이나 법률의 협정을 기다리지 않더라도 노동조합에서 모든 것을 처리하면 된다는 논자도 있습니다. 이것도 직접행동이라 할 수도 있습니다.

그러나 지금 직접행동설을 찬성했다고 해서 모든 직접행동, 즉 의회를 거치지 않는 모든 것에 찬성했다고 할 수는 없습니다. 의회를 거치지 않는 것이라면, 폭동이든 살인이든 절도든 사기든 모두 직접행동이 아닌가 하는 논법으로 주장하는 것은 오류입니다. 의회는 서구 도처에서 부패해 있습니다. 그중에는 선량한 의원이 없지 않지만 소수에 불과해 그 주장이 받아들여지지 않습니다. 그러므로 의원에게 의지하지 말고 직접행동을 하자는 것이 지금의 노동조합론입니다. 곧 하게 된다면 직접행동을 한다는 것이지, 직접행동이면 뭐든 한다는 것이 아닙니다.

마찬가지로 의회를 더는 상대하지 않고 직접행동을 찬성하는 사람이라도, 갑은 소작인 동맹으로 소작료를 깎는 일만 하고, 을은 직공의 동맹파업만을 찬성하는 식으로, 사람과 경우에 따라서 목적과 수단, 방법이 다를 수 있는 것입니다. 그러므로 직접행동을 곧바로 폭력혁명이라고 해석하여 직접행동론자였다고 하는 것을 이번 사건의 유력한 원인 중 하나로 보는 것은 말도 안 되는 일입니다.

유럽과 일본의 정책

이번 사건의 진상과 동기가 어디에 있는지는 잠시 제쳐 두고, 앞에서 언급한 것같이 무정부주의자는 결코 폭력을 좋아하는 자가 아니며, 무정부주의의 계몽은 폭력의 계몽이 아닙니다. 서구에서도 이 이념에 대해서는 심하게 오해를 하고 있습니다. 또는 알면서도 일부러 곡해하여 중상모략하고 있습니다만, 그래도 일본이나 러시아처럼 난폭하게 박해하여 무정부주의자의 자유와 권리를 모두 박탈하고 유린하며 생활의 자유까지 빼앗는 일은 아직 없습니다. 유럽의 각 문명국에서는 무정부주의 신문 잡지도 자유롭게 발행하며, 집회도 자유로이 개최하고 있습니다. 프랑스 같은 데는 이 이념을 내건 주간신문이 7, 8종이나 있고, 영국 같은 군주국, 일본의 동맹국이라도, 영문이나 노문(露文)이나 유대어로 된 것이 발행되고 있습니다. 그리고 크로포트킨은 런던에 있으면서 자유로이 저술을 간행하여 지금 작년에 낸 《러시아의 참상》이라는 책은 영국 의회의 '러시아 사건 조사위원회'에서 출판되었습니다. 제가 번역한 《빵의 쟁취》도 프랑스어 원서를 옮긴 것인데, 영국, 독일, 러시아, 이탈리아, 에스파냐 등의 각국어로 번역되어 세계적인 명저로 중요시되고 있습니다. 이 책을 난폭하게 금지한 것은 문명국 중에 일본과 러시아뿐입니다. 물론 무정부주의가 위험하니까 동맹해서 진압하자는 것을 제안한 나라도 있고, 일본도 그 교섭을 받았던 것으로 알고 있습니다. 하지만 이 제의를 하는 것은 대개 독일이나 이탈리아나 에스파냐인데, 우선 무정부주의자를 난폭하게 박해하여 그들 중에 너무 격앙된 나머지 다소 난폭한 행동을 하기만 하면 당장에 그것을 구실로 진압책을 강구하는 것입니다. 이 열강 동맹의 진압 조건은 여러 차례 제의되었지만, 일찍이 성립된 적이 없습니다. 아무리 부패한 세상이라도 어쨌든 문명의 껍데기를 뒤집어쓰고 있는 이상, 그렇게 인간의 사상의 자유를 유린할 수는 없을 터입니다. 특히 말씀드립니다만, 일본의 동맹국인 영국은 항상 이 제의에 반대합니다.

봉기 폭동과 혁명

단지 주권자를 경질하는 것을 혁명이라 부르는 동양류의 사상으로 어림잡아 강대한 무력과 병력만 있으면 언제든 혁명을 일으키고 또는 일으킬 수 있다는 식으로 생각해서, 혁명가들의 봉기 폭동은 모두 폭력혁명으로 간주하여 이번에도 '폭력혁명'이라는 말이 생긴 것이 아닐까 추측합니다.

그러나 저희들이 사용하는 혁명이라는 말의 의의는 앞에서도 말씀드린 대로이고, 또한 봉기 폭동은 문자 그대로 봉기 폭동이라, 이 점은 구별하지 않으면 안 됩니다. 제가 오이시 세이노스케(大石誠之助)와 마쓰오 우잇타(松尾卯一太) 등에게 제시했던 의견(이것이 계획이 될지 음모가 될지는 법률가가 아닌 저로서는 알 수 없습니다만)에는 일찍이 폭력혁명이라는 말을 사용한 적은 없으므로, 이것은 완전히 검사국 또는 예심재판에서 발명한 것입니다.

오이시는 예심재판에서 "고토쿠에게서 파리코뮌 이야기를 들었다"고 강조했다는 것을 예심판사로부터 들었습니다. 물론 저는 파리코뮌의 예를 들었던 것 같습니다. 이소베 선생님과 같은 프랑스학자는 본래 상세하게 아시는 바와 같이 파리코뮌의 난은 1871년의 프로이센-프랑스전쟁 후에 강화의 굴욕이나 생활의 곤란 등으로 인심이 흉흉할 때 노동자가 봉기를 일으켜 파리 시를 점령하여 잠시 시정을 자유로이 한 것이었습니다. 이때에도 정부 내각은 베르사유에 있었고 별달리 전복되지도 않았으며, 다만 파리 시에 코뮌을 잠시 세웠을 뿐이니까, 1795년의 대혁명이나 1848년의 혁명 등과 동일한 혁명이라고 할 수 없으며, 보통 insurrection, 즉 폭동이나 봉기라고 일컫고 있습니다. 또 공판에서 오이시는 프랑스혁명 이야기 등도 강조한 것 같습니다만, 그것은 파리코뮌을 말하는 것이라 생각합니다. 그는 코뮌의 난을 다른 혁명 때 있었던 파란의 하나로 착각하고 있거나, 또는 단순히 파리코뮌이라고 해야 할 것을 잘못 말한 것이라고 보입니다.

코뮌의 난에서는 이런 것을 했는데 그 정도는 못하더라도 잠시라도 빈민에게 따뜻한 옷을 입히고 실컷 먹이고 싶다고 한 것이 제 이야기의 요점이었습니다. 이런 말을 했다고 하더라도 물론 당장에 이것을 실행하려는 것이 아니라, 오늘날과 같은 경제 공황이나 불경기가 만약 3년, 5년이나 계속되어 굶주리는 사람들이 길거리에서 죽어 가는 참상이 일어나면, 폭동을 일으켜서라도 그들을 구할 필요가 생긴다는 것을 예상했던 것입니다. 이것은 마지막 조서만이 아니라 초기의 조서를 봐주시면 의미가 충분히 드러나 있다고 생각합니다.

예를 들면 덴메이(天明, 1781~1789)나 덴포(天保, 1830~1844)와 같

은 곤궁한 시절에 부호의 물건을 수용하는 것은, 정치적 박해에 대항하여 암살자를 내는 것과 마찬가지로 거의 그들의 정당방위이자 필연적인 기세입니다. 이때에는 이것이 장래의 혁명에 이익이 될까 안 될까 하고 이해득실을 깊이 비교하고 있을 수는 없습니다. 저는 아무런 필요도 없는데 평지에 파란을 일으켜 폭거를 감행하는 것은 재산을 파괴하고 인명을 손상하고 무익한 희생을 낼 뿐이지, 혁명에 도움이 되는 바가 없다고 생각합니다만, 정부의 박해나 부호의 횡포가 극에 달하여 인민이 고통의 골짜기에 떨어질 때, 그들을 구하는 것은 장래의 혁명에 도움이 된다고 생각합니다. 그래도 그러한 것은 이해득실을 생각해서 할 수 있는 일이 아닙니다. 그때의 사정과 감정에 이끌려서 저도 모르게 분기하는 것입니다.

오시오 추사이(오시오 헤이하치로)의 폭동 같은 것도 그렇습니다. 기근에 편승해서 부호가 매점을 일삼아 쌀값은 갈수록 급등합니다. 이것은 부호가 간접적으로 다수의 살인을 자행하는 것입니다. 차마 보고만 있을 수는 없습니다. 이 난으로 도쿠가와 씨의 위엄은 상당히 무너지고 혁명의 기운이 가속화되었다는 것은 역사가가 논하는 바이지만, 오시오가 거기까지 생각했는지 어땠는지는 알 수 없습니다. 또한 그가 혁명을 일으켰다고 할 수도 없습니다.

그런데도 연일 계속되는 조사를 통해 미루어 생각해보건대, 다수의 피고는 모두 "고토쿠의 폭력혁명에 관여했다"고 하는 명목으로 공판에 옮겨진 것 같습니다. 저도 예심재판에서 수도 없이 폭력혁명 운운하는 말로 신문을 당해서, 혁명과 폭동의 구별을 제기하여 글자의 정정을 구하느라 대단히 애를 먹었습니다. 명목은 아무래도 상관없지 않은가 하는 말을 들었습니다만, 다수의 피고는 이제 이 명목 때문에 고통을 받고 있는 것 같습니다.

제 눈에 비친 바로는 검사와 예심판사는 애초에 제 이야기에 '폭력

혁명'이라는 명목을 붙이고 '결사(決死)의 인사'라는 어려운 숙어를 생각해내어 "무정부주의 혁명은 황실을 없애는 것이다. 고토쿠의 계획은 폭력으로 혁명을 행하는 것이다. 그러므로 그에 관여한 자는 대역죄를 저지르려고 한 자임에 틀림없다"고 하는 삼단논법으로 추궁한 것이라고 생각됩니다. 평소에 직접행동, 혁명 운동 같은 말을 한 것이 그들을 연루시키고 있다고 하니 참으로 딱하게 느껴집니다.

허술한 청취서와 조서

저희들 무정부주의자는 평소에 지금의 법률과 재판이라는 제도가 완전히 인간을 심판할 수 있다고 믿지는 않지만, 이번에 실제로 보고 들으면서 더욱더 위험성을 느꼈습니다. 저는 다만 자신의 운명에 만족할 생각이니까, 이 점에 대해서 구구하게 매달리고 싶지는 않습니다만, 단지 피고 다수의 이해에 대단히 관계가 있으므로 일단 말씀드리고 싶습니다.

첫 번째로 검사의 청취서에 무엇이 쓰여 있는지 알 수가 없습니다. 저는 수십 차례 검사의 조사를 받았지만, 처음 두세 차례는 청취서를 읽어주었는데, 그 후에는 전혀 그 자리에서 청취서를 만드는 일이 없었으니 따라서 읽어주는 일 따위도 없었습니다. 그 후 예심재판에서 이따금 검사의 청취서에는 이렇게 적혀 있다고 하는 것을 들으면, 거의 저의 주장과 같은 것이 없습니다. 대개 검사가 그럴 것이라고 한 말이 저의 주장으로 기록되어 있습니다. 다수의 피고에 대해서도 모두 마찬가지일 것이라고 생각합니다. 그때 예심판사는 청취서와 피고의 주장 중 어느 쪽에 비중을 둘까요. 정말로 위험하지 않습니까. 또한 검사의 조사 방법에 대해서도 항상 '떠보기'와 논쟁을 강요하는 경우가 많아서, 떠보기를 간파하는 힘과 검사와 논쟁을 벌일 정도의 언변이 없는 이상은 대개 검사가 지시하는 대로 주장을 하게 되는 것 같습니다. 저는 이 점에 대해 일일이 예증을 들 수 있지만, 구차하니까 말씀드리지 않겠습니다. 다만 저의 예로 추측하건대 이러한 장소에 익숙하지 않은 지방 청년 등에 대해서는 특히 심했을 것 같습니다. 이시마키 요시오(石卷良夫)가 "구도(內山愚童, 1874~1911)한테서 미야시타(宮下太吉, 1875~1911)의 계획을 들었다"[11]고 하는 주장을 했다는 이야기 같은 것도 저도 당시에 들었는데, 또 구도를 몰아넣기 위해서 간책을 꾸민 것이구나 싶었습니다. 미야시타의 폭탄 제조는 구도와 이시마키의 회견보다 훨씬 나중의 일이니까, 그런 이야기가 오갔을 리가 없습니다. 이와 같은 것은 너무 명백해서 금방 알 수 있지만, 교묘한 '떠보기'에는 누구든 걸립니다. 그리고 검사가 그렇게 말해 와서, 그런 이야기가 있었을지도 모른다는 정도의 주장을 하면, 당장에 "그런 이야기가 있었습니다" 하고 확신한 것처럼 기재되어 이것이 또 다른 피고에 대한 고문 도구가 되는 것 같습니다. 이런 이유로, 저는 검사의 청취서는 거의 검사의 무문곡필(舞文曲筆)과 견강부회로 이루어져 있을 것이라고 추측합니다. 읽어보지 않으면 알 수 없습니다만.

저는 예심판사의 공평함과 주도면밀함을 믿습니다. 다른 예심판사는 몰라도, 적어도 저를 조사한 우시오(潮) 판사가 공평하고 주도면밀하고자 한 것은 명백하니, 저는 판사의 조사에 거의 만족하고 있습니다.

<hr />

11) 우치야마 구도는 사회주의 운동가로 활약한 조동종(曹洞宗)의 승려로서 1908년에 《투옥기념 무정부공산(入獄紀念 無政府共産)》 출판으로 체포되었으며, 1910년에 대역 사건에 연루되어 처형되었다. 《평민신문》을 읽고 사회주의 사상의 영향을 받은 기계공 미야시타 다키치는 구도의 《투옥기념 무정부공산》을 읽고 천황을 부정하고 천황에 대한 민중의 미신을 타파할 필요를 느꼈다고 한다. 1909년에 폭탄으로 천황을 암살할 계획을 세우고 몇 차례 실험에 성공한 후, 니무라 다다오(新村忠雄), 간노 스가(管野すが) 등과 공모하던 중 1910년 5월에 경찰에 발각되어 체포되었다. 이 사건을 핵으로 하여 고토쿠를 주모자로 하는 대역 사건이 날조되었다.

하지만 아무리 판사가 공평하고 주도면밀해도 오늘날의 방법과 제도로는 완전한 조서가 완성될 리가 없습니다. 첫 번째로 조서는 속기가 아니라, 한 번 피고의 진술을 들은 후에 판사의 생각으로 그것을 취사하여 문답의 문장을 만드는 것이라서, 주장의 대부분이 빠지는 경우도 있고, 하지도 않은 말이 삽입되는 경우도 있습니다. 그러므로 피고의 말을 직접 들은 예심판사는 피고의 마음을 잘 알고 있어도 조서의 글로 옮겨졌을 때에는 타인이 보면 글에 따라 상당한 해석의 차이가 생깁니다.

두 번째로는 조서 정정의 곤란함입니다. 완성된 조서를 서기가 읽어 줍니다만, 오랜 조사로 조금이라도 두뇌가 피로해 있으면, 빨리 읽어 내려가는 말을 빠짐없이 듣는 것만으로도 힘든 일이라, 조금 다른 것 같아도 순식간에 판단이 서지 않습니다. 그것을 생각하는 중에 읽어 내려가는 소리는 자꾸자꾸 앞으로 나아갑니다. 무엇을 들었는지 모른 채 끝나버립니다. 그런 탓에 몇 군데, 십몇 군데 잘못이 있어도 지적해서 정정할 수 있는 것은 한 군데 정도에 지나지 않습니다. 그것도 글이 없는 사람들은 적당한 글을 찾지 못합니다. 이렇게 써도 같지 않은가 하고 물으면 논쟁을 못하는 사람이 많을 것 같습니다. 저 같은 경우도 일일이 첨삭할 수도 없고 대체로 맞겠지 하고 그대로 두는 경우가 많았습니다.

세 번째로는, 저를 비롯해서 예심의 조사를 받은 적이 없는 사람은 예심은 대체적인 사전조사라고 생각해서 그다지 중요하게 여기지 않습니다. 특히 조서의 한 글자 한 구절이 거의 법률조항의 글자처럼 확정되어버리는 것임을 모르고, 어차피 공판이 있으니까 그때 정정하면 되겠지 하며 굳이 언쟁하지 않고 내버려 두는 사람이 많다고 생각합니다. 이것은 커다란 오해인데, 이제 와서 생각해보면 예심조서의 글자만큼 중요한 것이 없지만, 법률 재판에 관해서는 완전히 초보인 다수의 피고는 그렇게 생각했을 것이라 추측합니다. 그런 탓에 예심조서도 심하게 왜곡된 채 완성되어 있습니다. 저는 어느 정도 글에 익숙해서 상당히 정정을 시키기도 했습니다만, 그것조차 다소 피곤할 때에는 귀찮아서 어차피 공판이 있으니까 하고 그대로 두었습니다. 하물며 다수의 피고는 어떻겠습니까.

청취서와 조서를 허술하게 했다는 것은 제도 때문만이 아니라 저희들이 그러한 일에 경험이 없는 데서 생긴 부주의의 결과이기도 하므로, 저 자신은 이제 와서 정정을 요구하거나 오류를 주장하거나 하지는 않겠지만, 부디 가엾은 많은 지방 청년들을 위하여 힘써주시기를 부탁드립니다.

이상이 제가 말씀드리고 참고해주셨으면 하는 생각의 대강입니다. 아무래도 연일 계속되는 공판으로 두뇌가 피로해 있기 때문에 사상이 논리정연하지 않습니다. 더욱이 불이 없는 방에서 손가락이 얼어버려 지금까지 쓰는 동안 붓을 세 번 떨어뜨렸을 정도라서 장황하기만 할 뿐 문장도 치졸하고 서체도 어지러워 읽기 힘드시겠지요. 부디 양해해주시기 바랍니다.

어쨌든 위에 언급한 내용 중에 다소 취할 만한 것이 있다면 더욱이 그것이 재판관과 검사들의 눈에 띄기를 바랍니다.

메이지 43(1910)년 12월 18일 오후
도쿄 감옥 감방에서
고토쿠 덴지로

절필시

구구하게 성패를 묻는 것은 잠시 그만두자.(區區成敗且休論)
인생의 굳은 의지를 버리지 않는 것이 천고의 소중함이라.
　(千古惟應意氣存)
이렇게 살다가 또 이렇게 죽지만(如是而生是如死)
죄인이 되어 다시 민중의 숭고함을 깨닫는다.(罪人叉覺布衣尊)

1911년 1월 18일
고토쿠 슈스이

사생(死生)

1

나는 사형당하기 위해 지금 도쿄 감옥의 일실(一室)에 구금되어 있다.

아아, 사형! 세상 사람들에게 이만큼 꺼림칙하고 두려운 말은 없을 것이다. 아무리 신문에서 보고 책으로 읽었어도 설마 자기가 이런 꺼림칙한 말과 눈앞에서 직접적으로 맞닥뜨릴 것이라고 예상한 사람은 하나도 없을 것이다. 게다가 나는 정말로 사형에 처해지려 하고 있다.

평소에 나를 사랑해주었던 사람들, 나를 아껴주었던 사람들은 이렇게 될 것이라는 소식을 들었을 때 진위를 의심하며 얼마나 당황했을까. 그리고 진실을 확인했을 때 얼마나 한심하고 딱하고 슬프고 부끄러워했을까. 그중에서도 늙은 어머니는 얼마나 절망의 칼에 가슴을 찔렸을까.

그렇지만 지금의 나에게 사형은 아무렇지도 않다.

내가 어떻게 이러한 중죄를 저질렀는가. 공판조차 방청이 금지된 오늘날에는 본래 충분히 이런 말을 할 자유는 없다. 백 년 후에 누군가 어쩌면 나 대신 말할지 모르겠다. 어쨌든 사형 그 자체는 아무렇지도 않다.

이것은 망언도 아니고 대범한 척하는 것도 아니고 꾸밈없는 진정이다. 진실로 나를 잘 이해하고 알고 있던 사람이라면, 아마도 이 진정을 알아줄 것임에 틀림없다. 사카이 도시히코는 "큰일이라는 느낌은 안 들고 뭔가 자연스러운 흐름인 것 같은 생각이 든다"고 말해 왔다. 고이즈미 산신[12]은 "고토쿠도 그걸로 된 거야, 하고 말했다"고 전해 왔다. 얼마나 절망했을까 하고 걱정했던 늙은 어머니조차 곧바로 "이렇게 되리라고 일찍이 각오하지 않은 것도 아니라서 놀라지 않았다. 내 일은 걱정하지 마라"고 말해 왔다.

사형! 나에게는 정말로 자연스러운 흐름이다. 이것으로 된 것이다. 이미 각오하고 있던 터다. 나에게는 세상 사람들이 생각하는 것처럼 꺼림칙한 것도 두려운 것도 아무것도 아니다.

내가 사형을 기다리며 감옥에 있는 것은 빈사 상태의 환자가 진료실에 있는 것과 마찬가지다. 병고가 심할수록 더욱더 편안할지도 모른다.

이것이 내 성격이 난폭한 탓인지 우둔한 탓인지 잘 모르겠지만, 그러나 지금의 나는 인간의 생사, 특히 사형에 대해서는 거의 아래와 같은 생각을 하고 있다.

2

만물은 모두 흘러가버린다고 헤라클레이토스도 말했다. 제행(諸行)은 무상(無常)하고, 우주는 변화의 연속이다.

그 실체(substance)에는 본래 시작도 끝도, 탄생도 소멸도 없을 터이다. 그런데도 실체의 양면인 물질과 세력이 구성되어 가현(假現)되는 천차만별 무량무한(無量無限)한 개개의 형체(form)가 되면 상주하는 것은 하나도 없다. 그것들은 이미 시작이 있으면 반드시 끝이 없으면 안 된다. 형성된 것은 반드시 파괴되지 않으면 안 된다. 생장하는 것은 반드시 쇠망하지 않으면 안 된다. 엄밀히 말하면, 만물은 모두 태어난 찰

---

12) **고이즈미 산신**(小泉三申, 1872~1937) 본명은 사쿠타로(策太郎). 신문기자, 다이쇼·쇼와 시대의 정당 정치인. 1894년에 《자유신문》에 입사해서 입사 동기인 고토쿠와 알게 되었고 나중에 고토쿠를 통해 사카이 도시히코도 알게 되어, 그들과 사상의 차이를 넘어 친교를 맺고 금전적으로도 원조했다. 1904년에 간행한 《경제신문(經濟新聞)》의 성공과 주식으로 실업가로도 명성을 얻은 후, 1912년에 중의원 의원에 당선된 이후 7회 연속 당선되어 정계에서 활약했다.

나부터 이미 죽어 가고 있는 것이다. 이것이 태양의 운명이다. 지구와 모든 유성의 운명이다. 하물며 지구에 서식하는 일체의 유기체, 작게는 세균에서 크게는 커다란 코끼리에 이르기까지의 운명이다. 이것은 천문·지질·생물 등의 모든 과학이 우리들에게 가르쳐주는 것이다. 우리들 인간만 이 구속에서 벗어날 수 있겠는가.

아니다. 인간의 죽음은 과학의 이론을 기다릴 필요도 없이 평범한 사실, 시시각각의 눈앞의 사실, 누구도 거역할 수 없는 사실이 아닌가. 죽음이 다가오는 것은 하나의 예외도 허락하지 않는다. 죽음에 처하면 귀천·빈부도 선악·사정(邪正)도 지우(知愚)·현불초(賢不肖)도 똑같이 평등하다. 어느 누구의 지혜도 벗어날 수 없고, 어느 누구의 위력도 거역할 수 없다. 만약 어떻게든 죽음을 벗어나고 죽음에 항거하려고 시도하는 사람이 있다면 그것은 우둔함의 극치에 지나지 않는다. 이것은 한갓 동해에서 불사의 약을 구하고 바벨에 승천탑을 쌓으려고 한 것과 마찬가지의 웃음거리다.

과연 천하의 많은 사람들은 죽음을 두려워하고 있을 것이다. 하지만 그들조차도 죽음을 모면할 수 없음을 모르지 않는다. 죽음을 피할 수 있을 것이라 생각하지도 않는다. 아마도 그들 중 어느 누구도 영원한 생명은커녕 오쿠마 시게노부 백작처럼 125세까지 살 수 있을 것이라고 기대하며 살고 싶어 하는 사람도 없을 것이다. 아니 100세, 90세, 80세의 수명조차도 우선은 어려울 것이라고 체념하는 사람이 많을 것이라고 생각한다. 과연 그렇다면 그들은 단순히 죽음을 두려워하여 어디까지나 이것을 피하려고 번민하는 사람은 아니다. 그들이 스스로 명확히 인식하든 안 하든 그들이 느끼는 공포의 원인은 따로 있다고 생각한다.

즉 죽음이라는 것에 뒤따르는 각종 사정이다. 두세 가지를 들면, 우선 천수를 누리고 죽는 것이 아니라, 요컨대 자연히 노쇠해서 죽는 것이 아니라, 질병 등의 원인으로 요절하여 당연히 누리고 맛보아야 하는 생을 누릴 수 없고 맛볼 수 없는 것을 두려워한다. 두 번째는 내세의 미신으로 처자나 친족과 헤어져서 혼자서 사출산(死出山), 삼도천(三途川)을 헤매는 고독함을 두려워하는 것도 있다. 세 번째는 현세의 환락·공명·권세, 심지어는 재산을 전부 버리지 않으면 안 되는 것을 아까워하는 망집에서 유래하는 것도 있다. 네 번째는 계획하거나 착수한 사업을 완성하지 못하고 중도에 끝내는 것을 유감스러워하는 것도 있다. 다섯 번째는 자손의 계획이 아직 이루어지지 않고 기름진 전답도 아직 사지 못했는데, 그 앞날을 우려하는 애착에서 나오는 것도 있을 것이다. 여섯 번째는 단순히 임종의 고통을 상상하며 전율하는 사람이 있을지도 모르겠다.

일일이 세기 시작하면 이런 종류는 한도 없지만, 요컨대 죽음 그 자체가 두려운 것이 아니라, 대개는 그 각각이 가진 미신, 탐욕, 어리석음, 망집, 애착을 떨쳐버리지 못하는 성질이나 처지 등에서 기인하는 것이다. 그러므로 보아라. 그들의 처지나 성질이 만약 한 차례 개조되어 이 사정들로부터 해탈하든가, 또는 이 사정들을 압도하기에 충분한 다른 유력한 사정이 생길 때에는 죽음은 아무렇지도 않게 된다. 단지 죽음을 두려워하지 않을 뿐만 아니라, 사랑을 위해서, 또는 명예를 위해서, 또는 인의를 위해서, 또는 자유를 위해서, 나아가서는 현세의 고통에서 벗어나기 위해서 죽음을 향해 돌진하는 사람조차 있지 않은가.

죽음은 예로부터 애처로운 것, 슬픈 것으로 여긴다. 하지만 이것은 단지 친애하고 존경하고, 또는 신뢰했던 사람을 잃은 살아남은 사람에게 애처롭고 슬픈 일일 뿐이다. 삼혼(三魂), 육혼(六魂)이 하늘로 돌아가고 감각도 기억도 곧바로 소멸되어 사라지는 죽은 자에게는 아무런 애도도 슬픔도 있을 리가 없다. 죽은 자는 아무런 느끼는 것도 없고 아는 것도 없고 기쁨도 없고 슬픔도 없이 안면과 휴식에 들어가버리는데, 이것을 애석해하고 통곡하는 처자나 친족 등의 살아남은 사람의 비애가 몇만 년 정도 반복된 결과, 누구나 막연히 죽음을 슬프고 두렵다고 하여 의심하지 않기에 이르렀다. 옛사람은 생이별이 사별보다 애처로운 것이라고 했다. 죽은 자에게는 사별의 두려움도 슬픔도 없다. 애처로운 것은 오히려 생이별에 있다고 나도 생각한다.

과연 인간, 아니 모든 생물에게는 자기보존의 본능이 있다. 영양이다. 생활이다. 이것에 따르면 인간은 어디까지나 죽음을 피하고 죽음에 저항하는 것이 자연스러운 것처럼 보인다. 하지만 한편으로는 종(species) 보존의 본능이 있다. 연애다. 생식이다. 이를 위해서는 당장 자기를 파괴하고 사라져도 후회하지 않는 것도 또한 자연스러운 경향이다. 전자는 이기주의가 되고 후자는 박애심이 된다.

이 둘은 예로부터 물과 불처럼 서로 섞이지 않는 것으로 여겨져 왔다. 또한 실제로 흔히 모순도 되고 충돌도 했다. 하지만 이 모순과 충돌은 다만 주위의 처지 때문에 피할 수 없거나 양성된 것이지, 본래의 성질은 아니다. 아니, 그것들은 완전히 일치되고 합동해야 할 것, 그렇게 하지 않으면 안 되는 것이다. 동물의 군집이든 인간의 사회든 이 둘이 항상 모순되고 충돌해야 하는 사정에 있는 것은 쇠망하고, 일치되고 합동할 수 있는 것은 번영한다.

일치와 합동은 항상 자기보존이 종 보존의 기초이자 준비라는 사실에 따라 행해진다. 풍부한 생식은 항상 건전한 생활에서 나온다. 이리하여 신진대사를 한다. 종 보존의 본능이 크게 활동할 때는 자기보존의 본능은 이미 거의 직분을 달성했을 터이다. 과실을 맺기 위해서 꽃은 기꺼이 진다. 아이를 낳아 기르기 위해서 어머니는 기꺼이 심혈을 기울인다. 젊어서는 자기를 위하여 죽음에 대항하는 것도 자연스럽다. 성장해서는 종을 위하여 생을 가벼이 여기게 되는 것도 자연스럽다. 이것은 모순이 아니고 정당한 순서다. 인간의 본능은 결코 정당하고 자연스러운 죽음을 두려워하지 않는다. 그들은 모두 운명을 감수할 준비를 하고 있다.

그러므로 인간이 죽는 것은 이미 문제가 되지 않는다. 문제는 언제 어떻게 죽을 것인가에 있다. 오히려 죽음에 이르기까지 어떠한 생을 누리고 또한 보냈는가를 문제삼지 않으면 안 된다.

3

적어도 미쳤거나 어리석지 않은 이상, 아무도 영원 무궁히 살고 싶어 하지는 않는다. 그럼에도 죽는다면 천수를 누리고 죽고 싶은 것이 만인의 희망이며, 일단은 무리한 희망은 아니다.

하지만 타고난 수명을 누리고 질병도 없고 부상도 없이, 노쇠한 끝에 기름이 다하여 불이 꺼지는 것처럼 자연스럽게 죽는다는 것은 대단히 곤란한 일이다. 왜냐하면 그러기 위해서는 모든 질병을 막고 모든 재앙을 피할 수 있는 완전한 주의와 방법과 설비가 필요하기 때문이다. 앞으로 수백 년의 세월이 흘러 문명이 점차 진보하고 물질적으로는 공중위생의 지식이 눈부시게 발달하여 모든 공공설비가 안정됨은 물론, 각 개인의 의식주도 매우 고등하고 완전한 영역에 이르는 한편, 정신적으로도 항상 평화롭고 안락하고 각종 슬픔이나 고생 탓으로 심신이 병드는 일 따위가 없는 세상이 되면, 인간은 대개 천수를 누릴 수 있을 것이다. 나는 그와 같은 세상이 하루라도 빨리 오기를 희망한다. 하지만 적어도 오늘날과 같은 사회, 동양 제일의 꽃피는 수도에는 지상에도 공중에도 가공할 만한 병균이 충만해 있다. 기차나 전철은 매일같이 충돌하거나 사람을 치거나 한다. 쌀과 주식과 상품의 시세는 시시각각으로 멋대로 올랐다 내렸다 한다. 경찰, 법원, 감옥은 정신없이 바쁘다. 오늘날과 같은 사회에서는 만약 질병도 장애도 없이 진정으로 자연스러운 죽음을 맞이할 수 있는 사람이 있다고 한다면, 그것은 희대의 우연 아니면 요행이라고 하지 않을 수 없다.

실제로 아무리 절대 권력을 가지고 거액의 부를 손에 쥐고 의식주를 거의 완벽에 가깝게 누리는 사람들이라도, 또는 율승(律僧)이나 선가 (禪家)들처럼 보양을 위해서는 일반인이 견디기 힘든 극기, 금욕, 고행, 노력하는 생활을 하는 사람들이라도, 병 없이 죽는 것은 대단히 드물다. 하물며 수많은 권력 없는 사람, 부 없는 사람, 약한 사람, 어리석은 사람은 어떻겠는가. 그들은 대개 영양 부족이나 심한 노동이나 오염된 주거나 유독한 공기나 격심한 추위와 더위 또는 신경 과다 등의 부자연스러운 원인으로 유발된 병 때문에 천수의 절반도 못 채우고 어지러이 죽어 간다. 비단 병만이 아니다. 그들은 굶어 죽고 얼어 죽고 빠져 죽고 타 죽고 지진으로 죽고 치어 죽고, 공장의 기계에 빨려 들어가서 죽고 광산의 갱도에서 나온 가스에 질식해서 죽고, 사욕 때문에 살해당하고 궁핍 때문에 자살한다. 오늘날 인간의 목숨의 불은 기름이 다해서 꺼지는 것이 아니라 모두 열풍 때문에 꺼진다. 나는 지금 수중에 통계 자료가 없지만, 병사 이외의 비명횡사만 해도 해마다 수만에 이를지 모른다.

정어리가 고래의 먹이가 되고, 참새가 매의 먹이가 되고, 양이 이리의 먹이가 되는 동물의 세계에서 진화하여, 아직 몇만 년밖에 지나지 않은 인간 사회에서 항상 약육강식의 아수라장을 연출하여 다수의 약자가 직·간접으로 생존경쟁의 희생이 되는 것은 목하 어쩔 수 없는 현상이라, 천수를 누리고 죽고자 하는 바람은 무리가 아닌 것 같으면서 사실은 대단히 무리다. 특히 나와 같은 약하고 어리석은 자, 가난하고 비천한 자는 도저히 바랄 수 없는 일이다.

아니, 나는 애초부터 그것을 바라지 않았다. 나는 장수는 결코 행복한 것이 아니며, 행복은 다만 자기가 만족해서 죽거나 사는 데 있다고 믿어 왔다. 만약 인생에 사회적 가치(value)로 명명할 수 있는 것이 있다고 한다면, 그것은 장수에 있는 것이 아니라 인격과 사업이 주변과 후대에 미치는 감화나 영향 여하에 있다고 믿어 왔고, 지금도 그 생각에는 변함이 없다.

천수는 이미 다할 수 없다. 비단 나뿐 아니라 천하의 대다수도 또한 마찬가지다. 그리하여 단지 천수를 다하는 것만이 결코 행복이 아니고 결코 가치 있는 것이 아니라고 한다면, 우리들은 병사나 다른 부자연스러운 죽음을 감수할 수밖에 없고, 감수하는 것이 좋지 않을까. 다만 우리들은 어떤 때 어떤 죽음이든 자기가 만족을 느끼고 행복을 느끼며 죽고 싶은 법이다. 그리하여 삶이든 죽음이든 자기의 분수에 맞는 선량한 감화나 영향을 사회에 미치고 싶은 법이라고 생각한다. 이것은 정도의 차이는 있을지언정 사람들의 마음가짐에 따라 결코 이루기 어려운 것은 아니다.

불행히 단명하여 병으로 죽더라도 마사오카 시키[13]나 기요자와 만시[14] 같고, 굶어 죽더라도 백이(伯夷)나 두소릉(杜少陵) 같고, 얼어 죽더라도 후카쿠사노 쇼쇼[15] 같고, 물에 빠져 죽더라도 사쿠마 쓰토무[16] 함장 같고, 타 죽더라도 가이센 국사[17] 같고, 지진으로 죽더라도 후지타 도코[18] 같다면, 부자연스러운 죽음도 오히려 감탄할 만하지 않은가.

....

13) **마사오카 시키**(正岡子規, 1867~1902) 일본의 시인, 수필가, 평론가. 단형 정형시 혁신 운동을 펼쳐 일본 근대 문학에 많은 영향을 끼쳤다. 신문기자가 되어 청일전쟁 기간 중에 종군기자로도 활약하지만 결핵을 얻어 젊은 나이에 사망했다.

14) **기요자와 만시**(淸澤滿之, 1863~1903) 메이지 시대에 활약했던 정토진종계의 승려. 1887년에 도쿄대학 문학부 철학과를 졸업했다. Minimum Possible이라고 불리는 '최대한 억제 생활'을 이어가면서 서양 근대 철학의 소양 위에 정토진종을 받아들여 근대 사상계에 자리매김하는 집필 활동을 했다. 불교의 근대화도 적극적으로 추진하여 종종 당국자와 대립했고 종문에서 제명 처분을 받기도 했다. 폐결핵으로 만 39세에 사망했다.

15) **후카쿠사노 쇼쇼**(深草少將) 무로마치 시대에 창작된 노(能) 작품에 등장하는 인물. 헤이안 시대의 절세미인인 오노노 고마치(小野小町)를 사랑하게 되어, 고마치가 100일 동안 매일 밤 보러 오면 결혼해주겠다고 하자, 99일 밤을 다녔지만 눈이 오는 날에 눈에 파묻혀 얼어 죽었다고 하는 이야기다.

도를 위하여, 또는 직무를 위하여, 또는 의기를 위하여, 또는 연애를 위하여, 또는 충효를 위하여 그들은 생사를 초탈했다. 그들은 각자 생사를 돌아보지 않는 위대한 무엇인가를 가지고 있었다. 그리하여 그들 중 누군가는 만족하고 행복해서 죽었다. 그들 중 누군가는 생과 사에 적지 않은 사회적 가치를 남길 수 있었던 것이다.

여의륜당(如意輪堂) 문에 와카(和歌)를 남긴 구스노키 마사쓰라[19]는 불과 22세의 나이로 전사했다. 투구의 끈을 자르고 명향(名香)을 풍긴 기무라 시게나리[20]도 불과 24세의 나이로 전사했다. 그들은 각자의 처지에서 천수를 다하거나 병으로 죽는 것조차 치욕으로 여겨 서둘러 전사했다. 그리하여 모두 행복과 만족을 느끼며 죽었다. 그리하여 또한

....

16) **사쿠마 쓰토무(佐久間勉, 1879~1910)** 일본의 해군. 훈련 중 잠수정 침몰 사고로 사망했다. 죽기 전에 쓴 유서에서 메이지 천황에게 잠수정 상실과 부하의 죽음을 사죄하고 유족들이 궁핍하지 않도록 요청한다.

17) **가이센 국사(快川紹喜, ?~1582)** 전국 시대 임제종의 승려. 가이(甲斐)의 다이묘였던 다케다 신겐(武田信玄)의 부름을 받아 혜림사(惠林寺)의 주지가 되었다. 적장인 오다 노부나가(織田信長)의 공격을 받고 다케다가 멸망하자, 노부나가를 적대시하는 세력들이 혜림사로 몰려들었다. 중세에 사원은 성역이라는 사회적 관념이 있었기 때문이다. 이에 오다의 세력들이 인도를 요구했지만 거절당하자 불을 질러 가이센은 타죽고 말았다. 이때 남긴 임종게인 "참선에 꼭 산수가 필요한 것이 아니니, 마음이 없어지면 불이라도 시원하리"가 알려지게 되었지만, 이 마지막 문답은 후세에 만들어진 것으로 보인다.

18) **후지타 도코(藤田東湖, 1806~1855)** 막부 말기 미토 번(水戶藩)의 정치가이자 미토학의 대가로서 전국의 존황을 내세운 지사들에게 커다란 영향을 끼쳤다. 번주인 도쿠가와 나리아키라(德川齊昭)의 심복으로 막부의 개혁에 관여했다. 1855년에 발생한 대지진으로 일단 탈출에 성공하지만, 불씨를 걱정한 어머니가 다시 집안으로 들어가자 떨어지는 대들보를 자신의 몸으로 막아 어머니를 구하고 자신은 압사당했다.

19) **구스노키 마사쓰라(楠正行, ?~1348)** 남북조 시대의 무장. 남조의 편에 서서 아시카가(足利) 막부와 싸웠다. 천황에게 결사의 각오를 밝히고 적병 6만에 대적할 군대 2천을 이끌고 마지막 전투에 나갔다. 출진을 앞두고 여의륜당의 과거장(過去帳)에 "살아 돌아올 수 없다는 것을 이미 알고 있기에 여기에 과거에 들어갈 내 이름을 적어 둔다"라는 와카를 남겼다. 결국 전투에서 패배하고 자결했다. 메이지 유신 이후 존황 사상의 모범으로 추앙받았다.

둘 다 진정으로 '명예로운 전사'였다.

만약 아코 의사(赤穗義士)[21]를 용서하여 죽음을 내리지 않았다면, 그들 47명은 모두 영광스러운 여생을 보내고 종말을 맞을 수 있었겠는가. 그중에 죽음보다도 못한 불행한 사람, 또는 추악한 사람이 나오지는 않았을까. 삶과 죽음 중 어느 것이 그들을 위해서 행복한 것일까. 어쨌든 그들은 죽음을 본분으로 느끼며 만족하고 행복해하며 할복했다. 그 만족감과 행복함은 70여 세의 요시다 추자에몬(吉田忠左衛門, 1641~1703)도 16세의 오이시 치카라(大石主稅, 1688~1703)도 마찬가지였다. 그 죽음의 사회적 가치도 장수할지 요절할지와는 관계가 없다.

인생은 죽을 만한 장소를 찾기 어렵다. 마사쓰라도 시게나리도 치카라도 단명했고 생리적으로는 부자연스러운 죽음이었지만, 그럼에도 능히 죽을 만한 장소를 찾았다고 나는 생각한다. 그 죽음은 그들에게 슬픈 것이라기보다 오히려 축하할 만한 것이라고 생각한다.

4

그렇다고는 해도 내가 장수를 혐오하고 무용하고 무익한 것이라고 여기는 것은 결코 아니다. 목숨이 있어야 뭐든 시작되는 것이다. 평생이 만족스럽고 행복한 생애라면 물론 길수록 좋은 것이다. 또한 커다란

---

20) **기무라 시게나리(木村重成, 1593~1615)** 전국 시대의 무장. 도요토미 히데요시의 아들인 히데요리(秀賴)를 주군으로 섬겼다. 에도 막부가 도요토미 일가를 몰락시킨 전투(大阪の役)에서 전사했다. 전사할 각오로 갑옷에 향을 배게 해서 도쿠가와 이에야스를 감탄케 했다는 일화가 유명하다.

21) **아코 의사** 쇼군의 거처에서 기라 요시히라(吉良義央)를 상해한 죄로 할복한 아코 번(赤穗藩)의 번주 아사노 나가노리(淺野長矩)의 원수를 갚기 위해 아코 번의 무사 47명이 기라의 집에 잠입해 기라를 살해했다. 이 47명의 무사들을 '아코 의사'라 부르는데, 이 사건을 각색한 작품군인 《주신구라(忠臣藏)》를 통해 유명해졌다.

인격의 빛을 천년에 비추고, 위대한 사업의 혜택을 만인에게 미치게 하는 데 오랜 시일이 걸리는 경우가 많은 것은 두말할 나위가 없다.

이노 다다타카[22]는 50세부터 당시 30여 세였던 다카하시 요시토키(高橋至時, 1764~1804)의 문하에 들어가 측량학을 익혀, 70세를 넘어서 일본 전국의 측량지도를 완성했다. 조주종심(趙州從諗, 778~897) 선사는 60세부터 참선 수행을 시작하여 20년에 걸쳐서 점차 크게 깨달음을 얻어, 이후 40년간 중생을 화도(化度)했다. 석가도 80세에 이르기까지 오랫동안 세상에 계셨으므로 부처의 광명이 광대하게 비치는 것이리라. 공자도 쉰이 되어 천명을 알았고, 예순이 되어 귀가 순해졌고, 일흔이 되어 하고 싶은 바를 따르더라도 법도에 어긋나지 않았다고 하여, 늙으면 늙을수록 식덕(識德)이 높아졌던 것이다.

이와 같이 비범한 건강과 정력을 가지고 수명을 인격의 도야와 사업의 완성에 이용할 수 있는 사람들에게 장수는 가장 존귀하고 또한 행복한 것임은 물론이다.

하지만 앞에서 언급한 것처럼 이러한 천성이나 소질을 가지고 이러한 경지와 운명에 조우할 수 있는 사람은 지금 사회에는 확실히 1천 명 가운데 한 명으로, 나머지는 모두 부자연스러운 요절을 감수할 수밖에 없다. 설령 우연히 수명만을 유지할 수 있더라도, 건강과 정력이 그에 따르지 않고 오래도록 빈곤과 고생에 빠져서 스스로도 즐겁지 않고 세

....

22) **이노 다다타카**(伊能忠敬, 1745~1818) 에도 중기의 측량가. 원래 부유한 상인이었는데, 50세에 가독(家督)을 물려주고 에도로 가서 다카하시 요시토키에게 천문학을 배웠다. 당시 달력을 만드는 데 필요한 위도 1도의 이정수가 정해지지 않아 천문학상의 과제였다. 이를 해결하기 위하여 실지 측량을 시작한 그는 이후 10차에 걸친 측량의 대장정에 들어간다. 사후에 완성된 《대일본연해여지전도(大日本沿海輿地全圖)》(1821년)는 일본 최초의 과학적 실측도로, 당시 서구의 지도에 뒤지지 않는다. 이 지도는 에도 시대에는 활용되지 않았지만, 메이지 유신 이후 신정부가 발행한 군사, 교육, 행정용 지도의 기본도로 사용되었다.

상에도 도움이 되지 않은 채, 어영부영 세월을 보낼 정도라면 오히려 요절하는 편이 낫지 않을까.

아마도 인간이 늙어 갈수록 점점 굳세지는 것은 오히려 예외고, 어느 정도의 나이를 지나면 몸도 마음도 여위어 갈 뿐이다. 각자 유전의 소질이나 주위의 처지가 다르므로 그 연령은 일정하지 않지만, 어쨌든 일생에 한 번 건강과 정력이 왕성한 절정에 이르는 시절이 있다. 다시 말해 '한창 일할' 시절이 있다. 그러므로 도덕과 지식 같은 것은 상당히 고령에 이르기까지 끊임없이 발달하는 것을 본 적이 많지만, 기력과 정력을 요하는 사업에 이르러는 '한창 일할' 시절을 지나면 거의 불가능하다. 제아무리 강한 쇠뇌에서 힘차게 나간 화살이라도 최후에는 힘이 떨어져 노(魯)나라산 얇은 비단조차 뚫을 수가 없고, 굳센 시절의 기린도 늙으면 대개 당나귀가 되어버리는 법이다.

씨름선수 같은 경우는 가장 현저한 예다. 문학이나 예술 같은 것에서도 불후의 걸작은 그 작가가 원숙한 다음보다도 오히려 아직 크게 이름을 떨치기 이전 작품에 많은 것이다. 혁명 운동과 같은, 가장 열렬한 신념과 의기와 대담함과 정력을 요하는 사업은 특히 소장파를 기다리지 않으면 안 된다. 예로부터 혁명은 항상 청년의 손으로 이루어졌다. 유신의 혁명에 참가하여 가장 힘이 있었던 사람들은 당시에 모두 20대에서 30대였다. 프랑스혁명의 중심 인물인 로베스피에르도 당통도 에베르도 단두대에 오른 것은 모두 35, 36세였다고 기억한다.

그리하여 한창 일할 때 인도(人道)를 위해 또는 사업을 위해 또는 연애를 위해 또는 뜻을 위해, 어쨌든 자기의 생명보다도 중하게 여기는 어떤 것을 위해 있는 힘껏 일하고 쓰러지고자 하는 것은 일단 죽을 장소를 얻은 것으로, 사회나 인심에 영향이나 인상을 주는 바도 결코 작지 않을 것이다. 그런데 누구나 만족할 만한 때 죽지 않으면 죽는 것 이상으로 수치스러운 것 같다. 실제로 나는 죽을 장소를 얻지 못해서 불쌍한 오명을 남긴 사람들을 많이 보았다.

재작년 여름 러시아에서 귀항 도중에 서거한 후타바테이 시메이[23]를 관민 할 것 없이 애도한 바 있었다. 스기무라 소진칸은 내게 농담으로 "자네도 전에 미국에 갔을 때나 돌아올 때 배 안에서라도 죽었으면 대단했을 텐데"하고 말했다. 그가 한 말은 농담이다. 그래도 실제로 나로서는 그 당시가 죽어야 할 때였을지 모른다. 죽을 만한 곳을 얻지 못했기 때문에 지금의 나는 '대단했다'가 못 되고 '바보 같은 놈' '나쁜 놈'이 되어 만천하에 치욕을 드러냈다. 만약 더 산다면 더욱더 치욕이 커질 뿐일지도 모른다.

그러므로 단명이나 부자연스러운 죽음이라는 것을 결코 혐오하여 잊으려 해서는 안 된다. 만약 죽음을 혐오하고 잊으려 하는 사람이 있다고 한다면, 그것은 많은 비명횡사, 각오되지 않은 죽음, 안심하지 못하는 죽음, 각종 망집이나 애착을 끊을 수 없는 데에서 오는 심중의 번민이나, 병이나 부상에서 오는 육체의 고통을 동반하는 죽음이다. 지금 나는 다행히 이 조건들 이외의 죽음을 맞이할 수 있는 운명을 만나게 되었다.

천수를 누리는 것은 오늘날의 사회에서는 누구도 어려운 일이다. 그러니 만약 만족스럽고 행복하게, 또한 가능하다면 그 사람의 분에 맞는 ─ 나는 분에 맞지 않은 것을 기대하지 않는다 ─ 사회적 가치를 지니며 죽는다고 한다면, 병들어 죽든, 굶어 죽든, 얼어 죽든, 타 죽든, 지진

---

23) **후타바테이 시메이**(二葉亭四迷, 1864~1909) 본명은 하세가와 타쓰노스케(長谷川辰之助). 도쿄 외국어학교 노어과 중퇴 후, 쓰보우치 쇼요의 권유로 1886년에《소설 총론(小說總論)》을 발표했다. 이듬해의 처녀작《뜬구름》은 미완으로 끝났지만, 사실주의 묘사와 언문일치체로 당시의 문학자들에게 커다란 영향을 주었다. 또한 러시아어에도 능통하여, 투르게네프 등의 동시대의 러시아 사실주의 문학을 번역·소개했다. 1908년《아사히 신문》특파원으로 러시아에 부임했으나 병을 얻어 귀국 도중에 사망했다.

으로 죽든, 치어 죽든, 목매 죽든, 부상으로 죽든, 질식해서 죽든, 자살이든 타살이든, 애조(哀弔)하고 혐오할 이유가 전혀 없다.

그렇다면 결국 사형은 어떠한가. 생리적으로 부자연스럽다는 점에서이들 각종 죽음과 다를 바가 있을까. 이들 각종 죽음보다도 더욱 혐오하고 잊어야 할 이유가 있겠는가.

5

사형은 가장 꺼림칙하고 두려운 것이라고 한다. 그러나 나에게는 단지 죽음의 방법으로서는 병사 등의 비명횡사와 크게 다르지 않다. 게다가 충분한 각오를 할 수 있는 점과 육체의 고통을 동반하지 않는다는점에서는 다른 죽음보다 나으면 나았지 못하지는 않다고 생각한다.

그렇다면 세상 사람들이 꺼리고 두려워하는 것은 왜일까. 말할 필요도 없이 사형당하는 사람은 반드시 극악무도한 자, 중죄인을 가리키는것이라고 믿기 때문이다. 사형을 당할 정도로 극악하고 죄가 무거운 사람이라는 것은, 가문의 오명, 후대의 치욕, 친척이나 친구의 얼굴에 먹칠하는 것으로 혐오의 대상이 되는 것이리라. 요컨대 부끄러워하고 꺼리고 두려워하는 것은 사형이 아니라, 사형당하는 자 자체의 극악한질, 중죄의 행위에 있는 것이 아닐까.

프랑스의 혁명 지도자 마라를 한 칼로 살해하고 "나는 만인을 구하기 위하여 한 사람을 죽였다"고 법정에서 증언한 26세의 처녀 샤를로트 코르데(Charlotte Corday, 1768~1793)는 처형을 앞두고 아버지에게글을 보내 자신의 의지를 명확히 알렸다. "사형대는 치욕이 아니다. 치욕스러운 것은 죄악일 뿐"이라고.

사형이 극악하고 죄가 무거운 사람을 목적으로 하는 것은 물론이다.따라서 예로부터 많은 수치스럽고 혐오스럽고 무섭고 극악무도한 자가 사형당한 것은 사실이다. 하지만 이와 동시에 존경스럽고 사랑스럽고 선량하고 현명한 자가 다수 사형당한 것도 사실이다. 그리고 대단히 존경할 만한 선인도 아니고, 또한 대단히 혐오할 만한 악인도 아닌 많은 소인이나 범인이 잘못해서 당시의 법률에 저촉되었기 때문에—단지 한 마리의 학을 죽이고 한 마리의 개를 죽였다는 이유만으로—사형당한 것 또한 사실이다. 요컨대 사형으로 죽는 자가 결코 항상 극악무도한 죄인만이 아니었던 것은 사실이다.

이시카와 고에몬[24]도 구니사다 추지[25]도 사형당했다. 히라이 곤파치[26]도 네즈미코조[27]도 사형당했다. 시로키야 오코마[28]도 야오야 오시치[29]도 처형당했다. 오쿠보 도키사부로[30]도 노구치 오사부로[31]도

---

24) **이시카와 고에몬**(石川五右衛門, ?~1594) 전국 시대의 도적. 1594년 37세에 체포되어 끓는 물에 죽는 형벌을 받았다. 도적에게 내린 유례 없는 극형이라 도요토미 히데요시의 목숨을 노렸다는 이야기가 나돈 것으로 유명하여, 가부키나 근대 소설의 제재가 되었다.

25) **구니사다 추지**(國定忠治, 1810~1851) 에도 후기의 유명한 도박사. 금품을 갈취하는 등의 풍기를 문란케 한 죄로 책형(磔刑)을 당했다.

26) **히라이 곤파치**(平井權八, 1661~1680?) 에도 초기의 무사 출신. 아버지의 동료를 살해하고 에도로 도망가서 유곽의 유녀 고무라사키(小紫)를 만났다. 에도에서 금품을 빼앗는 살인강도 행각을 거듭하다가 뉘우치고 고향으로 부모를 만나러 가지만 이미 세상을 떠난 것을 알고 에도로 돌아와 자수하여 처형되었다. 히라이의 처형 소식을 들은 고무라사키도 자살하였는데, 이들의 이야기가 가부키 등으로 전해지게 되었다.

27) **네즈미코조**(鼠小僧, 1797~1832) 에도 시대 후기의 유명한 괴도. 쥐처럼 날렵하게 출몰한다고 하여 붙은 별명이다. 연극 등에서는 의적으로 묘사되지만 실제로 빈민을 구제한 흔적은 없다. 1832년에 체포되어 처형당했다.

28) **시로키야 오코마**(白木屋お駒) 목재상의 딸인 오코마는 간통을 하다가 남편을 살해했다. 이 사건으로 오코마는 조리돌림을 당하고 처형되었다.

29) **야오야 오시치**(八百屋お七, 1668?~1683) 채소 가게의 딸인 오시치는 근처 절에서 큰 불이 나서 다른 절로 피난을 갔는데, 그곳에서 무사와 사랑에 빠졌다. 집에 돌아온 후 화재가 나면 연인을 만날 수 있다고 생각하고는 불을 질렀고 결국 체포되어 화형당했다.

30) **오쿠보 도키사부로**(大久保時三郎, ?~1906) 도박꾼으로 돈이 떨어지자 행상인 2명을 습격하여 살해했다. 1906년에 체포되어 사형당했다.

사형당했다. 그와 동시에 한편에서는 소크라테스도 브루노도 사형당했다. 페로프스카야도 오신스키도 사형당했다. 왕자 비간(比干, BC 1092~BC 1029)이나 상앙(商鞅, ?~BC 338)도 한비(韓非)도 고청구(高靑邱)도 오자서(吳子胥)도 문천상(文天祥)도 사형당했다. 기우치 소고[32]도 요시다 쇼인도 구모이 다쓰오[33]도 에토 신페이[34]도 아카이 가게아키[35]도 도마쓰 마사야스[36]도 사형당했다. 사형당한 사람 중에는 실제로 도적도 있고 살인자도 있고 방화범도 있고, 난신적자(亂臣賊子)도 있는 한편으로, 현철(賢哲)도 있고 충신도 있고 학자도 있고 시인도 있고 애국자나 개혁자도 있다. 이것은 단지 지금 내 마음에 떠오르는 대로 두세 가지를 든 것뿐이다. 만약 내 손 안에 동서고금의 역사와 인명사전이 있다면, 나는 예로부터 사형대가 치욕과 죄악을 동반하는 허다한 사실과 함께, 나아가 영광과 명예를 동반하는 무수한 예증도 들 수 있을 것이다.

에스파냐에 종교재판이 설치되었을 당시를 보라. 무고한 양민 중에

....

31) **노구치 오사부로**(野口男三郎, 1879~1908) 메이지 시대 한시를 중흥시킨 유학자 노구치 네이사이(野口寧齊)의 양자로서 무위도식하다가 절연당하자, 약국 주인을 살해하고 체포당했다. 조사 과정에서 소년을 죽인 여죄도 추궁당하다가 처형되었다.

32) **기우치 소고**(木內宗五) 흉년인데도 가혹한 공물 징수로 고통받는 농민을 위해 사형을 각오하고 당시 권력자인 쇼군에게 직소한 사쿠라 소고로(佐倉宗吾郎)를 말한다.

33) **구모이 다쓰오**(雲井龍雄, 1844~1871) 막번 체제 옹호를 주장하며 막부 타도 세력과 맞서기 위해 동지들을 규합했으나 발각되어 참수되었다.

34) **에토 신페이**(江藤新平, 1834~1874) 막부 말기에서 유신기에 걸쳐 활약한 정치가. 유신 정부의 관료로 근대적인 법체계 도입이나 지대, 집세의 인하 같은 민중의 요구를 반영한 근대화 정책을 펴면서 유신 정권이 전제화하는 것을 극복하는 길로 무사 계급의 반란을 이끌었으나 정부군에게 진압되어 처형되었다.

35) **아카이 가게아키**(赤井景韶, 1859~1885) 자유민권운동가. 자유당에 가담했으며, 내란음모예비죄로 복역 중에 탈옥했다가 다시 체포되어 처형되었다.

36) **도마쓰 마사야스**(富松正安, 1849~1886) 메이지 시대 자유민권운동가로 소학교 교원을 그만두고 국회 개설 운동에 참여했다. 1881년에 자유당에 입당했고, 1884년에 정부 전복을 도모하여 봉기했으나 체포되어 처형되었다.

오로지 교회의 신조에 복종하지 않는다는 혐의로 분살당한 자가 수십만에 달하지 않았는가. 프랑스혁명의 공포 시대를 보라. 정치상 당파를 달리한다는 이유로 참수당한 자가 하루에 수천 명에 이르지 않았는가. 일본 막부 말기의 역사를 보라. 안세이 대옥(安政大獄)[37]을 비롯하여 크고작은 각 번에서 지도자와 정견이 다른 까닭에 참수당하거나 죽음을 명받은 자가 셀 수 없이 많지 않은가. 러시아혁명 운동 기록을 보라. 과거 40년 동안 이 운동에 참여했다는 이유로 또는 그 혐의로 사형당한 자가 만 명에 이르지 않는가. 만약 그것이 중국에 이르면, 억울한 사형은 거의 5천 년 역사의 특색 중 하나라고 해도 좋을 것이다.

여기에 이르면, 사형은 본래 시대의 법도에 비추어 이것을 과한 자가 많음은 물론이지만, 누가 세계 만국 유사 이래의 엄밀한 통계로 사형이 항상 치욕과 죄악을 동반했다고 단언할 수 있을까. 아니, 사형이 의미하는 치욕이나 죄악은 그것이 지니는 영광이나 억울함보다 많다는 것조차 단언하기 힘들지 않을까. 이것은 미결 상태의 문제라고 나는 생각한다.

그러므로 지금의 나에게 수치스럽고 꺼려지고 두려운 것이 있다고 한다면, 그것은 사형당하는 것이 아니라, 내가 악인이자 죄인이지 않으면 안 된다는 사실이다. 이것은 내 스스로 논할 문제는 아니고, 또한 논할 자유도 없다. 다만 사형 자체는 나에게 아무것도 아니다.

들은 바로는, 인간을 사형시켜 마땅할 정도의 범죄가 있는가, 사형은 과연 형벌로서 합당한가, 예로부터 사형은 과연 형벌 목적을 달성하는 데 충분한 효과를 올렸는가는 학자들이 오래도록 의심한 바로, 이 또한 미결 상태의 일대 문제로 남아 있다. 그러나 나는 여기에서 사형 존폐를 논하는 것이 아니다. 지금의 나 한 개인으로서는 존폐를 논할 정도

37) 본서 132쪽 각주 3) 참조.

로 사형을 중대시하지 않는다. 병사 등의 부자연스러운 죽음이 온 것과 그다지 다른 것은 없다.

덧없는 세월은 빨리 지나가버리고 삶과 죽음이 큰일이라고 불교는 자주 꾸짖는다. 삶은 때로는 큰 행복이 되고 때로는 큰 고통도 되므로, 어찌 큰일이 아니겠는가. 하지만 죽음은 무슨 큰일이겠는가. 인간 혈육의 신진대사가 완전히 멎고, 형체나 조직이 분해되어 없어질 뿐이 아닌가. 죽음이 큰일이라는 것은 태고로 지혜로운 자가 세운 일종의 허수아비다. 지옥과 극락의 도롱이와 삿갓을 쓰고, 애착과 망집의 화살을 쏘지 않는 모습은 대단히 장엄하다. 멍하니 멀리서 이것을 바라보면 참으로 의미심장한 듯하지만, 가까이서 자세히 보면 아무것도 아니다.

나는 결코 억지로 죽음을 재촉하는 사람이 아니다. 살 만큼 살아서 안으로는 생을 즐기고 생을 맛보며, 밖으로는 세상에 이익을 도모하는 것이 당연하다고 생각한다. 그렇다 해도 또한 적어도 생을 탐하려는 마음도 없다. 병사나 횡사나 사형에 관계없이 죽어야 할 때가 오면, 충분한 안심과 만족으로 죽음을 맞이하고자 한다.

지금이 바로 그때다. 이것이 나의 운명이다.

해설

코코아 한 스푼

이시카와 다쿠보쿠

나는 안다, 테러리스트의
말과 실천을 나누기 힘든
단 하나의 마음을,
빼앗긴 말 대신에
실천으로 말하려는 마음을,
나와 내 몸을 적한테 던져버리는 마음을 ──
그리하여 그것은 정직하고 열심인 사람이 떨쳐낼 수 없는 슬픔인 것을.

한없이 계속되는 논쟁이 끝나고
식어버린 코코아 한 스푼을 들이키며
그 쓰쓸한 혀끝에서
나는 안다, 테러리스트의
슬프디 슬픈 마음을.

1911년 6월 15일 TOKYO

혁명가가 된 지사 고토쿠 슈스이

10년의 궤적

어떻게 하면 이상과 현실을 합치시킬 수 있을까. 이 역서는 1901년에 제국주의를 비판하면서 일본 지성계에 정식으로 등장한 후, 본국은 물론 동아시아까지 사회주의와 무정부주의를 순식간에 퍼뜨리고 1911년에 제국에 의해 가장 폭력적으로 말살된 한 일본인 혁명가의 10년에 걸친 사상의 궤적을 한국어로 옮긴 것이다. 파리코뮌이 탄생한 해인 1871년에 태어나, 천황 암살을 기도했다는 죄목으로 만 40세의 나이에 '대역죄'로 형장의 이슬로 사라진 이 혁명가의 이름은 고토쿠 슈스이 (幸德秋水, 1871~1911)다.

그가 다급하게 내달렸던 생의 마지막 10년 세월은, 청일전쟁으로 대만이라는 첫 번째 식민지를 획득한 대일본제국이 영토 팽창을 위한 제국주의의 길을 강화해 가다가 급기야 러일전쟁을 일으켜 1904년에 한반도 전역을 점령하고 1905년에 대한제국을 보호국화, 1910년에는 마침내 강제 병합을 한 시기였다. 한편, 대내적으로는 청일전쟁 이후 급격한 산업화를 추진한 후발 자본주의 국가로서 자본의 집적과 집중이 강력히 추진됨에 따라 그에 따른 사회 문제가 나날이 심각해지면서, 국가적 차원에서는 천황의 신민으로서 충성을 다하는 애국심을 더욱더 강요하여 국내 통합을 도모하는 한편으로 식민지 획득 전쟁을 통해 사회 모순을 밖으로 해소시키고자 하던 때였다.

하지만 이에 굴하지 않았던 혁명 세력들은 사회 문제 해결책으로, 서구의 선진 자본주의 국가들을 배경으로 체계화된 사회주의를 이식하여, 번벌 정권과 그것을 뒷받침하는 자본주의 체제에 저항하는 혁명 운동을 정열적으로 전개했다. 우선 노동조합 운동이 첫울음을 터뜨렸고, 사회주의 연구와 이식에서 한 발 더 나아가 의회를 통한 평화적 혁명 실현을 위하여 적극적으로 정당 정치에 참여하고자 했다. 러일전쟁의 광풍이 불었을 때는 국제 평화주의에 입각해서 러시아 동지들과 계급적 연대를 통해 제국 간 충돌에 맞설 것을 주장했다. 그리고 러일전쟁 이후에 노동 운동 탄압이 더욱더 극심해지자 의회 정책을 통한 간접혁명론을 비판하는 투사들이 결집하여 자각된 노동자들의 총파업 등 직접행동을 호소하며 혁명 운동을 좀 더 급진화시켜 갔다. 그리고 그 중심에는 언제나 고토쿠 슈스이가 있었다.

고토쿠에게 이상과 현실을 합치할 수 있는 유일한 방법은 혁명이었다. 번벌 정권 타파와 민주 정치 확립이 혁명 사상이었을 때 그는 자유민권운동에 적극적으로 가담했지만 결국에 좌절로 끝나자, 의회 정책 중심의 사회주의 운동에 누구보다도 정력적으로 뛰어들었다. 그리고 그것이 혁명성을 상실했다고 판단하자 이윽고 무정부 공산주의라는 세계 혁명 기획에 투신했다. 그는 어디까지나 혁명에 충실했다. 왜냐하면 그에게 '혁명은 하늘'이었기 때문이다. 혁명은 인간의 힘으로 어찌할 수 있는 것이 아니므로, 인간은 다만 혁명의 자연성에 몸을 맡겨 그것을 능숙히 유도하지 않으면 안 된다고 그는 확신했다.

병약한 혁명가의 청년 시절

형장에 끌려가는 순간까지 한시도 저술·번역 작업을 게을리하지 않았던 고토쿠는 강한 호소력을 담은 뛰어난 연설로 좌중을 압도하는 달변가로도 유명했다. 왜소한 체구에다 평생 병마에 시달렸던 그가 이토록 믿기지 않을 정도로 강인한 혁명가가 될 수 있었던 것은, 스스로도 언급하고 있듯이 궁핍한 자신의 처지와 독서 덕분이었다.

본명이 덴지로(傳次郎)인 고토쿠 슈스이는 불우한 집안에서 태어난 병약한 신동이었다. 그는 도사 번(土佐藩)에 위치한 고치 현(高知縣) 나카무라(中村)에서 자랐다. 원래 고토쿠의 집안은 약재상과 주조업을 경영하는, 마을에서도 손꼽히는 장사꾼 가문이었다. 하지만 그는 태어난 이듬해 아버지와 사별해야 했고 젊어서 과부가 된 어머니 다지(田治)의 손에서 자랐다. 가세는 급격히 기울었고, 소학교를 겨우 졸업한 고토쿠에게 상급학교에서 수학할 정도의 건강과 학자금은 허락되지 않았다. 결국 그의 학력은 중학교 중퇴로 끝나고 만다.

아버지 없는 가난한 집안의 자식으로서 느꼈던 계급 간 운명의 불공평함이나 울분이 시대에 대한 반역 정신이라는 형태로 구체적으로 발현된 것은, 그가 자유민권운동의 요람인 도사 번에서 자라 일찍이 자유평등설에 심취할 수 있었기 때문이다. 동향 출신 민권 운동가인 하야시 유조(林有造)나 이타가키 다이스케(板垣退助) 등을 직접 만나 그들의 활동을 가까이에서 지켜볼 수 있었으며, 민권 운동가들과의 만남은 무엇보다도 중학교 중퇴 후 좌절의 늪에 빠진 그에게 학업의 길을 열어주었다. 당시 학자금이 없는 사람이 학문으로 입신하는 일반적인 방법은 동향 출신 명사의 가정에 들어가 서생이 되는 길이었다. 그는 몇 군데를 전전하다가 마침내 같은 도사 번 출신으로서 자유민권운동 좌파의 이론적 지도자인 나카에 조민(中江兆民)을 만나 둘도 없는 동지적 사제 관계

어린 시절의 고토쿠 덴지로(12살). '슈스이'라는 이름은 나중에 스승인 나카에 조민이 지어준 것이다. 고토쿠는 어려운 집안 형편 때문에 중학교를 중퇴할 수밖에 없었다.

를 맺을 수 있었다.

1888년부터 1893년까지 고토쿠가 조민의 집에 기숙하던 시기는, 스승 조민이 1889년에 발포된 흠정헌법을 민정헌법으로 개정하기 위하여 민당 세력의 통일에 전력을 다했고, 제1회 총선거에서 당선되었으나 예산 삭감 문제 등에서 민당의 일부가 번벌 정권과 타협한 데 분개하여 결국 의원직을 사직한 때였다. 고토쿠는 조민이 정치가로서 가장 정력적으로 활약하다 좌절하는 모습을 가장 가까이에서 지켜볼 수 있었다. 그리고 그는 부패한 번벌 정권 타파와 민당 각파의 협력에 의한 진정한 정당 내각 실현이라는 스승의 자유민주주의에 대한 열망을 자연스럽게 자신의 과제로 자각하고 계승했다.

한학 공부, 영어 공부

제자의 자질과 심성을 간파한 조민이 고토쿠의 면학에서 강조한 것은 한학과 영어였다. 한학은 진정한 문장가가 되기 위한 필수 소양이라는 점에서, 영어는 세상의 정세에 밝은 세계인이 되기 위한 필수 언어라는 점에서였다. 두 가지 공부는 이후에 고토쿠가 서양의 사회주의 사상을 받아들이는 데 필수 요소로 유기적으로 작용한다. 즉 영문 저서를 통해 얻은 사회주의 이론들은 고토쿠의 한학적 심성이라는 필터를 통해 재구성되어 당시 지식인 사회로 퍼져 나갔다. 유학 경험이 있는 기독교 신자들이 많았던 초기 사회주의 운동가들 사이에서 고토쿠의 이러한 학문적 배경은 예외적인 것이었지만, 이 배경은 교육 제도 확충과 인쇄 출판의 비약적 확대로 한학이 대중화되고 한문이 활발히 소비되었던 메이지 시대에 고토쿠의 주장이 가장 호소력 있게 수용된 배경이 되었다고 할 수 있다. 또한 후술하는 바와 같이, 이것은 고토쿠의 사상이 한학적 소양을 보편적 전통 지식으로 공유했던 동아시아 지식인들에게 빠르고 강력하게 수용되는 가장 확실한 기반이 되었다.

고토쿠는 어려서부터 고향의 서당에서 사서오경을 익히며 한학 공부를 했지만, 조민이 제자에게 특히 강조한 것은 사마천의 《사기》와 《맹자》였다. 경서로 다진 한문 실력으로 《춘추좌씨전》이나 《사기》 등의 역사서를 반복해서 읽는 것이 당시 지식인들의 일반적인 한문 학습 패턴이었으므로, 고토쿠가 《사기》를 익힌 것은 자연스러운 일이었다고 할 수도 있다. 하지만 《사기》는 무엇보다도 논리 전개와 비분강개로 구성되어 있어 천하를 바꾸려는 지사들이 선호했던 문체의 모범이기도 했다. 막부 말기 이래로 지사 정신을 뒷받침한 양명학에 심취했던 조민이 제자에게 《사기》 읽기를 강조한 것도 이러한 맥락에서였을 것이다. 마찬가지로 《맹자》를 강조한 것도 그것이 민의에 기초한 왕도 정치의 이상과 혁명 사상을 담고 있기 때문이었을 것이다. 조민은 프랑스 유학 중에 《맹자》를 프랑스어로 번역하기도 했다. 그는 《맹자》에서 프랑스 자유민권 사상과 유사성을 발견했겠지만, 스승의 품을 떠난 제자는 한 발 더 나아가 거기에서 사회주의 사상을 추출하려고 모색하게 된다. 《장자》의 편명으로 유명한 '슈스이(秋水)'라는 호는 세속에 물들지 않고 이치를 따지는 비타협적인 제자에게 스승 조민이 젊은 시절 자신의 호를 물려준 데서 유래한다. 혁명가 고토쿠 슈스이의 출항 준비는 이렇게 마무리되었다.

진화하는 신문기자

고토쿠는 스승의 소개로 자유당 기관지 역할을 하던 《자유신문》에 영문 전보나 신문 잡지 번역 담당으로 입사하며 사회에 첫발을 내딛는다. 당시 고토쿠는 한 친구에게 자신의 장래에 대해 "의사도 싫고 관리가 되어 상사의 비위를 맞추는 것도 싫다. 장사는 물론 성격에 맞지 않으니, 될 게 없다. 신문기자라면 스스로 말하고자 하는 것을 말하고 옳다고 생각하는 것을 할 수 있고, 남한테 머리를 숙이지 않고 천하를 활보할 수 있는 무관의 제왕이다"라고 말했다고 한다. 여기에서 입신출세나 공명을 얻고자 하는 욕구를 엿볼 수도 있겠다. 하지만 고토쿠는 불의와 타협하지 않고 사회의 부정을 폭로함으로써 자유민권 사상의 보편적 가치인 자유, 정의, 평등, 박애를 추구하는 기자의 길로 일관했으며, 그 때문에 러일전쟁을 앞두고 주전론으로 돌아선 《만조보》를 박차고 나올 때까지 여러 신문사를 전전해야 했다. 하지만 국가 권력에 대한 비타협적이고 저항적인 싸움은 그를 자유민주주의자에서 사회주의자로 거듭나게 했고 그에게 완전히 다른 삶을 살게 했다.

이 역서에 소개되지 않은 자유민주주의자로서 고토쿠는 번벌 전제 정권 타파와 민당 각파의 통일에 의한 입헌 정치가 확립되어야 비로소 민의에 기초한 왕도 사회가 실현된다고 보았다. 그리고 외교 정책에서는 민의로서의 국민의 이익에 합치한다는 점에서 종종 타국에 대한 영토 침략을 획책하는 제국주의적 외교에 공명하는 주장을 폈으며, 군사력 행사를 포함해서 조선을 일본의 세력권으로 확보해야 한다고 논하기도 했다.

하지만 자유당을 비롯해 부패하고 타락한 민당 각파가 번벌 정권과 유착하는 사태를 두 눈으로 지켜보고 절망한 고토쿠는 자연스럽게 노동 문제가 분출하면서 소개되기 시작한 사회주의 사상의 윤리적인 측면에 주목하게 되었다. 그에게 '민'이란 더는 소수 자본가·정치가·군인들까지를 끌어안는 '국민'을 의미하는 것이 아니라, 그들 소수에게 착취당하는 다수 '인민'들을 가리키는 말로 변화해 갔으며, "소수의 욕망 때문에 다수의 복리를 빼앗는" 자본주의 제도를 사회주의 제도로 바꾸지 않으면 도덕적 이상사회의 실현은 불가능하다는 생각에 이르게 되었다. 그는 폭음과 유곽 출입을 끊고 소박한 결혼 생활에 들어가 맹렬히 사회주 관련 서적을 읽기 시작했다. 그리고 1898년 11월에 가타야마 센(片山潛) 등의 권유로 사회주의연구회에 들어가 본격적으로 사회주의를 공부하기 시작했다. 사회주의연구회는 1900년에 아베 이소오(安部磯雄)를 회장으로 하여 사회주의협회로 개조되고, 연설회를 중심으로 한 계몽 단체로 변용된다. 그리고 다시 1901년 5월에 일본에서 최초의 사회주 정당인 사회민주당 결성으로 이어졌다. 당시 《만조보》 기자였던 고토쿠는 사회민주당 결성을 위한 준비회에 참여하여 "나는 사회주의자다"라고 선언했고, 《20세기의 괴물 제국주의》를 간행한 후, 사회민주당 창립인(6명)의 한 사람으로 이름을 올렸다. 하지만 이 결당은 치안경찰법으로 곧바로 금지당했다.

오지 않는 노동자, 남아 있는 지사

《20세기의 괴물 제국주의》를 간행했을 때 고토쿠는 이미 자신을 사

회주의자로서 자각하고 이 책을 집필한 것이 틀림없다. 물론 이 역서의
독자들은 그가 제국주의의 기원을 경제 영역에서 찾지 않고 애국심(증
오)과 군사주의(호전)라는 이데올로기의 구성물로 본다든지, 또는 도덕
성을 상실한 전쟁을 여성적인 것으로 젠더화한다든지 하는 점만으로도
사회주의 이론에 대한 그의 이해가 아직 한계를 가지고 있었던 것을 쉽
게 간파할 수 있을 것이다. 이 시기 사회주의의 대표작이라고 일컫는
《사회주의 신수》(1903년)에도 드러난 고토쿠의 사회주의 이론의 특징
은 그대로 시대적 제약을 반영한 한계이기도 했다.

그중 가장 많이 지적되는 결함은, 그것이 계급국가론에 대한 이해나
프롤레타리아트의 계급적 성격이나 역사적 역할에 대한 이해가 빠진
위로부터의 혁명 이론이었다는 점이다. 고토쿠는 자본주의 체제 하에
서 임금 노동자를 기본적인 계급의 하나로 파악하고 있었으며, 노동자
의 단결된 힘으로 노동 문제를 해결해야 한다고 했지만, 여전히 노동
계급은 사회주의 혁명의 주체적 · 중핵적 존재는 아니었다. 당시 초기
사회주의자들이 가장 중요시한 당면 목표가 의회 정책을 방침으로 하
는 보통선거권 획득이었다는 점에서도 알 수 있듯이, 사회주의 정당은
부패한 부르주아 정당을 대신하여 언론 · 집회 · 결사의 자유나 보통선
거, 노동자와 소작인 보호 등 부르주아 민주주의의 요구를 현실적 내용
으로 삼고 있었다. 고토쿠의 이와 같은 보통선거 획득에 의한 합법적
의회주의의 입장은 러일전쟁 무렵까지 조금의 흔들림도 없었다(예컨대
1904년 3월에 발표된 〈러시아사회당에 보내는 글〉을 보라).《사회주의 신수》
에서 고토쿠는《공산당 선언》의 "만국의 노동자들이여 단결하라"를 인
용하면서도 결국에 "어질고 의로운 지사(志士仁人)는 일어서라. 일어서
서 사회주의의 보급과 실행에 매진하라"고, 다수의 노동자가 아니라
소수의 지식인에게 혁명 실천을 호소하고 있다.

물론 그 배경에 당시 일본 노동 계급의 열악한 사정이 있었던 것은

일본 최초의 사회주의 정당이었던 사회민주당 창당 발기인들. 왼쪽부터 차례로 아베 이소오, 가와카미 기요시, 고토쿠 슈스이, 기노시타 나오에, 가타야마 센, 니시카와 고지로. 1901년 5월에 조직했으나 이틀 후에 금지되었다.

무시할 수 없다. 광공업 노동자나 운수 통신 노동자를 포함해도 총인구에서 차지하는 노동 계급의 비율이 2퍼센트에 못 미쳤으며, 그것도 도쿄 주변에는 육해군의 직영 제철소나 방적공장의 여공들이 있었고, 광산 노동자들은 지방에 흩어져 있어 연대가 거의 불가능했다. 더욱이 겨우 생겨난 노동조합도 조합 운영의 미숙함 등으로 이미 1899년 봄을 정점으로 갈팡질팡하고 있었다. 이듬해 1900년 3월에 제정 공포된 치안경찰법은 걸음마 단계의 노동조합 운동을 사실상 붕괴로 이끌었다. 하지만 노동 계급의 양적 열세, 낮은 집중도, 저조한 노조 조직률 등의 현실적 제약 이상으로 고토쿠를 사로잡았던 것은, 백성을 구하는 것이 사대부의 본분이라는 전통적인 유교 사상에 기초한 신분 의식이었다. 그는 이미 끝나버린 자유민권운동의 주도 세력이었던 도덕적인 지식인(志士仁人)을 계승한 사회주의자로서, 노동자를 위하여 노동자를 대신하여 운동을 이끌어야 한다는 계몽주의적 사명감으로 초지일관했다. 즉 유교적 정치 사상이 노동 계급에 대한 능동적 파악을 저해했다고 할 수 있는데, 반대로 이와 같은 전통 사상이야말로 당시의 많은 지식인들에게 호소하는 힘을 가지고 있었던 것도 부정할 수 없다.

피할 수 없는 혁명

고토쿠의 사회주의 이론에서 주목할 만한 또 다른 특징인 사회진화론에 기초한 혁명의 자연적 도래에 대한 믿음도, 노동 계급의 조직적 저항의 중요성을 경시하는 결과를 초래했다고 할 수 있다. 고토쿠는 생산력과 생산 관계의 모순을 역사 전개의 원동력으로 보는 유물사관에 입각한 사회주의혁명의 도래를 사회진화론에 의한 역사의 자연스러운 행보로 보았다. 더욱이 《사회주의 신수》의 유명한 "혁명은 하늘이다. 인력이 아니다"라는 문구로도 알 수 있듯이, 인간의 능동적인 개입이 미치지 않는 자연성을 전통적인 천명 사상으로 이해하기도 했다. 또는 "길이 다하면 통하고 기세가 다하면 변하니 세상길의 험난함을 탄식하지 말자"라는 한시(〈적색기〉) 구절에서 알 수 있듯이, 《주역》으로 대표되는 전통적인 변화관으로 설명하기도 했다. 이 생각은 죽을 때까지 변함이 없었는데, 예컨대 '대역 사건'으로 재판 중이었던 1910년 12월에 고토쿠가 변호사에게 보낸 〈진술서(陳辯書)〉에도 "우리들의 혁명이라는 것은 기존의 제도 조직의 부패와 쇠락이 극에 달하여 모조리 붕괴되어버리고 새로운 사회 조직이 생겨나는 작용을 말하므로, 사회진화 과정의 대단락을 표시하는 말입니다. 그러므로 엄정한 의미에서 혁명은 자연스럽게 일어나는 것이지 한 개인이나 한 당파에서 일으킬 수 있는 것이 아닙니다"라고 언급하여 혁명을 진화의 자연스러운 결과로 파악한다.

그렇다면 사회주의혁명의 도래에서 혁명가의 역할은 그리 크지 않은 것이 되고 만다. 실제로 고토쿠는 《사회주의 신수》에서 혁명가는 "다만 그것(혁명—옮긴이 주)을 능숙히 유도하고 조성하여 그 성공을 용이하게 또한 평화롭게 이끌어내는 것만을 노력하면 되는 것이다. 사회당의 사업은 오로지 이와 같은 태도를 필요로 하고 있다. 닥치는 대로 살인이나 반란을 일삼아 평지에 무용한 파란을 일으키고 어찌 유쾌할 수 있겠는가"라고 언급하여, 어디까지나 평화혁명을 지도하는 것으로 충분하다고 여겼는데, 거기에는 노동 계급이 혁명의 주체로 설 여지는 보이지 않는다.

그런데 사회진화론에 대한 고토쿠의 독특한 이해는 그의 사회주의 이론을 급진화시킬 계기를 내포하고 있었다. 그는 사회진화의 원동력을 자유 경쟁이나 우승열패로 보지 않고, 자신을 위해서 남의 희생을 요구하는 힘의 경쟁과 타인을 위하여 희생을 공급하는 사랑의 협동이 희생의 수요와 공급 관계를 이루는 '희생의 교환'을 사회진화의 동인으로 파악했다. 그리고 자본주의의 결함은 희생의 공급을 요구하므로 사생취의나 살신성인과 같은 유교적 희생 정신을 계승한 지사들이 혁명의 주체로 일어서야 한다고 설파한다(《사회와 희생》). 따라서 정세의 변화나 권력 계급의 태도 여하, 혁명의 전망에 따라 희생 정신은 폭력혁명이나 직접행동으로 전개될 수 있는 것이다. 물론 이때의 희생이라는 것도 노동 계급의 조직적 행동보다는 어질고 의로운 지사들의 급진적 행동에 의한 희생을 의미하는 것이었음은 두말할 필요도 없다.

국경을 넘는 연대를 꿈꾸며

하지만 다른 한편으로 그는 무산 계급이야말로 국경과 민족과 인종을 넘는 연대를 통한 세계 평화 실현의 주체임을 터득한다. 그리하여

1903년에 결성한 평민사 앞에서 고토쿠와 동료들. 평민사에서 간행한 《평민신문》 간판이 걸려 있다. 맨 왼쪽에 서 있는 사람이 니시카와 고지로, 앉아 있는 사람 옆에 서 있는 키 큰 사람이 사카이 도시히코, 바로 옆에 얼굴을 약간 돌리고 있는 사람이 고토쿠다.

이와 같은 세계 평화의 비전이 담긴 그의 사회주의 이론은, 우승열패와 애국심을 강조하며 영토 확장을 꿈꾸는 제국주의와 그것으로 야기된 제국 간의 영토 약탈 전쟁에 대항하는 일본 사회의 거의 유일한 저항의 구심점이 되었다. 《사회주의 신수》를 집필한 1903년 가을에 러시아와 일본의 군사적 대립이 깊어지면서 《만조보》가 기존 태도를 일변하여 개전론을 주장하고 나서자, 고토쿠는 동료 기자였던 사카이 도시히코와 '비전론'을 주장하며 조보사를 퇴사한 후, 새로이 평민사를 결성하고 기관지로 주간 《평민신문》을 간행했다. 여기에 모인 사회주의자들과 함께 러일전쟁에 반대하는 반전 활동을 시작하면서 사회주의 운동의 중심이 되었다.

고토쿠와 동료들은 전쟁의 비참함이나 비경제성을 들어 군비의 제한

내지 폐지를 주장하는 만국평화회의와 같은 부르주아 평화 운동의 한계를 날카롭게 지적하여, 경제적 부담과 희생은 항상 다수 무산 계급의 몫이 될 뿐, 자본가 등의 권력 계급은 전쟁을 통해 이익을 얻고 있음을 폭로하였다. 그리고 승패에 관계없이 인민 다수의 생활과 자유를 파괴하는 전쟁을 없애기 위해서도 사회주의 제도의 확립이 필요하다고 주장했다. 나아가 권력 계급의 압제 아래 있는 세계의 무산 계급은 이해를 같이하는 형제자매이므로, 애국심이라는 권력 계급의 주술에 걸려들어서는 안 된다고 설파하며, 평화 실현을 위한 세계 무산 계급의 연대를 강조했다. 이 주장은 실제로 행동으로 옮겨져 세계 반전 운동 역사에 길이 남을 만한 사건으로 전개된다.

그들은 러시아 스파이라는 우파들의 흑색선전에도 개의치 않고, 전쟁을 한시라도 빨리 끝내기 위해서는 교전국인 러시아 인민들과 연대하지 않으면 안 된다고 확신했다. 그리고 그 실천의 일환으로 고토쿠는 유명한 〈러시아사회당에 보내는 글〉을 집필한다. 사회주의자들은 인종이나 국적에 관계없이 동지라고 하면서 러시아의 사회주의자들을 향해 "공통의 적"인 군국주의와 애국주의에 맞서 싸우자고 호소한 이 글은 세계 각국에서 커다란 반향을 불러일으켜 유럽의 사회당 기관지들에 게재되었다. 특히 러시아사회당은 이에 응하여 내셔널리즘이 최고조에 다다른 곤란한 상황에서 일본 동지들이 보여준 "일치 연합의 정신"에 절대적 공감을 표하고, "군국주의 박멸! 만국 사회당 만세!"의 외침으로 끝맺는 답장(〈러시아사회당으로부터〉)을 발표했다. 한편으로, 1904년 8월에 암스테르담에서 열린 제2인터내셔널 제6차 대회에서는 러시아 사회민주당 대표인 플레하노프와 일본의 가타야마 센이 단상에 올라 악수하여 천여 명의 참석자들로부터 박수를 받았다. 교전국 인민들이 서로 손을 잡고 반전을 선언한 이 사건은 세계 반전 운동 역사의 화려한 한 페이지를 장식했다.

감옥으로부터의 사색

하지만 이 숭고한 역사는 그 첫 페이지가 펼쳐지기가 무섭게 국가 권력의 철저한 탄압으로 폭력적으로 찢기고 말았다. 전쟁 때문에 증세(增稅)에 시달리는 인민의 고통을 지적하고 국가 제도가 국민의 평화와 행복, 진보를 돌보지 않고 살육과 궁핍, 부패만을 초래한다면 유해하고 무용하다고 주장한 고토쿠의 논설(《아아, 증세!》)이 신문지조례를 위반했다는 명목으로 《평민신문》 발행인인 사카이 도시히코가 투옥된 것을 시작으로, 《평민신문》 창간 1주년을 기념하여 고토쿠와 사카이가 공역하여 제53호에 실은 《공산당 선언》은 벌금형을 받았다. 1904년 11월에는 사회주의협회가 해산당하는 등 연이은 탄압의 결과로 이듬해 1월에는 《평민신문》도 폐간될 수밖에 없었다. 마침내 고토쿠 자신도 필화 사건의 불똥이 튀어 1905년 2월부터 5개월간 투옥되고 말았다.

언론·출판의 자유를 극도로 제한하는 국가 권력의 절대 억압을 투옥이라는 형태로 체험한 고토쿠는, 국가 제도가 이상사회 실현에 결코 바람직한 조직이 아님을 실감한다. 그런 한편으로 투옥 직전에 일어난 러시아혁명의 영향을 받아, 기존의 의회 정책적 사회주의 운동 노선에 회의를 품게 되어 직접행동론으로 급격히 다가갔으며 사상적으로도 무정부주의로 돌아선다. 그는 감옥에서 미국의 아나키즘 운동가 앨버트 존슨이 보내준 크로포트킨의 저작 《전원, 공장, 작업장》 등을 숙독했고, 출옥 후 존슨에게 "사실 나는 처음에 마르크스파 사회주의자로서 감옥에 들어갔지만, 출옥할 때에는 급진적 무정부주의자가 되어 돌아왔습니다"라는 편지를 쓰기도 했다(《앨버트 존슨에게 보내는 편지》).

이러한 사상적 전환은 그로 하여금 천황 권력을 상대화하게 만들었다. 사실 고토쿠는 사회주의자가 되기 전까지는 열렬한 천황 숭배자의 면모를 보이기도 했으며, 《사회주의 신수》의 부록 〈사회주의와 국체〉에

출옥 직후의 고토쿠 슈스이. 1905년 2월에 《평민신문》 필화 사건으로 금고형을 선고받았던 고토쿠는 7월에 출옥할 수 있었다. 그리고 11월에 미국의 무정부주의자 앨버트 존슨의 초대를 받아 미국으로 떠났다. 약 7개월에 걸친 미국 체류 기간 동안 고토쿠는 세계 혁명 운동의 흐름을 통찰한 뒤 의회정책론에서 직접행동론으로 사상적 전환을 꾀한다.

서 알 수 있듯이, 사회주의자가 된 후에도 만세일계의 황통을 국체로 삼는 천황제와 현실 사이에 전혀 모순을 느끼지 못했다. 그것은, 천황제와 강하게 대립했던 공화론자 기노시타 나오에(木下尚江)를 향해, "사회주의의 주장은 경제 조직의 개혁이 아닌가. 국체와도 정체와도 무관하네. 자네 같은 자 때문에 사회주의가 세상 사람들한테서 오해를

사는 거라네" 하고 혹독히 비판한 것에서 알 수 있듯이, 고토쿠는 사회
주의를 자본주의적 경제 제도의 변혁으로만 파악하고, 정치 제도의 변
혁을 충분히 고려하지 않았기 때문이었다. 그가 사회주의를 군주제와
도 공화제와도 양립이 가능한 것으로 이해한 것은 민중을 사회주의 제
도에 의한 수혜자로만 인식할 뿐, 민중의 주체적인 국정 참여나 주권의
귀속 문제 등을 전혀 고려하지 않은 데에서 나온 것이다. 이것은 실제
로 고토쿠가 러일전쟁의 전쟁 책임을 묻는 방식에도 여실히 드러난다.
이 책에 실린 '비전론' 관련 글들만을 보더라도, 그는 민중들에게 씻을
수 없는 피해를 입힌 전쟁을 일으킨 책임을 오로지 자본가, 군인, 번벌
정권에만 돌렸을 뿐, 육해군의 최고 통수권자인 천황의 책임에 대해서
는 철저하게 함구했다.

그런데 1905년에 일어난 러시아혁명과 투옥 경험으로 고토쿠의 천
황관에 균열이 생기기 시작했다. 그는 재미 러시아 동지들로부터 관련
자료들을 직접 소개받거나 하면서 러시아혁명 운동을 상당히 정확히
파악하고 있었다. 그는 사회주의를 실현하기 위해서는 투표권이나 동
맹파업 등을 무기로 하는 경제 혁명 못지않게 폭력을 사용하는 정치 혁
명이 중요한데, 러시아혁명에서는 암살 수단보다는 동맹파업이 훨씬
성과를 올리고 있다고 보았다. 하지만 러시아의 폭압적 전제 정치 아래
에서는 두 혁명 운동이 동시에 전개될 수밖에 없었던 점도 인식하고 있
었다(《러시아혁명이 주는 교훈》). 그런데 언론·출판의 자유를 억압당하
고 투옥까지 경험하면서 그는 일본 사회주의 운동의 현실을 차츰 러시
아의 상황과 겹쳐 이해하기 시작했다. 그는 무상의 권력자를 부정하며
천황제와 대결 자세를 명확히 한다. 그것은 출옥 후에 발표한 한시 〈적
색기〉에 독일과 러시아의 예에 빗대어 다수의 단결과 폭력으로 전제
정권을 전복하고자 하는 자세가 암시되어 있는 것에서도 엿볼 수 있다.
또한 앞에서 인용한 존슨에게 보내는 편지에도 서구를 여행하고 싶다

는 의사를 전달하면서 그 목적 중 하나로 "천황의 독수(毒手)가 미치지 않는 외국에서 천황을 비롯하여 그 정치 조직 및 경제 조직을 자유자재로 논평하기 위해"서라고 들고 있다.

고토쿠는 1905년 11월에 존슨의 초대로 미국 여행길에 오른다. 미국 방문은 7개월 정도의 짧은 기간이었지만, 사민주의적 사상과 보통선거 운동을 중심으로 한 합법적 운동 방침에서 크로포트킨의 영향을 받은 상호부조에 기초한 무정부 공산주의 사상과 직접행동론으로의 사상적 전환을 결정짓는 계기가 되었다.

혁명이 도래한다

고토쿠는 출옥 후 요양을 겸한 외유 중에 미국의 좌파 인사들과 폭넓게 사귈 수 있었다. 그중에서도 특히 사회주의 실현을 위해 암살 등의 폭력 수단도 불사하며 러시아혁명을 이끈 러시아 사회혁명당 당원들과 만나 노동자들의 총파업이나 무장봉기 등 직접행동에 의한 혁명의 중요성을 확신하고 노동자들에 의한 세계적 혁명의 기운을 읽어낸다.

그는 체류지인 샌프란시스코에서 《평민신문》의 후속지인 《히카리》에 보낸 글(〈일파만파〉)에서 노동 혁명이 러시아를 단초로 하여 세계로 번질 것이며, 이러한 시대에 부르주아지의 지배 제도인 "내각, 선거, 정당, 대학, 종교 따위"는 무용지물이므로, "일본의 노동자여, 일어서라. 그리고 스스로 이루어라. 앞으로 세계는 그대들의 세계"라고 외친다. 여기에서 비로소 고토쿠는 사회 혁명 실행의 주체 세력이 노동자임을 천명했다. 그때까지 사회주의 혁명 주체로 여겼던 어질고 의로운 지사는 나로드니키 전통을 음으로 양으로 계승했던 러시아 혁명가들과 더욱더 강하게 겹쳐지기 시작했다. 더욱이 체류 중인 1906년 4월에 우연찮게 샌프란시스코 대지진이 일어나 초토화된 도시에 일시적이나마 무정부 공산제가 실현되는 광경을 보고 혁명의 절실함을 확신하게 된다(〈무정부 공산제의 실현〉).

러시아 혁명가들이 스위스를 운동 근거지로 삼았던 것을 본받아 미국 땅을 일본 사회 운동의 근거지로 삼고자 했던 고토쿠는, 6월 1일에 재미 일본인 동지 50여 명과 함께 사회혁명당을 결성한다. 자본주의와 계급 철폐, 세계 평화 실현을 위해 국제 연대를 통한 사회적 대 혁명을 실행할 것을 강령으로 하는 선언문에서 고토쿠는 "한 사람이 무위도식하기 위하여 백만의 민중이 항상 빈곤과 기아로 울부짖을 때 노동이 과연 무엇이 신성한가. …… 한 사람이 야심과 허영심을 채우기 위하여 백만 민중이 항상 전쟁 침략의 희생이 될 때 국가는 과연 무엇이 존엄한가"라고 하여 천황제 국가와 대립을 비유적으로 선언했다(〈사회혁명당 선언〉). 고토쿠는 결당식을 끝내고 혁명에 대한 불타는 열의를 가슴에 품고 귀국한다.

그런데 고토쿠가 투옥과 외유라는, 투쟁의 현장에서 유리된 시간을 보내고 있는 동안 일본의 정치·경제·사회 환경은 급변하고 있었다. 우선, 러일전쟁이 끝나고 승전의 기쁨이 채 가시기도 전에 강화조약에서 배상금을 받지 않기로 했음이 알려지자, 전쟁에 이기기만 하면 막대한 이익이 생길 것으로 믿고 있었던 민중들이 분노하기 시작했고 그 분노는 각료 사퇴, 강화 반대, 전쟁 속계를 요구하는 히비야(日比谷) 폭동으로 표출되었다. 이러한 배외적인 반정부 운동이 전국으로 빠르게 번지자, 정부는 계엄령을 선포하여 폭동 진압에 나섰다. 하지만 저항이 끊이지 않자, 급기야 1906년 1월에 전후 처리에 실패한 가쓰라 내각이 총사퇴하고 비교적 진보적인 사이온지 긴모치 내각이 들어섰다.

뿐만 아니라 전후의 공황과 물가 폭등은 민중의 생활을 위협했고, 고용 기회가 줄어든 노동자들은 전시를 통해 집중된 자본의 직접적 지배 아래 놓이게 되었다. 그에 따라 노동 운동도 가열되어 1906년부터

1907년까지는 조선소나 광산 등 국가 자본과 독점적 자본이 경영하는 사업장을 중심으로 노동쟁의가 끊이지 않았고, 종종 폭동화되어 군대가 출동하여 폭력적으로 진압하는 사태가 연이었다.

민중의 다양한 에너지가 분출되는 가운데 사회주의 운동을 둘러싼 환경도 급변한다. 사이온지 내각은 사회주의 운동에 대한 기존의 탄압정책을 그치고, 사회주의 또한 세계의 일대 풍조인 만큼 섣불리 경찰력으로 탄압하지 말고 오히려 온건한 것은 잘 선도하여 국가의 진운(進運)에 공헌하도록 해야 한다는 자유주의적 방침을 새로이 발표하여 어느 정도 운동의 자유와 합법성을 인정하려고 했다. 그러한 정세 변화속에서 1906년 2월에 일본사회당이라는 일본 최초의 합법적 사회주의 정당이 탄생한다. 일본사회당은 결당 직후부터 도쿄시영전철(東京市電) 운임 인상 반대 운동 같은 적극적 대중 운동을 전개했는데, 진압 과정에 군대가 출동하고 니시카와 고지로나 오스기 사카에 등이 체포되기는 했으나, 결과적으로 운임 인상을 저지할 수 있었다.

이상과 같은 국내의 정세 변화를 외지에서 전해 들은 고토쿠는 사회혁명당 결성식을 마치자마자 병든 몸을 이끌고 서둘러 귀국길에 올라, 6월 23일 요코하마에 도착했다. 그리고 6월 28일에 일본사회당 주최로 열린 귀국 환영회에서 사회주의 운동 방침을 둘러싼 당내 대립의 계기가 되는 연설을 한다.

직접행동론 대 의회정책론

일본사회당은 "국법의 범위 내에 사회주의를 주장"(당칙 제1조)할 것을 방침으로 삼아 보통선거의 실현과 의회의 다수 의석 획득을 통한 사회주의의 합법적 실현을 목표로 한다는 점에서 기존 사회주의 운동의 전통을 잇고 있었다. 그것은 '일본과 국정이 가장 닮았다'고 하여 고토쿠를 포함하여 일본의 대다수 사회주의자들이 본보기로 삼았던 독일사회민주당의 의회정책론을 채용한 결과였다. 그런데 귀국한 지 일 주일도 채 되지 않아 고토쿠가 당원들 앞에서 독일식 의회정책론의 무능함을 강하게 비판하는 연설을 한 것이다. 그는 부르주아지의 지배를 공고히 하는 의회 제도로 사회당이 체제내화되면 곧바로 부패하기 쉽고, 입법을 통한 사회 조직의 근본적 혁명은 불가능하다고 주장했다. 더욱이 독일과 같이 노동자들에게 시혜적으로 부여된 선거권은 전제의 광풍이 불면 언제든지 제한될 수 있다고 하여 독일을 무단 전제 국가로 규정하였다.

고토쿠는 의회 정책을 대신할 사회적 혁명의 수단 방책으로, 폭탄에 의한 암살 등의 대항 폭력을 "19세기 전반의 유물"이라고 하여 단호히 부정하고, "노동자의 계급적 자각을 환기시키고 단결 훈련에 힘"씀으로써 노동자가 자발적으로 행하는 직접행동=총동맹파업을 통해 사회주의를 실현하는 것이라고 했다. 그리고 "서구 각국의 게으른 잠을 흔들어 깨운 러시아의 혁명적 동맹파업"이 거둔 커다란 성과라는 역사적 사실이 이것을 증명한다고 보았다. 그에게 사회주의 운동의 주요 참고틀이 독일 사민주의자들의 정책에서 러시아 혁명가들의 활동으로 옮겨갔음을 천명한 것이다(《세계 혁명 운동의 조류》).

당시 소장파 사회주의자들이 열광적으로 받아들인 고토쿠의 이 연설은, 한편으로 어렵사리 합법 투쟁의 길을 얻은 일본사회당의 활동을 분열시켜, 고토쿠를 중심으로 하는 직접행동파와 가타야마 센이나 다조에 데쓰지(田添鐵二)를 중심으로 하는 의회정책파의 대립을 낳았다. 그리고 이 대립을 결정적으로 한 것이 1907년 2월 17일의 일본사회당 제2차 대회였다.

이 대회는 같은 해 2월 4일부터 3일간 아시오 광산 노동자들이 폭동을 일으키자 군대가 출동해 철저히 탄압한 직후에 개최되었으며, 연이어 빈발하는 파업과 군대의 탄압이 가중되면서 직접행동론으로 급격히 기운 당내 조류를 반영하는 것이었다. 이에 고토쿠 등의 직접행동파와 다조에 등의 의회정책파 사이에 대논쟁이 벌어졌다.

고토쿠는 자본주의의 산물인 의회는 부르주아지의 권리를 지키기 위해 만들어낸 기계이므로, 자본주의를 쓰러뜨리기 위하여 이 기계에 의지할 필요가 없으며, 단결된 노동자의 자각으로 권력 계급에 직접 다가갈 것을 주장했다. 또한 직접행동에 따른 희생은 국가 폭력에 의한 희생에 비하면 극소수에 지나지 않을 뿐만 아니라 희생 없는 진보는 없다고 호소했다(《일본사회당대회 연설문》).

이에 대해 다조에는 노동자 혁명 운동에서 의회 정책의 의의를 언급하고 보통선거 운동이 노동자의 단결과 정치적 자각을 환기하는 유력한 수단이라고 하여 의회정책론을 혁명 운동 속에서 파악했다. 표결 결과는 고토쿠 안(案) 22표, 다조에 안 2표, 사카이 안 27표로, 사카이 등의 타협안이 채택되었다. 하지만 사카이 안도 현 사회의 근본적 개혁, 군국주의 반대와 종교 반대, 보통선거 운동을 자유 행동으로 하고 '법률의 범위 내에서 사회주의를 주장한다'는 항목을 삭제하여 고토쿠의 주장에 사실상 찬성한 것이었다.

하지만 일본사회당이 이렇게 직접행동론으로 접근하여 강경 노선으로 선회한 사건은 정권을 강하게 자극했다. 대회의 기사와 고토쿠의 연설을 실은 2월 19일자 일간 《평민신문》은 발매를 금지당하고 고발당했다. 이어서 2월 22일에는 일본사회당이 치안경찰법에 따라 결사를 금지당했고, 더욱이 4월 19일에는 당의 기관지 역할을 했던 《평민신문》이 발행 정지 명령을 받았다. 이리하여 일본 최초의 본격적인 합법 사회주의 정당은 1년의 수명을 끝내고 사라졌다. 이후 노동 탄압도 갈수록 심해져 1907년 초반에 최고조에 이르렀던 노동자 파업은 6월에 발생한 벳시(別子) 광산 폭동이 군대에 의해 진압된 후에는 지속성을 거의 잃고 이후에는 노동조합이 모두 사라지게 되었다.

시시각각 다가오는 '겨울의 시대'

노동자의 총파업 등에 의한 직접행동을 주장하며 국가 폭력에 맞서는 대항 폭력도 불사하는 조류가 사회주의 운동의 주류로 자리잡기 시작하자, 사회주의 운동에 대한 노골적인 탄압이 갈수록 강도가 높아졌고 운동의 내부 분열도 갈수록 깊어졌다. 이러한 흐름은 결국 1908년 '적기(赤旗) 사건'으로 이어졌다. 사회주의자들이 집결한 회합장에서 적기를 몰수하려는 경찰들과 몸싸움을 벌였다는 이유로 참석했던 사회주의자들에게 길게는 몇 년의 중형을 선고한 어이없는 이 사건은, 흔히 메이지 천황의 암살을 기도했다고 하여 고토쿠를 비롯한 24명의 피고에게 사형선고를 내린 '대역 사건'(1910년)의 계기가 된 것으로 여겨지고 있다. 왜냐하면 정권 차원에서는 '적기 사건'으로 사이온지 내각이 사회주의자에 대한 융화 정책의 실책을 추궁당해 가쓰라 내각으로 교체되어 다시 군벌 독재 체제가 강고히 자리 잡게 되기 때문이다. 그들은 모든 사회주의 관련 출판물의 발행을 금지했고, 사회주의자들을 철저하게 억압하는 등 가혹한 탄압 정책을 내걸었다. 알려진 바와 같이, 대외적으로 한반도 식민지화를 원활히 수행하기 위하여 대내적으로 강경 사회주의자 소탕 작전을 '대역 사건'이라는 이름으로 수행하여 천황을 중심으로 국내 통합을 도모하고자 했던 것이다.

고토쿠는 지병으로 1907년 말부터 귀향 중이었기 때문에 다행히 '적기 사건'의 난을 피할 수 있었지만, 이때 무사했던 사람들은 '대역 사건'이라는 날조된 그물에 여지없이 걸려든다. 그런 의미에서 '대역 사건'은 청일 · 러일전쟁에 승리하면서 비대화된 군벌 독재 권력이 사회주의자와 무정부주의자들에게 가한 일련의 가혹한 탄압의 대단원을 장식한 권력형 조작 사건이었다고 할 수 있다.

하지만 한편으로 사회주의 운동의 차원에서도 '사회주의 박멸'을 슬로건으로 내걸며 나날이 탄압의 강도를 높이던 공안정국에서 발생한 '적기 사건'은 '대역 사건'으로 이어지는 불씨가 되었다. 당시 옆에 있었다는 이유만으로 체포되어 모진 고문을 당한 여성 무정부주의자 간노 스가(管野スガ, 1881~1911)는 "1908년 적기 사건으로 투옥되었을 당시 경찰관의 포악한 행위를 보고 분개하지 않을 수 없었다. 이런 식이라면 도저히 온건한 수단으로는 주의의 선전 같은 것은 할 수 없다고 생각하여, 오히려 이때 폭행이나 혁명을 일으키고 암살 등을 자주 일으켜 인심을 각성시키지 않으면 안 되므로 출옥하면 이 목적을 위하여 활동할 생각이었다"고 회고하고 있다. 그리고 간노 스가와 뜻을 같이하는 미야시타 다키치(宮下太吉), 니무라 다다오(新村忠雄) 등의 동지 3, 4명은 천황 암살 계획을 구상하게 된다. 이들은 '적기 사건' 이후 상상을 초월하는 당국의 탄압에 반격하여 전제 정부의 상징인 천황에게 폭탄을 던져 천황도 피를 흘리는 인간임을 증명하여 일본 국민의 미몽을 깨뜨리고자 폭렬탄을 만들어 메이지 천황을 암살하기로 결의했다. 미야시타는 실제로 폭탄 실험을 하기도 했다. 대역 사건의 사형수 중 유일한 여성이자 고토쿠의 애인이기도 했던 간노 스가가 사건 담당 검사에게 "천자(天子)라는 것은 지금 경제상으로는 약탈자의 장본인, 정치상으로는 죄악의 근원, 사상적으로는 미신의 근본이 되었으니, 이 위치에 있는 사람을 죽일 필요가 있다고 생각했다"고 당당히 밝힌 사실을 보면, 당국의 사건 날조에 전혀 근거가 없었던 것은 아니다.

그리고 그들의 행동을 사상적으로 뒷받침했던 것이 고토쿠이기도 했다. 확실히 고토쿠는 귀국한 뒤에 행한 연설 등에서 노동자들에 의한 혁명이 테러와 같은 폭력 수단이 아니라 단결된 노동자들의 자각에 의한 총파업 등으로 가능하다고 설파했다. 또한 앞에서 인용한, '대역 사건' 재판 중에 변호사에게 보낸 〈진술서〉에서도 "무정부주의 학설은 거의 동양의 노장과 동일한 일종의 철학으로서, 오늘날과 같은 권력과 무력으로 강제적으로 통치하는 제도가 없어지고, 도덕과 인애로 결합한 상호부조, 공동 생활의 사회를 만드는 것이 인류 사회의 필연적 대세이므로, 우리의 자유와 행복을 온전히 하기 위해서는 이 대세에 따라 진보하지 않으면 안 된다고 하는 점에 있습니다. 따라서 무정부주의가 압제를 증오하고 속박을 혐오하는 한편으로 폭력을 배척하는 것은 필연적인 도리이며, 세상에 그들만큼 자유와 평화를 선호하는 자는 없습니다"라고 단언하고 있듯이, 무정부주의는 어디까지나 평화적 수단으로 초래되는 평화 사상임을 강조하고 있다.

하지만 앞에서 언급한 바와 같이 고토쿠는 러시아혁명의 교훈을 통해 사회주의 혁명을 암살 등에 의한 정치적 혁명과 계급적 자각에 기초한 단결된 노동자의 총파업 등에 의한 경제적 혁명의 두 축으로 사고했고 이 생각은 이후에도 변함이 없었다(〈병환 중의 망언〉 등). 그리고 노동 운동의 미숙함과 국가 권력의 가혹한 탄압으로 후자가 침체에 빠지자, 전자의 실현 가능성이 역으로 돌출되기 시작했다. 고토쿠에게는 본래 사회주의 혁명의 주체를 노동자에서 찾지 않고 어질고 의로운 지사에서 찾는 사상적 약점이 있기도 했고 귀국 후에도 여전히 병마에 시달렸기 때문에, 노동자에게 가까이 다가가 꾸준히 조직화를 추진하는 노력은 전혀 하지 않았다. 이러한 상황에서 그는 미야시타, 스가 등의 천황 암살 계획에 일정한 관여를 하게 된 것이다. 그는 1910년 설날, 무정부주의자들의 신년회에 참석해서 그해에 천황이 내린 시문의 제목인 〈새해 첫눈〉에 장난삼아 "폭탄이 튀는 줄만 알았던 새해 첫 꿈은 황성(皇城)의 솔가지가 쌓인 눈에 부러지는 소리"라는 정형단시를 동료들 앞에서 발표하여 첩자의 눈에 포착되기도 했다. 또한 전년 10월 안중근의 이토 히로부미 암살로 심리적 충격에 휩싸인 가쓰라 정권은 고토

DENJIRO KOTOKU

SUGANO KANO

headed, electrocuted, quartered, shot, and strangled the pioneers of the new idea. But their voices have not been silenced.

Long live Anarchy! On the twenty-fourth of January the cry once more rang from the lips of twelve new martyrs. The solidarity of the international proletariat has been crowned. The West and the East have found each other.

Proudly and joyfully our comrades faced death. *Long live Anarchy!* cried Denjiro Kotoku. *Banzai* (i. e. forever) replied his companions in struggle and death.

They were very dear to us. We mourn not; yet our hearts are saddened at the thought of the charming Sugano. Lovingly we dwell upon her memory. We see the tender lotos ruthlessly destroyed by the hand of the hangman; we behold her, weakened through illness, broken by long imprisonment, yet joyfully and calmly meeting her terrible doom. *I have lived for liberty and will die for liberty, for liberty is my life.* Thus she wrote but recently to her English teacher in San Francisco.

Gentle Sugano! You, the daughter of a San daughter of a member of your country's Parliament ented author and writer, you went, like your Ru sisters, into the people, voluntarily exposing yours danger, hardships, and hunger. They have soug besmirch your character and name. The represent of a Mutsuhito, himself leading a life of polygam son, the heir apparent, offspring of a concubine; the eys of Premier Katsura, who chose the daughter brothel keeper for his wife,—all these honorable have sought to besmirch you, lovely lotos flower, be of your friendship for Denjiro Kotoku.

What contemptible scoundrels! But some day will arise a Turgeniev in the land of Nippon, an name of Sugano Kano will be hailed with the S Perovskaias, the Vera Figners, and Maria Spirido

In Denjiro Kotoku the international movemen lost one of its noblest representatives. He was th neer of Socialist and Anarchist thought in the Far His numerous translations—Karl Marx's *Capital*,

여성 무정부주의자 엠마 골드만이 창설한 무정부주의 저널 《Mother Earth》 1911년 2월호에 〈무정부주의 만세〉라는 제목으로 일본의 '대역 사건'이 소개되었다. 사진은 대역 사건으로 사형당한 고토쿠 슈스이와 그의 애인이자 동지였던 간노 스가.

쿠 등이 안중근의 희생 정신을 기리기 위해 제작한 안중근 그림엽서를 발매 금지했지만, 그들은 이에 굴하지 않고 미국의 평민사에서 다시 만들어 밀반입하기도 했다(《안중근 초상 그림엽서에 시를 더하다》). 그러므로 '대역 사건'이 날조된 것이었다는 사실은, 전후에 본격화된 '대역 사건' 재심 청구 운동을 지원한다는 의미에서도, 또는 전후 민주주의가 테러리즘을 부정적이고 혐오스러운 것으로 간주했다는 의미에서도 강조하지 않으면 안 되었지만, 다른 한편으로는 당시 젊은이들이 탄압을 각오하며 국가 폭력에 대항하려 했던 반체제 혁명운동의 정신에 대한 정확한 이해를 방해하는 기능을 해 온 것도 부정할 수 없다.

하지만 실행에 옮기지도 않은 이 계획에 상상을 초월하는 권력의 탄압이 가해지면서 당시 일본 사회에 심대한 영향을 끼쳐 당국의 의도대로 사상과 표현의 자유가 극도로 제한되는 이른바 '겨울의 시대'가 초래되었다. 공권력의 이름으로 자행된 국가 폭력 앞에서 당대의 지식인들은 하릴없이 굴종을 내면화했고 천황의 신민임을 받아들이지 않을 수 없었다. 이후 '다이쇼 데모크라시'로 불리는 자유주의적 풍조가 대두했던 시기도 있었지만, 거시적으로는 신격화된 천황의 이름으로 천황의 군대가 수행한 침략 전쟁이 갈수록 강도를 더해 가다가 패전이라는 형태로 극적인 종말을 맞을 때까지 이 '겨울의 시대'는 면면히 이어졌다고 할 수 있다. 천황(제)에 대한 언급 자체를 극도로 자제하게 만드는 자기 검열의 주박이 이 사건이 일본 사회에 준 충격의 본질이라고 한다면, 그것은 '대역 사건'이 일어난 지 100년이 지난 오늘날까지도 여전히 그림자를 드리우고 있다.

The Last Revolutionist of Old Japan

문제는 고토쿠 등이 구상했던 테러리즘에 의한 혁명 기획을 당시 상황에서 어떻게 볼 것인가다. 간노 스가가 남긴 옥중 기록인 〈저승길에 노닐다(死出の道草)〉에는 "우리들은 필경 이 세계의 대사조, 대조류에 앞서서 넓은 대해로 항해를 하다가 불행히도 암초에 걸려 깨지고 말았다. 하지만 이 희생은 몇몇이 반드시 밟지 않으면 안 되는 계단이다. 난파선 수가 쌓일 때 비로소 신항로가 완전히 열리는 것이다. 이상(理想)의 피안에 닿을 수 있는 것이다. 나사렛의 성인이 나온 이래로 수많은 희생을 치러 기독교는 비로소 세계의 종교가 될 수 있었던 것이다. 그것을 생각하면 우리들 몇 명의 희생 따위는 아무것도 아니다"라고 하

여, 이 혁명 기획과 그에 따른 탄압을 사회의 진보를 위한 불가피한 희생으로 인식하고 있다. 하지만 그들의 상황 파악은 당시 현실과 다분히 유리된 측면이 있었다. 그것은 사건의 핵심 인물인 미야시타 다키치가 무정부주의 책을 읽고 러시아의 인민주의 혁명 운동의 역사에 피가 끓어올라 일본에서는 신성불가침인 원수에 대하여 외국의 혁명가는 이토록 용감하게 대항하는 것에 대단한 감동을 받았다고 언급한 점에서 알 수 있듯이, 그들은 당시 일본을 혁명의 땅 러시아와 성급하게 동일시하는 경향이 있었다. 간노 스가가 계획을 실행할 때 신호를 보내는 역할을 맡기로 한 것도, 러시아 황제 알렉산드르 2세를 습격한 나로드니키의 여걸 소피아 페로프스카야가 암살 사건 당시 맡은 역할과 동일한 것이기도 했다. 그러므로 스가가 말하는 희생도 인민 대중과 함께 행동을 하는 것이 아니라, 미몽에 빠져 헤매는 민중을 대신하는 개인의 전투적이고 영웅적인 자기 희생을 의미하는, 민중으로부터 유리된 인민주의적 사고가 깔려 있다.

또한 당시의 운동 상황에서 내일의 '혁명의 시대'를 이끌어내기 위한 오늘의 '천황 암살' 목표가 과연 적절했는가 하는 것도 문제가 될 것이다. 언론의 자유도 결사의 자유도 보통선거도 없고, 아직 노동자 계급도 조직되어 있지 않은 후발 자본주의 국가에서 소수의 사회주의자들의 운동이 변혁 사상을 심화시키면 시킬수록 천황 권력과 극단적 대결로 치달을 수밖에 없는 것은 사실이다. 하지만 러시아와는 달리 전쟁에서 승리해 군벌 관료 체제가 나날이 득세하는 상황에서 천황이라는 존재도 이미 사회의 진보를 가로막는 수구 세력의 일부에 지나지 않는 현실을 그들이 정확히 이해한 흔적은 별로 없다. 그에 맞서기 위해서는 조직된 다수의 자발적이고 항상적인 희생이 요구될 터인데도, 고토쿠가 사회 진화의 원동력으로 파악했던 "희생의 교환" 이론은 살신성인, 사생취의의 덕을 갖춘 소수의 도덕적인 지사들의 희생에서 더는 확장되지 않았다. 그러므로 그들의 혁명 기획은 당시 일본의 현실과 조건이 전혀 다른 러시아의 인민주의적 혁명 전통을 흉내 내면서 다분히 자족적으로 끝나고 말았다고 할 수도 있다.

또 천황 암살 계획의 기원이기도 한 비합법적 직접행동론의 주장 자체가 당시 일본의 정치 상황에서 적절했는가 하는 문제도 제기할 수 있다. 이에 대해서는, 보통선거도 공장법도 노동조합도 없는 당시 현실에서 사이온지 내각이 추진한 온건 정책의 분위기를 충분히 오래 지속해서 노동 운동 등의 일상적 계급투쟁을 뿌리내리게 하는 것이 이후의 사회주의 운동을 전개하는 데도 바람직했을 것이라는 의견이 지배적이다. 그런 의미에서 고토쿠에게 눈앞에 닥친 상황으로부터 혁명의 전망을 읽어내고 행동으로 옮기는 현실감이 결여되어 있었음을 인정하지 않을 수 없다. 하지만 고토쿠가 예상한 것처럼 유럽의 사민주의 정당이 부르주아 권력과 타협하고 결국 전쟁에 찬성하고 마는 역사를 아는 우리들로서는 일본사회당이 합법적 정당 활동을 유지하면서 이후의 제국주의적 움직임에 얼마나 저항할 수 있었을지는 의심스럽기 짝이 없다. 실제로 일본사회당이 해산당한 이후에 의회정책론을 표방했던 가타야마 센 등의 동향을 살펴보면, 자본의 억압에 맞서 봉기한 노동자들에게 "자중자애하라"고 한다든지, "제국 헌법은 의회 정책을 실행하는 데 완전무결하다"고 하는 등의 현실적 정책으로 우경화 하는 경향이 뚜렷하다. 아니, 그 이상으로 혁명에 자신들의 운명을 맡겨버린 고토쿠 같은 이들에게 현실적 상황을 고려하면서 조금씩 운동의 방향을 진전시키려는 발상은 존재하지 않았다. 그는 그런 것은 굳이 사회주의자가 할 일이 아니라고 했으니, 현실성을 고려하는 것 자체는 어떤 의미에서는 '변절'의 다른 이름이었을 뿐이다. 거기에서 혁명 전망에 대한 초조함을 읽어낼 수도 있지만, 그들은 아주 작은 가능성에서도 혁명을 전하는 하늘의 소리를 들었던 전통 시대의 마지막 혁명가들이었다. 또한 그것이 "철학자들은 세계를 다양하게 해석해 왔을 뿐이다. 하지만 중요한 것은 그것을 바꾸는 것"이라고 하는 사회주의 사상을 수용하는 방식이었다.

동아시아 속의 고토쿠 슈스이

고토쿠의 사상과 실천 운동에 대해서 또 한 가지 중요한 논점이 되어 온 것은 그가 중국, 조선을 비롯한 아시아와 연대를 추구한 방식을 둘러싼 문제다. 알려진 것처럼 고토쿠의 사상은 아시아, 특히 중국의 혁명가들에게 많은 영향을 주었다. 일본의 사회주의 관련 문헌이 중국에 영향을 주기 시작한 것은 의화단 운동 이후에 전개된 지적 체계의 지각 변동에 따른 것인데, 그중에서도 특히 고토쿠의 저작에 관한 관심이 고조된 것은 신해혁명으로 치닫는 분위기가 점차 무르익으면서부터다. 1902년에 중국어로 번역된 《20세기의 괴물 제국주의》(趙必振 옮김), 《광장설(廣長舌)》(中國國民叢書社 옮김)과 《동양의 루소 나카에 도쿠스케 전(東洋盧騷中江篤介傳)》(商務印書館), 1907년의 《사회주의 신수》(蜀魂遙 옮김) 등의 예에서 알 수 있듯이, 고토쿠의 주요 저작은 대부분이 시차를 두지 않고 곧바로 번역 간행되었는데, 《사회주의 신수》는 세 번이나 번역 출판되었다고 한다. 거기에는 고토쿠의 혁명 사상이 동양의 전통 지식을 기반으로 수용되었고, 혁명가 이미지가 자기 희생을 중시하는 중국류의 어질고 의로운 지사와 겹쳐진 것이 큰 이유였던 것으로 보인다. 그중에서도 《광장설》로 소개된 고토쿠의 논문집 《장광설(長廣舌)》은 당시의 중국 혁명가들에게 매우 지대한 영향을 끼쳤는데, 특히 〈무정부당 제조〉는 '국가사회에 대한 절망'이 테러리스트의 출현을 증폭시킨다는 지적이 혁명파들에게 혁명의 필연성과 방법을 제공해주는 것으로 받아들여져서, 무정부주의에 관한 서적으로 널리 읽혔다. 하지만 고토쿠가 〈무정부당 제조〉나 〈암살론〉을 발표했을 때는 아직 무정부주의로 사상적 전환을 이루기 전이었고, 이 논설들에는 실제로 무정부주의에 대한 혐오감마저 드러나 있다. 하지만 중역본에서는 "무정부당은 유럽 대륙에 많았다"는 원문을 "전 세계 인민의 6, 7할이 무정부당이다"라고 의도적 오역 등을 하며 이상 사회의 혁명적 실현을 추구하는 급진적 청년 학생들을 선동했다. 신채호가 1928년에 무정부주의 활동으로 체포되었을 때 《장광설》을 읽고 무정부주의에 공명했다고 진술한 것도 고토쿠 사상 수용의 중국적 맥락과 관련이 있는 것으로 보인다.

한편, 이러한 사상적 영향을 바탕으로 해서 고토쿠와 재일 중국 혁명가들의 직접적 교류가 시작된 것은, 그가 사상적으로 무정부주의로 전향하고 미국에서 귀국한 후부터다. 고토쿠가 주로 접촉했던 사람들은, 혁명파의 대동단결을 내걸고 1905년에 성립한 중국동맹회가 1907년에 분열한 후에 형성된 장빙린 등의 반(反)쑨원파 혁명가들이었다. 그들 중에서도 장지, 류스페이, 허쩐 등은 고토쿠의 무정부주의 사상에 경도되었는데, 고토쿠도 그들이 1907년 여름에 조직한 사회주의강습회 제1차 모임에서 무정부주의에 대해 연설하는 등 교류를 하며 국가, 정부, 자본가 등의 권력 계급에 맞선 아시아 민중의 계급적 연대라는 혁명적 전망을 제시하기도 했다. 그런데 비슷한 시기에 반쑨원파 혁명가들은 다른 한편으로 인도, 필리핀, 조선, 일본 등의 아시아 혁명가들을 결집하여, 제국주의적 침략에 반대하고 아시아 민족의 독립을 달성하는 것을 최우선 과제로 하는 '아주화친회(亞洲和親會)'를 결성한다. 일본의 참가 주체는 직접행동파들이었고 고토쿠도 직간접으로 참여한 것으로 보인다. 조선인으로 조소앙이 참여했다는 증언도 있다. 그런데 이 모임은 제국주의 열강이라는 공통의 적에 대항하는 약소 민족들의 연대를 강조한다는 점에서 고토쿠의 국제 연대 방식과 모순되는 것이었다. 하지만 일본에서 1907년 일본사회당이 해산한 이후에 집중적으로 이루어진 아시아 혁명가들의 교류를 통한 두 연대의 길은 거의 아무런 성과를 올리지 못한 채, 이듬해의 '적기 사건'으로 맥없이 끝이 나고 만다.

그런데 당시 제국주의 열강으로부터 민족의 해방과 독립을 최대의 당면 목표로 하고 있던 조선과 같은 피압박 민족에게 민족을 부정하고 민중의 국제 연대를 강조하는 고토쿠의 과제 인식은 과연 올바른 것이었을까. 이러한 문제를 처음으로 제기한 것이 패전 후에 발표된 이시모다 쇼(石母田正)의 〈고토쿠 슈스이와 중국―민족과 애국심 문제에 대하여(幸德秋水と中國―民族と愛國心の問題について)〉(《續歷史と民族の發見》, 東京大學出版會, 1953)다. 이시모다는 우선 고토쿠가 아시아 민족들에게 연대의 정신을 드러낸 점에 대해 지배 민족의 혁명가가 빠지기 쉬운 민족주의적 편견을 철저히 배제했고 중국의 혁명을 감지하는 등 세계 혁명 조류에 대단히 민감했다는 점은 높이 샀지만, 아시아 민족의 제국주의 열강으로부터의 독립 문제를 과소평가했고, 국제주의적 민중 연대에 의한 사회주의 계급 혁명 설파에 급급했다고 비판했다. 이것은 사회주의 혁명과 결합하지 못하는 민족 독립 운동은 배타적 민족주의로 떨어질 위험성이 있음을 지적한 것이기는 하지만, 당면 과제 인식에서 계급 해방의 전제가 민족 해방임을 망각하여 반제 투쟁의 방대한 민족적 에너지를 끌어내지 못한 나머지, 피압박 민족 문제에 대한 올바른 방침을 확립할 수 없었다고 파악했다. 사실 고토쿠를 포함한 평민사의 사회주의자들이 일본 사회에서 거의 유일하게 조선에 대한 제국주의적 침략을 비판한 세력이었지만, 조선이 어떻게 독립해야 하는가라는 문제에 대해 충분히 올바른 방향을 제시할 수 없었던 것은 최대 약점일 수도 있기 때문이다.

하지만 고토쿠는 권력 계급이 애국심을 선동해서 탐욕을 채우는 한편으로 경제적 부담과 희생은 무산 계급에게만 강요하는 제국주의적 침략 전쟁을 막는 길은 무산 계급의 국경을 넘는 연대밖에 없다는 강한 신념을 품고 있었다. 그는 사회주의강습회 제1차 모임에서 중국인 유학생들에게 행한 연설에서, 중국이 외부로부터 침략을 받을 때 자기의 정부를 없애면 일본과 서구 등의 인민들도 연이어 각자의 정부를 없앰으로써 침략을 막아 진정한 반군사주의를 실현할 수 있다는, '자기 정부전복론'이라고 할 만한 것을 제시하기도 했다(〈사회주의강습회 제1차 개회 연설〉). 그는 전쟁을 종식하는 유일한 방법으로 무정부주의 실현을 상상했던 것이다. 고토쿠의 이론에 입각하면, 같은 러시아의 침략이라는 사태에 대해 일본의 사회주의자들이 자국의 침략 전쟁에 반대하고 있을 때 중국의 혁명가들이 반러시아 의용군을 조직하여 대항하는 것은 중국 혁명가들이 권력 계급의 이익에 복무하는 것이 되고 만다. 하지만 거기에 확실히 제국과 (반)식민지의 위상의 차이가 엄연히 존재하는 것은 부정할 수 없다. 그런 점에서 이시모다는 "피압박 민족은 외국의 제국주의적 지배자로부터 권력을 빼앗아 자기의 독립 주권을 확립하는 것, 즉 '민족국가'를 형성하지 않고는 단지 민족 해방이 없을 뿐만 아니라, 국내의 진보와 혁명도 있을 수 없다"고 명확히 주장한 것이다. 그리고 그런 점에서 민족과 애국심은 긍정적 측면을 갖는다고 보았다.

그런데 메이지 말기의 국제주의 혁명가였던 고토쿠에 대한 이시모다의 비판은, 실은 일본의 패전 후에 중국혁명이 성공하면서 아시아의 식민지 독립 운동에 대해 주목하기 시작한 이시모다 자신의 동시대적 관심을 짙게 반영한 것이었다. 이시모다는 전후 일본공산당의 역사학자로서 당시 '미제국주의'와 대항하는 민족 독립 운동을 강화하고자 하는 당의 방침 전환의 영향을 받으면서 민족과 애국심을 적극적으로 평가하게 되었다. 이시모다에게 민족이란, 천황제와 일체가 되어 있던 기존 개념과는 달리, 소수의 지배자들을 제외한 민중을 의미하는 것으로서 변혁의 주체로서 진보적 함의를 내장하고 제국주의 비판을 뒷받침하는 논리로 작용하는 개념이었다. 그리고 그는 민족 개념의 좌파적 전유를 통해 '미제국주의'에 함께 억압받는 민족으로서 조선 민족을 발견하고 민족적 연대를 도모하게 된다. 하지만 당내 반대파로부터 계급투쟁을 포기한 부르주아 민족주의라고 비판을 받기도 했고, "일본은 아시아 각국 중에서 내셔널리즘에 대한 처녀성을 이미 잃어버린 유일한 나라"라고 한 유명한 마루야마 마사오의 비판에서 알 수 있듯이, 전쟁 전의 편협한 민족주의 이미지를 떨쳐버리고 공통의 피압박자로서 다른 민족과 연대하는 것은 불가능했다. 더욱이 현재의 중국이나 한국 등도 이미 "내셔널리즘에 대한 처녀성"을 잃어버렸다는 점에서 이시모다가 추구한 아시아 연대의 길은 이미 좌절되었다고 할 수 있다.

일본의 좌파 운동이 조선에 주목했던 두 가지 흐름을 대표하는 고토쿠의 계급적 연대의 길과 이시모다의 민족적 연대의 길은 각각 실패한 역사로 우리 앞에 놓여 있다. 이 두 역사를 비판적으로 검토함으로써 미래로 향한 제3의 연대를 모색하는 작업도, 고토쿠가 던진 커다란 물음을 시간과 공간을 초월하여 지금 우리의 문제로 주체적으로 계승하는 것이겠다.

한일병합 100년, 대역 사건 100년, 전태일 분신 40년

2010년은 1910년에 한일병합이 감행된 지 100년이 되는 해였다. 그런데 회피할 수 없는 과거와의 진지한 대면을 요구했던 막중한 의미를 지닌 이 역사적 해에 우리는 과연 한반도와 일본의 미래로 향한 가능성을 얼마나 제시할 수 있었는가. 어쩌면 '한일병합 무효'라는 요란한 구호에 도취되어 그 자체가 지닌 의미의 내실을 역사적으로 돌아보는 데 다소 소홀하지는 않았는가. 적어도 한일병합을 가능케 했던 당시 대일본제국의 국내적 맥락을 되짚어보는 작업에 무심했다는 점에서 충분한 자기 점검이 되지 못했던 것은 부정할 수 없을 것 같다. 1910년 한일병합의 일본 국내적 의미란, 민주주의에 대한 요구를 묵살하고 노동 운동에 괴멸적 탄압을 가하고 제국주의 전쟁에 반대하는 반전 평화 운동을 압살하고 사회 변혁의 주체들을 배제함으로써 도달한 역사적 사건이었다. 그러므로 지금 100주년을 기억한다는 것은 한일병합이라는 종착역에 도달하기 위해 짓밟히고 배제되고 잊혀진 모든 것을 떠올리는 것이 아니면 안 된다. 그런 점에서 고토쿠 슈스이는 일본제국이 자국 내에서 자행하고 성공한 무수한 '말살' 일지의 상징에 다름 아니다. 변혁 운동의 철저한 탄압과 한국병합이라는 일본 안팎에서 자행된 말살은 상상된 제국의 완성을 의미하는 것이었다. 그리고 이것은 노동 해방, 평화, 진보를 지켜내지 못할 경우에는 누군가가 말살당함으로써 언제 어디서든 되풀이될 수 있는 제국주의의 역사였다. 청계천 피복공장 재단사 전태일이 "우리는 기계가 아니다"라고 외치며 온몸에 휘발유를 뿌리고 자살한 지 40주년이기도 했던 2010년이 대역 사건 100주년과 무관하지 않은 이유가 여기에 있다. 고토쿠는 사형을 앞두고 마지막으로 쓴 옥중수기(《사생》)에서 대역 사건의 진실은 "백 년 후에 누군가 어쩌면 나 대신 말할지 모르겠다"고 유언했다. 백 년 후의 우리가 이 죽은 자의 절규에 응답하고자 한다면, 무엇보다도 먼저 우리 노동자들에게 기계 같은 삶, 노예 같은 삶을 강요하는 자본의 착취와 억압에 저항하는 것이 가지는 역사적 중요성을 깨달아야 할 것이다. 그런 의미에서 이 역서가 비인간적인 자본의 착취와 부당한 노동 조건에 항거했던 많은 전태일들의 넋을 기리고, 지금도 투쟁 속에서 사선을 넘나드는 노동자들에게 조금이나마 위로가 되기를 바란다. 아울러 글로벌 시대 제국주의의 또 다른 이름이라고 하는 신자유주의의 광풍 속에서 이 나라와 마찬가지로 이웃 나라에서도 거리로 거리로 내몰린 많은 노동자들이 존재한다는 사실을 환기시킴으로써 조금이라도 투쟁 속에서의 고립감과 고독감을 달래는 데 일조하길 빈다.

고토쿠는 평생 147편의 한시를 남겼을 정도로 한학의 전통을 충실히 계승하였으며, 그의 문장 또한 한적의 지식을 자유자재로 구사하면서 한번 읽으면 매료되지 않을 수 없는 화려하고 기백이 넘쳐흐르는 문체로 유명하다. 하지만 번역하면서 한문투의 표현들은 대개 한글로 풀어서 고쳤는데, 원문의 문체에 흐르는 생명력을 때로는 심하게 깎아먹으면서도 되도록 알기 쉬운 한국어로 고치고자 한 것도 시간과 공간을 넘는 소통을 위해 필요했던 절차였다고 생각하며 한 혁명가에 대한 짤막한 소개를 마친다.

고딕체로 된 부분은 본서에 번역되어 수록된 논저이다.

1871년	9월 23일(음력)에 고치 현(高知縣) 하타 군(幡多郡) 나카무라(中村)에서 출생. 3남 3녀 중 막내. 이름은 덴지로(傳次郎). 슈스이(秋水)는 이후 스승 나카에 조민(中江兆民)이 명명해준 것이다.
1872년	8월(음력) 아버지와 사별.
1876년	12월 나카무라 소학교 하등 제8급에 입학.
1879년	3월 기도 아키라(木戶明)의 한학숙에 들어감.
1881년	6월 소학교 졸업.
	9월 나카무라 중학교에 입학.
	10월 이타가키 다이스케(板垣退助) 등이 자유당을 결성. 고토쿠는 이 무렵부터 자유당에 관심을 가짐.
1885년	6월 폭풍우로 중학교사가 무너져 폐교됨. 겨울부터 친구들과 모임을 만들어 연구회 등 개최.
	12월 자유당의 하야시 유조(林有造)가 나카무라를 방문했을 때 처음으로 대면.
1886년	2월 이타가키 다이스케 환영회에서 축사를 낭독. 다시 기도 아키라의 한학숙에 기숙. 늑막염 앓음.
	8월 귀향.
1887년	1월 고치 중학교에 통학했으나 잦은 병치레로 낙제 후 귀향.
	8월 상경.
	9월 하야시 유조의 서생으로 기숙. 영학관에 다니면서 본격적으로 영어 공부 시작.
	12월 26일에 보안조례로 나카에 조민, 하야시 유조, 고토쿠 등 570명이 도쿄에서 추방당함. 고토쿠는 일단 나카무라로 귀향.
1888년	6월 중국 유학을 시도했으나 실패.
	11월 오사카에서 나카에 조민의 서생으로 기숙.
1889년	2월 대일본제국헌법이 발포되고 특사가 행해짐.
	10월 보안조례가 특사로 풀려 나카에 조민의 가족들과 함께 상경.

1890년 9월 병으로 나카무라에 귀향.

1891년 징병 검사에서 불합격.

4월 상경하여 이때부터 나카에 조민의 집에서 기숙.

6월 국민영학회(國民英學會)에 통학하였고 나카에 조민의 집을 나와 하숙. 나카에 조민은 연초에 제1회 제국의회에 절망하여 사직함.

1893년 3월 국민영학회 졸업. 다시 나카에 조민의 집에 기숙.

9월 나카에 조민의 추천으로 이타가키가 주재하는《자유신문(自由新聞)》에 입사, 영문 전보나 신문 잡지 번역 담당. 평생의 친구 고이즈미 산신과의 친교가 시작됨.

1894년 8월 청일전쟁 개전.

9월 전쟁 지휘를 위해 천황이 히로시마(廣島)로 옮기면서 대본영도 히로시마에 설치됨.

1895년 3월《히로시마 신문(廣島新聞)》창간에 합류.

4월 청일전쟁 종전. 히로시마에서 상경.

5월 고이즈미 산신의 소개로《중앙신문(中央新聞)》에 입사. 번역과 잡보 담당.

11월 정부와 자유당이 제휴하여 이타가키가 입각.

1896년 어머니를 도쿄로 맞이하였고, 이윽고 구루메(久留米) 번 무사 집안의 아사코(朝子)와 결혼. 2개월 후에 이혼.

1897년 3월 아시오(足尾) 광독 피해민 대표 800명이 상경하여 진정.

4월 사회문제연구회 창립, 고토쿠도 친구의 소개로 입회.

7월 노동조합기성회 성립.

12월 다카노 후사타로(高野房太郎), 가타야마 센(片山潜) 등이《노동세계(勞働世界)》창간.

1898년 2월 동향 선배인 구로이와 루이코가 경영하던《만조보(萬朝報)》에 입사.

11월 가타야마 센 등의 권유로 사회주의연구회 입회, 사회주의에 대한 본격적인 공부 시작.

1899년 7월 국학자 집안의 모로오카 치요코(師岡千代子)와 결혼.

10월 보통선거기성동맹회가 결성되어 가타야마 센과 함께 간사가 됨.

1900년 1월 사회주의연구회가 활동을 겸하는 사회주의협회로 개조됨.

2월 다나카 쇼조(田中正造)가 아시오 사건 해결 위해 헌정본당 탈당.

3월 노동 운동의 탄압을 위해 치안경찰법 시행됨.

6월 의화단 사건 진압을 위해 청에 군대 파견.

8월 나카에 조민의 의뢰로 〈자유당 제문(自由黨を祭る文)〉 발표.

9월 구자유당계인 헌정당 해산 후, 이토 히로부미를 총재로 하는 입헌정우회 성립.

10월 정우회 내각 성립.

1901년　4월 처녀작 《20세기의 괴물 제국주의》(警醒社) 출간. 이륙신보사(二六新報社) 주최 '노동자 대간친회' 개최.

5월 사회주의협회의 동지들과 함께 사회민주당을 조직했으나 이틀 후 결사 금지당함.

7월 조보사 안에 이상단(理想團) 결성. 이 무렵 나카에 조민 병세 악화.

9월 나카에 조민의 《1년 반(一年有半)》 출판.

11월 아시오 광독사건에 대한 항의 운동에 참가, 다나카 쇼조를 위해 〈직소문〉을 기초.

12월 10일에 다나카 쇼조 직소. 13일에 나카에 조민 서거.

1902년　2월 논문집 《장광설(長廣舌)》(人文社) 출판.

3월 《조민 선생(兆民先生)》(博文館) 출판.

1903년　7월 《사회주의 신수(社會主義神髓)》(朝報社) 출판.

10월 러일전쟁에 반대하여 사카이 도시히코, 우치무라 간조와 함께 《만조보》 퇴직.

11월 사카이 등과 함께 도쿄 유라쿠 정(有樂町)에 평민사 창설, 주간 《평민신문(平民新聞)》 제1호 발행.

1904년　2월 러일전쟁 개전.

3월 〈러시아사회당에 보내는 글〉 발표. 《평민신문》에 발표한 〈아아, 증세!〉가 발행 금지 처분을 당하고 발행인이었던 사카이는 금고형으로 투옥됨.

8월 제2인터내셔널 암스테르담 대회에서 가타야마 센과 플레하노프가 공식적으로 악수 교환.

9월 《사회민주당 건설자 라살(社會民主黨建設者ラサール)》(平民社) 출판.

11월 사카이와 공역으로 《공산당 선언》 번역. 발행 금지와 벌금형 받음. 사회주의협회 해산당함.

1905년　1월 러시아 제1차 혁명 발발. 주간 《평민신문》 폐간.

2월 고토쿠는 《평민신문》의 필화 사건으로 금고형이 확정되어 투옥됨. 7월 출옥.

8월 포츠머스에서 러일강화조약 조인.

9월 러일전쟁의 배상에 대한 불만으로 히비야(日比谷) 폭동 발발.

10월 평민사 해산.

11월 요양을 겸해 미국으로 건너감.

12월 샌프란시스코에 도착. 앨버트 존슨과 러시아 사회혁명당 당원이었던 프리츠 부인을 만남. 미국사회당에 입당.

1906년　1월 제1차 사이온지 내각 성립. 일본평민당 결성. 고토쿠가 러시아혁명 1주년 기념 집회(오클랜드)에서 연설.

2월 사카이 도시히코 등이 일본사회당 조직.

3월 도쿄 시에서 전차 요금 인상 반대 운동 일어남.

4월 샌프란시스코 대지진 발생.

6월 고토쿠는 재미일본인 사회혁명당의 결당에 참여. 일본으로 귀국. 일본사회당의 환영회에서 〈세계 혁명 운동의 조류〉 연설, 총파업 등을 주장.

7월 아내와 함께 귀향.

9월 상경하여 사카이의 집에서 기거.

11월 크로포트킨과 서신 교환 시작.

1907년　1월 일간 《평민신문》 발간.

2월 아시오 광산 광부 봉기. 〈내 사상의 변화〉 발표, 직접행동론 전개. 일본사회당 제2회 대회에서 의회정책파와 논쟁(《일본사회당대회 연설문》). 22일에 일본사회당 결사 금지 처분 당함.

4월 일간 《평민신문》 폐간. 이후 가타야마 등과의 사이에서 경파·연파 논쟁 전개. 《평민주의(平民主義)》(隆文館) 간행. 장지를 통해 중국 혁명가 장빙린, 류스페이, 허쩐 등과 접촉. 아시아의 반제 민족 해방 운동 연대조직으로 아주화친회가 도쿄에서 창립됨.

6월 《구마모토 평론(熊本評論)》, 《오사카 평민신문(大阪平民新聞)》, 《사회신문(社會新聞)》 발행. 벳시(別子) 광산 광부 봉기.

8월 사회주의 하기 강습회에서 수 차례 연설함. 사회주의강습회 제1회 대회에서 중국인 유학생들에게 무정부주의를 설파함. 《혁명기담 신수귀곡(革命奇談·神愁鬼哭)》(隆文館) 간행.

9월 고토쿠, 사카이 등 직접행동파의 조직인 금요회 결성.

10월 지병으로 귀향.

11월 샌프란시스코에서 《암살주의》 배포됨.

12월 《경제 조직의 미래(經濟組織の未來)》 비밀 출판.

1908년 나카무라에서 《빵의 쟁취》를 번역하면서 경파 기관지에 단편적으로 글을 발표.

6월 도쿄에서 적기(赤旗) 사건 발생. 사카이 도시히코, 오스기 사카에, 야마카와 히토시 투옥됨.

7월 사이온지 내각 총사퇴. 가쓰라 내각 성립. 고토쿠는 상경길에 오름.

8월 도쿄에 도착. 가시와기(柏木)에 평민사 재건.

10월 스가모로 이전. 나카에 조민의 문집 편집에 몰두.

1909년 1월 《빵의 쟁취》 발행. 즉시 발행 금지 당함. 아내 치요코 상경. 니무라 다다오(新村忠雄)가 고토쿠를 방문.

2월 미야시타 다키치(宮下太吉)가 상경하여 원수 암살의 결의를 언급함.

3월 부인 치요코와 협의 이혼. 평민사를 센다가야(千駄ヶ谷)로 이전. 간노 스가(管野スガ), 니무라와 동거.

5월 스가와 함께 《자유사상(自由思想)》 제1호 발행. 즉시 발행 금지 당함. 이 무렵부터 스가와 연인 관계.

7월 《자유사상》 사건으로 벌금 100엔 판결. 평민사 가택수색. 스가는 검거됨.

8월 《자유사상》 사건 재판, 벌금 540엔.

10월 오쿠미야 겐시(奧宮健之)로부터 폭탄제조법을 들음. 26일에 이토 히로부미가 안중근에게 암살당함.

11월 심경의 변화로 직접행동에서 이탈하여, 저술 활동에 전념.

1910년 1월 미야시타 다키치가 고토쿠 방문.

3월 평민사 해산. 고이즈미 산신의 권유로 《통속 일본전국사(通俗日本戰國史)》 집필차 스가와 함께 유가와라(湯河原)의 온천장에 머묾.

5월 간노 스가가 벌금형을 대신해 투옥됨. 대역 사건 검거 개시.

6월 고토쿠도 검거됨.

8월 한국병합 선언.

11월 옥중에서 《기독말살론(基督抹殺論)》 탈고. 어머니 다지(多治)와 마지막 면회.

12월 변호사에게 진술서를 보내 무정부주의에 대한 올바른 이해와 취조의 미비함을 호소. 15일, 전원에게 사형 구형됨. 어머니가 고향에서 병사.

| 1911년 | 1월 판결. 형법 제73조에 의해 고토쿠 등 24명에게 사형 선고(은사 감형의 형태로 12명은 무기징역). 24일 오전 8시에 교수형 집행. 형장에 끌려가는 순간까지 〈사생〉 집필. |

2월 《기독말살론(基督抹殺論)》(丙午出版社) 간행.

| 참고문헌 |

사료

幸德秋水,《社會主義神髓》, 岩波書店, 1953.

林茂·西田長壽 편,《平民新聞論說集》, 岩波書店, 1961.

伊藤整 편, 神崎清 역,《幸德秋水》(日本の名著 44), 中央公論社, 1970.

飛鳥井雅道 편,《幸德秋水集》(近代日本思想大系 13), 筑摩書房, 1975.

中島及,《幸德秋水漢詩評釋》, 高知市民圖書館, 1978.

塩田庄兵衛 편,《幸德秋水の日記と書簡》, 未來社, 1990.

幸德秋水全集編集委員會 편,《幸德秋水全集》全7卷·別卷2, 日本圖書センー,
          1994.

幸德秋水全集編集委員會 편,《大逆事件アルバム ― 幸德秋水とその周辺》, 日本
          圖書センー, 1994.

山泉進,《幸德秋水》(平民社百年コレクション 1), 論創社, 2002.

幸德秋水, 山泉進 교주,《帝國主義》, 岩波書店, 2004.

평전

絲屋壽雄,《幸德秋水研究》, 青木書店, 1967.

飛鳥井雅道,《幸德秋水 ― 直接行動論の源流》, 中央公論社, 1969.

神崎清,《實錄幸德秋水》, 讀賣新聞社, 1971.

大原慧,《幸德秋水の思想と大逆事件》, 青木書店, 1977.

E. G. ノートヘルファ, 竹山護夫 역,《幸德秋水―日本の急進主義者の肖像》, 福村
          出版, 1980.

연구논저

神崎清,《革命傳說》(1~4), 芳賀書店, 1968~1969.

小山仁示 편,《講座·日本の革命思想 4—明治國家への反逆》, 芳賀書店, 1969.

狹間直樹,《中國社會主義の黎明》, 岩波書店, 1976.

飛鳥井雅道,〈明治社會主義者と朝鮮そして中國〉,《三千里》13, 1978.

山泉進, 〈社會主義と社會進化論 — 幸德秋水〉, 野田又夫 외편, 《近代日本思想の軌跡—西洋との出會い》, 北樹出版, 1982.

《初期社會主義研究》 1~21, 初期社會主義研究會, 不二出版, 1986~2009.

石坂浩一, 《近代日本の社會主義と朝鮮》, 社會評論社, 1993.

木村直惠, 《'青年'の誕生》, 新曜社, 1998.

大塚健洋 편저, 《近代日本政治思想史入門》, ミネルヴァ書房, 1999.

渡部直己, 《不敬文學論序說》, 太田出版, 1999.

高榮蘭, 〈非戰/反戰論の遠近法 — 幸德秋水 '廿世紀之怪物帝國主義'と'平和主義'の表象〉, 《文學》 4-5, 2003.

山泉進, 〈幸德秋水のなかのアナーキズム — 自由思想と大逆と〉, 《現代思想》 32-6, 2004.

梅森直之 편, 《《帝國》を擊て》, 論創社, 2005.

梅森直之, 〈'帝國主義' — グローバル化する社會の新しい倫理をめざして〉, 《現代思想》 33-7, 2005.

內藤千珠子, 《帝國と暗殺 — ジェンダーからみる近代日本のメディア編成》, 新曜社, 2005.

小島毅, 《近代日本の陽明學》, 講談社, 2006.

이호룡, 《한국의 아나키즘—사상편》, 지식산업사, 2001.

다테노 아키라 편, 오정환 외역, 《그때 그 일본인들》, 한길사, 2006.

웹사이트

http://www.cam.hi-ho.ne.jp/noriko-m/kotoku/index.html(고토쿠 슈스이 관련 정보)

http://www.ne.jp/asahi/anarchy/anarchy/library.html(일본 아나키즘 관련 사료 원문)

http://d.hatena.ne.jp/futei/(일본 아나키즘 관련 정보)

| 찾아보기 |

ㄱ

가바야마 스케노리 74
가쓰 가이슈 516, 517
가쓰라 다로 334, 401, 489, 570, 574, 577, 592
가와카미노 다케루 158, 159
가이센 국사 539, 540
가타야마 센 26, 249, 339, 378, 400, 414, 561, 565, 572, 580, 589, 590, 591
가토 나오시 505
가토 도키야 496
간노 스가 528, 575, 577~579, 592
게르첸, 알렉산드르 375, 473
고다이고 천황 71, 224
고다 로한 69, 70
고이즈미 산신 532, 533, 589, 592
고토 쇼지로 53
골드만, 엠마 162, 370~372, 577
공자 73, 133, 140, 214, 345, 426, 477, 542
관중 214, 251
괴테, 요한 볼프강 폰 82, 83
교쿠테이 바킨 69, 70
구로이와 루이코 26, 400, 504, 589
구메 구니타케 41, 42
구모이 다쓰오 547

구스노키 마사시게 71, 521
구스노키 마사쓰라 540
구쓰미 겟손 504
그랜트, 율리시스 심슨 73
기노시타 나오에 401, 447, 492, 561, 567
기도 다카요시 174, 176, 515, 516
기무라 시게나리 540, 541
기요자와 만시 539
기우치 소고 547

ㄴ

나가모리 도키치로 457
나카노오에 황자 158, 159
나카무라 마사나오 501
나카에 조민 12, 224, 482, 500, 502, 503, 555~558, 588~590, 592
나카오카 신타로 200
나폴레옹 1세 43~45, 66, 72, 93, 118, 180, 276, 416
나폴레옹 3세 51, 132, 180, 429
넬슨, 허레이쇼 73, 74
노구치 오사부로 546, 547
니무라 다다오 528, 575, 592
니시카와 고지로 404, 413, 414, 561, 564, 571

니콜라이 1세 82, 375
니콜라이 2세 62, 88
닌토쿠 천황 173, 319, 365

ㄷ

다나카 쇼조 164, 314, 418, 589, 590
다윈, 찰스 68, 387, 470, 484, 488
다이고 천황 173
다이라노 기요모리 29, 454
다이라노 도키타다 29
다조에 데쓰지 415, 573
다카시마 도모노스케 74
다카야마 히코쿠로 520, 521
단테, 알리기에리 68, 192
당통, 조르주 자크 416, 543
데이치, 레프 378, 387
덴지 천황 159
도마쓰 마사야스 547
도모에 고젠 360
도요토미 히데요시 93, 360, 541, 546
도쿠가와 요시노부 516
도쿠가와 이에야스 424, 541
도쿠토미 소호 452, 458
두보 193, 539
뒤 부아레몽, 에밀 하인리히 473
드레이퍼, 존 윌리엄 382
드레퓌스, 알프레드 27, 78~80
디즈레일리, 벤저민 112

ㄹ

라블레, 에밀 루이 빅토르 476

라살, 페르디난트 82, 128, 297, 300, 318,
    495, 590
라이 산요 69, 70, 520
라파르그, 폴 282
라플라스, 피에르 시몽 마르키스 드 472
래드, 패리시 B. 382
로버트슨, 존 37, 44, 45, 63, 80, 103, 191
로베스피에르, 막시밀리앙 드 128, 248,
    416, 543
로이드, 헨리 291
로즈, 세실 95, 96, 113
로트베르투스, 요한 카를 318
루소, 장자크 12, 211, 482, 519, 581
루이 14세 111, 319
루이 16세 44, 133
류스페이 420, 421, 582, 591
르낭, 조제프 에르네스트 382
르클뤼, 엘리제 512
리프크네히트, 카를 11, 341
링컨, 에이브러햄 73

ㅁ

마라, 장-폴 416, 545
마르크스, 카를 82, 128, 133, 244, 245,
    249, 258, 260, 263, 267, 273, 282,
    298, 299, 301, 308, 339, 341, 394,
    405, 414, 421, 470, 481, 488, 506
마르티, 호세 99
마리우스, 가이우스 78
마사오카 시키 539
마쓰무라 가이세키 472
마쓰오 우잇타 524
마쓰카타 마사요시 182, 334, 335

마치니, 주세페 220
마흐디(=무함마드 아마드) 80
말라테스타, 에리코 416
매카시, 저스틴 179, 180
맹덕 72
맹자 33, 79, 133, 186, 205, 228, 446, 459, 466, 477, 482, 557
머핸, 앨프리드 63~65, 80
먼로, 제임스 99
메테르니히, 클레멘스 벤첼 로타르 폰 118, 133
모건, 루이스 헨리 260, 261
모리 오가이 70
모리스, 윌리엄 289, 406
모리어, 로버트 버넷 데이비드 115
모리타 시켄 41, 42
모토오리 노리나가 520, 521
몰리, 존 27, 28, 180
몰트케, 헬무트 폰 61, 62, 74, 83
무라마쓰 아이조 223
무라사키 시키부 69, 70
무쓰 무네미쓰 178, 446
미나모토노 요시쓰네 71
미쓰쿠리 린쇼 501
미야시타 다키치 528, 575, 576, 579, 592
밀, 존 스튜어트 281, 292
밀랑, 알렉상드르 154, 405

ㅂ

바그너, 빌헬름 리하르트 82
바바 다쓰이 223, 224
바뵈프, 프랑수아 노엘 277
바이틀링, 빌헬름 298

바쿠닌, 미하일 알렉산드로비치 375, 387, 421, 422, 434
박스, 에른스트 475
반스, 조지 니콜 405, 438
발데제, 알프레트 83, 97, 352, 539
백이 157, 219
버크, 에드먼드 197
베벨, 아우구스트 11, 27, 28
베이컨, 프랜시스 68
뷜로, 베른하르트 83
브라이언, 윌리엄 제닝스 27, 28, 99
브리앙, 아리스티드 438
블랑, 루이 277, 278, 298
블록, 장 드 151, 152
블룬칠리, 요한 61, 82
블린트, 카를 118
비간 547
비스마르크, 오토 에두아르트 레오폴트 46~49, 51, 52, 83, 115, 118, 128, 154, 155, 318, 395, 422
빌헬름 2세 51, 83, 430, 437

ㅅ

사나다 유키무라 71
사이고 다카모리 214, 515, 516, 517
사이온지 긴모치 42, 482, 489, 570, 571, 574, 580, 591, 592
사카모토 료마 199, 200
사카이 도시히코 26, 245, 367, 400, 401, 404, 411, 415, 464, 492, 496, 500, 505, 506, 532, 533, 564, 566, 573, 590~592
사쿠마 쓰토무 539, 540

새커리, 윌리엄 M. 68

생시몽, 클로드 앙리 드 루브루아 277, 278, 298

세이 쇼나곤 69, 70

셰익스피어, 윌리엄 68, 114, 172, 192

세플레, 알베르트 143, 493

소가노 이루카 158, 159

소린(=치카마쓰 몬자에몬) 69, 70

술라, 루키우스 코르넬리우스 78

스가와라노 미치자네 136, 137

스기무라 소진칸 505, 544

스키피오 93, 94

스펜서, 에드먼드 68

스펜서, 허버트 143, 284, 285

시로키야 오코마 546

시바 데이키치 504

신채호 6, 16, 122, 220, 582

실러, 요한 크리스토프 프리드리히 폰 82, 83

쓰보우치 쇼요 544

ㅇ

아베 이소오 26, 367, 401, 561

아카이 가게아키 223, 224, 547

아카조메에몬 69

아케치 미쓰히데 360

악셀로트, 파벨 378

안중근 6, 16, 465, 466, 577, 592

알렉산드로스 대왕 71

알렉산드르 2세 375, 377, 437, 579

야마가타 아리토모 50, 74, 225

야마토 다케루노미코토 158

야오야 오시치 546

에비나 단조 452, 453, 460, 472

에토 신페이 547

엥겔스, 프리드리히 28, 128, 260, 261, 262, 267, 282, 292, 299, 303, 308, 394

오시오 헤이하치로 480, 481, 526

오언, 로버트 249, 278, 298

오이시 세이노스케 466, 524, 525, 541

오자서 80, 81, 202, 547

오자키 고요 70

오자키 유키오 42, 224

오쿠마 시게노부 42, 171, 206, 237, 534

오쿠보 도시미치 174, 214, 515, 516

오쿠보 도키사부로 546

와타나베 구니타케 212

와트, 제임스 248

요시다 쇼인 516, 521, 547

요시다 추자에몬 541

우치무라 간조 26, 42, 400, 414, 472, 590

우치야마 구도 504, 528

워싱턴, 조지 72, 73, 128, 205, 248

윌리스, 그레이엄 476

월폴, 로버트 169~172

웰링턴, 아서 웰즐리 73, 74

위고, 빅토르 202, 502, 512

윌셔, 게일로드 406

육수부 27

육유 225

이노 다다타카 542

이노우에 가오루 206, 334, 335

이바 소타로 160

이백 193

이시모다 쇼 583, 584, 585

이시카와 고에몬 546

이시카와 다쿠보쿠 552

이시카와 산시로 367, 401
이와사키 야타로 214
이와야 마쓰헤이 36, 322
이타가키 다이스케 53, 207, 222, 555,
　　588, 589
이토 히로부미 42, 130, 160, 171, 178,
　　206, 207, 211, 212, 222, 225, 237,
　　446, 466, 489, 516, 577, 590, 592
일리, 리처드 시어도어 245, 249, 272, 281

콜리지, 새뮤얼 43, 44, 46
쿠빌라이 93, 94
크로포트킨, 표트르 382, 387, 403, 422,
　　506, 512, 523, 566, 569, 591
크롬웰, 올리버 66, 128, 248, 296
클레망소, 조르주 154, 425, 438
키드, 벤저민 285
키치너, 허레이쇼 80, 96, 113
키플링, 조지프 러디어드 112, 113, 193

ㅈ～ㅋ

자술리치, 베라 376, 377, 378
장지 420, 582, 591
잭슨, 앤드루 73
쟁월, 이스라엘 117, 118
제갈량 72
조레스, 장 레옹 389
조지, 헨리 482, 483
존슨, 새뮤얼 172
존슨, 앨버트 371, 374, 382, 392,
　　566～569, 591
졸라, 에밀 27, 78, 79, 154, 304, 506
진구 황후 93, 136
체임벌린, 조지프 오스틴 95, 96, 112, 180
치롤, 이그네이셔스 밸런타인 198
칭기즈 칸 93, 105, 106
카베, 에티엔 298
카이사르, 율리우스 66, 71, 166
칸트, 이마누엘 82, 276
칼라일, 토머스 114, 196, 503
커컵, 토머스 281, 318
켈리, 에드먼드 143
코르데, 샤를로트 545

ㅌ・ㅍ

타모노 히데아키 223
테니슨, 앨프리드 68
톨스토이, 레프 니콜라예비치 27, 193,
　　348, 350, 351, 353, 505
투키디데스 76, 77
티르타이오스 192
티무르 105, 106, 107, 109, 111
페로프스카야, 소피아 377, 547, 579
페리, 엔리코 471
페리클레스 67, 68, 76, 124
펠리페 2세 111
포이어바흐, 루트비히 472
폭스, 찰스 43
푸리에, 프랑수아 마리 샤를 269, 278, 298
프루동, 피에르-조제프 257, 258
프리드리히 2세 72
플레하노프, 게오르기 339, 377, 378,
　　565, 590
피그네르, 베라 376, 377
피트, 윌리엄 112, 172
피히테, 요한 고틀리프 82, 276

ㅎ

하디, 제임스 키어 118
하라 다카시 415, 489
하르트만, 카를 로베르트 에두아르트 폰
    475
하야시 유조 224, 555, 588
하이네, 하인리히 82
하인드먼, 헨리 메이어스 406
하코트, 윌리엄 301
한가쿠 고젠 360
한니발 71, 93, 166
해리슨, 프레더릭 117, 118
해밀턴, 윌리엄 제라드 197
허쩐 420, 582, 591

헤르더, 요한 고트프리트 폰 82
헤켈, 에른스트 하인리히 382
헨리, 윌리엄 112, 113
호메로스 192
호시 도루 159, 160
호조 도키무네 94
후라이(=히라가 겐나이) 69, 70
후지타 도코 539, 540
후카쿠사노 쇼쇼 539, 540
후쿠다 히데코 367, 368
후쿠자와 유키치 122, 214, 216, 501
후타바테이 시메이 544
히라이 곤파치 546
히라타 아쓰타네 520, 521

임경화

고려대학교 일어일문학과를 졸업하고 도쿄대 대학원 인문사회계연구과에서 일본문학 연구로 문학 박사 학위를 받았다. 현재 인하대학교 한국학연구소 HK연구교수로 있으면서 근대 한국과 일본의 진보적인 문화 운동에 대해 연구하고 있다. 지은 책으로 《근대 한국과 일본의 민요 창출》(2005), 《신라의 발견》(2008) 등이 있고, 옮긴 책으로 《국어라는 사상》(2006), 《여성 표현의 일본 근대사》(2008) 등이 있다.

나는 사회주의자다
– 동아시아 사회주의의 기원, 고토쿠 슈스이 선집

2011년 9월 5일 초판 1쇄 발행

- ■ 지은이 ──────── 고토쿠 슈스이
- ■ 엮고 옮긴이 ───── 임경화
- ■ 펴낸이 ──────── 한예원
- ■ 편집 ─────────── 이승희, 노재희, 이은주
- ■ 인쇄 ─────────── 한영문화사
- ■ 제책 ─────────── 다인바인텍
- ■ 본문 조판 ────── 성인기획
- ■ 펴낸곳　교양인
　　　　　우100-380 서울 중구 묵정동 18-27 대학문화원 603호
　　　　　전화 : 02)2266-2776　팩스 : 02)2266-2771
　　　　　e-mail : gyoyangin@naver.com
　　　　　출판등록 : 2003년 10월 13일 제2003-0060

ⓒ 임경화, 2011
ISBN 978-89-91799-62-2　93300